# 戦後アジアにおける日本人団体
― 引揚げから企業進出まで

小林英夫
柴田善雅
吉田千之輔
＝編

ゆまに書房

# 戦後アジアにおける日本人団体

―引揚げから企業進出まで―

目　次

# 目　次

序　章　戦後アジアにおける日本人団体の活動と特徴

小林英夫

　　　はじめに……………………………………………………………………… 11
　　　第1節　在外団体史研究の現状と課題……………………………………… 12
　　　第2節　日本人の引揚げと特徴……………………………………………… 14
　　　第3節　引揚げと現地日本人援護団体……………………………………… 18
　　　第4節　補償請求団体の誕生と活動………………………………………… 20
　　　第5節　賠償後の現地日本人団体の誕生と活動…………………………… 23
　　　第6節　借款とアジア経済協力団体の活動………………………………… 29
　　　第7節　直接投資と日本人団体……………………………………………… 31
　　　第8節　1950年代以降のアジア各地の在外日本人組織…………………… 38
　　　　　　1．サンフランシスコ講和条約と在外日本人団体
　　　　　　2．賠償・借款の締結と在外日本人団体
　　　第9節　在外日本人団体の設立時とその後の特徴と機能………………… 40
　　　　　　1．設立時の特徴
　　　　　　2．設立時の機能と活動
　　　　　　3．現状の特徴
　　　　　　4．現状の機能と活動
　　　おわりに……………………………………………………………………… 42

## 第Ⅰ部　引揚げと戦後補償

第1章　海外引揚問題と日本人援護団体──戦後日本における帝国意識の断絶──

加藤聖文

　　　はじめに……………………………………………………………………… 51
　　　第1節　旧満洲国内における援護活動……………………………………… 52
　　　　　　──東北地方日本人救済総会と東北日僑善後連絡総処──
　　　第2節　南北朝鮮における援護活動──京城日本人世話会──………… 58
　　　第3節　その他の地域における援護活動──大連・樺太・中国本土・台湾── 65
　　　第4節　国内における引揚援護団体の結成とその活動…………………… 71
　　　おわりに……………………………………………………………………… 76

## 第2章　朝鮮半島からの帰還——アメリカの政策と日本人の引揚げ——

マーク・カプリオ

はじめに …………………………………………………………………… 85
第1節　日本人の復員・引揚げへの道程（1942-1945）……………… 86
第2節　復員・引揚げの準備 …………………………………………… 89
第3節　復員・引揚げの暗部——復讐とテロル—— ………………… 91
第4節　復員・引揚げ …………………………………………………… 93
おわりに …………………………………………………………………… 96

## 第3章　東南アジア・オセアニアの引揚げ

柴田善雅

はじめに …………………………………………………………………… 101
第1節　東南アジア・オセアニア地域の引揚政策と引揚支援機関 …… 103
　1．東南アジア・オセアニア地域の引揚政策
　2．東南アジア・オセアニア地域の引揚支援機関
第2節　東南アジア・オセアニア地域の引揚げ ……………………… 110
　1．仏領インドシナ
　2．タイ
　3．英領マラヤ、ビルマおよびアンダマン・ニコバル諸島
　4．蘭領東印度、北ボルネオ、葡領東チモール、豪北・
　　　ニューギニア地区およびラバウル・ブーゲンビル・中部太平洋
　5．フィリピン
　6．南洋群島
おわりに …………………………………………………………………… 124

## 第4章　引揚者経済団体の活動と在外財産補償要求

柴田善雅

はじめに …………………………………………………………………… 131
第1節　引揚者団体の要求と在外財産関係金融資産処理 …………… 133
　1．引揚者団体の要求
　2．在外財産関係金融資産処理
第2節　在外財産調査 …………………………………………………… 139
第3節　海外事業戦後対策中央協議会 ………………………………… 142
　1．海外事業戦後対策中央協議会の設置とその組織
　2．海外事業戦後対策中央協議会の活動

第4節　華北企業団体の在外財産補償要求……………………148
　　1．華友会の設置
　　2．華友会の活動
第5節　在外企業の清算……………………………………………154
　　1．閉鎖機関の特殊清算
　　2．在外会社の特殊整理
第6節　戦後在外財産補償…………………………………………158
　　1．在外財産問題の検討
　　2．個人在外財産の善後措置
おわりに………………………………………………………………163

## 第Ⅱ部　アジア各国・地域の日本人団体と経済

### 第5章　「日韓条約」以降の経済関係と在韓日本人団体
木村健二

はじめに………………………………………………………………175
第1節　日韓経済関係の推移………………………………………175
　　1．人の移動
　　2．貿易関係
　　3．資本輸出
第2節　ソウルにおける日本人団体の組織と活動………………182
　　1．ソウル日本人会
　　2．ソウル日本商工会
　　3．J.V.會
　　4．SJC（ソウル・ジャパン・クラブ）
　　5．日本商工会議所（JCCI）ソウル事務所
おわりに………………………………………………………………200

### 第6章　日台経済関係と在台日本人団体
小林英夫

はじめに………………………………………………………………205
第1節　戦後日台関係の推移………………………………………205
　　1．敗戦から日華平和条約の締結まで
　　2．政治的断絶と経済的連携
　　3．台湾経済の発展

第2節　在台日本人数の推移 …………………………………………… 210
　　　　　1．在台日本人数の推移
　　　第3節　日本人団体の活動 ………………………………………………… 213
　　　　　1．台湾省日僑協会
　　　　　2．台北市日僑工商会
　　　　　3．フォルモサ在留邦人会
　　　　　4．なでしこ会
　　　　　5．居留問題を考える会
　　　おわりに ……………………………………………………………………… 223

第7章　香港における戦後の日本人団体
　　　　―香港の経済発展と日本企業の活動を視点に―
　　　　　　　　　　　　　　　　　　　　　　　　　　　　　　内野好郎

　　　はじめに ……………………………………………………………………… 227
　　　第1節　香港の概要 ………………………………………………………… 228
　　　第2節　香港の経済発展と日本企業 …………………………………… 230
　　　　　1．香港の工業化政策と日本企業
　　　　　2．国際金融センターとしての香港の役割と邦銀
　　　　　3．委託加工貿易の進展と日系企業
　　　　　4．香港のインフラ整備と日系企業の役割
　　　第3節　日本人数の増加と香港日本人団体の誕生・発展 …………… 239
　　　　　1．在留日本人数の増加
　　　　　2．香港日本人倶楽部の設立と発展
　　　　　3．香港日本人学校の設立と生徒・児童数増加への対応
　　　　　4．香港日本人商工会議所の設立と発展
　　　　　5．香港の中国返還と日本人団体
　　　おわりに ……………………………………………………………………… 254

第8章　戦後日比関係と在比日本人団体の活動
　　　　　　　　　　　　　　　　　　　　　　　　　　　　　　小林英夫

　　　はじめに ……………………………………………………………………… 261
　　　第1節　1960年代までの日比関係 ……………………………………… 261
　　　　　1．敗戦から賠償へ
　　　　　2．賠償交渉
　　　第2節　賠償後の日比経済関係の拡大 ………………………………… 263

1．貿易関係の拡大
　　　　2．1960年代以降の在比日本人数
　　　　3．賠償後の日本人団体
　　第3節　1972年以降の日本人団体の活動……………………………………… 267
　　　　1．日比通商航海条約の批准と日本企業の活動の再開
　　　　2．日本人商工会議所
　　　　3．マニラ日本人会とマニラ日本人学校
　　　　4．マニラ会
　　　　5．セブ日本人会
　　　　6．セブ日商工会議所

　　おわりに ……………………………………………………………………………… 285

第9章　ベトナム・ホーチミン市の日本商工会
　　　　　　　　　　　　　　　　　　　　　　　　　　白石昌也・伊東淳一
　　はじめに ……………………………………………………………………………… 289
　　第1節　ホーチミン日本商工会の設立から正式認可まで …………………… 289
　　　　1．設立の背景
　　　　2．「日本人会」設立の模索
　　　　3．「日本商工会」への方針転換と設立経緯
　　　　4．正式認可の獲得まで
　　第2節　ホーチミン日本商工会の組織 …………………………………………… 294
　　　　1．会員資格と会員数の推移
　　　　2．組織と役職
　　第3節　ホーチミン日本商工会の活動 …………………………………………… 298
　　　　1．「日本人会」的な活動
　　　　2．社会的貢献
　　　　3．経済団体としての活動
　　おわりに ……………………………………………………………………………… 304

第10章　タイ国日本人会とバンコク日本人商工会議所
　　　　　　　　　　　　　　　　　　　　　　　　　　　　　　吉田千之輔
　　はじめに ……………………………………………………………………………… 309
　　第1節　日本の敗戦と日本人の抑留、送還 …………………………………… 311
　　　　1．敗戦から日本人送還までの道すじ
　　　　2．邦人のタイ残留希望とタイ政府の対応

3．在タイ日本資産処分をめぐる問題点
　第2節　戦後の日本人会と日本人商工会議所の復活 ………………………… 314
　　　1．戦中・戦後のタイ経済
　　　2．国際社会への復帰の道すじ
　　　3．日本人会の再建
　　　4．日本人商工会議所の再建
　　　5．日本人学校の再開
　　　6．日タイ特別円問題の処理をめぐって
　　　7．タイに於けるナショナリズム経済体制の終結
　第3節　1960年代・70年代のタイ経済の成長・発展と
　　　　　バンコク日本人商工会議所（JCC）の対応 ……………………… 323
　　　1．1960年代─民間主導型輸入代替政策と第一次投資ブーム─
　　　2．1970年代─政治の激動期、輸入代替政策から輸出指向政策へ─
　第4節　1980年代・90年代　経済の不振から空前の投資ブーム
　　　　　そして通貨危機へ …………………………………………………… 329
　　　1．1980年代前半─「半分の民主主義」と日本による第二次投資ブーム、
　　　　　反日運動の再燃─
　　　2．1980年代後半～1997年通貨危機まで─空前の投資ブームとJCCの活動─
　　　3．タイの通貨危機とJCC
　第5節　変わるタイの社会・経済構造とJCC、日本人会 …………………… 337
　　　1．タクシン首相の登場
　　　2．タイの社会・経済構造の変化
　　　3．変わるタイの日本人社会と日本人会
　　　4．日本人会の活動と会員数の伸び悩み
　　　5．日本人社会の拡大とJCCの社会貢献
　　　6．通貨危機後のJCCの活動
　　　7．泰日経済技術振興協会による泰日工業大学の設立
　おわりに ……………………………………………………………………………… 348

## 第11章　マレーシアの日本人団体
　　　　　　　　　　　　　　　　　　　　　　　　　　　　　　　　藤田国幸
　はじめに …………………………………………………………………………… 369
　第1節　マレーシアの政治・経済概況 ………………………………………… 370
　　　1．英領マラヤの成立
　　　2．戦前・戦中の日本と英領マラヤの関係

3．マレーシアの独立
　　　4．マレーシアの経済と社会情勢（独立から1970年代まで）
　　　5．マレーシアの経済と社会情勢（1980年、90年代）
　　　6．マハティール以降
　第2節　マレーシアにおける日本人の活動と組織……………………383
　　　1．戦後日本企業の再進出と日本人駐在員の活動（敗戦からマレーシア独立まで）
　　　2．独立後の日本人増加時期の区分と特徴
　　　3．日本人組織の概略
　第3節　クアラルンプール日本人会……………………………………389
　　　1．クアラルンプール日本人会の誕生
　　　2．日本人学校の設立
　　　3．KL日本人会の発展
　　　4．KL日本人会の対外活動
　第4節　マレーシア日本人商工会議所（JACTIM）……………………394
　　　1．JACTIMの誕生
　　　2．JACTIMの基本理念
　　　3．JACTIMの目的及び組織
　　　4．JAMELA/MAJECA年次会議とJACTIMの役割
　　　5．JACTIMの調査・情報活動
　　　6．JACTIMの提言活動
　　　7．JACTIMの新たな活動分野
　おわりに……………………………………………………………………404

## 第12章　シンガポールにおける日本人団体

　　　　　　　　　　　　　　　　　　　　　　　　糸林誉史

　はじめに……………………………………………………………………419
　第1節　シンガポールの社会と経済戦略…………………………………420
　第2節　日本人組織とシンガポール日本商工会議所……………………424
　第3節　シンガポール日本人会と日本人学校……………………………430
　　　1．シンガポール日本人会
　　　2．シンガポール日本人学校
　　　3．シンガポール日本人墓地
　第4節　社縁を超える共感の縁……………………………………………436
　おわりに……………………………………………………………………439

## 第13章　インドネシアにおける日本人団体

内野好郎

はじめに ……………………………………………………………………… 445
第1節　戦前・戦中の日本との関係と日本人団体 ……………………… 446
　　1．インドネシア概観
　　2．日本との関係と日本人団体
第2節　戦後のインドネシア経済と日本との関係 ……………………… 450
　　1．戦後の日本との関係
　　2．1960年代以降のインドネシアの経済政策と日本企業の対応
第3節　戦後の日本人団体の誕生と発展の歴史 ………………………… 455
　　1．ジャカルタジャパンクラブ（JJC）の誕生と発展の歴史
　　2．JJCの果たした役割
　　3．ジャカルタ日本人学校
　　4．バンドン、スラバヤの日本人団体と日本人学校
第4節　今後のJJCの課題 ………………………………………………… 470
　　1．永住型日本人と派遣型日本人の協力体制の維持
　　2．共存共栄のためにJJCのできること
おわりに ……………………………………………………………………… 475

あとがき …………………………………………………………………………… 483
編集者・執筆者一覧 …………………………………………………………… 486

凡　例

1　年の表記は、すべて西暦を用いた。
2　歴史的呼称として、満洲国政府・国民政府（汪兆銘・南京）・北支那開発・中支那振興等をそのまま利用し、「華北」や「華中」等の修正を施さない。
3　地名も同様に歴史的用語として、そのまま新京・京城等を使う場合がある。
4　地名国名について以下のように扱っている。
　・現在のベトナム・ラオス・カンボジアを仏領インドシナもしくは仏印と称することがある。
　・現在のインドネシアを蘭領東印度と称することがある。
　・現在のシンガポールと半島部マレーシアをマラヤと称し、北ボルネオ（サバ・ブルネイ・ラブアン島）を区別している。
　・現在のミャンマーをビルマと称した。
　・旧南洋庁管轄下の地域の島嶼を南洋群島と総称する。
　・日本本土・中国・朝鮮半島・南樺太・千島以外の地名は概ねカタカナ表記で統一した。
4　法人名称は、章の中で初出のみ正式名称で記載し、以後は混乱の発生しない限りで「株式会社」等を省略した。特に南満洲鉄道株式会社を満鉄、東洋拓殖株式会社を東拓と略称することがある。
5　数値の単位の大きなものは千、百万等を適宜使用した。
6　旧字は概ね常用漢字に改めたが、そのまま利用したものがある。
7　文中の敬称は省略した。

　　　　　　　　　　　　　　　　　　　　　　　　　　　　以上

序章

# 戦後アジアにおける日本人団体の活動と特徴

小 林 英 夫

## はじめに

　敗戦直前の時点で「大東亜共栄圏」と称されたアジア地域に在住していた日本人は、軍民含めると650万人から700万人に達していた。そしてその約半数の300万人から320万人は民間人で、残りの約半数は軍人・軍属が占めていた。[1] 戦争末期の日本の植民地や占領地では、軍民あげての総力戦だったから、軍一色だったと言えなくもないが、軍人の復員とは区別して民間人の引揚げ問題に重点を置きながら問題を考えるという意味で、あえて両者を区別することとしたい。

　1945年時点での日本の総人口が約7,200万人だったことを考えるとその約１割に該当する海外在住日本人軍民が「大東亜共栄圏」各地から日本列島への引揚げを開始したことになる。アジア地域史で、700万人近いこれほど多数の軍民が一度に引揚げ・復員を行った事例は稀有で、そのこと自体、社会現象として注目すべきであるが、引揚げの過程そのものが、戦中と戦後の該地域の政治変動と深く結び付いており、それに規定されて動いていたことを考えると、この引揚げの分析を通じて、逆にこの地域の政治変動の多様性を考察することが可能となる。それを端的に示すのは、地域による引揚げの遅滞度、難易度の相違である。同じ船腹不足の状況下でも、占領各国の思惑からソ連軍進駐地域からの引揚げが困難を極めたのに対して、米・英・国民政府支配地域からの引揚げは、比較的短期間に完了した。その違いを生んだ原因は、前者が日本人軍民を戦後復興の労働力として活用しようとして留用、抑留したのに対して、後者は現地の戦後秩序回復、現状復帰を主眼に早期帰国を推し進めたからである。その背後には戦後の東西冷戦の開始や中国での国共内戦、アジア各地での独立運動の動きが色濃く投影されていた。その意味では、引揚げ行動そのもののなかに戦後東アジアの政治変動が内包されていた。

さらに、戦中の米軍の空爆と海上封鎖で、日本産業は壊滅的打撃を受け、その早期復興は著しく困難だった。そこに人口の約1割に及ぶ復員・引揚者が帰国したわけだから、彼らの就職難は一層深刻になった。戦後補償問題がクローズアップされた所以である。盛り上る要求運動にもかかわらず、彼らの戦後補償は遅々として進行しなかったが、そこにもアメリカ占領下という戦後事情が投影されていた。彼らの行動は、その意味ではアジアの政治変動そのものの反映だったといっても過言ではない。

　本書は、まず序章で全体的概観を行う。本書は、大きく2部に分かれる。第Ⅰ部では引揚げおよび補償に関係した日本人団体が、第Ⅱ部では日本企業再進出にかかわる日本人団体が検討され、両時期の日本人団体の連続性と差異が検討される。具体的には、第Ⅰ部の第1章では、日本人の植民地・占領地からの引揚げをその擁護団体の活動を通じて帝国意識の断絶と継承を追及する。第2章ではアメリカの政策視点から朝鮮引揚問題を捉え、第3章では東南アジア、オセアニアからの引揚を論ずる。そして第4章では、これをふまえた引揚者団体の活動と在外財産補償要求運動の展開過程とその結果を考察する。そして第Ⅱ部の第5章以下第13章までの各章では、中国を除く北東アジアと東南アジア各国に焦点を絞りながら1960年代以降の日本企業の海外進出とそこでの日本人団体（日本人会およびその類似関連団体と日本人商工会議所およびその類似団体）の活動について言及する。

　したがって、本書でいうアジアとは、戦前に関しては、中国を含む北東、東南アジア、オセアニア各国を、戦後に関しては中国、オセアニアを除くそれを指していることをまずお断りしておく。

## 第1節　在外団体史研究の現状と課題

　700万人近い日本人が東アジア地域から本国へ動くという、日本近現代史上未曾有の「民族移動劇」を包括的に扱った研究書は、残念ながら見当たらないのが現状である。たしかに現在各地域からの引揚げ記録の整理、通史や関係機関による事業史記録が残されている[2]。しかし引揚体験回想録は、敗戦後の混乱と無秩序、そして連合軍の軍事占領下で、幾多の危機と困難を切り抜けてアジア各地から祖国へ引揚げた彼らの旅路の生活体験記録が多くを占

めていて個別的であり、関係機関の事業記録もそれを支援した各地引揚援護局の活動記録がその大半を占めている。

　近年こうした体験回想録を整理分析する研究が急速に進んでいるし、そのなかで注目すべき研究も出始めている[3]。しかしポスト・モダンを象徴するかのように、引揚げを扱った研究の多くは、引揚者個人や引揚集団の意図と行為の分析に集中し、生み出された結果と意図の間に介在する政治・経済・社会環境との連鎖の分析にやや弱さを残している。かつて戦後政治・経済分析が中心だった引揚地域の歴史研究は、1990年代以降は、そのなかで活動した個人・集団の活動の分析に主力が注がれ始めている。冷戦後の動きとして振子が大きく社会・経済分析から人権やジェンダーなどの個人のそれに振れるのは肯けるにしても、冷戦解体から15年たったいま、人権やジェンダーなどの個人・集団とそれを包む社会経済の関連が改めて問われる段階に来ていると言えよう。したがって、こうした引揚げ者の記録を整理し、彼らの意図と結果を東アジア戦後史のなかに位置づけ直すことこそが、今後の課題となるし、本書の課題でもなければならないのである。

　続く1950年代の賠償期の在外経済団体研究になると残念ながらその数は著しく少なくなる。まず賠償そのものでは1950-60年代には岡野鑑記の先行研究があり[4]、賠償問題研究会の一連の研究があるが[5]、どちらかといえば賠償の歴史的背景や戦後賠償の概説である。70年代には大蔵省で戦後賠償研究の成果が出版され[6]80年代になると中岡三益や小林英夫の研究が現れる[7]。70年代にはKesavanが日本の東南アジア賠償の経緯を分析した著作を出している[8]。90年代以降になると賠償研究は、国ごとの個別研究へと深化し、フィリピンに関しては吉川洋子が[9]、マレーシアに関しては原不二夫が[10]、タイに関しては村島英治がそれぞれ注目すべき研究を出している[11]。しかし、賠償と日本人団体の関連に関して言及した研究書は管見する限りない。

　また戦後の日本企業の海外進出と日本人団体についてだが、日本企業の戦後海外進出に関してはそれが積極化した1970年代前後から研究業績が増加する。高木良一[12]、『世界週報』編集部[13]、坂本康実[14]らの1960年代末から70年代の研究はそれだし、80年代に入ると北沢洋子[15]、小林英夫[16]などが現れる。そして90年代以降松宮美奈[17]、小林英夫[18]、洞口治夫[19]、清水洋・平川均[20]などの一連の研究が上梓される。これらの研究は、日本企業の海外進出に焦点を当てたもの

で、そこでの日本人団体の活動に焦点を当てたものではない。戦前・戦中期の日本人経済団体に関しては、商工会議所に焦点を当てたものとして本書第Ⅱ部に先行する研究として波形昭一[21]、柳沢遊・木村健二[22]らの研究がある。併せ参照願いたい。戦後の海外日本人団体は、商工会議所、日本人会が中心ではあるが、近年目的の多様化にともないさまざまな名称の団体が誕生し、活動を展開してきている。この点に関しては赤木攻、川辺純子、小林英夫がその特徴と動向に言及した著作と論文を発表しているが[23]、本格的研究は後日の課題として残されていた。

## 第2節　日本人の引揚げと特徴

　日本人の引揚げは敗戦直後から重要問題にクローズアップされ始めたが、即座に着手されたわけではない。日本政府は、敗戦直後各国との外交関係が遮断されたため、日本政府と旧植民地との連絡は、国際赤十字やGHQを介するか、中立国を通じてしか行われなかったため、事実上中断されたままの情況だった。日本政府も当初は居留民現地定着の方針だったし、また船腹の不足や機雷の除去の必要性が、その実行を大きく妨げていた。

　しかし現地の窮状が伝わるなかで、GHQと日本政府は引揚げ作業に着手する。1945年10月には引揚げの中央責任官庁として厚生省が選ばれ、12月には旧陸海軍省が第一、第二復員省として復員事業を担当することとなり、復員・引揚げ事業は軌道に乗りはじめる。そして翌46年3月15日にはGHQから「引揚に関する基本指令」が提示され、法令的に整備された。

　以降各地からの引揚げの情況は、表0－1に表示するとおりであるが、中国東北では1946年5月の葫蘆島からの第一船乗船開始を契機に10月までに第1期引揚げ業務で100万人の日本人が引揚を完了した。また同じ東北の大連からは46年12月から47年にかけて3次にわたる引揚げで約22万人が日本へと帰還した。樺太、千島からは46年12月の引揚開始から49年7月までに29万人余が引揚げた。ソ連軍が進駐した北朝鮮からの帰還は、当地在住者に満洲からの避難民が加わったこともあって、30万人余に膨張、援護の遅れもあって困窮者が激増し悲惨な状況となったが、38度線を南下するものが激増、残ったものも46年12月から48年7月までに7,000人余が引揚船で帰還している。

表0-1 引揚げ開始時期と終了時期

| | 一般邦人引揚開始年月 | 一般邦人引揚終了年月 |
|---|---|---|
| ソ連・千島・樺太 | 1946年12月 | 1949年7月 |
| 満洲・大連 | 1946年5月 | 1947年 |
| 中国・香港 | 1945年11月 | 1946年末 |
| 北朝鮮 | 1946年12月 | 1948年7月 |
| 韓国 | 1945年10月 | 1946年4月 |
| 台湾 | 1946年3月 | 1947年5月 |
| フィリピン | 1946年1月以降逐次 | |
| 北ベトナム | 1946年4月 | 1946年5月 |
| 南ベトナム | 1946年4月 | 1946年8月 |
| マライ及びシンガポール | 1945年12月 | 1946年2月～9月 |
| 香港 | 1945年11月 | 1946年11月 |
| タイ | 1946年5月 | 1946年8月 |
| ビルマ | | 1946年8月 |
| 北ボルネオ（マレーシア） | 1946年2月 | |
| ジャワ島、マストラ島 | 1946年2月 | 1946年9月 |
| セレベス島（スラウエシ島） | 1946年5月 | 1946年6月 |
| モルツカ諸島、小スンダ列島（ヌサトゥンガラ）、蘭領ニューギニア（西イリアン） | 1946年5月 | 1946年6月 |
| オーストラリア軍管理地域 | 1946年1月1日 | 1946年11月 |

出所：厚生省援護局『引揚げと援護30年の歩み』1977年、などより作成。

しばしば引用される藤原てい『流れる星は生きている』は、この体験を基に生れたものだった。これら中国東北や樺太・千島地域からの引揚げ者を合計すると150万人余に上り、この地域が全体の約半数を占めていた。

他方中国本土からの引揚げ者数は、約50万人であったが、いずれも1945年11月から46年末までに青島、天津、塘沽、上海、広東に結集、ここから日本へと引揚げた。また38度線以南の日本人は約42万人を数えたが、45年10月から引揚げが開始され、翌46年4月までには該事業を完了している。また台湾からは46年3月から引揚げが開始され約33万の日本人が47年5月までに帰還した。

東南アジア各地と南洋群島では、それぞれの地域に進駐した英・米・豪などの連合軍に対して降伏し武装解除を受けた軍人・軍属とキャンプに収容さ

表０−２　年次別・地域別引揚者総数（軍人、一般邦人）　　　　（単位：人）

| 地域／年次 | 〜1946年 | 1947年 | 1948年 | 1949年 | 1950年 | 合計 |
|---|---|---|---|---|---|---|
| ソ連・千島・樺太 | 10,613 | 368,885 | 283,775 | 92,126 | 7,547 | 766.441 |
| 満洲・大連 | 1,016,963 | 241,767 | 9,884 | 2,865 | 0 | 1,271,479 |
| 中国・香港 | 1,511,447 | 3,905 | 4,415 | 713 | 157 | 1,559,238 |
| 北朝鮮 | 304,469 | 16,779 | 1,295 | 3 | 2 | 322,585 |
| 韓国 | 591,765 | 1,425 | 1,150 | 1,041 | 264 | 597,319 |
| 台湾 | 473,316 | 4,958 | 775 | 255 | 118 | 479,544 |
| 本土隣接諸島 | 62,389 | 0 | 0 | 0 | 0 | 62,389 |
| その他 | 1,125,361 | 106,038 | 2,330 | 841 | 272 | 1,236,209 |
| 計 | 5,096,323 | 743,757 | 303,624 | 97,844 | 8,360 | 6,295,204 |
| ％ | 81 | 11.8 | 4.8 | 1.6 | 0.1 | 100 |

出所：若槻泰雄『新版　戦後引揚げの記録』時事通信社、1995年、252〜253頁より作成。

れた民間人が各港に結集して帰国の途に就いた。東南アジアで引揚げの先頭を切ったのは米軍接収地域で、米軍の強い推進下で1945年10月には南洋群島から、翌46年１月にはフィリピンからの引揚げが開始された。そして46年中には仏印、タイ、ビルマ、マレー、スマトラ、香港、ジャワ、セレベス、ニューギニア、ソロモン、ビスマルク諸島、モルッカ群島などからの帰還を完了している。

　以上はごく簡単な引揚げの経緯であるが、以下引揚げの特徴を指摘しておこう。

　もっとも大きな特徴点は、1946年末までに在外日本人の約８割に該当する500万人以上が、日本への引揚げや復員を終了したということである。そして、その地域的差異に目を転じた場合、米英豪各国と国民政府が進駐した、38度線以南の朝鮮、台湾、中国本土及び東北の一部、東南アジア、南洋群島が先行するかたちで引揚が開始され、これらの地域の引揚げは、1946年までには概ね終了したのにたいして、ソ連進駐地域では引揚げが遅れ、46年に開始された引揚げは、49年までずれ込んだことである（表０−２参照）。

　こうした相違を生んだ理由はいくつか考えられよう。１つは、現地の戦後の政治状況の相違である。戦勝国共内戦のなかで戦争状態が継続した中国、とりわけ激戦地だった東北地域と38度線を境に米ソが対立を深めた朝鮮半島の北部、この両地域からの引揚げは、戦闘が事実上継続するなかで、困難を

極めた。台湾も国共内戦末期にはその影響を受けるが、日本人の引揚げは、それ以前に終了しており、大きな影響は受けなかった。東南アジアでもインドネシアを中心に各国で独立運動が高揚し、そのため引揚げは一時遅滞するが、他の国では、それが本格化する前に引揚げは完了した。

2つは、進駐した軍の目的・課題の相違である。米英豪軍が自国兵士の早期復員、占領地の戦後秩序の回復、経済復興援助を主眼としたのに対し、ソ連軍は、自国の領土拡大、資源奪取、経済復興への日本人の活用を主眼にした点にある。前者にあっては、当地の最大の武装集団である日本軍を解体し進駐した軍による治安が確保されれば、長期逗留は無用であったのに対して、後者にあっては、解体した軍と民間人を労働力として活用するためには長期抑留が意味を有した。米英豪地域で民間人より軍人の復員が優先され、ソ連占領地域で日本人の留用や抑留が一般化した理由である。

3つには進駐した軍の機動力・装備力・補給力の相違である。英米豪軍が民間人を保護・養育し得る機動力・装備力を有していたのに対し、ソ連軍は、その点で著しく劣り、その分、被占領者である日本人への負担が増加した点である。留用・抑留がソ連軍や国民党・共産党軍で一般化した理由もそこにある。また引揚げに際して使用されたLSTやリバティ船は、大半が米軍供与の船舶で日本の旧海軍艦艇や商船がこれに付加された。

4つには被占領者であった日本人の置かれた環境の相違である。英米豪軍が占領した地域のうち、38度線以南の朝鮮や台湾では戦前来日本の支配機構が強固に構築され、それ故にこれを活用すれば日本人引揚援護団体を急遽・強固に作れたし、東南アジアの場合にも、日本人の大半は軍人で民間人は少なく、またその民間人の多くは現地社会に溶け込んでおり、孤立することは少なかった。逆にソ連軍占領地域では、戦前来作られていた日本の支配機構は活用できなかったし、それゆえに引揚援護団体の基盤は脆弱で、日本人の数が多い割には現地社会への溶け込みが不足していた。

一言でいえば、戦後の政治経済社会環境とその下で引揚を推進した個人や集団環境も、ともに米英豪地域では良好に、ソ連地域では劣悪で、中国本土ではこの両者の中間に位置していたということである。

したがって、1945年から46年にかけて中国・香港、南朝鮮、台湾、東南アジアからの引揚と比較すると、北朝鮮や満洲・大連の46年からの引揚げや47

年からのソ連、樺太・千島からの引揚げは悲惨であった。それを象徴的に示すものは、46年からの孤児の激増と婦人相談所設置の必要性であった。「南方及華中、華南方面からの引揚者中には、孤児の上陸は殆ど見られなかつたが、昭和二十一年四月以降、満洲方面からの引揚漸く活発化するにともない、引揚者中に相当の孤児があることが予想さるるに至つたので、当局としては、援護課に孤児係を置き、第一号宿舎の一部に孤児収容所を設けて、孤児の身のふりかたに就て世話するようになつた[24]」という一文はそれを象徴しており、1948年2月時点で引揚孤児の数は、満蒙移民を多く出した長野県を中心に1万1,351名に上っていた[25]。婦人相談所も同様で、「婦人相談所は昭和二十一年五月第六号宿舎内（階上）に開所し、引揚婦女子に対する特殊相談に応じ、特に満鮮方面の引揚婦女子中の罹病者に積極的に救療の手をのべるべく、十五歳より五十歳迄の婦女子を対照（ママ）とし、過去の事実、自覚症状等に依り調査問診し、当該者に対しては更に検診し、性病並に不法妊娠その他疾病を有する者に就いて治療及び入院の措置を施すことにした[26]」という。こうした設備があるにもかかわらず、恥ずかしさのため、性病、妊娠への認識欠如、さらには帰郷を急ぐ余り「頬冠り主義[27]」を取ったものも多かった、と記述している。この佐世保引揚援護局の婦人相談所は、翌47年9月まで、約1年4ヵ月をもってひとまず閉鎖するが、この間の相談者数は6万2,929名で、患者数は2,400名、送院者数は1,148名に上ったという[28]。

### 第3節　引揚げと現地日本人援護団体

　引揚げに際して現地日本人援護団体の果たした役割は無視できない。特に中国の東北（旧満洲）、南北朝鮮では主要都市や行政単位ごとに各種名称の現地日本人援護団体が結成され活動を展開した。当初東北のソ連軍進駐地域では居留民会を名乗る現地日本人援護団体が多数結成され、大連では日本人労働組合が設立されている。樺太、千島では旧樺太庁が引揚げの主軸となり、また中国本土や台湾では国民政府組織が、東南アジアでは進駐した連合軍が日本人の管理運営をしたため、これらの地域では日本人援護団体は結成されなかった。

　したがって、現地日本人援護団体は、主に南北朝鮮と中国東北を中心に活

動を展開した。地域的には限定されていたが、引揚者数から見れば、この地域の該当者は約150万人を数え、全引揚者の半数に上ったので、その持つ意味は重大であった。

　現地日本人援護団体は、引揚業務の多くの部分を担当した。引揚以前の業務としては、日本人名簿の作成、居留地管理（衛生・教育・治安維持）、引揚終了・出国までの期間、現地での生活を維持するための就業斡旋、占領側の強い要望である高級技術者留用にともなう業務、生活困窮者のための募金活動、進駐してきた連合軍当局との折衝などがあり、引揚げが開始されると、引揚船寄港地までの人員の輸送、出国業務補助を実施した。[29]

　こうした業務を行う現地日本人援護団体の活動も、米軍が進駐した南朝鮮とソ連軍が進駐した北朝鮮・中国東北部では著しく異なっていた。38度線以南の南朝鮮では、敗戦直後に京城日本人世話会に代表される日本人世話会が各地に作られ、旧総督府の幹部が要職に就くかたちで組織化が進行した。彼らは、新たに進駐した米軍と協議しつつ引揚事業を推進したため、混乱は比較的少なかった。[30]

　これと対照的だったのが、38度線以北の北朝鮮の日本人組織だった。北朝鮮でも当初京城日本人世話会同様、旧総督府や旧植民地大企業役員を幹部とする組織が作られたが、ソ連軍進駐下で彼らは追放され、しかも在留期間が長期化するなかで、引揚げを目的とした世話会は改組されて新メンバーによる居留民会が結成されていった。戦前朝鮮最大の工業地帯で、朝鮮窒素を擁した興南では、敗戦直後に戦前の興南市長を会長に日本人世話会を発足させた。しかし引揚事業の遅滞や、世話会幹部の戦犯追放、活動の主力をなした元朝鮮窒素社員の留用による会活動からの離脱、などにより1946年初頭には興南日本人居留民会が発足した。[31] この指導部とは戦前左翼運動を展開していた活動家が連携をもっていた。[32]

　敗戦前後にソ連軍が進駐し、その後国共内戦で国民政府と共産党がめまぐるしく交代した中国東北では、前述したように当初は北朝鮮同様に日本人居留民会が発足した。また大連のように日本人労働組合が結成されて居留民会の機能を代替したケースもあった。これらの組織は、旧植民地大企業幹部や旧「満洲国」高級官僚を中心に組織された。発足後に指導部がソ連軍に逮捕され新メンバーと代わった会も少なくはないが、北朝鮮と比較すると、ソ連

軍が撤退後国共内戦で国民党が支配した時期があるだけに事態はより複雑だった。ソ連軍撤退後の国民党の進駐にともない、東北地方日本人居留民救済総会をはじめ居留民会の多くは、日僑善後連絡総処に組織替えされ、1946年7月には瀋陽に各地連絡総処を束ねるものとして東北日僑善後連絡総処が作られ、元満洲重工業開発株式会社総裁の高碕達之助がその主任に就任、引揚事業を積極化させた。[33] また東北でも国共内戦で中共軍が支配した地域では、中共と連繫をもつ日本人解放連盟や日本人民民主連盟（吉林、安東など）が引揚事業を担当した。[34]

このようにソ連軍が進駐した中国東北や北朝鮮では、戦前来の組織や幹部が交替したケースが少なくなかったのにたいして、米軍進駐地域では戦前来の高級官僚や会社幹部が引揚団体の幹部として引き続き重要な地位を占めた。もっとも同じ中国東北でもソ連軍が駐屯した大連では、それが徹底されたが、他の地域では国共内戦で国民党の支配下では大会社幹部が復活した。冷戦下で戦前と戦後の連続と断絶が両占領地域で対照的な差異を見せた。こうした組織活動の相違が、日本人引揚者の旅程の困難度を規定する大きな枠組だったといえよう。

### 第4節　補償請求団体の誕生と活動

引揚者は、日本に帰還してどのような職業に就いたのか。戦前と戦後の職業に連関性はあるのか無いのか。ここでは『群馬県海外引揚誌』に載った5,981名を1人ずつその戦前と戦後の職業分類をしながらこの問題を考えてみよう。表0－3は引揚者の新旧就業比較である。前歴が満鉄関係者で、戦後国鉄（現JR）に就職したものは522名中33名に過ぎなかった。満鉄関係者で最大の就職先は農林業で86名、次が会社員で78名、公務員が59名となっており、国鉄は上位から数えて6位であった。これを満鉄以外に拡大した場合、引揚者の再就職先で一番多かったのは農業で、以下会社員、商業、公務員、製造業と続いた。帰国前に農業従事者で、帰国後も引き続き農業に従事したものは510人で、農業従事者1,265名の半数にも達していなかった。つまり残りの半数以上は、帰国後に他業種から農業に流入してきたものということになる。こうした群馬県の動向は、全国的な動きと大差はなかった。1950年度

表0－3　引揚げ者新旧就業比較（群馬県）　　　　　　　　　　　（単位：人）

| | 国鉄 | 鉄道(国鉄除く) | 医師 | 請負 | 会社 | 教員 | 公務 | 商業 | 製造業 | 農林業 | その他 | 合計 |
|---|---|---|---|---|---|---|---|---|---|---|---|---|
| 会社員 | 7 | 5 | 0 | 35 | 252 | 17 | 85 | 136 | 65 | 187 | 364 | 1,153 |
| 満鉄 | 33 | 9 | 2 | 34 | 78 | 3 | 59 | 58 | 33 | 86 | 187 | 522 |
| 官吏 | 0 | 0 | 0 | 27 | 69 | 21 | 105 | 45 | 19 | 91 | 236 | 613 |
| 農業 | 1 | 1 | 0 | 62 | 56 | 0 | 29 | 56 | 72 | 510 | 347 | 1,134 |
| 教員 | － | － | － | 3 | 9 | 141 | 18 | 7 | 2 | 22 | 99 | 301 |
| 商業 | － | 1 | 0 | 12 | 29 | 1 | 7 | 53 | 3 | 33 | 111 | 250 |
| 製造加工業 | 1 | － | － | 14 | 26 | － | 11 | 21 | 24 | 32 | 63 | 192 |
| その他 | 49 | 9 | 25 | 93 | 199 | 26 | 145 | 149 | 106 | 304 | 711 | 1,816 |
| 合計 | 91 | 25 | 27 | 280 | 718 | 209 | 459 | 525 | 324 | 1,265 | 2,068 | 5,981 |

出所：小林英夫『日本企業のアジア展開』日本経済評論社、2003年、39頁。

　国勢調査を分析した尾高煌之助の研究「引揚者と戦争直後の労働者」によれば、引揚者の就業分布上位5位をみると農業、製造業、卸し及び小売、サービス・運輸、公務員となっており、公務員の位置を除くと群馬県と大差はなかった[35]。

　つまり海外からの引揚者はひとまず親戚・縁者・知人を頼りに農村で農業に従事することを余儀なくされたのである。当時都市の製造業が戦災で壊滅的打撃を受けていたことを考えれば、最大の就職先が農業になるのは当然だった。しかし、彼らが受入先で歓迎されないほど当時の日本は経済的余裕が小さかったことも事実だった。そのため、日本に引揚げた開拓農民が再度日本で開拓地に入るか、南米開拓に出るというのも、1950年前後までのこうした連鎖を考えればごく自然のことであった。事実1950年代初頭に海外移住を目的に日本海外協会連合会が結成され、中南米移民が促進され、中国東北を引揚げた彼らが再度海外に出ることとなる。この連鎖は、これを推進した日本海外協会連合会の幹部を見ると一層明らかになる。幹部には、満蒙開拓を担当した元満洲拓殖公社総裁坪上貞二、元力行会会長で戦前南米移民や満蒙移民に携わった永田調、元東京帝国大学教授で、農学者で満洲移民政策の立案にかかわった小平権一の名が上がっており、移民政策の戦前から戦後への連続した人脈を確認できる[36]。

　しかしどの職業に就くにしろ、引揚者の大半は、在外財産を放棄して帰国の途に就いていた。そのため帰国後にその補償を求める運動を展開し、1946

年11月には引揚者団体全国連合会を発足させた。同会は理事長に元朝鮮総督府殖産局長穂積真六郎を、副理事長に元満鉄理事北條秀一を擁したように、中枢は旧植民地・占領地の高級官僚や大企業の幹部が占めていた。これに先立つ46年9月には引揚者全国大会が開催され、在外財産問題の解決策として政府補償を求める決議を採択している。これを受けて10月には閣議で補償案を決定したが、GHQの承認が得られぬまま、補償は棚上げ状態になった。その後引揚者団体全国連合会は、毎年大会を開催し、国会やGHQへの陳情を繰り広げたが、大きな成果を獲得することはできなかった。1951年にサンフランシスコ講和条約の原案起草のため日本を訪問した国務長官ダレスに対して引揚者団体全国連合会は在外財産問題の解決を盛込む要請文を送付したが、その回答は、日本の国内問題なので日本政府に委ねるというものであった。

　したがって1951年9月のサンフランシスコ講和条約においては、連合国は日本に対して賠償を求めない見返りとして、在外日本企業を含む日本人財産の没収を規定するにとどまっていた[37]。このため講和条約が調印されると聞いた引揚者団体全国連合会は、事務所に弔旗を掲げ、さらにトラックで都内をデモした[38]。

　講和以降、在外財産の補償を求める運動は政府に向け高まりを見せた。これを受けて政府は1953年11月に「在外財産問題調査会」を設けて調査活動を開始し、「軍事郵便貯金等特別処理法」などを立法化した。この機関は54年7月には新たに「在外財産問題審議会」に改組され引き続き在外財産の検討が行われ、56年12月には答申が作成された。この答申をもとに在外財産を補償するのか、それとも見舞金を支給するのかをめぐって激しい論議が展開された[39]。しかし生活補助的な支給金に満足しなかった引揚者は、さらに政府に財産補償を要求したため、これを受けた政府は、64年に第三次の「在外財産問題審議会」を設置し補償を再検討した。この結果、67年に「引揚者等に対する特別給付金の支給に関する法律」が制定され、ここにひとまず在外財産の補償問題は終了した。

## 第5節　賠償後の現地日本人団体の誕生と活動

　在外財産の補償運動が進むサンフランシスコ講和条約以降、同時並行的に新たなアジアとの動きが進行した。それはビルマ、フィリピン、インドネシア、南ベトナムとの賠償交渉であった。

　サンフランシスコ講和条約第14条はアジア各国との個別交渉で賠償に応ずることを謳っていたが、これに応じたのはフィリピン、インドネシア、ビルマ、南ベトナムの4カ国であった。しかし講和条約締結の1951年9月から54年までは、賠償交渉は粘り強く進められたものの、大きな成果をあげることなく時間が経過している。52年1月インドネシアとの間で仮調印された中間賠償協定は、仮調印のまま発効するにはいたらず、53年秋、賠償総額4.35億ドル、それをフィリピン4、インドネシア2、ビルマ1の比率で配分する案をもってこれら3カ国を訪問した外相岡崎勝男の賠償交渉も、請求国からは相手にされず、54年4月フィリピンとの間で一応の合意をみた大野・ガルシア賠償仮協定も、フィリピンの上院での反対多数で調印するにはいたっていない。わずかに、この間フィリピン、インドネシアとの間で労務協定による沈没船引揚げを内容にした賠償が中間的に為されたに過ぎない。これら一連の賠償交渉が成功しなかったのは、総額300億ドルに上るとされる請求額の大きさにあった。またこの時期は、日本経済の戦後復興過程にあって、まだ東南アジアを経済相手国としてみるまでには至っていなかった点が上げられる。

　この停滞状況を打ち破ったのがビルマとの賠償交渉の進展だった。1954年11月調印、翌55年4月に発効したビルマ賠償の合意事項は、賠償2億ドル、無償経済援助1.4億ドルを10年間かけて支払うというものだった。他国に先がけてビルマが賠償交渉の締結に踏み切った背後には、ビルマ側の外貨事情の悪化があった。53年の世界食糧不足のなか米穀輸出で好転したビルマの外貨事情は、その後一転し、折から進んでいた経済建設計画の資金源を日本賠償に求める動きを積極化したのである。

　ビルマ賠償交渉の締結を契機に他の国々との賠償交渉も次々と具体化された。フィリピンとのそれも大統領マグサイサイのもとで1956年5月には5.5

億ドル、20年払いで協定が締結され、7月には発効するのである。50年代前半中断していたインドネシアの賠償交渉も後半に入り進展をみる。交渉の進展を妨げていた日本の対インドネシアの焦げ付き債権1.7億ドルの処理をめぐる問題が、57年11月の総理岸信介の東南アジア訪問の際行われた岸・スカルノ対談で政治決着がつけられ、58年1月には焦げ付き債権棒引き、純賠償2.23億ドルの12年払い、経済協力4億ドルの20年払いで協定が成立、同年4月に発効したのである。

　4カ国のなかで賠償交渉が一番遅れたのは南ベトナムだった。南ベトナムとの賠償交渉が本格化するのも1950年代後半以降のことだった。前述した57年11月の総理岸信介の東南アジア訪問の際、南ベトナムに立ち寄った岸は、大統領ゴ・ジン・ジェムと会談、賠償の解決を約束、以降幾度かの政治折衝を経て59年5月、3,900万ドル、5年払いで賠償交渉が成立、60年1月発効したのである。[40]

　こうして1950年代後半、これまで遅々として進まなかった賠償交渉は、一転急速に進展し、50年代末までには4カ国すべての賠償協定が締結された。その他50年代後半には、請求権を放棄した国々に関しても準賠償という名の無償経済借款が行われ、アジアでは58年10月ラオスに対して280万ドル弱で6年払いの協定が、カンボジャに対しては59年3月420万ドル弱で7年払いの協定が、それぞれ締結された。

　準賠償は、1965年にビルマへの追加賠償支払いがなされ、それを前後する50年代後半から70年代前半にはラオス、カンボジャ、タイ、韓国、マレーシア、シンガポール、ミクロネシアにも順次実施されていった。この一連の賠償・準賠償過程は図0－1に一覧表で表示した。

　そしてこの交渉締結、賠償の実施、貿易の拡大、日本企業のアジア進出と連動して現地に日本人団体結成の動きが生れてきた。1952年に日華平和条約が締結されると、在台日本人を中心に台北市日僑工商会が結成され、それは59年には台湾省日僑協会へと発展した。更にタイでは敗戦1年後の46年には米占領下で日タイ貿易が再開される。そして54年にはバンコク日本人商工会議所がスタートした。60年代に入ると66年にソウル日本商工会が、69年に香港日本人商工会が、70年代に入ると東南アジア各国で日本人会が開設される。いずれも賠償後の貿易再開、日本人の増加と歩調をあわせて日本人会や日本

図０−１　賠償支払額・支払期間一覧

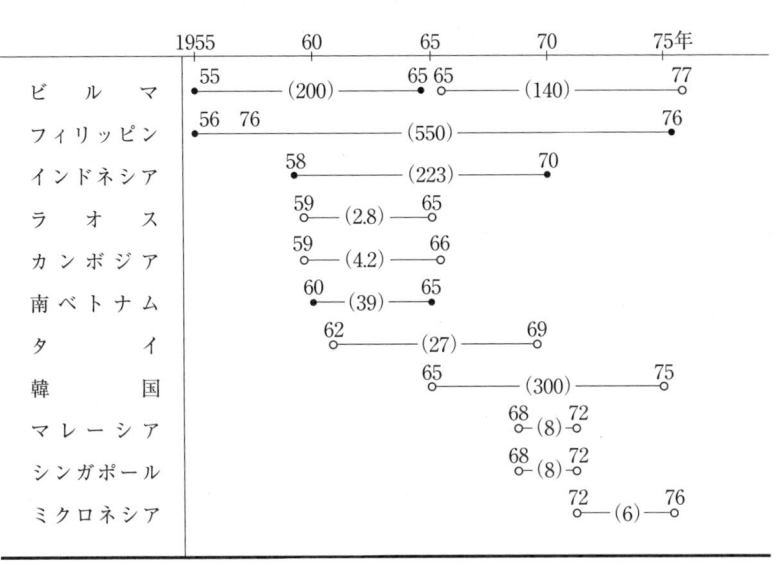

注：●は賠償、○は準賠償、（　）内は賠償支払額を表示。
出所：『外務省資料』、その他より作成。

人商工会議所が開設された。一般的にはまず日本人会が作られ、その法人部が分離して商工会議所が生れるというパターンが多かったが、その過程をリードしたのは、日本から派遣された大企業のトップエリート社員で、彼らの多くは戦前・戦中との連続性がないものが多かった。しかしこれらのトップエリート、つまり矢野暢が『「南進」の系譜』で言う「グダン族」を支えたのは、戦前・戦中来現地にいて戦後引揚げ、そして再度現地に戻った、これまた矢野暢が言う「下町族」の日本人だった。[41]「下町族」が下支えをしたという意味では、戦前・戦中・戦後の人的連続性を彼らのなかに認めることができる。

　しかし留意すべきは、こうしたミクロ的な連鎖を覆うマクロ的な東アジアの構造そのものである。国交正常化から賠償、交易の拡大、人流の増加、ネ

表０－４　日本の対外国輸出品目別価格

(単位：千ドル)

| 品目 | 1965 | 1970 | 1975 | 1980 | 1985 | 1990 | 1995 | 2000 | 2005 |
|---|---|---|---|---|---|---|---|---|---|
| 総計 | 8,451,742 | 19,317,687 | 55,752,805 | 129,807,025 | 175,637,772 | 286,947,518 | 442,937,428 | 479,283,559 | 595,163,715 |
| 食料品 | 343,843 | 647,744 | 759,607 | 1,588,480 | 1,315,702 | 1,645,877 | 2,123,754 | 2,102,780 | 2,879,915 |
| 原燃料 | 726,767 | 198,934 | 611,395 | 1,270,510 | 1,255,521 | 2,379,122 | 4,272,427 | 3,699,167 | 9,884,980 |
| 軽工業品 | … | 4,337.1 (100万ドル) | 7,104,256 | 15,785,517 | 18,940,198 | 27,831,007 | 37,313,831 | … | … |
| 繊維品 | 1,581,176 | 2,407,524 | 3,696,519 | 6,295,549 | 6,263,245 | 7,195,393 | 8,943,467 | 8,533,281 | 8,335,672 |
| 非金属鉱物品 | 265,108 | 372,376 | 728,854 | 1,862,684 | 2,147,454 | 3,226,181 | 5,478,712 | 5,531,931 | 6,911,842 |
| その他軽工業 | 845,567 | 1,557,225 | 2,678,884 | 7,627,284 | 10,529,498 | 17,409,433 | 22,891,651 | … | … |
| 重工業品 | … | 13,979.3 (100万ドル) | 46,508,360 | 109,566,527 | 152,367,717 | 250,509,706 | 389,807,278 | … | … |
| 化学品 | 546,911 | 1,234,462 | 3,956,422 | 6,766,707 | 7,697,664 | 15,872,357 | 30,195,747 | 35,335,669 | 53,006,647 |
| 金属品 | 1,718,164 | 3,805,336 | 12,556,932 | 21,318,621 | 18,491,149 | 19,540,465 | 28,736,621 | 26,427,846 | 43,275,015 |
| 機械機器 | 2,975,488 | 8,939,536 | 29,995,007 | 81,481,881 | 126,178,904 | 215,096,884 | 330,874,910 | 356,033,759 | 414,173,537 |
| 一般機械 | 624,376 | 2,006,038 | 6,744,029 | 18,088,469 | 29,537,171 | 63,511,895 | 106,800,355 | 102,987,608 | 121,163,139 |
| 電気機械 | 865,375 | 2,864,692 | 6,880,727 | 22,760,376 | 38,931,304 | 65,924,906 | 113,528,449 | 126,826,795 | 131,777,196 |
| 輸送機械 | 1,243,196 | 3,442,539 | 14,506,069 | 34,372,524 | 49,149,359 | 71,813,639 | 89,825,571 | 100,493,494 | 137,803,161 |
| 精密機械 | 242,541 | 626,267 | 1,864,182 | 6,259,831 | 8,561,071 | 13,846,443 | 20,720,535 | 25,725,863 | 23,430,041 |
| その他・再輸出等 | 1,353,277 | 1,908,978 | … | 1,595,991 | 1,758,634 | 4,581,806 | 9,415,861 | 17,637,455 | 27,540,872 |

出所：『通商白書』各年より作成。


表０－５　外国よりの輸入品目別価格

(単位：千ドル)

| 品目 | 1965 | 1970 | 1975 | 1980 | 1985 | 1990 | 1995 | 2000 | 2005 |
|---|---|---|---|---|---|---|---|---|---|
| 総計 | 8,169,019 | 18,881,168 | 57,863,088 | 140,527,652 | 129,538,747 | 234,798,639 | 336,094,204 | 379,718,204 | 516,100,208 |
| 食料品 | 1,470,030 | 2,574,111 | 8,809,954 | 14,666,062 | 15,547,329 | 31,572,237 | 51,085,244 | 46,050,781 | 50,458,981 |
| 原料品 | … | 6,676.7 (100万ドル) | 11,674,054 | 23,760,308 | 18,043,926 | 28,466,617 | 32,924,942 | 24,380,239 | … |
| 鉱物性燃料 | 1,626,023 | 3,905,469 | 25,641,421 | 69,991,225 | 55,790,247 | 56,732,041 | 53,386,681 | 77,088,471 | 131,558,280 |
| 加工製品 | … | 5,633.5 (100万ドル) | 11,497,571 | 30,567,595 | 36,413,732 | 111,858,479 | 191,239,285 | 232,025,936 | … |
| 化学品 | 408,151 | 1,000,483 | 2,085,943 | 6,202,431 | 8,072,711 | 16,044,820 | 24,670,027 | 26,614,500 | 39,244,413 |
| 鉄鋼 | 140,689 | 276,120 | 184,479 | 893,854 | 1,479,465 | 4,584,283 | 5,896,434 | 3,707,738 | 7,277,665 |
| 繊維製品 | 56,989 | 314,480 | 1,303,535 | 3,179,859 | 3,886,134 | 12,805,314 | 24,540,498 | 24,533,601 | 28,165,528 |
| 非鉄金属 | 247,495 | 944,759 | 1,284,488 | 4,479,669 | 4,041,451 | 9,875,051 | … | … | 13,260,218 |
| 機械機器 | 760,057 | 2,297,570 | 4,292,680 | 9,843,031 | 12,371,655 | 40,862,899 | 84,340,192 | 119,892,725 | 152,451,062 |
| 電気機械 | 111,381 | 477,773 | 1,008,338 | 2,791,352 | 3,880,522 | 12,812,872 | 34,732,928 | 53,900,999 | 67,059,797 |
| 半導体素子 | 6,231 | 92,041 | 577,579 | 601,556 | 811,139 | 3,026,987 | 11,767,676 | … | 21,254,022 |
| 再輸入・特殊品 | … | … | … | 1,542,462 | 3,743,512 | 6,169,265 | 7,458,052 | 6,403,825 | 9,421,949 |

出所：『通商白書』各年より作成。

図０−２　わが国の経済援助実績

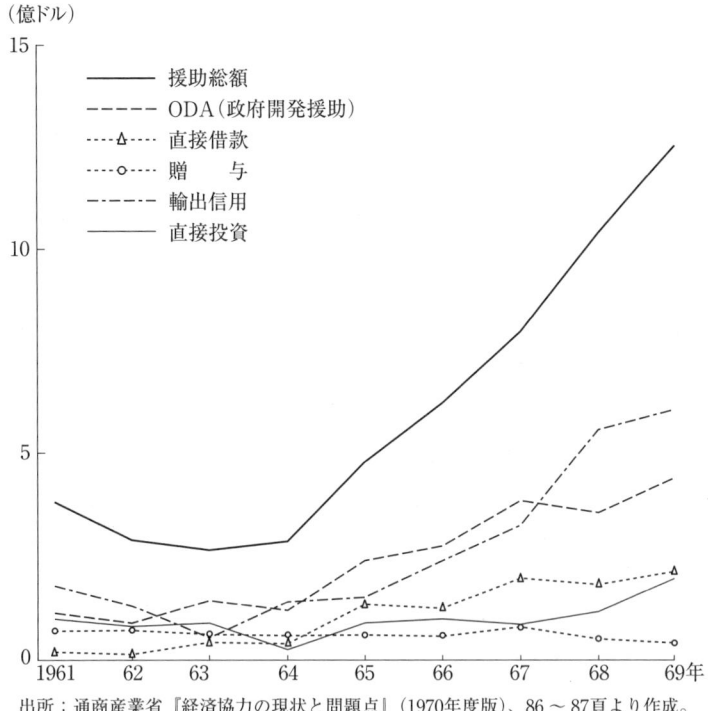

出所：通商産業省『経済協力の現状と問題点』（1970年度版）、86〜87頁より作成。

ットワークの拡大へと向う1950年代から60年代の日本と東アジアの構図そのものを描いたプランナーは、60年のアジア経済研究所設立へと向う流れを代表した藤崎信幸らの「満洲人脈」の面々であり、それを象徴するのは岸信介[42]らのグループだった。彼らの発想で、戦前と異なる決定的な相違は、「自由主義的な思想」「中間的な思想」に基づく「ナショナリズム」との結合[43]、つまり東西対立を前提に、西側陣営の国民国家形成を承認した上での経済提携だった。

　東アジアで戦前の帝国体制から戦後の国民国家体制への移行と冷戦開始を冷徹な目で見て、その変化を統治者の感覚で敏感に感じ取っていたのは、その冷戦の最前線を移動していた引揚者達ではなく、岸信介らの「満洲人脈」

表0-6 円借款供与一覧表　　　　　　　　　　　　　　　　　　　　（単位：百万ドル）

| | 東南アジア | 南アジア | アメリカ | 中近東ヨーロッパ | アフリカ | 合計 | 備考（主要国名、円借款額）〔主要プロジェクト内容〕 |
|---|---|---|---|---|---|---|---|
| 1961年 | - | 100.0 | 17.5 | - | - | 117.5 | （インド、80.0）〔プロジェクト商品〕 |
| 62 | - | 25.0 | - | - | - | 25.0 | （パキスタン、25.0）〔製鉄所、レーヨン・プロジェクト〕 |
| 63 | - | 110.0 | - | - | - | 110.0 | （インド、65.0）〔特殊鋼工場、肥料工場〕 |
| 64 | - | 90.0 | 32.6 | - | - | 122.6 | （インド、60.0）〔肥料工場、特殊鋼工場〕 |
| 65 | 350.0 | 65.0 | 16.4 | 17.0 | - | 448.4 | （台湾、150.0）〔橋梁、港湾、送電〕（韓国、200.0）〔鉄道、ダム〕 |
| 66 | 80.0 | 110.0 | 33.3 | 5.0 | 44.0 | 272.3 | （マレーシア、50.0）〔鉄道、灌漑〕（インド、42.5）〔商品〕 |
| 67 | 155.0 | 87.0 | - | - | - | 242.0 | （タイ、60.0）〔鉄道、ダム、橋梁〕（インドネシア、50）（インド、38.9）〔肥料〕 |
| 68 | 146.0 | 82.0 | 10.0 | - | - | 238.2 | （インドネシア、75.0）〔商品〕（フィリッピン、30.0）〔道路建設〕（パキスタン、30.0）〔商品〕 |
| 69 | 81.6 | 88.0 | 20.0 | - | - | 189.6 | （インドネシア、75.0）〔商品〕（パキスタン、30.0）〔送電網〕 |
| 70 | 132.1 | 30.4 | 40.0 | - | - | 202.5 | （インドネシア、100.0）〔商品〕（メキシコ、30.0）〔電力拡充〕 |
| 71 | 302.2 | 64.4 | 46.0 | 27.0 | - | 439.6 | （インドネシア、130.0）〔商品〕（ブラジル、26.0）〔水力発電所〕 |
| 合計 | 1,247.1 | 851.8 | 215.8 | 49.0 | 44.0 | 2,407.7 | |
| % | 51.8 | 35.3 | 9.0 | 2.0 | 1.8 | 100.0 | |

出所：前掲『経済協力の現状と問題点』（1971年度版）、132～145頁より作成。

表0-7 日本輸出入銀行、海外経済協力基金の融資に占める直接借款の比率（残高ベース）

（単位：億円、％）

| | 日本輸出入銀行 ||| 海外経済協力基金 |||
|---|---|---|---|---|---|---|
| | 直接借款(A) | 貸付残高(B) | A／B | 直接借款(C) | 貸付残高(D) | C／D |
| 1958年 | 2 | 660 | 0.3 | - | - | - |
| 59 | 37 | 943 | 3.9 | - | - | - |
| 60 | 135 | 1,404 | 9.6 | - | - | - |
| 61 | 194 | 1,986 | 9.8 | - | 9 | - |
| 62 | 296 | 2,610 | 11.4 | - | 17 | - |
| 63 | 459 | 3,426 | 13.4 | - | 43 | - |
| 64 | 591 | 4,435 | 13.3 | - | 79 | - |
| 65 | 997 | 5,421 | 18.4 | - | 147 | - |
| 66 | 1,351 | 7,013 | 19.3 | 75 | 265 | 28.3 |
| 67 | 2,030 | 9,052 | 22.4 | 154 | 382 | 40.3 |
| 68 | 2,460 | 10,886 | 22.6 | 435 | 722 | 60.2 |
| 69 | 2,772 | 13,146 | 21.1 | 752 | 1,087 | 69.2 |
| 70 | 3,029 | 15,967 | 19.0 | 1,100 | 1,496 | 73.5 |

出所：日本輸出入銀行『二十年のあゆみ』（1971年）、284頁および、海外経済協力基金『海外経済協力基金二十年史』1982年、571頁より作成。

図０−３　主要経済協力関係機関の変遷

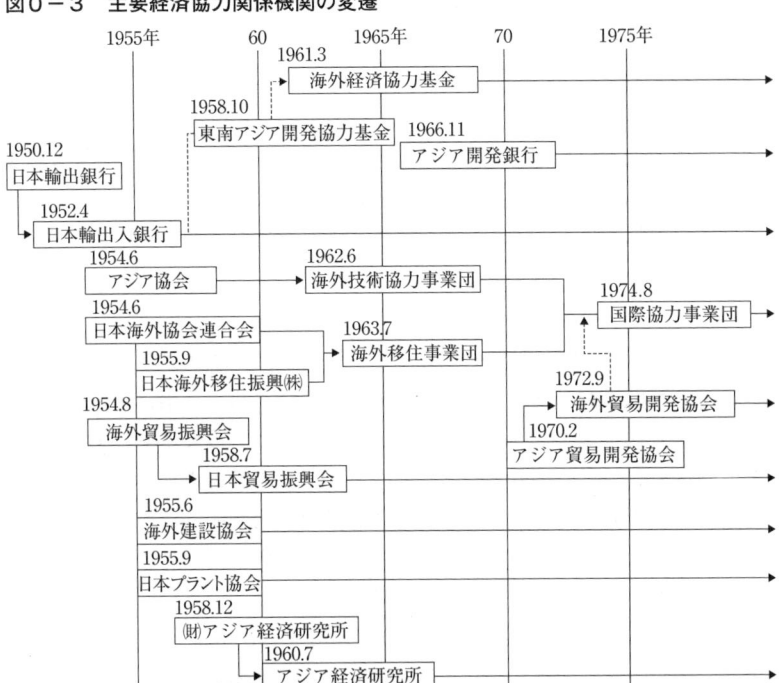

出所：前掲『経済開発協力基金二十年史』、645頁より作成。

に代表される政治指導者たちであったということは、改めてこの引揚げが帝国体制の枠内の意識で展開され、それが今日まで継続されていることを物語っている。

## 第６節　借款とアジア経済協力団体の活動

　1960年代に入ると50年代とは異なるアジア経済協力機関が作られる。
　この時期日本の輸出入貿易の飛躍的拡大とともに（表０−４、０−５）、1960年代以降、とりわけ65年以降、日本の経済協力は、東アジア諸国を中心

に、政府開発援助（主力は直接借款）と輸出信用を軸に急速な高まりをみせた。60年代前半は2～4億ドルにすぎなかった日本の経済協力実績は、69年にはその3倍以上の13億ドル台にまで急上昇した（図0－2）。50年代までその主力を占めていた贈与（その主力は賠償）は、60年代、とりわけ60年代後半以降急速にその比率を減少させ、直接借款と輸出信用がその主力の座を占めはじめた。ではこの時期、賠償に代わり援助の主力を占めた輸出信用やＯＤＡはどの地域に投入されたのであろうか。日本の円借款の主力は60年代前半まではインドなど南アジアに置かれていた。それが65年以降は韓国、台湾、タイ、マレーシア、インドネシアなど東南アジア地域へとシフトしていった（表0－6）。借款の内容を見た場合、その多くはプラント類で社会間接資本の拡充に重点が置かれていた。橋梁、港湾施設、鉄道、ダム建設といった部門に借款が投入されたのである。60年代にはいると米軍の本格的介入によるベトナム戦争の拡大とベトナム周辺諸国での特需の拡大、これに起因した日本の経済協力との関連で、海外経済協力基金、海外技術協力事業団、アジア開発銀行、海外技術協力事業団、海外移住事業団、アジア経済研究所など日本の海外経済活動を支え、そこに資材・資金・人員を投入・教育、調査する諸機関が作られていく（図0－3）。日本輸出入銀行と海外経済協力基金の両機関の活動をみても（表0－7参照）60年代後半になるとその活動の重点を輸出信用と直接借款に移行させていったのである。事実65年を契機に日本の輸出信用と政府開発援助を中心とした援助総額は急速な成長を示し始める。

　1962年に設立された海外技術協力事業団は54年に発足したアジア協会の後身である。アジア協会は民間団体であったが、海外技術協力事業団は「海外技術協力事業団法」に基づき62年6月に発足したもので、主に賠償や政府開発援助に基づき受け入れた研修生の訓練を実施する機関で、当初は後述するアジア経済研究所と同じビル内に事務所が置かれていた。[44]

　1963年7月には海外移住事業団が新たに作られている。これは戦後南米移民熱がふくらむなかで47年10月に作られた海外移住協会（代表松岡駒吉）、50年7月に作られた海外移住促進協議会（会長石川一郎）、この2つの団体を合体して52年7月に作られた海外移住中央会（会長石橋湛山）とこれを発展させた日本海外協会連合会（会長村田省蔵）を一方の柱に、55年9月中南

米移民促進補助を目的に設立された移民会社である日本海外移住振興株式会社（社長田中鉄次郎）を他方の柱にして、両者が合体するかたちで63年7月に海外移住事業団法に基づいて設立された。日本海外協会連合会も日本海外移住振興もともに中南米への移住補助機関であった。[45)]

ところが、1963年に発足した海外移住事業団は、人口問題解決の為の移民という従来の発想を否定し日本および日本人の国際的名声を高めることを目的に、国の事業に移民者が応ずるという従来の方式を否定し、移住者の移民活動を支援することを目的に設立された。その背後には中南米への農業移民者は60年以降減少し、逆にカナダなどへの工業技術者の移住や中南米からの日系移民の二世研修生が増加し始めたことが反映していた。[46)]

1960年7月にはアジア経済研究所が設立されている。58年12月に財団法人アジア経済研究所として発足した同機関が改組されて新スタートを切ったものであった。初代所長は東畑精一であった。設立準備にはアジア協会の事務局長の藤崎信幸が参加していた。こうして60年代初頭にアジア地域を専門的に調査・分析する機関が誕生したのである。[47)]

前述した海外技術協力事業団が外務省の管轄であるのに対してアジア経済研究所は通産省の管轄下に置かれて活動した。

## 第7節　直接投資と日本人団体

1972年以降になるとニクソンショックの後円高が始まり日本の海外投資が急増するなかで、東南アジアへの日本企業の本格的進出がはじまる。これに照応して国際協力事業団、海外貿易開発協会などが新たに作られている。海外投資を見ると1965年1億6,000万ドルに過ぎなかった日本の直接投資は70年には9億ドルに達し、71年12月の円切り上げで加速度化した海外投資は、72年22億4,000万ドル、73年35億ドルへと急上昇をとげたのである。[48)]その後日本の海外投資はいったん第一次オイルショックで落ち込むが、再度75年以降は上昇を続け、85年以降はグローバルな規模での海外投資を展開していくことになる（図0-4）。70年代前半までの日本企業の海外投資の中心は東南アジアであったが、後半から80年代にかけて欧米を中心に先進国に拡大し、90年代に入ると中国投資が増大した。

図０－４　日本の対外直接投資推移

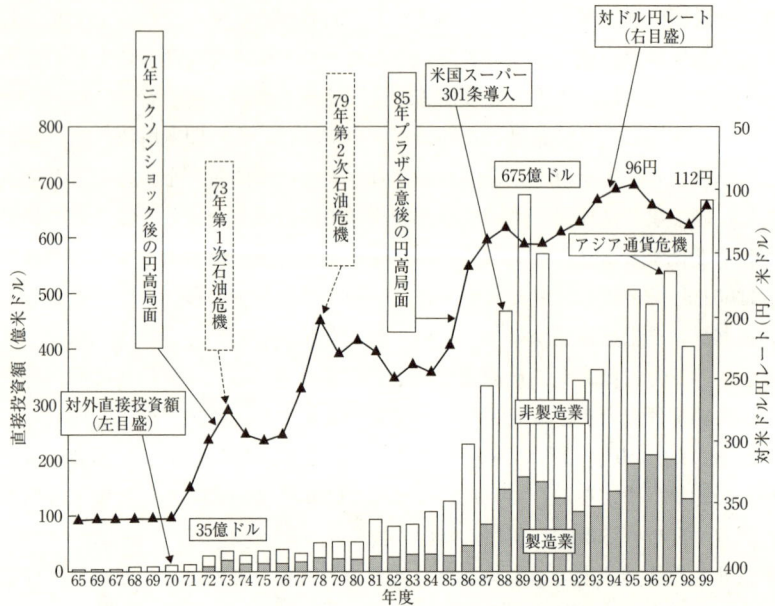

注：対米ドル円レート：東京インターバンク市場　直物中心相場期中平均
　　1996年度以降の直接投資額は、期中平均レートにて、通産省が米ドルに換算
出所：対外直接投資額：対外直接投資届出報告実績（財務省）。

　この影響は、まず海外渡航、海外在留日本人の増加となって現れた。1970年代以降になると業務・短期商用、海外支店赴任、学術調査、留学・研修、観光のすべての面で海外渡航日本人数は激増する。1965年に16万人台だった海外渡航日本人数は、70年には60万人台に達し、75年には観光旅行者を筆頭に業務・短期商用が続くかたちで240万人台に、80年には390万人台に達した（表０－８）。永住者は女性を主体に、非永住者は民間企業関係者を中心に、1970年代から急速に増加した（表０－９）。2000年段階での海外における業種別事業社件数および従業員を見た場合（表０－10）、電機および機械が圧倒的比率を占めており、この時期の海外生産の主力が、この２業種だったことを物語っている。
　こうした在住者は相互の連携を求めて新しい団体を結成することとなる。

表0-8　事由別海外渡航日本人数　　　　　　　　　　　　　　　　（単位：人）

| 年次 | 総数 | 業務・短期商用 | 海外支店赴任 | 学術研究調査 | 留学・研修 | 観光・その他 |
|---|---|---|---|---|---|---|
| 1965 | 162,910 | 62,191 | … | 7,115 | 1,882 | … |
| 1970 | 608,379 | 188,697 | … | 8,621 | 4,659 | … |
| 1975 | 2,466,326 | 349,399 | 13,187 | 5,594 | 10,826 | 2,027,191 |
| 1980 | 3,909,333 | 483,262 | 36,789 | 8,870 | 14,279 | 3,269,325 |
| 1985 | 4,948,366 | 696,962 | 57,236 | 17,293 | 23,830 | 4,024,051 |
| 1990 | 10,997,431 | 1,442,526 | 51,532 | 64,243 | 121,645 | 9,085,333 |
| 1995 | 15,298,125 | 2,065,990 | 46,239 | 104,430 | 165,257 | 12,685,155 |
| 2000 | 17,818,590 | 2,599,173 | 55,119 | 100,401 | 193,779 | 14,582,476 |
| 2005 | 17,403,565 | … | … | … | … | … |

出所：法務省『出入国管理統計年報』各年度版より作成。

表0-9　事由別海外在留日本人数　　　　　　　　　　　　　　　　（単位：人）

| 年次 | | 永住者 | 非永住者 | 民間企業 | 報道関係 | 自由業 | 留学生・研究・教師 | 本邦政府関係 | その他 |
|---|---|---|---|---|---|---|---|---|---|
| 1975 | 男 | 2,329 | 18,963 | 15,806 | 123 | 99 | 423 | 1,645 | 867 |
| | 女 | 4,954 | 11,052 | 8,600 | 93 | 70 | 238 | 1,271 | 780 |
| | 計 | 7,283 | 30,015 | 24,406 | 216 | 169 | 661 | 2,916 | 1,647 |
| 1980 | 男 | 120,925 | 116,192 | 81,850 | 742 | 2,360 | 17,907 | 7,665 | 5,668 |
| | 女 | 130,627 | 77,628 | 49,632 | 617 | 1,750 | 13,905 | 6,202 | 5,522 |
| | 計 | 251,552 | 193,820 | 131,482 | 1,359 | 4,110 | 31,812 | 13,867 | 11,190 |
| 1985 | 男 | 115,339 | 137,001 | 94,900 | 954 | 2,853 | 21,821 | 10,086 | 6,387 |
| | 女 | 127,912 | 100,487 | 64,293 | 853 | 2,282 | 18,745 | 7,971 | 6,343 |
| | 計 | 243,251 | 237,488 | 159,193 | 1,807 | 5,135 | 40,566 | 18,057 | 12,730 |
| 1990 | 男 | … | … | … | … | … | … | … | … |
| | 女 | … | … | … | … | … | … | … | … |
| | 計 | 246,130 | 374,044 | 240,730 | 2,674 | 7,323 | 76,634 | 19,078 | 21,505 |
| 1995 | 男 | … | … | … | … | … | … | … | … |
| | 女 | … | … | … | … | … | … | … | … |
| | 計 | 267,746 | 460,522 | 275,013 | 2,860 | 8,909 | 108,729 | 22,941 | 33,197 |
| 2000 | 男 | … | … | … | … | … | … | … | … |
| | 女 | … | … | … | … | … | … | … | … |
| | 計 | 285,027 | 526,685 | 291,828 | 3,292 | 16,285 | 130,043 | 24,338 | 48,590 |
| 2005 | 男 | 125,230 | 365,000 | 242,734 | 1,930 | 14,430 | 65,495 | 13,407 | 27,004 |
| | 女 | 185,348 | 336,969 | 154,197 | 1,730 | 13,683 | 99,967 | 11,961 | 55,431 |
| | 計 | 310,578 | 701,969 | 396,931 | 3,660 | 28,113 | 165,462 | 25,368 | 82,435 |

出所：外務大臣官房領事移住部『海外在留邦人数調査統計』各年度版より作成。

表０－10　日本企業の海外進出産業別・進出年次別件数　　　　　　　　　　(単位：社)

| 産業別 | 合計 | 1970以前 | 1975 | 1980 | 1985 | 1990 | 1995 | 2000 | 2005 |
|---|---|---|---|---|---|---|---|---|---|
| 全産業 | 35,032 | 1,194 | 286 | 284 | 387 | 1,526 | 922 | 1,050 | 559 |
| 農林・水産業 | 290 | 22 | 4 | 1 | 4 | 10 | 5 | 7 | 4 |
| 鉱業 | 298 | 16 | 5 | 6 | 6 | 8 | 3 | 8 | 5 |
| 建設業 | 917 | 4 | 12 | 10 | 20 | 49 | 35 | 18 | 1 |
| 製造業 | 13,433 | 505 | 109 | 96 | 107 | 530 | 533 | 361 | 229 |
| 　　食料品 | 793 | 20 | 5 | 5 | 6 | 35 | 30 | 16 | 9 |
| 　　繊維業 | 954 | 77 | 19 | 1 | 4 | 34 | 42 | 10 | 9 |
| 　　木材・家具 | 168 | 10 | 2 | - | 1 | 15 | 5 | 5 | - |
| 　　パルプ・紙 | 138 | 6 | 2 | 1 | - | 11 | 5 | 4 | 2 |
| 　　印刷・出版 | 86 | 10 | - | - | - | 3 | 1 | 2 | - |
| 　　化学 | 2,076 | 71 | 25 | 16 | 18 | 46 | 66 | 52 | 29 |
| 　　ゴム・皮革 | 334 | 13 | - | 2 | 4 | 9 | 9 | 12 | 4 |
| 　　窯業・土石 | 386 | 14 | 2 | 3 | 1 | 11 | 20 | 14 | 9 |
| 　　鉄鋼業 | 335 | 24 | 5 | 4 | 5 | 14 | 15 | 1 | 4 |
| 　　非鉄・金属 | 358 | 8 | 2 | 6 | 6 | 20 | 10 | 8 | 3 |
| 　　金属製品 | 636 | 18 | 3 | 4 | 2 | 27 | 28 | 15 | 13 |
| 　　一般電気・他 | 1,488 | 45 | 6 | 13 | 11 | 46 | 48 | 52 | 34 |
| 　　電気機器 | 2,836 | 91 | 9 | 25 | 20 | 122 | 111 | 82 | 37 |
| 　　輸送機器 | 148 | 12 | 6 | 1 | 13 | 8 | 12 | 1 | 4 |
| 　　自動車 | 1,640 | 12 | 8 | 1 | 4 | 56 | 65 | 66 | 53 |
| 　　精密機械 | 388 | 13 | 7 | 5 | 3 | 16 | 11 | 12 | 5 |
| 　　その他製造業 | 571 | 61 | 8 | 9 | 9 | 32 | 23 | 9 | 12 |
| 商業 | 10,620 | 540 | 113 | 129 | 115 | 394 | 168 | 341 | 164 |
| 金融・保険業 | 1,471 | 29 | 15 | 18 | 68 | 105 | 12 | 38 | 14 |
| 不動産業 | 724 | 6 | 3 | 1 | 12 | 71 | 9 | 9 | 1 |
| 運輸業 | 1,800 | 41 | 14 | 8 | 32 | 80 | 51 | 53 | 30 |
| サービス業 | 3,088 | 31 | 11 | 15 | 23 | 136 | 65 | 135 | 81 |

注１：1970以前～85年度データは88年7月現在、90年度データは93年10月現在、95年度データは95年度10月現在、2000年度、05年度、合計データは05年11月現在の調査データにそれぞれ基づく。
注２：1970以前～85年度、90年度データは撤退済みの企業が除外されている。
注３：1995～2005年度、及び合計データは進出後に撤退した企業、吸収合併された企業及び休眠中の企業とを含めて集計。
注４：合計には進出年次不明分が含まれ、内訳と一致しない。
注５：日本企業または日系現地法人による出資比率の合計が10％未満の現地法人は除く。
出所：東洋経済新報社『海外進出企業総覧』各年より作成。

この間に設立された機関は、既存のものがその活動範囲を従来の貿易から投資活動へと変更させた場合と、新たな機関が作られる場合があった。経団連やジェトロ、日本商工会議所の海外活動への支援の積極化などが前者のケースに当り、国際協力事業団（JICA）、海外貿易開発協会などは後者の例に該当した。

　経団連、日本商工会議所などは、1970年代初頭東南アジアでおきた反日暴動へ積極的に対応した。日本企業や日本人の急速な拡大にともない1972年11月にはタイで大規模な日貨排斥運動が広がり、74年1月には総理田中角栄の東南アジア訪問（フィリピン、タイ、マレーシア、インドネシア）に対し、タイ、インドネシアで激しい反日運動の動きが生まれた。暴動勃発の背後には、前述した1970年代初頭からの日本企業の集中豪雨的進出と東南アジアの人々の反日感情の急激な高揚があった[49]。日本商社、企業が集中したバンコクでは、72年ごろから大学生を中心に反日の気運が高まり日本商品不買運動が高揚した。この動きは73年からタイ民主化要求へと拡大し、74年初頭の総理田中角栄訪タイ反対運動へと広がった[50]。事態を重視した経団連や経済同友会は、73年6月初頭に「発展途上国に対する投資行動の指針」を発表した。この「指針」によれば、2大方針として「受入国に歓迎される投資としてそこに定着し、長期的な観点に立って企業の発展と受入国の開発・発展とが両立する方向で進める」「受入国の社会にとけ込むようにその経済、社会との協調、融和を図りつつ行なう」を掲げ、さらに1、相互信頼を基盤とした事業活動の推進、2、雇用、登用の推進、3、現地派遣員の選定、権限移譲等、4、教育、訓練の推進、5、地場産業の育成、6、再投資の促進、7、受入国産業との協調、8、受入国社会との協調、融和の8点を具体的対策として提示した。「現地融和」「現地奉仕」「現地人登用」に集約される3大対策の確立だった[51]。

　その後の日本人団体は、基本的にはこの「指針」をベースに進むこととなる。日本の労働組合、とりわけIMF・JC（国際金属労連日本支部）も事務局長の瀬戸一郎が「アジアを主とする発展途上国の組合運動の育成・強化に可能な限りの援助と協力を提供している[52]」と述べたように東南アジア各国の労働組合相互の連繋に力を入れはじめた。1969年2月東京で第1回IMFアジア地域会議を開催以来マレーシア（1972年）、フィリピン（73年）、タイ

(79年) へとその組織の網を広げ国際協調の線で労働組合を纏め上げるうえで大きな役割を果たした。

こうした動きを反映して1977年8月の総理福田赳夫の東南アジア6カ国訪問は、一変して友好的なものとなった。福田は、訪問日程の最終地フィリピンのマニラで、「日本は平和に徹し、軍事大国にならない」「東南アジアの国々との間に、政治・経済のみならず、社会・文化など広範な範囲で、真の友人として心と心が触れ合う相互信頼関係を築く」「日本は対等の協力者の立場から、ASEAN およびその加盟国の連帯と結束強化の自主的努力に対して積極的に協力し、インドシナ諸国との相互理解と東南アジアの平和、繁栄に寄与する」という内容を盛込んだ「マニラ声明」を発表した。「福田ドクトリン」とよばれたこの声明は、東南アジア各国からは概ね好評を以て迎えられた。

『朝日新聞』の社説は、「福田首相の各国訪問は、決して熱烈な国民ベースの歓迎をうけたとはいえないにせよ、3年半前、デモと怒号に包まれた田中元総理のそれと比べたら、対照的な温かさといってよい。経済の自立的発展を願う各国と、東南アジアとの連帯のなかで国際的な政治、経済の役割を果たし、かつ、そこに日本自体の繁栄の足場を持とうと願う日本との、双方の願望が交差した故の変化であろう」と述べていた。

『朝日新聞』はまた、「福田訪タイ〈音無し〉の学生たち」「大多数がデモ反対—対日意識に変化の兆し」と題する記事を載せており、この3年間の東南アジアにおきた変化を指摘した。「軍事政権が、学生の動きを厳しく制限していることが大きな原因であるが、学生自身の対日意識がやや変わりつつあることも確かだ」「3年前には、ことごとく日本の経済進出が問題になったのに、『日本との経済協力が、タイの近代化のために必要だ』『経済協力で企業が増えれば、雇用の機会が増える』『日本製品は他の外国製品に比べて安い』などの声が堂々と出てきたともいう」と述べたのである。

ASEAN からの日本留学生や、戦時中日本に留学していた南方特別留学生たちの同窓会が始まったのも1977年以降のことだった。反日色を一掃するには交流する組織を作るのが一番良い、というのが福田の判断であり、77年6月に ASEAN 各国の元留学生たちの手で ASEAN 日本留学生評議会（ASCOJA）が結成され、これと連動して国会議員のなかでは砂田重雄を中心にア

ジア留学生議員連盟、民間では永野重雄を中心にアジア留学生協力会（JAS-CAA）が作られたのである。福田は、ASCOJA の名誉会員、JASCAA の名誉会長に選出された。

しかし、ここから日本企業のイメージの好転、日本経済への再評価のみを見てとるのは早計である。たしかにこうした変化がこの間生れ始めたとはいえ、反日運動が起きなかったのは、『朝日新聞』が指摘したように、当時、東南アジア各国が軍事政権下で厳しい言論統制下に置かれ、反日的な言論が禁止されていたことが大きかった。福田のアジア歴訪の成功は、日本企業のイメージ・アップもさることながら、こうした政治環境の変化があったことは見落とせない。

ところで1970年代になって新たに作られた団体に国際協力事業団（JICA）がある。同事業団は、60年代に作られた海外技術協力事業団と海外移住事業団が74年8月に合体し両事業団の業務を引き継ぐかたちで作られた。すでに60年代の後半から技術協力の分野では研修受けいれ、専門家派遣に加えて農業・開発・医療協力との組み合わせ、資金協力を加えた統一的援助の必要性が高まっており、他方移住の面でも移民送出から既移住者の援護、国際協力の一環としての移住事業の必要性が強まっていた。国際協力事業団はこうした要請を受けて国際協力事業団法に基づき設立された。出発当初の74年時点では海外移住、研修員受けいれ、専門家派遣、調査団派遣、機材供与、プロジェクト支援、青年海外協力隊がほぼ同一の比重で展開されていたが、5年後の79年には専門家派遣、調査団派遣、機材供与が急増し、10年後の83年には海外移住が減少した一方で専門家派遣、無償資金協力が急増する変化を見せた。[58] 1971年5月にはアジア各国との友好を促進するために外務省の外郭団体として新たにアジア協力会が結成された。当初構成団体としては戦前から活動していた団体を含めベトナム協会（1965年発足・76年再発足）、日本カンボジャ協会（1963年発足）、日本マレーシア協会（1979年発足）、日本シンガポール協会（1970年発足）、日本ミャンマー協会（1933年発足）日本ネパール協会（1964年発足）、日本ラオス協会（1955年発足）、日本スリランカ協会（1955年発足）の8団体であったが、72年には日本インドネシア協会（1958年発足）が73年には日本タイ協会（1939年発足）、フィリピン協会（1935年発足）などがあり、74年には日印協会（1902年発足）、75年には日

本・パキスタン協会(1957年発足)、日本モンゴル協会(1965年発足)が加わった。82年には名称をアジア協力会から国際協力会に変更した。[59]

## 第8節 1950年代以降のアジア各地の在外日本人組織

### 1．サンフランシスコ講和条約と在外日本人団体

日本と東アジア各国の国交が回復し経済交流を開始するのは1950年代以降のことであった。国交の回復を契機にアジア各地に日本人組織が結成されていく。比較的アジアで早く結成されたのは台湾とタイであった。

1952年の日華平和条約締結直後に在台日本人を中心に台北市日僑工商会が結成され、59年には台湾省日僑協会へと発展していく。またタイの場合は、1946年にははやくもアメリカ占領軍の監督下で日タイ貿易が再開されている。1936年結成され日本の敗戦で消滅した泰国日本商工会議所が、バンコク日本人商工会議所として再興されるのは1954年9月のことであった。[60]このように台湾とタイでは早くも1950年代に日本人組織が結成されている。香港でも1955年7月に香港進出日本企業を中心に日本人倶楽部が発足する。[61]在留日本人の親睦と情報交換が主であった。これを母体に香港日本人商工会議所が設立されたのは1969年7月のことだった。シンガポール日本人会の発足は1957年で、シンガポール日本商工会議所のスタートは12年後の1969年であった。隣接するマレーシアのクアラルンプール日本人会の発足が1963年で、マレーシア日本人商工会議所の発足は20年後の83年のことだった。台湾、タイ、シンガポールでは1950年代には日本人組織が設立されている。早期に貿易が再開されたこと、サンフランシスコ講和条約直後から交流が開始されたことが大きいといえよう。

### 2．賠償・借款の締結と在外日本人団体

1955年に日本とビルマの賠償交渉が締結され、その後50年代にフィリピン、インドネシア、南ベトナムとの賠償交渉が締結され日本との交流が拡大するが、日本人組織が多数結成されていくのは1970年代に入って以降のことだった。[62]たとえば早期に賠償が締結されたビルマでもヤンゴン日本人会は67年になって結成された。[63]フィリピンでも事情は同様であった。敗戦後日本人の活

動が禁止され、日本人の大半が帰国した後、日比関係は事実上消滅していた。日比経済関係は46年以降再開されたが、国交がなく限定された管理貿易であったため現地で日本人が活動することは希であった。また戦争中の日本軍将兵の乱暴行為が影響して対日感情は非常に悪く、また日本人団体の活動は禁止されていた。こうした活動が許されるのは、56年の日比賠償が締結され、72年の戒厳令下で日比通商航海条約が批准されて以降のことだった。73年にはフィリピン日本人商工会議所が設立され、76年にはマニラ日本人会が設立されている[64]。インドネシアでは1948年から日イ貿易が再開され、51年には戦前のピーク時の水準に達していた。にもかかわらず、インドネシアにおける日本人は経済活動だけでなく、渡航・居住全般にわたって厳しい制限下に置かれていた。厳しい制限が解除され在インドネシア日本人の手でジャカルタジャパンクラブが結成されるのは70年7月のことであった[65]。73年になると日本商工会議所は、ジャカルタに駐在員事務所を開設している。ベトナムにハノイ日本商工会の名で日本人組織が作られるのはずっと遅れて1992年12月のことであり、ホーチミン日本商工会の結成は98年9月のことであった[66]。

　台湾、タイとビルマ、フィリピン、インドネシア、ベトナムの中間に位置していたのが韓国であった。貿易そのものは1945年8月の敗戦以降も密貿易のかたちで継続していた。しかし日本人団体が活動を開始するのは、65年の日韓条約締結以降のことであった。ソウル日本人会が結成されるのは66年2月のことであり、ソウル日本商工会が結成されるのは67年7月のことであった[67]。JV（Japanese Joint Venture Association in Korea）会が72年1月で日本商工会議所ソウル事務所が開設されるのは1969年のことであった[68]。ソウル日本人会は、ソウル在住日本人を中心に彼等の親睦、日本人学校の運営などを主目的に結成され、日本商工会議所ソウル事務所が結成される前には、経済関係の情報収集も行なっていた。ソウル日本商工会は、経済情報の収集に、JV会は、日韓間の合弁や技術移転の問題をとりあげている。日本商工会議所ソウル事務所は、韓国政府との連繋、進出企業へのアドバイス、情報提供などを担当している。1997年1月ソウル日本人会、ソウル日本商工会、JVの3団体は合併してソウルジャパンクラブ（SJC）となった。

## 第9節　在外日本人団体の設立時とその後の特徴と機能

### 1．設立時の特徴

　いずれの国にも共通することは、国交の正常化・経済関係の再開と経済団体の再稼動の間にはズレが大きいことである。日本との貿易関係が再開されるのは、多くの国で1940年代後半のことであるが、該地に日本人団体が結成されるのは、タイと台湾での1950年代半ばを除外すれば、多くは60年代後半から70年代にかけてであった。こうした団体が結成されるのは、賠償交渉の締結、国交の回復、通商航海条約の締結と批准が不可欠だが、多くの国でこれらの手続きが完了するのが60年代後半から70年代にかけてであったことである。

　いま1つの特徴は引揚団体と1950年代後半以降の日本人団体では、その担い手で継承性がなかったことである。引揚団体の担い手には、大企業のトップ経営陣や政府機関役人のほかに現地で戦前来数10年の在住歴を有する古参の日本人で雑貨商、写真屋、医者などを営んできた者が数多く含まれていた。彼等の多くは敗戦と同時に日本へと引揚げたため、戦前からの伝統はここで基本的には途絶えた。戦後作られた日本人団体は、その多くが戦後引揚団体メンバーとは重ならない、企業派遣のメンバー主体に設立された。戦前来の民間人で1950年代後半以降現地に帰還しこれらの活動に参加したものもいないわけではないが少数派であった。したがって、50年代後半以降は大企業の幹部がこれらの団体の中心となったのである。総じて引揚期のメンバーとの間では人的連続性は希薄であった。

　3つめの特徴は、引揚期の日本人団体の中心は居留民会などで、そこでは企業人、官僚、商工業者を含む在住者のモザイク模様が作り出されたのに対して、1950年代後半以降の日本人組織の中心は企業主体の経済団体だったことである。戦後の日本人団体は、その名称は商工業会であったり、商工会議所であったりしたが、その基本的課題は、日本企業の経済活動のバックアップであった。ただし戦前は商工会議所中心であったのに比較すると、戦後は前述したような各種政府機関の組織が設立され活動を展開した。

## 2. 設立時の機能と活動

では、日本人経済団体は現地においてどのような機能と役割を演じたのか。こうした団体の基本的機能は、現地情報の収集、日本人コミュニティの情報交換、現地政治経済有力者との連繋といった点にあった。そのほかに日本人学校の経営と管理といった問題もあった。日本人学校は文部省の支援を受けてアジア各地に設立されたが、その運営は各地の日本人会が大きな責任を負っている。[69] こうした団体が、現地の日本人社会のコミュニティ作りに大きな意味を有していたことはいうまでもない。しかし現地サイドとの融和がどの程度進んだかという点になると地域と時期によって大きな違いがあった。

東南アジア各国に関してみれば、1974年に総理田中角栄の東南アジア訪問に際して該地で大規模な反日デモが発生した。日本人団体の多くは、発足間もなかったとはいえ、これらの運動を押さえることはできなかった。しかし、77年に総理福田赴夫がほぼ同じ国を訪問したとき、ほとんど反日運動は発生しなかった。では、この3年間の差をどのように考えればいいのだろうか。1つには東南アジア全体の政治状況の変化がある。タイでは民主化の時代が終わり、その反動でゆれ戻しの激しかった時代で、反日を唱える雰囲気に乏しかった。しかしそれだけではなく、この時期の日本人経済団体の現地融和促進活動が大きかったのである。この点に関しては、第Ⅱ部各章の商工会議所の活動を参照願いたい。

## 3. 現状の特徴

しかし近年、東アジア各地の在外日本人団体にも新たな特徴が生みだされてきている。1つにフィリピンにおける大沢清が組織するマニラ会や台湾でのフォルモサ会のように日本企業のなかでも中小企業主、定着者を中心とした組織などがその後に作られている。商工会議所や日本人会が組織していないか、そこから外れた定着志向の強い庶民派ともいうべき日本人達は、大企業中心の組織とは別に新しい組織をつくり出しているのである。戦前の「グダン族」と「下町族」の微妙な対立とズレは戦後も持ち越され、商工会議所や日本人会に結集した「大企業派」と「中小企業派」、「転職派」と「永住派」の対立とズレを醸し出しているのである。

さらに2つめの特徴として、いずれの組織にも所属しない「無所属派」も

増加してきている。彼らは、リストラされて新就職先を求めて海外に出たか、定年後の「安住」の「楽園」と定めて移住してきたか、離婚もしくは死別など、なんらかの理由で伴侶を失なった後新生活を夢みてきたか（タイ、フィリピン[70]）、その理由は多様だが、従来の在外日本人とはいく分異なる「日本人」が生まれはじめてきているのである。とくにバブル崩壊後の1990年代から外国人規制が比較的緩やかなタイやフィリピンなどを中心に、どの日本人組織にも所属していない「浮遊」日本人が増加を開始しているのである。こうした「無所属派」とどのようなネットワークを作っていくかは、今後の大きな課題であろう。

### 4．現状の機能と活動

近年、東アジア各地の在外日本人団体の機能にも新たな特徴が生みだされてきている。

1つは社会貢献活動の重視である。1980年代アメリカ進出を果たすなかで、地域社会への貢献の重要性を学んだ多くの日本企業は、東アジア各地でも積極的に社会貢献活動を展開しはじめている。社会貢献活動の人的、資金的支援、人材育成奨学金配布への参加、市民行事支援などその活動は多岐にわたる。

2つには、日本人会が管理、運営する日本人学校での構成員の変化である。近年両親のいずれかが日本人でないケースが増加してきており、教育のグローバル化の進行のなかで、日本国内の学校への編入を目的にした従来の教育体系の見直しが課題となりつつある。

## おわりに

以上、終戦直後の日本人団体の活動から、戦後賠償を経て日本企業が海外展開し日本人滞在者が増加するのに照応して現地で設立された日本人組織の活動までを概観した。したがって、本書では日本人経済団体の分析が中心であることはいうまでもないが、その展開の前提という意味で経済団体以外の日本人団体についても言及した。前提となる敗戦直後の日本人団体の組織は引揚げを目的に、後者のそれは企業進出に伴う現地日本人のコミュニケーシ

ョンを目的に設立されたという意味で、その目的は異なるが、海外の日本人団体という意味では戦前、戦中、戦後をつなぐものとして、一定の連続性をたどることが可能となる。むろん地域や国によって相違がみられるが、大枠では前述した諸特徴を具備しているものと考える。もっとも、本書においては我々の力量の不足から、企業再進出後の中国における日本人団体の活動に関しては言及することができなかったことをあらかじめおことわりしておかねばならない。以上の前提条件のうえで、以下では、第Ⅰ部で戦後の引揚げの歴史と現状を、第Ⅱ部では1960年代以降の日本企業の海外展開後の日本人団体の活動を見てみることとしたい。

注
1） 若槻泰雄『新版 戦後引揚げの歴史』時事通信社、1995年、358頁以下参照。
2） 研究史に関しては、とりあえず阿部安成・加藤聖文「『引揚げ』という歴史の問い方（上）」（『彦根論集』滋賀大学経済学会、第348号、1999年6月）、加藤聖文『海外引揚問題と戦後日本人の東アジア観形成に関する基盤的研究』（平成15年度～平成17年度科学研究費補助金若手研究（A）研究成果報告書、2006年）および拙稿「戦後東アジアにおける日本人団体の活動―引揚げから企業進出まで―」（『東アジア近代史』第10号、2007年3月）を、関係機関による引揚事業史としては引揚援護庁『引揚げ援護の記録』1950年、厚生省引揚援護局『続・引揚援護の記録』1955年、同『続々・引揚援護の記録』1963年、同『引揚げと援護30年の記録』1977年などをあげておく。
3） 例えば、成田龍一「『引揚げ』と『抑留』」（倉沢愛子他編『岩波講座 アジア太平洋戦争』4 岩波書店、2006年）は、引揚げに伴う人流の多方面性や帝国意識の戦後への継承を指摘していて興味深い。また引揚者の戦後を茨城県で分析した稲葉寿郎「引揚者の戦後―土浦引揚寮を中心に―」（大濱徹也編『国民国家の構図』雄山閣、1999年）、引揚体験の「記憶」を戦後日本に投影させ分析を試みた浅野豊美「折りたたまれた帝国―戦後日本における「引揚」の記憶と戦後の価値―」（細谷千博・入江昭・大芝亮編『記憶としてのパールハーバー』ミネルヴァ書房、2004年）、山口県を中心に戦後引揚事業を検討した木村健二「引揚者援護事業の推移」（『年報日本現代史』第10号、2005年）、中国からの日本人の復員、引揚げを扱った加藤陽子「敗者の帰還―中国からの復員・引揚問題の展開―」（加藤陽子『戦争の論理』勁草書房、2005年）なども今後の引揚史の新視座を提示している。
4） 岡野鑑記『日本賠償論』東洋経済新報社、1958年。
5） 賠償問題研究会編『日本の賠償―その現状と問題点』外交時報社、1959年、同

『日本の賠償』世界ジャーナル社、1963年。
6) 大蔵省『昭和財政史―終戦から講和まで―』第1巻「賠償・終戦処理」(原朗執筆)、東洋経済新報社、1984年。
7) 中岡三益『戦後日本の対アジア経済政策史』アジア経済研究所、1981年、小林英夫『戦後日本資本主義と「東アジア経済圏」』御茶の水書房、1983年。
8) Kesavan.K.V, *Japan's Relations with Southeast Asia,1952-1960,With Particular Reference to the Fhilippines and Indonesia* , Somaiga Publications PVT Ltd.1972.
9) 吉川洋子『日比賠償外交交渉の研究：1949-1956』勁草書房、1991年。
10) 原不二夫『マレーシアにおける企業グループの形勢と再編』アジア経済研究所、1994年。
11) 村島英治「日タイ関係1945-1952―在タイ日本人及び在タイ日本資産の戦後処理を中心に」(早稲田大学『アジア太平洋討究』創刊号、1999年12月)。
12) 高木良一『日本企業の海外進出』日本国際問題研究所、1967年。
13) 『世界週報』編集部『日本企業のアジア進出　アジア編』時事通信社、1969年。
14) 坂本康実他『日本企業の海外進出：経済環境とその問題点』東洋経済新報社、1973年。
15) 北沢洋子『日本企業の海外進出』日本評論社、1982年。
16) 前掲『戦後日本資本主義と「東アジア経済圏」』。
17) 松宮美奈『日本企業の海外進出動向：アジアを中心に』大和銀総合研究所、2002年。
18) 小林英夫『日本企業のアジア展開：アジア通貨危機の歴史的背景』日本経済評論社、2000年、同『戦後アジアと日本企業』岩波書店、2001年。
19) 洞口治夫『日本企業の海外直接投資：アジアへの進出と撤退』東京大学出版会、1992年。
20) 清水洋・平川均『からゆきさんと経済進出：政界経済のなかのシンガポール―日本関係史』東京：コモンズ、1998年。
21) 波形昭一編『近代日本と経済団体』日本経済評論社、2000年。
22) 柳沢遊・木村健二編『戦時下アジアの日本経済団体』日本経済団体、2004年。
23) 小林英夫「戦後アジアと日本企業」(諏訪春男編『グローバル化時代の日本人』勉誠出版、2006年)。赤木攻『タイの永住日本人』めこん、1992年。赤木攻「『天使の都』に浮遊する日本」(『アジア遊学』No.57、勉誠出版、2003年11月)。川辺純子「盤谷日本人商工会議所50年の歩み(1954年〜2004年)」(『盤谷日本人商工会議所50年史』盤谷日本人商工会議所、2005年)。
24) 佐世保引揚援護局『局史』上、79頁。
25) 当時の戦災孤児全体の1割相当。引揚援護庁『引揚援護の記録』1-2、付表参照。

26) 前掲『局史』102頁。
27) 同前。
28) 同前書、103頁。
29) 満蒙同胞援護会編『満蒙終戦史』河出書房新社、1962年参照。
30) 森田芳夫『朝鮮終戦の記録 米ソ両軍の進駐と日本人の引揚』巌南堂出版、1964年および森田芳夫・長田かな子編『朝鮮終戦の記録 資料編』第1―第3巻、巌南堂出版、1979―1980年。
31) 鎌田正二『北鮮の日本人苦難記』時事通信社、1970年、巻末日誌参照。
32) 磯谷季次『朝鮮終戦記』未来社、1980年参照。
33) 前掲『満蒙終戦史』引揚年表参照。
34) 同前。
35) 尾高煌之助「引揚者と戦争直後の労働者」(『社会科学研究』48-1、1996年7月)。
36) 海外移住事業団編『海外移住事業団十年史』1973年、25-26頁。
37) 森枝修編『群馬県海外引揚誌』群馬県引揚者連合会、1966年、171-177頁。
38) 同前書、173頁。
39) 厚生省援護局『続々・引揚援護の記録』1963年、第5章参照。
40) 注5)を参照。
41) 矢野暢『「南進」の系譜』中公新書、1975年、124頁以下。
42) 拙著『満州と自由民主党』新潮新書、および故藤崎信幸追悼記念事業世話人会『アジアに道を求めて―藤崎信幸追想文集』論創社、1985年。
43) 岸は高崎達之助との対談「アジアの経済開発とナショナリズム」(『アジア問題』第3巻第1号、1954年1月)の中で、「ナショナリズムの重視」とりわけ「自由主義的な思想」「中間的な思想」に基づく「ナショナリズム」との結合の重要性を指摘していた。
44) 海外技術協力事業団『海外技術協力事業団10年の歩み』1973年。
45) 前掲『海外移住事業団10年史』参照。
46) 同前。
47) 前掲『アジアに道を求めて―藤原信幸追想文集』参照。
48) 通産省『経済協力の現状と問題点』1973年度版参照。
49) 前掲『戦後日本資本主義と「東アジア経済圏」』第1部第3章第4節参照。
50) 同前。
51) 『朝日新聞』1973年6月5日。
52) 全日本金属産業労働組合連合会『IMF・JC20年史』1984年、v頁。
53) 『朝日新聞』1977年8月18日。
54) 同前、1977年8月19日。

55) 同前、1977年8月15日。
56) 同前。
57) 福田赳夫『回顧90年』岩波書店、1995年、283-285頁。
58) 国際協力事業団『国際協力事業団10年の歩み』1984年参照。
59) いま一例としてフィリピン協会の活動を概観しておこう。この団体の結成は、1935年までさかのぼる。同年7月外務省アジア局の課長だった岡部長景を代理人に設立申請を行ない8月許可された。日比両国の親善、文化交流、経済提携、留学生の紹介などの事業を実施する目的で設立された。初代会長は貴族院議員で侯爵徳川頼貞（徳川頼貞遺稿刊行会編『頼貞随想』河出書房、1956年）であった。戦前は留学生の斡旋やスポーツ大会の開催、訪日・訪比団の組織などを手掛けている。戦時中は三越本店でフィリピン展を開催したり、山田耕筰ら音楽家のマニラ訪問をコーディネイトするなどのイベントをおこなっている。

　戦後は1947年7月に会長に再就任した徳川頼貞のもとで留学生のフィリピン派遣、比共和国独立記念日祝賀パーティ（53年7月）、モンテンルパ収容所戦犯特赦国民感謝大会の開催（同）、日比学生会議の開催（同）、フィリピン写真展の開催（54年12月）、柔道普及のため比柔道連盟への畳の贈呈（57年8月）、日比親善のため衣料、薬品、玩具のフィリピン社会福祉施設への贈呈（61年3月）などの活動を行なって今日にいたっている（財団法人フィリピン協会『日比関係記録集』1985年）。
60) とりあえずバンコク日本人商工会議所『タイ社会経済の歩みとともに—バンコク日本人商工会議所30年史』を参照。詳しくは本書第10章参照。
61) とりあえず香港日本人商工会議所『香港商工会議所20周年記念誌』1989年参照。詳しくは本書第7章参照。
62) 外務大臣官房領事移住部の調査によれば、1995年4月現在で活動している日本人団体は世界各地で約690余にのぼるとしている。その内訳は、「邦人、日系人の親睦と福祉厚生の増進及び2国間の友好親善のために活動している団体」「本邦商社、メーカー等の駐在員が組織している経済関係団体」、上記に準ずる組合、団体から成るとしている（外務大臣官房領事移住部『海外における邦人及び日系人団体一覧表』1995年）。
63) 同前。
64) フィリピン商工会議所『月報』No. 200、2003年7月参照。詳しくは本書第8章参照。
65) JJC『インドネシアハンドブック2003年』参照。詳しくは本書第13章参照。
66) 詳しくは本書第14章参照。
67) 詳しくは本書第5章参照。
68) 同前。

69) 戦前の在外日本人学校の活動に関しては、小島勝『日本人学校の研究』玉川大学出版部、同『在外子弟教育の研究』同上、2003年を、1970年代までのそれに関しては中林勝男『世界の日本人学校』三修社、1978年、海外駐在員と子弟教育については岩内亮一ほか編『海外日系企業と人的資源』同文館出版、1992年など参照。
70) 前掲「『天使の都』に浮遊する日本人」。前掲「盤谷日本人商工会議所50年の歩み（1954～2004年）」。および本書第10章第5節を参照。
71) 本書第8章第3節「セブ日本人会の活動」を参照。

第Ⅰ部

引揚げと戦後補償

第1章

# 海外引揚問題と日本人援護団体
―戦後日本における帝国意識の断絶―

加 藤 聖 文

## はじめに

　第二次世界大戦の敗北によって、東アジア地域を中心として広大な植民地を抱えていた大日本帝国が崩壊し、明治以降、日本人が進出していた海外拠点は喪われた。その後、サンフランシスコ講和条約によって日本が独立し、再び海外進出が始まったが、戦前から戦後に連なる日本とアジアの歴史的連続性もしくは不連続性はいかなるものであったのだろうか。

　このような問題を考える前提として、戦後の日本人の意識の中に戦前の帝国意識がどこまで継承されていたのかを検証する必要があろう。そして、意識の断絶・連続面を解き明かすなかで、戦後日本の海外再進出の思想的基盤を明らかにできるのではなかろうか。

　本稿では、戦後日本における帝国意識への接近の試みとして、海外引揚問題を取り上げる。具体的には、現地の在留日本人の間で結成された日本人団体および彼らが引揚げた後に在外財産補償要求などを目的として結成された引揚者団体、ならびに引揚者援護を活動目的とした国内の各種援護団体の活動を明らかにし、引揚げに関わった様々な団体の活動を通して、日本の戦後史において埋もれていた戦前から戦後に連なる日本人とアジアとのねじれた関係を明らかにする。

　なお、海外引揚げを対象とした研究は、近年ようやく端緒についたばかりであり、まだ十分な蓄積がなされているわけではない。しかも、本稿で直接関わる現地の日本人団体および引揚者団体についての研究は皆無である。一方、引揚援護に関しては若干の研究が行われている。浅野豊美「折りたたまれた帝国―戦後日本における『引揚』の記憶と戦後的価値―」(細谷千博・入江昭・大芝亮編『記憶としてのパールハーバー』ミネルヴァ書房、2004年)は、在外同胞援護会の事例を取り上げ、戦争の「加害」と「被害」に接近するために「植民」と「引揚げ」の記憶を検証する必要性を指摘し、戦後

日本社会のなかに引揚体験がどのように組み込まれていったのかを考察し、戦後日本社会が引揚者をどのように扱ったのかを詳細に分析している。ただし、引揚援護活動に関しては、本稿でも触れるように同胞援護会の影響が強く、在外同胞援護会の活動のみからの接近については疑問がある。同胞援護会に関しては、稲葉寿郎「引揚者の戦後をめぐる一側面―恩賜財団同胞援護会を中心に―」(『清真学園紀要』第14号、1999年)、同「引揚者の戦後―土浦引揚寮を中心に―」(大濱徹也編『国民国家の構図』雄山閣出版、1999年所収)が茨城県下の自治体等の対応及び引揚者の生活形態などを聞き取り調査などを中心にして纏めたものがあり、この他にも、木村健二「引揚者援護事業の推移」(『年報・日本現代史』第10号、2005年5月)が山口県仙崎での活動を中心に引揚援護事業の実態を実証的に明らかにしている。ただし、いづれの研究も地域史的視点に限定されており、全国的な視野からの引揚援護事業の実態分析はなされていないのが現状である。

本稿では、以上のような研究状況を踏まえて、敗戦後に各地で結成された日本人会と国内で結成された援護団体の活動を分析するなかで全体的な枠組みを明らかにし、戦後日本とアジアとの関わりにおける問題点を論ずることを目的とする。

## 第1節　旧満洲国内における援護活動
### ―東北地方日本人救済総会と東北日僑善後連絡総処―

引揚問題のなかでもっとも混乱を極めたのが旧満洲国の統治地域からの引揚げ(約105万人)であり、犠牲者は約25万人にも上った。[2]満洲引揚げがこれほどまでの犠牲者を出した外的理由は、ソ連参戦により戦闘と引揚げが同時に進行したことと敗戦後国共内戦に巻き込まれたために引揚げが順調に進まなかったことなどが挙げられる。内的理由は、関東軍が軍事作戦上の理由により邦人(特にソ連国境付近の開拓団)に対して何の処置も採らなかったこと、敗戦間際の根こそぎ動員によって家族の中心となるべき男性を家族から引き離していたこと、ソ連軍の軍紀が悪く各地で殺人掠奪等(日本人・中国人問わず)を引き起こしたこと、ソ連側が日本人の送還に無関心であったことなどが挙げられる。

また、満洲引揚げの場合はソ連によるシベリア抑留（抑留者約60万人、内死亡者約6万人）が絡んでいるためにより一層複雑なものとなっている。基本的には軍人が抑留されたが、官僚はもとより一般人も一方的に連行されており（なかには女性、朝鮮人、中国人といった例もあった）、満洲から引揚げてきた家族の内、一家揃ってではなく夫のみ未帰還といった場合が多く、その場合大抵はシベリア抑留となった。

　敗戦によって満洲国政府機構が解体したため、旧満洲国各地では8月中には大半で日本人会が自発的に結成されていった。日本人会は当初、多くは居留民団または居留民会と称していたが（朝鮮に近い延吉市の場合は、朝鮮地域で結成されていた世話会の名称を使用、斉々哈爾では日本人消費組合と称す）、ソ連軍の撤退後に国民政府軍（国府軍）が進駐した場所では日僑善後連絡処と改称されていった。国府軍支配下では旧来の日本人会の組織をそのまま活用したのに対して、中国共産党軍（中共軍）支配が長期にわたった地域では日本人解放連盟（安東）・日本人民主連盟（通化）・日僑労働会（熊岳城）などと称される組織が結成された。こうした地域は旧日本人会幹部が逮捕・処刑されたり、指導者には延安から来た日本人の共産主義者などがなっていたことから、現地在住の日本人たちとの接点が無く、支配機関との交渉機関というよりも支配機関による命令下達機関というべきものであった。

　満洲国の解体と共に各地の行政機関および協和会組織が解体したため、多くの場所では旧政府機関による積極的な在留日本人救済対策は行われず、民間人による自発的な組織化が図られた。ただし、結成された日本人会の代表者には省次長・県長・街長といった旧満洲国行政機関の関係者が就任する例も多く、幹部にも多くの旧満洲国関係者が加わっていた。[3]

　しかし、これらの旧満洲国関係者は大半がソ連軍支配下において逮捕、さらにはシベリア送致となったため、次第に各地の日本人会の幹部はほとんどが民間人で構成されることになっていった。さらに、各地の日本人会はソ連軍・中共軍・国府軍とめまぐるしく支配機関が替わったために、その時々の政治状況に翻弄され、幹部の逮捕・抑留・殺害、組織の解散・再結成・改組を繰り返した。そのため、結成当初から民間人が代表者となっていたところも含めて、大半が日本人会結成から遣送開始まで幹部が交代しなかったところはないほどであった。

例えば、ソ連軍・中共軍・国府軍が入れ替わり支配権を握った鞍山の日本人会の場合、敗戦直後に結成された治安維持会はソ連軍によって解散を命じられ、中共軍進駐後は日本人僑民会々長の矢野耕治（元満洲製鉄常務理事）の拘留による幹部交替、さらには会長となった岩満三七男（元鞍山市長）と副会長朝橋慶一郎（元警務科長）の銃殺、幹部更迭と組織解散、その後の国府軍進駐による再建と支配権力交替の影響を強く受けていた。[4]
　また、日ソ開戦直後から朝鮮への避難民が流入した安東では、国共両派による権力争いに翻弄され、国府軍系の一部の日本人が安東に迫った中共軍を要撃して大敗するという湯池子事件（愛国先鋒隊事件）を引き起こした。さらに、中共軍支配下では安東在住の共産主義者を幹部とする安東民衆解放同盟が結成されたものの、数ヶ月後には国府側への内通容疑で解散させられ、その後は延安で思想教育を受けた日本人が主導する日本人解放同盟または民主連盟による在留日本人の管理が行われた。安東では長期間中共軍の支配下に置かれていたため、延安系日本人と在留日本人との間の感情的対立が深刻化、その一方で在留日本人の中でも以前からの安東在住者と敗戦前後に流入した避難民との間も関係が円滑にならなかった。このように、安東在留民社会が抱えていた問題に国共対立が絡み合ったため、安東の日本人の管理組織は複雑な変遷を辿ったのである。[5]
　各地の日本人会は敗戦前後という早い段階から結成され組織化されていたが、横の連携が無いという問題があった。そこで、こうした各地日本人会を結びつける中核組織として長春に東北地方連絡日本人救済総会が結成された。そして、この救済総会が1946年春の国府軍瀋陽進駐後、全東北日僑善後連絡総処へと発展する。
　長春（9月1日に新京から改称）ではソ連軍の進駐前日の19日に長春日本人会が結成され、会長には新京特別市立病院長であった小野寺直助が就任した。[6]
　またこれとは別に、旧満洲国政府・日本大使館・特殊会社等の首脳らによって各地日本人会の統轄機関である東北地方日本人救済総会結成の動きがあり、高碕達之助（満洲重工業総裁）が会長に推された。しかし、ソ連軍は各地ごとの日本人会結成を認めたものの全満洲の日本人会を統轄する機関の設置は認めなかったため、救済総会は非公認の団体として活動を開始せざるを

得なかった。[7]

　こうしてソ連軍黙認の下で救済総会の活動が始まった。当初、救済総会では日本国内の事情を考慮すると早期引揚げは不可能であると判断していた。そのため、越冬を見越した現地定着を基本方針とし、就業可能者（50万人、家族を含めると95万人、在満日本人約160万人の約60％。数字は当時の総会による推定数）への職業斡旋に重点を置くこととしていた。[8]

　しかし、現状はより深刻さを増していた。満洲各地に進駐したソ連軍による略奪暴行は一向に収まらず、治安は極度に悪化し、また、北満各地からの開拓団員を中心とする難民が各都市に流入した結果、食糧不足と衛生環境の悪化は甚だしいものとなっていった。

　また、ソ連軍側は救済総会による在留日本人の早期帰国要請を実行に移さず、就業も特殊技術者以外はほとんど使用されなかったため、救済総会が立てた計画は全く実現される見通しが立たなくなっていた。しかも、救済総会や各地日本人会も在留日本人を救済するための資金もなく連絡体制も不充分であったため、まずは資金集めから始めなければならず、引揚げ後に日本政府から返金されることを条件として在満日本人１人あたり500円の募金を行った。[9]

　その一方で、救済総会のみで在満日本人の保護を行うことは不可能に近かったため、本国政府に対して、連合国からの救済資金の借入と50万人と推定される老幼婦女子の年内引揚げを求めざるを得なかった。[10]

　しかるに日本政府は、ポツダム宣言受諾決定直後の８月14日に東郷茂徳大東亜相より在外公館に対して居留民の現地定着方針を訓令していた。[11]その後も輸送用船舶の不足と内地港湾での機雷除去が完了していなかったこと、さらには国内の食糧不足・住宅不足といった社会的混乱などから、８月30日には内務省管理局が、引揚げがやむを得ない婦女子などを除く在留日本人に対して「徒ニ早期且無秩序ニ引揚ヲ決定セシムルコトナク当分冷静ノ態度ヲ持セシムル様徹底指導」し、また平和産業の従事者は「アクマデ踏留マル様指導」、さらには「各地域ニ内地人ヲ以テ自治自衛組織ヲ結成セシメ相互扶助ヲ基礎トシテ自存自衛ノ途ヲ講ゼシムルト共ニ占領軍トノ交渉ニモ当リ得ル如ク指導」することとを決定しており、即時引揚げ実施を求める現地とは逆の立場を取っていたのである。[12]

だが、こうした政府の方針は全く見通しの甘い観測に基づいたものであったことがたちまちのうちに露呈することになる。敗戦直後から交通通信が遮断されていたソ連軍占領地の実態が徐々に明かとなってくるにつれ、事態は予想以上に悪化していることが明らかとなった。しかし、こうした現地の事情が明らかとなったものの、すでに降伏文書に調印して占領下に置かれた日本政府が取るべき手段は失われていた。ソ連軍占領地域に対してGHQは介入できる権限は無く、在満日本人の処遇はソ連の意思次第であった。しかも、ソ連は日本に対して「『ソ』連ニ在住スル日本人ノ地位ハ一方的ニ処理セラルヘシ」と通告してきたため、政府による在留民保護は不可能となり、在満日本人保護は救済総会を中心とする日本人会のみによって行われざるを得なくなったのである。

　こうした外的要因のなかで救済総会および各地日本人会は在留日本人の自治機関として当初は結成されたものの、結果的には業務の大半は都市周辺または奥地から流入してくる難民の救済（医療活動・生活必需品支給など）とそのための資金集めが主要任務となっていった。

　各地日本人会の業務はこのように難民救済が中心となっていたが、瀋陽では、開拓団員に資金を融資して自活のための農団を組織させたり、衣料・食糧の無償配給の原則的廃止による避難民の自立自活化を図ったりしていた。また、学校教育に関しては瀋陽・長春・斉々哈爾・哈爾浜でも行なわれており、単なる救済活動から一歩踏み出した活動を行っていたところもあった。

　日本の敗戦後、国民政府は東北地方を支配下に収めるため、東北行営を組織したが、ソ連軍の撤退までは名目的な存在に過ぎなかった。しかし、アメリカの調停によって国共両軍の停戦が図られ、同時期にソ連軍の撤退もようやく始まった。そして、瀋陽では1945年11月23日までにソ連軍主力部隊が撤退し、翌年1月末から2月上旬にかけて国府軍先遣隊が入城、3月10日のソ連軍司令部、15日のソ連軍撤退完了を受け、17日には国府軍が正式に入城した。

　国民政府は瀋陽を東北地方における行政の中核的存在と位置づけてこれまで名目に過ぎなかった東北支配を実質的なものへ変えるために各機関の整備が行われ、そのなかに在満日本人管理機関の再編が組み込まれていった。そして、「各市県日僑善後連絡処組織要綱」に基づいて日本人会の日僑善後連

絡処への改組と国府による指揮監督系統の確立が定められた。瀋陽では、3月末には瀋陽市日本人居留民会が瀋陽市日僑善後連絡総処へと改名・改組され、4月15日になると在満日本人管理の指揮監督機関である東北保安司令長官部日僑俘管理処の管理下に置かれ、各市県では各地日僑俘管理処の管理下に元の日本人会を改組した日僑善後連絡処が設置、ここに在満日本人管理系統がはじめて支配権力と一体したものとして確立されたのであった[17]。

　その後、4月23日に錦州の日本人引揚げが発表、翌5月7日に錦西・葫蘆島地区日本人が引揚げ第一船に乗船、9日には錦州からの第一次引揚げが開始された[18]。次いで13日から瀋陽市周辺を中心とした東北全域の在留日本人引揚げが開始されることとなり、瀋陽市日僑善後連絡総処が中心となった引揚げ準備が進められていった[19]。

　そして、5月15日の瀋陽から葫蘆島に向けて第一次遣送列車が出発したことを皮切りとして、日本人の引揚げが本格化していったが、本格的な引揚げ実施に対応して7月1日になると長春の救済総会を吸収して瀋陽市日僑善後連絡総処を東北日僑善後連絡総処へと発展改組し、引揚業務を主任務とする在満日本人代表機関が設立された（主任は救済総会々長の高碕）[20]。

　こうして5月から本格的に始まった日本人引揚げは、10月24日の瀋陽からの最終部隊出発までの第一期遣送終了までに101万22人（国府軍支配地域から77万3,263人、中共軍支配地域から23万6,759人）を数えるにいたったのである[21]。

　その後、安東方面からの遣送洩れの者と瀋陽・長春の留用解除者を加えた4,371人が11月9日から12月24日の間に引揚げ[22]、翌1947年には遣送終了直後から瀋陽に流入した難民と長春地区の留用解除者など2万9,188人、翌1948年には留用者とその家族を中心とする3,372人が引揚げ、1946年から1948年まで国府軍が東北を支配していた時期の日本人引揚げは合計104万6,953人を数えた[23]。

　中共軍支配地域（斉々哈爾・哈爾賓・安東・熊岳城など）の引揚げに関しては、すでに国府軍地域からの引揚げ開始を伝え聞いた人々が6月頃から瀋陽へ流入し始めていたが、7月末に米軍側の調停によって国共間に日本人引揚げ実施に関する協定が成立し、8月20日から実施されることとなり、10月には正式な集団引揚げが終了した。なお、中共軍支配地域からの正式引揚げ

はこの時期のものが最初で最後となり、留用者を中心としたその後の引揚げは、1953年春から中国赤十字社を介して再開された。[24]

連絡総処の職員も第一期遣送の終了までに多くは引揚げ、一般人の大半も留用されている技術者となったため、連絡総処の業務も縮小していった。そして、1947年3月には組織を縮小（主任は平島敏夫）、8月には高碕前主任と平島主任も引揚げたため、連絡総処は閉鎖となった。なお、残務処理機関として東北日僑善後連絡所が開設され、1948年秋に中共軍が東北地方を支配下に収めた後は、留用者の相互連絡機関として東北留用日僑連絡会へ改組、これが最後の日本人団体となった。[25]

## 第2節　南北朝鮮における援護活動
### ―京城日本人世話会―

朝鮮からの引揚げ（南朝鮮約42万人・北朝鮮約30万人）は、米ソ両国によって分割支配され、さらに満洲からの避難民の流入が激しかったため実態はかなり複雑である。米軍の支配下におかれた南朝鮮は比較的平穏であり、対岸の九州との間で密航が盛んに行われていた。それに対し、北朝鮮ではソ連軍の進攻によって清津・羅津周辺は戦場となっており、敗戦後かなり早い段階で38度線が形成されたため、在留邦人の避難ルートが遮断された状態になっていた。

その他北朝鮮における在留邦人の混乱の要因としては、満洲からの避難民流入が挙げられる。ソ連参戦直後から行われた満洲からの避難の場合、避難ルートは奉天から安奉線によって国境を通過し朝鮮半島を南下、平壌を目指すかそのまま南下を続けて釜山に向うといったものであった。しかし、多くの場合は北朝鮮において敗戦となり、避難民はそのまま留まるか満洲へ逆行するといった行動を採った。また、敗戦後は東満方面から難民（主に開拓団員）が流入し、彼らは平壌に向うかもしくは直接38度線を突破する方法を採ったが、この戦後に流入してきた避難民が最も悲惨な目にあうことになる。

北朝鮮からの帰国は38度線を強硬突破する以外になく、在留民は袋小路に入ってしまい、しばらくの間、地方都市に留まるか平壌に集結して各地の日本人会からの帰国情報を待つだけの状況がしばらく続いた。しかし、敗戦の

年の冬に北朝鮮在留者の死者が増大する。これは満洲でも同じであったが、敗戦が夏であったため、冬物を所持していた者が少なく、敗戦後の食糧事情の悪化と医薬品不足によってまず、乳幼児と高齢者が続々と死亡していった。さらに多くの男性がソ連軍によってシベリア送りとなったことで収入源を絶たれた家族が多く、死者の増加に拍車をかける結果となった。

一方、南朝鮮の場合は、社会的混乱が少なかったため、比較的邦人の安全は確保されていた。京城の場合、デモや小規模の掠奪・暴行はあったが治安は比較的維持されており、日本人に対しての大規模な暴動や掠奪は起きてはいなかった。

また、朝鮮、特に南朝鮮からの引揚げを考えるうえで重要なのは京城日本人世話会などの各地日本人世話会の存在であった。敗戦直後の8月16日、朝鮮総督府は、穂積真六郎（京城電気会社社長）・湯村辰二郎（朝鮮繊維産業会社社長）・人見二郎（元朝鮮商工会議所会頭）・渡辺忍（朝鮮農地開発営団理事長）を招き、阿部信行朝鮮総督臨席のもと、遠藤柳作政務総監による事態の説明が行われた。しかし、積極的な事態収集の意志が見られない総督府に対する穂積らの失望は大きなものであった。[26]

こうしたなかで、朝日新聞京城支局長であった伊集院兼雄が民間日本人団体結成に乗り出す。伊集院は17日、阿部総督と面会し民間日本人の連絡機関設置を説き、同日中に、穂積・渡辺・久保田豊（朝鮮電業社長）・渡辺豊日子（朝鮮重要物資営団理事長）・安井俊雄（京城日報支配人）・金子定一（大日本興亜会大陸局長・衆議院議員）らと協議を行い、翌18日には穂積・伊集院・久保田・安井・金子・湯村・渡辺忍・渡辺豊日子・杉山茂一（朝鮮商工経済会常務理事）が集まり日本人団体結成を協議した結果、会長に穂積、副会長に久保田・渡辺（豊）を選出し、名称は「京城日本人会」とし、総督府の了解を得るに至った。[27]

さらに、翌19日には穂積・両渡辺・金子が朝鮮軍司令部および朝鮮憲兵隊司令部を訪問し、軍の了解を得、軍は各府邑に世話会組織と管下部隊による援助を指示した。[28]翌20日には、関係者の会合が開かれ日本人団体の結成となった。なおこの時、金子は名称を「日本人会」とすべきことを主張したが、「それは対立的なり」との理由で「内地人会」とすることとなった。[29]当時の在住日本人のなかでは内地への引揚げではなく朝鮮残留といった考えが強く、

世話会結成時に会の方向性について伊集院が世話会の目標を居留民団結成とすべきであると主張し、穂積会長も「将来『居留民団』へと発展する」可能性があると述べていることからも明らかなように、世話会は将来的には朝鮮居留民団の母体となることが期待されていた存在であったのである。[30]

翌21日、総督府の意向によって名称は「京城内地人世話会」となり、22日から23日にかけて役員人選が行われ、最終的には会長穂積真六郎・副会長久保田豊・同渡辺豊日子・事務局長金子定一・事務局次長伊藤憲邦（前国民総力朝鮮連盟総務部長）・総務部長杉山茂一・事業部長古市進（前京城府尹）・調査部長鈴木武雄（京城帝国大学教授）といった役員と常任委員（当初、京城在住の各界名士として70名もの人数が挙げられていたが結局7名に落ち着く）が決まり、ここに世話会の陣容が整った。世話会運営の主体は常任委員会（委員長は世話会会長・副委員長は世話会副会長）であり必要に応じて特別委員会が設置されるとし、常任委員会での決定事項は直ちに事務局へ移されて事務局が実行に着手することとなった。事務局には総務部（その下に庶務課・経理課）・事業部（その下に指導課・業務課・物資課）・調査部（その下に調査課・報導課）、別に援護係が置かれた。[31]なお、事務職員（商工経済会職員・国民総力朝鮮連盟事務局員・各新聞社員などが参加）は9月当初の時点で52名であった。[32]

また、世話会と在留日本人（京城に17万余人）との間における連絡体制の整備が急がれ、9月6日には、府内の町会および愛国班を再編成し、世話会―世話人代表・副代表（中区6区域・鐘路区7区域・東大門区3区域・城東区3区域・西大門区4区域・麻浦区2区域・龍山区5区域・永登浦区2区域の計32区域の代表者）―世話人・副世話人―連絡班長―連絡員―家庭といった連絡系統が作られ、この組織によって世話会が発行する会報や毎日午後三時に調査部長が日本人向けに発表する北朝鮮状況・治安・米軍関係・引揚関係などの情報を聴くための聴講券の配布などが行われた。[33]

京城内地人世話会結成以前に朝鮮の一部では世話会結成の動きは起きていたが、19日の軍による世話会結成援助の決定とその後の京城内地人世話会の結成（京城に世話会が結成されたことはラジオによって朝鮮全土に放送された）、さらには総督府も24日には各道知事に対し世話会結成を呼びかける「内地人世話会設立に関する件」を通牒し世話会結成を後押しするよう働きか

けた。[34]

　また、27日に総督府は、米軍への提出資料の作成・米軍との折衝・事務引継の整理・避難民収容所の運営・引揚準備並びに移送計画・残留者の団体組織・私人及び邦人の権益保護・案内所運営・世話会への補助金交付などを業務とする終戦事務処理本部（総務部・折衝部・整理部・保護部からなる。のちに給与部を追加）を設置し、世話会を支援する体制を整えた。[35]

　こうした状況を受けて、朝鮮各地では続々と世話会（多くは地元商工業者が中心。当初は居留民団的方針を掲げ、資金は役所や軍からの交付金・組合費などを充てた）が結成されていった各地世話会の結成日は以下の通り（表1-1）。[36]

表1-1　各地世話会結成日

| 日付 | 地名 |
| --- | --- |
| 1945年8月16日 | 長淵・定州 |
| 8月17日 | 清州・海州・鉄原 |
| 8月18日 | 平壌 |
| 8月19日 | 群山 |
| 8月20日 | 京城 |
| 8月20日 | 安岳 |
| 8月23日 | 兼二浦 |
| 8月25日 | 木浦・城津双浦 |
| 8月26日 | 仁川・新義州 |
| 8月29日 | 咸興・元山・慶州 |
| 8月31日 | 鎮南浦（ただし日本人世話会窓口として。10月15日に日本人世話会へ発展） |
| 8月下旬 | 大田・全州・大邱 |
| 8月末 | 開城・順川 |
| 9月1日 | 釜山・宣川・興南 |
| 9月5日 | 吉州 |
| 9月10日 | 沙里院 |
| 9月上旬 | 新幕 |
| 9月 | 亀城・清津・雄基 |
| 11月19日 | 秋乙 |

|  |  |
|---|---|
| 12月4日 | 会寧 |
| 1946年1月 | 江界 |
| 2月 | 水豊 |
| 不明 | 光州・金泉・春川・載寧・成興・价川・義州・北鎮・朔州・阿吾地・羅津 |

　9月8日に米軍が仁川に上陸し、翌9日に降伏文書の調印式が行われ、いよいよ米軍による占領地行政が始まった（20日に米軍政庁開庁）。しかし、米軍による軍政は旧総督府の行政機能を上手く活用したものではなく、旧総督府側も日本人保護に関しては全く無力となったので、世話会の重要性は益々大きなものとなっていった。

　京城内地人世話会の活動や方針は、9月2日に第1号が発刊された『京城内地人世話会々報』（9月15日の第13号より『京城日本人世話会々報』と改称。日曜日を除いた毎日発行。最高発行部数は10月中旬の1500部。1946年2月1日発行の第123号で終刊）によって伺うことが出来る。

　世話会は当初、「朝鮮にふみ止って同胞相ともに苦難の道を歩みつゝわれらの友朝鮮の進展に協力しようとする内地人のために、いろいろのお世話をすること」を目的とし、在住日本人間の連絡や生活上の注意・満洲および北朝鮮からの避難民支援・朝鮮語講習会開催・職業斡旋・内地情報の伝達などが中心であった。また、内地への引揚げに関しても満洲および北朝鮮からの避難民引揚げを優先し戦災者ではない京城在住日本人の無秩序な引揚げを戒める方針を採っていた。

　しかし、9月12日に阿部総督が、14日には遠藤政務総監以下各局長と京城府尹以下京城府本庁および各区役所の課長以上の日本人が解任され、名実共に日本による朝鮮支配が終わりを告げたことで、15日に内地人世話会は日本人世話会へ改称することとなった。これは、朝鮮における日本人の立場が定着から引揚げへと大きく転換したことの現れでもあった。

　朝鮮からの日本人の引揚げについては、敗戦直後の16日には朝鮮総督府交通局が輸送計画の変更要領を発表し、そのなかで内地引揚げを希望する者（婦女子優先）の輸送を挙げており、早くも内地との輸送ルートと船舶の確保に乗り出していた。しかし、実態は交通局の計画通りには進まず、無秩序的に

引揚げが行われていたのが現状であった。

　すでに8月18日から24日までの間に朝鮮方面からの貨物船27隻が博多港に入港したが、そのなかに朝鮮に在住していた日本人がかなりの数おり、これが記録上における最初の引揚者であった。[39]

　この後も朝鮮からの無秩序的な引揚げは続いたが、米軍政庁としても開設当初から日本人の引揚げについて積極的な関心を示しており、9月20日には終戦事務処理本部保護部が計画した日本人引揚計画に対して全面的な承認を与えた。[40] 保護部では南北朝鮮在住日本人を85万人と推定しそのうち65万人と満洲および華北からの引揚者130万人を10ヵ月で送還する計画を立てており、米軍政庁はこうした統計を基に日本人の引揚計画を実行に移していったのである。[41]

　しかし、GHQは軍人の復員を最優先としており、朝鮮においても残留している軍隊の復員が第一であった。また、釜山と博多・仙崎間の船舶輸送力が限られたものであったため、釜山などでは10月初めの時点で2万人余の滞留者があふれており、一般人の引揚げはこうした問題を解決してからとなった。[42]

　10月3日、アーノルド軍政長官は日本人の急速なる引揚げを実施する予定であること、最寄りの世話会への登録義務、および個人的な引揚げの禁止についての談話を発表し、これを受けて各地の世話会では引揚者名簿の作成および引揚順位の決定などの準備を開始した。[43]

　そして、10日に計画輸送による引揚列車の試運転が行われ、23日から京城・仁川地区の日本人引揚げが開始（当初は京城の収容所にいた北朝鮮からの避難民が大半）[44] され、ここに朝鮮定着を希望していた多くの日本人も「連合側ノ意志ト朝鮮人ノ態度トニ鑑ミ極度ニ制限セラルルノ止ムナキ状況ニアリテ邦人八五万ハ殆ンド大部内地ニ引上ゲザルベカラザル」[45] 状況となり、米軍政庁と日本人世話会の連携による全ての日本人を対象とした引揚げの計画輸送が始まったのである。なお、24日までに朝鮮から引揚げた日本人は17万3,000人と見られていた。[46]

　京城日本人世話会は、10月1日に組織改正を行い、総務部・事業局（その下に援護部・業務部・外渉部）・文化局（その下に文化部・調査部・衛生部・報道部）[47] となったが、その主要業務は在留日本人の引揚げに関するものが中

心となっていった。そして、特に北朝鮮からの避難民救済に大きな役割を果たすことになるが（敗戦直後から1946年3月までの間で約4万3,000人を救済）、なかでも11日に会内に設置された移動医療局は朝鮮引揚げのなかでも特筆すべき存在となってゆく。

京城帝国大学法文学部助教授であった泉靖一（文化人類学）は9月、京城帝国大学総長山家信次によって京城日本人世話会に呼び出され、日本人避難民の医療活動への助力を要請された。当時、京城帝大医学部の残留学生達が結成した「内地人学徒団」による避難民の救護活動や、京城帝大医学部助教授の須江杢次郎が中心になった引揚難民収容所の診察が行われていたが、薬も医者も組織も不充分であったため、泉のもとへも助力の要請がなされたのであった。泉の行った活動は引揚難民に対する医療体制の組織化であり、京城帝大医学部を中心とした医療チームが結成された（主なメンバーは田中正四・北村精一・今村豊・山本良健ら）。彼らはまず、京城に救護病院（院長北村・副院長須江）・各収容所に診療所を開設し、京城以外の各地にも同様の医療体制作りを促した。また、38度線での日本人避難民に対する救療活動および京城―釜山―博多・仙崎間の引揚列車や引揚船内での医療活動などを行う移動医療局（MRU）が鈴木清教授指導の下で組織されたので、これらとの連携体制の構築にも当たった。[48]

こうした活動の資金源は立ち上がりは世話会からの援助に頼っていたがその後は資金難に陥ったため、泉は12月に博多に引揚げ、在外同胞援護会と交渉の結果、翌年2月2日に京城の診療所と移動医療局を在外同胞援護会が引き受け在外同胞援護会救療部として再組織化されることになった。救療部の本部は博多の聖福寺境内に置かれ、聖福病院という名の総合病院を設置した。[49] また、京城・釜山・葫蘆島に支部を設け、仙崎・舞鶴・広島・唐津・佐世保に出張所を設置して引揚船への船医・看護婦の搭乗や引揚者および日本から帰国する中国人・朝鮮人への医療活動を行った。[50]

さらに、泉の活動はこうした医療活動の組織化だけではなく、国内で引揚者に対する援護活動を積極的に行っていた『婦人之友』友の会々員の協力を得て、救療部の下に引揚孤児の収容施設「聖福寮」（1946年8月15日開所・1947年3月16日任務終了、164人受入）や不法妊娠の堕胎施設「二日市保養所」（1946年3月25日開所・1947年秋閉鎖、治療総数1946年末時点で380人）

の開設に中心的な役割を果たした[51]。

　朝鮮からの日本人引揚げは順調に進み、それと同時に米軍政庁は日本人の朝鮮残留と朝鮮への再渡航を認めない方針を次第に明らかにし、ついに1946年3月14日に米軍政庁は京城日本人世話会々長宛に、8日付でシーツ軍政長官代理が発した日本人引揚げに関する米軍政庁布告を伝え、ここに3月8日から3週間以内に特別の許可者以外は全て引揚げることが決定し、4月までにほとんどに南朝鮮在住の日本人が引揚げた[52]。

　この後、3月15日に北朝鮮咸興の日本人による南朝鮮への集団脱出が始まり、以後北朝鮮各地で日本人の集団脱出が本格化する。ソ連軍側は当初は日本人の南下を禁止していたが、日本人の脱出は収まらず、ソ連軍側も黙認せざるを得なかった（3月下旬から10月中旬までに約19万人が脱出）。そしてついに、11月27日に成立した日本人捕虜2万5,000人の引揚げに関する米ソ暫定協定および12月19日に締結された「ソビエト社会主義共和国連邦及び同国の支配下にある領土よりの日本人捕虜及び一般日本人の引揚げならびに北緯三十八度以北の北朝鮮向け在日朝鮮人の引揚げに関する協定」によって、北朝鮮からの正式引揚げが始まり、12月18日から1948年7月6日までの間に7,587人が引揚げた（1956年2月27日調印された平壌協定に基づいて4月22日に36人が帰国したことで最終的な引揚げ終了。なお、留用者や受刑者などの一部は依然として残留し、残留婦人やカムチャッカ漁業労働者として留用された日本人の帰国問題は現在にいたるまで未解決の部分が多い[53]）。

　京城日本人世話会は、こうした北朝鮮から脱出した日本人の救護活動を行ったが、北朝鮮からの脱出者が一段落したことで職員もほとんどが引揚げ、12月27日に京城日本人世話会は京城から撤収した（釜山日本人世話会の撤収は1948年7月10日[54]）。

## 第3節　その他の地域における援護活動
　　　　―大連・樺太・中国本土・台湾―

　満洲引揚げとは別に大連引揚げ（約22万人）はかなり異質のものであった。大連を含む関東州はソ連が租借を要求していたため、長期間ソ連軍の支配下に置かれ、中共側が市政府を設置し行政に当たった[55]。

敗戦後、大連市内では青年層らによる日本人青年奉仕団や市会議員らを中心とした時局対策委員会（後に日本人互助会と改称し、日本人居留民団への発展を目指した）が結成されたが解散に追い込まれ、10月末には日本人奉仕団が結成されて難民救済などにあたった。一方、敗戦後しばらく大連市内の旧行政機関が温存されていたが、11月8日に中国側の市政府が設立されたことで日本側行政機関は閉鎖となり、日本人奉仕団もまた活動停止となった。なお、10月に入って旅順地区の日本人はソ連軍の命令によって大連へ集住させられており、その他関東州各地の日本人も大連へ避難しており、関東州内では大連以外に日本人団体は結成されなかった。

　こうした状況下で1946年1月20日にソ連軍指導の下に大連日本人民主主義連盟（前年11月結成）を母体とした日本人労働組合（委員長に元満鉄鉄道工場の土岐強、書記長は元毎日新聞記者の林茂、その他幹部は元京大学生の柳原正元、元大連日日新聞記者の三浦衛、日本青年連盟の斎藤秀雄、元満鉄調査部の石堂清倫など）が結成され、以後ソ連側との折衝と在住日本人の救済活動にあたることになった。

　しかし、旧左翼系知識人を中心にして構成されていた労働組合は結成直後に緊急食糧獲得資金運動を展開し、旧支配層への強制的な割当を行ったために、日本人内部での軋轢を広げる結果を招いた。また、延安から来た日本人グループが関与し始めてからは内部の派閥闘争が激化する有様で、ソ連軍と市政府の意思が不統一なことも絡まって、中ソ間の複雑な政治情勢に翻弄されることになったが、ソ連側が唯一の公式団体と認めた以上、労働組合が日本人の生活や引揚業務及び留用希望者の説得などを一貫して受け持ち、大連引揚げが比較的順調に実行されたことに大きな役割を果たしたことも事実であった。

　大連の日本人引揚げは1946年10月23日にソ連軍司令部が土岐委員長に対して引揚げ決定を通知した時から始まる。そして、11月22日には引揚実施機関として日本人労働組合を中心とした「大連日本人引揚団体協議会」が結成され、下部組織として各地区ごとに地区協議会が設置された。

　第一次引揚げは国府軍が大連に迫りつつあった12月3日に行われ（5日に中共大連撤退）、1947年3月31日に終了し21万8,179人（内軍人が1万463人）が引揚げ、その後1948年7月の第二次引揚げで4,933人、1949年9月23日・

10月3日に舞鶴に入港した第三次引揚者2,861人をもって大連からの公式引揚げは終了した。[62]

なお、日本人労働組合が大連日本人引揚げに果たした役割は大きかった反面、人民裁判や共産主義宣伝などを実施したことが日本人内部に深い溝を作ったことも事実であった。特に商工業者などは、組合員に対して悪感情を持っており、引揚港で報復騒ぎなどを度々発生させる原因ともなった。[63]

ソ連軍政下の日本人管理体制は各占領地において共通の体制が採られたわけではなく、主権があくまでも中国側にあった満洲は別として、大連と樺太においても著しく異なっていた。これは、在住日本人の就業構成が異なっていたことや都市と地方といった違いもあるが、樺太では大連に見られたような労働組合は結成されず、戦前の隣組制度を活用することによって管理されていた。

8月11日のソ連軍進攻による樺太での戦闘は28日まで続いたが、その前日の27日には樺太庁を指揮下に置いて軍政を開始した。ソ連軍は軍政開始とともに日本人の職場への復帰や学校再開を命じ、9月17日には豊原に南樺太民政局、各地に民政署を設置していよいよ本格的な軍政を開始した。[64]

民政局は旧樺太庁の行政機関を活用しながら人口調査・農作物予想収穫量調査・学校再開・税金徴収などの行政命令を次々と出し、旧樺太庁時代の方法にソ連で行われていた職域配給を加えた形で食糧などの生活物資の確保と配給も行った。[65]

その後、12月9日以降から大津敏夫樺太庁長官を始めとする指導者層の逮捕（後にシベリア移送）を始め、翌年には南樺太と千島をハバロフスク州へ編入し各地の地名の変更や各町村長のソ連人への交替が行われた。[66]

また、民政局は樺太新聞社を接収して『新生命』という日本人向けの新聞を発行（10月15日創刊・週3回・約3万部発行・無料）した。[67]その他、神社祭祀の継続を認めており神職は労働従事を免除されて頭脳労働者と同様に物資の支給を受けた。[68]

樺太引揚げ（約39万人・日ソ開戦時の北海道への緊急疎開者約7万6,000人および千島地区在住者を含む）は、ソ連参戦直後から北海道への緊急疎開というかたちから始まったが、8月23日にソ連軍が宗谷海峡を封鎖してからは公式の引揚げは中断し、その後は密航船による脱出が相次ぎその数は2

万4,000人を数えた。その後、1946年12月19日に調印された米ソ協定によって引揚げが再開され、12月5日に樺太からの第一陣が函館港に入港し（1945年12月14日、函館に引揚援護局が設置され、函館が樺太引揚者の上陸地となった）、第五次引揚げで1949年7月23日に最終船が入港したことで樺太からの公式引揚は終了した（第一次から第五次までに29万2,590人が引揚げた）。

なお、樺太引揚げの特徴的なことは、他の地域の行政官庁がほとんど引揚対策には無力であったことと異なり、樺太庁と北海道庁が大きな役割を果たしていたことである。

樺太庁はソ連参戦前より第88師団との間で米軍の進攻に備え、住民の緊急疎開を協議しており、これがソ連参戦後に住民の緊急疎開を速やかに実行できた要因となっていた。また、樺太庁は北海道庁内に樺太庁北海道事務所を設置し疎開者の援護活動を積極的に行い、北海道庁も積極的に引揚者の受け入れに努め、樺太引揚者の60パーセント近くが北海道に定着した。

北海道への定着の一因としては、日ソ開戦当時からの樺太庁と北海道庁の連携もさることながら、樺太在住者の多くが移住地として樺太へ渡り、すでに数十年を樺太で生活していたため、内地に生活基盤のない「無縁故者」となっていたことが挙げられる。「無縁故者」が多いことが樺太引揚者と他の地域の引揚者との大きな相違点であり、結果的に新たな移住地提供の余力があった北海道へ定着することに繋がっていった。

満洲の混乱した状況とは対照的に、中国本土からの引揚げ（約49万人）は比較的順調に行われた。一因としてはソ連軍の侵攻によって関東軍及び政府組織が崩壊した旧満洲とは異なり、支那派遣軍（約105万人）の組織機能が無傷であり、国民政府も復員・引揚げを円滑に行わせるために支那派遣軍の機能を解体せず活用する方針を採ったことが挙げられる。

各地の状況に関しては、まず、蒙疆政権の「首都」であった張家口では、ソ連軍が敗戦後、駐蒙軍に対して攻撃を開始してきた。駐蒙軍司令部はソ連軍への応戦許可を北支那方面軍司令部に求めたが斥けられたため、急遽軍民の避難を決定し、約4万人の在留邦人が奇跡的に京津地区への避難に成功した。敗戦後のソ連軍侵入は熱河省（熱河省は元来関東軍の担当であったが、国民政府への投降地区になっていた）、山海関へも行われたため、北支那方面軍司令部は京津地区へソ連軍が侵入した場合、武力行使を求める意見具申

を支那派遣軍総司令部に対して行い、総司令部はこれを認可していた[74]。

支那派遣軍では敗戦直後に「和平直後における対支処理要綱」を作成し、これに基づいて以後の国民政府への対応とした。「処理要綱」は、中国の国家建設に対する全面的支援を柱としており、在留邦人に関しても「努めて支那大陸において活動するを原則とし、特に民間工場、事業場および個人商工業者等は支那側との無用の競合を修正し、その技術を発揮して、支那経済に貢献せしむ」「日支合弁国策会社の日系社員（については）漸進的に日系社員を退去せしむ」との方針が決定された[75]。

9月9日に支那派遣軍は降伏文書に調印し、ここに東三省を除く中国本土、台湾、北緯16度以北の仏印は国民政府の指揮下に置かれることになり、支那派遣軍は「中国戦区日本官兵善後総連絡部」と改称された。

在留邦人は各大都市の集中営に集められ、青島、天津、塘沽、上海、広東などの港から順次引揚げ、1945年11月から翌年末までに約49万人が引揚げた[76]。

集中営での生活は、南京を例に取ってみると基本的に物品類（特に高価なもの）は没収され、営外との自由な出入りは禁じられていた。食糧は以前から営内にあったものか個人が携帯していたもので賄われていたが、それが不足すると軍が支給した。また、営内では自治組織が作られて、中国側との交渉に当たった。一方、国民政府側は営内の日本人に対して民主教育を行い各種出版物を配布した。さらには戸口調査を行うと同時に各人の専門技能を調査したが、これは専門家を留用するためのものであった[77]。

満洲・台湾を含めた中国からの引揚げの特徴は、日本人技術者らの留用であった。前述した「処理要綱」に述べられていた日本人の留用は、中国側も強く求めていたが、米国の圧力により1946年1月20日に国民政府は、残留希望の技術者を除く全将兵全居留民を日本へ帰国させるとの訓令を発した。しかし、この後も留用に関する国民政府側の態度は二転三転し、日本人の留用は実態としては継続された。

なお、1946年6月24日時点での国民政府による留用者数は、軍関係者が829人・家族を含めた民間人が3万6,521人（正式留用2万7,883人：内台湾2万7,107人、非正式留用6,955人、その他1,683人）であった[78]。

これら留用者は国共内戦が激化するなかで逐次留用を解除され、帰国する

ことになる。ただし、留用は共産党も行っており（家族を含め3,500名以上であると推定）、1952年3月5日に日本赤十字社らと中国紅十字会の間で調印された「日本人居留民帰国問題に関する共同コミュニケ」以後、1953年3月から1958年7月までの21次にわたる引揚げが行われ、3万2,506人（内一般人2万5,861人）が帰国した。[79]

台湾における引揚げ（約33万人）は、他の地域に比べて最も平穏裏に行われた。[80]これは11月になるまで旧総督府が行政を代行しており、接収後も大きな変化はなかったことが一つの要因であった。

また、他の地域で見られるような日本人会が組織されなかったことも台湾引揚げの特徴であった。その理由としては、日本人の本格的な引揚げが早く始まり、わずかな期間で留用者を除いたほとんどの日本人が引揚げたため援護活動を行う期間も必要性も少なかったことの他に、国民政府側が日本人団体の結成を認めなかったことなどが挙げられる。

もっとも敗戦直後、台北市では民間有力者によって、在住日本人の生命財産保護および生活安定を目的として台北商工経済会が組織されたが、総督府側が商工経済会の名称に異議を唱えた結果、元台湾日日新報社長の河村徹らが中心となって蓬莱倶楽部として結成された。この蓬莱倶楽部は商工経済会を母胎としており、将来の居留民団設立を請願するなどの活動を行ったが、国民政府の容れるところとならなかった。[81]

一方、蓬莱倶楽部に批判的な日本人間では協和会、互助社、新日本人会、民主主義同盟などが乱立、日本人内部で対立と混乱が生じていたが、こうした在台日本人組織の不統一は台湾引揚げの特徴でもあった。[82]

結局、日本人の引揚げが開始された後の2月末に引揚業務の必要性から各日本人団体が統合されて「日僑互助会」が誕生し、協和会と互助社は解消、新日本人会と民主主義同盟は国府側より解散を命じられた。[83]

この他、敗戦前から続いていた軍人軍属の遺家族および戦災者への援護事業を統合した台湾援護会が戦後に結成され、各州ごとに支部が置かれていた。主な活動は、軍人遺族・沖縄県疎開者・一般戦災者・貧困者らを対象とした救護活動、および小規模営業や農耕などによる生活基盤の樹立支援であった。しかし、こうした活動は援護会の資金が国府に接収されたために次第に停滞し、引揚げ開始によって救護会は廃止となった。[84]

なお、国府によって団体等の結社は禁止となったが、台南市では市長支援の下、台南日胞服務社という在住日本人組織が設けられ、引揚業務・留用者子弟の教育・貧困者の引揚費扶助・無料診療所の開設・遺骨の処理などが行われたという事例もあった。[85]

国民政府の台湾統治機関である台湾省行政長官公署は、1945年12月31日に日本系企業の接収と日本人の本国送還を発表し、つづいて日本人引揚げの中央機関として日僑管理委員会が設置され、3月下旬から日本人の引揚げが開始されることとなった。[86]

日本人の引揚げは1946年3月末から5月末までの第一期に軍人17万2,000人・一般人28万4,000人が引揚げ、11月末から12月までの第二期では約2万人、1947年4月末から5月上旬までの第三期では約3,200人が引揚げた。[87]

なお、第一次送還中の4月13日、日僑管理委員会に留用された速水国彦（元総督府官吏）ら10人が留台日僑世話役となり、日僑互助会を通して留用者らとの連絡などに当たることになった。[88] なお第一次送還後、国民政府側は日本人の集会などに対して厳重な取締を行い、日本人団体の存続を認めなかったため、日僑互助会は7月に廃止となり、以後は世話役中心の総世話役体制によって日本人間の連絡が図られていった。[89]

この他、台湾には戦争中沖縄県から大量の民間人が疎開して来ており、台湾在住の沖縄県人（約1万人）は戦後「琉僑」と呼ばれ、引揚げに関しても日本人とは別に扱われた（軍人も同じ）。[90]

## 第4節　国内における引揚援護団体の結成とその活動

当時内地の日本人にとっては、自らの生活だけで精一杯であり、引揚者に対する救護活動といった余裕などは全くなかった。しかし、こうしたなかでも、敗戦直後から引揚問題に積極的に取り組んだ人々もいた。彼等の多くは自身が引揚者か身内が外地に取り残された者であった。彼等が行った民間からの自発的な援護活動は戦後混乱期の一つの特色であり、政府に主導されるのではなく、逆に政府機関を利用するかたちで大規模に展開された。

引揚援護事業を大規模に展開したのは、同胞援護会と在外同胞援護会であった。そして、敗戦後に地域・企業別に結成されつつあった引揚者団体は、

これらの団体と連携または支援を受けることで初期の援護事業を進めていった。

同胞援護会は、戦災者援護事業を中心として1945年4月28日に設立された恩賜財団戦災援護会（当初は財団法人。前身は小笠原諸島および沖縄本島などからの避難民援護を目的として1944年10月1日に設立された財団法人戦時国民協助義会）が、恩賜財団軍人援護会（1938年11月5日に財団法人帝国軍人後援会・財団法人大日本軍人援護会・財団法人振武育英会を統合して設立。1946年1月30日解散）の事業中、母子寮等の収容施設・遺族子弟の育英資金貸付の回収などの事業を継続するため、1946年3月13日に軍人援護会を合併して誕生したものである。[91]

すでに、戦災援護会は1945年4月21日に組織強化を目的として皇族奉戴を決定し、高松宮を総裁としており、敗戦後には引揚者援護事業の態勢を整え、12月20日から「引揚者援護の与論喚起並に婦人子供用品持寄り運動」を実施するなど引揚者援護事業を積極的に展開していた。[92]

同胞援護会は、①引揚援護事業、②物資頒布事業、③住宅供給事業、④生業援護事業、⑤生活相談事業、⑥児童福祉事業、⑦母子福祉事業、⑧災害救助事業、⑨保健医療事業、⑩身体障害者福祉事業、⑪直営・助成事業、⑫広報活動といった12の活動からなり、戦災援護会時代から行ってきた引揚者援護事業の積極的な展開を継承した。また、各地の引揚者らによって結成された引揚者団体間における連絡協力機関として「引揚邦人援護関係団体連絡委員会」の設置や日本赤十字社・全日本民生委員連盟・日本社会事業協会・各宗教団体並びに教化団体などが参加した「引揚援護愛の運動」の実施などを行い、戦後の引揚援護事業の中心的な存在となっていった。[93]

なお、このような援護活動のなかで重要な点は、高松宮の存在であった。高松宮は日本赤十字社と同胞援護会の総裁を兼ね、自らが積極的に全国各地の引揚港や援護施設をまわり組織強化に熱心であった。また、在外父兄救出学生同盟など他の団体とも強いパイプを持ち、この時期の引揚援護事業の中心的人物であったが、高松宮の活動の他、この時期に行われた引揚者に対する御料地解放なども含めて、引揚者問題はそのまま戦後の新しい皇室像の創造と深く結びついていたのである。

同胞援護会はその後、海外日本人の引揚げが一段落した1948年7月31日に

高松宮が退任し、1951年3月31日には解散となった。そして、同胞援護会・日本社会事業協会・全日本民生委員連盟の三団体統合によって社会福祉協議会が設立されたことで、敗戦直後から始まった引揚者援護事業は一つの時代を終えることになったのである。

同胞援護会とならんで財団法人在外同胞援護会も活発な活動を行った。GHQは当初政府による引揚者援護に関しては否定的であったため、政府内部では民間団体による援護活動という形式をとることとし、外務省管理局長(管理局は旧大東亜省の業務を引き継ぐために設置された)の森重千夫と内務省管理局長の大島弘夫が中心となって在外同胞援護会の設立を計画し、設立資金は戦時中に中国在住日本人から大東亜省へ送られていた国防献金4,259万円を外務省から借り入れる形で確保した。そして、1945年10月16日に外務省および内務省の認可を受けて在外同胞援護会が設立され、理事長には九州地方副総監の松田令輔が就任した。

在外同胞援護会も同胞援護会と同じく引揚港での直接援護から引揚者の定着支援まで幅広く業務を行い、前述した救療部の活動などは特筆すべきものがあった。その他、各引揚者団体への助成金交付なども行った。

しかし、設立時の基金だけでは大がかりな援護活動は困難となり、追加の資金援助として大蔵省預金部からの借り受けも厚生省からの補助金交付も上手くいかず、結局その後交付となった外務省からの借り入れ金と寄付金による運営だけでは限界があり、また海外からの引揚げが山を越し、政府による引揚援護事業が本格化したことを受け、1946年10月に組織を縮小して引揚者に対する定着支援を重点的に行うことに方針転換した。

その他、東京帝大生藤本照男ら学生が中心となって結成した在外父兄救出学生同盟も積極的な引揚援護活動を行った団体として重要であり、在外同胞援護会の全面的な支援を受け、「上陸地から定着地まで」の全国一貫リレー方式による引揚者援護や朝鮮・満洲への潜入による救護活動などを行った。

引揚者に対する援護活動はこのような直接の救護活動や生活自立支援といったものの他に、ソ連および中共支配地域に残留する日本人の早期帰還を求める帰還促進運動の系統もあった。代表的なものとしては、ソ連管下抑留将兵同胞帰還促進連盟(奈良在住の民間人大木英一によって1945年11月28日より活動が始まり、翌年5月8日に組織として結成。1949年11月28日解散)や

在外同胞帰還促進連盟（満洲国総務長官星野直樹の実弟で戦後上海から引揚げてきていた星野芳樹が当初行動を共にしていた大木と袂を分かち結成した団体）などが挙げられる[100]。

また、国内における援護団体とは別に、引揚者自らが中心となって結成した団体もある。これらは戦前の居住地別か会社別に結成されており、当初は引揚者援護および相互扶助組織として誕生し後に在外財産補償要求運動の中心的な団体となる。

これらのなかでも現地の日本人会と連携またはその流れを受け継いだものとしては、財団法人満蒙同胞援護会と社団法人中央日韓協会が挙げられる。

満蒙同胞援護会の前身は、敗戦直後より旧満洲国大使館を中心として満洲関係の駐日主要会社代表者などによる協議が行われた結果、8月30日に外務省より設立認可を受けた「財団法人満洲国関係帰国者援護会」である。満洲国からの引揚援護事業は本来、戦時中に満洲国・満鉄・その他満洲関係機関の関係者らによって結成されていた社団法人満洲会（1942年5月25日内閣総理大臣認可。前身は同年2月2日内閣総理大臣認可の社団法人満洲交友会）が行うべきものであったが、人員も無く体制も整っていなかったため、急遽満洲国駐日公使桂定治郎が満洲中央銀行東京支店より満洲重工業開発へ3億円を融資させ、満洲重工業開発より援護会へ寄付する形によって基金を作ったことで、援護会が設立（理事長桂定治郎）されたのであった[101]。

しかし、この基金3億円は11月19日のGHQ命令によって凍結され、援護会の業務も停止させられた。結局引揚援護事業の再開だけは認められたものの、基金の凍結は解除されなかったため、改めて新規事業計画を策定した結果、1946年3月15日に「財団法人満蒙同胞援護会」として再出発することとなった[102]。

満蒙同胞援護会は全国に支部、博多・佐世保・舞鶴・宇品・大竹などの引揚港には事務所を置き、引揚者の救護活動と職業斡旋を行った。また、満洲各地で結成された日本人会の残務整理を目的とした委員会を設け、引揚者間の情報交換の場として『満蒙通信』を発行するなどの活動を行った[103]。

なお、前述した満洲会は、1945年11月30日に「社団法人昭徳倶楽部」への改称を決定し（翌年3月19日外務大臣認可）、1946年11月29日には対外関係への考慮と満洲関係団体として限定された性格からの脱皮を目指して「社団

法人国際善隣倶楽部」と改称（1947年7月18日外務省認可）したが[104]、満蒙同胞援護会とは一貫して表裏一体の関係にあった。具体的には主要役員の兼任や1954年から1972年度までの間に満蒙同胞援護会へ4300万円余の財政援助などを行い人的にも資金的にも密接であり、1972年6月30日に満蒙同胞援護会が歴史的使命を終えたとして解散した後は、在職証明書発給などの業務を継承している[105]。

　朝鮮関係では、敗戦前から存在していた中央朝鮮協会が当初は引揚援護活動を行っていたが、朝鮮の日本人世話会に呼応する形で1946年3月1日に「朝鮮引揚同胞世話会」が発足し、会長には関屋貞三郎が就任（7月31日に穂積真六郎が会長就任）した[106]。

　同時期、朝鮮の事業関係者による朝鮮事業者会なども結成されていたが、1947年7月に朝鮮関係の引揚者団体を統合した「社団法人同和協会」が結成（厚生大臣認可）され、朝鮮引揚者に対する援護活動を展開した[107]。

　この他、樺太引揚者団体としては「社団法人全国樺太連盟」（1948年4月23日結成。1949年9月15日社団法人設立認可）、台湾引揚者団体としては「全国台湾引揚民会」（1946年11月5日結成。1949年6月26日解散の後、清算残金は1950年3月30日に結成《同年9月27日外務大臣・厚生大臣認可》された財団法人台湾協会へ引き継がれる）、満鉄関係者の団体としては「満鉄社友新生会」（1946年12月6日結成。旧来の満鉄社員親睦団体である満鉄社友会とは別組織《満鉄社友会はまもなく解散》。1954年7月21日に財団法人満鉄会となる《11月25日厚生大臣認可》）、満洲開拓者の団体としては「財団法人開拓民援護会」（戦前からあった満洲移住協会を改組して1945年12月1日外務大臣設立認可。また、1946年9月に元大東亜省満洲事務局開拓課長の和栗博らを中心に結成された「全国開拓民自興会」と表裏一体の関係。1948年5月1日援護会が解散し、自興会へ財産譲渡のうえ12月24日に「社団法人開拓自興会」となる）、などが引揚者団体として挙げられる。

　引揚援護活動はこうした民間主導のもとに行われたが、やがて厚生省を中心とした援護事業へ再編成されていった。そして、全国に数多く誕生した引揚者団体を各都道府県単位で統合し、その中核的な機関として「社団法人引揚者団体全国連合会」（略称は全連）が1946年6月に結成され（会員は各都道府県の引揚者団体、満蒙同胞援護会などの地域別引揚者団体は協力団

体)、1947年10月には全国の在外同胞帰還促進団体を統一した「在外同胞帰還促進全国協議会」(略称は全協)も結成された。こうして、全連および全協の結成を期に引揚問題は当初の救護活動から在外財産補償要求運動またはソ連・中共地区残留者の帰還促進運動へと質的に変化していったのである。

## おわりに

海外引揚問題は日本人の米ソ冷戦構造下における戦後意識の形成を知るうえで重要な問題である。しかし、戦後日本人は引揚問題の根本(なぜそこに日本人がいたのか)を直視しなかったことで「植民地」を忘却していったのと反対に引揚者の悲惨な体験のみを聞くなかで一つの対外観を形成していった。そして、それは主に対ソ観として現れることになる。

ソ連の戦後対日政策の失敗は、対日参戦後のソ連兵による度を過ぎた掠奪・暴行、引揚問題に対する無策、長年月にわたるシベリア抑留によって日本人に対して決定的なマイナスイメージを与えてしまったことにある[108]。また、満洲に進攻してきたソ連兵の行状と身なりは、日本本土に進駐してきたアメリカ兵と全く対照的な存在であった。そして、このような対ソ観の形成が戦後の左翼運動が国民的な広がりを持ち得なかった一因にもなったと考えられる。これに対し、国民政府支配地域からの引揚げが予想に反し比較的順調に行われたことは、国民政府、なかでも蔣介石に対する評価が戦前と比べて180度転換する結果となり、「以徳報怨」に象徴される一種の蔣介石神話が創造されたことで戦後日本における親台派の思想的バックボーンとなってゆく。

イデオロギー対立である米ソ冷戦、または同じイデオロギー内部での対立である中ソ対立、中国の正統性をめぐる国共対決といった戦後国際政治の複雑さがすでに日本人の引揚問題のなかで垣間見られた。具体的には米ソ冷戦は南北朝鮮の引揚問題のなかで、中ソ対立は大連引揚問題のなかで、国共対決は満洲引揚問題のなかにおいてである。そして、それらの地域から引揚げてきた人々はこれらを身を持って体験した。しかし、日本国内は実質的に米軍の単独占領下に置かれたため、国内の日本人は引揚者と異なり戦後国際政治の複雑さを身を持って体験する機会がなく、このような日本人内部での意識ギャップが戦後認識に大きな影を落とすことになる。

敗戦を植民地で迎えた日本人の多くは、すでに第二・第三世代となっていたため、引揚者は内地に何の生活基盤もないまま無一文となってやってきた。当然の事ながら彼等は職探しから始めなければならず、その多くが一時的に炭坑労働者となった。

　戦時中に内地の労働力不足を補うために、朝鮮人や中国人が大量に送り込まれ、彼等は炭坑労働者として働かされていたが、敗戦によって帰国するや忽ち労働力不足に悩まされることになった。政府も石炭増産を緊急課題としていたため、労働力不足の解消に積極的であった。そうした背景のなかで引揚者・戦災者・復員軍人などが労働力の補充として大量に入山したが[109]、多くの引揚者にとっての戦後は必ずしも報われるものではなかった。

　一方、援護団体による引揚者援護は、敗戦直後の救護活動から定着支援へと変化するなかで多くの民間人を巻き込んだ自発性の強いものから、国による行政の一環へと組み込まれていった。また、引揚者団体の活動も全連・全協の結成を期に在外財産補償要求と残留者帰還促進運動へと傾斜してゆき引揚問題自体が質的に変化したことで、ある特定の人々による請願運動としてしか認識されなくなっていった（引揚者に対する国の補償は1957年の引揚者給付金・遺族給付金と1967年の引揚者特別交付金における少額の国債の交付のみであり、在外財産の補償は行われなかった）。

　また、こうした運動のなかで引揚者および未帰還者問題は国内政治における左右両派の政争の具となり、「反共」の材料となっていった。また、在外財産補償問題も同じく賠償問題と結びついて政治問題化し、いつのまにか引揚者が抱える様々な問題は無視されていくことになる。

　このように、戦後日本においては、戦前の帝国意識が引揚者のなかで細々と継承され、それ以外の日本人は政府も含めて大半が帝国意識を忘却するかたちで戦後の経済大国化の道を歩んでいった。結局、戦後日本のアジア再進出は歴史意識の断絶のなかで進められていったのであり、このことが近年の歴史認識問題をめぐる軋轢の根本的要因ともなったのである。

注
1）　海外引揚研究の現状に関する詳しい研究整理は、阿部安成・加藤聖文「『引揚げ』という歴史の問い方」（上）・（下）（『彦根論叢』第348・349号、2004年5・8月）、

およびい増補改訂したものとして、拙著『平成15年度～17年度科学研究費補助金若手研究（A）研究成果報告書（課題番号15682002）海外引揚問題と戦後日本人の東アジア観形成に関する基盤的研究』（2006年）参照。
2） 在満日本人の本国への引揚げの過程と満洲引揚げが持つ戦後東アジア国際関係史における歴史的意味については、拙稿「戦後東アジアの冷戦と満洲引揚―国共内戦下の『在満』日本人社会―」（『東アジア近代史』第9号、2006年3月）において詳しく扱った。
3） 日本人会の代表者のうち、旧満洲国官吏・協和会幹部・軍関係者としては、鞍山（警備司令官上田大佐）・安東（安東省次長渡辺蘭治・疎開本部）・海城（海城街長横山・治安維持会）・錦州（錦州省次長松村三次）・興城（興城県長横地誉富）・錦西（協和会事務長南波）・開原（開原街長竹田伯次）などの例があり、民間では、撫順（撫順炭鉱長宮本慎平）・本溪湖（満洲製鉄支社長井門文三）・瓦房店（徳和紡績重役斉藤捨松）・通化（共産党員笹野破魔夫）・臨江（鴨緑江木材会社専務斎藤某）・哈爾賓（林業社長近藤繁司）・斉々哈爾（江崎重吉満鉄鉄道局長）などが挙げられる。
4） 満蒙同胞援護会編『満蒙終戦史』（河出書房新社、1962年）書、311-312頁。池尻半太郎「鞍山日記」（聞人会編『鞍山回想録―石川義助先生を憶う―』鞍山会、1969年、12-39頁）。なお、『満蒙終戦史』と「鞍山日記」の記述には日本人会の成立日を含めた経緯がかなり異なる。
5） 同前『満蒙終戦史』、328-333・550頁。
6） 同前書、同頁。
7） 高碕達之助『満州の終焉』（実業之日本社、1953年）216-217頁。および前掲『満蒙終戦史』、345頁。
8） 同前書、217-220頁。および前掲『満蒙終戦史』、363-364頁。
9） 同前書、364頁。
10） 1945年9月22日付鮎川義介宛高碕達之助書簡（「鮎川義介文書」国立国会図書館憲政資料室蔵）。
11） 「三ヶ国宣言受諾に関する在外現地機関に対する訓令（別電）」（外交記録「ポツダム宣言受諾関係一件」外務省外交史料館蔵）
12） 「外地在住内地人ニ対スル当面ノ人心安定方策」（「大野緑一郎文書」国立国会図書館憲政資料室蔵）。
13） 「満洲及北鮮ニ於ケル邦人保護ニ関スル交渉経過」（外交記録「ポツダム宣言受諾関係一件」外務省外交史料館蔵）。
14） 「難民救済事業要覧第二輯」（拓殖大学図書館「国際善隣文庫」蔵）。
15） 前掲『満蒙終戦史』、469-471頁。
16） 同前書、163・266・292頁。

17) 同前書、294頁。
18) 同前書、564頁。
19) 同前書、566-574頁。
20) 同前書、296・346頁。
21) 同前書、575頁。
22) 同前書、298-299・580-589頁。
23) 同前書、頁。
24) 同前書、579-580頁。
25) 同前書、298-299頁。
26) 森田芳夫『朝鮮終戦の記録―米ソ両軍の進駐と日本人の引揚』(巌南堂、1964年)、132-133頁。
27) 同前書、133-134頁。および金子定一全集刊行会編・発行『金子定一集　第一 東北太平記の便概と原註私註・在鮮終戦日記抄』(1958年) 130頁。
28) 同前書『朝鮮終戦の記録』、134頁。および同上書『金子定一集』、131頁。
29) 同前書『金子定一集』、131頁。
30) 前掲『朝鮮終戦の記録』、134-136頁。
31) 前掲『金子定一集』、132頁。および「京城内地人世話会々報第一号」(平和祈念事業特別基金編・発行『資料所在調査結果報告書(別冊)』、1999年、14頁)。ならびに同上書『朝鮮終戦の記録』、133-134頁。なお、朝鮮総督府によって「京城内地人世話会」となった日付は『朝鮮終戦の記録』では19日となっており、「世話会」の名称をつけることを主張したのは渡辺忍であるとするものもあるが(友邦協会編・発行『穂積真六郎先生遺筆　わが生涯を朝鮮に』、1974年、192頁)、ここでは金子定一の日記を基とした。
32) 同前書『朝鮮終戦の記録』、138頁。
33) 「京城内地人世話会々報附録」(前掲『資料所在調査結果報告書(別冊)』、37頁) および今村勲『私の敗戦日記　京城六ヵ月』(私家版、1981年) 137-140頁。
34) 前掲『朝鮮終戦の記録』、139頁。
35) 同前書、148-150頁。ただし総督府の行政能力は低下していたので十分な機能を発揮できなかった。
36) 同前書、140-146・432-439頁。鎮南浦のみ、鎮南浦会編・発行『よみがえる鎮南浦―鎮南浦終戦の記録―』(1984年) 19-20頁。
37) 「京城内地人世話会々報第二号」(前掲『資料所在調査結果報告書(別冊)』、16頁)。
38) 前掲『朝鮮終戦の記録』、121-122頁。
39) 博多引揚援護局局史係編「局史」(加藤聖文監修・編集『海外引揚関係史料集成　国内篇』第9巻、ゆまに書房、2001年、176-177頁)。

40) 前掲『朝鮮終戦の記録』、351頁。
41) 同前書、150頁。
42) 同前書、352頁。
43) 同前書、352-353頁。
44) 同前書、361-364頁。
45) 「朝鮮の状況報告朝鮮軍報導部長長屋尚作昭和二〇、一一」(防衛研究所図書館蔵)。
46) 財団法人中央日韓協会財団法人友邦協会編・発行『朝鮮資料第三号 旧朝鮮総督府官房総務課長山名酒喜男手記 朝鮮総督府終政の記録(終戦前後に於ける朝鮮事情概要)』(1956年) 45頁。
47) 「京城日本人世話会々報第二十五号」(前掲『資料所在調査結果報告書(別冊)』、43頁)。
48) 泉靖一『遙かな山やま』(新潮社、1971年) 213-215頁(なお、泉が山家に呼ばれたのは単行本では10月となっているが、『泉靖一著作集』《読売新聞社、1972年》では9月に訂正されている)。および木村秀明編『ある戦後史の序章—MRU引揚医療の記録—』(西日本図書館コンサルタント協会、1980年) 17頁。
49) 前掲『遙かな山やま』、218-219頁。
50) 前掲「局史」、129頁。
51) 同前書、122-125頁。および一粒のひまわりの種編・発行『いづみのほとりにひとつの戦後史』(1978年) 8-10頁。なお、聖福寮および二日市保養所については、上坪隆『水子の譜—引揚孤児と犯された女たちの記録』(現代史出版会、1979年)参照。
52) 前掲『朝鮮終戦の記録』、397-401頁。
53) 同前書、584頁。および厚生省援護局編『引揚げと援護三十年の歩み』(厚生省、1977年) 101-102頁。
54) 同前書、418頁。
55) 大連の統治は、ソ連軍司令部の下、中国共産党によって行政担当の大連県大連市臨時市政府・ソ連軍担当以外の治安担当として公安総局(その下に保安隊)・労働組合として職工総会・友好活動担当の中ソ友好会が組織されていた(「昭和二十二年一月大連事情外務通訳生岡崎慶興(調二)」《外交記録「ポツダム宣言受諾関係一件善後措置及各地状況関係」》)。
56) 前掲『満蒙終戦史』、357-359頁。
57) 同前書、361-362頁。
58) 石堂清倫『大連の日本人引揚の記録』(青木書店、1999年)、58頁。
59) 前掲『満蒙終戦史』、359-360頁。
60) 大連における日本人労働組合の活動と実態については、同上書『大連の日本人

引揚の記録』、および富永孝子『大連・空白の六百日—戦後、そこで何が起ったか』（新評論、1888年・新版1999年）参照。
61）　前掲『満蒙終戦史』、360-361頁。
62）　同前書、617-618頁。
63）　同前書、621頁。および前掲『大連の日本人引揚の記録』、123-124頁。ならびに香川美山「官庁に勤めるまで」（満州電々追憶集〔赤い夕陽〕刊行会編『赤い夕陽』「赤い夕陽」刊行会事務所、1965年、397-402頁）。
64）　樺太終戦史刊行会編『樺太終戦史』（全国樺太連盟、1973年）、474-487頁。
65）　同前書、495-497頁。
66）　同前書、503-504頁。
67）　同前書、529-531頁。
68）　同前書、552-553頁。
69）　同前書、329・379-386頁。
70）　同前書、559-570頁。
71）　同前書、320-323頁。
72）　同前書、334-335頁。
73）　同前書、596-601頁。
74）　稲葉正夫編『岡村寧次大将資料』上巻（原書房、1970年）16-18頁。
75）　同前書、21-23頁。
76）　前掲『引揚げと援護三十年の歩み』、88頁。
77）　中華民国重要史料初編編輯委員会編『中華民国重要史料初編—対日抗戦時期第七編戦後中国（四）』（中国国民党中央委員会党史委員会、1981年）580-583頁。
78）　前掲『岡村寧次大将資料』上巻、77-78頁。
79）　前掲『引揚げと援護三十年の歩み』、109-115頁。
80）　台湾引揚と戦後日本人へ与えた影響に関しては、拙稿「台湾引揚と戦後日本人の台湾観」（台湾史研究部会編『台湾の近代と日本』中京大学社会科学研究所、2003年）参照。
81）　塩見俊二『秘録・終戦直後の台湾—私の終戦日記—』（高知新聞社、1979年）116-117頁。および大蔵省管理局編『日本人の海外活動に関する歴史的調査　第九巻　台湾篇4』（ゆまに書房復刻版、2000年）80頁。
82）　同前書『秘録・終戦直後の台湾』、117-118頁。
83）　同前書、119頁。
84）　羽島久男「終戦前後の台南州下の援護事業」（台湾協会蔵）。
85）　同前書。
86）　前掲『日本人の海外活動に関する歴史的調査』第9巻、91-93頁。
87）　同前書、94-95頁。最後の公式引揚は1949年8月14日の佐世保に引揚げた239人。

なお、台湾引揚の期間（第一次から第三次まで）と引揚人数は各種の記録によって若干異なる。
88) 「留台日僑会報告書第一報」（河原功監修・解説『台湾協会所蔵　台湾引揚・留用記録』第1巻、ゆまに書房、1997年、11-12頁）。
89) 同前書、226・230-231頁。および「留台日僑世話役日誌」（同上書『台湾引揚・留用記録』第10巻、317頁）。
90) 沖縄県人の台湾引揚に関しては、台湾引揚記編集委員会編『琉球官兵顛末記』（台湾引揚記刊行期成会、1986年）参照。
91) 桜井安右衛門編『恩賜財団同胞援護会会史』（恩賜財団同胞援護会会史編纂委員会、1960年、復刻版・前掲『海外引揚関係史料集成』第13・14巻）2-7頁。
92) 同前書、3-4頁。
93) 同前書、38-98頁。
94) 同前書、742-744頁。
95) 森重干夫「終戦処理と在外同胞引揚げについて」（満洲開拓史復刊委員会編『満洲開拓史』、全国拓友協議会、1980年、825-826頁）。
96) 「財団法人在外同胞援護会事業誌」（前掲『海外引揚関係史料集成』第15巻、9・14頁）。
97) 例えば、仙崎引揚援護局内では同胞援護会の業務は①生活・医療及び生業の応急救護、②各種援護施設の設置、③職業の相談指導、④生活必需物資の調達・頒布並びに斡旋、⑤身上相談、⑥援護思想の普及、であり、在外同胞援護会の業務は、①引揚者の無料宿泊、②応急旅費の支給、③応急被服の支給、④孤児収容、⑤沖縄県人の収容並びに就職斡旋、⑥引揚荷物の梱包及び発送、⑦応急食糧品（慰問品）の給与、⑧新聞雑誌その他の給与、⑨在外資産の無料申告、であった（厚生省仙崎引揚援護局「仙崎引揚援護局史」《前掲『海外引揚関係史料集成』第8巻、202-204頁》）。
98) 前掲「財団法人在外同胞援護会事業誌」、20-35頁。
99) 在外父兄救出学生同盟については、『在外父兄救出学生同盟』（毎日新聞社編・発行、1968年）参照。なお、学生同盟は1947年2月23日に発展的解散をし、一部は学生同盟東京地区本部として存続した。
100) ソ連および中共地区残留者の帰還促進運動については、編史刊行委員会編『奪われし愛と自由を―引揚促進運動10余年の記録―』（光和堂、1959年）参照。
101) 坂東勇太郎編著『社団法人国際善隣協会五十年のあゆみ』（国際善隣協会、1992年）30-31・42頁。
102) 同前書、42-43頁。
103) 同前書、45-46頁。
104) 同前書、33-36頁。その後1972年5月1日に「社団法人国際善隣協会」へ改称

が決議され、同月25日に外務大臣の認可を受け、現在に至っている。
105) 同前書、48-50頁。
106) 原田大六編・発行『故田中会長を偲んで』(1967年) 5頁。および「事業概況」(前掲「大野緑一郎関係文書」中「朝鮮引揚同胞世話会資料」)。
107) 同前書『故田中会長を偲んで』、5頁。なお、同和協会は1952年10月に「中央日韓協会」と改称し現在に至っている。
108) ソ連が日本人の引揚問題に対して積極的でなかった理由は、ソ連国内の政治的・経済的事情、中央と地方との認識や対応の相違などによるものであったことが最近の旧ソ連時代の史料公開によって明らかとなっている。詳しくは、ヴィクトル＝カルプフ著・長勢了治訳『[シベリア抑留] スターリンの捕虜たち—ソ連機密資料が語る全容—』(北海道新聞社、2001年) 参照。
109) 三井鉱山株式会社編『資料「三池争議」』(日本経営者団体連盟弘報部、1963年) 17-19頁。

＊本論文は、文部科学省科学研究費助成若手研究A「海外引揚問題と戦後日本人の東アジア観形成に関する基盤的研究」(2002〜2004年度) による研究成果の一部である。

第2章

## 朝鮮半島からの帰還
—アメリカの政策と日本人の引揚げ—

マーク・カプリオ（Mark E. Caprio）

## はじめに

　アメリカ陸軍第24軍が占領軍として仁川に上陸したのは、1945年9月8日のことであった。アメリカ軍には次の2つの任務が付与されていた。即ち、日本軍の武装解除と復員、その他の日本人の引揚げを支援し、更に朝鮮人に対してアメリカの経済力と政治的価値とを知らしめることであった。但し、アメリカ軍にとっては明らかに後者よりも前者の任務達成について適任ではあった。アメリカ占領軍は、朝鮮人に対してアメリカの恩恵をもたらすことよりも、日本人を本国に送り返すことの方に多大な成功を収めたのである。
　朝鮮半島占領に到る準備期間の推移を概観してみると、その政策立案過程と同様に、当該任務の成否を左右する様々な要素が介在したことに気づく。この文脈に照らせば、アメリカは1942年初頭以来、来るべき日本の降伏に向けて絶え間ない準備を続けてきたのであり、朝鮮半島占領と占領政策の実行は1945年9月以前の段階で生じた後知恵に過ぎないことになる。朝鮮半島の場合、その領土は終戦から一夜明けた時点でアメリカとソ連との間で分割されていた。先に述べた任務を与えられた将兵にとって、その任務はむしろ朝鮮人に対するよりも日本人に対して遂行されるにふさわしいものとなっていたのである。
　1945年から48年にかけての朝鮮半島占領に関する失敗については、数多くの研究がなされている[1]。これらの研究は朝鮮半島からの日本人の復員や引揚げに関してほとんど言及していない。それは、多分アメリカ軍の当該任務が1946年4月までに完了してしまったことと無関係ではないだろう。民間人の引揚げは、この年の10月まで続けられたことが記録に残されている。一見何の変哲もないように見えるこの間の経過の背景には、多くの争点と複雑な問題とが絡んでいるのである。その問題に対しては、単にアメリカ占領軍が直

面したにとどまらず、日本が降伏して復員と引揚げが開始された直後の両国民間相互においても妥当する問題であった。

## 第1節　日本人の復員・引揚げへの道程（1942－1945）

　朝鮮半島の戦後処理については、1941年の真珠湾攻撃の直後にその検討が開始されている。しかし、1943年のカイロ会議で、連合国が、戦後の「適当な期間」を置いて朝鮮を独立させるという合意に到るまで、結論は持ち越されていた。戦時下を通じて、連合国は朝鮮独立に到るまでには、50年間程度の「適当な期間」を信託統治に付す必要があるものと見込んでいた。この政策は、バイアス（Hugh Byas）らによって反対されていた。バイアスは、戦後においても朝鮮半島における日本の影響力を保持するべきだとし、アメリカを始めとする連合国は、これを日本に与えられた使命というよりはむしろ朝鮮半島の宿命であるという事実を受け入れるべきであると主張した。[2]

　1944年3月頃から、議論は日本の朝鮮半島からの引揚げに移っていった。特に、日本への帰還を待つ軍民を、如何なる時期に如何なる方法で引揚げさせるかという問題に焦点が絞られた。朝鮮人が解放された後に、それまでの征服者に対して暴力に訴えることは果たしてあり得るのだろうか？　日本への帰還を待つ間、日本人は厳重な監視下に置かれるべきではないのか？　朝鮮半島の戦後処理は、当該地域における産業と同様に、日本の支配なくして継続できるのだろうか？　そして、朝鮮人は、アメリカの占領政策遂行に供される日本人に対して、如何なる態度に出るのであろうか？

　1944年5月、極東の解放地域に関する政策提言顧問であるモファト（A. Moffat）は、アメリカの海軍の占領地域担当課のペンス（H.L. Pence）に宛てた書簡で、日本敗戦後に日本人を朝鮮人から隔離管理することを盛り込んだ覚書を加えたことを明らかにした。この内容は、極東分割統治委員会（Interdivisional Area Committee of the Far East）に公式に承認されたものであった。この覚書自体はアメリカが主に統治する太平洋地域を視野に入れたものであったが、同様に今後アメリカが占領下に置く全ての地域に適用される内容を含んでいたことは容易に想像できる。これは、部分的には次のように読み替えることができる。即ち、軍政施行下において、「政策実施機関は、

(a)国際法に則ってそれを実行し、(b)軍が必要とする場合を除いて、人種隔離、抑留、物資の接収を行わない」ということである。[3]

この時期、アメリカ軍当局は、朝鮮半島解放直後におけるこのような政策の実行可能性に関して検討するために、朝鮮人捕虜やアメリカに居住する朝鮮人亡命者に対する聞き取り調査を開始した。特に、朝鮮人への聞き取り調査では、戦後の朝鮮半島において得られる潜在的な政治指導者と政治的環境とについての展望に重点が置かれていた。これらの情報提供者に対しては、併せて戦後における日本の影響を払拭する方法についての個別的意見も求められていた。特に、両民族を混在させた場合に朝鮮人が日本人に対して危害を加える可能性があるか否かが注目された。

この聞き取りに対して得られた回答の多くは、両民族の分割が決して悪い選択ではないことを示していた。朝鮮人の大半は平和的であったけれども、一部の朝鮮人は機会さえあれば日本人に対して暴力を厭わないと思われた。中でも、日本の植民地支配下で辛酸をなめたごく一部の者は、日本人を殲滅しようと画策していたのである。ある朝鮮人は、少なくとも1割の朝鮮人が、解放後に日本人に対して危害を加えると言い切った。[4] ここに到って、朝鮮人に対する聞き取りから得られた結論として、軍民を問わず、日本人は復員・引揚げまでの間、アメリカ軍による保護下に置かれることで意見の一致を見たのである。

しかし、一部には、仮にアメリカ軍が朝鮮半島において従来どおりの操業を期待するのであれば、日本人の収容が不可能であると考える向きがあった。「現地人と抗争を起こすことがない信用ある日本人も相当数存在する」と述べたある朝鮮人は、日本人の帰国によって即時に国家運営を代替する期間が存在しない状況が発生するとの憂慮を示した。[5] この意見は、アメリカ軍当局が1944年3月29日までに策定した占領方針の結論と同様のものであった。同時に当局は朝鮮人、その他の技術者が朝鮮半島の経済発展に寄与できない間、軍の統制下で日本人技術者をその目的において雇用するのが望ましいとの提言を行っている。[6]

マッカーサー（Douglas MacArthur）によって1945年9月2日に出された布告第1号は、アメリカ軍が到着するまでの間、日本人は従来の地位にとどまって職務を継続するよう強く求めていた。布告第3条（布告第1号の条

文では第2条に該当する；訳注）では、次のように述べられていた。

　日本政府ニ属スル官公吏名誉職及職員並ニ公益厚生及公衆衛生ヲ含ム各種公共施設若シクハ業務ニ従事スル有給及無給役職員其ノ他公共必須業務ニ従事スル者ハ総テ本官ノ命令ニ基キ依然其ノ職務ヲ続行シ総テノ記録及財産類ノ保存並ニ保全ニ当ルヘシ[7]。

　この布告の精神は、トルーマン（Harry Truman）大統領の意向を受けた国務省作成の覚書においても繰り返された。覚書において、大統領は、日本人を「朝鮮人と占領軍に対する奉仕者」として管理される立場に止め置くことを要請したのである[8]。国務長官の政策担当補佐官であるベニングホフ（Merrell Benninghoff）は、たとえ名目上のことであるにせよ移転を余儀なくされたとしても、本来の職務は遂行されなければならないと述べた[9]。
　1945年10月に、朝鮮人の対日協力者によらない政府を組織するとの「基本指令」が承認された。この指令では、更に日本人と対日協力者に該当するか否かについての資格要件について個別的に列挙していた。日本国籍を保持していた者は、当然ここから「除外」された。この資格要件については、考慮の対象とされる場合の前提条件であった。もし条件に合致する者が皆無であったならば、「軍国主義者、日本型ナショナリスト、攻撃的な思想を有する」のでなければ、国籍を問わず日本人でも朝鮮人でも政治指導者としての地位を与えられることになっていた[10]。この指令では、重ねて上記のような資格要件を満たさない日本人や朝鮮人のかつての指導者を復職させるために、適当な人材を採用し訓練する可能性があることもうたっていた[11]。
　アメリカ占領軍は植民地統治下の日本人と対日協力者とを最大限活用した。ホッジ（John R. Hodge）司令官は、占領下の朝鮮における治安維持を朝鮮総督であった阿部信行大将に委任するという無神経な決定を下した。更に、このアメリカ人の将軍は様々な施策提言に関して、朝鮮人よりも日本人の助言を尊重するように振舞った[12]。朝鮮人はこのようなアメリカの仕打ちに怒りを感じた。1945年12月末までに日本人の大半が引揚げると、一通の文書が朝鮮人の間に不満を巻き起こした。それは、ある韓国の政党が複数の日本人少女をアメリカ軍政当局の将校に贈ったというもので、現在も彼女らは軍

政当局で通訳として雇われているのだと伝えられていた[13]。1946年中葉に到るまで、少なくとも常時500名を超える日本軍将兵が朝鮮に在留していた[14]。約50名の技術者も韓国における産業の復興を支えるため、ほぼ同じ期間残留していた。

　1945年の解放後にこういった日本人や対日協力者を指導的地位に残したのは、植民地時代以来の朝鮮統治と産業における日本の指導的役割が依然として不変であるということを体現する必要があったからである。こういった指導的地位を経験した朝鮮人は、対日協力者として総督府などに奉職した経験を有するごく一部の者を除いて、ほとんど存在しなかった。日本と密接に関与したにも拘わらず対日協力者の烙印を押されなかった者は、植民地統治下を収監されて過ごした者であったが、彼らは民族主義の栄光を勝ち取ったものの、韓国の近代化にほとんど実質的な役割を果たすことができなかったのである。

## 第2節　復員・引揚げの準備

　待機中のアメリカ占領軍に最初に与えられた任務は、日本人を本国に帰還させることであった。この任務に着手する前にまず行わなければならなかったのは、帰還する日本人の数を確定することであった。当該任務を請け負ったアメリカ軍が到着して1か月後の10月8日、アーノルド（Archibald V. Arnold）少将は「日本人の国籍登録」を正式に下令した。この命令には二重の意味がこめられていた。第一に、「日本人」とされた集団が移動できる地理的限界を設定し、第二に国籍登録の必要性を日本人に知らしめるためであった。この命令によって、日本人は指定された居住地域から10キロメートルを超える地域への移動が、許可なくしては不可能となった。また、夜間の外出も禁止された。日本人には、間もなく指定された居住地域で編成される「日本人会」への登録が義務付けられることになった[15]。

　日本人の移転を推し進めるにあたっては、アメリカ占領軍は日本軍の武装解除を行っておく必要があった。アメリカ軍が朝鮮に到着して目の当たりにしたのは、日本軍警が依然として朝鮮の治安維持にあたっているという現実であった。但し、一部の地域では、その権限を朝鮮人に移管した例も見られ

た。実際、沖縄に滞在していたホッジと第24軍の幕僚は、上月良夫中将(朝鮮軍司令官)を含む日本軍政当局者と連絡をとっている。上月中将は、ラジオ放送を通じて、「朝鮮人の中には共産主義者や独立運動家もおり、彼らは平和と秩序を破壊する画策を実行に移しつつある」と述べていた。ホッジは朝鮮駐留の日本軍警に対して、現在の地位にとどまり治安の維持にあたることを命じたのである。[16]

　G2がまとめる日報には、在朝鮮日本人の顕著な活動と日本軍の武装解除に関する報告が、他の様々な出来事とともに、朝鮮のアメリカ占領軍の公式報告としてまとめられている。復員・引揚げが一旦始まると、日報の内容に含まれる朝鮮半島在住の日本人の数は、軍民を問わず機密事項とされた。つまり、北緯38度線以北より南下した日本人と朝鮮人や、日本やその他の外国から朝鮮半島に帰還した朝鮮人の数と同様の扱いとされたのである。

　占領政策の開始当初より、アメリカ占領軍は任務遂行に伴う輸送手段確保の問題に直面していた。朝鮮半島の各地に分散していた日本人を、引揚げ船の出帆港に集合させなければならなかったし、日本海を航行させる引揚げ船も調達しなければならなかったのである。朝鮮半島で数十年に亘って生活を送った者もいて、彼らはその地を第二の故郷と考えている場合もあった。日本に持ち帰ることのできる携行品の範囲を著しく制限したことによって、多くの日本人資産は毀棄される結果となった。

　このような困難な状況が展開したにも拘らず、日本人の復員・引揚げは、アメリカ軍が到着して1か月も経たない1945年9月には正式に開始された。このとき、157名の将校と3,517名の下士官兵が復員した。[17] これに際して、日本軍との協同によって任務が促進されたことは間違いない。アメリカ軍政当局によれば、日本軍は常に「受動的で」、そういう態度を保持することがアメリカの占領政策に伴う「困難を回避する」と信じていたようである。日本兵は新しい統治主体に対して武器の所在を通報し、降伏後は占領軍に対する武装抵抗はほとんど見られなかった。1945年9月13日付けの内部資料に、日本軍の様子について次のような記述がある。

　　日本軍の武装解除は極めて順調に進んだ。武器類は即座に集積され、装
　　具は抵抗なく彼等の足元におろされた。武装解除命令に対して拒絶を示し

た日本兵は皆無であった。南に向けて撤退を開始する時でさえ、25％の将兵が自衛用の武器を携行するのみであった。[18]

　この記録から、日本軍の撤退が比較的整斉と実施されたことは明らかであろう。軍関係者の復員は一般の引揚げよりも優先された。同時に、彼らは、下士官兵は陸軍兵舎に、将校は指定されたホテルにという違いはあるものの、厳重に隔離された生活環境に置かれた。その結果、軍隊の庇護を受けられなくなった日本人一般市民と、朝鮮人との間には、その引揚げまでの間に数限りない紛争が惹起されることになったのである。それはあたかも互いが互いを敗戦のスケープゴートに仕立て上げようとするかのようであった。

## 第3節　復員・引揚げの暗部—復讐とテロル—

　前出「日報」によれば、朝鮮に在住する日本人一般市民の安全は必ずしも充分に保証されていなかったらしい。彼らの多くは自宅に居住し、生業を継続していた者も少なからずいた。朝鮮人から得た情報として上記「日報」に書かれた内容を見ると、日本人は朝鮮人の襲撃に対して極めて脆弱であったという。襲撃は、朝鮮人を含む以前の使用者に対する報復として、一方的に且つ不意になされることが多かった。けれどもこういった暴行は朝鮮人ばかりがなしたものではなかった。日本人も解放後引揚げまでの間に、朝鮮人に対して行ったこともまた同様であった。
　日本人に対して朝鮮人がなした犯罪行為は、朝鮮人に対して日本人がなしたものと比較してもそれほど大規模なものではなかった。朝鮮人は、通常徒党を組んで日本人を脅迫したり暴行を加えたり、時には一人から数人の日本人を殺害したりもした。こうした犯罪のほとんどは、かつての使用者であった日本人を拉致監禁してその身代金を奪うというものだった。10月2日付の「日報」では、日立製鉄所で300人にも及ぶ朝鮮人労働者が、工場の日本人幹部を誘拐したことが報じられている。暴徒は300万円の身代金を要求したが拒絶され、銀行と交渉して何とか100万円を引き出した。[19]
　他の事例は、日立製鉄所の場合とは異なり、計画的なものではなかった。同じ10月2日にまとめられた「日報」では、最近の日本人に対する嫌がらせ

は、木浦、全州、江陵、統營などといった都市で発生していると報じている。こういった都市では、朝鮮人が、通りがかった日本人に襲い掛かり、金品を強奪するといった事例が発生していた。日本陸軍当局が作成した文書でも、朝鮮人が日本の軍用車輌から部品を盗み取ろうとして、走行中の車輌を停車させ点検するといった事例の発生が記録されている。2週間も経たないうちに、「日報」は馬山で多くの日本人が朝鮮人に殺害された事件を伝えた。殺された日本人は、倉庫の警備員一人を除いて、全てが居宅で過ごしていたところを襲われたのである。

韓国で発足した「治安隊」もこういった反日暴動に無関係ではなかった。釜山近郊の統營で発生したと報告される事例では、治安隊の隊員が日本軍の全関係者を含む17歳以上の日本人男性を全て捕らえ、投獄した。彼らは日本兵に暴行を加え、所持品を奪い取った。これは決して単発の事案ではなかった。アメリカ占領軍が到着して数か月の間に、治安隊が引き起こした数多くの日本人に対する犯罪行為が、他の報告書でも見られるのである。

引揚げを待つ間に、日本人もまた組織的な犯罪行為に関与した。この時期に発生した大規模な犯罪行為の多くは、日本軍関係者によるものであることは疑いない。彼らは、朝鮮半島周辺海域で組織的な海賊行為を繰り返した。祖国に帰る朝鮮人がその犠牲となった。朝鮮の港に辿り着いた船には、数多くの死体が横たわっていたが、同時に航海中に海中に投げ落とされた者もかなりの数に上ったのである。アメリカ合衆国当局が報道に流した情報では、朝鮮海峡で海賊行為を行っている日本軍憲兵は1千名にのぼり、1万人以上の朝鮮人殺害に関与していると伝えられた。

その他の日本人はアメリカの占領政策を妨害する組織的活動を行った。憲兵隊はこういった日本人組織の中枢で積極的にテロ行為を指揮し、朝鮮人とアメリカ人、アメリカ人とソ連人それぞれの関係を悪化させるための風評を流しつづけた。「日報」によれば、この種の活動に参加した日本人は、非合法に武器を入手し、朝鮮人の殺害や恐喝などの行為も行っていたと言われる。10月半ばまでに、こうした日本人のうち60名が逮捕され、審理の手続が始められることになっていた。しかし、その後もこういった活動は続けられ、それに対する報酬を得続けた。ある日本人集団は、報酬獲得のために、暗殺などのほか、ソ連管理地域の状況、アメリカ軍の占領政策に対する満洲国軍の

武装蜂起といった誤った情報宣伝活動を行っていたのである。[26]

　こういった活動に関して、CICは朝鮮総督府警務局長であった西広忠雄を訊問し、一連の犯罪活動が如何なる目的を以てなされたものなのかが明らかにされた。そして、このような活動には日本人だけではなく、朝鮮人も加わっていたことが明らかになったのである。西広はそのような朝鮮人の一人として金桂祚を挙げたが、彼の活動資金は日本人から供与されており、そのほとんどは西広が直接管理する財源で賄われていた。[27]

　アメリカ占領軍当局は、逮捕された60人の日本人全員がこのような秘密結社に参加していたものと見ており、その内の数人は既に裁判が開始されていた。しかし、結果的には全員に無罪判決が出され、罪状は証拠不十分で却下された。日本軍当局が指示したこのような組織的犯罪行為の背景には、日本人の引揚げの問題が密接に関係していた。占領軍が早急に撤兵すれば、引揚げを待つ日本人と朝鮮人との間に発生していた事件の多くは回避できるものと思われた。朝鮮解放前後に拘らず、対日協力者とそれに反感を抱く者との間の暴力抗争は、日本人の引揚げ後にも多かれ少なかれ発生する筈であった。また、アメリカの権力下で暴力抗争を惹起させれば、アメリカは朝鮮人の正統性確保要求、即ち国家主権の回復を拒否するであろうと考えられたためであった。

## 第4節　復員・引揚げ

　実質的な日本人の復員・引揚げは数度に分けて行われたが、後になると急速に衰勢に向かった。アメリカ占領軍が到着して1か月のうちに、アメリカ軍政当局は日本人の復員・引揚げに着手した。復員・引揚げ者数は、1946年10月23日まで毎日「日報」で報告され、その数は16名の捕虜を含む軍人軍属179,277名、民間人680,961名に達したとされる。これらの中には、北緯38度線以北から逃れてきた269,220名の日本人が含まれていた。[28]この数字には、独自の帰国手段を持ち、私有船舶で引揚げを果たした者は含まれていない。この統計からは、日本降伏の知らせを聞いてそのまま引き返した軍人軍属の数を知ることはできない。そして、どのくらいの数の日本人が、戦後の日本での生活を捨てて朝鮮半島に残留したのかも明らかではないのである。[29]

原則として当初引揚げの対象となったのは芸者を含む「好ましからざる日本人」の他、警察官、神官、その他の専門職に従事する者であった。軍民の復員・引揚げは、こういった者との協力によって、小人数ずつ、確実に祖国に帰り着くということを主眼において実施されたが、輸送業務、中でも鉄道に携わる日本人は、通信業務に携わる者とともに最後まで残留した[30]。
　「基本指令」では、アメリカ軍政当局が日本人の復員・引揚げを推進するにあたって行うべき各種施策が列挙されていた。この業務を担った担当者は「整斉と人道的に」任務を遂行することを要請された。日本人の復員・引揚げは、朝鮮人の引揚げと同じ割合で実施された。これは、それぞれの輸送船の運用に係る理由によるもので、それぞれの目的地で互いに乗船させるという方法をとったためである。最終的には、アメリカがこの業務に要した費用は、「アメリカが日本に請求した日本占領経費の一部に計上されたのだ」と思われる。
　しかし、この「指令」では日本人の送還に関する方策については極めて明瞭に指示が出されていたが、日本人資産に対する配慮は欠落していた。実際、日本人資産の保護について規定したものは何もなかったし、事実上保護措置もとられなかったのである。逆に、強制的に残置させられたこれらの日本人資産は、その後アメリカ軍が朝鮮に売却する資産の一部に加えられた。例えば、1946年3月上旬に、軍政当局は「日本人が所有していた農場、都市部の住宅、産業資本を朝鮮人に対して売却する」という「国土計画」を発表した。それはつまり875,000エーカー（約3,541平方km）の農場が、日本人の下で使役されていた小作人の所有地となったことを意味した[31]。
　こういった大規模な資産接収以外にも、軍政当局は日本人が持ち帰る財産に厳しい制限を加えた。日本から朝鮮半島に帰還する朝鮮人の場合と同様、日本人が持ち出すことのできる資産は現金で1,000円までとされた。その他の貴重品類は、アメリカ軍官憲が発行する証明書と引き換えに没収するとの布告がなされた。担当官は「日本人の所有していた万年筆、カメラ、自動式鉛筆、ライター、金製又は銀製の機械器具など」を没収の対象に据えたと言われている[32]。アメリカ当局は文書で次のような詳細な告発を行った。それは、創造的でありながら不毛な作業とも言えるもので、没収を免れるために広い範囲に様々な形で隠匿された金品財産に関する詳細な記録であった。或いは

日本人が試みた非公認、即ち「不法な」帰国工作についての記録も残されている。

遂には、朝鮮半島南部に駐留していたアメリカ軍は、終戦とともに発生した朝鮮半島北部からの大量の難民問題の処理という難問に直面することになる。このような大量の難民が発生したのは、ソ連の日本人送還事業が遅々として進まず、また、食糧の欠乏やソ連軍の苛酷な日本人処遇とも関係があった。朝鮮半島北部で設立された人民委員会の強力な支援があったために、北緯38度線以北に居住する日本人を効果的に移住させることができたのである。

アメリカとソ連との間で度々開かれた朝鮮半島の戦後処理問題に関する協議においても、日本人と朝鮮人の半島南部への移動については議論されている。例えば、1946年5月末にはホッジ司令官はソ連軍司令部に宛てた書簡で、莫大な数の日本人が南下しつつあることに不満を表明している。この月、最初の21日間で、実に22,713名の日本人がアメリカ軍の管理地域に押し寄せたのである。[33] この記録から、両国間の協議によって状況の改善がほとんど見られなかったことが分かる。6月上旬には、1日の越境者数が3千人に達した日もあった。[34] 1か月以上に亘って相互の主張の否定と反論とが続けられた。ソ連はアメリカがコレラ患者を北に送り込んでいると非難し、ホッジはソ連が大量の避難民越境を防止する措置を何ら講じていないことに対する不満を繰り返した。[35]

一体、何がこれほどまで多くの日本人を南に駆り立てたのであろうか？その答は、恐らく1946年7月に提出された「ソ連管理地域における日本人の復員・引揚げ（Japanese Repatriation from Soviet Controlled Areas）」と題する報告書の中に見出せるであろう。この報告書はアメリカ占領軍によってまとめられたものであり、ソ連管理地域においては、アメリカが経験した以上の異なった状況が展開した事実を、言辞を連ねて記録している。この地域には、僅か724,000名（同報告書では、別に1,148,000名という数字も挙げられている）の日本人が居住していたに過ぎなかった。けれども、朝鮮北部の日本人は、南北朝鮮の境界から千島列島、或いは北樺太に到る広大な地域への移住を強制されていた。

また、ソ連は「捕虜」の定義をかなり緩やかに解して、大量に獲得した。アメリカが僅か16名の日本人と朝鮮人を「捕虜」としたに過ぎないのに対し

て、ソ連の場合、日本軍将兵捕虜の数は実に50万名にも及んだ。アメリカはこれらの捕虜を戦犯として横浜の軍事法廷に送ったが、ソ連は総数の90％にあたる45,000名を、強制労働に使役する目的でシベリアに送った。また、朝鮮半島北部に残留したその他の捕虜には、道路建設を始めとする重労働を課した他、こうした抑留捕虜に共産化教育を施し、軍事訓練も強制したのである[36]。

　アメリカの一連の記録に基づけば、こうしたソ連の政策の結果が朝鮮北部からの大量の難民を生み出す事態を招いたということになる。在朝鮮アメリカ軍司令部（HQ USAFIK）の北朝鮮情報分析報告書によれば、ソ連との協議が開催された1946年初頭の時期におけるソ連の政策は、朝鮮南部から日本人の復員・引揚げを実施することで了解していた筈であった。朝鮮の主な産業復興に関してソ連が行った決定をアメリカが拒絶したことから、ソ連の方針は転換を遂げたのだとされる。特に、ソ連軍は自らが求めるプラントの復興において、日本人熟練労働者が如何に有用であるかを知った。朝鮮人にはこのような能力を要求できなかったからである。この時期から、ソ連は日本人技術者を留用し、その他の雇用に役立たない日本人が、家族ともども朝鮮南部に逃避することを「黙認した」。1946年5月以来の大量の難民は、この報告書を見る限り、ソ連管理地域の食糧難を緩和する政策の一環として生み出されたものであるといえるのである[37]。

## おわりに

　終戦とともに復員・引揚げを余儀なくされた大部分の日本人にとっては、そのことは釜山と博多の間の狭い水道を平穏無事に渡ることであったと言える。この帰還の旅が平穏無事に実現したのは、アメリカ占領軍による復員・引揚げ任務遂行と日本軍民の協力的態度とが有効に作用したためであると考えられる。この一連の事実の根底には、日本人と朝鮮人との間に存在した感情のもつれを見出すことができる。やがてそれは、36年間に亘る日本の植民地支配の時期を凌駕する数と規模の暴力事件をもたらすことになったのである。

注
1) 当時のアメリカ占領下の韓国について考察を加えた文献としては以下のものがある。A. Wigfall Green, *The Epic of Korea* (Washington: D.C. Public Affairs Press, 1950; Bruce Cumings, *The Origins of the Korean War: Liberation and the Emergence of Separate Regimes*, 1945-1947 (Princeton: Princeton University Press, 1981); Michael C. Sandusky, *America's Parallel* (Alexandria, VA: Old Dominion Press, 1983); and James I. Mattay, *The Reluctant Crusade: American Foreign Policy in Korea, 1941-1950* (Honolulu: University of Hawaii Press, 1985). Mark Gayn's *Japan Diary* (Rutland, Vt: Charles E. Tuttle Co, 1981)
2) 1942年にバイアスは次のように主張した。即ち、朝鮮に独立政府を設立することは、将来の発展に有害ですらある…（中略）…私の結論は条約で定められた一定の期間を置いて、強制的に朝鮮を日本の信託統治下に置くべきだということである。Hugh Byas, *Government by Assassination* (New York: Alfred A. Knopf, 1942), pp. 357-358.
3) この覚書では、当時日本の植民地であった台湾について度々言及されており、ここで述べられる方針が将来これらの地域において適用される予定であったことを示唆している。*Foreign Relations of the United States*（以下は *FRUS*), V, 1944, pp. 1242-1243. この手紙は1944年5月6日の日付であった。
4) "Korea: Attitudes of Koreans; Important Korean Leaders; Government Administration; Preservation of Public Order; General,"（このインタビューは1945年2月1日におこなった）．この他、アメリカの占領関係資料を編集したものによる。
5) 同前（このインタビューは1945年1月12日におこなった）。
6) *FRUS*, September 15, 1945.
7) "Proclamation No. I by General of the Army Douglas MacArthur," *FRUS*, September 2, 1945.
8) *FRUS*, September 13, 1945.
9) *FRUS*, September 15, 1945.
10) "Basic Initial Directive of the Commander in Chief, U.S. Army Forces, Pacific, for the Administration of Civil Affairs in Those Areas of Korea Occupied by U.S. Forces," *FRUS*, October 13, 1945.
11) Ibid.
12) これに関してホッジが朝鮮人に対して抱いた誤解として最も有名なエピソードは、恐らく「朝鮮人は日本人と同じで飼い猫のように従順だ」という阿部の朝鮮人評をそのまま受け入れたことであろう。この逸話はゲイン（Mark Gayn）によって伝えられている。Mark Gayn, Japan Diary (Rutland, VT: Charles E. Tuttle Co., 1981), p. 359.

13) USAFIK G-2 Periodic Reports, December 14, 1945.
14) 1946年5月末日現在で、最後の509名が復員した。なぜこれらの部隊が他の179,000名とともに復員しなかったのかについて、納得できる資料は現在のところ見当たらない。彼らは捕虜名簿に記載されていないことから、アメリカ占領軍にとって特別の意味を持つ特殊任務を与えられていたと考えることも可能である。
15) 翰林大学アジア文化研究所編、米軍政期情報資料集 F.E. Gillette 報告書・戦犯裁判記録 (1946-1948)(ソウル:翰林大学, 1996), p. 368.
16) Bruce Cumings, *The Origins of the Korean War: Liberation and the Emergence of Separate Regimes, 1945-1947* (Princeton: Princeton University Press, 1981), p. 127.
17) USAFIK G-2 Periodic Reports, September 29, 1945.
18) USAFIK G-2 Periodic Reports, September 13, 1945.
19) USAFIK G-2 Periodic Reports, October 2, 1945.
20) USAFIK G-2 Periodic Reports, October 3, 1945.
21) 同前書。
22) USAFIK G-2 Periodic Reports, October 14, 1945.
23) USAFIK G-2 Periodic Reports, October 19, 1945.
24) たとえば USAFIX G-2 Periodic Reports, November 15, 1945.
25) USAFIX G-2 Periodic Reports, December 4, 1945.
26) この活動を行った日本人集団の目的については、ホクタヒトシという元憲兵隊員の証言で明らかにされている。USAFIK G-2 Periodic Reports, October 26, 1945.
27) USAFIX G-2 Periodic Reports, October 6, 1945.(日本人資金源は、朝鮮の日本人財閥から供与されており、金が所持していた310万円の工作資金のうち、西広が提供したのは50万円に過ぎなかったという情報もある。)
28) 1946年5月15日付 "USAFIX G-2 Periodic Reports" で軍人軍属の復員者数が記録されているほか、同年10月23日付の日報で最終的な引揚げ者の総数が報告されている。日本からは1,872,706名の朝鮮人が帰国を果たした。
29) "Basic Initial Directive of the Commander in Chief," p. 141.
30) "Report on the Occupation of South Korea Since Termination of Hostilities," 李吉相編,解放前後史資料集Ⅰ, Ⅰ (ソウル:原主文化社1992).
31) "Political Adviser in Korea (Langdon) to Secretary of State"(Summaries of conditions in Korea February 15 through March 14), *FRUS*, March 19, 1946.
32) USAFIX G-2 Periodic Reports, November 14, 1945. 布告では、こういった貴重品については乗船してきた引揚げ船に残置するよう指示していた。
33) HQ USAFIK Intelligence Summary, Northern Korea, Vol.1 (May 16-31, 1946).

34) HQ USAFIK Intelligence Summary, Northern Korea, Vol.1 (June 16-30, 1946).
35) HQ USAFIK Intelligence Summary, Northern Korea, Vol.1 (July 16-31, 1946).
36) HQ USAFIK Intelligence Summary, Northern Korea, Vol.1 (June 16-30, 1946), pp. 224-226. こういった情報のほとんどは、ソ連軍の拘束から逃れた日本兵によってもたらされたものである。
37) Ibid. p. 225.

第3章

# 東南アジア・オセアニアの引揚げ

柴 田 善 雅

## はじめに

　日本人の引揚げは旧植民地・中国大陸占領地のみならず、日本が南洋と呼称した東南アジア・オセアニア地域からも行われた。人数としては、関東州を含む満洲で敗戦時に確認できる日本人の膨大な人数に比べ、復員以外の非戦闘員引揚該当者はさほど多くはなかった。日本人の引揚業務の規模としては大きなものではなく、3年ほどで占領地事業が終焉した。東南アジアにおける日本の軍政と介入については、日本東南アジア関係史研究により多面的な紹介がある。本章の対象地域は介入地の仏領インドシナ・タイと、軍政を敷いた英領マラヤ、北ボルネオ、蘭領東印度、豪信託統治領パプア・ニューギニア、ソロモン諸島、葡領東チモール、英領アンダマン・ニコバル諸島、米領グァム、占領下で独立の形態をとったビルマ、フィリピンのほか[1]、南洋庁が所管した南洋群島が含まれる。東南アジア軍政支配の研究は少なくないが、ここではその紹介を行う場でないため省略しよう[2]。

　1945年時点における東南アジア・オセアニアの民間人非戦闘員在留者の数は、満洲や華北に比べ多くはない。占領下の企業体制が受命企業による操業となり、日本人の自由渡航による操業ができないため、限られた日本事業者の参入に限定された。本来はその周辺に多数の中小自営業者や小規模法人が集積するはずであるが、それが見られなかった。その結果、日本敗戦時における在留日本人は限られており、引揚げより復員がはるかに規模の大きな在外日本人に関する敗戦後処理の事業となった。また日本敗戦時点ですでにビルマはイギリス軍の反撃により、日本人はほとんどタイへの撤収という状況になり、ほぼ日本のビルマ占領は終わっていた。ただし東南アジア・オセアニアにおける日本が占領した地域は広く、日本敗戦後に旧宗主国植民地権力の復帰あるいは独立運動の高揚といった、地域における政治状況は大きく異なる。日本敗戦後に当該地域に残された日本人たちは、当該地域の戦勝国軍

隊組織や復帰した政治権力に個別に引揚交渉を行う。そのため引揚げのあり方は地域により、その政治状況、引揚時期や民間人比率等で異なるという特徴が指摘できよう。これらの地域の中には米軍の反撃により米軍との陸上戦闘となり、日本占領体制が軍事的に追い詰められて崩壊したフィリピンと、平和裏に日本敗戦を迎えることができた英領マラヤ、蘭領東印度のジャワ・スマトラ、タイのような地域とでは置かれていた状況は決定的に異なる。本章では東南アジアの地理概念に含ませているが、アンダマン・ニコバル諸島（現インド領）の非戦闘員は僅かであった。オセアニアのオーストラリア委任統治領のパプア・ニューギニア、ソロモン諸島も、これらの地域は日本敗戦に近づくにつれて、孤立し、経済活動そのものが成り立たなくなるため、敗戦時の非戦闘員日本人は僅少であった。引揚げは本来民間人の本国帰還を意味し、軍隊の本国への帰還と除隊は復員として区別されるべきであるが、本章では民間人引揚げと軍人復員が、外務省・厚生省の担当部署で一括して引揚業務の対象としているため、軍人の本国帰還による復員も引揚げに含ませて紹介しよう。それが東南アジア・オセアニア地域の引揚げの特徴でもある。そのほか敗戦後日本人の抑留のあり方も興味深い論点ではあるが、紙幅の都合で概ね省略した。そのほか東南アジア・オセアニア出身者の出身地への帰還についても省略し、日本人の引揚げに限定した。

　次に日本人引揚げの先行業績を概観しよう。日本人引揚げの総論的業績としてまとまった解説が刊行されているが[3]、引揚げの国内の対策についても、概観と山口県の引揚支援事業を紹介するものがある[4]。東南アジア・オセアニア地域からの引揚げについては、南洋群島・フィリピン等へ多数の移民を送出した沖縄への戦後の引揚げの概観が与えられているほか[5]、特に南洋群島の引揚者団体の活動については詳細な解説がある[6]。それらを振り返っても、従来の東南アジアの日本敗戦後の引揚げを対象とした先行研究として見るべきものは多くない。関連行政史が編纂されているが、これらは資料として利用しよう[7]。本章はこれらの先行研究を参照したうえで、新たな外務省記録を発掘して、東南アジア・オセアニアからの引揚げの事例を地域ごとに解説する。

## 第1節　東南アジア・オセアニア地域の引揚政策と引揚支援機関

### 1．東南アジア・オセアニア地域の引揚政策

　日本敗戦後、旧植民地と占領地・介入地において多数の日本人が残された。これら日本人は軍人軍属と非戦闘員に分けられる。日本政府はこの在外日本人の日本への引揚げを求め、また連合国総司令部が対日占領政策として採用し、在外日本人の帰還が急がれることとなった。引揚げとは通常は在外民間人の日本への帰還を指すが、東南アジア・オセアニア地域における1945年12月末現在の在留日本人の人数を見ると（表3－1）、タイ・仏領インドシナ・フィリピン・ビルマのほか旧軍政地域のほとんどが東南アジアに属し、これだけで合計7万人に過ぎない。この統計の数値は翌年に集計されたものよりもやや高目になっているが、傾向は大差ない。そのほかオセアニア地域にくくられる南洋群島で24千人が残留していた。合計しても10万人を下回る人数であり、満洲の1,230千人に比べ、格段に少人数であった。そのため引揚業務の対象となる東南アジア・オセアニア地域の民間人の数は、日本敗戦後に発生した膨大な民間人の引揚業務の中では、限られたものであった。ただし東南アジアやオセアニア地域には大量の軍隊が日本敗戦時に投入されており、それらの日本への帰還も併せて引揚業務の中で処理されることとなった。

　1945年9月20日に連合国総司令部に対し外務省終戦連絡中央事務局は、在外部隊と一般居留民の引揚げを以下の要領で実施することの許可を求めた。すなわち①武装解除部隊と治安状況の険悪な地域の居留民の早期帰還、②引揚実施のため許可を得た海軍艦艇のほか病院船、客船の使用、③現地事情を考慮し緊急性の高い地域と病人・老若婦女子に優先配船、の実施要領を示した。そのうちの優先配船地域としては、①比島及「南方諸島」、②生活事情困難地域、③北朝鮮・満洲・樺太・千島（ソ連の承諾を得るまでさしあたり南朝鮮・中国）、④病院及び医療施設のない地域、⑤仏領インドシナ・タイ・スマトラ・ジャワ・ボルネオ・ラバウル・台湾の順位を付していた。そのほかアンダマン・ビルマは情報が乏しいため、それを確認後に順位を決定するとした。また各地在留日本人の最低限度の生活維持の支援を連合国軍当局に求め、引揚用艦船には、帰国する日本国内華人労務者・朝鮮人・台湾人を乗

表3－1　敗戦時在外日本人非戦闘員
（1945年12月末現在）

（単位：千人）

| 地　域 | 人　数 |
| --- | --- |
| 華北（含蒙疆） | 312 |
| 華中 | 171 |
| 華南（含香港） | 16 |
| 満洲（含関東州） | 1,230 |
| 北部朝鮮 | 257 |
| 南部朝鮮 | 451 |
| 樺太 | 390 |
| 台湾 | 320 |
| 南洋群島 | 24 |
| タイ | 3 |
| 仏領インドシナ | 7 |
| ビルマ | 2 |
| フィリピン | 18 |
| 旧軍政地域 | 40 |
| 合計 | 3,242 |

注1：「旧軍政地域」とは英領マラヤ・蘭領東印度・豪信託統治領・葡領東チモール等よりなる。
注2：南部朝鮮には北部朝鮮からの引揚者を含む。
注3：原則として現地応召者を除外したが明確ではない。
注4：ビルマ在住者は終戦時にタイ、マラヤ、仏領インドシナに脱出しており、残留者はほとんどいない。
出所：「在外同胞員数調」1945年11月末調（外務省記録マイクロフィルム K'000リール）。

船させる、引揚日本人支援のための医師等人員派遣、食料・医薬品送付、釜山ほか29港湾で乗船させ、その地域への結集への便宜供与と上陸港湾として東京ほか14港湾の使用を主張していた。[8]上記の文書では、激しい戦闘を経て日本敗戦を迎えたフィリピンと南洋群島を指すと思われる「南方諸島」が最優先され、平和裏に敗戦を迎え食糧事情がさほど悪くない東南アジア・ビスマルク諸島・台湾が最も優先順位が低く設定されていた。これは東南アジア・オセアニア地域における地域別日本敗戦のあり方と大きく関係している。

この日本側希望に対し、1945年10月2日に連合国最高司令部は覚書を発し、日本人引揚げは最高司令部の指示に従い行う、引揚げは軍事的必要に基づき行われるものであり、地域により状況は異にするが、使用艦船の範囲、配船順位、在留日本人保護については既に実施している引揚げで考慮されているため、変更しない、華人、朝鮮人の帰国に利用することについては、最高司令部の指示に従うことで認める、日本人支援者の引揚地域への送出については、日本官憲の上陸による活動を許可しない、港湾使用についてはその都度指示するとした。[9]

さらに同年10月16日に連合国総司令部覚書で引揚げの根本方針を示した。すなわち「被征服地域ニ於ケル日本人引揚ニ関スル方針」がそれで、日本人引揚げのため、海軍艦艇と商船を最大限に利用する、貨物船も貨物輸送力が

落ちない範囲で利用を認める、日本軍人の引揚げを第一順位とし、民間人移動を第二順位とする、日本帰還前に全員武装解除する、特殊地域の引揚げに対する優先順位は必要に応じ設定する等とし、軍人の復員が最優先され全力で実施することとなった。これに対し政府は病人・老若婦女子・新聞通信員を優先させるよう要請した。[10] 引揚げを見届け報道する使命を持つ新聞通信員の優先順位を引上げた理由は不明である。これに対して10月29日に同月16日の指示通りとすると、連合国総司令部で念を押してきた。[11]

引揚者の金融資産持帰りについては、1945年9月22日連合国最高司令部「金、銀、証券類ノ輸出入統制ニ関スル指令」と「金融取引ノ制限ニ関スル指令」により、金融資産に対して強力な統制を課すものとされた。持ち帰り通貨についても10月12日「輸出入統制ニ関スル追加命令」により、持帰り金統制が実施され、これに従い、10月15日ポツダム勅令「金、銀又ハ白金ノ地金又ハ合金ノ輸入ノ制限又ハ禁止等ニ関スル件」が公布され、同日大蔵省令「金、銀、有価証券等ノ輸出入等ニ関スル金融取引ニ関スル件」（通称八十八号省令）で金融資産持帰りについて全面的に統制された。引揚日本人の持ち帰り許容額は一般人最高1,000円、将校500円、下士官兵軍属200円（その後軍属は一般人と同様の1,000円に増額）と制限され、その超過する日本円、その他の通貨等は保管証と引き換えで日本政府が取り上げ保管するとし、[12] 南方開発金庫券やタイ銀行バーツ、インドシナ銀行ピアストルはこの措置の対象となった。東南アジアの諸通貨を持ち帰る日本人に対しては、1945年12月14日に日本政府から連合国総司令部に、日本銀行券・朝鮮銀行券・台湾銀行券・蒙疆銀行券・満洲中央銀行券の入手困難なため、南方開発金庫券（軍票を含む）の持ち帰り兌換の許可を求め、その許可を得た。[13] 各地で引揚げを待ち、集結している日本人との通信手段を1945年10月11日に政府が要請し、同月28日に検閲を行ったうえで商用・金融のもの等を除き軍事郵便の利用が満洲と北緯38度線以北の朝鮮を除き認められ、本章に関わる地域としては南洋群島、マラヤ、スマトラ、ボルネオ、ジャワ、セレベス、ビルマ、フィリピン、インドシナ、タイが対象とされた。[14] これらの地域に対する軍事郵便の配達が可能となっていた。

1945年8月15日日本敗戦時に東南アジア・オセアニア地域でも少なからぬ日本人が活動していた。日本敗戦と降伏により武装解除し復員を待つ軍人軍

属と引揚げを待つ非戦闘員の日本人がいた。敗戦時における南方の日本人は1,212,661人（陸軍856,925人、海軍252,838人、民間102,888人）と試算されており、民間人に比べ軍人の比率が圧倒的に高く、引揚げよりは復員帰還が重要な課題となった。これらの地域では南方総軍、各方面軍、南西艦隊司令部等の軍隊組織で兵員と軍属を抱えており、また受命事業者として参入した多数の企業関係者が農林業・鉱山業・製造業・運輸業等の現場で事業を続けていた。もちろん日本敗戦のかなり前から日本の占領体制が崩壊を始めたフィリピン、ビルマのような地域があり、また日本敗戦直前に兵站線が寸断されたため物資補給が途絶え、軍事力そのものの激しい力量低下で、事実上の軍事支配が衰退していた地域もある。そのため8月15日の日本敗戦の迎え方は一様ではない。多様性に富む東南アジアの中でも、その広域性から状況の大きな違いが確認できる。しかも1941年12月開戦前からの在留日本人は、そのまま当該地における残留を希望するものが少なくなく、その許可を求めたが、マラヤでは1946年1月21日に日本人の在留を認めないと通告され、他方、ジャワにおいては英印第23師団より、戦前からの在留者については当該地の政府の反対がない限り滞留を許可することもありうるとの方針が示された。そのまま帰還せず住み慣れた土地に在留を希望した日本人も少なくない。

　南方からの引揚げが優先されたため、先述のように連合国総司令部の許可を得て、引揚げが実施されることになるが、それより先に1945年9月1日には食料・医薬品を輸送するためミレ島・メレヨン島への病院船就航が許され、9月25日にはメレヨン島、10月7日にミレ、ヤルート、マロエラップ、ウォッゼから病院船で陸海軍人が引揚げた。その後も引揚地域が拡大し、民間人も引揚げることができた。アメリカ軍地域に遅れイギリス軍地域からの引揚げも行われる。1945年11月にイギリス海軍マラヤ指揮官より、東南アジア連合軍最高司令部決定による、日本人の日本還送に対する順序を、第10方面艦隊長官に対し示した。すなわち①仏領インドシナ、②タイ、③ジャワ・セレベス・小スンダ・ボルネオ、④ビルマ・レンバン島（西リオウ、マライ、スマトラの日本人の集結地）の順とし、使用船は南方地域所在日本船舶のみとし、日本艦船の動員に着手した。1946年4月の東南アジア連合軍最高司令部の意向では、南方の引揚げの優先順位は、①ボルネオ・豪北（セレベス・小スンダを含む）、②仏領インドシナ、③タイ、④ビルマ、⑤レンバン島（マ

ライ、スマトラ、アンダマン・ニコバルより集結)・ガラン島(ジャワより集結予定)という記述もある。前者ではボルネオ・豪北が含まれておらず、またジャワのガラン島への移転集結後の帰還を計画した経緯が含まれていないため、確定的なものではないと見られよう。実際には多数の日本人の帰還が急がれたため、南方から日本への日本人の輸送を強化する必要があり、日本商船・日本艦艇のみならず、連合軍総司令部の方針でリバティ船・LST船(landing ship tank)を大量に投入した。1946年6月11日現在で、日本商船16隻、日本艦艇24隻、リバティ船70隻、LST船4隻の合計143隻(収容能力約27万人)が航行しており、これらの船は労務調達のために一時的に帰還船の配船が止められたフィリピンと、直接の帰還者のないビルマを除く全域に投入されていた。東南アジア・オセアニアからの引揚げが急がれたため、後述のように北ヴェトナムを除き引揚げが順調に進み、1947年12月2日に南方方面からの最後の専用の引揚船が到着し、この地域からの引揚げは概ね終了した。

## 2．東南アジア・オセアニア地域の引揚支援機関

東南アジア・オセアニア地域に関する引揚支援の政府機関と、引揚者の帰国後の活動概要を紹介しよう。敗戦後の在外日本人の引揚げにかかる各種行政事務が発生した。1945年8月26日に終戦連絡中央事務局が設置され、連合国総司令部との折衝事務を担当した。また同日に外務省管理局が新設され、同局が引揚事務を担当した。同局第四部第一課が南方地域における帝国臣民及び諸施設に関する事務等を所管し、同第二課が南方諸地域における産業経済に関する事務を担当した。1946年2月1日に管理局が改組され、総務部・在外邦人部・経済部の3部体制となり、総務部南方課・在外邦人部南方課・経済部南方課が東南アジア・オセアニア地域を所管したが、とりわけ引揚事務については在外邦人部南方課が主に担当した。同年末に引揚げは、人数から見て概ね終了したため、1947年4月15日に管理局は総務課・在外邦人課・経済課に縮小された。引揚事業はその後も続くため、1948年2月1日に管理局引揚課が別に設置されたが、同年7月1日に引揚渡航課に改称し渡航事務も担当した。1950年1月20日に引揚渡航課から引揚課を分離したが、1951年12月1日にアジア局設置とともに管理局は廃止され、東南アジア・オセアニ

アからの引揚事務はアジア局第三課に引き継がれ、さらに1958年5月10日にアジア局東南アジア課に改組された。[22]

国内の引揚者の受入としては、1945年8月23日に厚生省健康民局戦時援護課を同局保護課に改称し、また同局が同年10月27日に社会局に改組され、保護課が11月22日に同局引揚援護課となり、国内の引揚対策を所管した。[23]連合国最高司令部との連絡等の事務が発生するため、外務省終戦連絡中央事務局第五部に引揚関係各省連絡室を設置し、連絡調整を図った。同室に参加した関係省庁は、終戦連絡中央事務局第五部、外務省管理局、第一復員省、第二復員省、厚生省社会局引揚援護課、同医療局、運輸省鉄道総局、同海運総局、船舶運営会、大蔵省、その他関係者である。[24]その後、引揚援護の支援体制を強化するため、1946年3月13日に厚生省外局の引揚援護院が設置され、その下部組織として各地に地方引揚援護局が設置された。その後引揚援護院は1948年5月31日に復員業務も取り込んで引揚援護庁に改称され、さらに講和発効後の1954年4月1日に厚生省内局の引揚援護局に改組され、1961年6月1日に引揚業務はほぼ終了したため、援護局に改称した。[25]特定地域への引揚げを紹介する場ではないため、ここでは地方援護局の紹介を省略しよう。

各種引揚者を支援する団体も結成された。敗戦前の強制疎開により後述のように、南洋群島から民間人が引揚げたが、その支援組織として1944年3月30日設置の財団法人南洋群島共助義会があり、同会は敗戦後の1947年4月に財団法人共助義会に改組し、さらに1956年7月に財団法人南洋群島協会に再度改組された。1944年4月7日に小笠原諸島からの引揚者が日本本土に到着し、さらに沖大東島・伊豆諸島・沖縄本島・宮古・石垣・西表等からの日本本土引揚げが続いた。南洋群島と同様の強制疎開の引揚者を支援するため、1944年10月1日に財団法人戦時国民共助義会が厚生省所管で設置された。同会は引揚業務の発生する港湾都市に地方支部を設置した。その後の国内の戦災の復興支援にも関わるため、同会は1945年4月28日に財団法人戦災援護会に改組された。1945年5月18日に恩賜財団戦災援護会に改組し、そのまま敗戦後も日本に帰還した引揚者の生活支援を続けた。同会は1946年3月13日に恩賜財団軍人援護会（1938年11月5日設置）を吸収し、恩賜財団同胞援護会に改称した。そして復員軍人への支援業務も担当した。同会は引揚者に生活必需品を配給し、また生活資金の貸与を行い、日本社会への復帰を支援し

た。恩賜財団同胞援護会は1951年1月11日に中央社会福祉協議会の設立で解散し事業が統合された。

　各地域からの引揚者の団体をいくらか網羅するものとして、1946年6月設立の任意団体の引揚者団体中央会が、1948年8月12日に財団法人引揚者団体全国連合会に改組された。そのほか各種の地域別や職域別の引揚団体が結成され、引揚援護の支援体制を築いた。東南アジア・オセアニア関係の企業関係者団体としては、前記の南洋群島協助義会のほか、社団法人ビルマ関係者互助会が1947年1月21日に設置されていた。講和条約の締結交渉が始まるとこれらの引揚者団体は政府に対する戦後補償要求団体としての活動を強めた。企業者団体としては、1945年11月30日設置の海外関係事業協議会の傘下に南洋群島部会が置かれ、南洋群島関係会社連絡協議会と南洋拓殖株式会社・南洋興発株式会社が南洋群島部会を結成し、南洋群島関係会社連絡協議会傘下に多数の南洋群島関係の企業を加盟させた。同年12月6日に海外関係事業協議会は海外事業戦後対策中央協議会に改称した。その後、1947年6月30日には南洋群島部会の代表として、理事・幹事を南洋群島共助義会から選出していた。南洋群島部会の構成団体はその後、南洋群島関係会社連絡会と改称しているようであるが、この点については傍証が必要である。その傘下に91社等の南洋群島関係の企業が会員として列記されているが、そこには南洋拓殖と南洋興発の両社は含まれていない。この91社等はすべて日本本土外に本店を有していた。その中には南太平洋貿易株式会社等57社と南洋群島物資配給統制組合聯合会とその傘下組合、南洋群島農事組合聯合会とその傘下組合、サイパン信用組合等の組合組織が参加していた。この部会参加企業には南洋群島に本店を置いていない支店営業の、マカッサル水産株式会社や印度支那燐鉱開発株式会社等が含まれている。

　他方、海外関係事業協議会南方部会には傘下団体として6団体が加盟した。それは社団法人南方農林協会、社団法人南洋水産会、財団法人海外鉱業協会、南方工業会、南方企業終戦連絡協議会と海南島連絡協議会よりなる。今のところ南方部会の傘下団体の構成企業の全貌を把握しきれていない。その後、1947年6月30日では、海外事業戦後対策中央協議会に改組した体制では、海外鉱業協会・南方工業会・南方企業終戦連絡協議会・海南島連絡協議会に換え、南方鉱山会・南方工業終戦事務協会・南方事業者協会・南方交通

通信事務連絡会が列記されており、海南島連絡協議会は華南に地域区分されるため除外されていた。これらの6団体が海外事業戦後対策中央協議会の理事・幹事を送り出していた。これらの団体への加盟企業457、うち日本本土外本店企業60という構成となっていた[32]。特徴として、南洋群島部会の構成企業の日本本土法人がほとんどを占めているという点が上げられよう。そのほか海外事業戦後対策中央協議会の業種別部会で南方企業が含まれている例がある。例えば貿易部会に野村東印度殖産株式会社が会員として参加している。同社は日本法人のはずである[33]。業態と活動地域により複数の部会への重複加盟がありえた[34]。引揚者企業団体は海外事業戦後対策中央協議会に結束し、在外財産補償要求を行ったが、企業財産の補償措置は実現しなかった（第4章参照）。さらに1963年3月12日に旧南方在外企業財産補償期成同盟を結成し、再度企業財産補償運動が高まったが、企業財産の補償はやはり実現せずにそのまま消滅した[35]。

## 第2節　東南アジア・オセアニア地域の引揚げ

### 1．仏領インドシナ

　仏領インドシナはフランス領のヴェトナム、ラオス、カンボディアを総称する地域であり、仏印と略称された。仏印における敗戦時の在留者は北部約1,250人、南部約2,500人と見られていたが、日本敗戦後にビルマ・タイから仏印に脱出してきた日本人がおり、また軍関係からの解雇者が在留日本人の集団に加わったため、1946年2月1日現在で、北部約1,400人、南部約5,500人の計約6,900人と推算されていた[36]。

　北部仏印では、日本敗戦後、一般日本人在留者にかなりの動揺が見られたが、それが落ち着いたところ、北部における越南独立連盟による革命運動が高揚する状況があり、中国国民政府軍の進駐による行政機関の接収、アメリカ、イギリス、フランスの介入による混乱が発生した。混沌として地場行政の責任の所在不明状態となり、強盗・略奪が頻発し多くの日本人がその標的となった。帰還を視野に入れて、在ハノイ総領事館はハイフォン（海防）西北のカンエン（広安）に日本人を集結させる方針を決定し、1945年9月17日に警備隊司令部の支援を得て、婦女子約230人を避難させ、その後、残りの

日本人を移動させ、1946年1月22日までに計1,226人をカンエンに集結さ
せた。そのほか敗戦後にタイ・ビルマからの転進者と軍属関係解雇者が加わ
った。当初の在留邦人には朝鮮人・台湾人をかなり含んでいたが、いずれに
ついても国民政府側の直接管理に任せることとなり、日本人から除外され、
別個に韓国人会や台湾同郷会を結成したが、手持ち物資が乏しく日本人キャ
ンプから物資を支援していた。

　1946年12月26日に中国国民政府軍に代わり、フランス軍が北ヴェトナムの
管理を開始したが、ホ・チミンの指導するヴェトナム共和国軍と戦闘が開始
され、残留日本人の早期の帰国が難しくなり、部隊を離脱してヴェトナム共
和国軍に合流した者や、現地人と結婚した者等がそのまま北ヴェトナムに残
留した。これら残留者のうち北ヴェトナムから正規の手続きで71人が、1954
年11月30日の引揚船で帰国した。全員が陸海軍軍人軍属で、ヴェトナム軍参
加者や政府機関等の流用者で、解除後もそのまま残留していた。この71人は
北ヴェトナムから北上して中国側に引き渡され、天津からの引揚船に便乗し
て帰国した。

　南部仏印では、敗戦時のサイゴン（西貢）に2,473人に日本人が在留して
いたが、8月31日にフエ領事館閉鎖に伴い同地方在留者数人がサイゴンに合
流した。さらにビルマ・タイ方面からの転進者と軍関係の解除者約1,000人
が増加し、そのほかプノンペン方面の領事館と在留者も合流した。英仏連合
軍が南部仏印を支配下に置いたが、それに対して反仏暴動が発生し混乱が続
いた。1945年9月20日に日本人の抑留命令が発せられ、10月6日に日本人収
容所がサイゴン西北のチエホア刑務所付近に定められ、日本人会は同地に収
容施設の設営に当り、一部を除き4,029人が収容された。そのほか約1,400人
の朝鮮人・台湾人が在留していたが、別にサイゴンに集結させられていた。
その後の転入者の増大で1946年2月1日現在、約5,500人が抑留されて
いた。

　仏印に関しては北部・南部別の帰還統計が整備されていないため、地域別
引揚者数が明らかになっていない。1946年になってから日本引揚げの配船が
行われた。サイゴンへの帰還船の配船の最初の時期は不明だが、1946年前半
で日本艦艇4隻が就航していた。同年5月末で、さらに1946年5月上旬に日
本商船10隻、リバティ船10隻のサイゴンへの配船が行われる予定で、同年5

表3-2　引揚実績と残留者　　　　　　　　　　　　　　　　　　　　　（単位：人）

| | | 1945年12月末累計 引揚済み | 残留中 | 1946年5月末累計 引揚済み | 残留中 | 1946年7月末累計 引揚済み | 残留中 |
|---|---|---|---|---|---|---|---|
| 仏領インドジナ | 軍人 | | 17,000 | 109,465 | | 91,188 | 785 |
| | 民間 | | 7,500 | 7,024 | | 4,526 | |
| タイ | 軍人 | | 117,500 | 6,991 | 110,543 | 130,234 | 1,124 |
| | 民間 | | 4,100 | | 5,300 | 13,952 | 9,000 |
| フィリピン | 軍人 | 52,602 | 60,398 | 61,278 | 56,457 | 62,799 | 2,000 |
| | 民間 | 35,424 | 19,576 | 21,301 | 553 | 21,485 | 50,000 |
| ビルマ | 軍人 | | 74,407 | | 74,408 | | 367 |
| | 民間 | | 14 | | 11 | | 37,154 |
| マラヤ・シンガポール | 軍人 | 56 | 114,200 | 59,947 | 140,419 | 161,837 | 1,500 |
| | 民間 | 3,763 | 13,300 | 17,523 | 3,951 | 23,138 | 47,000 |
| アンダマン・ニコバル諸島 | 軍人 | | 19,460 | | | | |
| | 民間 | | 33 | | | | |
| ジャワ | 軍人 | | 62,530 | 3,637 | 58,015 | 16,432 | 244 |
| | 民間 | | 8,778 | 1,747 | 8,753 | 2,478 | 11,350 |
| スマトラ | 軍人 | | 66,407 | | | | |
| | 民間 | | 4,284 | | | | |
| ボルネオ南北 | 軍人 | | 58,159 | 38,799 | | 23,448 | 1,200 |
| | 民間 | | 7,195 | 7,000 | | 3,320 | |
| セレベス | 軍人 | | 25,731 | 10,339 | 13,836 | 24,377 | 200 |
| | 民間 | | 10,447 | 4,460 | 590 | 4,660 | 300 |
| 小スンダ | 軍人 | | 23,395 | 18,796 | 4,271 | 19,392 | 200 |
| | 民間 | | 486 | 198 | 252 | 199 | 250 |
| 豪北地区・ニューギニア | 軍人 | 1,130 | 118,033 | 34,326 | 78,128 | 214,199 | 1,987 |
| | 民間 | | 61 | 46 | 24 | 1,460 | 1,600 |
| ラバウル・ブーゲンビル | 軍人 | | 187,923 | 114,050 | | | |
| | 民間 | | | 550 | | | |
| 南洋群島・中部太平洋 | 軍人 | 68,055 | 27,556 | 85,106 | 12,429 | 90,921 | 100 |
| | 民間 | 4,063 | 44,716 | 19,326 | 4,179 | 18,592 | 7,500 |
| 合計 | 軍人 | 91,843 | 972,699 | 542,734 | 548,506 | 834,827 | 9,707 |
| | 民間 | 43,250 | 120,490 | 79,175 | 23,613 | 93,810 | 164,154 |

注1：空欄は典拠資料の数値なし。集計後の訂正情報や地域区分の変更等で補正されている。
注2：1945年12月マラヤ・シンガポールの在留者は引揚者を含む。
注3：1945年12月ジャワ総数71,530人となって合致せず。
注4：1945年12月ラバウルの民間人なし。
注5：1946年5月の仏印にはビルマから移動したもの1,000名ほどを含む。残留者1,000名ほど、戦犯容疑者・船舶関係ほか留用者。
注6：タイにはビルマより移動したものを含む。
注7：ビルマの軍人はタイに移動して復員、民間はサイゴン、バンコク、シンガポールに含まれる。
注8：マラヤ・シンガポールに1名誤差、セレベスに端数誤差あり。
注9：フィリピン1946年7月端数微差。
注10：1945年7月の軍人は戦犯関係者、民間は徴用労務者。
注11：豪北地区の1946年7月はラバウル・ブーゲンビルを含む。
注12：ラバウル・ブーゲンビルの1945年末軍人に若干の民間人を含む。海軍軍人がナウルから3,757人、オーシャンから514人移動、そのほかギルバート、ソロモン等からも移動あり、これら約2万人。
注13：アンダマン・ニコバル諸島の民間人数は別資料では34名。
注14：タイ・ビルマの1946年7月残留民間人は徴用労務者で日本人ではないと思われるが集計した。軍人は戦犯関係者。
出所：「在外邦人引揚状況」1946年6月27日、外務省管理局在外邦人部作成と思われる（外務省記録マイクロフィルム K'0001リール）、外務省管理局在外邦人部南方課「在外邦人引揚状況」1946年8月17日（外務省記録マイクロフィルム K'0001リール）、終戦連絡中央事務局第五部第二課「在東亜地域邦人調」第3号、1945年12月現在（外務省記録マイクロフィルム K'0001リール）。

月中には完了の見込みとなっていた[43]。ハイフォンへの配船については不明である。この引揚げの結果、1946年5月末までに軍人109,465人、民間人7,024人が引揚げていたことになっているが（表3-2）、この数値については、1946年7月の引揚済み日本人の数値、軍人91,188人、民間人4,526人からみて、仏印以外地域からの帰国者が多数含まれているようである。なお北部仏印においては、1949年8月現在でカンホイ島の日本人キャンプに民間人4人と軍人50人程度が残留しており、同年9月か10月に開始される戦犯裁判が終了後に最終的な引揚げが開始される見込みとなっていた[44]。

　東南アジアでは北ヴェトナムのみ後期引揚げが行われた。1957年7月に赤十字国際委員会に対し、北ヴェトナム在留日本人の引揚支援を依頼し、その仲介によりヴェトナム紅十字会と日本赤十字社との間に交渉が行われた。その後、交渉は進み、1958年12月28日に日本人の引揚げに関する共同コミュニケを調印した。そしてこの協定に基づき、1959年3月24日に北ヴェトナムからの帰還者9人の第1便が到着した。全員元軍人であった。1959年8月11日の第2次引揚げで32人（元軍人とその妻子）、1960年4月27日の第3次引揚げで69人（元軍人とその妻子）、1961年6月27日の第4次引揚げで5人（全員元軍人）が日本に到着し、北ヴェトナムからの後期引揚事業で合計115人が日本に引揚げた[45]。

## 2．タイ

　日本敗戦前のタイには、大使館調べでは3,080人の日本人が在留していた。敗戦時タイにおける詳しい日本人統計が残っているため紹介しよう（表3-3）。これには軍人を含まず、台湾人・朝鮮人を含む。13歳以下を有業者と見なせないため、職種分類としては家族に含まれるはずである。職種としては家族を含む銀行会社商店事務員が男女合計1,687人と多く、ホワイトカラーか店員である。そのほかホテル料理遊興業従事者182人が多く、この14歳以上で女性が多いのが特徴である。以下、物品販売員174人、新聞記者通信員157人と続いていた。1945年8月前にすでにビルマにおいて日本占領体制の崩壊とバ・モ首班はタイへの脱出という状況になっており、多数のビルマ在留日本人が国境を越えて安全なタイに避難していた。そのため敗戦時点において上記の数値を大きく上回る日本人が在留していた。ビルマよりの転入

表3-3　在タイ在留日本人

(単位：人)

| 職業 | 14歳以上 男 | 14歳以上 女 | 13歳以下 男 | 13歳以下 女 | 合計 |
|---|---|---|---|---|---|
| 官公吏雇用者 | 129 | 45 | 9 | 16 | 199 |
| 医務関係者 | 29 | 40 | 5 | 9 | 83 |
| 教育関係者 | 8 | 5 | 2 | 11 | 26 |
| 宗教関係者 | 9 | − | − | − | 9 |
| 公共団体関係者 | 43 | 19 | 4 | 4 | 70 |
| 新聞記者通信員 | 141 | 8 | 3 | 5 | 157 |
| 物品販売業（店員を含まず） | 63 | 33 | 33 | 45 | 174 |
| 会社銀行商店事務員 | 1,296 | 190 | 106 | 95 | 1,687 |
| 船舶関係従業者 | 117 | 9 | 4 | 1 | 131 |
| 鉄工業従業者 | 20 | 3 | − | − | 23 |
| 土木建築業従業者 | 119 | 6 | 2 | 3 | 130 |
| ホテル料理遊興業（使用人を含まず） | 22 | 15 | 9 | 1 | 47 |
| ホテル料理遊興業従業者 | 59 | 113 | 7 | 3 | 182 |
| 理髪洗濯業者 | 5 | 3 | 2 | − | 10 |
| 外国政府雇用者 | 5 | 1 | − | − | 6 |
| 菓子雇用者 | 1 | 4 | 2 | − | 7 |
| 農業者 | 9 | 3 | 2 | 1 | 15 |
| 無職（無申告者を含む） | 44 | 57 | 14 | 9 | 124 |
| 合計 | 2,119 | 554 | 204 | 203 | 3,080 |

注1：台湾人・朝鮮人を含む。
注2：検算により誤りを補正した。
出所：在タイ山本大使発本省「在留邦人調査ノ件」1945年9月3日発5日着（外務省記録マイクロフィルム A'0119リール）。

者が800人程度見込まれていた。そのほか終戦による軍属の身分切り替えにより、ビルマからの転入者と併せて3,000人ほどの増加と見込まれた。他方、タイには日本軍約10万人が残っており、その処理について連合国側の指示を待っていた。日系事業者は戦争中に軍管理または軍納品製造を理由として、タイ側の正規営業手続きを取らずに事業に着手していたが、敗戦後に民需工場として切り替えるには正規営業手続きを取る必要がある。それが否認されると事業所閉鎖のやむなきに至ると、大使館側は楽観的な見通しを述べていた。台湾人・朝鮮人についても問題が発生した。前者については世襲資産を保有しているため格別困らないが、後者は敗戦とともに希望により俘虜収容

所関係軍属を解除されたものが約800人おり、そのほとんどは生活費のたくわえがなく、また地方に散在しているため大使館で対処できず、タイ側の保護を求めたが、タイ側は朝鮮人をきわめて同情的に扱い保護していた[47]。

民間人と軍人はバンコク北方の別のキャンプに収容され、1945年12月末で民間4,100人、軍人117,500人が暮らしていた。その直前では3,623人の民間日本人が収容されていた。1946年には民間人はほとんどバンブアトン・キャンプに収容された。この数値は台湾人・朝鮮人を含まない。うち男性2,904人、女性387人、子供332人である。ここには在外公館関係者286人を含む。約1,300人の朝鮮人はアユタヤ・キャンプ、台湾人411人（1946年3月現在）全員がバンブアトン・キャンプに収容された。後者は4月始からパケット・キャンプに移送された[48]。

これらキャンプで引揚げまで暮らしながら待機し、そして1946年6月下旬から一部の引揚げを開始した。最初の乗船者は軍人のみ陸軍6,970人、海軍21人で、残留者は陸軍109,311人、海軍1,232人、民間人5,300人となり、民間人にはビルマからの転入者を含む。タイからの引揚者のためバンコク―浦賀間に引揚船を就航させ、リバティ船7隻、日本艦艇22隻、日本商船7隻、LST 4隻を就航させる計画であった[49]。同年7月末で民間13,952人、軍人130,234人が日本に帰還した。この帰還者数を見ると、民間人と軍人はいずれも他地域からの移入者を多数含んでいたことになる。

## 3．英領マラヤ、ビルマおよびアンダマン・ニコバル諸島

日本敗戦後の英領マラヤの日本人は南部方面ではシンガポールのジュロン地区、北部方面はクアラルンプール南方地区に集結し、8月末に英軍が進駐してもそのまま自活生活を続けていた。北部ではサラクノースほか9箇所に別れて集結していたが、12月25日までに一部重症者を除き、ジュロン収容所に合流することとなった。軍隊はジュロン地区に集結後、リオウ群島レンバン島に移駐させられることとなり、軍隊の移駐完了後に民間人も同島へ移動させられる予定であった[50]。

アメリカ軍の占領地域に遅れて、イギリス軍の占領地域からの帰還作業が着手された。東南アジア最高司令部の命令により南方海域にある日本船舶の運航はすべてイギリスのマラヤ海軍指揮下に置かれ、第十方面艦隊もその統

制下に置かれた。1945年11月時点で、南部マラヤ、アンダマン・ニコバル諸島およびスマトラ方面の全日本人を連合国側の指示により、リオウ群島レンバン島に集結させることとなり、その海上輸送を第十方面艦隊が実施した。10月22日より南部マラヤの日本人についてはシンガポールから毎日1,000人ほどの輸送を開始し、1946年2月には完了の見込みとなっていた。ニシリ島からの輸送は11月6日より開始し、12月には完了の予定であった。スマトラ方面からの輸送は計画未定で、抑留者食料としてタイから米の輸入も計画されていた。このレンバン島を日本への還送の拠点とする方針であった。ただし、英領マラヤにはイギリスの総司令部が置かれ、引揚げが早期に着手され、12月初旬にシンガポールからの直接帰還が開始された。日本船2隻によりジュロン収容所から民間人3,762人が引揚げており、イギリス軍司令部は1946年になり2月中に日本船9隻の配船を決定し、その後もジュロン収容所からの引揚げが急増する見込みとなり、民間人のレンバン島への集結は多くはならなかった。

　民間人はシンガポールに、軍人はレンバン島・ガラン島に集結した。シンガポール地区では、当初マラヤ地区のほか、ビルマ・スマトラ・ジャワの日本人も集結する予定となっており、一部は集結を開始していた。その後、ビルマ地区の日本人はタイに移動することとなり、またジャワの日本人は直接帰還することとなり、配船計画が編成された。シンガポール・大竹間に日本商船3隻、リバティ船25隻、シンガポール・田辺間にリバティ船6隻、シンガポール・名古屋間にリバティ船13隻を投入する計画となった。ジャワ地区の引揚げが順調に推移すれば、船の一部はジャワの帰還に投入する予定であった。1946年5月で民間17,523人、軍人59,947人、7月で民間23,138人、軍人161,837人が日本に帰還した。この中にはスマトラからの帰還者も含まれている。

　スマトラには敗戦後1945年12月に日本人4,300人が在留していたが、インドネシア独立運動が波及し、襲撃を受けてかなりの犠牲者を出し、英軍が再武装を命令するほどとなった。在留日本人は各地に集結して収容されていたが、1946年1月16日より日本軍部隊はリオウ群島ガラン島とガラロバル島へ移駐され、アチェ北部のコタラジャの民間人10数人はジュロン収容所に移動させられ、そこから日本への帰還を待った。

人数が少ない英領アンダマン・ニコバル諸島からの引揚げについてここで紹介しておこう。ビルマの南方にあるアンダマン・ニコバル諸島でも、第十方面艦隊により海軍が軍政を敷き、そのまま1945年8月に日本敗戦を迎えた。この諸島においても日本人民間人34人（朝鮮人1人、台湾人12人）が抑留された。1945年10月にアンダマン島ポートブレア南東地区に全員集結し、日本海軍が統制し海軍部隊と行動をともにさせた。抑留命令による集結ではない。その後レンバン島へ移駐されたようである。アンダマン・ニコバル諸島からの引揚げはマラヤ・シンガポールの引揚統計に合計されている。

## 4．蘭領東印度、北ボルネオ、葡領東チモール、豪北・ニューギニア地区およびラバウル・ブーゲンビル・中部太平洋

　蘭領東印度にはジャワ、スマトラ、セレベス、南ボルネオ、小スンダ諸島がある。そのほか西ニューギニアのイリヤン・ジャヤも含まれる。このうちスマトラの日本人はレンバン島に集結し帰還し、統計上はマラヤ・シンガポールに集計されている。ただしそのまま残留している日本人も少なくない。ここでは英領北ボルネオも一括して紹介する。

　日本敗戦時のジャワでは日本人民間人10,000人とみられた。西部地区ではバタヴィア、バンドン等の5、6箇所に集団生活を営み、中東部地区の軍人を含む約37,000人はインドネシアに拘束され、中央部山間地区の約35箇所に監禁されて引揚げまでの生活を送っていた。当初は直接配船計画がないまま、インドネシアで高揚した民族運動と武装反乱に直面した。西部地区では連合軍が進駐しており、日本側も武力を保有していたため、さしたる被害を受けなかったが、中東部地区ではインドネシア側に監禁されているため、その状態に達するまでかなりの犠牲者を出した。当初、ジャワの在留日本人はリオウ諸島ガラン島に集結させ、そこで帰還船を待ち、配船を得てそこから日本に引揚げさせる方針であった。日本への帰還の優先順位が低く、配船割り当ても遅くなるため、ガラン島で抑留生活を送らせる方針を採用したと見られる。ジャワの在留日本人の一部はシンガポールに移動して引揚げた。その後の状況により、ほかの地域の帰還が、船舶大量動員により進展したため、ガラン島への移動を行わず、ジャワから直接引揚げることとなり、1946年5月に日本への引揚げ船が配船された。同年6月の集計では、ジャワからの直接引

揚者陸軍3,103人、海軍534人、民間1,747人で、なお残留者は陸軍40,247人、海軍17,768人、民間8,753人であった。

北ボルネオでは民間人約4,000人、南ボルネオでは約3,000人の約7,000人が在留していた。北ボルネオ方面（南ボルネオのポンティアナックを含む）における軍人・軍属・一般の日本人全員は、ゼゼルトン地区1箇所に約10,000人、クチン及びバウ地区3箇所に約10,000人、ラブアン島地区3箇所約1,500人が集結して収容された。南ボルネオでは1945年9月中旬に豪州軍の指令によりバンジェルマシン地区在留者は一部軍隊とともにバリクパパンに移動し、同地区の日本人と合流し、収容された。豪州軍の監視の下で約10箇所のキャンプに分かれ集団生活を行っていたが食糧事業が悪く、引揚げまで苦しい生活を送った。北ボルネオでは引揚げが早く、1946年2月以降に配船が割り当てられ、引揚げが開始され、6月には完了していた。南ボルネオの引揚げも1946年5月に開始され、7月中には完了した。ボルネオ全体の引揚者は海軍21,460人、海軍17,339人、民間約7,000人である。ボルネオには1946年6月でなお約770人の戦犯容疑者が残り、近くシンガポールに移送される予定となっていた。

セレベスでは敗戦時点で、民間人約5,500人が在留していた。北部はメナド周辺に、南部セレベスでは29,000人を数えた。南部ではマカッサル北方の草原地帯のマリンブンに集結して軍隊とともに集団生活を営み、23,000人が帰国を待った。そして1946年5月にマリンブン・田辺間にリバティ船4隻を配船し引揚げを開始した。北部は既に終了し、南部地区も6月には完了の見込みであった。

小スンダ諸島のバリ島とロンボック島にも日本人が多数残留していた。バリ島には敗戦直後で海軍部隊1,000人、陸軍部隊1,100人、民政部員1,800人、一般日本人180人がおり、またロンボック島には海軍部隊390人、陸軍部隊150人、民政部員45人、一般日本人110人が残留していた。バリ島にもジャワから民族運動が波及してきたが、ロンボック島はバリ島に比べ治安は安定していた。ロンボック島では11月30日に豪州軍が進駐し、日本軍保有兵器弾薬を海没させ武装解除を進めた。両島からジャワに集結する予定であり、一部はジャワに既に移動していた。両島への直接の帰還船の配船はなされないためほかに移動して、引揚船に乗った。

以上のように蘭領東印度では、1946年末までに日本への引揚げが急速に進んだものの、1948年1月でアンボン島72人、モロタイ島51人、ホーランジャ89人、メダン124人、クパン43人、ポンティアナック36人、パリクパパン74人、パンジェルマシン32人、マカッサル68人、メナド40人、バタヴィア458人の合計1,087人が残留していた。[64]

チモール島では、日本敗戦後の在留邦人24人（領事館員を含む）がおり、島内で蘭領チモールのクロスに集結した。抑留日本人はオーストラリア軍と同量の食料を供給された。抑留日本人も軍隊と同様にオーストラリア軍の使役に充当されていた。東チモールにある在ディリ総領事代理は在バタヴィア・スイス領事に在留邦人に対する人道上の保護斡旋を依頼した。[65]チモールからの引揚げも1946年5月には終了したようである。ただしチモールの日本人が帰国する際に、クパンからジャワかニューギニア地区のいずれかに移動したはずである。

豪北地区・ニューギニアにおいても日本敗戦時に軍人を中心にかなりの日本人が残っていた。地域が広いため、日本人は各地に分散集結していた。配船計画として、ピル・田辺間リバティ船3隻、ソロン・名古屋間リバティ船1隻、マノクワリ・名古屋間リバティ船2隻、ヅアール・田辺間リバティ船3隻、ハルマヘラ・浦賀間リバティ船3隻が投入され、帰国を急いだ。1946年6月で、引揚者は陸軍28,747人、海軍5,579人、民間46人、残留者は陸軍61,548人、海軍16,580人、民間24人である。帰還の優先順位が高かったため、ニューギニアの引揚げは1946年6月前に一応完了した。豪北地区も一部は完了し、残りの地区も8月中には完了の見込みであった。[66]

ラバウル島、ブーゲンビル島は大規模な海軍基地が置かれており、在留日本人はほとんど軍人であるが、若干の民間人を含む。さらにナウルから3,757人、オーシャンから514人が日本への帰還船に乗るため、移動しており、そのほかギルバート諸島、ソロモン諸島等からも転入があり、[67]これらを含み1945年12月で、187千人に膨れ上がっていたことになっているがその後の復員引揚者の人数からみてかなり上回っている数値のようである。この両地からも日本への復員帰還が実施された。日本引揚げの優先順位が高く、戦犯容疑者と留用者約2,500人を除き、1946年5月に陸軍74,957人、海軍39,093人、民間人550人が帰還した。[68]

米領グァムは日本占領下で大宮島と呼称され、軍政下で軍人がかなりの数で駐在していたが、日本敗戦後のグァム引揚関係の資料を発掘できなかったため、記述を省略する。

## 5．フィリピン

1944年12月初旬に日本大使館は在留婦女子に内地引揚げを命令し、各地に集結待機するよう指示し、配船を待っていたが、その前に米軍の反抗上陸となり、日本への引揚疎開を実現できなかった。[69] ルソン地区では、婦女子と病弱者を主とする約1,700人は、総司令部バギオ移転に伴い、1944年末にバヨンボンに集団移転し、そこで農耕に従事した。1945年5月にアメリカ軍が接近し、北方の山岳州に移動した。その途中多数の落伍者が発生し、食料が尽きようやくパクダンに到着した。さらに移動を続け多数の犠牲者が発生した。8月14日に日本降伏のビラで日本敗戦を知り、9月20日に下山して収容生活に入った。[70] ダヴァオ地区では、空襲により1944年9・10月でダヴァオの目抜き通りの大半が焼失した。陸軍司令部がカリナンに移転したため、在住日本人も移動し、さらに1945年4月29日にアメリカ軍がダヴァオに上陸したため、カリナンを撤退し北方のタモガンに集結命令が出て、逃げ惑い食料不足で多数の死者発生した。古川拓殖株式会社は戦火を免れ犠牲者を出さずにすんだが、太田興業株式会社は相当数の犠牲者を出した。両社は俘虜収容所では率先して米軍に協力した。同年10月12日現在で収容者約14,000人となっていた。[71]

日本敗戦時点で、民間人在留者はマニラ約9,000人、バギオ約800人、ビサヤ約500人、レガスビー約200人、ダヴァオ約50,500人で、そのまま抑留されていた。[72] フィリピンでは降伏後抑留された日本人は収容所で暮らしていたが、そこで米軍側から軍服・帽子・食料品等の支給を受けていた。彼らが日本に帰国するに当り、アメリカ軍用品の日本人による携行は認められず一律没収することとなった。その継続使用を1945年11月17日に連合国最高司令部に日本政府から求めたところ、同月28日に回答があり、引揚者携行するアメリカの支給した衣類等をすべて回収し、必要な場合には日本政府からそれに代わるべきものを与える、回収したアメリカ支給衣類・装身具等は染色刻印等を施したうえ日本政府が救護目的のために使用することを認めた。[73]

フィリピンからの帰国の優先順位は高く、1945年11月13日連合国最高司令官覚書により、連合国船舶によるフィリピンからの引揚者25,000人分の冬季衣類及び付属品を日本船舶によりマニラに向けて発送するべき旨命令を受け、実施された。[74] こうしてフィリピンからの帰還が実現に向けて進んでいった。フィリピン残留日本人はルソン島サンタ・ローサ、レイテ島のタクロバン、ミンダナオ島のダリアオンの3地区に集結し、ここから帰還船に乗船した。[75]

　ダヴァオ地区については、1945年9月中旬に日本人収容所に集められ、10月15日には早くも第1回帰還者が乗船し、同月25日には宇品に到着している。さらに10月17日第2回帰還船の出港と続いて、日本への帰還が急がれた。[76] 第1回帰還船には沖縄出身者1,165人、日本本土201人、朝鮮人4人の合計1,370人が乗船した。ダヴァオからの引揚者の特徴として沖縄出身者が多いことがあげられる。[77]

　1945年12月末で引揚げ35,424人、復員帰還52,602人を数えた。フィリピンからは最も急速に引揚げが実現したことになっているが、民間人引揚者数は混濁していたようである。1946年5月末で、民間引揚者21,301人、未了553人となっており、これが妥当な数字のようである。1946年7月で徴用労働者約50,000人、戦犯関係者約2,000人が残されていた。フィリピンにおける日本人の徴用動員が行われたため、引揚事業の途中で帰還が一時停滞したが、フィリピンの先の3箇所からの帰還者は1956年12月末累計で、一般在留邦人24,207人、軍人軍属108,991人、合計133,118人である。[78]

## 6．南洋群島

　南洋群島ではアメリカ軍の空爆で被害が非戦闘員にも及ぶ状況となったため、アメリカ軍本格侵攻に備えて、群島食糧自給体制確立と軍への全面的協力体制を築き、戦局の状況に鑑み老人婦女子を内地に引揚げさせるものとし、1943年12月以降、1944年12月までに軍の協力を得て住民の引揚げを実施した。日本敗戦前の日本への引揚げは、実質的に疎開というべきものである。合計16,197人、パラオから4,920人、トラックから3,246人、サイパンから2,596人等であった（表3－4）。日本に戻る途中に引揚船が攻撃を受けて170人ほどが水死し、それ以降は引揚げが中止された。日本への引揚後の対処については先述した。[79]

表3-4　南洋群島の引揚げ

(単位：人)

| | 日本本土引揚者 1944年末前疎開 | 1945年12月末民間引揚者 | 同残留者 | 同軍人引揚者 | 同残留者 | 1946年4月民間引揚者累計 | 1946年3月戦後引揚累計 | 引揚完了日 |
|---|---|---|---|---|---|---|---|---|
| パラオ | 4,920 | 244 | 13,000 | 16,094 | 4,250 | 6,010 | 23,207 | 1946.3.4 |
| ヤップ | 820 | 409 | - | 5,927 | 585 | 427 | 427 | 1945.12.4 |
| トラック | 3,246 | 72 | 1,645 | 21,845 | 17,980 | 709 | 706 | 1946.2.13 |
| ポナペ | 2,208 | 2,837 | 2,828 | 6,769 | 1,222 | 7,029 | 7,029 | 1946.1.10 |
| クサイ | - | 418 | - | 3,757 | - | 497 | 497 | 1945.11.30 |
| ヤルート | 362 | 69 | - | 1,738 | - | 77 | 77 | 1945.11.21 |
| サイパン | 2,596 | - | 14,000 | - | - | 2,253 | 1,967 | |
| テニアン | 1,658 | - | 8,000 | - | - | 2,052 | 1,728 | |
| ロタ | 387 | - | 4,774 | - | 3,454 | 987 | 987 | 1946.2.11 |
| パガン | - | - | 469 | 2,164 | 65 | - | - | |
| ソンソル | - | 14 | - | - | - | - | 14 | 1945.11.3 |
| その他 | - | - | - | 9,761 | - | - | - | |
| 合計 | 16,197 | 4,063 | 44,716 | 68,055 | 27,556 | 20,041 | 36,639 | |
| 日本本土外直接帰還者 | | | | | | | | テニアン |
| 朝鮮人 | | | | | | 7,726 | | 2,679 |
| 台湾人 | | | | | | 550 | | |
| 中国人 | | | | | | 136 | | 6 |
| 沖縄県人 | | | | | | 33,075 | | |
| 合計 | | | | | | 41,487 | | |

注1：疎開・1946年以降の数値に軍人軍属を含まない。
注2：1946年4月末現在の引揚者。
注3：その他はメレヨン、エンダービー、モートロック、エロエラップ、ウオツゼ、ウエーク、ミレの諸島。
注4：海軍軍人のナウル3,757人とオーシャン514人はブーゲンビルに移動。
注5：テアニンは同島からの直接帰還者人数。
出所：「終戦前後に於ける南洋群島概況」1946年4月以降（外務省記録 A'.1.0.1.1)，外務省管理局在外邦人部「終戦ヨリ最近マデノ在外邦人概況」1946年4月1日（外務省記録マイクロフィルム K'0001リール）終戦連絡中央事務局第五部第二課「在東亜地域法人調」第3号、1945年12月末現在（外務省記録マイクロフィルム K'0001リール）。

　1943年2月1日にマーシャル群島にアメリカ軍の空襲が開始され、以後、各地域にアメリカ軍の攻撃が拡大していった。同年11月16日にヤルート、1944年1月18日にクサイ、2月15日にポナペ、17日にトラック、2月23日にサイパン、テニアン、3月30日にパラオ、3月31日にヤップ、6月11日にロタへと、空襲が拡大した。6月14日にサイパン、テニアンにアメリカ軍が上陸し、9月14日にパラオのペリリュー島、同月17日にアンガウル島にアメリ

カ軍が上陸し、程なく戦闘の決着が付いた。非戦闘員は逃げ惑い、難を逃れた者は、アメリカ軍に投降し、1944年9月にはアメリカ軍に抑留された。そのほか密林で逃げ惑いながら敗戦を迎えた日本人も少なくなかった。サイパン島で約14,000人、テニアン島で約8,000人の一般住民が敗戦を迎えた。[80]

1945年12月末のまで南洋群島から引揚げた民間人合計4,063人、軍人68,055人、残留民間人44,716人、残留軍人27,556人となっており、敗戦後4ヶ月半で軍人の3分の2が日本に戻っていたが、民間人の引揚者は僅かであった。これらの日本人の総員引揚げが行われる。ここには日本敗戦と植民地の分離・独立による国籍変更となった朝鮮人・台湾人を含まない。

最も日本人の多いサイパンでは、1944年6月14日にアメリカ軍上陸後、同月末までに1,000人以上の日本人が拘束され、その後アメリカ軍のサイパンの掃討作戦と宣撫工作により、同年末までに12,000人以上に増大した。さらに日本敗戦後まで抑留者が増大し、さらにグアム、テニアン、ハワイ等から転入した者と出産による増加もあり、13,000人に達した。この抑留者は日本人キャンプに収容され、1,000人ほどで1団体を構成し、宿舎1棟で約100人が収容され、共同炊事で給食を受けた。収容所はアメリカ海軍軍政部監督の下に日本人役場が設置され、軍政部により行政事務・警察権限が行使された。また抑留日本人約5,500人（内女性約1,000人）が労役に服した。[81]

テニアンにおいても空襲・艦砲射撃と、1944年7月24日にアメリカ軍の上陸開始で3,500人ほどが戦禍で死亡した。8月1日にはほぼ日本軍の敗戦が決まり、同月2、3日より宣撫工作が行われ、日本人の投降が始まり、8月5日には住民のおおむねは抑留された。そしてチューロ抑留キャンプで給食を受け、軍政部管理下で評議員会を組織し行政事務を担当した。そのほか労働・食料・企業管理・農場・漁労等に従事しながら、軍政部管理下で日本人キャンプ運営を行い、日本への引揚げを待った。[82]

敗戦後の状況で南洋群島の離島では、特に食料事情が悪く、それに配慮して、1945年12月26日に連合国総司令部覚書により、マリアナ方面からアメリカ船舶で送還される日本人用の被服、食料、医薬品等を追送するよう指令があり、実施された。[83]これによりマリアナ方面からの日本人引揚げが進展する。敗戦まで長期の抑留を経て、東南アジア・オセアニア地域の中でも医療等の環境が悪いため、域内で最初の引揚げを開始した。

実際には、上記の日本からの医薬品支援船の到着前から、引揚げが開始され、ソンソル1945年11月3日、ヤルート11月21日、クサイ11月30日、ヤップ12月4日に引揚げが完了した。そのほかパラオ、トラック、ポナペからも引揚げが実施されており、合計4,063人で、最も多いのはポナペ2,837人であった。12月末で民間残留者はまだ44,716人が残っていた。他方、軍人は既に68,055人が引揚げており、トラック21,845人、パラオ16,094人等で、サイパン、テニアン、ロタ、ソンソル以外の各地から大量に帰還した。その結果、27,556人の復員未了者が残っていた。日本人引揚げは、パラオ1946年3月4日、トラック2月13日、ポナペ1月10日、ロタ2月11日に、それぞれ完了した[84]。

　引揚げ完了まで時間がかかったのは在留者が多いサイパンとテニアンであった。1946年1月にサイパン抑留日本人の内地引揚げに関するアメリカ軍政部命令が出され、同月9日にサイパンからの第1次引揚げが実施され、以後引揚げが相次いで、日本本土・沖縄への引揚げは3月4日に完了した。沖縄出身者はサイパンから直接沖縄に帰還した。沖縄に直接帰還したのは33,075人が確認されている。そのほか朝鮮に7,726人、台湾に550人、中国大陸に136人が引揚げた。なお少数ではあるが、沖縄出身者のうち日本内地居住希望者は日本本土へ引揚げており、また10年以上カロリン群島に居住したためそのまま残留した者がいた。テニアンからは1月6日に第1次の引揚げが実施され、以後帰還が続いた。若干の沖縄出身者はサイパンと同様にそのまま残留を希望し、許可された[85]。こうして南洋群島における残留日本人はほとんどが日本に引揚げた。

## おわりに

　東南アジア・オセアニア地域からの引揚げは、日本の敗色の中での敗戦前からの引揚げを含み、多様な展開を見せた。その特性として以下の点を指摘できよう。①東南アジア・オセアニア地域の広域性を指摘できる。西はアンダマン・ニコバル諸島から、東はトラック島まで広大な海域を擁していた。それに伴い、日本軍の降伏後の当該地域の管理主体が地域により異なり、また途中で切り替えられた地域もあり、当該地域における引揚体制は一意的な

ものではなかった。②政府による全地域の引揚支援策の一環として実施され、担当行政機構が設置された。当該地域に関する引揚げ後の各種民間支援団体も結成され活動した。③アメリカ軍が管理したフィリピンとオセアニア地域の陸上戦闘が繰り広げられた地域から引揚げが優先された。すなわち日本敗戦時前に陸上戦闘となり疲弊の極にあるフィリピン・南洋群島・オセアニア地域からの引揚げが優先された。引揚げの遅れた地域では抑留生活を余儀なくされ、しかも戦後の民族運動の高揚で、残留日本人に被害を受けた地域がある。④東南アジア・オセアニアからの引揚げでは、軍人軍属の比率が極めて高く、非戦闘員・民間人は限られていた。これは東南アジア占領の時期が短期間で終わり、日本人事業者が多数参入する前に日本敗戦になったことと関連する。さらに東南アジアやオセアニアの周辺地域における経済活動は乏しく、事実上ほとんど軍人のみが敗戦時の日本人在留者であり、民間人は限られていた。⑤引揚げは2年ほどでほぼ終了した。1945年12月に着手された引揚船の運航は配船を大幅に増強したため、予想より日時がかからなかった。それは軍人の比率が高く、武装解除後に早急に帰国させた方が、当該地域の安定にふさわしいと判断されたためであろう。いずれの地域でも軍人の引揚げすなわち外地からの復員に高い優先順位がつけられた。⑥日本人の特定地域における集結を経て、そこから日本への引揚げを行わせる方針が英領マラヤ・蘭印で試みられた。その後、引揚げの配船が強化されたため、当該地域からの直接引揚げに切り替えられた。それでも直接配船の実施されなかった周辺地域では、引揚船に乗るため他の地域への移動が必要となった。

　残された課題はまだいくつもある。以下、それを列記する。①日本を事実上単独占領したアメリカ側の意向がどの程度働いたかについては、確認できていない。アメリカの日本占領政策の中でより詳細な検証が必要である。②東南アジアにおけるイギリス軍ほかの日本人の引揚政策についても、日本の断片的な資料の発掘で論述したが、当該軍事組織等の政策文書の発掘が必要である。それにより例えばリオウ群島への集結から直接引揚げに転換した経緯等が明らかになる。③残留日本人の引揚げまでの抑留のあり方にも着目する必要がある。すなわち引揚げまで1年近くも抑留キャンプで暮らした地域もあり、その日本人社会のあり方にも解明する必要がある。④多くの日本占領地等で台湾人・朝鮮人が在留し、軍属やその他の業についていたが、この

集団の引揚げにも、政策とその実施について視野を広げる必要がある。日本本土への引揚者も含まれていたはずである。⑤日本敗戦後もそのまま残留を試みた民間人は少なくない。それを当該地の行政主体が政策的にどれだけ受入る姿勢を見せたか、あるいは阻止方針を採用したかの解明が必要である。これらの論点の多くは戦後史へのかかわりがあり、東南アジア史の側から資料発掘に基づく解明がなされることが期待されよう。

注
1) 多様な介入と占領の有り方については、倉沢愛子編『東南アジアの日本の占領』早稲田大学出版会、1997年参照、疋田康行編『「南方共栄圏」―戦時日本の東南アジア経済支配』多賀出版、1995年。
2) 日本の軍政と敗戦後の状況については、英領マラヤについては、Paul Kratoska, The Japanese Occupation of Malaya, 1941-1945, Hurst, 1998、フィリピン占領と敗戦後については、池端雪穂編『日本のフィリピン占領』岩波書店、1996年)。また軍政下のゴムと麻の栽培業については、柴田善雅『南洋日系栽培会社の時代』日本経済評論社、2005年、がある。
3) 若槻泰雄『戦後引揚げの記録』時事通信社、1995年がある。
4) 木村健二「引揚者援護事業の推移」(『年報・日本現代史』第10号、2005年5月)。
5) 安仁屋政昭「戦後沖縄における海外引揚げ」(『史料編集室紀要』第21号、1996年3月)。
6) 今泉裕美子「南洋群島引揚げ者の団体形成とその活動―日本の敗戦直後を中心として」(『史料編集室紀要』第30号、2005年3月)。
7) 引揚援護庁『引揚援護の記録』1950年、厚生省引揚援護局『続引揚援護の記録』1955年、厚生省援護局『続々引揚援護の記録』1963年、同『引揚げと援護三十年の歩み』1978年、厚生省社会・援護局『援護50年史』1997年。
8) 外務省管理局在外邦人部南方課「在外邦人保護並ニ引揚問題ニ関スル連合国最高司令部トノ交渉経過概要」1946年2月1日 (外務省記録マイクロフィルム K'0001リール)。
9) 同前。
10) 同前。
11) 同前。
12) 同前。
13) 同前。
14) 同前。

15) 「在外邦人引揚状況」1946年6月27日（外務省記録マイクロフィルム K'0001リール）。外務省管理局在外邦人部作成と思われる。数値は厚生省調べ。
16) 威部隊総参謀長（西貢）発本省宛電報、1946年2月14日（外務省記録 A'.1.0.0.1-2）。
17) 前掲『引揚げと援護三十年の歩み』711-712頁。
18) 第十方面艦隊参謀長発本省宛電報、1945年11月（外務省記録 A'.1.0.0.1-2）。
19) 外務省管理局在外邦人部南方課「懸案事項」1946年4月（外務省記録マイクロフィルム K'0001リール）。
20) 前掲「在外邦人引揚状況」。
21) 前掲『引揚げと援護三十年の歩み』720頁。
22) 外務省大臣官房総務参事官室『外務省機構変遷図（明治元年—昭和46年10月1日）』1971年10月1日。
23) 前掲『引揚と援護三十年の歩み』26頁。
24) 外務省管理局「在外同胞帰還ニ関スル参考資料」1946年3月4日（外務省記録マイクロフィルム K'0001リール）。
25) 前掲『引揚げと援護三十年の歩み』27-32頁。
26) 恩賜財団同胞援護会会史編纂委員会『恩賜財団同胞援護会会史』1960年、2-7頁、南洋群島協会に改組される経緯については前掲「南洋群島引揚げ者団体形成とその活動—日本の敗戦直後を中心として」2頁。
27) 前掲『引揚援護の記録』104頁。
28) 「部会ノ構成（案）」海外関係事業協議会の部会案と推定（外務省記録 E'.0.0.0.7リール）。
29) 海外事業戦後対策中央協議会「海外事業戦後対策中央協議会」1947年6月と推定（外務省記録マイクロフィルム E'.0.0.0.7リール）。
30) 同前、「南洋群島部会会員」（外務省記録 E'.0.0.0.7リール）。
31) 前掲「部会ノ構成（案）」。
32) 前掲「海外事業戦後対策中央協議会」。
33) 1929年12月に蘭印法人蘭領ボルネオ護謨工業株式会社は改組され、蘭印法人野村東印度殖産株式会社となったが、別に1944年4月1日に同名の日本法人が設立された。(前掲『南洋日系栽培社の時代』付表4）。
34) 海外事業戦後対策中央協議会「会員一覧表」日付なし（外務省記録 E'.0.0.0.7）。なお同じ時点で南方事業者協会に換え、南方事業終戦事務B地区協会と南方施設整理促進会が並んでいる。この違いについてはさらに傍証が必要である。
35) 前掲『南洋日系栽培社の時代』544頁、本書第4章参照。
36) 外務省管理局在外邦人部「終戦ヨリ最近マデノ在外邦人概況」1946年4月1日（外務省記録マイクロフィルム K'0001リール）。

37) 同前。
38) 「仏印関係引揚史」1949年9月22日（外務省記録マイクロフィルム K'0001リール）。
39) 前掲『引揚げと援護三十年の歩み』117頁。
40) 前掲「仏印関係引揚史」。
41) 前掲「終戦ヨリ最近マデノ在外邦人概況」。
42) 前掲「仏印関係引揚史」。
43) 同前。
44) 同前。
45) 前掲『引揚と援護三十年の歩み』118、743-750頁。
46) 在タイ山本大使発本省「在留邦人調査ノ件」1945年9月3日発（外務省記録 A'.0.1.1.6)。
47) 在タイ山本大使発本省「「タイ」国情勢其ノ二」1945年9月6日発（外務省記録 A'.0.1.1.6)。
48) Statistics of Japanese civilians in Siam, as of end of April, 1946（外務省記録マイクロフィルム K'0006リール）。日本人民間男性に朝鮮人・台湾人各1人を含み、男性4人の行方不明を数値に含む。
49) 前掲「在外邦人引揚状況」。
50) 前掲「終戦ヨリ最近マデノ在外邦人概況」。
51) 「第十方面艦隊発電報」1945年11月5日（外務省記録 A'.1.0.0.1)。
52) 前掲「終戦ヨリ最近マデノ在外邦人概況」。
53) 前掲「在外邦人引揚状況」。
54) 同前。
55) 「威部隊総参謀長（西貢）発電報」1945年12月16日（外務省記録 A'.1.1.0.0-1)。
56) 前掲「在外邦人引揚状況」。
57) 前掲「懸案事項」。
58) 前掲「在外邦人引揚状況」。
59) 前掲「終戦ヨリ最近マデノ在外邦人概況」。
60) 前掲「在外邦人引揚状況」。
61) 同前、前掲「終戦ヨリ最近マデノ在外邦人概況」。
62) アンペナン派遣隊発第十方面艦隊司令長官宛、1946年2月、日付不鮮明（外務省記録 A'.0.1.1.9)。
63) 前掲「在外邦人引揚状況」。
64) 「蘭印地区残留者報告の件」1948年1月10日（外務省記録マイクロフィルム K'0001リール）。
65) 「海部隊参謀長（チモール）発電報」1945年10月23日（外務省記録 A'.1.0.0.1)。

66) 前掲「在外邦人引揚状況」。
67) 終戦連絡中央事務局第五部第二課「在東亜地域邦人調」第3号、1945年12月現在（外務省記録マイクロフィルム K'0001リール）。
68) 前掲「在外邦人引揚状況」。
69) 外務省アジア局第三課「フィリピンからの日本人引揚状況について」1956年12月31日現在（外務省記録マイクロフィルム K'0006リール）。
70) 外務省管理局第四部第一課「「フィリピン」在留邦人ノ情況」1945年11月28日（外務省記録マイクロフィルム K'0006リール）。
71) 「「ダバオ」在留同胞引揚情況報告」1945年10月頃（外務省記録マイクロフィルム K'0006リール）。敗戦前の古川拓殖と太田興業の活動については，前掲『南洋日系栽培会社の時代』第8章参照。
72) 外務省管理局「在比律賓邦人帰還輸送資料」1945年9月20日現在（外務省記録マイクロフィルム K'0006リール）。
73) 前掲「在外邦人保護並ニ引揚問題ニ関スル連合国最高司令部トノ交渉経過概要」。
74) 同前。
75) 前掲「フィリピンからの日本人引揚状況について」。
76) 「沖縄県出身者ダバオ引揚者情況」1945年10月31日（外務省記録マイクロフィルム K'0006リール）。
77) 前掲「「ダバオ」在留同胞引揚情況報告」。ダヴァオ地区の日系社会の栽培関係者における沖縄出身者については、前掲『南洋日系栽培会社の時代』第2部参照。
78) 前掲「フィリピンからの日本人引揚状況について」。
79) 「終戦前後に於ける南洋群島概況」（外務省記録 A'.1.0.0.1）。
80) 同前。
81) 同前。
82) 同前。
83) 前掲「在外邦人保護並ニ引揚問題ニ関スル連合国最高司令部トノ交渉経過概要」。
84) 前掲「在外同胞帰還ニ関スル参考資料」。
85) 前掲「終戦前後に於ける南洋群島概況」。

第4章
# 引揚者経済団体の活動と在外財産補償要求

柴 田 善 雅

## はじめに

　1945年8月15日に無条件降伏して敗戦したことにより、日本政府と民間は在外財産放棄を余儀なくされた。日本人居留民は避難民として帰国した事例もあれば、平和裏に日本軍の武装解除と行政権の移転の行われた地域で、当初は日本敗戦後もそのまま外地に残留を決意した事例もある。しかし旧植民地・占領地等における永続的残留は困難であり、ほとんど帰国せざるを得なかった。しかもいったん帰国すれば、アメリカの事実上の単独占領下に置かれた日本の外交権限は中断しており、容易に外地に戻ることもできなかった。

　植民地・占領地等からの引揚者は、ほぼすべての固定資産を放棄して帰国した。その引揚者総数は、1952年4月28日対日講和条約の発効後の引揚げを含み3,183千人と見積もられている[1]。これには復員として集計される軍人を含まない。在外日本人はほとんどの固定資産と多くの流動資産を放棄したため、帰国後に遺棄財産を運用することよる所得の道が絶たれ、多くの困難に直面する。帰国当初の生活苦をなんとか乗り切ると、敗戦により在外資産を喪失した責任が政府にありとして、引揚者は在外財産の対政府補償要求を提起する。しかし占領下では日本の外交権はなく、相手国への返還請求は不可能であり、しかも無条件降伏により相手国の財産処分権が確定したため、日本政府は在外財産返還請求権を放棄したままとなる。他方、巨額の在外財産の存在が確認されるが、その所有権放棄を前提に日本の対外関係が講和発効後に再構築されることになる。国内においては在外財産補償のみならず、各種の戦後補償要求が発生しており、そのため在外財産処理のみを切り離して処理することもできず、まして講和条約発効前にそれを可能とするような状況ではなかった[2]。

　これまで引揚げと引揚者経済団体の活動および在外財産補償要求に言及した参照に足るべきものとして、援護事業を所管する引揚援護院・引揚援護

庁・厚生省による刊行物や[3]、在外財産問題処理を所管した内閣本府による法制化の顛末をまとめたものがある[4]。戦後賠償とその撤去の実施を所管した大蔵省は、その事業史の中でアメリカの対日賠償政策を中間賠償から包括的に説き起こし、賠償に詳細な説明を与え、さらに喪失在外財産についても細かな地域統計を紹介して言及している[5]。そのほか在外企業のうち閉鎖機関に指定された企業の国内資産処理について事業史としてまとまった記述があり[6]、参考になる。また在外会社に指定された企業の特殊整理の研究もなされるようになった[7]。海外事業戦後対策中央協議会の朝鮮関係の企業による補償要求と、その後の更生事業の活動を紹介する研究もなされるようになった[8]。そのほか南方栽培事業者の引揚後の在外財産補償要求活動を、南方栽培業史のエピローグとして手短にまとめた解説もある[9]。個別研究としては、中国占領地における敗戦後処理として、満洲における日本企業資産の処理の解明が行われ[10]、また北支那開発株式会社を中心とした華北企業の敗戦処理や、中支那振興株式会社を中心とした華中企業の敗戦処理を紹介する研究も進んできている[11]。他方、国民政府による日系企業接収と接収対象の検討が、政策資料に基づき行われるようになった[12]。これらの先行研究を振り返っても、引揚者経済団体の視角からの在外財産補償要求を織り込んだ研究が乏しいことがわかる。

　本章では企業関係引揚者経済団体の戦後の活動全般を、政府の戦後処理政策をも視野に入れながら検討し、特に海外事業戦後対策中央協議会の設立経緯とその活動について資料を紹介しつつ解説を加え、とりわけ同会の一部を構成した華北の引揚者経済団体に着目しその活動を紹介する。これらの解明により、引揚者企業団体の活動の事実関係を整序して新たなファクト・ファインディングスを提供する。併せて引揚者が要求した金融資産の処理の経緯や、戦後の在外企業処理を解説し、さらには戦後在外財産補償要求運動の帰結として、実現した引揚者への個人補償の交付金交付措置を跡付け、戦後の在外財産処理の顛末の全体像を紹介することを課題とする。これにより戦後の企業による長期にわたった在外財産補償活動のかなりの部分が明らかになる。

## 第1節　引揚者団体の要求と在外財産関係金融資産処理

### 1．引揚者団体の要求

　日本敗戦とともに日本人の引揚げが始まり、多数の引揚者が旧植民地・占領地等から帰還し、日本の港湾に上陸した。国内の引揚者に対する政府の支援のため、1945年11月22日に厚生省社会局に引揚援護課が設置され、厚生省の所管事務として引揚支援に着手した。その後、1946年3月13日「引揚援護院官制」により同日に厚生省の外局として引揚援護院が設置され、引揚援護課を吸収し、同院が引揚者に対する行政的支援を担当した。引揚援護院は主要港湾に援護所を設置した。さらに同院は1948年5月29日「引揚援護庁設置令」により同月31日に引揚援護庁に改組され、同庁が引揚者の援護業務を続けた。併せて同庁は復員庁を吸収し復員業務も所管していた。[13]

　国内における引揚援護の民間支援団体として、外地別・企業別・職種別に引揚者団体が結成された。当初は任意団体として結成されたものもある。厚生省所管として、例えば1945年5月18日に恩賜財団同胞援護会（当初は恩賜財団戦災援護会、1946年3月13日に恩賜財団軍人援護会（1934年11月5日設立）を吸収）が設置された。敗戦前の1944年3月30日に設置された財団法人南洋群島共助義会を改組した財団法人南洋群島協会もある。これらの引揚者団体の多くは敗戦後占領下で組織を立ち上げ、当初からもしくは後日に財団法人または社団法人として認可された。その例として、1945年8月30日に財団法人満洲関係帰国者援護会が創設され、引揚者人数の多い満洲関係者の支援にあたり、1946年3月28日に財団法人満蒙同胞援護会と改称している。[14]　また1946年1月12日に財団法人大陸鉄道従事員援護会、同年8月6日に社団法人華中厚生協会、同年8月30日に社団法人球陽民生協会、1947年1月21日に社団法人ビルマ関係者互助会、同年3月10日に華北引揚者組織の社団法人同胞更生会、同年3月30日に財団法人引揚電気従業員更生会、同年4月19日に社団法人引揚海事関係者更生会、同年5月14日に財団法人華交互助会、1948年4月9日に社団法人台湾引揚者官公吏更生協会、同年8月12日に財団法人引揚者団体全国連合会、同年12月に全国開拓自興会を改組した社団法人開拓自興会、1949年9月23日に社団法人全国樺太聯盟、1950年9月27日に財団法

人台湾協会が設置された。このうちの引揚者団体全国連合会は、1946年6月設立の引揚者団体中央会を11月29日に改称したものであり、同会は当初任意団体として結成され、その後財団法人へ改組された。この引揚者団体全国連合会は引揚者団体を広く網羅するものではあるが、そのほかの引揚者団体の個別活動も見られるため、同会が引揚者全体の利害を代表しているものではない。引揚者団体は旧植民地・占領地の地域別、旧事業法人別組織で編成されているが、なかでも特定企業と関連するものとしては、南満洲鉄道株式会社（以下「満鉄」と略記）と華北交通股份有限公司がある。前者は最大の人員を擁していた巨大国策法人であり、その引揚者組織として、1946年12月6日に満鉄社友会が結成され、後日1954年1月に満鉄会に改組され、同年11月25日に財団法人の認可を得た。満鉄社友会は引揚者団体全国連合会に加盟した。後者は華北占領地最大の資産規模と現業労働力を抱えていた事業体であり、その引揚者組織として、先述の財団法人華交互助会を設置している。満鉄の日本内事業資産と活動は1945年9月30日に、華北交通は翌年10月4日に、連合国総司令部覚書により閉鎖機関に指定され事業停止を命ぜられた。

　1946年9月19日に引揚者全国大会が開催され、そこで在外財産問題の「解決」を要求した。ここで要求している「解決」とは政府による補償を意味するものである。これら引揚者の陳情に対し、政府は同年10月22日閣議決定で、連合国総司令部の承認を経て在外財産を見返りに、1世帯1万5千円、合計150億円を交付することとした。しかしそれを確認した12月6日の閣議決定が翌日連合国総司令部から不許可とされて、引揚者に対するまとまった政府からの資金的支援策は棚上げとなったといわれている。これから読み取れる当初の政府の対応は、引揚者の帰国後の困窮に理解を示した慈恵的もしくは温情的なものといえよう。その後、1947年11月26日に引揚者対策審議機関設置を連合国総司令部から承認を得て、1948年8月3日に「引揚同胞対策審議会設置法」が公布された。それに基づいて引揚同胞対策審議会が設置され、引揚促進・遺族留守家族援護、帰還者就業対策等について調査審議したが、引揚者補償措置は実施されなかった。在外財産については、同年10月26日「在外財産問題に関する決議」で、国会の承認を経て別の調査審議機関を設置するとした。

　その後の1951年9月8日のサンフランシスコ講和条約締結と、翌年4月28

日の発効後に、在外財産補償要求運動はさらに盛り上がりを見せた。すなわち1951年10月22日の引揚者団体全国連合会の在外財産国家補償要求決議、1952年11月16日の在外資産補償獲得期成同盟の結成、1953年１月26日の全引揚者総決起大会による在外財産問題解決決議等の運動がみられた。[21] 他方、在外公館借入金の処理については、最終的に1952年３月31日「在外公館借入金の返済の実施に関する法律」が公布され、物価水準を勘案した換算率を設定して返済することが確定し、それが実施された。[22] この物価水準で換算率を調整する処理の実施が法制化されたことと、講和条約の発効を見て、引揚者団体の政府への補償運動はさらに高まりを見せた。そのほか個別資産補償要求として、預金と未払送金問題に関して、全国在外預送金者連盟が結成され、後述のような政府の設定した調整相場による金融資産の敗戦後の評価額の切下げを不服として、運動を続けていた。なお先述の引揚援護庁は、引揚者が減少したため、1954年４月１日に廃止され厚生省引揚援護局となり、以後の引揚援護業務は同局が所管した。その後、1961年６月１日に援護局と改称した。

## ２．在外財産関係金融資産処理

　後述のように政府は在外財産の補償の当否を検討する一方で、国内に残る対外金融資産や企業資産負債関係の処理を先行する。すなわち1953年９月から大蔵省は引揚者の持帰った旧日本銀行券や預貯金証書等の、帰国の際に税関保管されたものの返還を開始した。他方、政府で在外財産を処理する方針の検討を開始した。先の引揚同胞対策審議会は1953年10月26日に「在外財産に関する調査審議機関の設置について」を決議し、11月13日閣議決定で在外財産問題調査会の内閣設置となった。同年12月22日にこの在外財産問題調査会に「在外財産問題の処理方針如何」を諮問し、翌年２月22日に同会は「未払い送金為替及び在外預金処理」と「引揚者の持ち帰つた旧日本銀行券の処理並びに未払い送金為替及び在外預金等の処理の方針」を答申した。さらに1954年４月19日に「軍事郵便貯金等の処理について」を答申した。[23] これらの答申を受けて、1954年４月10日「日本銀行券預入令等を廃止する法律」に基づき、1946年２月17日「金融緊急措置令」と同日「日本銀行券預入令」により封鎖預金と政府納付以外に使途を失った旧日本銀行券について、国外から

持帰ったものに限り有効として、払出しと交換を可能とした[24]。併せて同年5月15日に「閉鎖機関令」(1947年3月8日ポツダム勅令)、「金融機関再建整備法」(1946年10月19日) および「旧日本占領地域に本店を有する会社の本邦内にある財産の整理に関する政令」(1949年8月1日ポツダム政令、以下「在外会社令」) が改正され、同時に「軍事郵便貯金等特別処理法」が公布された。これにより対外未処理資産のうち未払送金為替と預金債務等の整理が可能となり、該当する金融資産が残っていればそれを現金化する道が開かれた。閉鎖機関と在外会社のみならず、国内のその他の金融機関の対外関係については、在外資産負債勘定が設置され処理されることとなった。

ただしこれら金融資産の現金化に当っては、法律とポツダム勅令・同政令により、敗戦前と戦後の物価騰貴を勘案し、未払送金と預金等に分けた調整相場が採用されている。改正された「閉鎖機関令」によれば、未払送金為替の現金化については日本円1円に対し、満洲中央銀行券1円、中国聯合準備銀行券330千円以下11円、330千円以上750千円以下21円、750千円以上51円、中央儲備銀行券1,830千円以下61円、1,830千円以上4,170千円以下117円、4,170千円以上394円、華南軍票10円というものであり、他方預金等債務については日本円1円＝朝鮮銀行券 (朝鮮) 1.5円＝台湾銀行券1.5円＝朝鮮銀行券 (関東州) 1.6円＝満洲中央銀行券1.6円＝蒙疆銀行券50円＝中国聯合準備銀行券100円＝中央儲備銀行券2,400円＝華南支那事変軍票 (香港・海南島を含む) 10円、とされた[25]。改正された「金融機関再建整備法」では、樺太と琉球の預金債務等も日本円と等価とした。

他方、軍事郵便貯金等については幾らか異なる相場が設定されている。すなわち「軍事郵便貯金等特別処理法」が規定した外地郵便貯金と外地郵便為替、軍事郵便貯金と軍事郵便為替の払戻調整相場は異なり、1,500円まで、1,500円以上3,500円まで、3,500円以上の3層に分け、この3層に対応し、日本円1円に対し、台湾1円、11円、100円、華中南1円、11円、432円、英領マラヤ・ビルマ1円、11円、432円、英領北ボルネオ・蘭領東印度1円、1円、6円、その他の海軍軍政地域いずれも1円、という南方海軍軍政地域を除き、高額部分について切下げた調整相場を設定した。ただしいずれの地域でも軍事貯金等の残高は多くないと思われる。

国外預金の規模については、例えば敗戦後の外地預貯金の試算がある (表

第4章 引揚者経済団体の活動と在外財産補償要求　137

表4－1　外地預金残高

(単位：千円)

| 地域・金融機関 | 預金額 | 法人 | 個人 | 日本人 |
|---|---|---|---|---|
| (満洲国) | | | | |
| 満洲中央銀行 | 1,134,925 | 1,134,925 | − | − |
| 満洲興業銀行 | 1,923,340 | 782,799 | 1,140,541 | 813,572 |
| 興農金庫 | 941,545 | 565,869 | 375,676 | 220,321 |
| 普通銀行 | 1,582,722 | 349,782 | 1,232,940 | 718,555 |
| 横浜正金銀行 | 236,910 | 177,683 | 59,227 | 59,227 |
| 東洋拓殖㈱ | 2,825 | 1,408 | 1,417 | 1,417 |
| 中国銀行 | 7,376 | − | 7,376 | − |
| 商工金融合作社 | 601,481 | 10,165 | 591,316 | 424,645 |
| 興農合作社 | 1,135,533 | 227,107 | 908,426 | 113,553 |
| 郵政儲金・貯金 | 1,139,495 | 330,535 | 808,960 | 693,273 |
| 無尽会社・㈱大興公司 | 94,676 | | 94,676 | 52,635 |
| 小計 | 8,800,838 | 3,580,283 | 5,220,555 | 3,097,198 |
| (関東州) | | | | |
| 中国銀行 | 2,633 | 2,633 | | |
| 満洲興業銀行 | 296,048 | 192,431 | 103,619 | 82,894 |
| 日本側銀行 | 658,431 | 427,980 | 230,451 | 184,361 |
| 中国銀行 | 711 | 462 | 249 | − |
| 金融組合 | 95,537 | 62,099 | 33,438 | 26,750 |
| 郵便貯金 | 198,237 | 79,295 | 118,942 | 118,942 |
| 無尽会社 | 9,665 | − | 9,665 | 9,665 |
| 小計 | 1,261,262 | 764,900 | 496,362 | 422,612 |
| 満洲国関東州合計 | 10,062,110 | 4,345,183 | 5,716,917 | 3,519,810 |
| (台湾) | | | | |
| 銀行 | 904,225 | … | … | … |
| 信用組合無尽会社 | 157,577 | … | … | … |
| 郵便貯金 | 189,849 | … | … | … |
| 台湾小計 | 1,251,651 | … | … | … |
| (関内) | | | | |
| 華北 | 37,145,193 | … | … | … |
| 蒙疆 | 118,656 | … | … | … |
| 華中 | 78,529,985 | … | … | … |
| 華南 | 322,672 | … | … | … |
| 関内銀行小計 | 116,116,506 | … | … | … |
| (樺太) | | | | |
| 樺太小計 | 170,289 | … | … | … |

注1：東洋拓殖と大興公司は定期預金を受け入れた。
注2：台湾の銀行と信用組合は1944年11月末残高、無尽は1942年末残高、郵便貯金は1944年11月残高。
注3：関内は日本法人銀行の預金のみ。華南には香港・海南島を含まず。
注4：樺太は1941年末現在の銀行・産業組合・郵便貯金。
出所：外務省管理局経済部大陸課調「渉外負債調査資料」1947年1月16日（外務省記録 E2.2.1.3）。

4-1)。台湾の残高1,251百万円（1944年11月）、満洲国8,800百万円、関東州1,261百万円、華北37,145百万円、華中78,529百万円等となっている。このうち満洲の日本人預貯金は満洲国に集中していた。法人・個人別預金の金額がわかる満洲では満洲国法人預金3,580百万円に対し、個人預金5,220百万円で個人預金の方が多額である。日本人居住者の増大と戦時預金動員の結果といえよう。他方、関東州で7,345百万円に対し個人預金496百万円となっており、日本人居住者の伸び悩みを反映していよう。これは日本人居住者や法人活動に対応している。満洲国の個人預貯金の取引先をみると普通銀行1,232百万円、満洲興業銀行1,140百万円、興農合作社908百万円、郵政儲金等808百万円、商工金融合作社591百万円となっている。横浜正金銀行や東洋拓殖株式会社の預金は少額である。満洲興業銀行と普通銀行は都市部俸給生活者預金が中心で、興農金庫・興農合作社は地方在住日本人預金が中心であったと思われる[26]。そのため満洲各地居住日本人預金資産が多額に残されていたと見られる。そのほか華北・華中の預金にも多額の個人預金が含まれているはずである。これだけの個人預金とその一部の対日移動に伴う未払送金や解除不能預金の資産に対して、日本人引揚者は回収を強く希望した。そしてそれが解除されたが、それが決定された1954年時点の日本円の価値は1945～48年のハイパーインフレーションで著しく減価しており、戦前基準卸売物価指数でデフレートすると、1946年の21分の1以下に減価していると見られる[27]。そのため預金払戻や未支払送金の払出として解除されたとしても、調整相場による引下げのほか、戦後インフレによる減価が発生しているため、手にした現金の購買力の少なさに対し、引揚者たちは不満を抱いた。そのためその後の補償要求が続くことになる。

　在外預金のみならず日本に逃避できた資金についても流動化が厳しく阻止された。日本敗戦直前に、華北・華中南からの対日逃避送金の預金を封鎖し、さらにこの逃避送金に対しても相場調整を実施していた。1944年3月より日本における封鎖預金（内地特別措置預金）を前提に国内への送金を認め、1945年4月19日より外貨表示内地特別措置預金により外貨表示のまま国内で封鎖預金とした。他方、現地特別措置預金も1945年1月10日より開始していた。5月24日より日本への自由送金制が導入され、現地特別措置預金（華北49倍、華中69倍）を条件として1ヶ月30万円の送金を認めた。さらに

1945年8月13日より華北50倍、華中70倍の調整料を外資金庫（1945年2月9日「外資金庫法」に基づき、同年3月1日設立）に納付した上で、1人50万円までの自由送金を認め、事実上の相場調整が行われた。大蔵省は敗戦後も同様の調整相場を維持するのは当然とみていた。この結果、1945年9月で内地特別措置預金は338百万円、外貨表示内地特別措置預金は276百万円、現地特別措置預金は28百万円、自由送金口現地積立金は863百万円の残高があり、それが凍結されていた。これらの金融資産も現金化要求の対象となる。

こうして企業資産負債関係の整理と個人を含む金融資産の相場調整をした上での現金化解除が実施された。これにより引揚者の中で在外資産の国内資産への転化が可能となった。引揚者団体は、在外資産の流動化の際の調整相場の導入への反発から、政府による補償を強く求めた。上記の法令では現金化できる金融資産を持たない引揚者には何ら利益はなく、また調整相場により大幅に切り下げられた者はこの措置に不満であり、多数の引揚者による補償要求がその後も続いた。それは以後の立法化で引揚者個人への交付金として処理されることになる。

## 第2節　在外財産調査

日本敗戦直後に国外に残した財産の調査が行われる。それは賠償見返りの在外財産放棄や、その国内的補償を検討する前提資料の収集が目的であったと思われる。そのほか引揚者の雇用対策の面もありえた。この調査は1945年11月8日大蔵省令「在外財産等ノ報告ニ関スル件」により着手され、在外財産等の報告を60日以内に行うこととなった。外国にある一切の財産、外国居住者負担の一切の債権・請求権・銀行預金等、外国における事業または出資、外国居住者により発行された債務となる有価証券等の金融債務、外国の知的所有権に対する契約書、日本銀行券、政府紙幣等を除く一切の通貨等とした。この在外財産には消極資産としての負債を含まない。これらのうち外国為替資産等の取引は、1945年10月15日ポツダム勅令「金、銀又ハ白金ノ地金又ハ合金ノ輸入ノ制限又ハ禁止等ニ関スル件」とそれに基づく大蔵省令「金、銀、有価証券等ノ輸出入等ニ関スル金融取引ニ関スル件」（通称「八十八号省令」）により、原則禁止された。この八十八号省令は事実上の「外国

表4-2 在外資産（陸海軍・個人資産を除く）

(単位：件、百万円、百万ドル、％)

|  | 民間企業 企業数 | 民間企業 推計値 | 政府資産 | 合計 | 米ドル換算 民間 | 米ドル換算 政府 | 米ドル換算 合計 | 比率 |
|---|---|---|---|---|---|---|---|---|
| 朝鮮 | 432 | 51,524 | 19,263 | 70,789 | 3,435 | 1,284 | 4,719 | 20.0 |
| 台湾 | 175 | 25,884 | 8,890 | 34,774 | 1,726 | 593 | 2,319 | 10.0 |
| 満洲 | 110 | 128,431 | 2,761 | 131,192 | 8,563 | 184 | 8,747 | 37.0 |
| 華北 | 1,524 | 55,326 | - | 55,326 | 3,688 | - | 3,688 | 16.0 |
| 華中南 | 3,100 | 32,743 | 117 | 32,860 | 2,183 | 8 | 2,191 | 9.0 |
| 樺太 | 56 | 5,570 | 3,786 | 9,356 | 371 | 252 | 623 | 2.5 |
| 南洋群島 | 44 | 501 | 267 | 768 | 33 | 18 | 51 | 0.2 |
| 南方1 | 855 | 15,918 | - | 15,918 | 1,061 | - | 1,061 | 4.2 |
| 南方2 | 101 | 1,264 | - | 1,264 | 84 | - | 84 | 0.3 |
| 欧米他 | 351 | 2,973 | - | 2,973 | 198 | - | 198 | 0.8 |
| 合計 | 6,748 | 320,134 | 35,086 | 355,220 | 21,342 | 2,339 | 23,681 | 100.0 |

注1：華中南に海南島を含む。
注2：南方1は南方占領地のうち南方海軍軍政地域を除き、乙地域（仏印・タイ）と香港を含む。
注3：南方2は海軍南方軍政地域。
出所：大蔵省財政史室『昭和財政史―終戦から講和まで』第1巻「賠償・終戦処理」（原朗執筆）東洋経済新報社、1984年、563頁。

為替管理法」を代替する強力な金融資産の流入阻止法令で、日本国内への通貨等の貴金属・金融資産の持込に対して、港湾等で政府が接収管理を行う体制が採用された。その後、1946年9月16日に在外財産調査会が設置され、1949年1月16日に廃止されるまで、これらの在外財産調査の資料をも参照して在外財産調査に当たった。[29] 個人財産と企業財産の調査が行われたが、企業財産資料は持帰資料を基礎にした申告によるものであり、その集計と統計の精査にはかなりの時間がかかった。その個表の集計窓口として、後述の海外事業戦後対策中央協議会の各地域毎の部会が主として担当したようである。

大蔵省の事業史が取纏めた在外財産統計によると、在外財産調査会の調査票を日本銀行が集約したものが在外財産統計としては包括的ではあるが、その集計結果は華中南法人財産が過大で、他方、満洲・華北財産が過小となるため、実態を十分に表すものではないとされる。[30] 他方、大蔵省報告に基づき連合国総司令部民間資産管理局の集計した、1948年9月30日在外財産統計がある。そのほか在外財産調査の集計は複数あるが、日本円の対ドル固定相場

表4-3　中国占領地・台湾・朝鮮等における日本の在外財産

(単位：百万ドル)

|  | 満洲 | 華北 | 華中南 | 台湾 | 朝鮮 | その他 | 合計 |
|---|---|---|---|---|---|---|---|
| 会社 | 7,248 | 2,365 | 1,496 | 1,055 | 3,540 | 930 | 16,640 |
| 政府 | 218 | 85 | 58 | 592 | 1,010 | 190 | 2,150 |
| 個人 | 1,163 | 426 | 294 | 250 | 700 | 260 | 3,090 |
| 合計 | 8,629 | 2,877 | 1,849 | 1,897 | 5,250 | 1,380 | 21,880 |
| 不動産 | 6,149 | 1,584 | 872 | 1,232 | … | … | … |
| 動産 | 1,916 | 1,097 | 778 | 522 | … | … | … |
| その他 | 563 | 200 | 198 | 132 | … | … | … |

注：朝鮮とその他、合計数値は参考数値である。
出所：前掲『昭和財政史―終戦から講和まで』第1巻「賠償・終戦処理」559頁。

制の採用される1949年4月前の対ドル貨換算率や戦後と戦時を接続する時価デフレートの設定により推計値は大きく異なる。大蔵省調査に基づく連合国総司令部の集計では、1945年価格でアメリカドル1ドル＝日本銀行券15円＝中国聯合準備銀行券1,200円＝中央儲備銀行券48,000円の換算率で調整されている。この換算率は1954年5月15日の、先述した在外財産関係3法の換算率の聯銀券と儲備券の換算相場にほぼ合致する[31]。それによると日本の企業・政府（非軍事）資産額は（表4-2）、総計355,220百万円、うち民間企業資産6,748社等の320,134百万円となっている。この在外財産の9割が民間資産であり、しかも在満洲資産が131,192百万円で最大の37％を占め、ついで在朝鮮70,789百万円、20％、在華北55,326百万円、16％と続いていた。この統計では個人財産は除外されているが、個人財産のウエイトをおおよそ知ることができる。表4-1とは別にほぼ同一の基準で作成され、しかも個人財産も含み、総計がかなり近似する統計が作成されている（表4-3）。ただし数値で民間財産がかなり低めになっているため表4-2と整合せず、しかも台湾を含む中国財産のみを主として集計しているため、集計基準が異なり、留保が必要である[32]。これによると朝鮮・その他を含み在外非軍事財産合計は21,880百万ドル、そのうち個人財産は3,090百万ドル、14％となっている。個人財産の比重は、中国占領地の満洲で13.4％・華北で14.8％・華中南で15.9％という構成であり、多額の民間財産が残されたこれら3地域の個人財産は平均値から大きく離れているわけではない。民間資産の形態として、長期に

わたり投資がなされた満洲・台湾における不動産の比率が高いのに対し、華北・華中南では動産の比率が相対的に高いことが指摘できる。

## 第3節　海外事業戦後対策中央協議会

### 1．海外事業戦後対策中央協議会の設置とその組織

　日本敗戦直後、多数の在外企業関係者は引揚げを開始した。日本帰国後には引揚者に対する支援として、帰国後の住居・職業等の提供による更生が必要となる。そのため先述の地域別や企業別の引揚者団体の結成を見たが、それ以外にも大規模な引揚企業の組織が結成される。政府も企業を通じた受け皿の必要性があると判断しており、大蔵省外資局所管で「海外関係事業協議会設置ノ件（案）」が1945年11月7日頃に検討されていた[33]。それによると在外財産の凍結、対外経済関係の遮断、在外会社の国内事務所閉鎖等の中で、在外財産の調査、賠償問題に関する政府補償等の当面する事態に対処するため、官庁との連絡の緊密化をはかり、海外事業者の連携協力し、在外事業等に対する適正な処理を求め、今後の財産評価、引渡しに関し、対官庁対策を行うため、海外事業経営者、在外財産所有者、その他海外に経済関係を持つ業者等の大同団結した組織を結成するものとした。そして地域別に樺太部会・朝鮮部会・台湾部会・南洋群島部会・満洲部会・北支部会・中南支部会・南方部会・貿易部会を設置するものとした。その発起人は横浜正金銀行、朝鮮銀行、台湾銀行、満鉄、東洋拓殖、北支那開発、中支那振興、南方開発金庫であった。部会幹事案には、これらの企業が並び、そのほか朝鮮部会には朝鮮殖産銀行、台湾部会には台湾拓殖株式会社と糖業聯合会が、南洋群島部会には南洋拓殖株式会社と南洋興発株式会社が、満洲部会には満洲中央銀行・満洲興業銀行・満洲重工業開発株式会社が、中南支部会には在華日本紡績同業会が、貿易部会には、三井物産株式会社が、各部会の幹事法人として擬されていた。

　ほぼこの設立準備案に沿って、1945年11月30日に海外関係事業協議会の創立総会が開催された。会長は横浜正金銀行頭取荒川昌二（大蔵省外国為替管理部長、対満事務局次長、日本銀行理事を経て1945年6月就任）である[34]。会の所在地は会長所属法人の横浜正金銀行東京支店に置かれた。「海外関係事

業協議会会則(案)」によると、関係者相互間の関連協力を図り、在外財産の全面的調査研究をなし、事業また財産に対する適正な措置を講ずる、官庁との連絡を取り今後の事業または財産の評価または引渡しの場合に官庁に協力する、政府の在外財産調査に側面協力することが掲げられていた。政府の在外財産の調査に協力することで、在外財産評価作業に加わり、会としての意思を表明し、可能であれば「適正ナル措置」として政府補償を期待していたといえよう。そのほか「海外関係事業協会外細則(案)」では、部会として欧米豪印部会と金融部会が追加されていた。当初の部会の構成は樺太部会(王子製紙株式会社・樺太開発株式会社)、朝鮮部会(日本窒素肥料株式会社・日本製鉄株式会社・東山農事株式会社・東洋拓殖)、台湾部会(台湾協会・糖業聯合会・台湾電力株式会社・台湾拓殖)・南洋群島部会(南洋拓殖・南洋興発)、満洲部会(満洲電信電話株式会社・満鉄・満洲重工業開発)・北支部会(華北交通・日華経済協会・在華日本紡績同業会・北支那開発)・中支部会(中支那振興・華中鉄道股份有限公司・在華日本紡績同業会・日華経済協会)・南方部会(社団法人南方農林協会・社団法人南洋水産会・財団法人海外鉱業協会・南方工業会・南方企業終戦連絡協議会・海南島連絡協議会)・貿易部会(三井物産・三菱商事株式会社)・金融部会(横浜正金銀行・朝鮮銀行・朝鮮殖産銀行・台湾銀行・満洲中央銀行・満洲興業銀行・南方開発金庫)である。

ただし上記の発起人企業は横浜正金銀行を除き、後述のようにいずれも1945年9月30日に植民地・占領地における国策遂行法人として閉鎖機関に指定され、事業を停止させられたため、公然としたこれらの活動の表に出ることが不可能となった。そのほか部会幹事企業として予定されていた植民地国策企業や占領地国策企業も同様である。そのため、部会代表理事候補として、樺太部会では王子製紙、朝鮮部会では日本窒素肥料と日本製鉄、台湾部会では台湾協会と糖業聯合会、南洋群島部会では南洋群島関係会社連絡協議会、満洲部会では満洲電信電話、北支部会では華北交通、中南支部会では日華経済協会、南方部会では社団法人南方農林協会、欧米豪印部会では横浜正金銀行、貿易部会では三井物産と三菱商事、金融部会では横浜正金銀行が、それぞれ名前を連ねることとなった。また創立総会の際に組織名称が、海外事業戦後対策中央協議会に改称されて発足した。同会の所管は閉鎖機関・在

**表４－４　海外事業戦後対策中央協議会会員**

| 部会名 | 会員名 | 部会名 | 会員名 |
|---|---|---|---|
| 樺太 | 樺太事業部会 | | 田附㈱ |
| 朝鮮 | 朝鮮事業部会 | | 加商㈱ |
| 台湾 | 台湾事業部会 | | 興服産業㈱ |
| 南洋群島 | 南洋群島関係会社連絡会 | | 大阪合同㈱ |
| 満洲 | 満洲関係事業連絡会 | 欧米豪印 | |
| 北支 | 華友会 | （欧州班） | 堀越商会 |
| 土建 | 日本建設業統制組合外地対策委員会 | （米州班） | 郡是工業㈱ |
| 煙草 | 海外煙草関係事業者協議会 | | 川崎汽船㈱ |
| 繊維 | 五社繊維協議会 | | 大阪商船㈱ |
| 中南支 | 日華経済協会 | | 片倉工業㈱ |
| | 吉田産業㈱ | | 野崎産業㈱ |
| | 中外産業㈱ | | 日本水産㈱ |
| | ㈴蝶理商店 | | 日本郵船㈱ |
| | 三井造船㈱ | （豪州班） | 兼松㈱ |
| | 鐘淵紡績㈱ | | 高島屋飯田㈱ |
| 南方 | ㈳南方農林協会 | （印度班） | 日綿実業㈱ |
| | ㈳南方水産協会 | | 東洋棉花㈱ |
| | 南方鉱山会 | | 江商㈱ |
| | 南方工業終戦事務協会 | | ㈱島田硝子製造所 |
| | 南方事業終戦事務Ｂ地区協会 | | カルカッタ燐寸工業㈱ |
| | 南方施設整理促進会 | | 伴野物産㈱ |
| | 南方交通通信事務連絡会 | | 原㈾ |
| 貿易 | 三井物産㈱ | | 山下汽船㈱ |
| | 三菱商事㈱ | 金融 | 横浜正金銀行 |
| | 日本冷蔵㈱ | | 日本興業銀行 |
| | 伊藤万㈱ | | 日本勧業銀行 |
| | 岩井産業㈱ | | 帝国銀行 |
| | 交易営団 | | 三菱銀行 |
| | 又一㈱ | | 住友銀行 |
| | 野村殖産貿易㈱ | | 三和銀行 |
| | 野村東印度殖産㈱ | | 日本貯蓄銀行 |
| | 日商産業㈱ | | 北海道拓殖銀行 |
| | 内外通商㈱ | | |
| | 昭和通商㈱ | 合計 | 65事業者 |

注１：文書作成は1946年６月７日以降と推定。
注２：敗戦後に改称した法人を含む。
注３：法人名の誤りを修正した。
注４：郡是工業㈱は1946年５月に郡是製糸㈱に改称。
注５：大倉商事㈱は1946年７月に内外通商㈱に改称。
注６：鐘淵工業㈱は1946年５月に鐘淵紡績㈱に改称。
注７：実在を確認できない組織がある。
出所：海外事業戦後対策中央協議会「会員一覧表」日付なし（外務省記録 E'.0.0.0.7）。

外会社と同様に大蔵省である。横浜正金銀行は満洲・中国関内占領地の全域、海軍軍政地域を除く南方各地域で、広く店舗展開してきたため、同行と取引を有した企業も多く、また大蔵省の管理下にあるため、さらには当初の閉鎖機関指定から外れたため、会長母体企業としてはふさわしいものであった。しかも会長荒川は大蔵省出身であり、対大蔵省交渉手腕も期待された。

その後、海外事業戦後対策中央協議会は1946年

表4－5　海外事業戦後対策中央協議会部会所属会社数　（単位：件）

| 部　　会 | 所属企業数 | 外地本店社数 |
|---|---|---|
| 樺太 | 40 | 15 |
| 朝鮮 | 324 | 305 |
| 台湾 | 182 | 158 |
| 南洋群島 | 91 | 91 |
| 満洲 | 366 | 353 |
| 北支 | 78 | 51 |
| 中支 | 7 | 7 |
| 南支 | 50 | 50 |
| 南方 | 457 | 60 |
| 欧米豪印等 | 66 | 1 |
| 貿易 | 51 | － |
| 金融 | 9 | － |
| 煙草 | 22 | 10 |
| 繊維 | 50 | 50 |
| 土建 | 21 | － |
| 合計 | 1,814 | 1,151 |

注：北支に蒙疆を含む。
出所：海外事業戦後対策中央協議会「第45回理事会」1947年6月27日（外務省記録 E'.0.0.0.7）。

6月7日の細則改正で、既存の11部会に土建部会、煙草部会及び繊維部会を追加し、14部会編成となった。[38] 14部会編成になった後の会員は65件で、樺太部会は樺太事業部会、朝鮮部会は朝鮮事業部会、台湾部会は台湾事業部会、南洋群島部会は南洋群島関係会社連絡会、満洲部会は満洲関係事業連絡会、北支部会は華友会が各1会員として地域を代表して加盟しているのが特徴である（表4－4）。これらの地域の引揚企業は結束が固いためか、海外事業戦後対策中央協議会の窓口組織を一本化し、1地域1会員の支部として1組織が地域の引揚企業の利害を代表することができた。他方、中南支部会は日華経済協会ほか5社が会員として登録されていた。また南方部会も南方農林協会ほか5組織が会員となっていた。その後、1947年6月20日の細則改正で中南支部会を中支部会と南支部会に分割し、15部会編成となった。[39] これらの部会を構成する所属会社の数は多数にのぼった。15部会となった1947年6月の部会所属企業数は、総計1,814件、うち南方457件、満洲366件、朝鮮324件

と続いていた（表4－5）。これらのうち国外に本店を有するものは1,151件である。以上の部会の中で所属会員の多い朝鮮部会では、その組織がさらに石炭部会・鉱業部会・製鉄部会・化学部会・機械部会・軽工業窯業部会・交易部会・金融部会・製紙林業部会・水産農業部会・醸造食料部会・電気交通部会・土建部会・繊維部会・関西部会に分かれて活動していた。北支部会については後述する。その後、海外事業戦後対策中央協議会の事務所は、横浜正金銀行から転出して独自の事務所を構えている。

　もちろん在外活動法人が最初から海外事業戦後対策中央協議会に結集したわけではなく、地域の引揚者企業団体も組織されている。例えば神戸に引揚げていた企業の大建産業株式会社（1944年9月12日に三興株式会社、大同貿易株式会社、呉羽紡績株式会社を統合して設置）、鐘淵産業株式会社（1944年2月22日に鐘淵商事株式会社を改称）等が、地域的事業者団体として1945年11月1日に外地事業経営者神戸連絡会を結成している。これらの地方に結成された引揚者の企業団体も、業種別もしくは地域別の部会に加入することで海外事業戦後対策中央協議会に吸収されていくことになる。

## 2．海外事業戦後対策中央協議会の活動

　海外事業戦後対策中央協議会の最大の事業目的は、企業への喪失在外財産への政府補償要求と引揚企業の事業の再建である。1946年7月27日の「在外資産ノ国家補償ニ関スル陳情書」が、補償要求の趣旨をよく示している。それによると同会に補償委員会を設置し、各部会とともに検討を重ねた結果、在外事業は軍需補償の対象となった事業とは異なり、補償を与えることは必要である、海外事業を国内事業と同一視し一律打ち切りとすると混乱をきたすのみならず、国民負担に不公平を招く、多額の在外資産があるゆえに過酷な国内賠償撤去が緩和される傾向があるが、その功績ある海外事業を見殺しにするのは不当である、海外事業からの引揚者の悲惨な窮状を見るにつけても補償を必要とする、政府補償を行う場合にその評価算定、順位付け等についてその方法を取りまとめるため「官民補償委員会」を設立する、というものであった。

　大蔵省では引揚者の帰国後の支援として、1946年8月28日の書き込みのある文書で、「引揚者更生対策要綱」をまとめ、閣議に諮ろうとした。その具

体策として「引揚者更生金庫設立要綱案」が付されており、同金庫設立案が引揚者更生対策の強力な施策と判断され、政府でも真剣に検討されていた。他方、1946年10月11日の北支部会の実態をなした団体の、後述の華北事業会補償更生部会では、第二封鎖預金解除、「引揚者更生金庫」、海外事業更生転換並びに整理促進等が議論されていた。この延長で、1946年10月13日に海外事業戦後対策中央協議会華北事業会がまとめている「海外企業ヲ国内復興事業ニ転換更生セシムル方法ニ付テノ覚（案）」がある。これは華北事業会単独の陳情というよりは、華北の地域性が含まれていないため、海外事業戦後対策中央協議会の立案と見なせる。それは前記の補償更生部会の要求点を取り込んだ案であり、海外事業者の国内における事業への転換を政府は積極的に誘導するものとし、政府は転換事業を指定し、金融の斡旋を行い、資材・施設の払下貸与の斡旋を行う、転換更生促進のため、海外事業戦後対策中央協議会を充実させ、技術的・経営的指導をなしうるものとする、職業転換及び補導施設を付帯させるといった、同会の権限拡張が提案されていた。また転換不可能な事業については、一定期間を限り整理するものとし、その間の資金として第二封鎖預金の解除または政府の補助金によるものとした。このように事業者の日本における事業転換更生を強く要求していた。

　しかし「引揚者更生金庫」設立案は連合国総司令部の承認するところではなく、見送りとなった。それに代わるものとして、同年10月24日付の閣議決定案として理財局外事課作成になる「在外財産見返融資制度に就て」がまとめられており、それによると在外資産から負債を控除した正味資産を担保に限度を設定して、政府が直接貸し付けるというものであった。この提案も実現しなかったが、これらの政府側の施策の検討と引揚者団体の支援要求活動は連動していた。

　そのほか1946年12月に海外事業戦後対策中央協議会と日本科学技術聯盟は「産業技術協力会（仮称）設立（案）」をとりまとめている。これによると、今後の経済復興の中心的役割を果たす中小企業に対し特に適切な金融援助と技術指導を与えるため、「産業技術協力会」を設置し、中小企業への融資選定と技術諮問ならびに融資先企業の経営指導を行い、引揚者企業を含む中小企業に金融機関への融資斡旋を行うものとした。その「事業計画（大綱）」によると、復興金融金庫（「復興金融金庫法」1946年10月7日公布、同月29

日設置）その他より、中小企業振興のための融資のうち4億円程を受託し、1企業に対し百万円内外の融資斡旋をすると掲げており、復興金融金庫の融資窓口として会員企業に資金を斡旋しようとした。この提案は、海外事業戦後対策中央協議会の会員企業に多数含まれる中小企業の資金繰り緩和が目的であり、会員企業の在外財産の補償あるいはそれを担保とした資金調達については、個別企業に関わる問題のため含まれていない。この実現により、会員中小企業に対する求心力を維持しようとした。もちろん復興金融金庫の融資割当の権限を空洞化するこのような提案が受け容れられるはずもなかった。そのほか同会の事業として、日本人の海外事業が「平和的友好的ニ進出セルモノ」であることを実証するため、1946年4月に「吾国海外事業ノ平和的性格調査報告書編纂委員」を委嘱し、1947年6月前に報告書を完成し外務省に提出していた。海外事業戦後対策中央協議会は多数の在外事業法人の補償要求の代表として行動していた。その後、後述のように1949年8月以降に多数の在外本店法人が在外会社指定により特殊整理を行うことで処理される体制となるに伴い、在外会社の特殊整理人事務所として特殊整理業務の代行をしていた。この特殊整理の実施で、大規模な事業資産の解除の事例はないが、幾らかでも在日資産が流動化されることになる。

## 第4節　華北企業団体の在外財産補償要求

### 1．華友会の設置

先述の海外事業戦後対策中央協議会に北支部会として参加した華友会・華北事業会を紹介し、特定地域の引揚者企業団体の活動の特質を検討しよう。1945年8月15日の日本敗戦後、占領地との通信は途絶え、国内に残る植民地・占領地等企業の支社支店、出張所は善後策に当った。華北企業の中でも政府と関係の深い北支那開発とその関係会社は時々会合を開いて連絡を取り、外務省も北支那開発を通じ現地の実情について情報を与え、他方、北支那開発から資料を集めていた。華北における北支那開発とその関係会社は、一部8月20日に撤収命令で退去した企業もあるが、ほぼ9月中に接収された。後述のように9月30日に北支那開発は連合国総司令部により閉鎖機関に指定された。そのほか同年10月26日「外地銀行、外国銀行及特別戦時機関ノ閉鎖ニ

関スル件」(大蔵・外務・内務・司法共同省令) により、指定機関の業務停止が命じられ、その日本法人役職者のうち主務大臣の指名するものは解任されるものとし、外国法人の役職者は業務遂行権限を停止された。さらに11月24日「外地銀行、外国銀行及特別戦時機関ノ資産負債ノ整理ニ関スル件」(大蔵・外務・内務・司法共同省令) により整理されるものとされた。こうして閉鎖機関に指定された企業は事実上の業務停止に追い込まれたが、実際には対外資産負債関係が複雑に絡み合っている場合には、その戦後処理に難渋することになる。これらの閉鎖機関として、29機関が指名された。

そのため北支那開発関係会社の東京支社長数名が1945年11月8日集合して、北支那開発の閉鎖後の相互連絡組織を作ることに決し、その名称を「七日会」とし、その規約を作成し、会長に八田嘉明を予定した。その規約によると、目的は会員相互の親睦と会員の厚生援護を目的とし、正会員は北支那開発とその関係会社・組合の役職員またはその退職者とした。そのため北支那開発とその関係会社・組合の関係者の団体となることが当初は予定された。しかし11月24日には「七日会」を華友会に改称しており、併せて後述のような会員資格に変更となったと見られる。

そして、1945年11月27日に華北の引揚者企業団体として、北支那開発とその関係会社・組合を中心に華友会を創立した。会長八田嘉明(鉄道官僚、前満鉄副総裁、拓務大臣、鉄道大臣、逓信大臣を経て、1945年3月6日〜10月26日北支那開発総裁)、副会長山西恒郎(満鉄理事を経て、1938年11月7日〜1943年11月6日北支那開発副総裁、以後1945年10月26日まで北支那開発顧問)、専務理事波多敏夫(北支那製鉄株式会社取締役)である。「華友会規約」によると、目的は会員相互の親睦を図り、併せて華北関係会社社員の援護厚生に関する事業を行うことを目的とし、具体的な事業として①華北関係会社員の引揚者援護、②華北関係会社関係者の援護厚生、③会員相互の親睦と関係会社間の連絡、④在外同胞援護に関する各種団体との連絡とし、そのほか正会員は華北・蒙疆関係会社組合の役職者またはそれを退職したものとし、正会員は会費を納付する、というものであった。

1945年末の華友会の会員企業は (表4-6)、華北交通 (1939年4月17日設立)、華北運輸股份有限公司 (1941年10月1日設立)、華北交通港湾総局、華北電業股份有限公司 (1940年2月1日設立)、華北電信電話股份有限公司

表 4－6　華友会会員

| 当初会員 | 1946年3月追加会員 | 1946年8月追加会員 |
|---|---|---|
| 華北交通(股) | 堀越商会 | 国洋㈱ |
| 華北運輸(股)㈱ | 大建産業㈱ | 大倉鉱業㈱ |
| 華北自動車工業㈱ | 岩井産業㈱ | 槐樹会 |
| 華北交通港湾総局 | 日華興業㈱ | 華交互助会 |
| 華北電業(股) | 三井物産㈱ | **華北機械工業㈱** |
| 華北房産㈱ | 野村殖産貿易㈱ | 華北東亜煙草㈱ |
| 華北車輛㈱ | 安宅産業㈱ | **北支那採鉱㈱** |
| 華北電信電話(股) | 交易営団 | ㈱義合祥 |
| 華北電線㈱ | 大倉産業㈱ | 宜徳会本部 |
| 華北軽金属(股) | 昭和通商㈱＊ | 井華鉱業㈱ |
| 華北塩業(股) | 大阪商船㈱ | **天津製鉄所** |
| 華北礬土鉱業(股) | 興服産業㈱ | 天津紙器工業㈱ |
| 華北窒素肥料(股) | ㈱西松組 | 東洋製紙工業㈱ |
| 華北重石鉱業㈱ | 鐘淵工業㈱ | 内外通商㈱ |
| 華北石炭販売(股) | ときわ会（三井鉱山㈱） | 日本郵船㈱ |
| 華北繊維(股) | 香川農場 | 日華製粉㈱ |
| 山東電化㈱ | 華北明治産業㈱ | 又一㈱ |
| 山西産業㈱ | 北支武田薬品㈱東亜部 | 三菱鉱業㈱ |
| 山東塩業㈱ | 同東京支社 | 三井鉱山㈱ |
| 山東鉱業㈱ | 鶏鳴山炭礦㈱ | 三菱化成工業㈱ |
| 山西炭礦(股) | 華北労工協会 | 三菱商事㈱ |
| 大同炭礦㈱ | **永利化学工業㈱** | 山梨県華北引揚者協助会 |
| 大青山炭礦㈱ | 耀華玻璃（股） | |
| 大汶口炭礦(股) | 華北交易協会 | |
| 新泰炭礦鉱業所 | | |
| 北支那開発㈱ | | |
| 北支那製鉄㈱ | | |
| 北支那燃料化学㈱ | | |
| 青島埠頭㈱ | | |
| 青島製鉄㈱ | | |
| 日本鋼管㈱金嶺鎮鉱業所 | | |
| 天津艀船運輸㈱ | | |
| 蒙疆電業㈱ | | |
| 龍烟鉄鉱㈱ | | |
| 宣化製鉄所東京事務所 | | |
| 井陘煤礦(股) | | |
| 磁県炭礦(股) | | |
| 焦作炭礦礦業所 | | |
| 柳泉炭礦(股) | | |
| 開灤炭礦（開灤炭礦販売㈱） | | |
| 東洋化学工業㈱ | | |
| 中興炭礦(股) | | |
| 唐山製鋼㈱ | | |
| 頤中公司東京駐在所 | | |

注1：**太字**は北支那開発と関係会社等。
注2：法人名等の誤りを修正した。
注3：＊は1946年8月10日会員名簿で除去。
注4：新泰炭礦鉱業所は当初、大汶口炭礦に含まれていた。
注5：大倉産業は1945年2月に不二越鉱業に改称しており、大倉鉱業の誤記かもしれないがそのまま掲載した。
注6：1946年3月会員には大建産業と三興の両方が掲載されていたが、後者は1944年9月12日に前者に統合されているため、大建産業のみを計上した。
注7：槐樹会は北支那開発の引揚者の団体。
注8：㈱義合祥は1939年6月設立、本店南京、鉄道道路港湾等土木工事を業とした。
注9：柳泉炭礦（股）は1944年度に北支那開発の関係会社から中支那振興の関係会社に移されているが、華友会に参加した。
注10：実在を確認できない組織がある。
出所：華友会「華友会経過報告」1946年と思われる（東京経済大学図書館蔵『大倉財閥資料』74-32）、華友会「華友会会員名簿」1946年3月現在（外務省記録 E'.0.0.0.7）、華友会「華友会会員名簿」1946年8月10日現在（外務省記録 E'.0.0.0.7）。

(1938年7月31日設立)、華北房産股份有限公司(1939年6月14日設立)、華北電線株式会社(1944年2月17日設立)、華北軽金属株式会社(1943年11月20日設立)、華北塩業股份有限公司(1939年8月20日設立)、華北礬土鉱業股份有限公司(1939年12月9日設立)、華北窒素肥料股份有限公司(1942年9月1日設立)、華北重石鉱業株式会社(1941年10月31日設立)、華北石炭販売股份有限公司(1940年10月30日設立)、華北繊維股份有限公司(1943年8月16日設立)、山東電化株式会社(1942年2月14日設立)、山西産業株式会社(1942年4月1日設立)、北支那製鉄株式会社(1942年12月15日設立)等の北支那開発の関係会社のほか、英米煙草トラストの中国事業体の北支那開発が敵産管理を委された、頤中公司が含まれている。北支那開発の関係会社以外も当初から会員に加わっていた。[55]

## 2．華友会の活動

　華友会の当初の最大事業は関係会社社員の援護厚生である。その業務は要援護者資金貸付、各援護団体と連絡をはかり、各事業地域の資料を収集し、帰国者到達港における世話斡旋、留守宅家族の世話、帰国後の就労等である。会費は援護厚生事業に当て、事務費・交通費等は自弁とし、帰国者対策として九州に支部を設置した。さらに華友会組織は総務部・生産部・商事部・農業部・調査部・経理部・九州支部に分かれ、総務部は人事・諸証明・引揚者援護・留守宅貸付・賠償委員会・海外事業戦後対策中央協議会・九州支部連絡等を担当し、生産部は製造加工修理等の生産事業の企画、会員授産並びに就労を担当し、商事部は生活必需品購入配給・会員授産並びに就労を担当し、農業部は農業経営や農業経営者に会員参加斡旋を担当し、調査部は会員の特殊技能調査・官公署援護機関に陳情または報告すべき案件の調査、関係会社の在外・内地資産調査、通常経費・賠償・平和産業転換調査等を担当し、経理部は経理・収支予算・物品購入を担当し、九州支部は引揚者の九州における世話を担当した。その他の引揚者団体との関係では九州支部で戦災援護会と強い関係を持ち、また華友会結成当初から1945年10月16日設置の財団法人在外同胞援護会と緊密な関係を持ち、華友会が要援護者資金貸付として留守宅援護資金の1945年12月分以降の借入れを証明する手続のための窓口となっていた。[56]

その後、1946年7月26日の総会で理事長八田嘉明が辞任した。八田は1945年10月26日に北支那開発総裁職を免ぜられており、この時点で北支那開発の役員は副総裁2名と理事2名という体制となっていたようである。以後、北支那開発の法人としての役員は副総裁中村孝次郎（大蔵省為替局長・預金部資金局長を経て、1941年3月28日～1943年11月7日北支那開発理事、以後1946年7月16日まで副総裁）以下が1946年7月16日まで職にあった。その他の理事も免職となったため北支那開発の役職者は皆無となり、閉鎖機関保管人委員会により管理されていた。八田は北支那開発総裁として公職追放に該当したこともあり、理事長を辞任する必要が発生した。副総裁を歴任した山西恒郎と副総裁で敗戦を迎えた中村孝次郎も同様に公職追放となったため、会長に就任できなかった。そのため最も長期にわたり北支那開発の理事職にあった籠宮谷清松（三菱合資会社出身、1938年11月7日～1946年7月16日北支那開発理事）も理事職を免ぜられていたが、華友会理事長に就任した。[57)]この華友会が後述の海外事業戦後対策中央協議会に加盟して北支部会を組織的に兼ねることとなり、1946年1月30日に海外事業戦後対策中央協議会北支部会創立総会が開催され、華友会が同北支支部となった。[58)]これには政府の示唆がなされたものと思われる。

　華友会の1946年7月26日の総会で議論された内容は以下のようなものである。[59)]すなわち華北の会員企業に係る引揚業務はほぼ終了し、これからは補償要求が最大の課題となるはずである、華友会はすでに海外事業戦後対策中央協議会北支支部として活動しており、一段とその活動を強める必要があるが、華友会理事会にも補償部会を設置して、補償要求運動を強化する方針とした。

　1946年3月の華友会会員は69法人等に増大していた（表4－6）。その構成は、永利化学工業股份有限公司（1944年3月31日設立）等の華北事業法人、三井物産・大建産業・交易営団（1943年6月8日設立）等の華北で取引を有した日本商社・日本事業法人が名前を連ねていた。[60)]華友会の発足当初は北支那開発の関係会社を中心とした組織であったものが、北支那開発関係会社以外の華北において事業活動を行っていた企業の加盟が急増し、組織の性格変化を読み取れよう。そのほか事業法人ではない華北労工協会・華北交易協会が加盟している。これらの非事業法人は華友会が海外事業戦後対策中央協議会北支部会の名称を併せ持つことになったため、補償要求運動の一環と

して参加したものであろう。

　その後の1946年8月10日会員名簿によると[61]、さらに85法人等に増大していた。追加加盟のうち華北機械工業股份有限公司（1944年9月設立）は北支那開発の関係会社であり、天津製鉄所（1943年11月設立、組合組織）も北支那開発から資金調達していた[62]。また日本郵船株式会社、三菱商事等の華北に事業資産を残していた企業が追加加盟していた。内外通商株式会社が加盟していたが、これは大倉商事株式会社を改称したものである。また北支那開発と関係会社の関係者団体の櫂樹会と華交互助会も加盟しており、華北の補償要求運動の中心として華北の事業関係者は華友会に一段と結集していたといえよう。ただしこの名簿からは当初名を連ねていた昭和通商株式会社は消滅していた。その理由は不明であるが、陸軍に密着した兵器商社としての性格が強いため辞退したのかもしれない[63]。華友会が海外事業戦後対策中央協議会北支部会となって以降、北支那開発の関係会社以外の華北において事業活動を行っていた企業の加盟によりこのような会員数の増大となった。同北支部会として外務省が認定し、在外財産調査の協力、外務省からの依頼調査等を行う団体として、外務省所管の補助金が支給されていた[64]。

　先述した在外財産調査との関係で、華友会も積極的に調査を行っている。1946年8月9日の理事会決定として、会員企業に調査票を送付し解答を求めている。これは「補償問題対策々定等ノ資料トスルタメ」であった。調査内容は、法人の国籍、事業内容、資本金、華北における使用総資本、従業員構成、役員構成、業務実績、接収資産価格（簿価と時価）、接収状態（接収・占領・放棄等）、接収後の状況、法人の貢献（日華事変前・後）とするかなり詳細な項目が掲げられており、接収時または直近期末貸借対照表の添付も求められていた[65]。こうした調査が在外財産統計として地域別に積み上げられてゆくことになる。華友会が海外事業戦後対策中央協議会北支部会となってからは、その対外的提案は同中央協議会を経由して行うことになった。その後、華友会は1946年10月15日に華北事業会と改称した[66]。以後の海外事業戦後対策中央協議会北支部会としての活動については先述した。

## 第5節　在外企業の清算

### 1．閉鎖機関の特殊清算

　1945年9月30日の連合国総司令部覚書により旧植民地・占領地の金融機関・開発機関等の閉鎖が指令された。このうち在外関係の閉鎖機関となったのは、朝鮮銀行、朝鮮殖産銀行、朝鮮金融組合聯合会、朝鮮信託株式会社、台湾銀行、台湾拓殖、満洲中央銀行、満洲興業銀行、満鉄、満洲重工業開発、満洲拓殖公社、満洲投資証券株式会社、北支那開発、中支那振興、蒙疆銀行、中国聯合準備銀行、中央儲備銀行、樺太開発、南洋興発、南方開発金庫および外資金庫である。以後も在外関係で閉鎖機関指定が続いた。そのほか多数の国内経済統制機関が閉鎖機関に指定された。これら閉鎖機関の財産管理のため、1946年2月6日に閉鎖機関保管人委員会の設置が指令され、以後は同委員会により閉鎖機関が管理された。さらに同年10月5日に連合国総司令部は閉鎖機関の清算を命じ、1947年3月8日「閉鎖機関令」、「閉鎖機関整理委員会令」が公布され、閉鎖機関整理委員会が設置されて閉鎖機関の特殊清算に着手した。[67] 特殊清算とは在外資産負債関係を除外したまま、国内事業資産負債のみ先行的に清算を行うものである。これらの閉鎖機関は国内資産負債を特殊清算して、多くは清算結了となる。

　多数の閉鎖機関の特殊清算を完了して、閉鎖機関整理員会は1952年3月31日に解散したが、その時点における在外関係の清算未了機関については、4月1日に在外活動関係閉鎖機関特殊清算事務所を設置して、同事務所により清算を続行した。在外関係の清算未了機関として52件が残っていた。その後、1956年2月1日の「閉鎖機関令」の改正により、従業員退職金と社債債務の弁済が可能となり、また残余資産を以って第二会社設立が認められた。こうした改正により、満鉄が1957年3月28日、満洲重工業開発が同年7月29日、中支那振興が同年11月15日、東洋拓殖が1958年2月26日、北支那開発が同年4月5日に、それぞれ清算結了となった。そのほか華北交通が1956年12月19日、台湾拓殖が1953年10月6日、南洋拓殖が1956年4月14日、樺太開発が1957年8月1日に、それぞれ清算結了となっている。[68] この過程で引揚者の未払賃金支給や保有金融資産としての社債の現金化が可能となった。ただし

戦後の高率インフレにより回収できた現金は大きく減価していた。そのほか対外預貯金・未払送金為替・持帰日本銀行券等の処理については、1954年の在外資産関係処理の法律により、調整料率を乗じて交換率を引下げた上で現金化を認める処理を行ったことは先述した。

上記の閉鎖機関のうち占領地金融機関でしかも国外における資金関係が入り組んでいるため処理できない蒙疆銀行、中国聯合準備銀行、中央儲備銀行は清算未了となっている。そのほか日本法人であっても、南方開発金庫から外資金庫への預け合いによる南発券供給と、外資金庫から臨時軍事費特別会計への南発券の貸上げにより、南方占領地で調達した多額軍事費債務が形成されていたが、敗戦後に臨時軍事費特別会計はその200億円ほどの債務処理を遷延し、同特別会計は1946年2月28日に終結し、そのまま債権債務関係は一般会計に承継された。その後もその債務は清算されることなく、その債権債務関係が未処理のまま残り、そのためこの両金庫も清算未了である。[69]

## 2．在外会社の特殊整理

閉鎖機関以外の在外会社については、連合国総司令部の方針に基き処理するものとされ、1947年1月27日「外国に本店を有する会社の本邦内にある支店、出張所等の報告に関する省令」（大蔵省令）と1948年3月19日「外国に本店を有する会社等の本邦内にある支店、出張所その他の事務所の所有又は管理する財産の保全に関する省令」（大蔵省令）で、在外会社の把握と財産保全を行った。その後、1949年1月18日連合国総司令部覚書により、日本政府は在外会社の財産の整理を求められた。ただしその財産に10%以下の日本権益しか含まれない場合には除外するものとされ、整理に当っては適当な整理人を指定して行うものとされた。[70] その処理の具体的方針として、1949年2月4日大蔵省管理局「在外会社本邦内店舗整理要綱（案）」が取りまとめられている。[71] それによると、清算の対象となる会社・団体は外国に本店を有し、日本人の出資・持分が1割以上を占めるものとし、清算対象の資産負債は国内にあるものに限定し、清算の法的措置としてポツダム勅令を公布するものとし、清算の方法として会社等に自己清算を行わせ、大蔵大臣が当該会社職員の中から清算人を選任する、清算人の業務としては、清算計画書を作成させ、それを政府が認可した上で清算業務を行わせ、清算結了となった後の残

表4－7　在外会社指定と海外事業戦後対策中央協議会の関与

(単位：件)

| 地域 | 在外会社指定 | 解除 | うち海外事業戦後対策中央協議会事務所設置会社等 | 解除 |
|---|---|---|---|---|
| 満洲 | 453 | 257 | 321 | 251 |
| 　満洲（満洲国） | 392 | 239 | 292 | 233 |
| 　満洲（関東州） | 60 | 18 | 29 | 18 |
| 華北 | 148 | 79 | 97 | 78 |
| 華中 | 120 | 45 | 62 | 44 |
| 華南 | 18 | 8 | 9 | 7 |
| 朝鮮 | 351 | 167 | 202 | 164 |
| 台湾 | 110 | 33 | 52 | 32 |
| 樺太 | 88 | 14 | 18 | 14 |
| 南洋群島 | 42 | 17 | 27 | 17 |
| 南方占領地介入地等 | 26 | 12 | 16 | 12 |
| 沖縄 | 1 | － | － | － |
| 合計 | 1,355 | 632 | 804 | 619 |

注1：関東州か満洲国か確認できていないものは満洲国に含ませた。
注2：華北に蒙疆を含む。
注3：華南に香港と海南島を含む。
注4：個別名称の確認できない台湾・樺太・関東州・朝鮮の信用組合・金融組合・農業会等を除外した。
注5：南方占領地介入地等に1件地域不明を含む。
出所：柴田善雅「在外会社の処理とその分析」(『大東文化大学紀要』第34号（社会科学）1997年3月）5頁を修正。海外事業戦後対策中央協議会についてはその付表データの加工による。

余財産は政府に移管させ、政府は将来の債権者からの請求を受けた場合に残余財産を上限として支払い、その後の剰余を株主に分配するものとした。また清算後の新会社設立も可能となっていた。

　1949年1月31日現在の在外会社に該当する事業の調査では、合計1,131社、地域別内訳は、台湾88社、朝鮮291社、満洲384社、中国関内236社、樺太37社、その他95社という構成である。これらのうち既に36社については、許可を受けて国内資産による事業の再開または事業転換をして、操業に漕ぎつけていた。そのうちには台湾に本店を有する大成火災海上保険株式会社（本店台北）、高砂化学工業株式会社（本店台北）、朝鮮に本店を有する日本窒素肥

料（本店旧京城）、日本高周波工業株式会社（本店旧京城）等が含まれている。いずれも国内にかなりの事業基盤を有している企業である。

　また1949年3月8日覚書により財産の内容を規定し、6月1日覚書で残余財産の整理として、新会社への譲渡や公売を規定し、さらに6月18日覚書で、証券整理のため国内で新証券を発行し、在外発行分の抹消を命じた。これらの連合国総司令部民間財産管理局指令を受けて、大蔵省を中心に方策をまとめた日本政府は、先述の「在外会社令」を公布した。8月1日より「在外会社令」に基づく告示をもって在外会社の指定がなされ、国内資産負債の処理が開始された。その後指定が続いたが、その告示で列記された法人等を集計した計算では、個別指定の受けた企業累計1,355件となる（多数の組合組織が1件の告示で在外会社に指定された場合には1件と計算）。その地域別内訳は、満洲452件、朝鮮350件、華北148件、華中120件、台湾110件、南洋群島42件、南方占領地等28件等というものであった（表4－7）。他方、1950年中に在外会社指定の解除となった企業が610件あり、在外会社の国内資産の乏しいものは、そのまま解除をもって特殊整理が終了した。その後の解除もあり累計632件が解除となった。それ以外の企業については、この特殊整理により、国内残余資産の企業所有者への資産の現金化が可能となった。

　なお「在外会社令」に基づく指定会社が、国内に事務所を持ってない場合には、引揚者企業として、先述の海外事業戦後対策中央協議会に窓口を置いて、特殊整理に当たった。確認できる範囲で、1949年指定の在外会社の特殊整理事務所を同中央協議会に置いたのは804事業者に達した。その内訳は、満洲321件、朝鮮202件、華北97件、華中62件、台湾52件等という構成となっている。海外事業戦後対策中央協議会を特殊整理人事務所としている場合には、指定告示公布時点で渡辺慶之進が特殊整理人を担当している。そのうち解除指定されたのは619件であり、残りの185件については特殊整理により残余財産があれば現金化されて処分された。「在外会社令」により国内残余資産の流動化解除で処理された資産は、簿価で総額17億円、負債は総額12億円である。先述の国内の資産が多い会社については、第二会社への移行がなされた。政府出資の在外会社についても、例えば1951年5月19日に在外会社指定を受けた台湾産業金庫については、その国内残余資産で第二会社として株式会社台湾農漁業器材供応社が設置されたが、台湾産業金庫に対する台湾総

督府特別会計出資にかかる分配金と同社株式は、台湾総督府特別会計が1945年度末で廃止され、その資産負債が一般会計に承継されて整理されているため、1958年1月24日に一般会計の出資に切り替えて処分した[78]。こうして在外会社の国内資産については特殊整理が行われ、債務処理がなされているものについては解除され、国内にその資産が流動化され処分された。

## 第6節　戦後在外財産補償

### 1．在外財産問題の検討

　在外財産は当該地政権による没収、日本人関係者の留用による資産保全等、地域により扱いがかなり異なる。1945年9月22日にアメリカ政府が発表した「降伏後における米国の初期の対日方針」の中で、日本の領域外の日本財産を関係連合国当局の決定に従って引渡し、その処分にゆだねられるものとされた[79]。また対日賠償調査団の団長エドウィン・ポーレーは、1945年11月13日に日本の在外財産がアメリカと連合国に対する財政的弁済の一部をなすものであるとする声明を行った[80]。この脈絡からは在外財産は賠償取立ての一環として没収されるものとする位置付けも可能である。これら在外財産が接収され、所有権を放棄させられた場合に、それを賠償取立資産に算入できないか、没収されずに済む財産のあり方は可能か等について、外務省では次のように日本より先に講和条約を締結したイタリアの事例を踏まえて検討していた。

　日本より先、1947年2月10日に連合国とイタリアとの間に講和条約が締結された。同条約付属書によれば同条約発効時において、割譲地域に恒久的に居住するイタリア国民の財産、権利、利益は承継国の国民と同様の権利を尊重されるとし、またイタリア国籍を希望し帰国を望むものは、負債、納税完済のうえ、動産を移転し資金を移管し、動産不動産を処分することが認められるとした[81]。そのため対日賠償においても、旧植民地所在の日本人財産に関して同等の取扱がなされ、少なくとも処分代金の返還等が考慮されてしかるべきであると、外務省は考えており、日本人の財産もイタリア人と同様の扱いを受け得るのではとの期待がありえた。また賠償対象となる資産のうち、国有、半国有、公有財産は賠償取立ての優先順位が高いものであるが、その

うちの在外公館財産はヴェルサイユ条約でも没収対象から除外されており、イタリアの講和条約でも同様であり、日本の在外公館財産に対する没収適用除外を期待していた。また宗教的、慈善事業的資産についてもイタリアの講和条約では賠償から除外されており、小額ではあるが国外に宗教団体や慈善団体の資産も確認されるため、同様の措置の適用を期待していた。他方、一般の私有財産については、一律接収、管理、処分しており、イタリア講和条約においても、在外私有財産の返還は実現せず、イタリア政府が没収しそれを連合国側に譲与するという手続きをとり、その没収財産の所有者に対してはイタリア政府が補償することを約束している。それは没収在外財産に対する政府補償を意味するものであった。

　外務省の上記のような希望的観測がなされたものの、ただしイタリアが自国の政治的力量によりムソリーニ政権を打倒して、連合国に対して無条件降伏をしたうえで、バドリオ政権は対独宣戦布告を行っている。そのため連合国は対ドイツ・日本と異なり対イタリア敗戦処理で寛大な取扱をした。他方、日本の敗戦は連合国に軍事的敗退にまで追い詰められた上での無条件降伏であり、そのためヴェルサイユ条約を持ち出して主張しても、第2次大戦期に強行された敵国財産の接収と処分は交戦国で広範囲に行われていた。例えば日本は1941年12月22日「敵産管理法」により管理下に移し、特殊財産資金特別会計（1943年3月27日設置）で在日本・在中国占領地交戦国資産を売却処分して活用した。他方、在アメリカ日本資産も同様に接収・処分されている。そのため戦勝国側としては有用な財産の返還に安易に応ずることはできない。

　ポーレー賠償報告に基づく対日賠償3割即時取立実施となり、三次にわたり搬出された。連合国総司令部評価額では1939年価格で総額162百万円は中国・フィリピン・オランダ（実質的にインドネシア）・イギリス（実質的に香港・英領マラヤ）に搬出された。その後の極東政治情勢の変動の中で、賠償取立ての停止と、アメリカの対日賠償緩和方針への転換となる。日本がアメリカの事実上の単独占領下に置かれており、極東政治情勢が変動し、戦後冷戦構造が定着して行く流動的な国際情勢の中で、最終的に賠償取立てを放棄するとした1952年4月28日の対日講和条約発効まで、外務省としては在外財産を賠償に組み込むことについて表立った要求をすることは得策でない。そのため外務省からの在外財産返還や在外財産の賠償資産への繰入要求の提

案は不可能となる。なおサンフランシスコ条約を締結しない賠償要求国は、その後の交渉で個別平和条約締結時に賠償協定を締結した。[85]

　他方、日本政府による企業財産補償については、1946年10月19日「戦時補償特別税法」により、戦時補償を1945年8月15日時点の対政府請求権に対する戦時補償特別税の100％課税という形で打ち切ったため、企業に巨額損失が発生した。[86] 国外企業であってもその損失補償に手をつけると戦時補償打ち切り措置の回復要求が派生しかねないため、政府として敗戦後に発生した企業の損失に対する補償要求は一切受け付けない方針で臨んだ。そのほか賠償資産撤去、閉鎖機関特殊清算による資産負債処理、第二封鎖預金切捨て損失、企業再建整備と金融機関再建整備による損失処理等による複合的要因で、敗戦後の日本の企業には巨額損失とその処理が発生しており、こうした状況に対して在外企業にのみ補償を行うことは、政府として不可能であった。また日本企業・個人の国外財産は当該国の法体系下にあり、その処分権限は当該国が優先的に保持しており、日本政府がそれを直接保護する手立ては確立されていない。そのため引揚企業団体による日本政府に対する財産保護義務の放棄の批判は当らないとするのが、その後の在外財産政府補償を求める団体に対する日本政府の一貫した立場であった。こうした在外財産補償要求に対し、それに代わり閉鎖機関や在外会社の国内残余資産の流動化を認め、さらに講和発効後に「閉鎖機関令」の改正で第二会社設立をも認めた。[87] しかし国外に残置されて当該国により処分された財産については、日本政府はそれに対する補償義務外にあるとする立場を貫いていた。

## 2．個人在外財産の善後措置

　1954年の立法措置で、先述のように金融資産や対外資産負債処理による残余資産の現金化が可能となったが、引揚者団体は政府への補償要求を続けており、それを検討するため、1956年4月16日と30日に「在外財産問題審議会令」を改正し、6月4日に第二次在外財産問題審議会が開催された。同審議会に対し、これまでの「在外財産問題の処理方針如何」に加えて「在外財産問題処理のための引揚者に対する措置方針如何」の諮問を行い、併せて1956年5月1日厚生省令「引揚者在外事実調査規則」により事実関係を調査した上で、審議会は法的な政府補償義務の有無、法律に基づかない措置のあり方

を検討した。そして1956年12月10日に、在外財産についての政府補償義務の有無に結論を出せず、そのため補償措置を行うという結論を出すことはできず、それに代えて特別の政策的措置を講ずることが適当であると結論した。そして給付金の支給と生業資金貸付、職業斡旋、住宅等援護更正措置を行うものとした。これを受けて政府は1957年3月7日閣議決定「引揚者等に対する給付金の支給に関する措置要綱」に基づき、同年5月17日「引揚者給付金等支給法」を公布した。そして引揚者1人あたり28千円を限度として、記名国債を交付するものとした。そのほか国民金融公庫（1949年6月1日設置）からの生業資金として、引揚者向公営住宅の増設・貸与等を行った。この法律により対象引揚者約340万人に対し交付国債発行500億円が見込まれた。そしてこの法律公布の日に在外財産問題審議会は廃止された。[88] この政府の政策的措置は引揚者個人への給付金の支給という形で決着し、企業財産補償は検討対象外であったといえよう。

その後、引揚者の補償要求は下火になったが、サンフランシスコ講和条約発効後10年を控えて、在外財産補償請求権の「民法」上の時効を恐れ、時効中断のため1962年4月23日に引揚者団体全国連合会は、引揚者46万世帯を代表し、在外財産総額1,088,800百万円の補償請求した。一般引揚者からも20万通を超える補償請求書が総理府に提出された。[89] この時期には農地改革で農地を手放した旧地主に対する農地補償の検討に着手したこともあり、引揚者団体の運動は補償を期待して再度高揚を見せた。1963年3月には引揚者団体が全国引揚者大会を開催し、新たな調査審議機関の設置の立法措置を求めた。[91] この機運に乗り、例えば南方企業の引揚者補償要求団体として、1963年3月12日に旧南方企業資産補償期成同盟が結成され（会長小笠原三九郎）、企業財産補償要求活動を繰り広げた。この同盟には41社が参加している。[92] こうした要求に対して、政府は既に1957年の引揚者給付金の支給等を行ったため処理済であるとの意見を示した。[93]

この引揚者団体の要求の高まりに対処して、政府は方針を変更し、在外財産の喪失に対する前後措置の検討を行うとして、1964年7月1日に総理府に在外財産問題調査会を設置した。その後、政府は在外財産問題調査会に対して、同年12月22日に「在外財産問題に対しなお措置すべき方策の要否及びこれを要するとすればその処理方針」を諮問した。この第三次在外財産問題調

査会は以下のような結論を出した。すなわち、それまで政府補償義務の有無の結論を出すことを回避してきたが、それを国外の事例をも含み詳細に検討した結果、国際法上の問題として、国に補償義務はない、接収により国外財産の所有権が損なわれたからといって、当該国政府の国際法上の問題であり、日本政府に国際法上の補償義務はない、国内法の問題として、在外財産は外国の法律の下にあるものであり、外国政府が没収した場合に自国政府が取り得るのは外交保護権を行使するのみで、それがうまく行かなかった場合に財産を喪失した国民に政府が補償する義務はない、無条件降伏した日本は相手国に財産の処分権を認めたため、それに対して異議を唱えることはできない、日本政府が自ら手を下して在外財産を公共のために用いたものではないため、憲法違反に該当せず、政府の補償義務はない等としたが、他方、なお措置すべき方策として、在外財産を喪失した引揚者に対し、交付金を支給して、在外財産問題を国の責任で最終的に解決する特別な措置を必要とするとした。具体的な措置として、引揚時点の年齢と在外居住年数に配慮する、世帯を支給額算定単位とする、所得制限を設けないとの方針を示した。[94]

この方針に基づいて、法案の検討に当たっては、支給総額、支給対象者の基準等でさまざまな検討が必要となった。引揚者団体は支給総額について1兆2千億円を要求し、自由民主党の在外財産問題対策議員連盟は6000億円を下らない額を要求していた。他方、1965年6月7日に総額1659億円の総理府案が示され、これを自由民主党と大蔵省で検討し、同年6月27日閣議決定「在外財産問題処理のための引揚者等に対する特別交付金の支給に関する措置要綱について」で処理方針が確定した。これによると総額1925億円、終戦時年齢50歳以上16万円〜20歳未満2万円の5段階に分け、在外居住年数が8年以上のものに1万円を加算する、遺族には7割を支給する、在外居住年数が1年未満のものには支給しない、特別交付金を10年以内償還の無利子国債で交付する、というものであった。[95] この方針に則して法案が提出され、1967年8月1日「引揚者等に対する特別交付金の支給に関する法律」が公布された。この法律に基づいて引揚者またはその遺族は、1970年3月末までに特別交付金を請求するものとなった。その後、1970年3月31日と1971年3月31日に同法律の改正がなされ、請求期限の延長が行われている。生活困窮者に対しては交付公債の政府買上げが実施され、また国民金融公庫からの交付

公債担保貸付も行われた。引揚者特別交付金交付公債は、1972年末累計で3,120千枚（世帯）、163,372百万円の交付を見ている。この引揚者特別交付金の交付金額は、先の閣議決定で見積もった金額に比べかなり下回っていた。

　その後、1975年3月末までに1636億円が交付済みとなったが、閣議決定の額よりも269億円も下回っていた。この交付未済額に対し、引揚者団体全国連合会と全国在外預送金者連盟は引揚者への直接の交付金に換え、引揚者団体組織への交付を陳情した。前者はそのうち250億円で福祉施設を建設する目的で払下げを求め、後者は250億円と引揚者税関預置現金有価証券等80億円の合計330億円を朝鮮銀行・台湾銀行関係の在外預送金者への返還を求め、これらの運動を支援する国会議員が大蔵省に要求した。これに対して大蔵省は閣議決定の資金は予算化されているわけではなく、そのため財源として残っているものではなく、また税関預置現金証券等として円表示資産1,400百万円があるが、そのうち直ちに現金化できるものは旧日本銀行券と国債のみで20百万円程度にすぎず、しかも預置現金証券の個別債権者が今後も返還を求めることがありうるため、その引揚者団体への払下げは不可能であると答弁した。大蔵省の方針は、いずれの特定団体にも特別交付金の未交付部分を払い下げないものとし、また税関預置現金証券等についても、後日現金証券の返還を求める所有者の申出が発生した場合には、政府の返還義務が発生するため、同様に特定団体に払い下げない方針とした。引揚者交付金処理の立法の趣旨からも、引揚者交付金は受給申請した引揚者個人に帰属するものであり、引揚者団体に帰属させることはできないとするこの大蔵省の立場は、その後も一貫したものである。大蔵省（2003年1月4日以降は財務省）はその後も税関において引揚者の預置現金証券の返還を続けている。引揚者にかかる戦後処理は完全には終っていない。

## おわりに

　日本敗戦後に設置された引揚者団体は多様である。引揚者が結成した団体は地域・職種・企業等に分かれ、それぞれ引揚後の生活支援のみならず政府への支援を訴えた。併せて在外資産を喪失への補償を求めた。そのほか引揚者は金融資産の解除を求めたが、講和発効後に在外財産のうちの金融資産に

係るものの現金化を政府は物価調整相場を設定した上で認め、金融資産の現金化が可能となった。調整相場に対する反発も見られた。特に企業が結成した団体は在外企業財産補償を強く要求した。企業関係の引揚者団体も植民地等の国外地域別に組織された場合が多い。その一つとして華友会は北支那開発とその関係会社の引揚者団体として結成され、のち海外事業戦後企業対策中央協議会が結成されるに及び、その北支支部となり北支那開発関係以外の幅広い企業の参加を得て組織は拡大した。1946年に結成された在外企業の全国的な補償要求団体の海外事業戦後対策中央協議会は、会員企業数を増大させた。その活動の特徴としては、地域別に部会を設置し、部会での結束を固めたことにある。部会を通じて傘下に結集した企業を含む在外会社や国内企業は1,814件に達し、引揚者企業の最大の団体であった。在外活動法人は閉鎖機関もしくは在外会社に指定され、前者は特殊清算、後者は特殊整理され、一部の国内残余財産の解除が行われ、また残余財産で第二会社の設立に進んだ事例も少数ではあるが見られた。特に多数の在外会社処理に海外事業戦後対策中央協議会が関わり、在外企業の特殊整理業務を担当した。海外事業戦後対策中央協議会が要求してきた在外財産補償要求は占領下では実現不可能であり、また講和発効後も企業への補償は、戦時補償打切りの見直しに通ずることもあり得るため、政府は認めることはなかった。

　在外財産補償を求めた引揚者団体の要求に応じて、2本目の法律で総額2425億円ほど交付金の資金枠が設定された。結局在外財産補償要求は企業財産に対しては認めず、個人財産に対してのみ交付金で処理の決着がつけられた。この戦後処理は個人財産への善後措置としての交付金であるが、1945年時点の個人在外財産のドル建資産概算3,090百万ドルを基準とし、当時の換算相場1ドル＝15円を用いれば1945年時点価格で46,350百万円となる。実際の法律による交付金予算枠はこの5倍ほどとなった。この間の物価上昇を加味すれば、2425億円で不足であるとの議論もあり得るが、恵まれた扱いといえよう。

　先述の1949年の在外3法による調整相場設定と、この在外財産を失った引揚者への交付金との一貫性は欠落しているといえよう。在外3法の調整相場は1945年の物価水準を基礎にしたものであった。他方、こうした見舞金のような交付金は予算の資金的余裕の有無で決定される。2325億円を3,090百万

ドルで割ると、仕切相場は1ドル＝78円ほどになる。金利分を加算したとしても、個人補償としては政府の1945年物価指数を基準としたデフレータ係数で実施された預貯金保有者の日本円への時価再評価に比べれば、引揚者の在外個人財産補償要求に対して優遇された。それは1955年以降の日本の経済成長で、毎年の対前年度自然増収が実現するため、政府の財源的余裕が増したことと無縁ではない。引揚者善後措置以外にも各種戦後措置が取られたが、立法化された時期が、講和後初期か、あるいは高度成長を実現した1960年代後半かで、政府の財源的余裕は大きく異なる。引揚者団体は集票団体としてロビー活動を通じ大きな政治的発言力を持ち続けたため、政府は利害関係者への交付金を一度のみで終わらせることはできなかった。引揚者への2回の交付金は、同様の戦後処理の措置としての戦没者戦病傷者遺家族への2回の交付公債の交付ときわめて類似するものである[98]。ただし戦争で生命を失った者の遺族や身体的に大きな損傷を負った者と、在外財産を失っても傷病なく帰国できた引揚者とを同等には扱かえない。交付金予算枠は政府への集票組織となって政治家を動員した交渉力で決定される側面があるため、引揚者団体の政治力の強さが、この仕切相場に引上げたといえよう。この2回に渡る交付金の金額は引揚者団体の政治力の強さを雄弁に告げている。

　他方、国内で空襲被害により家屋を焼失した被災者で政府から特段の資金的救済を得たわけではない。さらに1940年4月1日設置の損害保険国営再保険特別会計と、それを承継した1945年4月1日設置の損害保険中央会が関わった国営戦争保険を掛けていても、戦争保険が地震保険を除き戦時補償打ち切りの対象となったため、保険金支払を受けることができず、戦争保険金料が全くの掛け捨てに終わった国内居住者も少なくない[99]。また樺太・シベリア抑留者は長期にわたって、対政府補償要求を行ったものの、若干の記念品の交付のみで処理済みとなった。

　在外財産については、講和条約締結後にごく僅かではあるが中立国から返還がなされている。例えば横浜正金銀行の在ブラジル財産の返還が行われたが、それは東京銀行ブラジル支店設立のための資産に取り込まれた。

注
1) 厚生省援護局『引揚げと援護三十年の歩み』1978年、690頁。

2）　サンフランシスコ講和条約発効後に、日本人財産補償要求に対し交付公債の支給で処理された案件がいくつかある。例えば連合国返還財産善後措置、軍人軍属の戦没者遺族等交付金、農地改革に伴う旧地主への善後措置等であり、これら交付公債の支給については、大蔵省財政史室『昭和財政史—昭和27〜48年度』第7巻「国債」（油井雄二執筆）、東洋経済新報社、1997年、第1章、第3章、参照。
3）　引揚援護庁『引揚援護の記録』1950年、厚生省引揚援護局『続・引揚援護の記録』1955年、厚生省援護局『続々・引揚援護の記録』1963年、前掲『引揚げと援護三十年の歩み』、厚生省社会・援護局『援護50年史』1997年がある。そのほか引揚者の上陸地域における地方の引揚援護事業史も取りまとめられているが、本章の課題と離れるため省略しよう。
4）　内閣官房管理室『在外財産問題の処理記録』1973年。
5）　大蔵省財政史室『昭和財政史—終戦から講和まで』第1巻「賠償・終戦処理」（原朗執筆）、東洋経済新報社、1984年、が日本の行政資料と在米資料を丹念に発掘して、もっとも詳細に跡付けている。他方、永野慎一郎・近藤正臣編『日本の戦後賠償—アジア経済協力の出発』勁草書房、1999年、のような著作もある。同書は全編を通じた賠償の定義が曖昧で、中間賠償をほぼ無視した上で賠償・準賠償と賠償に代わる経済協力までを広義の賠償の範囲に含ませている。同書で言及のない賠償等特殊債務処理特別会計（1956〜1978年度設置）で所管したものに限定しても、個別個人補償まで所管した同特別会計の業務総体を賠償と規定できるものではない。しかも概ね二次刊行物に依拠しており、資料的新しさは乏しい。賠償等特殊債務処理特別会計については、大蔵省財政史室『昭和財政史—昭和27〜48年度』第5巻「特別会計・国有財産」（柴田善雅執筆）、東洋経済新報社、1995年、135-138頁）。
6）　閉鎖機関整理委員会『閉鎖機関とその特殊清算』1953年、前掲『昭和財政史—終戦から講和まで』第1巻「賠償・終戦処理」、前掲『昭和財政史—昭和27〜48年度』第5巻「特別会計・国有財産」。そのほか原朗「閉鎖機関特殊清算の経緯」（原朗・山崎志郎編『戦時日本の経済再編成』日本経済評論社、2006年）も参照。
7）　在外会社の処理を取纏めたものとして、柴田善雅「在外会社の処理とその分析」（『大東文化大学紀要』第34号（社会科学）、1997年3月）がある。
8）　宣在源「引揚企業団体の活動—戦前期海外進出企業の国内経済復帰過程」（原朗編『復興期の日本経済』東京大学出版会、2002年）では、海外事業戦後対策中央協議会朝鮮部会の解説は詳細であり、本章では再述の必要がない。同中央協議会の設置と組織全体についてさらに本章では詳細な解説を加える。
9）　柴田善雅『南洋日系栽培会社の時代』日本経済評論社、2005年、終章。
10）　山本有造「国民政府統治下における東北経済」（江夏由樹ほか編『近代中国東北地域史研究の新視角』山川出版社、2005年）、柴田善雅・鈴木邦夫「戦後処理と総

括」（鈴木邦夫編『満州企業史研究』日本経済評論社、2007年）。
11) 柴田善雅「華北占領地における日系企業の活動と敗戦時資産」（『大東文化大学紀要』第37号（社会科学）、1999年3月）、同「北支那開発株式会社の晩期事業と敗戦処理」（『東洋研究』第142号、2001年12月）、同「華中占領地における日系企業活動」（『大東文化大学紀要』第43号、人文科学・社会科学、2005年3月）および同『中国占領地日系企業の活動』日本経済評論社、2008年近刊。
12) 柴田善雅「関内占領地日系企業の敗戦後処理」（『東洋研究』第158号、2005年12月）。
13) 前掲『引揚援護の記録』5-6頁。
14) 同前102頁。
15) 同前103-104頁、前掲『引揚げと援護三十年の歩み』586-587頁。
16) 前掲『引揚援護の記録』101-102頁、前掲『在外財産問題の処理記録』付録4頁。
17) 満鉄社員の引揚げについては、財団法人満鉄会『満鉄社員終戦記録』1996年、参照。満鉄社友会については、財団法人満鉄会『財団法人満鉄会小史』1976年10月、参照。
18) 華北交通関係者の引揚げについては、華北交通社員回顧録編集委員会『華北交通社員会回顧録』華交互助会、1981年参照。また同社の敗戦後資産規模については前掲「華北占領地日系企業の活動と敗戦時資産」参照。
19) 前掲『在外財産問題の処理記録』4-5頁。
20) 同前5頁。
21) 同前付録4-5頁。
22) 在外公館借入金の戦後処理については、大蔵省財政史室『昭和財政史―終戦から講和まで』第10巻「政府債務」（加藤三郎執筆）、東洋経済新報社、1983年、第6章が詳しい。在外公館借入金処理における調整相場は日本銀行券1円＝中国聯合準備銀行券100円＝中央儲備銀行券（華中）10,000円＝中央儲備銀行券（華南）6,000円＝支那事変軍票5円、というものであった。
23) 前掲『在外財産問題の処理記録』11頁、付録4-5頁。
24) 戦後インフレ対策として預金封鎖を行い、それを第一封鎖預金・第二封鎖預金に分けて管理し、併せて新円切替えを強行した金融緊急措置については、大蔵省財政史室『昭和財政史―終戦から講和まで』第12巻「金融政策」（中村隆英執筆）、東洋経済新報社、1976年、第2章、参照。
25) 植民地・占領地通貨制度については、これまでもいくつか説明がある。台湾銀行券については、台湾銀行史編纂委員会『台湾銀行史』1964年、朝鮮銀行については朝鮮銀行史研究会『朝鮮銀行史』東洋経済新報社、1987年、占領地通貨制度については、柴田善雅『占領地通貨金融政策の展開』日本経済評論社、1999年、参照。占領地通貨と日本円との最終的な固定相場体制が1943年4月1日に確立す

るが、それにより日本銀行券＝支那事変軍票＝朝鮮銀行券＝台湾銀行券＝満洲中央銀行券＝蒙疆銀行券＝中国聯合準備銀行券＝南方開発金庫券（ただしポンド券のみ10分の1ポンド＝1円）および中央儲備銀行券100円＝日本銀行券18円とされた。

26) 満洲の金融制度の満洲中央銀行・満洲興業銀行・普通銀行・商工金融合作社・興農合作社・株式会社大興公司については、前掲『占領地通貨金融政策の展開』第2、3、5章参照。

27) 戦前基準指数1934～1936年を1として、1945年3.503、1946年16.27から1954年349.2に物価が騰貴していた（日本銀行『本邦主要経済統計』1966年版。）1945年8月敗戦後に同年末まで物価騰貴がみられたため、それを含ませると、さらに1954年までの物価騰貴は激しくなる。

28) 前掲『占領地通貨金融政策の展開』463-465頁。

29) 前掲『昭和財政史——終戦から講和まで』第1巻「賠償・終戦処理」539-543頁。

30) 同前558頁。

31) 日本銀行の換算率は、アメリカドル1ドル＝日本銀行券10円＝中国聯合準備銀行券200円＝中央儲備銀行券2,000元である（同前、558頁）。1945年6月の東京と北京・上海の物価相場乖離から見て、基準年時からの倍率を単純比較すると、北京298倍、上海13,134倍となり、その後も占領地の物価騰貴は続くため、これからみてこの日本銀行換算相場は、日本銀行券が安目に評価されているように見える（前掲『占領地通貨金融政策の展開』612頁）。

32) 表4－2と同様に、陸海軍財産を除外し、海南島を含み香港は中国財産から除外されていると思われる。

33) 外務省記録E'.0.0.0.7。東洋拓殖は朝鮮部会のみ、朝鮮銀行は朝鮮部会と北支部会、台湾銀行は台湾部会と中南支部会、横浜正金銀行は中南支部会のみで幹事を務めることが予定された。当初の在外財産を所管した大蔵省外資局は1946年2月2日廃止となり、理財局の所管に移り、さらに同年6月1日特殊財務部、1947年4月28日管理局、1949年6月1日管財局の所管となった。

34) 海外関係事業協議会設立準備会「海外関係事業協議会創立総会開催御案内ノ件」1945年11月27日（外務省記録E'.0.0.0.7）。なお会長の母体企業である横浜正金銀行の閉鎖機関指定は1947年6月30日、清算結了は1964年6月16日である。

35) 海外関係事業協議会設立準備委員会「海外関係事業協議会設立準備委員会開催御案内ノ件」1945年11月21日（外務省記録E'.0.0.0.7）。

36) 「参考案部会ノ構成」日付なし（外務省記録E'.0.0.0.7）。

37) 「部会ノ構成（案）」日付なし（外務省記録E'.0.0.0.7）。

38) 海外事業戦後対策中央協議会「海外事業線と対策中央協議会細則改正ノ件（案）」1946年6月7日理事会提出（外務省記録E'.0.0.0.7）。

39) 海外事業戦後対策中央協議会「海外事業戦後対策中央協議会細則改正ノ件」1947年6月20日（外務省記録 E'.0.0.0.7）。
40) 「朝鮮事業者会員名簿」（外務省記録 E'.0.0.0.7）。本章では海外事業戦後対策中央協議会の個別部会活動については北支部会のみ立ち入って解説している。それ以外の朝鮮部会の組織内容と活動については、前掲「引揚企業団体の活動―戦前期海外進出企業の国内経済復帰過程」で詳細な解説がある。ただし同論文の論題の「復帰過程」が与える印象とは異なり、筆者の調査の範囲では旧来の事業で「国内経済復帰」を実現できたのは、海外事業戦後対策中央協議会会員企業の多数の在外本店法人の中でも限られたものであった。
41) 代表者は瀧川儀作（大同燐寸株式会社社長）である（外務省記録 E'.0.0.0.7）。大建産業については伊藤忠商事株式会社『伊藤忠商事100年』1969年、162頁、鐘淵産業については鐘紡株式会社『鐘紡百年史』1988年、1056頁。
42) 海外事業戦後対策中央協議会「在外資産ノ国家補償ニ関スル陳情書」1946年7月29日（外務省記録 E'.0.0.0.7）。
43) 旧大蔵省資料 Z526-19-1。
44) 華北事業会「第3回補償更生部会議事報告」1946年10月25日（東京経済大学図書館蔵『大倉財閥資料』（以下『大倉財閥資料』と略記）74-32）。設置を要求していた「引揚者更生金庫」はその後も設置されない。
45) 『大倉財閥資料』74-32。
46) 旧大蔵省資料 Z526-19-2。類似の制度として、大蔵省は1941年7月資産凍結後の8月13日に、在外凍結外貨預金を見返りに横浜正金銀行と台湾銀行に対して国内で外貨貸付を行うよう命令した先例がある（前掲『台湾銀行史』955頁）。
47) 『大倉財閥関係資料』18-143。敗戦後の政府金融機関の復興金融金庫については、大蔵省財政史室『昭和財政史―終戦から講和まで』第12巻「金融(1)」〔政府関係金融〕、東洋経済新報社、1976年、第1章（志村嘉一執筆）参照。なお「産業技術協力会」はその後も設置されない。
48) 編纂委員として高宮普（東京大学）、川野重任（東京大学）および山田雄三（東京産業大学）が中心となって取りまとめた（海外事業戦後対策中央協議会「海外事業戦後対策中央協議会理事、幹事、更正事業委員及補償委員等氏名」1947年6月30日現在（外務省記録 E'.0.0.0.7））。
49) 前掲「北支那開発株式会社の晩期事業と敗戦処理」41頁。北支那開発本体のみ1945年11月21日に接収されている。北支那開発の接収が遅れたのは、一部の特別会計の現業部門以外の事業を抱えていないため、急ぐ必要がなかったためと思われる。
50) 華友会「華友会経過報告」1946年と推定（『大倉財閥資料』74-32）。
51) 「七日会規約」（『大倉財閥資料』74-32）。

52) 前掲「華友会経過報告」。
53) 華友会「華友会概況」(外務省記録 E'.0.0.0.7)。八田嘉明については伝記、八田豊明『父八田嘉明の思い出』1976年、がある。北支那製鉄の取締役波多が当初は専務理事、その後副会長に就任した理由は不明。
54) 外務省記録 E'.0.0.0.7。
55) 北支那開発関係会社の設立年月日とその事業内容については、前掲『閉鎖機関とその特殊清算』、橄樹会『北支那開発株式会社の回顧』1981年、柴田善雅「軍事占領下中国への日本の資本輸出」(国家資本輸出研究会『日本の資本輸出―対中国借款の研究』多賀出版、1986年)、前掲「北支那開発株式会社の晩期事業と敗戦処理」ほかを参照。
56) 前掲「華友会概況」、前掲「華友会経過報告」。
57) 華友会「第3回華友会総会結果に付ての御通知」1946年8月3日(外務省記録 E'.0.0.0.7)。「華友会規約」1946年6月27日(外務省記録 E'.0.0.0.7)によると、会長から理事長に会の代表者が改められている。鼇宮谷清松についてはその伝記、石川英夫『財閥と大陸進出―故石川清松回想録』1986年、がある。鼇宮谷も公職追放となったが、総裁よりも追放指名が遅れたようである。本稿の公職追放者名の確認については、総理庁長官官房監査課『公職追放に関する覚書該当者名簿』1958年2月、36, 101, 411, 744頁を参照。
58) 海外事業戦後対策中央協議会北支部会創立事務所設立準備会「海外事業戦後対策中央協議会北支部会創立総会開催案内ノ件」1946年1月25日(外務省記録 E'.0.0.0.7)。
59) 前掲「第3回華友会総会結果に付ての御通知」。
60) この一覧表には大建産業のほかに、三興株式会社(伊藤忠商事株式会社、丸紅商店株式会社、岸本商店株式会社の合併により1941年9月16日設立)が掲載されていたが(伊藤忠商事株式会社『伊藤忠商事100年』1969年、149-152頁)、敗戦時にはすでに大建産業に統合されているため、削除し掲載法人数1件を調整している。
61) 「華友会会員名簿」1946年8月10日現在(外務省記録 E'.0.0.0.7)。手書きで塗りつぶしてあるものを含ませた。
62) 華北機械工業と天津製鉄所の北支那開発からの資金調達については、さしあたり前掲「北支那開発株式会社の晩期事業と敗戦処理」参照。
63) 兵器のみならず多くの品目を取り扱った陸軍系の昭和通商の占領地活動については柴田善雅「陸軍軍命商社の活動―昭和通商株式会社覚書」(『中国研究月報』第675号、2004年5月)参照。
64) 「外務省より補助金を出している団体」(仮題)、日付なし(外務省記録 E'.0.0.0.7)。
65) 華友会「北支事業概況調査票記入御依頼ノ件」1946年8月(外務省記録 E'

.0.0.0.7)。
66) 同「会名変更ニ関スル件」1946年10月1日（『大倉財閥資料』74-32）。
67) 前掲『閉鎖機関とその特殊清算』の各機関の項参照。この経緯は前掲『昭和財政史―終戦から講和まで』第1巻「賠償・終戦処理」第9章、参照。
68) 前掲『昭和財政史―昭和27～48年度』第5巻「国有財産」477-479頁。個別の閉鎖機関の1954年までの処理経緯は前掲『閉鎖機関とその特殊清算』参照。
69) 前掲『閉鎖機関とその特殊清算』250-263頁、柴田善雅『戦時日本の特別会計』日本経済評論社、2002年、342-343頁。預け合による南方開発金庫・外資金庫・臨時軍事費特別会計の関係についても参照。
70) 前掲「在外会社の処理とその分析」3頁。
71) 旧大蔵省資料 Z511-236。
72) 「在外会社調」1949年1月31日現在（旧大蔵省資料 Z511-236）。文書に手書き加筆あり。
73) 例えば大成火災海上保険は本店を台北に置くものの、戦時下で日本国内事業のほうが台湾内事業より大きく、日本内を主たる事業地とする保険会社と見られていた（前掲『戦時日本の特別会計』209頁）、日本窒素肥料も水俣・延岡に大規模工場を有していた（大塩武『日窒コンツエルンの研究』日本経済評論社、1989年、69-73頁）。
74) 前掲「在外会社の処理とその分析」3頁。
75) 同前6頁。
76) 在外会社指定については同前44頁。
77) 前掲『昭和財政史―終戦から講話まで』第1巻「賠償・終戦処理」544頁。
78) 1958年1月24日「朝鮮銀行、台湾産業金庫、樺太食糧営団及び国際電気通信株式会社の特殊清算等により政府に帰属すべき財産の処理に関する政令」。1945年3月設置の台湾産業金庫については情報が乏しいが、柴田善雅「アジア太平洋戦争期台湾の対外為替決済」（『東洋研究』第142号、1999年12月）参照。
79) 大蔵省財政史室『昭和財政史―終戦から講和まで』第18巻「資料(1)」東洋経済新報社、1981年、19-22頁。
80) 外務省管理局経済課「在外資産の賠償処理に関する件」1947年7月5日（外務省記録 B'.0.0.0.3)。
81) 同前。
82) 同前。
83) 前掲『戦時日本の特別会計』第7章参照。
84) 前掲『昭和財政史―終戦から講和まで』「賠償・終戦処理」第2章。連合国総司令部評価額では、搬出賠償総額のうち、中国85百万円、フィリピン32百万円、イギリス（実質は英領マラヤ・香港向け）25百万円、オランダ（実質は蘭領東イン

ド向け）19百万円の割当であった（同316頁）。
85) 個別の賠償協定等と1951年11月26日公布、1952年4月28日施行「連合国財産補償法」に基づく賠償以外の私的補償は、1952年4月1日設置の賠償等特殊債務処理特別会計により処理された。なお「連合国財産補償法」に基づき返還させられた連合国財産取得者に対する補償措置が、1959年5月15日「連合国財産の返還等に伴う処理等に関する法律」によって行われた。連合国財産補償と国内の補償措置については、前掲『昭和財政史―昭和27～48年度』「特別会計・国有財産」第3章第1節参照。
86) 大蔵省財政史室『昭和財政史―終戦から講和まで』第7巻「租税(1)」（加藤睦夫執筆）、東洋経済新報社、1977年、第4章、参照。戦時補償特別税は1951年度までの累計で57,537百万円である（大蔵省財政史室『昭和財政史―終戦から講和まで』第19巻「統計」、東洋経済新報社、1978年、280頁）。
87) 第二会社設立については、前掲『閉鎖機関とその特殊清算』の当該法人の項および前掲『昭和財政史―昭和27～48年度』第5巻「特別会計・国有財産」484-487頁。
88) 前掲『在外財産問題の処理記録』13-15頁。
89) 同前15-16頁。
90) 1963年度予算に農地報償問題の調査費が計上され、臨時農地等被買収者問題調査室が設置され、補償方針の検討に入った（同前16頁）。そして1965年7月3日「農地被買収者等に対する給付金の支給に関する法律」により処理された。
91) 同前16頁。
92) 前掲『南洋日系栽培会社の時代』544-545頁。
93) 前掲『在外財産問題の処理記録』15-17頁。
94) 同前21-31頁。
95) 同前41-42頁。引揚者団体の補償要求額は連合国総司令部民間財産管理局の個人財産総額に対し対ドル固定相場360円を乗じたもののようである。
96) 同前、資料109頁。
97) 例えば大蔵省理財局長吉瀬惟哉と同関税局長吉田富士雄の国会における答弁で、個人補償に対する大蔵省の方針が示されている（『第75回国会衆議院大蔵委員会議録』第33号、1975年6月13日、7-9頁）。
98) 1952年4月30日「戦傷病者戦没者遺族等援護法」と1965年6月1日「戦没者等の遺族に対する特別弔慰金支給法」により交付公債が支給された。
99) 損害保険国営再保険特別会計と同特別会計を承継した損害保険中央会が所管した戦争損害保険については、前掲『戦時日本の特別会計』第5章参照。

第Ⅱ部

アジア各国・地域の日本人団体と経済

第5章
# 「日韓条約」以降の経済関係と在韓日本人団体

木 村 健 二

## はじめに

本稿は、1965年「日韓条約」締結以降の日韓経済関係の推移を鳥瞰したうえで、韓国に設立された日本人団体の会員・役員構成とその活動・機能に関して、1997年のアジア経済危機の時期までに限定して検証することを課題とする。

叙述の順序は、まず、日韓経済関係を、ヒト・モノ・カネの動きからおさえ、1965年から1990年代に到る大きな流れを把握する。それをベースとしつつ、その間に設立された日本人団体の概要、メンバー、そして主要な活動と機関誌等出版物の分析を行っていく。その際考慮すべき点としては、日本側企業間の親睦や利害の調整、そして韓国側との交流がいかにはかられたか、その実現のためにどのようなプログラムが実施されたかといった事項である。

それらを通して、これらの日本人団体が果たした、当該時期の日韓経済関係における役割を浮き彫りにしていきたい。

第二次世界大戦後の在外日本人経済団体に関しては、アジア各地における日本人商工会議所の調査結果報告などが紹介されているほか[1]、バンコクや香港において日本人商工会議所史が刊行されているが[2]、韓国に関してはこれまでそのようなものは出されていない。ここでは、バンコクや香港、さらにはアメリカなどにおける日本人商工会議所の活動と対比しつつ[3]、韓国の場合の特徴を提示してみたいと考える。

## 第1節　日韓経済関係の推移

### 1．人の移動

「日韓条約」締結以降、日本人の韓国渡航者は、表5-1に示すように増加の一途をたどり、1990年代には100万人を突破し、米国・香港につぐ出国

表5－1　事由別韓国渡航日本人数

| 年次 | 総数 | 短期商用・業務 | 海外支店等へ赴任 | 学術研究・調査 | 留学・研修・技術修得 | 観光・その他 |
|---|---|---|---|---|---|---|
| 1965 | 5,212 | 2,154 | 23 | 295 | 0 | 1,661 |
| 1970 | 45,269 | 12,681 | 233 | 240 | 43 | 30,026 |
| 1975 | 319,984 | 42,786 | 518 | 197 | 134 | 275,032 |
| 1980 | 428,008 | 50,485 | 1,228 | 292 | 109 | 373,883 |
| 1985 | 480,583 | 69,073 | 1,266 | 972 | 281 | 406,088 |
| 1990 | 1,369,189 | 180,883 | 1,369 | 3,320 | 3,553 | 1,173,821 |
| 1995 | 1,565,947 | 207,861 | 1,416 | 4,366 | 3,823 | 1,341,478 |

注：事由は1995年に合わせた。「観光・その他」も資料のままで、事由としてはこれ以外に永住、役務提供等がある。
出所：法務省『出入国管理統計年表』各年度版より作成。


表5－2　事由別韓国在留日本人数

| 年次 | | 永住者 | 非永住者 | 民間企業 | 報道関係 | 自由業 | 留学生・研究・教師 | 本邦政府関係 | その他 |
|---|---|---|---|---|---|---|---|---|---|
| 1970 | 男 | 52 | 407 | 331 | 8 | 0 | 10 | 37 | 21 |
| | 女 | 546 | 109 | 40 | 5 | 10 | 4 | 37 | 13 |
| | 計 | 598 | 516 | 371 | 13 | 10 | 14 | 74 | 34 |
| 1975 | 男 | 123 | 1,644 | 1,405 | 22 | 3 | 56 | 98 | 60 |
| | 女 | 477 | 481 | 340 | 12 | 4 | 19 | 86 | 20 |
| | 計 | 600 | 2,125 | 1,745 | 34 | 7 | 75 | 184 | 80 |
| 1980 | 男 | 47 | 1,729 | 1,508 | 20 | 2 | 85 | 94 | 20 |
| | 女 | 542 | 722 | 462 | 15 | 16 | 41 | 83 | 105 |
| | 計 | 589 | 2,451 | 1,970 | 35 | 18 | 126 | 177 | 125 |
| 1985 | 男 | 24 | 1,404 | 1,089 | 26 | 41 | 73 | 120 | 55 |
| | 女 | 390 | 749 | 463 | 22 | 25 | 42 | 110 | 87 |
| | 計 | 414 | 2,153 | 1,552 | 48 | 66 | 115 | 230 | 142 |
| 1990 | 男 | 16 | 3,239 | 1,883 | 39 | 12 | 931 | 146 | 228 |
| | 女 | 514 | 2,073 | 735 | 33 | 39 | 325 | 129 | 812 |
| | 計 | 530 | 5,312 | 2,618 | 72 | 51 | 1,256 | 275 | 1,040 |
| 1995 | 男 | 24 | 4,623 | 2,019 | 46 | 17 | 1,144 | 164 | 1,233 |
| | 女 | 366 | 5,193 | 640 | 30 | 48 | 618 | 136 | 3,721 |
| | 計 | 390 | 9,816 | 2,659 | 76 | 65 | 1,762 | 300 | 4,954 |

注：家族を含む。
出所：外務大臣官房領事移住部『海外在留邦人数調査統計』各年度版より作成。

先となっていく。その最大の事由は常に「観光・その他」とくに観光ということができるが、「業務・短期商用」も70年代後半から80年代前半にかけて伸び悩みはあるものの、やはり増加の一途をたどり、近年では20万人を超す勢いとなっている。

表5－2は、そうした渡航者中、韓国に3ヶ月以上長期滞在している（あるいはその意志のある）日本人の内訳を示したものである。韓国人男性と結婚した日本人女性で構成される「永住者」が600人から減少傾向にあるのに対して、非永住者は1万人近くに達し、とくに家族と目される女性の比率が増加している。非永住者の内訳は、特殊技能者・自営業者及びその家族などからなる「その他」を除けば、「民間企業」が常に最多であり、これもやはり1970年代後半から80年代半ばにかけての停滞、ないし後退ののち、増加傾向にあることが見てとれる。その数は、70年代に1千人に達したのち、近年では2千人台で推移することになる。また、90年代以降は学術調査・留学研修の伸びも著しい。

## 2．貿易関係

表5－3は貿易関係のうち、日本から韓国への輸出品目を見たものである。総額で見ると、最初の10年間で12.5倍、次の10年間で3.9倍となっている。内訳は、当初は原料品や食料品が上位であったが、1970年代以降は加工品が台頭し、なかでも繊維製品が上位を占め、近年では機械機器、とくに電気機械の伸びが著しい。また食料品（魚介類）、鉱物性燃料（石油製品）、鉄鋼、化学品の伸びも著しく、品目の多様化が進んできている。

しかし、貿易収支の面から見れば、いずれの年次も、韓国側が1.5倍以上の入超となっており、入超金額もますます拡大傾向にあるといえる。

## 3．資本輸出

ここではもっぱら日本から韓国への投資の動きを追ってみた。表5－5は、証券投資・債券取得・支店設置からなる対韓直接投資許可件数と金額の推移を示している。1969年以降、件数・金額ともに増加し始め、73年には315件・2億1100ドルで、この時期のピークを迎える。その後は増減をくりかえし、86年以降再度増勢に向かい、90年代はとくに件数における減少傾向がうかが

表5-3 日本の対韓国輸出品目別価格（単位：千ドル）

| 品　目 | 1965 | 1970 | 1975 | 1980 | 1985 | 1990 | 1995 |
|---|---|---|---|---|---|---|---|
| 総計 | 180,304 | 818,175 | 2,247,723 | 5,368,310 | 7,097,214 | 17,457,158 | 31,290,000 |
| 食料品 | 338 | 111,694 | 3,493 | 81,961 | 13,286 | 54,466 | 228,159 |
| 原燃料 | 7,169 | 27,862 | 101,443 | 249,078 | 213,280 | 793,412 | 1,172,937 |
| 軽工業品 | 41,960 | 181,697 | 386,725 | 735,821 | 950,381 | 1,903,555 | 2,689,938 |
| 　繊維品 | 36,451 | 150,893 | 242,523 | 314,449 | 377,510 | 709,248 | 770,623 |
| 　非金属鉱物品 | 1,029 | 6,698 | 27,281 | 97,414 | 164,622 | 361,446 | 715,501 |
| 　その他軽工業 | 4,480 | 24,106 | 116,921 | 323,958 | 408,249 | 832,861 | 1,203,814 |
| 重工業品 | 128,875 | 484,257 | 1,704,293 | 4,177,897 | 5,775,725 | 14,408,274 | 26,676,795 |
| 　化学品 | 51,378 | 87,975 | 442,426 | 837,949 | 1,002,408 | 2,437,553 | 4,178,491 |
| 　金属品 | 28,513 | 99,937 | 365,146 | 1,015,054 | 1,052,292 | 1,921,894 | 3,436,495 |
| 　機械機器 | 48,984 | 296,345 | 896,721 | 2,324,893 | 3,721,025 | 10,048,827 | 19,061,808 |
| 　　一般機械 | 25,577 | 142,003 | 411,394 | 1,055,822 | 1,777,480 | 4,973,088 | 8,509,143 |
| 　　電気機械 | 12,234 | 72,280 | 291,364 | 905,774 | 1,503,434 | 4,063,549 | 8,103,972 |
| 　　輸送機械 | 7,224 | 69,442 | 155,057 | 202,515 | 218,336 | 487,444 | 791,692 |
| 　　精密機械 | 3,949 | 12,620 | 38,996 | 160,781 | 221,775 | 524,746 | 1,657,001 |
| その他・再輸出等 | 1,962 | 12,665 | 51,769 | 123,554 | 144,541 | 297,452 | 522,171 |

出所：『通商白書』各年より作成。


表5-4 韓国よりの輸入品目別価格（単位：千ドル）

| 品　目 | 1965 | 1970 | 1975 | 1980 | 1985 | 1990 | 1995 |
|---|---|---|---|---|---|---|---|
| 総計 | 41,315 | 236,195 | 1,307,999 | 2,996,272 | 4,091,949 | 11,706,656 | 17,269,383 |
| 食料品 | 15,446 | 41,616 | 347,072 | 584,455 | 783,904 | 1,478,970 | 1,828,054 |
| 原料品 | 18,388 | 78,150 | 112,352 | 188,799 | 144,652 | 320,704 | 239,002 |
| 鉱物性燃料 | 2,655 | 9,095 | 45,820 | 2,174 | 528,438 | 469,917 | 843,827 |
| 加工製品 | 4,826 | 100,110 | 788,942 | 2,181,676 | 2,571,456 | 9,258,904 | 14,049,030 |
| 　化学品 | n.d. | n.d. | 34,532 | 236,378 | 202,255 | 570,056 | 973,859 |
| 　鉄鋼 | 372 | 3,717 | 10,846 | 285,599 | 424,046 | 1,362,262 | 1,845,945 |
| 　繊維製品 | 2,692 | 55,056 | 417,409 | 879,727 | 938,376 | 2,977,970 | 2,500,611 |
| 　非鉄金属 | 144 | 2,958 | 15,537 | 57,235 | 139,265 | 392,485 | 255,464 |
| 　機械機器 | n.d. | 6,009 | 168,843 | 359,768 | 498,813 | 2,103,021 | 6,074,666 |
| 　　電気機械 | n.d. | 5,520 | 138,403 | 282,070 | 361,876 | 1,399,191 | 4,765,662 |
| 　　半導体素子 | n.d. | 1,841 | 22,607 | 75,833 | 98,891 | 374,777 | 3,260,825 |
| 再輸入・特殊品 | n.d. | 7,224 | 13,813 | 39,167 | 63,498 | 178,161 | 309,470 |

注：n.d.はデータなし。
出所：『通商白書』各年より作成。

表5－5　日本の対韓直接投資許可状況（金額は100万ドル）

| 年次 | 件数 | 金額 | 年次 | 件数 | 金額 | 年次 | 件数 | 金額 | 年次 | 件数 | 金額 |
|---|---|---|---|---|---|---|---|---|---|---|---|
| 1966 | 1 | 3 | 1974 | 98 | 77 | 1982 | 26 | 103 | 1990 | 54 | 284 |
| 1967 | 4 | 2 | 1975 | 37 | 93 | 1983 | 45 | 129 | 1991 | 48 | 260 |
| 1968 | 3 | 1 | 1976 | 44 | 102 | 1984 | 57 | 107 | 1992 | 28 | 225 |
| 1969 | 23 | 10 | 1977 | 33 | 96 | 1985 | 75 | 134 | 1993 | 32 | 45 |
| 1970 | 77 | 17 | 1978 | 51 | 222 | 1986 | 111 | 436 | 1994 | 27 | 400 |
| 1971 | 96 | 28 | 1979 | 45 | 95 | 1987 | 166 | 647 | | | |
| 1972 | 196 | 146 | 1980 | 23 | 35 | 1988 | 153 | 483 | | | |
| 1973 | 315 | 211 | 1981 | 33 | 73 | 1989 | 81 | 606 | | | |

注：「直接投資」の内訳は、証券取得・債券取得・支店設置である。
出所：社団法人金融財政事情研究会『大蔵省国際金融局年報』各年度版より作成。

表5－6　日本の対韓投資許可件数及び金額

| 年次 | 全体許可 件数 | 全体許可 金額(千ドル) | 日本許可 件数 | (割合) | 日本許可 金額(千ドル) | (割合) | 1件規模 (千ドル) |
|---|---|---|---|---|---|---|---|
| 1962-73 | 849 | 650,245 | 695 | 81.9% | 436,869 | 67.2% | 629 |
| 1962-76 | 865 | 953,724 | 694 | 80.2% | 633,905 | 66.5% | 913 |
| 1976 | 44 | 65,120 | 27 | 61.4% | 45,440 | 69.8% | 1,683 |
| 1977 | 51 | 71,331 | 23 | 45.1% | 29,948 | 42.0% | 1,302 |
| 1978 | 51 | 148,710 | 32 | 62.7% | 78,527 | 52.8% | 2,454 |
| 1979 | 42 | 110,151 | 23 | 54.8% | 41,116 | 37.3% | 1,788 |
| 1980 | 36 | 141,040 | 17 | 47.2% | 39,197 | 27.8% | 2,306 |
| 1981 | 41 | 145,327 | 22 | 53.7% | 34,581 | 23.8% | 1,572 |
| 1982 | 55 | 187,791 | 21 | 38.2% | 42,617 | 22.7% | 2,029 |
| 1983 | 75 | 267,753 | 38 | 50.7% | 167,501 | 62.6% | 4,408 |
| 1984 | 103 | 419,049 | 51 | 49.5% | 163,816 | 39.1% | 3,212 |
| 1985 | 127 | 531,720 | 58 | 45.7% | 363,400 | 68.3% | 6,266 |
| 1986 | 205 | 353,740 | 109 | 53.2% | 137,654 | 38.9% | 1,263 |
| 1987 | 373 | 1,060,212 | 207 | 55.5% | 494,394 | 46.6% | 2,388 |
| 1988 | 352 | 1,282,732 | 177 | 50.3% | 696,244 | 54.3% | 3,934 |
| 1989 | 349 | 1,090,279 | 145 | 41.5% | 461,528 | 42.3% | 3,183 |
| 1990 | 306 | 802,532 | 145 | 47.4% | 235,792 | 29.4% | 1,626 |
| 1991 | 297 | 1,396,098 | 112 | 37.7% | 226,239 | 16.2% | 2,020 |
| 1992 | 236 | 894,476 | 72 | 30.5% | 155,161 | 17.3% | 2,155 |
| 1993 | 278 | 1,044,274 | 85 | 30.6% | 285,943 | 27.4% | 3,364 |
| 1994 | 423 | 1,316,505 | 132 | 31.2% | 428,438 | 32.5% | 3,246 |
| 1995 | 578 | 1,941,423 | 169 | 29.2% | 418,288 | 21.5% | 2,475 |
| 1996 | 613 | 3,202,646 | 154 | 25.1% | 254,589 | 7.9% | 1,653 |

出所：『JETRO白書投資編』各年より作成。

表5－7　日本企業の韓国進出産業別・進出年次別件数（1988年7月1日現在）

| 産業別 | 合計 | 1970以前 | 71 | 72 | 73 | 74 | 75 | 76 | 77 | 78 | 79 | 80 | 81 | 82 | 83 | 84 | 85 | 86 | 87 | 88 |
|---|---|---|---|---|---|---|---|---|---|---|---|---|---|---|---|---|---|---|---|---|
| 全産業 | 372 | 26 | 23 | 28 | 44 | 30 | 10 | 11 | 8 | 10 | 4 | 10 | 2 | 6 | 7 | 3 | 8 | 7 | 23 | 17 |
| 農林・水産業 | 4 | - | 1 | 1 | 2 | - | - | - | - | - | - | - | - | - | - | - | - | - | - | - |
| 鉱業 | 2 | 1 | - | - | - | - | - | - | - | - | - | - | - | - | - | - | - | 1 | - | - |
| 建設業 | 5 | - | 1 | - | - | - | - | - | - | - | - | - | 1 | - | 1 | - | - | - | - | 1 |
| 製造業 | 324 | 24 | 19 | 27 | 40 | 27 | 9 | 10 | 8 | 9 | 4 | 10 | 1 | 5 | 4 | 2 | 6 | 4 | 21 | 16 |
| 　食料品 | 14 | 1 | 2 | - | 1 | 1 | - | - | 1 | - | - | - | - | - | - | - | - | - | 1 | 2 |
| 　繊維業 | 30 | 5 | 2 | 1 | 9 | 2 | 3 | 3 | - | 1 | - | - | - | - | - | - | - | - | - | - |
| 　木材・家具 | 2 | - | - | 1 | 1 | - | - | - | - | - | - | - | - | - | - | - | - | - | - | - |
| 　パルプ・紙 | 1 | - | - | - | - | 1 | - | - | - | - | - | - | - | - | - | - | - | - | - | - |
| 　印刷・出版 | 1 | - | - | - | - | - | - | - | - | - | - | - | - | - | - | 1 | - | - | - | - |
| 　化学 | 59 | 3 | 6 | 5 | 3 | 8 | 2 | 2 | 1 | 1 | - | 4 | - | 1 | 2 | - | 2 | 2 | 3 | 1 |
| 　ゴム・皮革 | 7 | - | 1 | - | 1 | 2 | - | 1 | - | - | - | - | - | - | - | - | - | - | - | 1 |
| 　窯業・土石 | 12 | - | 1 | 2 | - | 1 | - | - | - | - | 2 | - | - | - | - | - | - | - | - | - |
| 　鉄鋼業 | 2 | - | - | - | 1 | - | - | 1 | - | - | - | - | - | - | - | - | - | - | - | - |
| 　非鉄・金属 | 7 | 1 | - | - | 1 | - | - | - | - | - | 2 | - | - | - | - | - | - | - | - | - |
| 　金属製品 | 16 | 1 | 1 | 1 | 2 | 1 | 1 | 2 | - | - | - | - | - | 1 | - | - | - | 2 | - | - |
| 　一般電気・他 | 39 | 5 | 1 | 4 | 1 | 2 | - | - | 1 | 1 | - | 3 | - | 2 | - | - | - | - | 4 | 4 |
| 　電気機器 | 67 | 4 | 3 | 7 | 15 | 7 | 1 | 1 | 2 | 2 | 1 | 2 | 1 | - | 1 | - | 1 | - | 4 | 2 |
| 　輸送機器 | 12 | - | - | 2 | 1 | - | 1 | - | 1 | - | - | - | - | - | - | - | - | 1 | 1 | 4 |
| 　自動車 | 18 | - | - | - | 1 | - | - | - | - | - | - | - | - | - | - | - | - | 1 | 3 | - |
| 　精密機械 | 18 | 2 | - | - | 1 | 2 | - | - | 1 | 1 | 1 | 1 | - | - | - | 1 | - | 1 | 2 | 1 |
| 　その他製造業 | 19 | 2 | 2 | 4 | 1 | 1 | - | - | - | - | - | - | - | 1 | 1 | - | 2 | - | - | - |
| 商業 | 13 | - | - | - | - | 3 | - | - | - | - | - | - | 1 | 1 | - | 2 | 1 | - | - | - |
| 金融・保険業 | 9 | - | - | - | - | - | - | - | - | - | - | - | - | - | - | 1 | - | - | - | - |
| 不動産業 | 0 | - | - | - | - | - | - | - | - | - | - | - | - | - | - | - | - | - | - | - |
| 運輸業 | 2 | 1 | - | - | - | - | - | - | - | - | - | - | - | - | - | 1 | - | - | - | - |
| サービス業 | 13 | - | 1 | - | 2 | - | - | 1 | - | 1 | - | - | - | - | - | - | 2 | 1 | - | - |

注1：撤退済みの企業は年次別データからは除外されている。
注2：業種別の合計数が一致しないのは、進出年次が不明なものが含まれることによる。
出所：東洋経済新報社『海外進出企業総覧』1988年、109頁より作成。

える。

　表5－6は韓国における投資許可件数・金額の全体の推移と、そのうち日本が占める割合を示したものである。1962年から73年までについては、件数では81.9％を占めるものの、金額では67.2％に過ぎず、小規模での投資が多かったことを物語る。77年以降はその割合を低下させ、80年代初頭は20％台にとどまる。83年以降若干上向きに転じるものの、90年代には20％を割り込む年も現出するようになる。

　表5－7は業種別投資件数の推移をみたものである。1988年現在で残存している企業についての統計であるので、それぞれの年次における実態を必ず

表5-8 業種別現地法人数及び従業員数（1997年）

| 業　　種 | 件　数 | 従業員数 | 内派遣者数 |
|---|---|---|---|
| 建設業 | 9 | 236 | 4 |
| 製造業 | 314 | 67,300 | 334 |
| 　　電気機器 | 71 | 15,583 | 70 |
| 　　化学 | 57 | 6,657 | 56 |
| 　　機械 | 55 | 4,513 | 43 |
| 　　自動車・部品 | 36 | 10,036 | 47 |
| 　　精密機械 | 18 | 2,556 | 42 |
| 　　石油・石炭 | 14 | 1,892 | 9 |
| 　　金属製品 | 14 | 2,287 | 14 |
| 　　繊維業 | 11 | 10,889 | 18 |
| 商業 | 72 | 1,767 | 127 |
| 　　卸売業 | 71 | 1,767 | 127 |
| 　　貿易・その他 | 18 | 430 | 54 |
| 金融・保険 | 3 | 559 | 7 |
| 運輸業 | 8 | 189 | 3 |
| サービス業 | 39 | 14,49 | 420 |
| その他とも計 | 446 | 84,575 | 495 |

注：出資比率10％未満、撤退・休眠法人は除かれている。
出所：『海外進出企業総覧'98国別編』東洋経済新報社、1598,1657頁より作成。

しも反映するものではない。しかし一定の傾向は読みとることができると考えるので、その特徴を示すならば、まず全期間を通して製造業が大部分を占めている。そのうち70年以前にあっては、繊維業、一般電気・他、電気機器、そして化学が上位に位置している。この傾向は70年代前半もほぼ同様であり、とくに電気機器、化学の伸びが著しい。70年代後半以降は全体的に停滞しているなかで、電気機器、化学に関しては、コンスタントな進出を示しているといえる。80年代後半に再度増加するが、その内訳は一般電気・他、電気機器、化学で製造業の半ば以上を占め、これに繊維が続くという構成になっている。けっきょく重化学工業中の機械と化学が中心であり、それ以外では繊維、食品などの軽工業、そのほか商業、サービス業が続いていたとまとめることができよう。

　さらに表5-8は、1997年時点における現地法人に勤める従業員数と日本からの派遣者数を示している。製造業中では電気機器、繊維、自動車・部品

に多く、その他ではサービス業が1万人を超しており、全体として10万人に近い韓国人従業員を雇用していることがうかがえる。日本からの派遣従業員は、卸売業の127名が目立った存在で、他はほとんど数十名という規模である。

　以上にみてきたところから明らかなように、ヒト・モノ・カネのいずれをとっても、1970年代前半までの急激な伸びを確認できる。こうした傾向は東南アジア諸国に関しても共通した現象であって、その結果、74年1月の田中首相のアセアン訪問時における反日運動へとつながっていく。韓国においても、金大中拉致事件や田中首相の日本統治下における海苔栽培法や義務教育制導入による「貢献発言」、さらには「キーセン観光」もあいまって、日韓閣僚会議中止要求デモ（ソウル大生）、日本製品不買運動（三・一女性同志会等）、外資導入の重点を日本からヨーロッパへの転換発言（韓国経済企画院）、日本色の濃い日系企業の社名変更要請（副首相）などの動きがあいつぐ。[4]

　1970年代後半以降の停滞の要因としては、とくに投資の趨勢からみるならば、以上のような韓国における反日運動の激化とともに、当初の新規投資が一巡したこと、石油ショック以降の景気後退下で海外投資も冷え込んだこと、韓国労働賃金の上昇もあいまって、労働集約型から資本ないし知識集約型へ転換していったことなどがあげられよう。なおこの過程で、「渡り鳥」と呼ばれる企業が韓国から突如撤退し、職を失った労働者たちの抗議を受けることになる。[5]

　1980年代後半以降の増勢は、日本の円高が引き金となっているが、それに加えて、韓国側が投資あるいは貿易制限を徐々に撤廃し、投資環境を整備していることが反映していよう。その傾向は、92年以降の日本におけるバブル崩壊で若干後退するが、その後も継承されていくことになる。

## 第2節　ソウルにおける日本人団体の組織と活動

　在韓日本人団体は、1965年6月の「日韓条約」締結以降、66年2月にソウル日本人会が、67年7月にソウル日本商工会が、69年8月に日商ソウル事務所が、72年1月にJ.V.會が設立され、97年以降、日商ソウル事務所を除く他の三団体は、S.J.C（ソウル・ジャパン・クラブ）に統合される。以下では、

これらの団体の組織と活動につき、前述のとくに貿易や企業進出と関連する諸機能につき、検討していこう[6]。

## 1. ソウル日本人会

ソウル日本人会は、「日韓条約」締結以降、日本人が韓国に進出し、長期滞在を始めるようになった1966年2月に設立された。韓国における日本人団体としては、もっとも古い歴史を有するものである。

その会則（1994年改正版）には、まず目的として、「第二条：本会は営利を目的とせず、会員相互の親睦ならびに会員の啓発および福祉の向上を図るとともにより深い理解をもって、日・韓両国の親善に寄与することを目的とする」とある。日本人会員間の親睦と日韓親善が二大目的として掲げられていることが分かる。会員は、ソウル特別市その他の地域に居住する日本人とし、正会員（実質的に企業の駐在員とその家族で、単身会員と家族会員に区分）・準会員（短期滞在者および留学生）・賛助会員（日本法人・日系合弁企業）からなり、役員はほぼ正会員中の世帯主から選出された。

会の事業としては、その「会則」によれば、1）会員の親睦に関する事業、2）会員の自己および相互の啓発に関する事業、3）会員の福祉向上に関する事業、4）日本人学校の運営に関する事業、5）霜月会（在韓日本人妻団体である芙蓉会の支援組織）運営に関する事業、6）会報および会員名簿等の発行、7）その他目的達成のため必要な事業があげられている[7]。ここでは、日本人間の親睦・便宜の供与が中心であって、「日韓親善」に関する事業については明示されていない。

会報は日本人会創立以来、ほぼ毎月発行されていたが（誌名は『會報』、のち『そうる』と改題）、1977年から88年まで休刊し、88年3月に復刊1号＝通刊83号が発行され、以後96年3月時点で91号（復刊9号）まで年1回ペースで発行され、ソウル・ジャパン・クラブの『SJC』に引き継がれていく。のちにみる商工会の会報と同様に、日本の対韓経済関係の浮沈が大きく影響していることが明瞭である。

会員は表5－9に示すように、当初112名であったものが、1970年代半ばから80年代半ばにかけての停滞はあるものの、以後再び増加し、91年以降は1千人台を突破し、なおも増加傾向にある。これらに家族を含めれば、さら

表5-9　日本人会会員数の推移

| 年次 | 会員 | 年次 | 会員 |
|---|---|---|---|
| 1966 | 112 | 1982 | 525 |
| 1967 | 164 | 1983 | 527 |
| 1968 | 186 | 1984 | 543 |
| 1969 | 180 | 1985 | 575 |
| 1970 | 220 | 1986 | 644 |
| 1971 | 270 | 1987 | 720 |
| 1972 | 306 | 1988 | 863 |
| 1973 | 338 | 1989 | 965 |
| 1974 | 527 | 1990 | 925 |
| 1975 | 530 | 1991 | 1,005 |
| 1976 | 531 | 1992 | 1,024 |
| 1977 | 523 | 1993 | 1,079 |
| 1978 | 538 | 1994 | 1,155 |
| 1979 | 554 | 1995 | 1,289 |
| 1980 | 537 | 1996 | 1,413 |
| 1981 | 537 | | |

出所:『SJC』創刊号、1997年3月、13頁より作成。

に多数の人が参加していることになる。先の表5-2とつきあわせれば、初期のころは、在留男子のほぼ2分の1から3分の1が会員であったことがわかる。こうした変遷も、既述の経済関係の推移と照応していることがうかがえよう。なお、会員カードによれば、本籍地や最終学校の記載欄があり、そうした側面での交流もはかられていたことがうかがえる。また、会員の帰国に際しては、必ずその異動が会報で告示されている。

当初の主な会員は、1970年の会報に記載された「電話連絡表」の56企業・団体によってみると、商社が圧倒的に多く、これに製造業、報道関係、銀行が続いていた。[8]

1996年時点の役員構成は表5-10の通りである。韓国駐在日本大使を名誉会長に据え、会長以下は日本の大企業の駐在員が名前を連ねている。これらはほぼ各会社ごとの世襲制であって、駐在員が帰国し他のものと交替した場合は、後任者が自動的に理事に就任するという形になっていた。また事務局は、局長以下スタッフすべてが韓国人で占められている。この点は韓国側への配慮の現れということができようが、バンコクや香港の会議所が日本人スタッフである点と異なるところである。[9]

表5－10　ソウル日本人会役員一覧（1996年3月現在）

| 名誉会長 | 山下新太郎 | （大使） | |
| 会長 | 大橋信夫 | （三井物産） | |
| 副会長 | 荒井　孝 | （丸紅） | |
| 〃 | 上野秀樹 | （日本航空） | 日本人学校運営副委員長 |
| 会計理事 | 山本郁夫 | （富士銀行） | |
| 理事 | 河本定雄 | （伊藤忠商事） | 日本人学校運営委員長 |
| 〃 | 伊藤幸生 | （兼松） | |
| 〃 | 福田慧児 | （韓国メディカルサプライ） | |
| 〃 | 秋田敬三 | （三永インキペイント） | J.V.会副会長 |
| 〃 | 大久保公雄 | （住友商事） | ソウル日本商工会・J.V.会副会長 |
| 〃 | 百瀬　格 | （トーメン） | |
| 〃 | 筒井博人 | （西日本新聞） | |
| 〃 | 三宅通方 | （ニチメン） | |
| 〃 | 宮城谷弘道 | （日興證券） | |
| 〃 | 茨木国利 | （日商岩井） | |
| 〃 | 高野紀元 | （日本大使館） | |
| 〃 | 武山芳治 | （日本人学校） | |
| 〃 | 田島崇男 | （三国R.K精密） | J.V.会会長 |
| 〃 | 石川芳治 | （三菱銀行） | |
| 〃 | 登石成二 | （三菱商事） | ソウル日本商工会会長 |
| 〃 | 貝谷春江 | （婦人部） | |
| 〃 | 細山裕子 | （婦人部） | |
| 監事 | 多米田裕行 | （第一勧業銀行） | |
| 〃 | 山本光洋 | （東京銀行） | ソウル日本商工会副会長 |

出所：『ソウル日本人会誌　そうる』第91号、1996年3月、104頁より作成。

　活動は、当初他の経済団体ができるまでは経済情報なども流していたようであるが、基本的には会員間の親睦が主であり、ゴルフ大会や麻雀大会を頻繁に開催し、また俳句同好会や韓国刺繍の会などサークル活動への支援を行っている。

　そのほか日本人子女教育に関する活動を展開し、補習授業の開講や、日本人学校開設の要望書を日本大使に提出するなどしている（1970年10月）。1971年1月には会報別冊『ソウルでの日本人子女教育』（全47頁）を刊行している。その際の日本人学校設立趣旨には「私のニューヨークでの経験によりますと、子女を現地の学校にいれても、国際語の英語による教育ですので、子どもの将来を考えた際、一応教育の成果は得られたように思います。しかし韓国の場合、独特の言葉、文字をつかっており、いずれ日本に帰ること、あるいは他の任地へ移ることを考えると、子女を現地の学校にいれにくい事

情があり」(金山政英駐韓大使)とあり、先進諸国の場合は現地校と補習校へ、後進諸国の場合は日本人学校へという図式がそのまま反映されているといえる。なお、組織的には「日本人学校運営委員会」が作られ、日本人会などより補助金も出されている。87年5月時点の幼稚部・小学部・中学部をあわせた児童・生徒数は約400人にのぼった。

韓国文化の理解や相互交流に関しては、会報に「リレー随想」や「韓国ガイド」と題して、年中行事、ことわざ、料理、音楽、観光案内、名所史跡などとともに、実際の韓国人との交流体験が掲載されている。また先の韓国刺繍の会など、韓国文化に触れるプログラムへの支援などもなされている。しかし全体としてみると、1988年に実施した会員に対するアンケート調査によれば、「日本人会に期待すること」として、情報・安全に関する問題がもっとも多く、ついで文化活動に関する問題として、「韓国人や他の外国人との接触機会をつくってほしい」という要望があがっているように、個人間の親交を篤くする機会の提供等、「日韓親善」の役割としてはまだまだ不十分であるということができよう。なお、日本商工会と共同で、広島原爆被災者援護会に対し香典を寄託するとか、韓国水害罹災者のために義捐金を新聞社に寄託するなどの活動も行っている。

## 2．ソウル日本商工会

ソウル日本商工会は1967年7月に設立され(当初は日本人商工会と名のっていたようである)、その目的としては、「本会は韓国に在住する日本人商工業者の共通の問題を処理すると共に会員相互の親睦を図り以て日韓両国の経済関係の円滑な発展に寄与する事を目的とする」(定款・1994年改正版、第2条)とあり、日本人商工業者の共通の問題の処理と相互親睦、そして日韓経済関係の円滑な発展をはかるという点が明示されている。これは香港やバンコクの場合とほとんど変わりがない。他方、「本会は営利を目的とせず政治に関与しない」(同、第3条)ということもうたわれており、政治に関与しないと明示している点は、香港などのケースにはみられない点であり、ここにも韓国への配慮をうかがうことができる。会員については、「韓国内に営業所又は事務所を有する日本人の商工業者、組合、公社及び経済団体」を正会員とし、「合弁又は技術の提携の関係を持つ企業体の日本人代表者」を

表5-11 ソウル日本商工会役員一覧（1970年）

| 役　　職 | 氏　　名 | 所　　属 |
| --- | --- | --- |
| 会長 | 五月女年郎 | （三菱商事） |
| 副会長 | 木本栄成 | （伊藤忠商事） |
| 〃 | 鹿野正久 | （東京銀行） |
| 会計理事 | 舟橋健男 | （三菱銀行） |
| 部会長：税務部 | 小野豊 | （丸紅飯田） |
| 　　　委託加工貿易部 | 藤田照男 | （トーメン） |
| 　　　韓国産品輸出促進部 | 本木栄成 | （伊藤忠商事） |
| 　　　会報編集部 | 大野善広 | （住友商事） |

出所：『會報』28号、2頁より作成。

準会員とするとしている（同、第5条）[15]。

1970年当時の役員を示すと表5-11の通りで、商社・銀行が中心であったことがわかる。1973年末の正式会員33社の内訳は、安宅産業、蝶理、第一勧業銀行、第一物商、富士銀行、グンゼ産業、伊藤忠商事、伊藤万、海外経済協力基金、兼松江商、川鉄商事、金商又一、丸紅、三菱電機、三菱銀行、三菱商事、三井物産、守谷商会、日綿実業、日本貿易振興会、日本揮発油、日本航空、日本商工会議所、日商岩井、野村貿易、三亜興業、住友商事、東京銀行、東食、トーメン、山本産業であった。やはり商社・銀行を中心に、若干のメーカー・航空会社、そして公共団体も確認できる。下って1996年4月時点の会員数は144社となり、先の日本人会と同一ビル内、かつ同一事務局体制で会務を担当する。部会は、設立当初は税務部会・委託加工貿易部会・繊維部会からなっていたものが、90年時点ではメーカー部会・運輸部会（14社）・金融部会（銀行22行・証券会社10社・損保3社・海外経済協力基金）・商社部会（25社）となり、それぞれ共通する問題につき協議・検討する体制がつくられた。なお、68年に日本商工会議所の特別会員に申請し承認される一方で、翌69年には組織を韓国の法令にもとづくものとし、法人格を取得しようとするが、これは実現しなかったようである[16]。

具体的な活動に関してはそれを示す資料が得られていないが、1968年3月以降毎月発行された『會報』（のちに年報となり、1983年3月に62号まで刊行されて休刊、のち1990年に復刊）によれば、経済関係の統計データや経済情報を掲載する一方、「会の消息」・「会員の消息」を逐一報じている。そこ

資料1　ソウル日本商工会『會報』にみる記事及び諸活動

| 号　数 | 刊行年月 | 内　　　　容 |
|---|---|---|
| 創刊号 | 1968.3 | 亜細亜商工会議所（CACCI）、韓国保税加工の現況 |
| 第2号 | 1968.4 | 地方国税庁との懇談会での高橋税務部長の挨拶<br>大阪商工会議所・東亜細亜産業視察団団長太田十の感謝状、韓日経協の現況 |
| 第5号 | 1968.7 | 4月11日大韓商工会議所役員と懇談会 |
| 第6号 | 1968.8 | 入手資料・書籍一覧<br>STANDARD TRADE INDEX OF JAPAN（日本商工会議所）、紡協20年史（大韓紡織協会）、韓国メリヤス工業総覧（大韓メリヤス工業協同組合連合会）、新税法の解説（財務部税務局）、韓国年鑑（日刊経済新聞社）、会議所ニュース（日本商工会議所）、東商新聞（東京商工会議所）、その他現行法令集．<br>「会の消息」：5月14日日本商工会議所は本会の特別会員申請を承認 |
| 第8号 | 1968.10 | 「会の消息」：7月2日駐留日本人記者団と懇談会、7月3日全国経済人連合会会長の招請により懇談会 |
| 第9号 | 1968.11 | 9月17日本会に韓国産品輸出促進部会を新設（部会長〜伊藤忠）、貿易不均衡協議 |
| 第10号 | 1968.12 | 日本大使館柘植参事官のセミナーを開催、全会員参席 |
| 第12号 | 1969 | 1月7日理事会に日本大使館飯島書記官参席し輸入制限措置につき討議 |
| 第13号 |  | 2月10日日本貿易会より送付の資料「第3回日韓貿易協議会議事要録」を会員配布 |
| 第16号 |  | 5月26日日韓租税委員会に参席のため来韓した大蔵省細見審議官一行歓迎晩餐会 |
| 第18号 |  | 7月2日韓国商工部次官を訪問し、当会の法人格取得に関し懇談 |
| 第19号 |  | 8月19日会長副会長が大韓商工会議所を訪問し日韓貿易逆調の是正に関し懇談 |
| 第22号 |  | 11月18日理事会にて対韓直接投資に関し討議、12月大使館の指導でセミナー開催 |
| 第24号 | 1970 | 3月3日共同通信菊池支局長の馬山輸出入自由地域に関するブリフィング聴取 |
| 第26号 |  | 8月4日馬山自由地域管理庁長鄭文道氏の投資説明会を開催 |
| 第30号 |  | 9月島元一等書記官を招聘し日韓租税条約に関するセミナー開催、説明会開催 |
| 第31号 |  | 11月対韓投資環境調査団一行を迎え懇談会、九老洞工業団地視察 |
| 第32号 | 1971 | 1月19日韓国商工部貿易局長、輸出一課長、日本大使館一等書記官と懇談 |
| 第33号 |  | 2月2日貿易取引法施行規則第6条第7号新設に関し協議<br>2月16日日本人子女に対する補習教育補助として25万ウォン支給議決 |
| 第35号 |  | 3〜6月大阪・金沢・豊橋経済調査団一行歓迎懇談会 |

出所：ソウル日本商工会『會報』各号より作成。

からは、理事会や役員の活動が逐一追跡でき、資料1に示すように、とくに70年あたりまでの時期に、日韓経済関係の協定事項を中心に、実に多彩なロビー活動を展開していることがわかる。すなわち、日本側で大使館員はいうに及ばず、日本国内からの政府代表使節、民間経済調査団、報道関係者などと頻繁に接触し、セミナーや懇談会を開催している。また韓国側に対しても、全国経済人連合会や大韓商工会議所関係者と接触し、さらに政府関係者とも接触して、新法令・新規政策に関する理解を深めていく。とりわけ設立の当初は、税務部会を中心に、法人税の実査課税方式や各種加算税について韓国地方国税庁と懇談会をもち、日系商社課税の軽減を訴えるなど、圧力団体としての活動も一定ていど展開している[17]。他方、日韓間の経済摩擦関連でいえば、68年9月に新たに韓国産品輸出促進部会を新設し、同年11月、12月には日韓貿易不均衡の是正対策に関する緊急理事会・総会を開催し、「日韓貿易不均衡是正に係る要望書」を日韓両国政府、各民間経済団体並びに全会員商社宛に発送するなど[18]、経済摩擦の抑制に努める。

このように、諸事情が不分明であった1970年代初頭までのはなばなしい活動にもっとも存在意義を示しつつ[19]、それ以後も韓国側の新規の法律や報告書類、統計速報の翻訳も逐次刊行して会員に配布し、その他ゴルフコンペなどの各種イベントを主催して会員間の交流促進に寄与していった。

なお、日本の商工会議所との関係については、各地商工会議所の視察団訪韓に際して種々の便宜をはかり、案内役を務めたことはいうまでもない。そうした「功労」に対し、会長を退任した際に、日本商工会議所から表彰される習わしになっていた。

## 3. J.V. 會

J.V. 會は Japanese Joint Venture Association in Korea の略であり、「韓国内に所在する合弁又は技術提携の関係を持つ企業体の日本人代表者」（會則、第5条）を正会員として、1972年1月に発足したものである。その目的には「本会は韓国における日本国投資企業体及び技術提携企業体がその共通の問題を研究するとともに、会員相互に親睦を図り以て日・韓両国の経済発展に寄与すること」（同、第2条）とあり[20]、もっぱらメーカーを中心とする合弁企業が参加し、共通する諸問題につき対応した。

表5-12 J.V.會会員の推移

| 年月 | 会員会社数 | 1981年現存数 | 機械 | 金属 | 化学窯業 | 食品医薬 | 電子電気 | 繊維 | ホテル | その他 |
|---|---|---|---|---|---|---|---|---|---|---|
| 1972.1 | 40 | 20 | 9 | 3 | 10 | 1 | 5 | 9 | 1 | 2 |
| 1973.8 | 48 | 22 | 9 | 3 | 14 | 1 | 7 | 10 | 1 | 3 |
| 1974.3 | 63 | 28 | 11 | 3 | 13 | 1 | 17 | 17 | 1 | 3 |
| 1974.6 | 68 | 30 | 10 | 3 | 12 | 2 | 21 | 17 | 2 | 1 |
| 1975.1 | 80 | 33 | 12 | 3 | 11 | 3 | 28 | 19 | 2 | 2 |
| 1976.10 | 87 | 42 | 14 | 4 | 15 | 3 | 28 | 18 | 2 | 3 |
| 1977.10 | 85 | 46 | 13 | 5 | 16 | 3 | 28 | 14 | 3 | 3 |
| 1978.4 | 80 | 52 | 11 | 5 | 16 | 3 | 27 | 11 | 4 | 3 |
| 1979.4 | 77 | 55 | 11 | 5 | 16 | 2 | 24 | 11 | 5 | 3 |
| 1980.4 | 73 | 63 | 8 | 5 | 16 | 2 | 20 | 12 | 5 | 5 |
| 1981.4 | 70 | 68 | 10 | 5 | 16 | 2 | 15 | 11 | 5 | 6 |
| 1981.11 | 69 | 69 | 10 | 5 | 16 | 2 | 15 | 10 | 5 | 6 |
| 1986.5 | 74 | — | 16 | 4 | 加工17 | 4 | 14 | 7 | 4 | 8 |
| 1991.6 | 115 | — | 21 | 4 | 27 | 9 | 23 | 9 | 4 | 18 |

出所:『J.Vニュース』第29号、1981年11月、6頁、『會報』第50号、1992年、26頁より作成。

　会員数は表5-12に示す通りであり、1976年まで増加して87社に達し、以後は漸減傾向にあった。業種別では、当初は化学窯業、繊維、機械が多数であったが、電子電気が急増し、やがてそれも減少傾向に向かい、ホテルなどが増加していく。けっきょく初期の進出は、韓国の安くて豊富で質の良い労働力を求めた労働集約型産業の進出であったといえる。また80年代後半以降再び増勢に転じ、このときには電子、機械関係の伸びが著しく、内容も知識集約型産業やサービス業にシフトしていく。資本金規模が増大するのもこのころからである。表5-13は96年時点の役員の一覧である。電子・電気・化学関係が中心であったことがうかがえよう。

　活動面では、やはり表5-13の理事の担当からわかるように、労働担当、工場見学担当、セミナー担当、行事担当があり、それらの部面に力点が置かれていたことがわかる。実際、頻繁に工場見学を実施したり、「労働シリーズ」と題して労働動向関係資料を会員に配布するなど、活発な活動を展開している。とくに後者については、詳細な賃金統計や福利厚生施設の事例が示されており、日系企業が横並びで韓国人労働者対策を講じる場合の参考資料に利用されたものとみられる。またセミナーの内容に関するアンケート調査

表5－13　J.V.會役員一覧（1996年6月現在）

| 役　　職 | 氏　　名 | 所　　属 |
| --- | --- | --- |
| 会長 | 田島崇男 | （三国 R.K 精密） |
| 副会長　（総務部門管掌） | 大室隆生 | （三宝電子工業） |
| 〃　　　（行事部門管掌） | 北川浩 | （錦湖ミツイトウアツ） |
| 会計理事 | 武村一光 | （コーロン油化） |
| 理事　（広報・組織・安全担当） | 宇野高由 | （韓国精密化学） |
| 〃 | 小沢満 | （グランドハイアットソウル） |
| 〃 | 尾崎博 | （FKL 同和） |
| 〃　　　（労働担当） | 豊田 | （KEFICO） |
| 〃 | 浅村 | （韓国ヒスコ） |
| 〃　　　（セミナー担当） | 古川治 | （ロームコリア） |
| 〃 | 延与弘次 | （錦湖 EP ゴム） |
| 〃　　　（工場見学担当） | 熊谷浩 | （新進電気工業） |
| 〃 | 平田紳一郎 | （湖南石油化学） |
| 〃　　　（行事担当） | 岡本健二 | （コリア・ゼロックス） |
| 〃 | 恵島祥一郎 | （ハンファー NSK 精密） |
| 〃 | 林光文 | （大韓パーカーライジング） |
| 〃 | 田村曠 | （韓国オムロン） |
| 監事 | 渡部滉一 | （韓国端子工業） |
| 〃 | 松浦正明 | （ニコン・プレシジョン・コリア） |

出所：J.V.会『會報』58号、1996年6月、1頁より作成。

　では、「韓国の近況等駐韓日本人として知り置くべき内容」を希望するものが第一位で、以下、「韓国の経済情勢等について」、「最近のトピック等興味ある問題について」、「韓国の税法、韓国人技術者指導のノウハウ等具体的事項について」、「韓国の文化、歴史等一般教養に関する事項」と続く。[21]

　刊行された『會報』については、第14号（1974年2月）から、第58号（1996年6月）まで確認できている。そのうち興味深い記事としては、資料2のものをあげることができる。なかでも、第15号以下で「会社別企業紹介」、あるいは「合弁事業実感記」などが掲載されており、「最初から韓国側に全面的にまかせる形で、要所要点のみをチェックするという方法がお互いの信頼関係を築きあげた」（鮮京合繊＝帝人との合弁企業）とか、「韓国の場合は特に現地主導型の経営とすることが結局は事業を円滑に運営でき、成長せしめ得る」が、経営や事業に対する専門知識の不十分さのため現地主義の限界もあり、「現地側と外国側が互いに譲るべきを譲り、相手の云うことを謙虚に聞くならば、正しい信頼関係も生まれるでしょう。やはり合弁事業の[22]

資料2　J.V.會『會報』にみる記事の変遷

| 号数 | 刊行年月 | 記事内容 |
| --- | --- | --- |
| 第14号 | 1974.2 | 74年度主要工場着工及び竣工、第86・87・88次外資導入リスト |
| 第15号 | 1974.4 | 72年度賃金階層別勤労者構成、100個企業体棒給引上内訳（翻訳）会社別企業紹介（5社） |
| 第16号 | 1974.6 | 繊維企業の業種別取引形態調査、賃金・物価・生産性の実態、鉱工業常備従業員賃金水準及び平均出勤日数 |
| 第21号 | 1976.1 | 1975年度版"企業経営分析"解説、3.4分期中の地域別産業動向、韓国機械工業の現況と展望 |
| 第22号 | 1976.11 | 70年代前半期労働生産性と物価及び賃金動態、「76年度賃金引上の動向と予測」報告書を中心として |
| 第23号 | 1977.7 | 合弁事業実感記（辻端敏彦コリアゼロックス）、内需の産業資金梗塞 |
| 第24号 | 1977.12 | 事業体労働実態調査報告書（要約） |
| 第27号 | 1980.3 | J.V.会の意義（土岐準光会長）、「個人紹介」 |
| 第28号 | 1980.10 | J.V.会員の生活実態調査報告、「個人紹介続」 |
| 第30号 | 1982.1 | J.V.会の現況よりみた日韓合弁企業の変遷（土岐会長） |
| 第31号 | 1982.11 | 生活実態調査集計報告、会員会社労働経営調査、J.V.会セミナー一覧表 |
| 第32号 | 1983.6 | J.V.会セミナーに関するアンケート |
| 第33号 | 1983.12 | 「投資環境整備問題」（日本大使館一等書記官松本厚治）、J.V.会会員会社見学会、J.V.会の現況（会員名簿）より見た日韓合弁企業の形態<br>83年 J.V.会員会社役員一覧表 |
| 第34号 | 1984.6 | 84年 J.V.会歴代役員一覧表 |
| 第35号 | 1984.12 | 84年 J.V.会会員会社労働関係アンケート集計報告 |
| 第36号 | 1985.6 | 新会長挨拶「発言する J.V.会に」（畝本健） |
| 第37号 | 1985.12 | 85年 J.V.会会員会社労働関係アンケート集計報告 |
| 第39号 | 1986.12 | 会報アンケート結果のご報告 |
| 第40号 | 1987.6 | 日韓経済関係の現状と展望（在韓国日本大使館参事官内田富夫）<br>流れる星は生きている―私の生まれ育った韓半島での9年間（日本通運ソウル事務所長沢村豪夫） |
| 第41号 | 1987.12 | 1987年労働事情調査（J.V.会労働担当理事千野勝己） |
| 第42号 | 1988.6 | J.V.会の行事に共通問題の研究を（前会長畝本健）、日韓経済関係の現状（JETROソウル・センター所長石井一生）、韓国12年間の思い出（ソウル日本人会前会長加治輝美） |
| 第44号 | 1989.6 | 韓国労働運動の変遷と課題（日本大使館一等書記官西沢弘）<br>匿名大座談会「韓国での合弁会社経営苦労あれこれ」 |
| 第46号 | 1990.6 | J.V.会貧乏物語―創設時苦闘の記―（元会長土岐準光）<br>日系企業に於ける日本人エンジニアの呟き（韓国富士通石井照彦） |
| 第50号 | 1992.6 | 釜山日本人会の活動、韓国主要業種の91年実績と92年の展望（日商久我利明） |
| 第54号 | 1994.6 | J.V.会設立当時の思い出（日商角谷勉） |
| 第58号 | 1996.6 | 96韓国民・官合同投資誘致団に参加して（会長田島崇男） |

表5-14　J.V.會賛助会費一覧

| 1985年 | | | | 1995年 | | |
|---|---|---|---|---|---|---|
| 投資額（ウォン） | 月会費 | 社　数 | | | 月会費 | 社　数 |
| 外資2億未満 | 33,500 | 33 | 正会員 | | 45,000 | 21 |
| 2〜5億 | 45,000 | 21 | 正会員 | | 60,000 | 29 |
| 5〜10億 | 52,500 | 7 | 準会員 | | 60,000 | 45 |
| 10億以上 | 62,000 | 18 | 正会員 | | 75,000 | 58 |
| 年合計 | 41,724,000 | 79 | 年合計 | | 116,820,000 | 153 |

出所：『第14回定時総会』1985年1月、『第24回定時総会』1995年1月より作成。

　最大の鍵は、相互信頼にある[23]」（コリアゼロックス）といった体験例も示されている。また、第44号に掲載された座談会では、技術移転・販売戦略などに関する苦労話や競争力の源泉に関する分析などがなされている[24]。また、第28号に掲載された会員の「生活実態調査報告」（41社102人回答）は、駐在員の衣食住から通勤、娯楽に到るまでとりまとめてあり、たいへん貴重なデータを提供しているといえる。

　このほか、定時総会資料があるが、そこでは当該年度の事業計画報告と、収支決算・予算表と会員経費基準案が掲載されている。事業経過（主として理事会・役員会の事績）によれば、毎年定期的に日本大使館一等書記官との懇談会がもたれており、相互に何か要望事項があれば、そこで提起されたものとみられる。また、経費については表5-14の通りであり、会社の投資金額によって決められていたことがわかる。

## 4．SJC（ソウル・ジャパン・クラブ）

　以上の三組織は、1997年2月に、SJC（SEOUL JAPAN CLUB）に統合され、それぞれ商工会に141社が、J.V.會に149社が、さらに個人部＝個人会員が1507名という形に再編成され、年2回、『SJC』という雑誌を発行している。その役員一覧を示したのが表5-15である。ほぼ従来の三団体を合同したメンバーである。そして会報の内容は、引き続き親睦と交流を主眼とするものになっている。

　この合同の要因としては、1）三つの会で理事が重複しており、理事会出席がたいへんであること、2）対外的に韓国や米国の団体が接触しやすくなること、3）理事の世襲制の問題の解決（ただし世襲の方が良い役職もある

表5−15　SJC役員一覧（1997年3月現在）

| 役職 | 氏名 | 所属 | 専門委員 |
|---|---|---|---|
| 名誉理事長 | 山下新太郎 | 特命全権大使 | |
| 理事長 | 登石成二 | 三菱商事 | 対外経済委員長 |
| 副理事長 | 木村伸一 | 三井物産 | |
|  | 田島崇男 | 三国RK精密 | 基金委員長 |
|  | 大久保公雄 | 住友商事 | 総務委員長 |
| 顧問 | 高野紀元 | 特命全権公使 | |
|  | 高松明 | 公使 | |
|  | 武山俊彦 | 日本人学校長 | |
| 会計理事 | 武村一光 | コーロン油化 | 広報委員長 |
|  | 多米田裕行 | 第一勧業銀行 | 税務対策委員長 |
|  | 山本郁夫 | 富士銀行 | 財務委員長 |
| 理事 | 河本定雄 | 伊藤忠商事 | 日本人学校運営委員長 |
|  | 遠山宜弘 | 兼松 | |
|  | 田村曠 | 韓国オムロン | |
|  | 宇野高穂 | 韓国精密化学 | |
|  | 北川浩 | 錦湖三井東圧 | 行政委員長 |
|  | 大室隆生 | 三宝電子工業 | 労務委員長 |
|  | 鎌形允勝 | 山九 | |
|  | 山本光祥 | 東京三菱銀行 | 産業政策委員長 |
|  | 穂積守 | 味の素 | |
|  | 百瀬格 | トーメン | |
|  | 三宅通方 | ニチメン | |
|  | 茨木国利 | 日商岩井 | |
|  | 上野秀樹 | 日本航空 | 安全対策委員長・日本人学校運営副委員長 |
|  | 井上和俊 | 日本商工会議所 | |
|  | 衣川清 | 日立製作所 | |
|  | 佐藤由美子 | 婦人部 | |
|  | 長田達治 | 毎日新聞 | |
|  | 岡崎誠之助 | 丸紅 | |
|  | 東間洋 | JETRO | |
|  | 古川治 | ロームコリア | |
|  | 平田紳一郎 | 湖南石油化学 | |
|  | 延与弘次 | 錦湖EPゴム | |
|  | 豊田康 | KEFICO | |
| 幹事 | 村岡真理 | 住友銀行 | |
|  | 戸坂純一 | さくら銀行 | |
|  | 恵島祥一郎 | ハンファーNSK精密 | |

出所：『SJC』創刊号、1997年3月、92頁より作成。このほか事務局長に引き続き裴吉文氏が就任した。

表5-16 SJC商工会の部会構成と活動

| 部会 | 構成 | 部会長 | 活動 |
|---|---|---|---|
| 商社部会 | 24社 | 岡崎丸紅支店長 | 3ヶ月ごとの総会 労務・総務、税務、現地法人問題の3分科会：情報交換、研究活動、研修会 |
| 金融部会 | 35社（銀行21、証券10、損保4） | 多米田第一勧銀支店長 | 銀行事務所・銀行支店・証券の3下部組織で月例情報交換会 銀行事務所分科会：韓国文化人・金融専門家セミナー実施 |
| 運輸部会 | 4グループ（海運・空運・フワーディング・県観光） | 鎌形山九事務所長 | 月例会で会員の発表や顧問の講話、研修・見学会 |
| メーカー部会 | 41社（製造業の支店・事務所・現地法人・その他）（日本人96名、韓国人270名） | 衣川日立支店長 | 月例研修、TTL（税・貿易・労働環境）検討報告会、月例情報交換会 |

出所：『SJC』創刊号、1997年3月、67～68頁より作成。

という）、4）財政上の問題の解決、といった点があげられている[25]。実際には、会報の合同化や忘年会など親睦的な部分で合同化がはかられていった。さらに新しい委員会として、表5-15の専門委員欄に示す対外経済委員会、産業政策委員会、労務委員会、税務対策委員会などが設置された。

　他方、それぞれの元の会が個別に活動する部分も残された。なかでも商工会の活動は活発であり、表5-16に示すように、従来よりあった4部会ごとに積極的活動を継続している。さらに1997年には、商社部会においては、輸入仕切り取引等あらゆる商社営業活動が解禁となり、また労働関係法の改訂により世界的標準化に近づいていることが指摘されている。金融部会では、「過小資本税制」や「対韓投資」に関連する問題について、その是正措置を当局に申請し、一部は成果を得ているとある。メーカー部会は日本大使館、JETRO、日本商工会議所からも参加を仰ぎ、TTL（貿易・税務・労働）委員会を作り、各企業で発生した付加価値税問題やストライキ、税務対策などにつき、研究発表会を行い、対策を検討している[26]。

　J.V.会の場合は、独自に季刊ベースで「JV会だより」を発行している一方、研究旅行・工場見学・ソフトボール大会・セミナー開催（文化・外交関係な

ど)・ゴルフ大会など、どちらかというとソフトな事項に関する活動に転化しているといえる。従来からの懸案事項は、商工会メーカー部会が代替したものと考えられる。

## 5．日本商工会議所（JCCI）ソウル事務所

　日商のソウル事務所は、1969年に開設され、韓国側の大韓商工会議所ビル内に置かれている。所長は日本人駐在員で通商産業省（現経済産業省）から大阪商工会議所に出向し、そこから派遣されたという形をとっている。

　会員は、日商のソウル事務所ということであるから、日本国内で各地域の商工会議所会員となっていれば、自動的に会員になった。

　業務内容としては、大きく中小企業国際化関連とJCCI関連に区分され、また前者については、さらに相談・アドバイス機能、情報提供機能、連絡・調整機能に区分されている。

　このうち中小企業国際化関連の「相談・アドバイス機能」としては、1）進出日系中小企業に対する対韓投資についての各種相談・アドバイス（よろず相談）、2）日本国内中小企業に対する対韓投資・貿易についての各種相談・アドバイス、3）韓国企業に対する対日投資・貿易についての各種相談・アドバイスなどがあった。「情報提供機能」としては、1）対韓投資（含技術提携）に係わる法制度等についての各種相談・アドバイス、2）対韓投資に係わる法制度及び労務・経営問題等についてのセミナー開催・資料閲覧・指導（図書館）などがあった。「連絡・調整機能」としては、対韓投資及び貿易に係わる苦情・改善要望等についての取りまとめ等があった。

　次ぎにJCCI関連では、JCCI及び大韓商工会議所との連絡・調整や我が国地方商工会議所の訪韓に係わるアテンド・調整等があった。

　また、その際のJCCIソウル事務所の情報収集パイプとして、以下のものがあげられている。

　同所の活動として、もっとも活発であるのは、情報の収集・伝達機能ということができよう。その際の伝達方法としては、セミナーの開催、出版物の配布、そして個別的直接的アドバイス等の形態があった。

　このうち、近年の出版物（パンフレットが大部分）としては、資料4に示したものがあった。形態別では、1）セミナー配布資料、2）韓国政府法案

**資料3　JCCI ソウル事務所の情報収集パイプ**

1）韓国サイド
〈政府〉
財政経済院：対外経済局国際投資課
通産部：通商貿易室亜州1担当官室、国際企業課、外国人投資総合支援センター
国税庁：国際租税1～2課
労働部
〈政府関係機関〉
中小企業振興公団、KOTORA、韓日経済協会、大韓商工会議所
2）日本サイド
JCCI 本部、JETRO ソウル事務所
在ソウル：ソウル日本商工会（理事会顧問）、ソウル日本商工会メーカー及び運輸部会（理事会顧問）、J.V.会（理事会顧問）
（1997年に SJC が設立されて以降は、日商からは理事会、対外政策委員会及び産業政策委員会のメンバーとして参加）

出所：JCCI 出版物等より作成。

関係の訳出、3）定期刊行物、4）その他に分けることができる。このうち1）については、「韓国社会における日系合弁企業の役割」（1994年3月）に象徴される啓蒙的なものや、韓国経済や政策の動向分析的なものが多い。また、2）が分量的にもっとも多く、「輸入先多角化品目の解除」といった貿易関連や、外資導入法、そして労働関係法の改正などがいちはやく訳出され、配布されている。3）は、ほぼ半年に一度刊行される『韓国の概要』と、外国人投資動向に関する資料がある。その他としては、経済面に関する重大問題の勃発に関連したものがあり、97年末以来、韓国経済危機状況下で、それに関連する情勢分析の資料が出されている。

　これらは、常に最新の情報ということで、韓国内日系企業や日本国内各地の商工会議所に配布され、あるいは来訪者の閲覧に供されているが、その主対象はあくまで中小企業であって、大企業の場合は独自に情報収集チャンネルがあるので、あまり利用率は高くないということである。

**資料4　JCCI配付資料リスト一覧**

| | | |
|---|---|---|
| 1993年 | 2月 | 1992年海外直接投資の動向（韓国財務部発表資料を訳出） |
| | 2月 | 外国人投資現況と環境分析（要約）（〃） |
| | 3月 | 外国人投資の世界的な動向と韓国の政策対応—国連の1992年投資報告書の内容と韓国の対応方針— |
| | 4月 | 韓国の投資管理制度の概要 |
| | 4月 | 韓国の技術導入制度の概要（韓国中小企業振興財団セミナー刊を訳出） |
| | 6月 | 外国人投資自由化の推進方針（外国人投資開放5カ年の予告編）（6.22韓国財務部発表資料訳出） |
| | 11月 | 資本協力の拡大（国際化戦略の推進法案） |
| | 12月 | 「外国人投資の活性化」の細部推進対策（12.2韓国財務部発表資料訳出） |
| 1994年 | 2月 | 外資導入法施行令の改正について |
| | 3月 | 韓国の外国人投資手続きの簡素化 |
| | 3月 | 韓国社会における日系合弁企業の役割（セミナー用の資料） |
| | 4月 | 改正韓国の輸入先多角化品目告示 |
| | 4月 | 韓国の概要（4月号） |
| | 6月 | 外国人投資に対する規程 |
| | 6月 | 韓国の外資導入法・施行令・規則 |
| | 6月 | 外国人投資環境改善総合対策（6.9韓国財務部発表資料訳出） |
| | 7月 | 韓国の1994年上半期（1〜6月）外国人投資動向 |
| | 8月 | 外国人投資認可及び申告対象業種一覧表 |
| | 10月 | 韓国の概要（10月号） |
| | 12月 | 1995年1月から解除予定の輸入先多角化品目リスト（オリジナル） |
| 1995年 | 1月 | 企業における人事管理上の当面の課題（オリジナル） |
| | 1月 | 1994年韓国の外国人投資動向（オリジナル） |
| | 1月 | 韓国の行政組織改編と内閣改造リスト（オリジナル） |
| | 2月 | 韓国の輸入先多角化品目告示（オリジナル） |
| | 2月 | 日本の専門見本市リスト（オリジナル） |
| | 2月 | 外国人投資企業実態調査の結果・分析 |
| | 3月 | 「韓日産業・技術協力財団」の事業のご紹介について（オリジナル） |
| | 3月 | 韓国の工業団地 |
| | 4月 | 韓国の概要（4月号） |
| | 5月 | 韓国経済の世界化のための資本財産業の育成対策（5.10韓国政府発表資料訳出） |
| | 6月 | 韓国「外国人投資企業の労使関係実態調査」の結果報告 |
| | 6月 | 外国人投資に関する射程 |
| | 6月 | 団体協約関連の労使争点事項（オリジナル） |
| | 6月 | 団体協約関連の勉強会における質疑応答（オリジナル） |
| | 6月 | 外国人投資総合支援センターの開設について（オリジナル） |
| | 7月 | 輸入先多角化品目から17品目を解除（オリジナル） |
| | 7月 | 1995年1〜6月の外国人投資動向（オリジナル） |
| | 8月 | 国税庁とソウル日本商工会との税務懇談会の資料（オリジナル） |
| | 8月 | 漸増している対日自動車部品（オリジナル） |
| | 9月 | 外国人直接投資環境の改善方法（9.7韓国政府発表資料訳出） |

|  | 10月 | 1995年1〜9月の外国人投資動向 |
|---|---|---|
|  | 11月 | 95外国人投資5ヶ年開放計画（韓国・財政経済院了解の上作成） |
|  | 12月 | 韓国の概要（10月号） |
|  | 12月 | 韓国の外国人直接投資環境（韓国と主要国との比較）（12.14韓国通商産業部発表訳出） |
| 1996年 | 3月 | 韓国の外国人直接投資環境—その変遷と今後の方向—（2.1韓国財政経済院外国人直接投資セミナー配付資料訳出） |
|  | 4月 | 外国人投資家による資本財の導入許容範囲の拡大及び手続きの簡素化 |
|  | 4月 | 韓国の概要 |
|  | 5月 | 96年外国人投資誘致強化策 |
|  | 7月 | 国際投資業務関連機関協議会の開催 |
|  | 7月 | 労働部国際労働協力官室新設について |
|  | 7月 | 国際投資業務関連機関協議会の開催（その2） |
|  | 8月 | 96年下半期経済運営の方向 |
|  | 9月 | 外国人投資及び外資導入に関する法律案—外資導入法（案）の内容— |
|  | 10月 | 韓国の概要、「競争力10％向上運動」の推進方策 |
|  | 12月 | 労働法改正案の概要—立法予告— |
| 1997年 | 1月 | 労働関係法の成立について |
|  | 1月 | 1996年対韓外国人投資動向 |
|  | 2月 | 外資導入法施行令—主要改正内容— |
|  | 3月 | 97年外国人直接投資誘致強化対策 |
|  | 3月 | 国際収支対策次官会議開催 |
|  | 4月 | 1996年度対韓外国人投資概況及び韓国の技術導入概況 |
|  | 5月 | 改正労働関係法（97年3月）の主要内容 |
|  | 5月 | 外国人投資企業の隘路事項調査の結果及び今後の活動強化策 |
|  | 6月 | 韓国の概要 |
|  | 6月 | 外国人投資及び外資導入に関する法律案 |
|  | 6月 | 韓国の概要 |
|  | 6月 | 外国人投資及び外資導入に関する法律 |
|  | 6月 | 外国人投資に関する規程 |
|  | 7月 | 外資導入法施行令の一部改正について—長期借款の用途制限の緩和— |
|  | 9月 | 金融市場の安定及び対外信用度の向上策 |
|  | 9月 | 第一銀行及び総合金融会社に対する韓国銀行特別貸出の実施 |
|  | 9月 | 起亜関連第4次実務対策会議の結果及び不渡り猶予協約 |
|  | 12月 | 最近の経済危機と企業倒産に対する進出企業の対応策（12.11セミナー配付資料訳出） |
|  | 12月 | IMF資金支援合意内容に関する背景説明（財政経済院発表資料抄訳） |
|  | 12月 | 韓国経済の概要 |
| 1998年 | 1月 | 1997年貿易動向及び1998年展望（財政経済院発表資料抄訳） |
|  | 1月 | 対外債務統計に関する韓国政府とIMFの合意（財政経済院発表資料抄訳） |
|  | 2月 | 韓国の対外債務満期延長交渉の妥結内容（財政経済院発表資料抄訳） |
|  | 2月 | 外国人投資誘致のための強化策（通商産業部発表資料抄訳） |
|  | 3月 | 主要業種の原材料需給動向を緊急点検（『日刊貿易』連載シリーズを抄訳） |

出所：ソウルJCCI事務所所蔵リストより作成（1998年3月現在）。

セミナーの開催は、年に数回、いずれもホットな話題に関して講師を招聘して開催されている。その内容は、上でみたようにほぼパンフレットにして配布されている。もっともその際の講師は、ほとんどが韓国人であり、日本側の利害を取りまとめたりする会合はもたれていない。

　それでは日本側進出企業の要望のとりまとめと当局への建議という、商工会議所がもつ伝統的機能は、どのように実現されているのであろうか。これについては、いまのところ具体的資料を確認し得ていないが、先の出版物、セミナー、会合、そしてSJCの委員会への参加等の状況から考えて、個別的に所長がパイプ役となって、在韓国日系企業の要望を日本の通産省に伝達するか、あるいは日商本部に建議するというルートがあったものと考えられる。また、韓国側に対しても、先の情報収集ルートで、日系企業の要望を伝達したものとみてよかろう。

## おわりに

　以上、日韓経済関係の推移を素描したうえで、在韓日本人団体を構成する5団体についてみてきたが、とくに日系企業が大挙韓国に進出していった70年前後の時期に、これらの団体は設立され、活発な活動を展開していったということができる。具体的には、会員の親睦、対韓国人との交流（ソウル日本人会）から韓国経済情報の伝達、日韓双方の政策関連当局に対する要望の提出等の面（ソウル日本商工会）、合弁企業の経験交流（J.V.會）などで成果をあげていった。

　80年前後の経済関係停滞期には、これらの団体の活動も沈滞し、会報があいついで休刊する事態となる。そうしたなかでJ.V.會は、労働関係情報を頻繁に流す一方、会報をほぼ年2回のペースで継続刊行し、「労働アンケート調査」を実施し、合弁企業経営に関するノウハウを提供し続けている。韓国における経済法令に関する情報提供は、近年では日商ソウル事務所が担当し、主として中小企業向けに発信している。90年代後半には、先の3団体はSJCのもとに統合され、内外に向けての情報発信や要望事項のとりまとめなどの活動を展開している。

　こうした活動を、とくに経済摩擦の局面にしぼり、他のアジア諸国にでき

た経済団体と比較してみると、タイの盤谷日本人商工会議所（1954年設立）の場合は、1974年田中首相訪タイの際に、反日運動情報の収集や新聞への弁明、学生のチャリティーへの協力などを行って日本イメージのPRに努めている[28]。また、「反日の構造」と題してそれと真摯に向き合い乗り越えていくための「付き合いの原則」を模索するような文章も確認できる[29]。また香港日本人商工会議所（1969年日本人倶楽部より独立設立）の場合も、1970年度に理事会で「日本に対するイメージの是正対策問題につき意見交換」を行っている[30]。韓国の日本人団体の場合も、貿易インバランスや労務対策の部面を中心に、調査や経験談の披瀝、そして韓国側への理解要請などに努める一方、対韓文化交流などのプログラムを実施して経済摩擦の緩和に努めている。

　1997年のアジア通貨危機、さらに2005年以降の中国・韓国における反日運動と、激動の事態に直面するなかで、在留日本人の代表的機関として上記の諸団体はどのような役割を担い、どのような活動を展開したかについては、資料4や1970年代当時の対応から若干うかがうことができる。しかし、植民地期の負の遺産を払拭しきれるほどには行き届いているわけではないことは明らかであろう。

注
1) たとえば、井口富夫「海外における日系企業の従業員福祉制度―シンガポール日本商工会議所の調査結果の紹介―」（『龍谷大学経済経営論集』第30巻第3号、1990年12月）など。
2) 『タイ経済社会の歩みとともに―盤谷日本人商工会議所30年史』1987年、『香港日本人商工会議所二十周年記念誌』1989年。
3) 1966年設立のアメリカのシカゴにおける日本商工会議所については、横山勝英「シカゴの日系人社会と意識構造」（戸上宗賢編著『交錯する国家・民族・宗教―移民の社会適応』不二出版、2001年）がある。そこでは、日本商工会議所が日本人会の機能をあわせもった活動を展開したこと、とりわけ「よき企業市民」たるべきことを事業の重要な柱としていることが紹介されている。
4) 1970年代前半までの日韓経済関係のより詳細なデータについては、日韓関係研究会編『日韓関係の基礎知識』（田畑書店、1975年）を参照のこと。
5) 「渡り鳥」企業の事例や企業進出の問題点については、進出企業問題を考える会編『海を越える労使紛争　問われる日本企業の海外進出』（日本評論社、1992年）、夫佐炫「日本独占資本の対韓進出」（土生長徳編『アジアの行方日本の行方』大月

6) これ以外に、釜山の釜山日本人会（1972年設立）ほか、各地に日本人組織がつくられているが、ここではソウルにしぼって検討することとする。釜山の場合、現在では主要な統計資料等はソウルのJCから送られてくるものを利用しているとのことである。
7) ソウル日本人会『會則』（1994年1月改正）より。
8) ソウル日本人会『會報』第46号、1970年2月号、11-14頁。
9) のちにみるように、商工会、J.V.會も同一の事務局となっている。また、日商ソウル事務所の場合は日本人の所長が就任している。
10) 金山政英「日本人学校設立の問題に寄せて」（『ソウルでの日本人子女教育』1971年1月、ソウル日本人会會報別冊、1頁）。
11) 同上誌には、1970年時点で海外各地にあった日本人学校23校、補習授業校15校の一覧が示されている（40-47頁）。
12) ソウル日本人会『そうる』第83号（復刊1号）、1988年3月、42頁。
13) ソウル日本商工会『會報』第19号、1969年9月、1頁。
14) 香港の場合は、定款第5条に、非営利原則として「営利を目的とする事業、又は特定の個人、法人、その他の団体の利益を目的とした事業は行わない」とある（前掲『香港日本人商工会議所20周年記念』91頁）。
15) 以上、ソウル日本商工会『定款』1994年7月改正より。
16) ソウル日本商工会『會報』16号、18号（1969年）の「会の消息」によれば、理事会で法人格取得につき討議したのち、韓国商工部次官補・次官を訪ねて同件につき申し入れをしたとある。
17) 「地方国税庁との懇談会における高橋税務部長の挨拶文」（ソウル日本商工会『會報』第2号、1968年4月、1-3頁）。
18) ソウル日本商工会『會報』第10号、1968年12月、1頁。このほか同問題に対しては、韓牛対日輸出の窓口商社に㈱東食を推薦し（『會報』第11号、1969年1月、1頁）、翌年8月には大韓商工会議所会長を礼訪し、日韓貿易逆調の是正に関し懇談する（『會報』第19号、1969年9月、1頁）などの活動を行っている。
19) この時期には駐韓日本人記者団との定例懇談会も開催された（ソウル日本商工会『會報』第9号、1968年11月、1頁）。
20) J.V.會『會則』1989年1月改正より。
21) J.V.會『會報』第32号、1983年6月、22頁。
22) J.V.會『會報』第15号、1974年4月、62頁。
23) J.V.會『會報』第23号、1977年7月、14頁。
24) 「匿名大座談会 韓国での合弁会社経営苦労あれこれ」（J.V.會『會報』第44号、1989年6月、40-58頁）。

25)　「座談会：SJC はどんなものに」(『SJC』創刊号、6 - 7 頁)。
26)　『SJC』第 2 号、1997年10月、52-53頁。
27)　同前、56-58頁。
28)　前掲『盤谷日本人商工会議所30年史』65、410頁。なお1984年時点の会員数は394社であった（同書、547頁）。
29)　同前書、255-260頁。
30)　前掲『香港日本人商工会議所20周年記念』330頁。なお1989年時点の商工会議所会員数は503社、倶楽部の個人会員数は2,970名であった（同書、44頁）。

第6章

# 日台経済関係と在台日本人団体

小 林 英 夫

## はじめに

　本稿は、戦後日台経済を鳥瞰した上で、台湾に設立された日本人団体の活動と機能を検討することにある。

　戦後の日台関係の特徴は、アジア地域ではタイと並んで比較的早期にその関係の回復が図られた点にある。1952年4月の日華平和条約締結以降から日本人団体が公式に活動を開始したことはそれを物語る。その後アメリカが台湾への経済援助を停止した65年以降からは日本がアメリカに代って支援に乗り出し、両者の関係は親密度を増した。しかし72年日中国交回復以降は日本と台湾の国交が断絶されたため日本大使館の機能は交流協会台北事務所が代替している。本稿では、戦後のなかでも特に日華平和条約締結以降今日までの日台経済関係の推移を概観し、この間の在台日本人団体の活動を分析してみることとしたい[1]。

## 第1節　戦後日台関係の推移

### 1．敗戦から日華平和条約の締結まで

　1945年8月の敗戦を契機に日本人の引揚が始まり、これと関連して10月には初代行政長官に陳儀が着任し国民党による台湾統治が開始された。これ以降日本人の台湾からの引揚が本格化する。日本人の引揚げと大陸からの外省人の流入のなかで、台湾在住の本省人との摩擦が激化し47年2月には「2・28事件」が発生し、多くの本省人が虐殺された[2]。

　1949年10月の中国革命の結果中華人民共和国が誕生し、大陸を追われた国民政府は台湾に立てこもり台湾海峡を挟んで厳しい対立が生まれた。50年6月に朝鮮戦争が勃発すると海峡を挟む両者の対立は激しさを増した。51年9月のサンフランシスコ講和条約の締結によって国民政府は対日賠償権の放棄

を宣言した。52年4月に日華平和条約が締結されると日本と台湾の間で外交・経済関係が成立した。同年8月条約が発効すると芳沢健吉と董顕光がそれぞれ初代の駐華、駐日大使として赴任した。これ以降日本人団体が次々と作られて活動を開始した。

## 2. 政治的断絶と経済的連携

　国民政府は1953年1月以降「第一次経済建設四ヵ年計画」を実施し、その後4ヵ年間隔で経済建設を実施していくこととなった。しかしこの計画が外国資本の導入を軸に進み始めるのは、アメリカの援助が頭打ちになり始めた1950年代末以降のことであった。国民政府は59年に「外国人投資条例」を、60年に「華人帰国投資条例」、「奨励投資条例」を、62年には「技術合作条例」を制定し、外資優遇をうたい外資導入に努めたからである。この時期「文化大革命」との関連で発生した香港暴動の影響を受け、香港資本が大量に台湾に流入したことともあわさって、外資による台湾工業化が進行した。[3] この間66年10月には高雄に、69年6月には台北に日本領事館が開設されている。しかし72年2月には米大統領ニクソンが中国を訪問し日中共同声明が発表され、9月には総理田中角栄が中国を訪問し日中共同声明が調印された。この結果9月に国民政府は日本との国交を断絶し11月両国大使が帰国、12月には大使館に代って東京に亜東関係協会東京弁事処、台北に交流協会台北事務所が発足し、大使館は閉鎖された。

　しかし日台経済関係は1960年代以降強化され続けた。日本の対台輸出は工業製品を中心に増加を続け（表6-1）、対台輸入も食糧品を中心に拡大した（表6-2）。くわえて72年の円高開始以降日本企業の台湾進出が増加した（表6-3）。国民政府も65年の高雄輸出加工区に続いて70年には楠梓に71年には台中にそれぞれ輸出加工区を開設して外資導入に努めたのである。加工区への企業進出件数、資本金額、雇用者数ともに60年代後半増加を続け、1973-74年で頂点に達し、以降は漸増ないし横ばいとなったのである（表6-4）。輸出加工区は、関税ゼロを前提に全量輸出を義務付けていた。[4] 1977年の業種別進出企業数、資本金、雇用者数を見ると（表6-5）、電子部品がその主力を占めていた。この地域に安価な労働力を求めて日本企業が進出したのである。こうして在台日本人の数は増加を開始した。

表6-1　日本の対台湾輸出品目別価格
(単位：千ドル)

| 品　目 | 1965 | 1970 | 1975 | 1980 | 1985 | 1990 | 1995 | 2000 | 2005 |
|---|---|---|---|---|---|---|---|---|---|
| 総計 | 217,916 | 700,418 | 1,821,669 | 5,145,799 | 5,025,462 | 15,429,812 | 28,969,099 | 35,955,499 | 43,692,694 |
| 食料品 | 2,710 | 12,959 | 45,132 | 73,074 | 123,000 | 287,485 | 344,922 | 353,069 | 508,179 |
| 原燃料 | 3,780 | 10,961 | 55,757 | 120,704 | 135,101 | 393,545 | 584,148 | 293,077 | 744,334 |
| 軽工業品 | 31,913 | 115,627 | 227,977 | 508,405 | 589,911 | 1,720,478 | 2,680,227 | … | … |
| 繊維品 | 24,116 | 90,652 | 155,311 | 219,040 | 237,524 | 515,588 | 648,991 | 478,932 | 353,230 |
| 非金属鉱物品 | 1,297 | 4,953 | 10,501 | 80,591 | 111,480 | 305,918 | 665,773 | 725,069 | 1,136,250 |
| その他軽工業 | 6,500 | 20,023 | 62,165 | 208,774 | 240,907 | 898,972 | 1,365,463 | … | … |
| 重工業品 | 178,593 | 551,363 | 1,824,926 | 4,380,300 | 4,116,015 | 12,741,255 | 24,772,196 | … | … |
| 化学品 | 32,795 | 72,677 | 388,118 | 582,888 | 644,250 | 1,848,422 | 3,913,449 | 4,931,131 | 7,357,396 |
| 金属品 | 51,651 | 135,129 | 370,012 | 1,255,245 | 755,345 | 1,836,366 | 3,266,681 | 2,720,734 | 4,216,175 |
| 機械機器 | 94,147 | 343,558 | 716,796 | 2,542,166 | 2,716,421 | 9,056,467 | 17,592,066 | 23,821,280 | 26,046,521 |
| 一般機械 | 35,157 | 114,345 | 254,614 | 994,389 | 907,024 | 3,309,745 | 6,045,520 | 9,989,257 | 9,239,354 |
| 電気機械 | 26,076 | 141,253 | 270,719 | 1,015,987 | 1,292,577 | 4,063,037 | 8,751,806 | 8,999,458 | 10,130,605 |
| 輸送機械 | 28,542 | 73,696 | 137,271 | 359,394 | 341,947 | 1,283,541 | 1,660,928 | 1,501,448 | 3,031,410 |
| 精密機械 | 4,373 | 14,264 | 54,192 | 172,397 | 174,872 | 400,145 | 1,133,811 | 3,331,117 | 3,645,151 |
| その他・再輸出等 | 920 | 9,507 | 17,877 | 63,315 | 61,434 | 287,050 | 586,185 | 1,342,239 | 1,513,144 |

出所：『通商白書』各年より作成。


表6-2　台湾よりの輸入品目別価格
(単位：千ドル)

| 品　目 | 1965 | 1970 | 1975 | 1980 | 1985 | 1990 | 1995 | 2000 | 2005 |
|---|---|---|---|---|---|---|---|---|---|
| 総計 | 157,317 | 250,765 | 811,587 | 2,293,366 | 3,385,531 | 8,496,365 | 14,366,305 | 17,908,427 | 18,098,838 |
| 食料品 | 138,469 | 114,053 | 356,980 | 817,165 | 1,144,165 | 2,165,320 | 3,238,024 | 998,412 | 1,049,114 |
| 原料品 | 15,173 | 45,516 | 77,763 | 194,580 | 236,044 | 419,035 | 518,153 | 376,971 | … |
| 鉱物性燃料 | 55 | 2,977 | 10,607 | 53,726 | 11,079 | 16,278 | 24,455 | 170,956 | |
| 加工製品 | 3,620 | 88,219 | 352,186 | 1,252,233 | 1,773,662 | 5,708,417 | 10,329,078 | 16,506,932 | … |
| 化学品 | … | … | 23,455 | 121,823 | 118,185 | 333,512 | 571,326 | 965,625 | 1,208,103 |
| 鉄鋼 | … | 1,334 | 9,317 | 14,081 | 139,638 | 314,820 | 422,101 | 433,968 | 723,162 |
| 繊維製品 | … | 32,530 | 94,014 | 311,226 | 363,834 | 737,593 | 613,237 | 352,763 | 337,194 |
| 非鉄金属 | … | 1,365 | 6,451 | 16,618 | 35,889 | 137,994 | 113,155 | 147,245 | 147,352 |
| 機械機器 | … | 20,430 | 99,405 | 310,628 | 468,739 | 2,038,346 | 5,721,818 | 11,888,637 | 10,300,553 |
| 電気機械 | … | 15,456 | 71,881 | 242,523 | 318,818 | 1,144,923 | 2,152,313 | 4,814,970 | 6,958,692 |
| 半導体素子 | … | 4,854 | 10,214 | … | … | 2,328,394 | 923,140 | 3,308,325 | 5,345,113 |
| 再輸入・特殊品 | … | 2,564 | 13,178 | 18,781 | 177,934 | 192,515 | 264,772 | 536,325 | 1,298,006 |

出典：『通商白書』各年より作成。

表6-3　日本企業の台湾進出産業別・進出年次別件数　　　　　　　　　　（単位：社）

| 産業別 | 合計 | 1970以前 | 1975 | 1980 | 1985 | 1990 | 1995 | 2000 | 2005 |
|---|---|---|---|---|---|---|---|---|---|
| 全産業 | 1,478 | 185 | 12 | 19 | 17 | 59 | 24 | 61 | 14 |
| 農林・水産業 | - | - | 1 | - | - | - | - | - | - |
| 鉱業 | - | - | - | - | - | - | - | - | - |
| 建設業 | 47 | - | - | 1 | - | 4 | 1 | 1 | - |
| 製造業 | 778 | 180 | 9 | 16 | 11 | 17 | 9 | 15 | 4 |
| 　食料品 | 30 | 4 | - | - | - | 1 | 2 | 1 | - |
| 　繊維業 | 36 | 23 | - | - | - | 1 | - | - | - |
| 　木材・家具 | 5 | 1 | - | - | - | 1 | - | - | - |
| 　パルプ・紙 | 5 | 1 | - | - | - | - | - | - | - |
| 　印刷・出版 | 6 | 3 | - | - | - | - | - | 1 | - |
| 　化学 | 133 | 25 | 1 | 2 | 3 | 3 | - | 3 | 1 |
| 　ゴム・皮革 | 23 | 8 | - | - | 1 | 1 | - | - | - |
| 　窯業・土石 | 26 | 4 | - | - | - | - | 1 | 1 | 1 |
| 　鉄鋼業 | 11 | 1 | 1 | 1 | - | 1 | - | - | - |
| 　非鉄・金属 | 26 | 2 | - | - | - | 1 | 1 | 2 | - |
| 　金属製品 | 48 | 10 | - | 1 | - | 1 | - | - | - |
| 　一般電気・他 | 99 | 17 | - | 2 | 1 | 3 | - | 3 | 1 |
| 　電気機器 | 190 | 46 | 2 | 7 | 1 | 1 | 3 | 4 | 1 |
| 　輸送機器 | 2 | 1 | - | - | 2 | - | - | - | - |
| 　自動車 | 73 | 2 | 1 | - | 1 | 1 | 1 | - | - |
| 　精密機械 | 26 | 4 | 3 | 1 | - | - | - | - | - |
| 　その他製造業 | 36 | 28 | 1 | 2 | 2 | 1 | 1 | - | - |
| 商業 | 475 | 4 | 2 | 2 | 4 | 25 | 13 | 32 | 5 |
| 金融・保険業 | 16 | - | - | - | - | 1 | - | 1 | 2 |
| 不動産業 | 8 | - | - | - | 1 | 0 | - | - | - |
| 運輸業 | 30 | 1 | - | - | - | 3 | - | 2 | 1 |
| サービス業 | 114 | - | - | - | 1 | 6 | - | 10 | 2 |

注1：1970以前〜85年度データは88年7月現在、90年度データは93年10月現在、95年度データは95年度10月現在、2000年度、05年度、合計データは05年11月現在の調査データにそれぞれ基づく。
注2：1970以前〜85年度、90年度データは撤退済みの企業が除外されている。
注3：1995〜2005年度、及び合計データは進出後に撤退した企業、吸収合併された企業及び休眠中の企業とを含めて集計。
注4：合計には進出年次不明分が含まれ、内訳と一致しない。
注5：日本企業または日系現地法人による出資比率の合計が10％未満の現地法人は除く。
出所：東洋経済新報社『海外進出企業総覧』各年より作成。

表6-4　日本の直接投資動向（台湾、1971〜74年）　　　　　　　　（単位：件、百万ドル）

| 業種別 | 年度 | 1971 件数 | 1971 金額 | 72 件数 | 72 金額 | 73 件数 | 73 金額 | 74 件数 | 74 金額 |
|---|---|---|---|---|---|---|---|---|---|
| 製造業 | 食料 | - | - | 2 | 0 | 2 | 1 | 2 | 0 |
| | 繊維 | 1 | 1 | 4 | 1 | 6 | 3 | - | 4 |
| | 木材・パルプ | - | 0 | - | - | 6 | 2 | - | 0 |
| | 化学 | 3 | 3 | - | 0 | 3 | 1 | 6 | 3 |
| | 鉄・非鉄 | - | 0 | 1 | 0 | 9 | 2 | 3 | 2 |
| | 機械 | 1 | 1 | 2 | 0 | 20 | 4 | 7 | 3 |
| | 電機 | 2 | 3 | 12 | 5 | 39 | 14 | 12 | 12 |
| | 輸送機 | - | - | - | - | - | - | 1 | 0 |
| | その他 | 7 | 3 | 9 | 3 | 19 | 4 | 16 | 5 |
| | 小計 | 14 | 11 | 30 | 9 | 104 | 31 | 47 | 29 |
| 非製造業 | 農・林業 | - | - | - | - | - | - | - | - |
| | 漁・水産業 | - | - | - | - | - | - | 1 | 0 |
| | 鉱業 | - | - | - | - | - | - | - | - |
| | 建設業 | 1 | 0 | - | 0 | - | - | - | 0 |
| | 商業 | 1 | 0 | - | - | 3 | 0 | 1 | 1 |
| | 金融・保険業 | 1 | 0 | - | - | - | - | - | 0 |
| | サービス業 | - | 0 | - | - | - | - | - | - |
| | 運輸業 | - | - | - | - | - | - | - | - |
| | 不動産業 | - | - | - | - | - | - | - | - |
| | その他 | - | - | 2 | 1 | 1 | 0 | - | - |
| | 小計 | 3 | 0 | 2 | 1 | 4 | 0 | 2 | 1 |
| 支店設置・拡張 | | 5 | 1 | 5 | 0 | 11 | 3 | 3 | 1 |
| 不動産 | | - | - | - | - | - | - | - | - |
| 合計 | | 22 | 12 | 37 | 10 | 119 | 34 | 52 | 31 |

出所：第1-27表に同じ。

表6-5　業種別進出企業件数、資本金額、雇用人員（1977年）　　（単位：社、百万ドル、人）

| | 件数 実数 | 件数 % | 資本金 実数 | 資本金 % | 雇用人員 実数 | 雇用人員 % |
|---|---|---|---|---|---|---|
| 精密機械 | 6 | 2.2 | 3.2 | 2.1 | 871 | 1.2 |
| 電子製品 | 81 | 30.3 | 71.3 | 46.4 | 32,725 | 46.2 |
| 光学製品 | 4 | 1.5 | 13.8 | 9.0 | 1,827 | 2.6 |
| 金属製品 | 26 | 9.7 | 11.9 | 7.8 | 4,071 | 5.8 |
| プラスティク | 30 | 11.2 | 8.3 | 5.4 | 4,460 | 6.3 |
| 一般機械 | 8 | 3.0 | 4.7 | 3.1 | 526 | 0.7 |
| 家具 | 7 | 2.6 | 3.2 | 2.1 | 1,536 | 2.2 |
| 工芸 | 18 | 6.7 | 3.9 | 2.5 | 2,804 | 4.0 |
| 電器 | 6 | 2.2 | 2.0 | 1.3 | 1,027 | 1.5 |
| ゴム | 2 | 0.8 | 2.3 | 1.5 | 289 | 0.4 |
| 化学 | 5 | 1.9 | 2.3 | 1.5 | 170 | 0.2 |
| 印刷 | 2 | 0.8 | 0.5 | 0.3 | 141 | 0.2 |
| 菓子 | 1 | 0.3 | 0.3 | 0.2 | 71 | 0.1 |
| 皮革 | 12 | 4.5 | 6.8 | 4.4 | 3,441 | 4.9 |
| 紙器 | 5 | 1.9 | 0.9 | 0.6 | 566 | 0.8 |
| 玩具 | 4 | 1.5 | 0.7 | 0.5 | 380 | 0.5 |
| ヨット製造 | 1 | 0.3 | 0.2 | 0.1 | 191 | 0.3 |
| ニットその他 | 23 | 8.6 | 5.5 | 3.6 | 3,503 | 5.0 |
| 衣料 | 22 | 8.2 | 8.6 | 5.6 | 10,564 | 14.9 |
| 楽器 | 2 | 0.8 | 3.8 | 2.5 | 1,612 | 2.3 |
| その他 | 2 | 0.8 | 1.2 | 0.8 | 39 | 0.1 |
| 合計 | 267 | 100.0 | 153.6 | 100.0 | 70,814 | 100.0 |

注：出所の違いからくるのであろうが、第1-31表の合計額とは一致していない。
出所：前掲『台湾総覧』（1978年度版）、183頁。

### 3．台湾経済の発展

1970年代以降台湾は、輸出主導の高度成長を続けるなかで、韓国、香港、シンガポールと並ぶNIES（新興工業諸国）に仲間入りすることとなる。台湾の主力産業は従来の重化学工業から電機・電子、コンピューターを中心に技術集約型産業への高度化が推進され、80年には「新竹科学工業園区」が設立されている。85年以降の円高の進行のなかで、日系企業の台湾進出ラッシュが続き（表6－3）、台湾は高度成長の波に乗ることとなる。また85年以降戒厳令の解除や終身議員制の廃止に代表される政治の民主化が進行し、中国大陸への貿易・投資・往来規制が緩和されるなかで、次第に中国大陸との経済関係が深まっていった。

1990年代に改革開放を掲げる中国が、急成長を遂げるなかで、台湾企業の中国進出も急速に進む。主に電機電子産業を軸に、地域的には対岸の福建省を中心に台湾投資が激増した。その結果投資額でも貿易額でも対大陸貿易・投資が台湾の総量の過半を占めるまでに拡大した。[5]

## 第2節　在台日本人数の推移

### 1．在台日本人数の推移

戦前75万を数えた在台日本人も敗戦を契機に急減した。1952年末の在台日本人（永住者・非永住者含）は350人程度にすぎなかった。[6]しかし65年でもその数は822人に過ぎず13年間で2倍強の増加に留まっていた。[7]この間の日本人増加率の低さは、同時に日台関係の弱さを物語っている。

ところが1966年以降は増加の一途をたどる。渡航者数は65年以降観光を中心に急増し、75年には36万人弱に達し、うち32万人は観光客であった（表6－6）。在留日本人数は66年には早くも1,147人と1,000人のラインを超え、69年には2,250人と2,000人のラインを超え、75年には3,394人と3,000人のラインを超えた。[8]その後も日本人の数は増加を続け表6－7によれば80年には5,022人と5,000人台に達し、85年には5,088人に、90年には7,729人と8,000人台に近づいた。[9]男女別に見た場合表6－7によれば1950年代から一貫して男性の比率が女性を上回っており、2005年時点で16,553人中男性は10,183人で女性は6,370人と5対3で男性が女性を上回っていた。その内訳をみた場合、

表6-6　事由別台湾渡航日本人数

(単位：人)

| 年次 | 総数 | 業務・短期商用 | 海外支店赴任 | 学術研究調査 | 留学・研修 | 観光・その他 |
|---|---|---|---|---|---|---|
| 1965 | 13,976 | 6,091 | … | 250 | 11 | … |
| 1970 | 113,676 | 31,032 | … | 351 | 52 | … |
| 1975 | 358,621 | 34,906 | 937 | 165 | 111 | 321,083 |
| 1980 | 584,641 | 47,710 | 1,491 | 272 | 284 | 531,731 |
| 1985 | 618,511 | 69,796 | 2,025 | 657 | 431 | 541,917 |
| 1990 | 878,658 | 137,146 | 2,124 | 1,676 | 2,533 | 729,834 |
| 1995 | 823,435 | 190,816 | 1,482 | 2,676 | 1,507 | 622,864 |
| 2000 | 844,977 | 278,034 | 2,316 | 1,753 | 2,413 | 554,901 |
| 2005 | … | … | … | … | … | … |

出所：法務省『出入国管理統計年報』各年度版より作成。


表6-7　事由別台湾在留日本人数

(単位：人)

| 年次 | | 永住者 | 非永住者 | 民間企業 | 報道関係 | 自由業 | 留学生・研究・教師 | 本邦政府関係 | その他 |
|---|---|---|---|---|---|---|---|---|---|
| 1975 | 男 | 55 | 1,938 | 1,779 | 4 | 8 | 88 | 33 | 26 |
| | 女 | 246 | 1,155 | 1,025 | 2 | 3 | 60 | 26 | 39 |
| | 計 | 301 | 3,093 | 2,804 | 6 | 11 | 148 | 59 | 65 |
| 1980 | 男 | 36 | 2,967 | 1,637 | 2 | 17 | 185 | 77 | 49 |
| | 女 | 264 | 1,755 | 1,601 | 1 | 14 | 40 | 67 | 32 |
| | 計 | 300 | 4,722 | 3,238 | 3 | 31 | 225 | 144 | 81 |
| 1985 | 男 | 73 | 2,879 | 2,582 | 3 | 42 | 130 | 111 | 11 |
| | 女 | 186 | 1,950 | 1,764 | 1 | 31 | 64 | 84 | 6 |
| | 計 | 259 | 4,829 | 4,346 | 4 | 73 | 194 | 195 | 17 |
| 1990 | 男 | 59 | 4,648 | 847 | 0 | 18 | 4 | 29 | 0 |
| | 女 | 306 | 2,716 | 324 | 0 | 16 | 0 | 26 | 0 |
| | 計 | 365 | 7,364 | 1,171 | 0 | 34 | 4 | 55 | 0 |
| 1995 | 男 | 238 | 6,599 | 2,799 | 3 | 668 | 134 | 106 | 10 |
| | 女 | 432 | 3,418 | 318 | 0 | 54 | 97 | 40 | 11 |
| | 計 | 670 | 10,017 | 3,117 | 3 | 722 | 231 | 146 | 21 |
| 2000 | 男 | 191 | 8,783 | 805 | 0 | 27 | 26 | 28 | 43 |
| | 女 | 237 | 4,830 | 274 | 0 | 23 | 25 | 19 | 34 |
| | 計 | 428 | 13,613 | 1,079 | 0 | 50 | 51 | 47 | 77 |
| 2005 | 男 | 427 | 9,756 | 7,692 | 17 | 388 | 586 | 119 | 954 |
| | 女 | 414 | 5,956 | 3,145 | 12 | 191 | 671 | 132 | 1,385 |
| | 計 | 841 | 15,712 | 10,837 | 29 | 579 | 1,257 | 251 | 2,339 |

出所：外務大臣官房領事移住部『海外在留邦人数調査統計』各年度版より作成。

表6－8　在台日本人統計（2000年12月数現在）　　（単位：人）

| 地　域 | 男 | 女 | 計 |
|---|---|---|---|
| 台北市 | 5,177 | 3,235 | 8,412 |
| 基隆市 | 36 | 22 | 58 |
| 台北県 | 535 | 427 | 962 |
| 桃園県 | 565 | 173 | 738 |
| 新竹県 | 116 | 29 | 145 |
| 新竹市 | 453 | 129 | 582 |
| 苗栗県 | 51 | 24 | 75 |
| 台中市 | 620 | 378 | 998 |
| 台中県 | 81 | 49 | 130 |
| 彰化県 | 57 | 28 | 85 |
| 南投県 | 30 | 15 | 45 |
| 宜蘭県 | 37 | 35 | 72 |
| 花蓮県 | 32 | 15 | 47 |
| 台北管内計 | 7,790 | 4,559 | 12,349 |
| 雲林県 | 34 | 17 | 51 |
| 嘉義県 | 8 | 7 | 15 |
| 嘉義市 | 42 | 17 | 59 |
| 台南市 | 121 | 92 | 213 |
| 台南県 | 47 | 23 | 70 |
| 高雄市 | 1,003 | 539 | 1,542 |
| 高雄県 | 54 | 45 | 99 |
| 屏東県 | 36 | 28 | 64 |
| 台東県 | 10 | 7 | 17 |
| 澎湖県 | 1 | 0 | 1 |
| 高雄管内計 | 1,356 | 775 | 2,131 |
| 合　計 | 9,146 | 5,334 | 14,480 |

注：本統計は、3カ月以上の長期滞在者のみ（内政部警政署調査）。
出所：台湾研究所『台湾総覧』2001年度版、1031頁。

　非永住者は男性の比率が圧倒的に高く、逆に永住者の場合には女性の比率が男性を大きく上回っていた。これは、非永住者の多くが商用で単身台湾に渡った民間企業関係者で占められていること、逆に永住者の多くが台湾男性と結婚して渡台した者で占められた結果である。

　また2000年時点での在台日本人の居住地域をみた場合、台北市だけで8,412人、全体の54.5％、これに基隆、台中、高雄、台南の四市を加えると3,471人で全体の85.9％に達した。在台日本人の多くは大都市に居住しているのである（表6－8）。

## 第3節　日本人団体の活動

### 1．台湾省日僑協会

(1) 設立経緯

　まず戦後在台日本人団体の組織を概観しよう。日本人団体が台湾で活動を再開するのは日華平和条約締結直後の1952年以降のことであった。日華平和条約締結直後の52年に在台企業者の親睦を深める目的で結成された金曜会が最初の在台日本人団体であった。当時は国民党の戒厳令下で団体活動に関する規制が厳しかったため、団体というかたちをとらずに日本勧業銀行台北支店が中心となり毎週金曜日午前中に会合を開き台湾の金融問題を討論するスタイルをとった。外貨割当対策や駐在員の税金対策などについても意見を交換したという。当初は50人程度で鉄路飯店が会場でその後国賓大飯店に変更されたという。この集まりは金曜日に開くので金曜会と命名された。ここで討論されたことは金曜会の週報として日本企業に配布された。ときには時事通信社台北支局長を呼んでレクチャーを受けたこともあったという。金曜会の伝統はその後台湾日僑協会の法人支部となりさらにその後日僑工商会へと引きつがれていく事となる。[10]

　1961年8月に台湾省政府社会局より正式認可を受けて台湾省日僑協会が設立され、金曜会はその法人部会となった。1974年に丸紅の田村雄一郎が理事長に就任するまで、そのポストは初代高橋睿（三菱商事）二代目池田芳蔵（三井物産）を手始めに歴代三菱商事と三井物産代表が交互に勤め、この伝統は74年に丸紅の田村雄一郎が理事長に就任するまで継続した（表6-9）。それは発足当時は人手も事務所もなく「三菱・三井の事務所のなかに机を借りて片手間事務をしてい」たからだという。[11]日僑協会は、日本人学校の経営や大陸から移転してきた日本人女性や在台日本人の子弟の教育問題を解決するために政府公認の日本人団体の結成が必要となっていたのである。したがって、年1回の総会の際には事前に社会局に届け出て、政府関係者の出席を得て中華民国の国旗を掲げ国歌を吹奏してから会議を開始した。この伝統は95年まで続けられた。[12]表6-9にみるように理事長ポストは、その後80年代

表6-9　日僑協会、日僑工商会歴代理事長

| 西暦 | 中華民国 | 昭和平成 | 日僑協会理事長 | 日僑工商会理事長 |
|---|---|---|---|---|
| 1961 | 50 | 36 | 高橋 睿(三菱商事) | |
| 62 | 51 | 37 | 池田 芳蔵(三井物産) | |
| 63 | 52 | 38 | 池田 覚(三菱商事) | |
| 64 | 53 | 39 | 〃 | |
| 65 | 54 | 40 | 〃 | |
| 66 | 55 | 41 | 足利 繁男(三井物産) | |
| 67 | 56 | 42 | 〃 | |
| 68 | 57 | 43 | 濱崎 宏夫(三菱商事) | |
| 69 | 58 | 44 | 〃 | |
| 70 | 59 | 45 | 〃 | |
| 71 | 60 | 46 | 〃 | 前田 秀陽(DKB) |
| 72 | 61 | 47 | 永井 四郎(三井物産) | 〃 |
| 73 | 62 | 48 | 〃 | 塚本健次郎(伊藤忠) |
| 74 | 63 | 49 | 田村雄一郎(丸紅) | 〃 |
| 75 | 64 | 50 | 水野潤太郎(三菱商事) | 古川 昭三(DKB)<br>田村雄一郎(丸紅) |
| 76 | 65 | 51 | 岡田 和男(三井物産) | 樋爪 豊治(DKB) |
| 77 | 66 | 52 | 宮浦太郎昭(伊藤忠) | 大久保 明(三菱商事) |
| 78 | 67 | 53 | 坂元宇一郎(丸紅) | 柿沼 俊三(三井物産) |
| 79 | 68 | 54 | 吉井 淳(三菱商事) | 増田 公伯(DKB) |
| 80 | 69 | 55 | 三橋 英夫(アジア航空)<br>伊丹 義彰(住友商事) | 佐々木 清(伊藤忠) |
| 81 | 70 | 56 | 詫摩 秀一(三井物産) | 金丸 昭夫(丸紅) |
| 82 | 71 | 57 | 山中 芳朗(三菱商事) | 湯本 恭三(DKB) |
| 83 | 72 | 58 | 金丸 昭夫(丸紅) | 嶋澤 重夫(三井物産) |
| 84 | 73 | 59 | 奥田 至徳(伊藤忠) | 湯本 恭三(DKB) |
| 85 | 74 | 60 | 奥田 亨二(住友商事) | 山中 芳朗(三菱商事) |
| 86 | 75 | 61 | 井上 知行(DKB) | 中藤 隆之(丸紅) |
| 87 | 76 | 62 | 加藤 洋介(アジア航空) | 田附 将英(三井物産) |
| 88 | 77 | 63 | 石黒 浩一(三菱商事) | 田村 雅司(DKB) |
| 89 | 78 | 1 | 豊田 茂(日商岩井) | 笠井 昭彦(伊藤忠) |
| 90 | 79 | 2 | 穂積 真介(丸紅) | 渡辺 勝彦(アジア航空) |
| 91 | 80 | 3 | 植松 修三(三井物産) | 高倉 勇(住友商事) |
| 92 | 81 | 4 | 森 信博(DKB) | 山口 寛(三菱) |
| 93 | 82 | 5 | 内田 真弘(伊藤忠)<br>森 信博(DKB) | 塩入 隆(日商岩井) |
| 94 | 83 | 6 | 村瀬 省三(住友) | 山下 寿雄(三井) |
| 95 | 84 | 7 | 豊沢 浩一(三菱) | 加藤誠一郎(丸紅) |
| 96 | 85 | 8 | 白鳥 和夫(日亜航) | 柳北 恒夫(DKB) |
| 97 | 86 | 9 | 丸山 晃(日商岩井) | 別所 昭和(伊藤忠) |
| 98 | 87 | 10 | 加藤誠一郎(丸紅) | 角屋 毅(住友) |
| 99 | 88 | 11 | 石川 忠夫(三井)<br>白鳥(アジア) | 豊沢 浩一(三菱) |
| 2000 | 89 | 12 | 久保田民雄(DKB) | 長谷部和也(アジア) |
| 01 | 90 | 13 | 岩永 康久(住友) | 松本 光司(日商岩井) |
| 02 | | 14 | 武田 直哉(伊藤忠)<br>岩永 康久(住友) | 鎌田 智行(丸紅) |
| 03 | | 15 | 笠間 和博(伊藤忠) | 古川 寿正(三井) |
| 04 | | 16 | 藤田 二郎(日亜航) | 石丸慎太郎(瑞穂) |
| 05 | | 17 | 松本 光司(双日) | 笠間 和博(伊藤忠) |
| 06 | | 18 | 小椋 和平(三菱) | 岩永 康久(住友) |
| 07 | | 19 | 山脇 一成(丸紅) | 藤沢 隆雄(日亜航) |

注1：改名：台湾日本人会　2003年3月。
注2：台北市日本工商会　2007年4月。
出所：台湾日本人会資料による。

表6－10　台湾日本人会会員数推移

| 年度 | 台湾日本人会 法人会員（社） | 台湾日本人会 個人会員（人） | 台湾日僑工商会会員 |
|---|---|---|---|
| 1961 | 32 | 254 | |
| 1965 | 35 | 251 | |
| 1971 | 70 | 968 | 143 |
| 1976 | 68 | 922 | 156 |
| 1981 | 87 | 1,185 | 170 |
| 1986 | 98 | 1,376 | 191 |
| 1990 | 148 | 2,100 | 293 |
| 1991 | 151 | 2,016 | 321 |
| 1992 | 170 | 1,960 | 343 |
| 1993 | 186 | 1,890 | 369 |
| 1994 | 192 | 2,212 | 387 |
| 1995 | 212 | 2,193 | 397 |
| 1996 | 221 | 2,413 | 398 |
| 1997 | 213 | 2,488 | 397 |
| 1998 | 209 | 2,399 | 401 |
| 1999 | 211 | 2,249 | 406 |
| 2000 | 223 | 2,182 | 398 |
| 2001 | 340（高雄120含む） | 2,890 | 390 |
| 2002 | 315（高雄113含む） | 2,488 | 389 |
| 2003 | 315（高雄105含む） | 2,369 | 378 |
| 2004 | 300（高雄102含む） | 2,550 | 386 |
| 2005 | 306（高雄100含む） | 2,537 | 390 |

出所：台湾日本人会資料。

前半から丸紅、伊藤忠が、そして日商岩井、兼松、トーメン、ニチメン、住商、日本航空（後のアジア航空）、松下、日立が加わりこれらの企業から選出されていった。

機関誌が発行されたのは1966年のことで、『さんご』と命名された。それ以前9号ほど機関誌が発行されたが、それまでの雑誌名は『日僑協会雑誌』であった。その後『さんご』は現在まで継続刊行され、2004年11月で458号を数え台湾省日僑協会の機関誌となっている。

会員数は表6－10にみるようにスタート当初の1961年は32社、254人だったのが、年を追って増加し71年には70社、968人に、81年には87社、1,185人へと急増した。そして2001年には340社（高雄支部を含む）、2,890人（同左）と会員数、個人会員含めて史上最高を記録したのである。しかしその後は企

業の大陸移転にともない法人会員、個人会員ともに減少を開始している。また最近では台湾在住者の中には入会しないものも増えてきており、会費の割には見返りが少ないということで、会員数に陰りが見え始めているのである。

　2003年3月にその名称をこれまでの台湾省日僑協会から台湾日本人会に変更した。従来は台湾省の管理監督下にあったため同省の名称が冠としてつけられていたが、今後は中央政府行政院内政部の管理に入るため台湾省の名称をつける必要がなくなったこと、日僑という名称は現状において適切でないので、これをはずす必要が出てきたこと、であった。改称後の台湾日本人会の法人会員は315社、個人会員は2,369人と減少傾向を示している。これは、前述した2000年に入ってからの在台日系企業の大陸移駐にともない在台日本人企業人の数が減少したためである。

　(2)　活動状況

　1961年発足当時の活動としては、63年に発生した周鴻慶事件への対応があった。この事件は当時中国から訪日中の通訳の周鴻慶がソ連大使館に亡命、日本政府が彼を台湾ではなく中国へ帰還させる措置を取ったことに対し、国民政府が強く日本政府に抗議し、大使館員召喚、日本製品の政府買付け停止などの抗議措置を取ったのである。[13]この抗議行動の一環として日航オフィスの破壊や日本人学校への投石などが起きたため、これへの対応に台湾省日僑協会が前面に立ったのである。また1970年4月中国外相周恩来が発表した「周4原則」による台湾進出企業への大陸貿易規制と台湾側のこれへの反発にどう対応するかで、台湾省日僑協会および成立まもない台北日僑工商会は多くの時間を割くことを余儀なくされたし、続く71年10月の中国の国連加盟、[14]台湾の国連脱退、72年9月の日中国交樹立と日台条約失効に伴う日台国交関係の断絶は、民間組織としての台湾省日僑協会の位置と活動の重要性を増大させた。[15]当時日台関係に何らかの変化があった場合、日系企業の台湾投資資産はいかなる変化を受けるのかが、在台日系企業の最大の関心事だったが、行政院長蒋経国から「かりにその様な際でも、商取引で当地に資産を有している日系企業の資産は絶対に保証する」との確約を引き出すなどの活動を展開した。[16]その後台湾経済が対米貿易拡大で急成長をとげ、NIESの仲間入りをするなかで、対日貿易赤字問題が浮上する。台湾の対米貿易黒字が対日貿

易赤字で帳消しになることへの台湾経済界の不満が噴出したのである[17]。これに対して台湾省日僑協会と台北日僑工商会は、対日輸出品の開発と輸出、83年の関西経済団体連合会会長安西浩を団長とする「輸入等促進ミッション」の招聘など多様な貿易バランス回復活動を展開していた[18]。1985年に台湾での政治の民主化が促進され、中国との交流が拡大すると91年には最終的に台湾の戦時体制は終焉を迎えた。同時に在台日系企業の台湾進出が加速度化し始めると、これへの対応が重要な課題となっていく。また1990年には尖閣列島問題が日台領土紛争問題として浮上し、これへの対応が両団体の課題となっている[19]。90年代前半は、日本企業の中国シフトの強まりとともに台湾で活動する日系企業の中国連係が強まり始め、それにつれて在台日本企業数も横ばい、もしくは減少傾向をたどっている。そんななかで1997年にはタイのバーツ下落に端を発する通貨危機が東南アジアから東アジアに拡大した。また1999年9月には台湾中部を中心に地震が発生、台中地区の産業に打撃を与えた。台湾省日僑協会でもこれらへの対応が重要問題となった[20]。そして2002年には中国やベトナムには発生した重症急性呼吸器症候群（SARS：サーズ）が台湾にも発生し、これへの対応で日系団体は活動を展開した[21]。

(3) 日本人学校の運営

日本人学校の運営も日僑協会の重要な課題の一つである。日本人学校は1947年「国立台湾大学附設留台日籍人員子女教育班」なる名称で小中学部がスタートしたことに始まる。主に戦後国民政府に留用されていた日本人子女の教育目的で設立された。その後彼等が日本に帰国した後いったん49年には中学部は閉鎖されたが、53年には再スタートし同年5月には中学部を開設、「台北日本人小・中学校」と名称を変えた。しかし58年には再度中学部を閉校し翌59年には校名を台北日本人小学校と改称している。65年には名称を在中華民国日本国大使館付属台北日本人小学校と変え、68年には中学部を開設したことにともない、その名称を日本人小学校から日本人学校へと改称した[22]。この間表6－11にみるように1961年当時23人に過ぎなかった日本人学校生は、70年には271人へと増大していた。

1972年の日中国交回復と日台国交断行にともない72年にはその名称を台北日本人学校へと改称している。その後日本人学生の数は75年には396人に、

表6-11　日本人学校生徒数推移　　(単位：人)

| | 台北 | 台中 | 高雄 |
|---|---|---|---|
| 1961 | 23 | – | – |
| 1965 | 38 | – | – |
| 1970 | 271 | – | 11 |
| 1975 | 396 | – | 68 |
| 1977 | 439 | 6 | 131 |
| 1980 | 628 | 82 | 213 |
| 1985 | 730 | 117 | 215 |
| 1987 | 894 | 100 | 245 |
| 1988 | 1,096 | 125 | 246 |
| 1989 | 1,190 | 140 | 266 |
| 1990 | 1,183 | 134 | 219 |
| 1991 | 1,090 | 111 | 196 |
| 1992 | 1,048 | 112 | 202 |
| 1993 | 977 | 103 | 174 |
| 1994 | 953 | 114 | 173 |
| 1995 | 992 | 126 | 167 |
| 1996 | 946 | 136 | 184 |
| 1997 | 925 | 140 | 160 |
| 1998 | 885 | 122 | 171 |
| 1999 | 854 | 127 | 168 |
| 2000 | 837 | 113 | 201 |
| 2001 | 881 | 129 | 177 |
| 2002 | 889 | 136 | 187 |
| 2003 | 890 | 132 | 167 |
| 2004 | 823 | 134 | 192 |
| 2005 | 828 | 134 | 202 |
| 2006 | 810 | 133 | 204 |

出所：高雄日本人学校は『創立30年史』(2006年) より、他の台北・台中の日本人学校はヒヤリングによる。

そして80年には628人、85年には730人へと膨れ上がったのである。1990年には1,200人規模にまで拡大したが、90年以降は中学部を中心に減少を始める。その理由は、台北アメリカンスクールが台湾人の入学希望者の増加に伴い、米国籍を有するもの、ESL（英語を母国語としない生徒のための特別クラス）の授業を必要としないものを優先的に入れるために、日本人学校卒業者の入学が困難となったためである。[23] こうした生徒数減少問題に加えて、この年には学校の土地借地料値上げ問題が表面化し、その対策が台湾省日僑協会の問題となっている。[24] また1990年代に入ると両親のいずれかが台湾人というケー

スが増加し、93年には学校入学者は原則日僑協会会員だが、学校長が認め学校運営委員会、日僑理事会が承認した場合には、それ以外でも認可することが決定された。さらに94年には日本人学校の国際化の視点から両親が外国籍でも日本での修学経験を有するなど特別の場合には修学を許可することが決定された。こうして片親が台湾人というケースが増加する中で、昼食弁当を持参しない生徒が全体の10％以上に上るため、校内での弁当販売を認めるなどの措置をとる必要性が生まれてきた。

1977年に台中にも台北日本人学校台中分校が開設され、同年開校式を実施、79年には学生数の増加にともない台中日本人学校として独立、80年には第1回卒業生を輩出した。その後台中の懸太平市に移転、プール、体育館整備などを実施し、86年には10周年記念式典を実施するなど順調に拡大を続け、10年後の87年には生徒数117名を数えるに到った。その後97年には20周年を記念する式典を実施し、98年にはコンピューター室を整備するなど設備の拡充に勤めたが、99年9月に台中を襲った9・21大地震により校舎の一部が崩壊、仮校舎での授業を継続した後2001年には台中縣大雅郷に移転した。2006年時点での生徒数は小中学校生含めて133名を数えている。

高雄にも日本人学校が設立されている。設立は1969年で、当初は高雄日本人親睦会高雄日本人学校としてスタートした。その後高雄日本人会高雄日本人学校と改称し、さらに71年には在高雄日本国総領事館付属高雄日本人学校と改称した。このとき中学部補習校の開設を決めている。しかし72年に国交が断絶されると領事館が閉鎖され、これにともなって校名も高雄日本人学校と改称された。この間校舎の増築、プールの建設、高雄周辺の学校との交流や修学旅行を通じたフィリピン、シンガポール、マレーシア、タイの中学生との交流や他の台湾各地の中学校との交流などを推し進めた。児童・生徒数も出発当時の69年にはわずかに4名にすぎなかったが、80年には213名に89年には266名を数えピークを迎えている。その後生徒数は漸減を開始し、以降150名から200名の間を上下し、2006年204名を数えている。

## 2．台北市日僑工商会

台北市日僑工商会が結成されたのは1971年3月のことだった。金曜会の伝統を引き継いだ台湾省日僑協会法人支部が、台北市社会局の許可を得て分離

独立して結成されたのがこの台北市日僑工商会だった。1970年から71年にかけての台湾の国際的地位の低下、台湾との国交断行国の増加、ニクソン訪中発表、71年10月の中国の国連加盟、台湾の脱退といった中国の国際舞台への進出のなかで、より強力な団体の出現が望まれたのである。特に企業が手早く意見書を纏めて行動するには、企業だけの組織があったほうがよい、というのが分離の最大の理由だった。[31]

初代理事長には日本勧業銀行台北支店長の前田秀陽が就任した。当時台北で活動していたのは日本勧業銀行だけであり、該行が金融活動の中心であったから同行支店長が就任するのは自然の流れだった。初代理事長に就任した前田秀陽は「具体的な活動といたしましては、従来金曜会が行なって来ました毎週金曜日の昼食会を引続き開催する外、業種別による部会を編成し、会員相互の意見交換、共同調査研究を行なうと共に、機会をとらえて当国の各界同業団体との親睦、意見交換等も積極的に進めてまいりたい」[32]と考えている旨の挨拶を行なった。

歴代の理事長名、出身企業名は前掲表6-9を参照願いたい。設立当初は法人143社、個人会員527人が参加してスタートした。4月22日に円山飯店で開催された設立披露パーティには何応欽を初め国民党幹部が多数出席した。[33] 1972年9月日台国交断絶が宣言されたとき、前述したようにそれに先立つ7月、台北市日僑工商会の幹部は行政院長蔣経国に呼ばれ、いかなる事態があっても日系企業の資産は絶対に保証する、との約束を取り付けたといわれている。

会自体は10年後の85年には法人170社、個人会員498人、15年後の1986年には法人191社、個人会員513人へ、20年後の1991年には法人321社、個人796人へと拡大した。この間増加する日本人の子弟教育が大きな問題となり、80年代初頭には新校舎設立問題が表面化し、台北市日僑工商会も資金集めに重要な役割を演じたのである。[34] 活動も多様化した。理事21名、監事3名、合計24名をもって構成される理監事会のもと[35]総務・商務・催事・基金運営・会報の5つの委員会が具体的会務運営を行い、繊維、医療品、化学品、一般機械、自動車、電機電子、金属、食料品、運輸観光サービス、建設、金融財務、商社、流通、合弁会社、物資、情報通信の16部会が作られ、各部会が、勉強会や情報交換活動を展開した。[36]

同様の動きは高雄市にも現れた。当初は高雄市日僑工商会という名称が考えられたが、結局は台湾省日僑協会高雄支部という線で落ち着いた[37]。台中にも輸出加工区ができると日系企業が投資を開始し、その結果日系企業が増加したので、台湾省日僑協会台中支部が結成された[38]。

## 3. フォルモサ在留邦人会

その後1985年頃に前述した台北市日僑工商会、台湾省日僑協会とは別に、新たに国際結婚したり永住日本人を中心にフォルモサ在留邦人会が結成された。きっかけは子供の教育問題だった。当時日本人学校へ入学する国際結婚者の子弟は全体の10％から20％で、全体のカリキュラムは、子弟を卒業後に日本の教育機関に送り込む目的でつくられ、そのための進路指導が中心的に行われていた。事実全体の70％は日本の高校へ進学するので、そうした道に進むには問題は少なかったが、逆に台湾の高校やアメリカンスクールへの進学を希望する国際結婚者の子弟の為の指導は充分ではなかった。そうした状況下で、彼らが教育問題を中心に台湾で生活するための相互扶助組織として結成されたのがフォルモサ在留邦人会であった。会長は外洋機械有限公司総経理の荒井雄吉で、会員は約50人程度であるが、出入りが多い。月1回日本人会、商工会の会合の後で幹事会を開いている。幹事は会長の荒井のほか元丸紅社員古賀正人、京王貿易総経理山崎肇、印刷会社社長石原孝信の計4名である。荒井は在台30年、古賀は50年、山崎は32年、石原は35年とそれぞれ台湾に根を張った生活をしている。会費は年間1000元であったが、2002年以降は徴収していない[39]。

## 4. なでしこ会

台湾人男性と結婚した日本人女性の会で、成立は1975年である。当初は日本人妻7人が月1度の親睦を目的にした食事会からスタートした。当初は「大根の会」と称していたが1985年になでしこ会に改称した[40]。70年代末会員数が20名だった同会は、84年には45名となり会の責任者に梅村京子を選出した。会の目的は「会員がよりよい家庭を築き、心身ともに明るく豊かな生活が送れるよう、会員相互の親睦と互助を目的とする」(「主旨」[41])として「宗教やイデオロギー的なものにとらわれない純粋な親睦をめざす。先輩たちの体験

を学び、後輩の相談に乗るという世代を超えた交流を続ける。友達を探す貴重な場」(「目的[42]」)と位置づけている。90年からは役員制を導入し、会長以下6名選出、企画、会報、会計担当を決め、会報の発行、ボランティア活動を行なうことなどを決定した[43]。91年1月には写真入り名簿の作成を、12月には日僑協会会報『さんご』での同会紹介、93年8月にはNHK大阪の取材による関西、沖縄ネットワークでの報道などを通じて、会の宣伝活動が行なわれた。この間95年2月の阪神大震災や99年9月の台中集集大地震への義捐金募金や台湾大学病院での奉仕などのボランティア活動を展開している。会員数も84年の45人から90年には58名、95年には100名を超えた。2003年現在の会員数は約160名である[44]。

## 5．居留問題を考える会

居留問題を考える会が発足したのは1998年1月のことである。直接の契機は外国籍配偶者が伴侶の死後なんらの補償も受けられない現実を憂慮し、そうした問題の解決を目的に結成されたボランティアグループである。この団体の特徴は、外国籍配偶者の法的地位の改善のためにそのネットワーク作りに主力を注ぐと同時に法制面での整備を目指して立法院、立法委員や政府機関への書名請願、陳情・建議、公聴会への参加など多彩な活動を展開していることにある。その他講演会や座談会、勉強会など地道な活動も展開しており、日本の大学機関や台湾内の諸団体と関連をもつなど、その活動はインターネットを活用したグローバルな内容を伴っている。会員は330名、日台国際結婚をした日本人妻、台湾人妻、そして日本人の夫、台湾在住日本人がメンバーで、全台湾的規模で組織が広がっている。台北、対中、台南、高雄に役員がいる。この間の活動は、「在台邦人（国際結婚）各界連絡リスト」の配布作成、外国籍配偶者や子女の居留積問題や国籍取得などの居留関連法規の改正に向けた運動を行なっていたが、台湾人配偶者との離婚や死別による継続居留不能といった問題が解決されつつあり、国籍法の改正による国際結婚家庭の子女の中華民国国籍取得、重国籍も容易となった[45]。

## おわりに

　台湾での日本人団体の活動を概観した。台湾の日本人団体は2000年代に入り大きな変化を迎えている。それ以前は日僑協会と日僑工商会を軸に日本企業の活動と企業人、その家族をどのように組織し、支援していくかに向けられていた。事実台湾在住日本人の大半は日系企業に帰属する人々であり、その家族たちであった。しかし2000年代に入るとこうした従来の団体活動に大きな変化が生まれてきている。もっとも大きな変化は、在台日本人のうち企業人が急速に減少したことである。2000年以降中国大陸での企業活動の活発化にともない、生産基地を大陸に移転させる企業が続出し、その結果日本人数とその家族数が減少した。いま一つはこれまで日僑協会、日僑商工会の主要な事業の一つだった子弟の教育が変化し始めたことである。これまでは、日本の大学へ入学するための教育が日本人学校の主要な課題だったのが、グローバル化のなかで、欧米の大学への進学希望が高まり、日本人学校への入学希望者が減少したこと、これまでの日本人中心の教育から日台ハーフの子弟の数が増加する中で、それに適合した教育内容が求められるに到ったこと、などを反映して教育内容が変化してきたことである。さらには、企業離れと現地化の進行のなかで、在台日本人の要求内容が多様化し、これを日僑協会や日僑工商会が吸収できなくなった結果、数多くの新規団体が生まれ始めたことである。「フォルモサ在留邦人会」、「なでしこ会」、「居留問題を考える会」などの誕生はそれを物語る。今後は、こうした新規団体と旧来の団体がどのように結合しつつ補塡し合えるか、が大きな課題となろう。

注
1)　台湾の日本人団体の活動を分析した著作は、いまのところ未見である。紹介したものとしては台湾省日僑協会編『台湾省日僑協会30年史』がある。しかしこれは、1990年代初頭までしかカバーしておらず、同協会の事業史としての制約を有している。
2)　2・28事件に関しては、近年多くの研究成果が発表されている。代表的なものとして何義麟『2・28事件―「台湾人」形成のエスノポリティクス』東京大学出版会、2003年、参照。

3） 拙著『戦後日本資本主義と「東アジア経済圏」』御茶の水書房、1982年、第1部第4章参照。
4） 輸出加工区の特典、その実態に関しては拙著『東南アジアの日系企業』経済評論社、1992年参照。
5） 水橋佑介『電子立国台湾の実像』ジェトロ、2001年及び拙著『産業空洞化の克服』中央公論新社、2003年。
6） 台湾研究所『台湾総覧』1977年度版、777頁。
7） 同前。
8） 同前。
9） 同前。
10） 金曜会発足当時の事情に関しては、元三菱商事豊沢浩一氏への2002年10月23日早稲田大学アジア太平洋センターでのヒヤリング、および2004年11月23日台湾日本人会総幹事黄哲雄氏への台湾日本人会（台北市中山北路）事務所でのヒヤリングによる。
11） 『日僑協会30周年日僑工商会20周年記念特集号』45頁。
12） 注10）に同じ。
13） 前掲『日僑協会30周年　日僑工商会20周年記念特集号』49-50頁。
14） 同前書、21頁。
15） 同前書、22頁。
16） 同前。
17） 同前書、26頁および対日貿易赤字に関しては拙著『戦後日本資本主義と「東アジア経済圏」』御茶の水書房、1983年第1部第4章参照。
18） 同前書、27頁。
19） 「台湾省日僑協会事業報告」1990年。
20） 「台湾省日僑協会事業報告」1998年。
21） 「台湾省日僑協会事業報告」2003年。
22） 台中日本人学校のホームページによる。
23） 「台湾省日僑協会事業報告」1991年。
24） 「台湾省日僑協会事業報告」1991年、1992年。
25） 「台湾省日僑協会事業報告」1993年。
26） 「台湾省日僑協会事業報告」1995年。
27） 「台湾省日僑協会事業報告」1993年。
28） 台中日本人学校への電話インタヴューによる（2006年11月15日）。
29） 高雄日本人学校『平成18年度学校要覧』。
30） 同前。
31） 前掲『日僑協会30周年　日僑工商会20周年記念特集号』21-22頁および前掲元三

菱商事豊沢浩一氏、台湾日本人会総幹事黄哲雄氏へのヒアリングによる。日時、場所は注10）と同じ。
32）　台北市日僑工商会『会報』1971年5月　5頁。
33）　前掲『日僑協会30周年　日僑工商会20周年記念特集号』21-22頁。
34）　同前書、25頁。
35）　「台北市日僑工商会会則」2001年7月現在。
36）　「台北市日僑工商会運営要領」2004年4月現在。
37）　注10と同じ。
38）　同前。
39）　フォルモサ在留邦人会の山崎峰氏への2004年11月23日中央研究院でのインタビューによる。
40）　『「なでしこ会」の概要』（パンフレット）。
41）　『なでしこ会会則』（パンフレット）。
42）　『「なでしこ会」の概要』（パンフレット）。
43）　同前。
44）　同前。
45）　「居留問題を考える会」ホームページによる。

第7章

# 香港における戦後の日本人団体
―香港の経済発展と日本企業の活動を視点に―

内 野 好 郎

## はじめに

　香港における日本人団体は、日本企業の進出とともに、在留日本人数が増加するなかで、情報交換、子弟教育、現地との交歓・交流活動を目的に結成され、その役割を果たしてきた。こうした点は他のアジア拠点と同様であるが、しかし、香港としての特徴もみることができ、本論ではそうした点についても明らかにしたい。

　香港は英国の植民地であったことから、賠償問題等は政府間では早期に解決した。このため、サンフランシスコ条約締結後直ちに日本企業の進出が始まり、日本人倶楽部も早い段階に設立された。また日本企業にとって当初は販売市場としての香港の魅力もあったが、後には生産拠点として、低賃金を求めて日本企業は進出していった。しかし、その後香港も経済発展するにともなって人件費が上昇し、日系企業も生産拠点を隣の広東省に移した。これによって香港経済は空洞化したわけではなく、金融、貿易、情報の拠点として活性化していく。また香港は改革開放を進める中国への進出の窓口としての役割も重要となった。こうした香港の変遷が、それぞれの節目で日本人商工会議所の会員企業数、日本人倶楽部の会員数、日本人学校の生徒数の増勢を強める要因として働いていたことが、両者を重ね合わせることによりわかる。また商工会議所の会員企業の顔ぶれの変化からも、産業構造の変化を読み取ることができる。

　第1節で香港の特殊性を理解するために、英国の植民地になった時点から、1997年の中国への返還にいたる経緯について鳥瞰する。第2節では戦後香港の経済発展とともに日本企業がどのような形で香港と関わったのかを検討し、第3節では、そうした中で日本人団体がどのように誕生し発展していったのか、またどのような役割を果たしたのかを分析する。香港の日本人団体の特徴のひとつとしては、現地のコミュニティーとの交流を通じて、日本人社会

を少しでも理解してもらおうといった試みの活動が多くみられる点である。ひとつの例としては、日本人倶楽部によるバザーの収益金の寄付や労働奉仕といった慈善活動があげられる。こうした活動においては婦人会の果たした役割が伝統的に大きかった。

香港は2007年に返還10周年を迎える。そこで返還以前に懸念されていたことが、その後どのようになっているかという点についても、第3節5で今後香港における日系企業や日本人コミュニティーの発展のあり方との関連で考察した。

## 第1節　香港の概要

本論に入る前にまず香港について概観してみよう。香港は人口694万人、香港島、九龍半島、新界地区と235の小さな島からなっており、その面積1,103.72平方キロメートル（東京都の約半分[1]）、一人当たり国民所得は26,020米ドルでアジアにおいては日本についで第2位である。1997年7月1日より中華人民共和国香港特別行政区となったが、それまではイギリスの植民地であった。アヘン戦争後の1842年に南京条約により永久割譲された当時の香港島は、時のイギリス外相であったパーマーストーンがその割譲にあまり感銘しなかったように、民家もまばらな「不毛の島」であった[2]。その後1856年10月には珠江に停泊中の英国旗を掲げたアロー号を中国の官憲が捜索したことに端を発した第二次アヘン戦争が起こった。イギリスの武力に圧倒された清国政府は戦争を終結させるため北京条約により九龍半島もイギリスに永久割譲した。さらに1898年には新界地区を99年間の期限付きでイギリスが租借することになった。1997年とはすなわち、この租借期限が切れる年だったのである。英中間で香港の返還交渉が本格化したのは1983年7月であり、翌1984年9月26日に北京の人民大会堂で香港の主権返還に関する中英合意文書に両国が仮調印した。イギリスとしては、香港島、九龍半島の返還義務はなかったが、新界地区が香港の面積の93％を占め、水も電力もこの地域を経由してきており、香港一体としての価値を保つために、すべてを返還することにしたとも言われている。

イギリスの植民地となった香港は、その後の歴史的な変遷を経て、アジア

経済の中で強力なネットワークをめぐらす華僑、華人が拠点とする国際金融、貿易の中心として発展を続けた。さらに1979年に始まった中国の改革開放政策により、日本を初め各国企業が中国へのゲートウェイ（入り口門）として香港に拠点を構えるようになり、香港は更なる発展を続けている。

　最初に香港に定住した日本人は九州からの漂流民、原田庄蔵他３名で、1845年にマカオから香港に移住し定住したといわれている。日本領事館が開設された1873年の在留邦人は12名であった。1878年になると三井物産、広業商会等の企業の拠点が開設された。「1904年日露戦争の戦勝や富国強兵政策による産業の発展を背景として大企業の香港支店開設も活発」になり1905年に日本人倶楽部が設立され、1909年には在留邦人の数は1,000人を超えた。その後日本人懇話会が設立され、日本人会は日本人倶楽部と日本人懇話会に分裂していたが、1920年に新設の日本人会に統一された。

　1941年12月太平洋戦争の開始とともに、日本軍が広東省経由で香港へ進撃、12月25日にはイギリス軍が降伏し、それから終戦まで日本軍による軍政が敷かれた。香港の食糧事情を勘案し適正人口にするとの名目のもと、多くの住民がマカオや広東省に移住させられ、終戦時の人口は60万人に減少していた。その後、1947年に中国で国共内戦が始まると、大陸から逃れてきた人々の流入もあり、1947年には人口が180万人と日本の占領直前の状態にまで回復した。その後も大陸からの人口流入が続き、1950年代後半には236万人に増加し、これにより工業化に必要な労働力を確保することができた。また上海から香港に入ってきた人々は、繊維製造等の技術や資本を持っているものも多く、その後の香港発展の礎となったといわれている。

　1984年にイギリスから中国への返還が決定したこと、さらに1989年におきた天安門事件は、「今日の北京は明日の香港ではないか」と香港の人々の気持ちを大きく動揺させた。香港は、自由放任主義（レセフェール）体制によって、これまで発展してきたのであり、社会主義国の中国に返還された後も経済発展ができるのか、自由が保証されるのか大いに心配された。1990年には中国に返還後の体制を明らかにした、「香港特別行政区基本法」が制定され、返還後50年は現行の経済体制を変更しない、「一国二制体制」をとることが決まった。それでも返還が近づくにつれ、市民の間で不安が昂じ、管理者、技術者、教師などの「頭脳流出」が続いた。筆者が香港に赴任した1995

年は、2年後に迫った返還の後の香港がどのようになるか予測した本が多く出版された年であった。こうした不安要素があったにもかかわらず急激な円高の影響もあり、日系企業の香港進出意欲は旺盛であった。返還後アジア通貨危機の発生により、香港経済は一時的に停滞したが、その後持ち直した。

香港が「天然の良港」であるということの意義は現在も変わりなく、上海に比べ香港が依然優位な地位を保つであろうと予測される大きな要因の一つである。筆者は2006年の1月に香港を6年ぶりに訪問したが、1995年に想定された懸念の多くは後に第3節5で見るように、かなり払拭されたように思われた。

## 第2節　香港の経済発展と日本企業

### 1. 香港の工業化政策と日本企業

香港の工業化は1950年代のアパレル産業、ラジオの組み立て、玩具・雑貨に代表される軽工業の勃興をもって始まった。繊維産業は戦前から香港を代表する産業であったし、ラジオの組み立ては労働集約的な電気産業の典型だった。香港の産業を支えたのは大陸から流入する資金と労働力であったことは既に第1節で述べたが、英連邦特恵関税を利用して香港から低い関税率で英国連邦諸国に輸出できることも発展のための大きな要因であった。ことに1950年の朝鮮戦争の勃発により、国連は中国への戦略物資の輸出を禁止し、香港もこれに従ったため、大陸への中継港としての香港にとっては大きな痛手となった。[9] こうした環境の変化に対応して、香港は工業製品の輸出による成長を目指す、輸出志向型の経済へと転換していった。1960年代後半のベトナム戦争がこの香港の工業化にさらに拍車をかけた。香港はベトナム戦争に際してはアメリカの補給基地としての役割を果たすために、外資の導入を促進したからである。香港の成長にとって、貿易、特に工業品の輸出の果たした役割は大きい。香港の輸出依存度は1961年の65.1％から1985年には90％、1994年には114.8％に上昇している。最近では中国からの製品の再輸出が伸び、2000年には輸出依存度が119.6％、2004年には157.0％にまで上昇している。[10]

こうした香港の工業化に日本企業は大きな役割を果たしている。香港は1950年代における日本企業のもっとも早い海外進出先のひとつであった。戦

後の香港と日本の経済関係の再開は1952年の講和条約の発効後となるが、1953年に東京銀行の支店が開設されたのを皮切りに、大手商社や海運会社が次々と支店を開設した。戦後香港に設立された最初の日本企業は、1956年に東レ株式会社と三井物産株式会社の合同出資で設立された商事会社トライオン（Trilon Co., LTD）であった。1950年代半ばから1960年代半ばにかけて、日本の合成繊維輸出は大きく伸張し、東レは活発な輸出戦略を展開したが、トライオンはこうした状況を予想して重要性の増しつつある香港市場で優位を占めるために設立された会社であった。[11] 1960年代には日本経済は高度成長期に入り、日本国内の賃金水準が高騰したので、労働集約的な産業による対外直接投資の自由化が進められ、従来の商業分野を中心とした進出から、繊維工業や雑貨品の製造等の労働集約的な製造業が進出するようになった。[12] その後「香港暴動」[13]や中華人民共和国で起こった文化大革命の影響もあり、日本からの直接投資はいったん停滞するが、1969年以降の香港経済の回復にともない、香港進出の日本企業数は増加し始めた。特に1971年8月のニクソンショックによって戦後のブレトンウッズ体制は崩壊し、やがて円も変動相場制に移行した結果、日本は急速な円高に見舞われることになった。こうした事態に対応するために、低賃金を求めて日本のアジアへの直接投資は急増するが、香港も投資対象国のひとつであった。1965年から1969年の5年間で、日本から香港への直接投資の実績は111件、11百万ドルであったのに対し、1970年から1974年の同実績は、608件、253百万ドルへと大幅に増加した。[14] またこれと連動して、日・港間の貿易額も急増し始めた。日本企業の香港進出ラッシュは73年に第一次オイルショックの影響で挫折するが、しかし75年以降再び景気が回復し、アパレルに代表される繊維製品の伸びが香港の高度成長を支える重要な柱となった。当時日本、中国、台湾、韓国から原糸、織布を輸入し、これを素材にアパレル産業を育てることに成功した香港は、対米輸出を軸にアパレル製品を輸出する世界最大の縫製基地に成長した。1980年代になるとアパレルから電機・電子産業の基地として、その重要性を増加し、日本からの企業進出数、投資額、貿易額ともに急増していった。こうして香港は、台湾、韓国、シンガポールと並ぶアジアの「四小龍」の一角を占める高度成長地域に成長した。

1980年代に入ると香港の産業構造は大きく変化し始めた。香港の第一次産

表7−1　香港の産業構造の変化　　　　　　　　　　　　　　　　（単位：％）

| 業種／年 | 1960 | 1970 | 1975 | 1980 | 1985 | 1990 | 2000 |
|---|---|---|---|---|---|---|---|
| 農業 | 3.4 | 2 | 1.4 | 0.8 | 0.5 | 0.3 | 0.1 |
| 鉱業 | 0.3 | 0.2 | 0.1 | 0.2 | 0.2 | − | 0.0 |
| 製造業 | 23.6 | 30.9 | 26.9 | 23.8 | 21.9 | 17.2 | 5.8 |
| 電気・ガス・水道 | 2.4 | 2 | 1.8 | 1.3 | 2.7 | 2.3 | 3.2 |
| 建設 | 6.2 | 4.2 | 5.7 | 6.7 | 5 | 5.3 | 5.2 |
| 卸・小売、ホテル・レストラン | 21.9 | 19.6 | 20.7 | 20.4 | 21.8 | 25.4 | 26.4 |
| 運輸・倉庫・通信 | 9.6 | 7.6 | 7.2 | 7.5 | 8.1 | 9.7 | 10.2 |
| 金融・保険・不動産 | 17.4 | 14.9 | 17 | 22.8 | 163 | 23 | 23.7 |
| サービス | 15.3 | 18 | 18.7 | 12.5 | 17.3 | 15.4 | 20.5 |
| その他 | N.A | 0.6 | 0.5 | 4.0 | 6.2 | 1.4 | 4.8 |

出所：1960年から1990年までは『香港返還』91頁。2000年の数字は『香港統計年鑑』2004年。

業の比率はもともと低かったが、1980年には0.8％と１％をきっており、食料は海外からの輸入に頼っている。1970年代の香港の高度成長に寄与したのは製造業であった。1970年にはGDPの30.9％を製造業が占めるに至ったが、その後労働力不足による賃金の上昇により香港の製造業の競争力は低下し、製造業のGDPに占める割合も低下していった（表７−１）。

　1985年のプラザ合意による円高の進行によって香港経済は86年、87年にわたり二桁成長を遂げたが、80年代末になると労働力不足が深刻化し、賃金や地価も高騰し、環境問題も出現するといった成長に対するボトルネックが現れてきた。

　こうした環境変化に対し香港の製造業は1990年代に入ると華南への進出を図った。その結果GDPに占める製造業の比率は93年には11.4％に、2000年には5.8％に低下している。その分金融・保険・不動産、卸・小売、ホテル・レストラン、サービス業といった分野の占める割合が上昇している。

　日系企業の中では香港社会に溶け込んで活動している企業もある。イオングループのスーパーマーケットは日系人のみならず現地の人が多く利用している。日系のデパートはピーク時には大丸、三越、松坂屋、そごう、西武等があったが、家賃の高騰もあり、その多くが撤退している。

表7－2　香港における金融機関数の推移

|  | 1994年 | | 2001年 | | 2003年 | | 2005年 | |
|---|---|---|---|---|---|---|---|---|
|  | 全体 | うち日系 | 全体 | うち日系 | 全体 | うち日系 | 全体 | うち日系 |
| 免許銀行 | 180 | 45 | 147 | 20 | 134 | 13 | 133 | 12 |
| 限定免許銀行 | 63 | 12 | 49 | 5 | 42 | 4 | 33 | 3 |
| 預金受入銀行 | 137 | 37 | 54 | 7 | 39 | 5 | 33 | 4 |

出所：Hong Kong Monetary Authority Annual Report 1995, 2005.

## 2．国際金融センターとしての香港の役割と邦銀

　香港はアジアにおける国際金融の中心地である。90年代初頭から香港の金融市場としての役割が高まり、多くの日系の銀行が進出し、「カラスの鳴かない日はあっても、日本の地銀の進出しない日はない」とまで言われた。1994年末では邦銀の支店45行、駐在事務所は25行を数えた（表7－2）。

　為替管理や資本規制のない自由な金融環境のもとで、香港では為替や資金のインターバンク取引が盛んであり、国際金融業務を活発に行う国際的な金融機関を集積することが可能であった。また中国に生産拠点を移した香港の製造業者向けの貿易金融を中心とした与信業務、香港地場の大手デヴェロッパー宛のシンジケーション業務は収益性の高い業務であった。1995年当時、邦銀は日本国内ではバブルの後遺症に悩まされビジネス機会が少なかったので、高い成長を続けるアジア、特にマネーセンターである香港、シンガポールへの資源の集中を図っていた。

　香港は常に新しいものを素早く導入する傾向がある。香港が日本よりも早期に導入したものとしてはRTGS（Real Time Gross Settlement）がある。RTGSとは即時グロス決済システムであり、銀行間の各取引の資金決済を瞬時に行おうとするものである。これにより支払い不能に陥った銀行の影響が他の銀行に連鎖するリスクを回避しようとする試みであるが、日本よりも早く1996年12月に導入された。非接触型のカードシステムも1996年にはすでに地下鉄（MTR）の駅で実験的に導入されていた。また金融業務ではシンジケーションや証券化業務も盛んであったし、そこにはこれらの業務を支える弁護士、会計士も揃っていた。ローンの契約書は、中国語とともに公用語である英語で作成され、英語に堪能なスタッフも香港では容易に採用することができた。

しかしアジア通貨危機や BIS 規制の影響、さらには日本国内における不良債権問題の影響もあり、96年から、かなりの数の金融機関が香港から撤退した。その後、日系の銀行は邦銀同士の合併によりその数はピーク時より減少したが、不良債権処理も一段落した現在、依然として、進出銀行数、資産残高等で高いシェアーを維持している。銀行数では免許取得銀行133行のうち日系銀行が12行占めており、香港における金融資産に占める日系金融機関のシェアーは2004年末で約8％となっている。

### 3．委託加工貿易の進展と日系企業

香港の労働力不足に対応する形で、香港の製造業は隣接する広東省に生産拠点を移転させた。1970年代末から始まった中国の改革・開放路線により、深圳、珠海等に経済特区が設けられ対外開放の先駆けとなった。1984年にはその近隣の珠江デルタ地帯は沿海経済開放区に指定された。ことに1992年に鄧小平が華中・華南地区を視察し改革開放の加速を訴える南巡講話を発表してから、こうした地域で委託加工方式が一層盛んになった。委託加工（中国では、来料加工と呼ぶ）方式とは、機械設備や部品・原材料は香港から持ち込み、完成した製品は香港側が引き取り、加工賃だけを支払うといった方式である。これにより香港と中国の間では、商品開発やマーケティングは香港で行い、生産・加工は広東省の委託工場や子会社で行って、その製品を香港経由輸出するといった分業体制が確立した。この方式のメリットとしては、関税と付加価値税が徴収されないこと、中国に現地法人を設立する必要がないので出資金が不要であり、また撤退する際も、地元の市や鎮などの地元政府系企業と結んだ契約を解消するだけで済み、現地法人を設立して撤退する場合より容易である点があげられる。一言で言えば華南における「来料加工」は、形式上委託加工貿易契約でありながら、外国法人が自ら華南に現地法人（工場）を設立し、運営するのとほぼ同様の効果が得られるわけである。日本企業の場合はまず香港法人を設立する必要があるが、香港での会社設立は容易であり企業所得税も低い。香港法人は部材の調達や資金決済、再輸出を行うが、その際に香港の世界最高水準のインフラを使用することができるのである。

委託加工方式の進展により香港の貿易構造がさらに変化した（表7－3）。

表7－3　香港の主要市場（国別貿易構造）

（単位：百万香港ドル）

|  | 1990 | 1995 | 2000 | 2003 | 2004 |
|---|---|---|---|---|---|
| （地場輸出） |  |  |  |  |  |
| アメリカ | 66,370 | 61,250 | 54,437 | 39,130 | 38,636 |
| イギリス | 13,496 | 10,941 | 10,681 | 7,762 | N.A |
| ドイツ | 17,991 | 12,178 | 9,294 | 4,853 | N.A |
| 日本 | 12,079 | 11,877 | N.A | NA | 2,812 |
| 中国 | 47,470 | 63,555 | 54,158 | 36,757 | 37,898 |
| 地場輸出合計 | 225,875 | 231,657 | 180,967 | 121,687 | 125,982 |
| （再輸出先） |  |  |  |  |  |
| 日本 | 24,376 | 70,081 | 82,050 | 91,154 | 104,733 |
| 中国 | 110,908 | 384,043 | 488,823 | 705,787 | 850,645 |
| 台湾 | N.A | N.A | N.A | N.A | 44,447 |
| アメリカ | 87,752 | 230,997 | 311,047 | 285,084 | 302,964 |
| ドイツ | 23,406 | 45,770 | 50,599 | 51,369 | N.A |
| 再輸出合計 | 413,999 | 1,112,470 | 1,391,722 | 1,620,749 | 1,893,132 |
| 輸出合計 | 639,874 | 1,344,125 | 1,572,689 | 1,742,436 | 2,019,114 |
| （輸入） |  |  |  |  |  |
| 中国 | 236,134 | 539,480 | 714,987 | 785,625 | 918,275 |
| 日本 | 103,362 | 221,254 | 198,976 | 213,995 | 256,141 |
| アメリカ | 51,788 | 115,078 | 112,801 | 98,730 | 111,994 |
| 台湾 | 58,084 | 129,266 | 124,172 | 125,203 | 153,812 |
| 輸入合計 | 642,530 | 1,491,121 | 1,657,962 | 1,805,770 | 2,111,123 |

出所：『香港統計年刊』2000年、2004年及びJetro香港資料により作成。

　すなわち香港の地場輸出は減少の一途をたどる一方で、再輸出の割合が高くなった。1995年には香港の総輸出に占める再輸出のシェアーは82.7％に達している。香港の中国向けの地場輸出は、委託工場に向けての設備、原材料が中心であり、日本や米国向けの輸出は製品の香港経由の再輸出となっている。

　日本企業の華南への進出形態には、このほか100％出資の現地法人の設立（独資企業）による直接進出や中国出資者との合弁形態である合資企業がある。こうした法人形態での進出のメリットは、輸出だけでなく国内販売が可能な点である。デメリットは委託加工形態のメリットの裏返しになる。すなわち、資本金の投下が必要であること、設立に際しての事務が煩雑であり、また時間がかかること、運営にあったても、経理、財務、人事等について相

応のノウハウが必要な点である。

　個別企業の動きについては『香港商工会議所30周年記念誌』の企画で組まれている座談会を参考にYKK、東レ、エプソンの3社と広東省への進出が比較的早かったスミダコーポレーションの事例を取りあげて見てみよう。

① YKKのケース

　YKKは1949年から代理店制度を採用し、日本製品の販売を始めた。1950年代には日本はアパレルをはじめ加工輸出に乗り出した。しかし、第2節1で見たように、1960年代に入ると日本の賃金水準が高くなり、生産基地を韓国、台湾、香港へと移していった。同社も縫製地の移動に対応し現地に工場を作らなければサービスができないと判断し、1966年に進出する。1973年には香港はアパレル輸出では世界一となり、それにつれて同社の売り上げも上昇した。1973年に屯門に土地を購入し、1978年には第一工業ビルを建設する。1982年には建材事業であるアルミサッシ加工を始め、第二工業ビルを建設する。90年代は激しいインフレと不動産価格の高騰に製造業は悩まされるようになり、同社は1994年にアルミサッシ部門を広東省の花都市に移した。同社はボタンも取り扱うが、これについては香港の地場企業を買収している。その目的は製品類を増やすことのほか、この会社が深圳に来料工場をもっており、その人脈や経験を、将来ファスナー生産を華南で行う際に生かそうとする意図があったようである。

② エプソンのケース

　プリンターの製造でも有名なエプソンは1960年代に香港に進出し、その後慢性的なワーカー人員不足と労賃の高騰に悩まされ、1980年代初めに深圳に進出している。当初は深圳特区内において独資でスタートしたが、引き続き特区外に委託加工形態を加え、華南地区ではこの2拠点で生産している。90年代前半に急速に拡大し香港、中国を含め2千名前後だった人員が99年には1万人規模へと拡大している。

③ 東レのケース

　1956年に当時紡績業を中心に力を高めていた香港に国内品販売目的の商事会社を合弁で設立したのが最初である。その後情報収集のために1964年に駐在員事務所を設置し、さらに合成繊維のプラントから、紡績、織布、染色、縫製までを手がける計画をたて、1971年には現地資本と合弁で生産工場を本

格化させた。しかしその後香港での繊維事業は採算が合わず、1997年に華南地区への工場移転を完了している。1995年には香港にヘッドオフィス、ついでプラスチック事業については深圳、中山に成型工場を建設した。深圳、中山への進出は独資による進出であった。[15]

④スミダコーポレーションのケース

スミダグループは、コアコンピタンスである巻線技術を活用しインダクターやトランスフォーマなどの電子部品を世界中の家電業界に提供している多国籍企業である（同社ウェブサイトより）。1950年5月にスミダ電機商会として墨田区で創業、スミダ電機工業株式会社としての設立は1956年にさかのぼる。同社は1971年に台湾に進出、1984年には勝実達電機（香港）有限公司の外注工場として番寓工場を立ち上げ、委託加工方式で操業を開始している。1992年12月には東莞勝美達（太平）電機有限公司を設立し生産の規模を拡大している。1990年になるとアジア地域におけるAV関連機器の製造が急激に拡大し、NIES諸国において自動化による量産体制が確立されたが、同社はCEOの八幡滋行のもと、短期間に変化する客先の新製品需要に対応するため、労働集約型の量産体制を中国やベトナム、メキシコで築き上げることにより成長してきた。同社の広東省における2つの工場は1997年にはISO 9002を取得し、近年では自動車のABSシステム用のアクチュエーターコイルの開発に成功し、この分野では世界で約4割のシェアーをとっている。

こうした日本企業の一般的な動向の背景については第2節1でみた通りである。

最近、中国が加工貿易の優遇を縮小していると新聞でも報道されている。[16] 原材料輸入や製品輸出に優遇税制を認めていた奨励品のうち、単純な組み立て作業の素材となる品目を除外する動きである。こうした背景には中国企業の技術力の向上があり、付加価値の高い産業へ転換しようとする中国政府の方針の転換を反映するものである。しかし、これは目新しいことではない。従来からも徐々に行なわれてきたことであり、日系企業としても中国で生産する製品を高付加価値のものに転換することによって対応してきている。

## 4．香港のインフラ整備と日系企業の役割

イギリスが植民地を手放す際に行なう二つの政策があると返還前の香港で

は揶揄されていた。それは政治的には民主化の推進であり、経済的には財政支出を伴う大型プロジェクトの推進である。[17]後者の大型プロジェクトのひとつが、チェクラプコク新国際空港の建設であった。新空港はランタオ島に建設されたのでそれに伴い、ランタオ島と九龍半島を結ぶ橋の建設や、九龍と香港島（中環）を結ぶトンネル工事、高速道路の建設、中環から空港へのエクスプレス鉄道の建設等プロジェクト規模は大規模なものばかりであった。1992年6月に空港関連10大プロジェクトの総工費見積もりは1,752.6億香港ドルにのぼり、中国側の反発を受け、1994年1月には1,582億ドルにまで圧縮された。[18] 1994年11月には中国とイギリスの間で最終的にプロジェクトの合意に達したが、財源や支出の規模、完成時期について両国間で交渉は難航した。イギリスは返還までに空港を完成させたかったが、実際に開港したのは返還から一年後の1998年7月であった。こうしたプロジェクトには日本の建設会社も主要な役割を果たした。「日系建設企業は、新空港コアプロジェクトの内の道路工事において、25％の受注を手にし、国別では第一位となって外国企業に打ち勝った。」[19]といわれている。

日系の建設会社の香港進出は古く、「1962年に香港の人口増加と水不足問題解決のために計画されたプロパーコープ淡水湖計画のタイポーカウのポンプ工場と沙田浄水場を結ぶトンネル工事を香港政庁から受注した熊谷組が日系建設企業としてその第一歩を踏み出した」[20]。後に西松建設や前田建設が政庁から公共事業を受注した。『香港商工会議所30周年記年誌』に記載された浅田雅行氏の記述によれば1962年から1974年迄は小説「香港の水」に象徴される日系建設業の技術が評価され、その礎を築いた時代であり、続く1975年から1984年までは飛躍の時代といわれる日系建設業が特殊技術をMTRの三期にわたる工事で展開した時代であり、1985年以降は激化していく競争入札の中で新しいプロジェクト方式（TOB方式）の導入等の創意工夫が必要とされた至難の時代であった。空港完成により大型プロジェクトは減少したが、景気の回復とともに受注も回復している。1999年4月1日時点で日本人商工会議所の会員719社のうち建設会社は19社となっている。

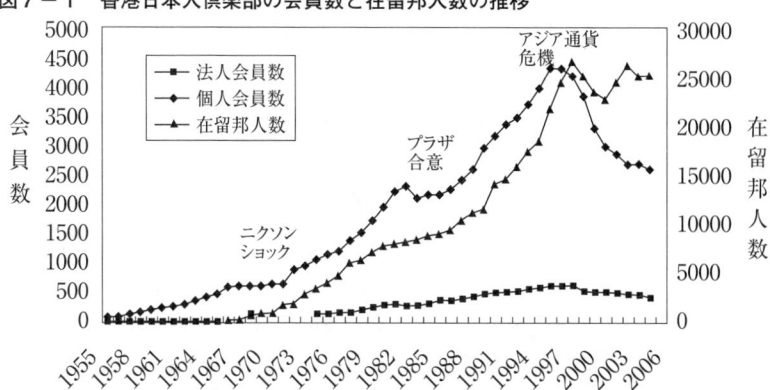

図7－1　香港日本人倶楽部の会員数と在留邦人数の推移

出所：『香港日本人社会の歴史』71頁および香港日本人倶楽部サイトのデータから作成。

## 第3節　日本人数の増加と香港日本人団体の誕生・発展

### 1．在留日本人数の増加

　香港在留日本人数は光益昭郎氏の回想に依れば1957年当時の香港在留日本人の数は360人程度だったという[21]。それが香港日本人商工会議所が開設される1969年になると、1,156人と千人の大台越えをしている。1972年の香港投資ラッシュを経た年には3,000人レベルに接近している。以降はうなぎのぼりの急上昇で、1977年には6,000人台を、1979年には7,000人台を、1982年には8,000人台を超え、1987年には1万人を突破した。筆者が駐在したのは1995年から1997年7月の中国返還までの2年強であったが、1995年の1ドル80円台をつけた円高の影響もあり、中国へ進出の窓口として香港に現地法人を設立する会社が後を絶たなかった。こうした事情を背景に在留邦人数は1995年に2万人の大台を超え、2004年10月現在の在留邦人数は25,541人となっている（図7－1）。

### 2．香港日本人倶楽部の設立と発展

　1952年のサンフランシスコ講和条約締結により、諸外国との外交関係を再開した日本政府は、同年10月に「在香港日本国総領事館」を開設した。これ

を契機に日本企業の支店形態での香港への進出が続き、3年後の1955年8月18日には「香港日本人倶楽部」が16社により設立された。同クラブのウェブサイトによると、香港日本人倶楽部は1955年7月に設立された会員制の非営利倶楽部であり設立当時の法人会員は16社で90名程度の会員でスタートしたとの記録があると記されている。2005年度における法人会員数は427社、会員総数は2,630名となっており、半世紀の間の成長を物語っている。

倶楽部設立の目的は、会員相互間の扶助、親睦、福祉の向上、さらには地域社会への奉仕、友好増進である。倶楽部は香港島の銅羅湾の興利中心の38階と39階にあり、クラブ施設や会員食堂が設置され、文化、スポーツ活動、同好会の運営がそこで行われている。また、広東語講座や中国語講座等も用意されている。しかし、現在の場所に至るまでに過去4回の移転を行っている。最初の移転計画は設立の翌年の1956年6月29日の第二回定時総会で決議され、同年8月に銅鑼湾にある Embassy Court への移転を実施した。2回目はそれから5年後の1961年で、同じく Causeway Bay にある Caroline Mansion の4階に移転する。3回目は1965年8月3日に Causeway Bay から Central（中環）にあった Entertainment Building に移転している。1982年には、このビルが取り壊されることになり、立ち退きを命ぜられた。そして、1983年秋に現在の Causeway Bay の Hennessy Centre に移転して現在に至っている。しかし、23年間いたこのビルの家主からも全館建替えのために立ち退きを求められ、日本人倶楽部創立50周年の節目の2006年10月に5回目の移転をすることになった。過去5回の移転の理由は会員数の増加に対応するものか建替えのために移転を迫られたことによるものである。香港の日本人倶楽部の特徴は、クラブハウスの中に、日本食レストランがあり、また各種のクラブ活動が行われるための部屋が用意されている点にある。現在の日本人倶楽部のクラブハウスも1993年の7月の理事会で改装が決議され、1994年2月に改装工事が始まり、同年5月に完工した。38階には接待に利用できる施設ということで日本食レスラン「さくら」が新設された。1994年の改装から6年たった2000年には、1997年7月のアジア通貨危機の影響でそれまで一本調子で増加していた会員数が減少に転じたことを受け、会員数の増強を図るべく、アンケート調査を実施した結果、「魅力ある施設を」との提案が承認され、改装に取り組むことになった。その後の会員数の大幅な減少

により、改装内容は見直され、工事が始まったのは、2001年の11月、完成は2002年の10月になった。在留法人数は1997年のピークを境に2000年まで減少するがその後また増加に転じている。しかし日本人倶楽部の会員数は個人、企業とも減少を続けており、日本人倶楽部を魅力ある団体とする努力が常に必要とされている。なお1979年2月に九龍サイドにオープンした分室があったが、1984年4月に閉鎖された。

日本人倶楽部の運営は現在28名の理事からなる理事会を中心に「定款」規定に従っておこなわれている。具体的な行事の立案や推進は各委員会によって行われ、重要事項は年一回の「会員総会」で決定される。歴代理事長は初代が東京銀行（現、東京三菱UFJ銀行）支店長の多田勇である。二代目は第一物産（後の三井物産）の藤田一郎である。その後三代目理事長の橋本三八から、現在の23代目理事長の荒井敏明にいたるまで、東京銀行（合併後は東京三菱、東京三菱UFJ銀行）の支店長が勤めている。戦後日本企業の支店開設の第一号が1953年10月に開設された東京銀行であることが理由と考えられる。

ここで婦人会について、少し触れておくことにする。婦人会の創設は日本人倶楽部の設立と時期を同じくしている[26]。婦人会の活動が活発になってきたのは、日本人倶楽部がカロライン・マンションに移転した頃で、慈善活動（チャリティー）への取り組みも始まった。その後も慈善活動（チャリティー）が非常に活発になり、婦人会の活動資金だけではまかないきれず、婦人会として日本人倶楽部の経常会計から寄付金を依頼しなければならなくなった。「倶楽部とは別の組織である婦人会への金銭の移動は規約上問題があり、婦人会を倶楽部の機構におくよう[27]」になり、日本人倶楽部婦人部となった。1974年3月には規約がつくられた。婦人会の特徴はチャリティー活動が盛んなことであった。この伝統は日本人倶楽部の中で今も受け継がれ、バザー収益金のCommunity Chestへの寄付や赤十字へのボランティアー活動を行っている。こうした活動は日本人コミュニティー[28]と香港のコミュニティーを結び、相互理解を深めるために重要な活動である。日本に対する香港の人たち[29]の印象は一般に好意的ではあるが、8月15日になるとスターフェリーの乗り場付近では、対日賠償を求める集会が開かれる。また、1996年に尖閣諸島（中国では釣魚島）の問題がクローズアップされると総領事館へのデモが行

われ、日本人社会が緊張する事態も生じた[30]。相互理解のためには普段からの交流活動が必要であることは言うまでもない。

チャリティーや文化交流を通じて、地元の人々との相互理解を深めようとする点が、香港の日本人倶楽部のひとつの特徴である。日本人倶楽部のメンバーは、香港社会の中に溶け込んで活動し、交流を深めようという気持ちは顕著である。現地にいて、商売をさせてもらっているからこそ、日本にいる人よりは、そうしたことに留意して活動している。

日本人倶楽部には当時、「外国人と結婚した日本人女性は入会できなかった。[31]」ので、外国人と結婚した日本人女性の会、「桜会」が作られたが[32]、一方で1965年の日本人倶楽部の理事会記録に「外国人と結婚した日本婦人については優先的な会友入会を承認する[33]」と記されていることからこの間に日本人倶楽部の対応に変化があったことが窺える。

また90年代前半から香港で就職する女性が増加し話題になった。香港は日本からも近く、またバブルの崩壊で閉塞感が漂う日本で就職先を探すより、実力があれば銀行や証券会社等で働く機会が開かれた香港での就職を希望する女性が多かったのだろうと思われる。

なお次に出てくる、香港日本人学校、香港日本人商工会議所も母体はこの香港日本人倶楽部である。

### 3．香港日本人学校の設立と生徒・児童数増加への対応

香港日本人学校は1966年に日本人倶楽部の教育部が独立し、学校運営理事会が発足したことから始まる。敗戦から7年を経た、1952年にサンフランシスコ講和条約が締結され、香港にも日本国領事館が開設され、日本企業の支店も相次ぎ開設された。それ以降在留邦人の人数も増加し、こうしたなか日本人学校の設立を要望する声が高まってきた。開設に当たっては、戦争中の日本軍の統治に対する反感が残っており、学校設立が認可されるかどうか危惧されたが、「将来の日本との通商の発展を予測した香港財界からの力強い支援を得て、香港政庁も好意的に学校開設の要望を受け入れて、交渉は手間取ったものの、最終的に教育署より開設の認可を得るに至った。[34]」日本人学校の設立は在外公館の附属組織としてではなく、現地の法律による現地校と同等の学校設立許可であった。この許可を得て1965年11月2日に、香港日本

人倶楽部内に「日本人学校設立準備委員会」が組成され、約30万ドルの寄付が寄せられた。こうして1966年5月に学校法人として香港日本人学校が設立された。場所はタワーコート（Tower Court）、現在のAIA Plazaのあるところである。それ以前は日本人倶楽部で補習教育のみが行われていたが、まさに邦人社会の努力と現地社会の協力を得て、ついに正式に日本人学校の設立に漕ぎ着けたのである。同年10月14日に香港日本人学校の開校式が行われた。

　日本人倶楽部が母体となり、日本人学校が誕生するというのは、他のアジア拠点での日本人学校の設立過程と同様である。この背景には日本政府の基本方針がある。外務省のホームページによれば、日本人学校とは「各学校の設立地の在留邦人の代表者等によって構成される学校運営委員会を運営母体とし、我が国の教育関係法令に準拠して小学校又は中学校における教育に相当する教育を行うことを目的とする全日制の教育施設」であるとしている。海外教育は、第一義的には在留邦人の自助努力によって行われるもので、日本人学校や補習授業校は、在留邦人が同伴する子供の教育のために、在留邦人が共同で設立し運営するものとされている。また教育は、各国の主権に属する事柄と一般に理解されており、海外教育で、わが国の主権の及ばない外国において行われるものであることから、政府は直接的には行い得ず、としている。

　開校当時は先生7人、児童70人と小規模の学校であった。翌1967年には中学部が開設され小学校と中学校の児童・生徒の総数は159名に増加していた。同年の8月に最初のスクールバスを購入し、通学や郊外学習に使用するようになった。バスには交代で保護者が添乗し、送迎を行なった。以後児童・生徒の増加に伴い、毎年、一台ずつスクールバスを購入した。

　1970年には幼稚部が楽活道、楽景台に開設され、この年には小中の児童・生徒数は258名に達していた（表7－4）。この結果、既存の校舎では手狭になり、翌1971年には幼稚部と小学部の1・2・3年生は領英校舎に移転した。その後日系企業の進出とともに、児童生徒数は増加し続け、新たな校舎が必要となり、新校舎建設準備委員会が発足した。1974年には現在の小学部のあるハッピーバレーに新校舎が完成し、幼稚部，小学部、中学部が移転した。総工費は5億810万円にのぼった。[35]しかし、表7－4が示すとおり、そ

表7－4　香港日本人学校の生徒数の推移

| 西　暦 | 人　数 | 西　暦 | 人　数 |
| --- | --- | --- | --- |
| 1966 | 90 | 1986 | 1,405 |
| 1967 | 137 | 1987 | 1,561 |
| 1968 | 175 | 1988 | 1,699 |
| 1969 | 196 | 1989 | 1,789 |
| 1970 | 258 | 1990 | 1,784 |
| 1971 | 340 | 1991 | 1,774 |
| 1972 | 396 | 1992 | 1,792 |
| 1973 | 431 | 1993 | 1,848 |
| 1974 | 532 | 1994 | 1,888 |
| 1975 | 624 | 1995 | 2,052 |
| 1976 | 745 | 1996 | 2,164 |
| 1977 | 913 | 1997 | 2,156 |
| 1978 | 1,002 | 1998 | 1,953 |
| 1979 | 1,208 | 1999 | 1,742 |
| 1980 | 1,344 | 2000 | 1,637 |
| 1981 | 1,327 | 2001 | 1,638 |
| 1982 | 1,350 | 2002 | 1,618 |
| 1983 | 1,509 | 2003 | 1,435 |
| 1984 | 1,477 | 2004 | 1,643 |
| 1985 | 1,559 | 2005 | 1,593 |

出所：香港日本人倶楽部資料編集委員会『香港日本人社会の歴史―江戸から平成まで―』2006。

　の後も児童・生徒数は増加の一途をたどり、増改築を繰り返したが常に学校は過密状態であった。この状況に対処するために1981年に、寶馬山（ブレーマーヒル）校園径9号に中学部の校舎建設が始まり、1982年8月に校舎が完成した。この時の建築費は37,874千香港ドルであった[36]。1984年には小学部の児童の増加に対応するために、幼稚部を廃止した。このとき児童・生徒数は1,477名に達していた。

　その後も在留邦人の数は増加し校舎は増改築を繰り返したが、現在地での増設では物理的に対応不可能と判断し1993年の学校運営理事会で、九龍地区に小学部の第二校舎を建設すること、およびこの校舎には国際学級を併設することが決定した。1996年には香港日本人学校の生徒数は小学部1,711人、中学部451名と過去最大となった。通学に使用するバスの台数も小学部32台、

中学部10台となっていた。候補地の選定は九龍市内では敷地が狭く、教育環境の問題もあり、最終的には、新界サイドの大甫に小学部の校舎が建設されることが1995年8月に決定した。建設資金は日本人商工会議所を通じて、各企業から15億円の寄付を募って調達された。[37] 日本人商工会議所の活動記録によれば1996年6月18日に「香港日本人学校新校舎資金調達（寄付金）に関する商工会議所協力体制について」が臨時理事会で討議されている。1996年に建設工事が始まり、翌1997年4月に完成した。大甫校の完成後は九龍地区、および太古城とコーンヒルの一部の居住の児童は大甫校に通うことになった。九龍サイドから香港島に渡るには3本のトンネルがあるが、1本目のトンネルは1972年にホンハム－銅羅湾間が開通した。トンネル以外の交通手段としては、有名なスターフェリーがある。スターフェリーの料金は今でも、地下鉄やバスを使うよりは安いが、荒天候の際は運行されない事がある。1978年10月に九龍へのスクールバスの運行が開始されるまでは、九龍サイドの児童はスターフェリーを利用してセントラルまで来て、そこからスクールバスを使っていた。またトンネルは交通が渋滞する事も多く、大甫校の開設によって、九龍サイドに住む児童にとって通学が容易になったといえる。

　日本人学校の児童・生徒数は返還前年の1996年に2,162名（小学部1,711名、中学部451名）とピークを記録するが、1997年7月の返還後、アジア通貨危機の影響を香港も受け景気は後退し、日本企業の撤退や縮小が続いたため、生徒・児童数も2000年には1,637名（小学部1,298名、中学部339名）となり、ピーク時の75％まで落ち込んだ。さらに2003年にはSARSの影響で、児童・生徒数は前年比11.3％減の1,435名まで減少したが、その後、少し持ち直している。

　香港日本人学校は2006年に創立40周年を迎えたが、香港日本人倶楽部を母体として生まれ、その後数多くの在留邦人と企業、また香港の人々の支援を得て、世界各地でも有数の規模と設備を誇っている。香港の位置づけが引き続き重要であることは、後に見るように明らかであり、今後の持続的な発展が期待される。またこうした日本人学校の卒業生達が、多様な文化を経験した国際人として、将来活躍することが期待される。

　なお戦前の日本人学校の歴史は明治時代に遡る。1907年11月に香港本願寺小学校とし、湾仔本願寺布教所において開設された。1909年8月には経営が

香港日本人慈善会に移され、香港日本人小学校と改称された。1923年頃には在留邦人が3,500人に増加し、邦人、企業の寄付を得て Kennedy Road に6教室、大講堂、運動場、教員宿舎からなる校舎群を新築した。

　1937年には在留邦人数は1,600人に減少し、太平洋戦争開戦前夜の1941年には在留邦人は400人を数えるのみとなり、1942年8月31日に正式に廃校処分された。[38]

## 4．香港日本人商工会議所の設立と発展

　香港日本人商工会議所は1969年に日本人クラブの経済部が独立して誕生したといわれている。1955年に設立された香港日本人倶楽部の組織の一部として経済部があったが、その後輸出振興による日本経済の発展と共に、香港への進出企業も増加し、「倶楽部の一組織としての経済部だけでは対応が困難となり、日本人倶楽部の経済部から分離独立した形で、香港日本人商工会議所が発足した。」[39]

　1969年の設立趣意書には次のように書かれている。

　「日本香港間の経済交流は逐年増進を示しており、1967年度における貿易総額は、約23億香港弗に達し、香港の世界貿易総額中、対日貿易の SHARE は米国、中国に次ぎ第三位である、他方日本の世界輸出において香港は第六位を占めて居る。

　斯る情勢の下に香港に進出する日本の企業は支店41、駐在員事務所102、合弁企業42、現地法人19、計204の多数に達し、企業の規模、業種も広範囲に亘っている。…然る処香港において企業進出して来て居る日本企業の立場を全体的に、また業種別に取りまとめ、夫々の利益を擁護し、あるいは香港政庁を初め、地元業界と日本側との諸関係を効果的に処理することに於いて、適当なる業界の機関を欠く憾ありと認められる。

　依ってこの際香港日本人商工会議所を設立する事は其の意義及びタイミングの双方に於いてまことに妥当であり、日本香港間の経済交流を質量ともに向上させ更に両者間の友好関係を益々緊密にすることに貢献ありと考える次第である。」

　その後香港と日本の経済交流は一層深まっていくが、日本人商工会議所の活動はこの当初の基本方針に基づいて一貫して行われてきている。

表7－5　日本から香港の直接投資（件、億円）

| 年 | 件数 | 金額 | うち製造業 件数 | うち製造業 金額 | うち非製造業 件数 | うち非製造業 金額 |
|---|---|---|---|---|---|---|
| 1995 | 119 | 1,106 | 52 | 265 | 65 | 840 |
| 1996 | 89 | 1,675 | 22 | 445 | 63 | 839 |
| 1997 | 121 | 860 | 30 | 264 | 88 | 590 |
| 1998 | 51 | 789 | 10 | 138 | 41 | 650 |
| 1999 | 76 | 1,088 | 20 | 151 | 55 | 927 |
| 2000 | 52 | 1,039 | 46 | 109 | 37 | 936 |
| 2001 | 38 | 436 | 14 | 82 | 24 | 354 |
| 2002 | 32 | 253 | 10 | 57 | 21 | 195 |
| 2003 | 36 | 447 | 12 | 65 | 23 | 376 |
| 2004 | 42 | 687 | 20 | 149 | 22 | 537 |

出所：財務省「地域別対外直接投資実績」。

　設立発起人として東京銀行香港支店長　以下15名（商社7社　海運1社、空運1社、銀行3行、百貨店1社、JETROの代表）が名前を連ねている。ちなみに戦前の日本人商工会議所は昭和12年に設立されているが、その際に総領事館宛提出された設立届けに記載された評議員は12名で、うち6名は戦後の日本人商工会議所の趣意書に記載された企業と実質同一の企業である[40]。この6名は銀行、商社、海運の代表であり、香港が金融、貿易の中心であったという点は戦前、戦後を通して変わっていないことがわかる。

　1969年8月8日に設立総会が開催され初代会頭には三菱商事香港支店長の玉井英治氏が選出され、11月24日に公表された。設立当時の会員数は99社であったが、その後順調に増加し1997年にはピークの787社を数えるに至っている。しかし、同年6月にタイに始まったアジア通貨危機はその後アジア全体に伝播し、アジア経済危機と呼ばれるまでにアジア経済に深刻な影響をおよぼした。香港もその影響を受け、日本企業の撤退や営業規模縮小が続き、その後会員数は減少に転じ、2006年3月16日現在の会員数は正会員556社、準会員51社の計607社となっている。

　1995年以降の日本からの直接投資は、件数では1997年に、金額では1996年にピークをつけている。2002年には件数、金額ともボトムを記録するがその後増加に転じている（表7－5）。

**図７－２　香港日本人商工会議所会員数**

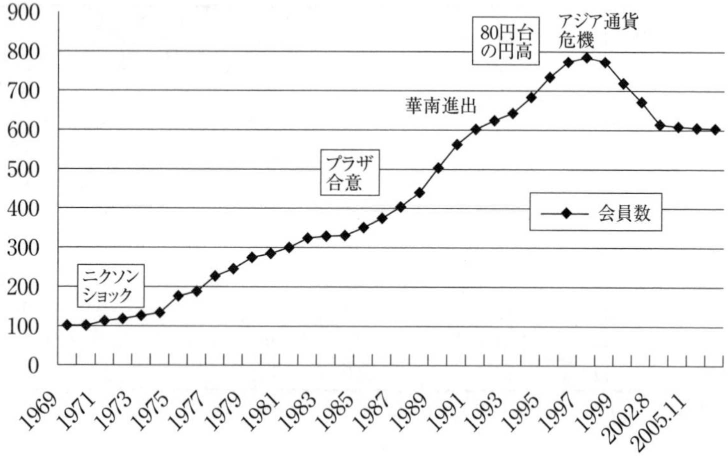
900
800
700
600
500
400
300
200
100
0
80円台
の円高
アジア通貨
危機
華南進出
プラザ
合意
会員数
ニクソン
ショック
1969
1971
1973
1975
1977
1979
1981
1983
1985
1987
1989
1991
1993
1995
1997
1999
2002.8
2005.11

出所：1999年までは、『香港商工会議所30周年記念誌』338頁、2000年10月以降は各種資料より作成。

1999年に香港日本人商工会議所は創立30周年を迎え『香港日本人商工会議所30周年記念』誌を出版している。

商工会議所の会員企業の業者数の推移を見ると、香港の産業の発展推移を表しているといえる。1979年の開放改革宣言を契機に、1980年代後半から精密機械業界が、1990年代には電気電子業界が中国華南地域への進出が盛んになり、そのバックオフィスを香港に設立したことから香港への進出企業数も急増した。1989年に比べ1999年に会員数を増やしているのは精密機械と電器電子である（表７－６）。一般企業のほかに沖縄、鹿児島、栃木、兵庫、福井、福岡の６つの地方自治体が香港に事務所を構え、地元企業の香港進出や貿易振興のための情報を提供している。

現在、香港における日系企業数は2,000社強あるが、その多くはペーパーカンパニーで、2,000社の約30％に当たる607社が大手、中堅の企業であり、商工会議所の会員となっている[41)]。

商工会議所の運営には理事会のもと総務、渉外、財務、業務、広東交流、活性化の委員会と中小企業支援対策チームの７つ委員会が設けられている。会頭は2006年３月現在三菱商事の木下真一が勤め、会頭と４名の副会頭を含め、28名の理事がいる[42)]。また専任の職員からなる事務局が設けられている。

表7-6 業種別会員

| 業種別会員 | 1989 | シェアー | 1999 | シェアー | 社数増減 | シェアー増減 |
|---|---|---|---|---|---|---|
| 公認会計士 | 7 | 1.39% | 8 | 1.11% | 1 | -0.28% |
| 銀行およびファイナンスカンパニー | 50 | 9.92% | 61 | 8.48% | 11 | -1.44% |
| リース会社 | 14 | 2.78% | 12 | 1.67% | -2 | -1.11% |
| 証券会社 | 26 | 5.16% | 10 | 1.39% | -16 | -3.77% |
| 保険会社 | 11 | 2.18% | 14 | 1.95% | 3 | -0.24% |
| 不動産会社 | 3 | 0.60% | 4 | 0.56% | 1 | -0.04% |
| 商社 | 89 | 17.66% | 95 | 13.21% | 6 | -4.45% |
| 繊維 | 14 | 2.78% | 22 | 3.06% | 8 | 0.28% |
| 化学品 | 18 | 3.57% | 32 | 4.45% | 14 | 0.88% |
| 造船重機 | 14 | 2.78% | 16 | 2.23% | 2 | -0.55% |
| 精密機械 | 16 | 3.17% | 37 | 5.15% | 21 | 1.97% |
| 電器電子 | 43 | 8.53% | 99 | 13.77% | 56 | 5.24% |
| 商品・水産 | 4 | 0.79% | 10 | 1.39% | 6 | 0.60% |
| 化粧品 | 3 | 0.60% | 3 | 0.42% | 0 | - |
| メーカー関係その他 | 14 | 2.78% | 46 | 6.40% | 32 | 3.62% |
| 建設会社 | 20 | 3.97% | 19 | 2.64% | -1 | -1.33% |
| 船舶会社 | 5 | 0.99% | 8 | 1.11% | 3 | 0.12% |
| 航空会社 | 4 | 0.79% | 4 | 0.56% | 0 | -0.24% |
| 旅行社 | 16 | 3.17% | 17 | 2.36% | 1 | -0.81% |
| 映画会社 | 0 | 0.00% | 0 | 0.00% | 0 | 0.00% |
| 百貨店・小売業 | 11 | 2.18% | 9 | 1.25% | -2 | -0.93% |
| 百貨店駐在員 | 5 | 0.99% | 7 | 0.97% | 2 | -0.02% |
| 運輸倉庫会社 | 20 | 3.97% | 31 | 4.31% | 11 | 0.34% |
| 通信報道 | 0 | 0.00% | 12 | 1.67% | 12 | 1.67% |
| 広告代理業 | 8 | 1.59% | 12 | 1.67% | 4 | 0.08% |
| ホテル・レストラン | 8 | 1.59% | 14 | 1.95% | 6 | 0.36% |
| その他 | 29 | 5.75% | 58 | 8.07% | 29 | 2.31% |
| 繊維関係工場 | 2 | 0.40% | 3 | 0.42% | 1 | 0.02% |
| 精密機械工場 | 13 | 2.58% | 11 | 1.53% | -2 | -1.05% |
| 電器電子工場 | 9 | 1.79% | 15 | 2.09% | 6 | 0.30% |
| 食品水産工場 | 4 | 0.79% | 4 | 0.56% | 0 | -0.24% |
| 印刷製本工場 | 3 | 0.60% | 3 | 0.42% | 0 | -0.18% |
| 工場その他 | 21 | 4.17% | 23 | 3.20% | 2 | -0.97% |
| 合計 | 504 | 100.00% | 719 | 100.00% | 215 | 0.00% |

出所：『香港商工会議所20周年記念誌』及び『香港商工会議所30周年記念誌』。

このほか、繊維部会、化学品部会、建設重機部会、精密機械部会、電器電子部会、金属部部会、農水部会、雑貨部会、金融部会、運輸保険部観光サービス部会、小売流通部会の11の業種ごとの部会があり、研究会等が盛んに行われている。部会ごとの業界情報は貴重な資料として『周年誌』や『香港経済の回顧と展望』に発表されている。

なお1978年には日本香港経済合同委員会が設立され、1979年3月には第一回総会が香港で開催され、対日貿易アンバランスの問題や、日本企業の進出増加策などが討議された。以後定期的に会合が開かれている[43]。香港返還後の第20回の委員会は、香港で開かれ返還後の日・香港間の経済展望を討議したあと、新空港と広東省の視察を行っている[44]。

その他、日本と香港間の友好と親善を深めるためのボランティアー活動を行なっている特定非営利活動法人として1988年に設立された日本香港協会があり、現在も文化的な交流を続けている。

## 5．香港の中国返還と日本人団体

駐在している邦人のなかにも、香港の中国への返還を不安の目で見ているものは少なくはなかったが、7月1日にはビクトリア港で無事返還式典が行われた。会場となる香港国際発展会議場の建設工事が遅れ、返還の式典に間に合うかどうか心配されたが、突貫工事により漸く間に合った。人民解放軍がまず進駐してきたが、兵士は市中に出ることはなく混乱はなかった。ビクトリア湾を中心に花火大会やさまざまなネオンで飾られた船による水上パレードが行われ、街は祝賀ムードに包まれた。

中国政府や香港政庁の努力もあり、返還までは好調を維持した香港経済であったが、返還直後に発生したアジア金融・通貨危機は当時過熱していた香港経済を直撃し、輸出の減少、不動産価格の大幅下落、失業の上昇をもたらし、香港経済は1998年に初めて0.5％のマイナス成長となった。

香港はカレンシーボード制[45]をとっており、香港通貨管理局は香港ドルを一ドル7.8香港ドルの水準で固定していたが、アジア通貨危機に際しては、海外投機筋による香港ドル売りの攻勢にさらされた[46]。香港政府は外貨準備の一部を使って株式市場に介入した。これが功を奏して、これ以降株価は上昇し、ハンセン指数は98年8月の6千ポイントから2000年2月には1.7万ポイント

まで回復した。また固定相場制も死守することができた。

日本人商工会議所の会員数は1997年4月787社とピークに達した以降、アジア通貨危機を原因とする景気の悪化の影響もあり、1999年には719社に減少した。その後景気は回復したが、2006年3月現在では607社に減少している。

香港を訪れる日本人旅行者の数は返還ブームを迎え、1996年にはピーク2,382,890人の来港者があったが、返還後はブームが下火になり、97年には1,368,988人、98年には945,334人へと激減した。98年7月にはチェックラップコック空港が開港したが、2003年にはSARSの影響で日本からの来港者が87万人に減少した。しかし2004年は113万人に回復し、地域別では中国、台湾に次いで第3位である。中国本土からの旅行者が2003年の847万人から2004年の1,225万人に増えている。2005年9月には香港ディズニーランドがオープンし、中国からの旅行者はさらに増加するものと思われる。中国からの旅行者の外貨持ち出し、人民元の利用など決済方法が多様化したことから、一人当たりの消費額は6,000香港ドルを超えており、香港にとって有力な観光収入源となっている。

中国への返還前に懸念された問題のひとつは、香港が自由放任主義（レセフェール）体制によって、これまで発展してきたのであり、社会主義国の中国に返還された後も経済発展ができるのか、自由が保証されるのかといった点であった。返還9周年を迎えた2006年7月1日香港で市民らが普通選挙の導入など民主化を求めたデモ行進が行われ、2005年よりも3万7千人多い5万8千人が参加した。元政務官のアンソン・チャンは「香港に経済発展は重要だが、政治の発展も両立しなければ」と述べたが、一方で現行政長官のドナルド・ツアンは「香港は一国二制度を成功させるため、調和ある社会を実現しなければならない」と述べ、性急な民主化要求を牽制した[47]。香港住民も中国政府も「金の卵を産む香港」を守るために賢明な行動を取ることが予想され、「一国二制」は必ず守られ続けるものと思われる。

返還前に懸念されていた第2の点は、金融市場としての優位性が、返還後、上海にその地位を奪われるのではないかという点である。香港は90年代初頭から金融市場としての重要性が高まり、多くの日系銀行が香港に拠点を構えた。その後、不良債権の処理に苦労し、合併等が続き邦銀の香港における拠点数は減少したが、現在でも日系の金融機関は主要な位置を占めている。世

界的な銀行も拠点を構えており、香港の金融の拠点としての地位は上海に嚇かされることはないようである。香港の証券取引所では中国系企業の香港上場が盛んである。特に最近では中国の大手国有商業銀行の香港市場への株式上場が続いている。2006年6月1日には中国銀行が香港市場に上場し、新株発行などを通じた資金調達規模は97億ドルに達した。いわゆる香港ドル建てのＨ株（香港上場の中国本土企業株）である[48]。1999年11月25日には成長企業株式市場が香港証券取引所の第二市場として創設され、香港、中国、台湾企業向けのハイテク・ベンチャー企業の資金調達市場として期待されている。中国が社会主義市場経済を標榜するかぎりにおいて、香港と上海の使い分けが必要なのであり、香港の金融市場としての優位性が簡単に上海に取って代わられるという可能性は低いと思われる。

　返還とは直接に関係ないが、香港の製造業が広東省に進出すると、日本同様に産業の空洞化が香港でも起きるのではないかと心配され、事実香港の製造業の地位は低下している。しかし広東省で生産されたものは必ず香港を経由して輸出されるわけで、付加価値が香港に落ちる仕組みは確立されている。本社機能は香港にあり、技術開発やマーケティングの企画は香港にあるリージョナルヘッドクオター（RHQ）が担っている。香港は情報の集積されたグレーター香港の中心としての位置付けは大きく変わっていない。

　また中国が2001年12月にWTOに加盟したことにより、中国の対外貿易が増加し、外資の中国への進出が更に活発化している。香港企業にとっては中国に工場を設立し製品を海外に輸出する上で、メリットが享受できるようになるといった反面、一方で香港の地位が低下する要因にもなるのではないかという見方があった。そのひとつは「香港企業が享受していた特別待遇や国内への販売権を外資も有することになれば厳しい対応を迫られるであろうし、輸出製品も香港を中継せずに直接中国の港から海外に輸出可能となる[49]。」といった心配である。更に中国の港湾設備が改善され、通関手続きが簡素化されると、外国企業が直接中国の港から海外に輸出が可能となり、香港を中継した貿易が減るのではないかと懸念された。今のところ「スピードとコストを考えるとまだ、香港のほうが、深圳よりも優位にある。」との意見を今回の現地訪問で聞くことができた。ちなみに2004年の香港のコンテナ取扱量は2,198万TEU[50]でシンガポールの2,133万TEUを抑え、世界第一であった。ま

た新空港での取り扱い貨物は310万トンと成田空港の231万トンを上回っており、空港の乗客数も3,714万人と成田空港の3,122万人を上回っている。香港という良港を持ち、世界第一位のコンテナ取扱を誇るインフラの充実は、現在の香港の地位を維持するための重要な要素であるといえる。

しかし中国の対外開放が進めば進むほど、香港自身の付加価値機能を高める努力が要求されるのも事実である。そうした要求にこたえ、香港の優位性を確保するために、香港政府はサイバーポートを香港島南西部の銅線湾に設置し、海外の大手企業や地元のハイテク企業を誘致した。また香港政府は2000年2月に長期的発展目標を定め、戦略発展委員会の報告書を公表した。これによると、香港の未来像は「アジアで最も重要な国際都市」かつ「中国の主要都市のひとつ」と位置づけて、これを支える主要産業の領域に①金融・サービス業、②多国籍企業の地域本部、③観光業、④情報サービス・電気通信業、⑤イノベーション科学技術、⑥貿易・運輸・物流サービス、⑦創作・文化活動をあげている。これらの中にはすでに日系企業が主要なプレーヤーとして活躍している分野も多い。

2003年6月に香港と中央政府との間で「経済連携緊密化取決め」(CEPA)に合意し、2004年1月から実施された。本土側は、「香港原産」電気・電子プラスチック、紙製品、繊維などの374品目を対象に、中国に輸出される際の関税をゼロとしたほか、サービス分野でも香港のサービス提供者(18業種)に対して、市場へのアクセス制限を緩和し、貿易円滑化に向かって両者間で具体的な協力が進められることになった。2004年8月には「CEPA2」に合意し、713品目が新たに関税ゼロの対象となった他、サービス分野でも、新たに8分野の追加が約束され、2005年5月1日から実施された。さらに2005年10月には「CEPA3」の合意がなされ、ゼロ関税品目が1,369品目に増加し、「デザイン」「組み立て」「品質検査」の3工程が香港で行われていれば「香港製」と認められるなど、香港製造業にとって大きな恩恵となり、特に時計業界の工場回帰が期待されている。CEPAの合意により香港の優位性が再び出てきたといえる。最近のニュースでは、中国から商品を調達しているアパレル大手の青山商事が品質検査、値付け、点別仕分けなどの物流加工業務を日本から中国に移し始め、香港に七ヶ所目となる物流加工拠点を外部委託様式で開設したといった動きも見られる。[52]

日系企業にとって頭の痛い問題は、派遣社員の住宅の家賃が東京に比べても非常に高いことであった。1996年前後では2LDK アパートでも家賃が月60万円以上した。民間の住宅価格指数は1999年を100とすると、1997年は163.1、2002年に69.6、2004年は77.9となっており、これを反映して家賃も幾分か低下したことは、日系企業にとってはメリットである。[53]

## おわりに

　2006年1月に筆者は6年ぶりに香港を訪ね、銀行やJETROを訪問し、最近の香港情勢について話を聞く機会を得たが、3節5に述べたように返還前に囁かれていた懸念や不安はかなり払拭されている。街はさらに大きなビルが何棟か建設され、高層住宅も増えていた。地下鉄に乗って気がついたのは、車内放送が返還前は広東語と英語で放送されていたが、返還後それに普通語（標準語）が加わった点である。[54]このように細かい点でもいろいろな変化が見られるが、一方で労働集約型の産業は中国に移し、香港は Regional Headquarter としてより付加価値の高いサービス業やハイテク産業に力を入れるといった新たなダイナミズムも見られる。

　これまで筆者は香港における日本企業の動きを中心に見てきたが、一方で香港は、東南アジアの華人による本土投資にとって資金移転の拠点の役割を果たしていることを忘れてはならない。たとえばインドネシアのサリムグループの総帥であるスドノ・サリム（林紹良）も香港における関連企業である、ファースト・パシフィックを通じて中国への投資を行ってきた。1979年から2003年の間に行われた中国本土における域外直接投資の総額は5,014億ドルに上るが、うち香港からの投資は、2,225億ドルである。[55]また台湾から中国本土に向けた直接投資に対する制限は2002年10月に緩和されたにもかかわらず、多くの台湾企業はいまだに香港経由で直接投資を行っている。

　中国はWTO加盟により外国の金融機関に門戸を開いたので、外国銀行が中国関連の活動を香港から上海へ移す可能性はある。[56]しかし中国企業が国際的に資金調達をするには、香港を使わざるを得ない理由がある。それは香港では法的なフレームワークや独立した効率的な司法が確立しているということ、香港では資本や情報の移動が自由だということ、そして香港通貨管理局

(HKMA) の監督の下、成熟した、健全な金融システムが存在することである。[57]中国は高度成長を遂げている一方で、貧富の格差の拡大や汚職といった問題を抱えている。社会主義市場経済が抱える矛盾が解決するまで、資本主義市場経済を標榜する香港の位置づけは中国にとって重要なことである。日本の銀行も中国各地に支店や事務所を開設している。しかし、中国ウォッチャーである調査機能の本部は未だに香港に置いているケースが多い。

2007年5月、東京で日本経済新聞社と香港特別行政区政府の共催で「香港政府設立10周年記念セミナー」が行われた。パネリストとして基調講演を行なった、香港金融管理局の任志剛総裁は、中国本土の金融改革に、香港の金融システムが果たすべき役割は、以下3つあるとした。

①本土と世界との仲介。

本土企業にとって香港は海外からの最大の資金調達先である。反対に本土の資金を海外に向けて交換性を高めることも注目される。

②本土国内の金融改革の支援。

③人民元の資本勘定交換性、人民元が完全自由交換性を実現するための実験室になる。

こうした役割を香港が担う限り、香港の国際金融センターとしての地位は益々、確固たるものになるのではないだろうか。

日系企業の活躍の場としての香港の位置づけは、これからも変わらないであろうし、そうした中で香港日本人倶楽部や商工会議所は、地元のコミュニティーとの交流を大切にしながら経済交流を深めるために、引き続き重要な役割を果たすものと思われる。日本企業のネットワークは華僑ネットワークには及ばないが、その点を補完するという意味でも日本人団体の存在価値は大きい。

注
1) 東京都の面積は区部、市部、島部、郡部を含め2,187.05平方キロメートルである。うち区部は621.49平方キロメートルである。香港の面積は東京都の区部の2倍弱である。
2) G.B. Endacott, A History of Hong Kong, Oxford University Press revised edition, 1973Hong Kong Year Book 2004, p.18. 当時パーマーストーンは香港の貿易港として価値に気がついていなかった。

3) 英国が香港を植民地にした理由は、植民ではなく中国、極東における英国の外交、軍事、商業のための拠点をつくることであった。
4) 香港日本人倶楽部資料編集委員会『香港日本人社会の歴史―江戸から平成まで―』2006年、44頁。
5) John Flowerdew, The Final Years of British Hong Kong, Macmillan Press Ltd, 1998, p.23.
6) 東レ株式会社社史編纂委員会『東レ70年史』1977年、504頁に、「第二次世界大戦前から上海で紡績工場を経営していたC.C.リー（李震之）は、1946年、アメリカに発注した紡績機5,000錘が、当局の輸入許可遅れにより上海に陸揚げできなかったため、やむなくこれを香港に回送して、香港に最初の紡績工場、大南紡績有限公司（South China Textile Co., Ltd.）を設立し、香港紡績業のパイオニアとなった。その後上海が中国共産党の支配下に落ち、上海の大手紡績業者たちが先を争って香港や台湾に事業移転したため、香港はたちまち東南アジア最大の繊維産業拠点に成長した。」との記述がある。
7) 中嶋嶺雄『沈み行く香港』日本経済新聞社、1997年、17頁。
8) 1984年12月に調印された中英共同宣言で、香港は中国に返還後、外交と国防を除いては高度の自治権を持つことが決まった。1990年3月には中国の第7期全国人民代表大会で、返還後の香港の「小憲法」と呼ばれる「香港特別行政区基本法」が採択され、「一国二制」のもとでの香港のあり方、枠組みを示した。9章160条と付属文書からなっている。
9) G.B. Endacott, op. cit., p.316.
10) 輸出依存度は輸出額（FOB）／名目GDPの比率であらわされる。1961年、85年、90年、94年の数字は『香港返還』1996、2000年、および2004年の数字は『香港統計年刊2005』による。
11) 前掲『東レ70年史』492-493頁。
12) 徐明中著「香港と日本の経済関係について」香港日本人商工会議所『香港商工会議所20周年記念誌』1989年、78-82頁を参考。
13) 1967年九龍の造花工場の労働争議に警察が介入し鎮圧した事件を契機に大規模な反英暴動へと転化した。
14) 小島麗逸編『香港の工業化・アジアの結節点』アジア経済研究所、1989年、146頁。
15) 東レのプラスチック事業の華南進出に際して筆者は、取引銀行として工場用地候補探しに同道した経験がある。メーカーが多く進出すると、銀行、商社もその陣容を拡充する必要が生じ、駐在員の数も増加することになる。
16) 『日本経済新聞』2006年11月20日夕刊。
17) John Flowerdew, op. cit., p.145に次のように書かれている。"On 20 December

(1993) a Chinese commentary accused Britain of attempting to leave the colony in chaos before departure, stating that" It is well known that whenever the British have had to withdraw from its colonies, it has either seized various interests or made trouble in the colonies so as to leave as many problems as possible".

18) 中野謙二、坂本臣之助、大橋英夫編『香港返還』大修館書店、1996年、142頁。
19) 香港日本人商工会議所『香港商工会議所30周年記念誌』1999年、144頁。
20) 同前書、142頁。
21) 香港日本人商工会議所『香港商工会議所20周年記念誌』1989年、47頁
22) 香港日本人倶楽部サイト。
23) 香港日本人倶楽部資料編集委員会『香港日本人社会の歴史―江戸から平成まで―』2006年、66-69頁。
24) 同ビルには香港三越があるが、立ち退きに伴い撤退を決めた。
25) 筆者もいくつかの海外拠点で生活したが、香港の日本人倶楽部の利用頻度が一番高かったように思える。理由は、倶楽部が街の中心の便利な場所にあったこと、広東語の習得などに倶楽部が使えたこと、さまざまな趣味のクラブ活動が盛んだったこと、そして日本レストランがあったことが挙げられる。
26) 前掲『香港商工会議所20周年記念誌』、161-163頁。
27) 同前書、163頁。
28) 香港における日本人団体を日本人コミュニティーと呼べるかどうかの問題がある。なぜならそこに属する多くの人は企業からの派遣された者であり、やがて日本に帰国する。コミュニティーの構成要因が常に入れ替わっているのである。それでは、香港に見られる、フィリピンのアマさんのコミュニティーはどうであろうか。こちらも移民ではなく、出稼ぎでありその構成員は常に入れ替わっている。筆者は移民ではなく、出稼ぎに来ている人々の集団もコミュニティーであると考える。
29) こうした日本人倶楽部の婦人部によるチャリティー活動は、筆者が香港駐在中も盛んであった。バザーのほか婦人たちが交代で香港紅十時（赤十字のこと）に包帯をたたみにいく活動などを行っていた。また地元の交響楽団と日本人倶楽部の合唱団が合同で親善コンサートを毎年開いていた。コンサートの開催費用は切符の販売代金のほか、日本人倶楽部からの補助、企業からの広告によって賄われ、剰余金は寄付された。一部には駐在員の家族の負担になるので、バザーなどの活動はせず、慈善団体に金銭で寄付をすればよいのではないかといった意見も見られたが、筆者にはバザーにしろ、文化活動にしても、日本人コミュニティーと現地の人達との触れ合いによる相互理解が大切だと思われる。
30) 1996年に日本人倶楽部主催の音楽祭があり、当時尖閣諸島（中国では釣魚島）の領土問題でデモが行われており、開催が危ぶまれることもあったが、無事開催された。

31) 香港日本人倶楽部資料編集委員会『香港日本人社会の歴史―江戸から平成まで―』2006年、166頁。
32) 同前書、166頁。
33) 同前書、228頁。
34) 同前書、82頁。
35) 同前書、85頁によれば、日本政府の方針として海外日本人学校に対する援助は建設資金の半額までと規定されていたために残り半分は邦銀から借入れが検討されたが、邦銀は当時10年を越える長期貸出しができず、現地寄付に頼ることになったとされている。1995年当時、筆者が香港の邦銀に勤務していたときに、日本人学校宛のシンジケーションローンの残高が残っていたように記憶している。いずれかの校舎の建築の際に邦銀からの借り入れが行われたのだと思われる。日本政府は日本人学校とは「各学校の設立地の在留邦人の代表者等によって構成される学校運営委員会を運営母体とし、我が国の教育関係法令に準拠して小学校又は中学校における教育に相当する教育を行うことを目的とする全日制の教育施設」であるとしている。海外教育は、第一義的には在留邦人の自助努力によって行われるもので、日本人学校や補習授業校は、在留邦人が同伴する子供の教育のために、在留邦人が共同で設立し運営するものとされている。また「教育は、各国の主権に属する事柄と一般に理解されており、海外教育で、わが国の主権の及ばない外国において行われるものであることから、政府は直接的には行い得ず」としている。しかし、日本政府としては、少なくとも義務教育に関しては国内の義務教育に近い教育が受けられるように最大限の支援を行うべきであるとの考え方に基づき外務・文部科学の両省において諸般の施策を行っている。具体的には①日本人学校および補習授業校の校舎賃借料の一部の援助、②治安状況の悪い国（地域）に所在する日本人学校の安全対策費の一部を援助、③日本人学校および補習授業校に勤務する現地採用教員（講師）の給料の一部援助等を行っている。外務省領事局政策課によれば、寄付等の自助努力で賄いきれない場合には一定条件の下、建築費用の50％以内を補助するという、前掲書に記された方針は現在もあるとのことである。
36) 同前書、85頁。
37) 寄付金の要請額は企業規模（資本金等）と日本人従業員の人数の頭割りの両方で計算されたように記憶している。日本人従業員の数は日本からの派遣社員だけでなく、現地で採用した日本人従業員数も含まれた。
38) 前掲『香港商工会議所20周年記念誌』、82頁。
39) 同前書、76頁。
40) この6社とは東京銀行（戦前は横浜正金銀行）、日本郵船、大阪商船三井船舶（戦前は大阪商船）三井物産、三菱商事、東洋棉花である。

41) 前掲『香港商工会議所20周年記念誌』、76頁。
42) 香港日本人商工会議所サイト、2006年3月16日。
43) 前掲『香港商工会議所20周年記念誌』、54頁。
44) 『経団連くりっぷ』No.69、1997年12月25日。
45) 固定相場制を維持するために、外貨準備に見合っただけの貨幣を国内に供給する制度。
　香港の場合、中央銀行がないので、香港上海銀行、スタンダードチャータード銀行、中国銀行の3行が香港金融管理局の許可を受けて香港ドルを発行している。これらの銀行は香港ドルを発行する際に、それに見合った額の米ドルを当局に預託しなければならない。
46) 『人民元・ドル・円』の著者である田村秀男氏に依ればアジア通貨危機の最初の通貨攻撃の対象になったのは香港ドルであったとしている（108-109頁）。
47) 『日本経済新聞』2006年7月2日。
48) 『日本経済新聞』2006年6月1日。
49) 興梠一郎『「一国二制度」下の香港』論創社、2000年、187頁。
50) コンテナを単純合計数で表示する代わりに、20フィートコンテナ1個を1、40フィートコンテナ1を2として、コンテナ取扱貨物量をこの数値の合計で表示する計算方法。
51) ジェトロ香港資料、および在香港日本総領事館サイト。
52) 『日本経済新聞』2006年6月14日。
53) 香港は物価の低い中国経済との一体化の中で、デフレ圧力を受けてきた。しかし2006年に入り、再び香港、シンガポールにおける、不動産や家賃の高騰が伝えられているので、警戒は必要である。
54) 以前は観光客として来港の多い日本人のために日本語で車内放送がされていたこともあったようである。
55) 庄国土「東アジアにおける華人ビジネスネットワークの発展」西口清勝、夏剛編著『東アジア共同体の構築』第8章、134-136頁。
56) 香港金融管理局の任志剛総裁は中国がむしろ積極的に香港の金融機関に門戸を開くことを要求している。
57) IMF "Hong Kong SAR: Meeting the challenge of Integration" Occasional Paper No.226 February 12, 2004.

　［付記］
　筆者が最初に「香港」という言葉を耳にしたのは1960年代初めに日本でも流行した「香港フラワー」の「香港」であった。その時点では1997年7月香港がイギリスから中国に返還され、その返還式を自身が見るなどということは想像すらで

きなかった。筆者は1995年２月から返還のあった1997年７月まで邦銀の香港支店に勤務した。本稿はその時の民間人としての経験を基にして、将来いささかなりとも香港における戦後の日本人団体の歴史の理解に役に立てばとの考えから書いたものである。執筆にあたり、2006年１月に調査のために当地に赴いた際は、Jetro、三井住友銀行、日本人倶楽部の職員がたから最近の情報をお聞かせいただいた。また立教大学の郭先生、黒木先生、櫻井先生、福島先生から貴重なアドバイスをいただいた。ここに感謝を申し上げるが、本稿に残されているかもしれない曖昧さや誤りは、すべて筆者の責任に帰されるべきものである。

第8章

# 戦後日比関係と在比日本人団体の活動

小 林 英 夫

## はじめに

本稿は、戦後、特に1970年代以降の日比関係を概観したうえで、フィリピンに設立された日本人団体の活動を検討することにある。フィリピンは太平洋戦争中の激戦地の一つとして、戦争の鋭い傷跡を残した国として知られている。太平洋戦争の緒戦では在比米軍が激しく抵抗し、戦争終盤では、米軍の反攻の前に日本軍が最後まで抵抗した結果、多大な犠牲を生んだからである。したがって、こうした惨劇をもたらした日本人に対する戦後フィリピン人の対日感情には険悪なものがあり、フィリピン政府の厳しい規制もあって戦争直後の在比日本人は極端に少なかった。しかし1972年にマルコス政権下で日比通商航海条約が批准され日本企業の活動が認可されると在比日本人の数が増加に転じ、それと連動して日本人団体の活動が活発化すると次第にフィリピン人の対日感情にも変化の動きが見え始めた。本稿ではフィリピンにおける日本人団体の活動を通じてその変化を追跡することとする。[1]

## 第1節 1960年代までの日比関係

### 1. 敗戦から賠償へ

日本とフィリピンの外交関係は、日本の敗戦と同時に断絶状態に落ち込んだ。戦時中の日本軍の非人道行為がフィリピン民衆の対日感情を極度に悪化させたからである。1947年からGHQ（連合軍総司令部）の管理下で日比貿易が再開されたとはいえ、その額は微々たるものであった。敗戦直後から日比賠償は両国にとって重要問題となっていった。

1945年11月に来日したポーレー賠償調査団は、12月に中間報告書を、翌46年4月には最終報告書を取りまとめていた。その報告書の内容は、日本の過剰設備をアジア地域に搬出するというもので、鉄鋼を例にとれば、日本の生

産能力を1930年代の水準に抑え、他は戦争で被害を受けたアジア地域に移転するというものであった。1948年1月には、日本の軍工廠の工作機械の一部が撤去されフィリピンにも搬出されている[2]。

戦禍にあった東南アジアの国々は一貫して日本に対する厳しい賠償を要求したが、アメリカはイギリスと協同して冷戦下の日本の工業復興を望み、無賠償主義で臨むことを基本姿勢とした。フィリピンに代表される国々は、アメリカの無賠償主義に強く反対し[3]、サンフランシスコ講和会議では、第14条のなかに個別折衝の余地を残す形で妥協し、その後の日本との賠償交渉に望みをつなぐこととなった[4]。

## 2．賠償交渉

日比賠償交渉は、1956年5月に長い交渉の結果、5.5億ドル、20年払いで妥結が成立し、戦後長い間中断していた日本とフィリピンの関係は正常化した[5]。ここに行きつくまでに長い交渉過程が必要であった。賠償額に大幅な開きがあり、しかもそのつどフィリピン側の請求額が変わるなかで、労務提供による沈没船の引揚げを内容とした賠償がなされたことを除けば交渉は遅々として進まなかったが、難航の末54年4月には大野フィリピン公使とフィリピン外相ガルシアの間で「大野・ガルシア協定」が結ばれ、賠償額4億ドル20年払いで一旦賠償交渉は締結したかに見えた。しかしフィリピン上院議員の多数の反対によって調印するには至らなかった。その交渉はいったん中断した。しかしこの日比賠償交渉も、工業化を掲げるマグサイサイが大統領に当選するにおよんでいっきょに進展し、アジア協会会長で当時日本商工会議所会頭でもあった藤山愛一郎のフィリピンでのロビー工作などもあって56年5月には妥結の運びとなったのである[6]。この賠償計画のなかにはマルキナ河多目的開発計画、カガヤン渓谷鉄道工事、マニラ通信網整備、などが盛り込まれていた[7]。また船舶輸出も行なわれたが、その際、賠償で供与された外航船が、日本の海運業と競合しないように、高速貨物船は供与されなかった[8]。

## 第2節　賠償後の日比経済関係の拡大

### 1．貿易関係の拡大

　フィリピンが、従来の砂糖に代表される農産物輸出国から離脱して工業化政策を進めたのは1960年代後半、マルコス政権が「経済4カ年計画」を発表して以降のことだった。しかし外資導入が本格化するのは、1970年代に入ってからであった。それ以前の67年に投資奨励法が制定されたが、これは主に内資主体のものであったし、67年に制定された外国企業活動制限法も逆に外資に厳しい制限をつけるものだったからである。投資はさほど目立った増加は見せなかったものの、貿易関係は日本からの工業製品の輸出（表8-1）、フィリピンからの砂糖、バナナなどの農産物輸入（表8-2）を中心に拡大を見せた。

### 2．1960年代以降の在比日本人数

　賠償が締結され貿易規模が急速に拡大を開始し（表8-1、表8-2）、日比経済関係が強まる兆しをみせるなかで、フィリピン渡航日本人数は増加を開始する。1965年フィリピンへの日本人渡航者数は3,292人だったのが70年には7,204人へ、75年には119,876人へと増加している（表8-3参照）。また1960年代になると徐々にではあるが、敗戦でいったん帰国していた日本人も経済関係の復活にともない企業関係者を中心に（表8-4）その数が増加し、戦前在比日本人もフィリピンへと戻り始めた。

　フィリピン在住最年長でマニラ会の会長だった大沢清の例をみてみよう。彼は1925年に単身フィリピンに渡り、マニラで美津濃スポーツ用品の総代理店を経営し、太平洋戦争中は日本軍政下で比島液体燃料統制配給組合の常務理事兼総支配人として活動している。戦争中日本軍は、言葉ができて現地の事情に明るい大沢清のような在比日本人を軍属として活用した。44年11月の米軍のフィリピン上陸以降彼は他の在比日本人同様戦火のなかを逃げ惑い負傷し敗戦を迎えている。戦後46年1月に日本に帰還した大沢は日本で事業活動を再開するがうまくいかず、結局フィリピンとの貿易をおこなう南洋物産に就職し、それが縁で1959年にフィリピンに渡り60年には家族を日本から呼

表8-1　日本の対フィリピン輸出品目別価格　　　　　　　　　　　　　　　　（単位：千ドル）

| 品　目 | 1965 | 1970 | 1975 | 1980 | 1985 | 1990 | 1995 | 2000 | 2005 |
|---|---|---|---|---|---|---|---|---|---|
| 総計 | 240,270 | 453,717 | 1,026,211 | 1,683,337 | 936,558 | 2,503,891 | 7,098,164 | 10,257,508 | 9,069,862 |
| 食料品 | 11,321 | 16,652 | 28,794 | 29,550 | 7,660 | 34,033 | 11,967 | … | 17,128 |
| 原燃料 | 2,363 | 6,534 | 12,634 | 24,152 | 19,203 | 59,613 | 44,477 | 56,787 | 53,537 |
| 軽工業品 | 51,450 | 85,829 | 128,782 | 225,386 | 179,334 | 299,777 | 498,112 | … | … |
| 繊維品 | 33,437 | 56,622 | 83,318 | 100,622 | 80,762 | 110,934 | 126,879 | 152,099 | 102,160 |
| 非金属鉱物品 | 5,961 | 6,557 | 8,459 | 34,201 | 21,367 | 55,980 | 106,751 | 210,089 | 210,897 |
| その他軽工業 | 12,016 | 22,650 | 37,004 | 90,563 | 77,204 | 132,863 | 264,481 | … | … |
| 重工業品 | 173,874 | 341,575 | 849,207 | 1,387,827 | 717,071 | 2,079,327 | 6,362,235 | … | … |
| 化学品 | 20,426 | 45,725 | 122,474 | 180,058 | 103,298 | 211,560 | 322,039 | 582,213 | 714,309 |
| 金属品 | 69,100 | 121,608 | 196,109 | 365,738 | 146,497 | 261,916 | 425,756 | 639,380 | 855,624 |
| 機械機器 | 84,348 | 174,242 | 530,624 | 842,031 | 467,276 | 1,605,851 | 5,614,440 | 7,620,557 | 6,249,987 |
| 一般機械 | 35,686 | 83,491 | 242,380 | 329,696 | 101,107 | 474,100 | 1,498,607 | 2,390,113 | 1,848,028 |
| 電気機械 | 17,291 | 42,993 | 83,510 | 17,692 | 165,465 | 568,758 | 2,407,455 | 4,250,192 | 3,466,297 |
| 輸送機械 | 29,170 | 42,712 | 195,278 | 284,270 | 176,335 | 533,138 | 1,508,636 | 700,146 | 567,277 |
| 精密機械 | 2,201 | 5,045 | 9,456 | 34,307 | 24,379 | 29,855 | 199,742 | 10,097 | 368,385 |
| その他・再輸出等 | 1,262 | 3,127 | 6,795 | 16,421 | 13,290 | 31,141 | 181,371 | 505,188 | 429,110 |

出所：『通商白書』各年より作成。

表8-2　フィリピンよりの輸入品目別価格　　　　　　　　　　　　　　　　　（単位：千ドル）

| 品　目 | 1965 | 1970 | 1975 | 1980 | 1985 | 1990 | 1995 | 2000 | 2005 |
|---|---|---|---|---|---|---|---|---|---|
| 総計 | 253,677 | 533,465 | 1,121,029 | 1,951,426 | 1,243,089 | 2,157,036 | 3,482,258 | 7,195,705 | 7,732,251 |
| 食料品 | 15,274 | 34,380 | 630,506 | 526,480 | 430,085 | 676,601 | 776,261 | 721,933 | 873,739 |
| 原料品 | 236,519 | 483,484 | 463,320 | 1,207,367 | 531,445 | 669,278 | 551,424 | 387,998 | … |
| 鉱物性燃料 | … | … | 6 | 213 | 4,832 | 46,485 | 74,259 | 92,902 | 18,550 |
| 加工製品 | 1,884 | 15,601 | 25,051 | 193,918 | 272,109 | 696,085 | 2,023,578 | 5,987,597 | … |
| 化学品 | … | … | 6,954 | 41,659 | 60,030 | 55,667 | 40,750 | 56,186 | 60,700 |
| 鉄鋼 | … | … | … | … | 32,175 | 27,730 | 19,349 | … | 3,909 |
| 繊維製品 | … | … | … | … | 7,886 | 73,878 | 181,813 | 144,148 | 133,525 |
| 非鉄金属 | … | … | … | … | 106,303 | 154,984 | 97,950 | … | 6,830 |
| 機械機器 | … | … | 3,242 | 74,261 | 21,206 | 263,159 | 1,409,694 | 5,000,018 | 5,029,697 |
| 電気機械 | … | … | 2,313 | 47,862 | 7,583 | 135,044 | 784,309 | 2,744,664 | 3,582,800 |
| 半導体素子 | … | … | 1,734 | 45,321 | 6,530 | 19,712 | 212,289 | 1,664,064 | 1,605,120 |
| 再輸入・特殊品 | … | 1,522 | 2,146 | 23,447 | 4,619 | 68,586 | 56,736 | 320,349 | 299,996 |

出所：『通商白書』各年より作成。

表8-3　事由別フィリピン渡航日本人数　　　　　　　　　　　　　　　　　　（単位：人）

| 年次 | 総数 | 業務・短期商用 | 海外支店赴任 | 学術研究調査 | 留学・研修 | 観光・その他 |
|---|---|---|---|---|---|---|
| 1965 | 3,292 | 41 | … | 100 | 5 | … |
| 1970 | 7,204 | 3,751 | … | 171 | 18 | … |
| 1975 | 119,876 | 7,995 | 305 | 79 | 58 | 110,302 |
| 1980 | 187,445 | 11,751 | 694 | 176 | 104 | 172,478 |
| 1985 | 136,513 | 11,129 | 832 | 269 | 117 | 121,407 |
| 1990 | 187,171 | 23,465 | 742 | 377 | 327 | 157,997 |
| 1995 | 284,142 | 46,118 | 619 | 600 | 166 | 232,571 |
| 2000 | 352,640 | 62,502 | 1,105 | 763 | 264 | 282,704 |
| 2005 | … | … | … | … | … | … |

出所：法務省『出入国管理統計年報』各年度版より作成。

表8−4　事由別フィリピン在留日本人数　　　　　　　　　　　　　　　(単位：人)

| 年次 | | 永住者 | 非永住者 | 民間企業 | 報道関係 | 自由業 | 留学生・研究・教師 | 本邦政府関係 | その他 |
|---|---|---|---|---|---|---|---|---|---|
| 1975 | 男 | 38 | 1,875 | 1,482 | 4 | 9 | 44 | 268 | 68 |
| | 女 | 151 | 1,037 | 689 | 3 | 23 | 22 | 160 | 140 |
| | 計 | 189 | 2,912 | 2,171 | 7 | 32 | 66 | 428 | 208 |
| 1980 | 男 | 108 | 2,227 | 1,666 | 9 | 20 | 77 | 350 | 105 |
| | 女 | 202 | 1,421 | 1,049 | 8 | 26 | 38 | 249 | 51 |
| | 計 | 310 | 3,648 | 2,715 | 17 | 46 | 115 | 599 | 156 |
| 1985 | 男 | 115 | 1,478 | 888 | 8 | 73 | 55 | 412 | 42 |
| | 女 | 217 | 768 | 423 | 7 | 40 | 14 | 250 | 34 |
| | 計 | 332 | 2,246 | 1,311 | 15 | 113 | 69 | 662 | 76 |
| 1990 | 男 | 339 | 2,169 | 1,461 | 28 | 50 | 78 | 446 | 106 |
| | 女 | 349 | 1,168 | 629 | 22 | 41 | 38 | 382 | 56 |
| | 計 | 688 | 3,337 | 2,090 | 50 | 91 | 116 | 828 | 162 |
| 1995 | 男 | 368 | 2,461 | 1,752 | 29 | 26 | 55 | 432 | 167 |
| | 女 | 284 | 1,062 | 620 | 16 | 29 | 29 | 283 | 85 |
| | 計 | 652 | 3,523 | 2,372 | 45 | 55 | 84 | 715 | 252 |
| 2000 | 男 | 815 | 5,541 | 4,188 | 25 | 270 | 131 | 455 | 472 |
| | 女 | 432 | 2,439 | 1,453 | 14 | 113 | 158 | 337 | 364 |
| | 計 | 1,247 | 7,980 | 5,641 | 39 | 383 | 289 | 792 | 836 |
| 2005 | 男 | 1,453 | 7,550 | 5,341 | 30 | 537 | 175 | 343 | 1,124 |
| | 女 | 764 | 3,146 | 1,721 | 17 | 203 | 219 | 285 | 701 |
| | 計 | 2,217 | 10,696 | 7,062 | 47 | 740 | 394 | 628 | 1,825 |

出所：外務大臣官房領事移住部『海外在留邦人数調査統計』各年度版より作成。

び寄せている。当時の状況について「当時、フィリピン在住の日本人はごく少なく、皆フィリピンの対日感情を気にしながら、目立たぬように商売を探している状態だった」と回顧している。

　事実1960年初頭のフィリピンでの対日感情には厳しいものがあった。経済審議庁調査官であった大来佐武郎は、マニラで開催されたエカフェの貿易促進会議に出席した際、「フイリッピン政府は１日観光バスで遊覧旅行をもよおしてくれたが、そのとき戦火で徹底的に破壊された市の中心部や多数のフイリッピン人が殺された現場をながながと見せられて肩身の狭い思いをしたことがある」「フイリッピンの場合には、日本の占領による直接の被害者としてはげしい反日感情が残つて居り、筆者が出席したエカツフエの諸会議でもフイリッピン代表はしばしば日本を非難する演説を行い、昨年のエカツフエ総会でもフイリッピンのみが日本の準会員国としての加盟に対して反対の態度を示した」という。

大沢清や大来佐武郎だけでなく、1958年にマニラに赴任した三菱商事の諸橋晋六も「私が赴任した頃は旧日本軍に対する恨みも残っており、対日感情は良くなかった」[14]と回想している。したがって、在比日本人は身を潜めて居住していたというのが実状だった。

## 3．賠償後の日本人団体

戦後マニラに生まれた最初の日本人団体がマニラ日本人クラブであった。設立は1957年のことであった[15]。フィリピン人の対日感情が悪いことや当時日本人の活動が禁止されていたことから日本人会はむろんのこととして、日本人倶楽部を作ることも不可能だった。当時を回顧して大沢清は次のように記している。

「その当時（1949年頃―引用者）、在留邦人の数は僅かに30名程度であった。『日本人は単なる連絡員としてのみ滞在が許される、商業活動は一切禁ずる』という厳しい時代であった。その商業活動をした証拠を見つけられて、ある駐在員が国会に呼び出されたということもあって、日本人同士、情報を持ち寄る場所というのができていた。ただし、日本人の団体行動が許される時代ではなく、クラブとしての登記も出来なかった。現在ルネタ公園前の大通りのビルの上層部半分が焼けたまま立っているのが目につくが、あの裏の狭い通りの暗い古びた二階家に、その集会場所があった。世を忍ぶ隠れ家の様な所で、日本人商業活動問題に関する国会の模様などをひそひそと話し合ったのであったが、ある時、邦人のオフィスがマニラ警察に急襲され、その場でオフィスを閉鎖されたという事件が起きて、マカティの方が安全ということになり、大方マカティに移ったのであった」[16]

いわば、非公式の日本人会が組織されていたのである。非公式ゆえにこの組織メンバー数や活動状況を知る手がかりは残存していない。大沢清の記述から察するに、月1回か2回の間隔で、在比日本人がこっそりと集まっては情報を交換していたのだろうと推察する。

## 第3節 1972年以降の日本人団体の活動

### 1．日比通商航海条約の批准と日本企業の活動の再開

　1972年に日比通商航海条約がフィリピンで批准されると、貿易関係の一層の拡大（表8－2）のなかで在比日本企業は本格的に活動することが許可された。それ以前は、フィリピン議会の反対が強く同条約は批准されず、日本企業の該地での本格的稼動は許可されていなかったのである。したがって当初日本人の商業活動は認められず、単なる連絡員としてのみ滞在が許されるにすぎなかった。また大統領ガルシアの時代には日本人のビザ発給枠は300人で、それ以上の滞在は許可されなかった。「ビジネスをしようものなら、すぐに内部告発をされて入管に捕まって[17]」しまったという。

　こうした制限も大統領マカパガルの時代になると徐々にゆるくなっていったという。1972年9月に大統領マルコスが戒厳令を実施し、一切の権限を大統領に集中し議会の無力化のなかで73年12月には日比通商航海条約が批准された。この結果、それまで公的には活動が許されていなかった日系企業と日本人団体が公然とした活動を開始した。また日本の対比投資も70年代以降急増を開始した（表8－5参照）。

　前述した大澤清の場合も例外ではない。彼は、1968年から日比合弁のフェルナン・エンタープライズの社長に就任するが、これもあくまで合弁とはいえ、フィリピン側がマジョリティの企業であった。しかし72年の戒厳令以降

表8－5　日本の対比直接投資許可状況 (単位：100万ドル)

| 年　次 | 件　数 | 金　額 |
|---|---|---|
| 1965 | － | － |
| 1970 | 11 | 29 |
| 1975 | 64 | 149 |
| 1980 | 36 | 78 |
| 1985 | 9 | 61 |
| 1990 | 58 | 258 |
| 1995 | 100 | 69,186＊ |

注：＊単位は100万円。
出所：社団法人金融財政事情研究会『大蔵省国際金融局年報』
　　　各年度版、および同法人『国際金融年報』平成8年版より作成。

は日本企業の支店や合弁会社が大小数百社設立されていくこととなる[18]。

　1970年に入ると在比日本人数が急増を開始する。73年12月には日比通商航海条約が批准されるとそれまでの日本人300人のビザ枠が緩和され、渡航者が1970年の7,204人から75年の119,876人まで急上昇する。その後80年の187,445人から85年には136,513人に下落するが、80年代後半になると上昇を開始し90年には187,171人となり、95年には284,142人に達した。円高がフィリピンへの日本人渡航者数の増加に大きく影響していることは、観光客が主力を占めたことからも容易に推察することが可能である（表8－3）。

　永住者も増加を開始した。1970年にほとんどいなかった在比日本人も75年には189人に、80年には310人に達している。その後85年332人、90年688人に上昇し、その後若干の下落を経た後に2000年に1,247人に達し2005年には2,217人を記録している（表8－4）。永住者の比率は低く圧倒的多数は非永住者、なかでも民間企業関係者である。また男女の比率をみた場合非永住者は70年代から2005年まで一貫して男性が女性を凌駕しているが、永住者に関してみると91年までは女性が男性を圧倒している。ところが、90年以降は逆に男性が女性を凌駕している。これは当初フィリピン男性と結婚して該地へ渡航する日本人女性が多かったのが、90年以降は逆に日本人男性がフィリピン女性と結婚して妻のもとへ渡るケースが増大していることを物語っている。フィリピン永住を目指す日本人で結成したマニラ会の機関誌『マニラ会会報』の「会員紹介」を見るとバブル崩壊後なんらかの理由で日本を離れフィリピン人女性と結婚、フィリピンに家庭を持ったケースが目立つ。この点についてはマニラ会の項で言及する。

## 2．日本人商工会議所

　日本人商工会議所がスタートしたのが1973年11月のことであった。前述したように1972年9月の大統領マルコスの戒厳令施行により議会が廃止され、それまで否認され続けてきた日比友好通商条約が批准され、日本人へのビザ発給が緩和され日本企業の活動が活発になるにつれて、それまで懸案であったフィリピン日本人商工会議所の設立が具体化された。表8－5にみえるように1970年代に入ると日本企業の対フィリピン進出は積極性を増す。東南アジア各国中商工会議所がないのはフィリピンだけという状況の中で、在比日

本人や大使館との間で検討が、そして72年10月頃からその準備が始まり、73年2月頃から設立準備が具体化した。そして、総理田中角栄のフィリピン訪問が74年1月に実現される前に商工会議所をスタートさせるため、その準備が急がれ、田中訪比の前年の73年11月に設立登記が完了し、初代会頭には三井物産の中邑松太郎が選出された。翌74年1月の総理田中角栄の訪比の際には商工会議所主催の歓迎会が開催された。会頭の中邑松太郎は、「会議所主催の田中首相歓迎のパーティでは、同首相の挨拶の中で首相の来比に合せて会議所を発足させた経緯を多とされ、会議所の今後の発展を期待すると共に、記念としてゴルフカップを寄贈する旨御申出があり、一同感激した」と述べ、余談として「あんな申出があってもカップはなかなか我々の手許に届かないだろうとたかをくくっていたら、パーティの翌日早速秘書官が、私の会社に届けて下さったのには実行力の速さに驚いた」と述べていた。以降三井物産、東京銀行、三菱商事、伊藤忠、日綿実業、松下電器、味の素、日商岩井、三和銀行、丸紅などの出身者が会頭に名を連ねている。なかでも三井物産、三菱商事、伊藤忠など商社グループが歴代会頭を多く出している（表8-6）。トヨタ自動車社長、会長そして経団連会長を務めた奥田碩も1972年から6年半をフィリピンのトヨタ自動車合弁会社で勤務し、商工会議所合弁部会幹事として活動した。

設立準備が始まった1972年10月には、フィリピン・ルパング島で地元警察官と終戦を知らぬ元日本兵2名との間で銃撃戦が起り、1名が死亡、残りの1名が逃亡するなかで、その救出作戦が始まった。生存していた元陸軍少尉小野田寛郎が救出されたのは、商工会議所がスタートした4ヵ月後の74年3月のことであった。この救出活動には、発足間もない商工会議所が、日本・フィリピン政府に全面的に協力し活動した。

フィリピン日本人商工会議所が出来たことで、BOI（投資委員会）との間のコミュニケーションがスムーズになり、企業進出の際の問題点などが率直に論議されるようになった。こうしたことも関連して1970年代以降の日本企業の対比投資が急増し商工会議所のメンバーも増加を開始した（表8-7）。設立時の会員数は61で、内訳を見るとすべてが法人会員で、在比日本企業の大手の大半が加盟した。設立以降3年目までに毎年10数件の入会があり、76年以降は個人会員の加入もあって、77年には加入者数は105にまで上昇、そ

表8−6　フィリピン日本人商工会議所　歴代会頭一覧

| 第1代 | 1973.11〜 | 中邑松太郎 | 三井物産 |
| --- | --- | --- | --- |
| 第2代 | 1976. 4〜 | 野口　能敏 | 東京銀行 |
| 第3代 | 1977. 4〜 | 石井　利夫 | 三井物産 |
| 第4代 | 1979. 4〜 | 服部　　誠 | 三菱商事 |
| 第5代 | 1979. 7〜 | 斎田　敏幸 | 伊藤忠商事 |
| 第6代 | 1979.11〜 | 東　　　忠 | 日綿実業 |
| 第7代 | 1980. 4〜 | 亀岬　達也 | 三菱商事 |
| 第8代 | 1981. 4〜 | 安部　好郎 | 三井物産 |
| 第9代 | 1982. 4〜 | 堀部　昌昭 | 伊藤忠商事 |
| 第10代 | 1984. 4〜 | 今井　正明 | プレシジョン・エレクトロニクス（松下電器） |
| 第11代 | 1986. 4〜 | 近藤　正弘 | 伊藤忠商事 |
| 第12代 | 1987.12〜 | 鈴木　信二 | 三菱商事 |
| 第13代 | 1991. 4〜 | 村田　　等 | プレシジョン・エレクトロニクス（松下電器） |
| 第14代 | 1992. 6〜 | 徳永　康之 | フィリピン・シンター・コーポレーション |
| 第15代 | 1993. 6〜 | 宮川　克己 | 三井物産 |
| 第16代 | 1995.12〜 | 浅井壮一郎 | ユニオン味の素 |
| 第17代 | 1997. 4〜 | 島岡　忠臣 | 伊藤忠商事 |
| 第18代 | 1999. 4〜 | 玉置　雅治 | 日商岩井 |
| 第19代 | 2000. 4〜 | 今城　　進 | RCBC（三和銀行） |
| 第20代 | 2000. 5〜 | 亀山　将一 | 三井物産 |
| 第21代 | 2003. 4〜 | 川口　隆吉 | 丸紅フィリピン |

出所：フィリピン日本人商工会議所『月報』No200、2003年7月、5頁。

の後87年までは微増が続いた。86年には、マルコス政権が倒れアキノ政権が誕生しているが、それ以前のマルコス時代の日本人商工会議所は、大きな事件もなく比較的自由にビジネスが展開できたと回想する日本人社員は多い。[24]

アキノ政権誕生後のフィリピンでは政情不安定が続き、1986年11月にはマニラ市郊外で三井物産マニラ支店長若王子信行が誘拐される事件が発生している。翌87年3月には無事救出されたが、この間日本人商工会議所は、文字通り現地対策活動の中心機関となった。[25] またアキノ政権下では国軍により7回クーデターが計画され、その都度マニラ市内は混乱し、日本人の保護活動が焦点となったが、その際も情報収集、伝達のキーステーションとして機能した。こうした政情不安定に電力や電話のインフラ不備が影響して、「日本からの直接投資はフィリピンを素通りして中国へと加速」[26] したと松下電器出

表8－7　フィリピン日本人商工会議所　会員数変化

| 年度<br>（4～3月） | 会員数<br>（　）内は対前年増減件数 | 内訳 法人 | 内訳 個人 | 内訳 賛助 |
|---|---|---|---|---|
| 1974 | 61 | 61 | 0 | 0 |
| 1975 | 79 （　18） | 79 | 0 | 0 |
| 1976 | 92 （　16） | 84 | 7 | 1 |
| 1977 | 105 （　13） | 91 | 13 | 1 |
| 1978 | 114 （　9） | 100 | 13 | 1 |
| 1979 | 117 （　3） | 103 | 13 | 1 |
| 1980 | 115 （△ 2） | 101 | 13 | 1 |
| 1981 | 125 （　10） | 111 | 13 | 1 |
| 1982 | 128 （　3） | 117 | 10 | 1 |
| 1983 | 123 （△ 5） | 113 | 9 | 1 |
| 1984 | 115 （△ 8） | 107 | 7 | 1 |
| 1985 | 122 （　7） | 113 | 8 | 1 |
| 1986 | 127 （　5） | 118 | 8 | 1 |
| 1987 | 124 （△ 3） | 116 | 7 | 1 |
| 1988 | 143 （　19） | 133 | 9 | 1 |
| 1989 | 168 （　25） | 155 | 10 | 3 |
| 1990 | 184 （　16） | 172 | 8 | 4 |
| 1991 | 195 （　11） | 183 | 5 | 4 |
| 1992 | 220 （　25） | 207 | 7 | 6 |
| 1993 | 242 （　22） | 229 | 7 | 6 |
| 1994 | 274 （　32） | 258 | 6 | 10 |
| 1995 | 312 （　38） | 292 | 8 | 12 |
| 1996 | 389 （　77） | 369 | 8 | 12 |
| 1997 | 453 （　64） | 434 | 7 | 12 |
| 1998 | 479 （　26） | 458 | 6 | 15 |
| 1999 | 472 （△ 7） | 447 | 10 | 15 |
| 2000 | 468 （△ 4） | 446 | 10 | 12 |
| 2001 | 482 （　14） | 458 | 13 | 11 |
| 2002 | 474 （△ 8） | 451 | 12 | 11 |
| 2003 | 490 （　16） | 465 | 14 | 11 |
| 2004 | 494 （　4） | 466 | 14 | 14 |
| 2005 | 520 （　26） | 487 | 15 | 18 |
| 2006 | 526 （　6） | 491 | 16 | 19 |

出所：商工会議所事業報告。

身で1991年から92年にかけて第13代会頭を務めた村田等は回想している。

1992年6月にはアキノに代わって軍人出身のラモスが大統領に当選するが、商工会議所はこの選挙に積極的に協力した。当時会頭だった村田等の回想に依れば「アキノ大統領の後継選挙では外国商工会議所と連携して、ラモス氏を積極的に応援し、当選後招待を受けた時は大きな感激であり、今もその時にVサインをしたラモス大統領と一緒に撮った写真を記念として飾っております」という。村田等が回想するように、その後ラモス統治下のフィリピンは「政情、治安も安定し、またインフラも整備された結果、多くの日本企業が進出し、経済的に発展し、会議所の会員数も大きく増加して活発な活動を続けている」状況だった。その結果商工会議所の会員数も、法人会員を主体に92年に会員数は220にまで増加し、その後95年には312、97年には453に、2001年には482、2006年には526に達した（前掲表8-7参照）。

しかし1997年7月のタイのバーツ暴落に始まるアジア通貨危機の発生は、フィリピンをも例外とはせず、ペソの暴落が始まり、99、2000年と会員数の減少をみた。当時商工会議所の会頭だった島岡忠臣は、「フィリピン経済はラモス大統領の指導のもとで長いどん底から、やっとの事で水面に這い上がり、経済の復興気運をENJOYしていた時代」であったが、他面で島岡は「ペソはやたらと上がり、労働組合の強硬路線にも皆辟易、こんなことが長続きする筈が無い。大きな変動が起るのではないか」と感じていたという。そんな折、アメリカのFORTUNE誌に「タイ・バーツは血塗られている」という1頁もの誰が書いたとも知れぬ、論文でも広告でもない記事を読んだとき、殺人予告を受けたような不気味さを感じ、商工会議所の面々と論議したという。このように通貨危機が起るすこし前の出来事を島岡は鮮明に回想しているが、1998年念頭の『所報』の島岡の「新年のご挨拶」は、アジア通貨危機への対応で始まっていた。

1998年6月にはエストラーダが大統領に就任するが、政権は安定しなかった。2000年10月の違法賭博献金疑惑や各種の汚職事件の結果、副大統領アラヨの辞任に続く主要閣僚の辞任騒動や11月の上院の弾劾裁判設置、12月の同裁判開始、2001年1月のエストラーダ政権崩壊、4月の大統領エストラーダ逮捕、この騒動のなかでの1月の副大統領アラヨの大統領就任は、この間の不安定性を物語る。商工会議所は、こうした動きを追うと同時に、2001年に

は「海外で投票できます、日本の選挙」なるキャンペーンを掲げて、選挙法改正に伴い可能となった在外国投票を宣伝すると同時に、在外選挙登録申請キャンペーンを展開していた。[35]

アラヨ政権下では、比較的良好な経済関係が保たれていることがフィリピン商工会議所の『月報』から伺える。例えば、『フィリピン商工会議所月報』(177、2001年8月)はアラヨ政権の産業貿易長官ロハスが日本企業の要望を聞くために開催した「懇親会」の模様を報道し、これに日本企業の面々が参加し、積極的に討論した様が報じられている。

## 3. マニラ日本人会とマニラ日本人学校

マニラ日本人会が発足したのは日本人商工会議所に遅れること2年半後の1976年5月のことであった。一時期事務所が日本人商工会議所と同一ビルにあることから判断できるように両機関は相互に連携を取りながら活動している。この団体の目的は駐在員を中心としたメンバーの動向、各種クラブ活動、出身大学OB会の通知、料理講座、フィリピン語講座などの開催を通じたメンバー間の懇親にある。この会は会報として『まぶはい』(タガログ語で「ようこそ」の意味)を毎月発行している。同誌の編集作業はマニラ駐在日本人社員の夫人たちの手で担われている。彼らはその多くがマニラ市のマカティ地区に住むことから「マカティ族」とも称されている。彼らは、大企業から派遣された従業員が多く、経済的に恵まれており、数年の任期で日本に戻るエリート社員が多くを占めている。

マニラ日本人会の重要事業のひとつがマニラ日本人学校の運営である。マニラ日本人学校は1968年6月に大使館付属広報文化センター内に校舎を設けてスタートした。[36]出発時の教諭は3名、生徒数は小学部62名、中学部10名の合計72名で、当初は日本語学習を中心に週数回の補習授業を行なうというものであった。[37]その後校舎が手狭になり、しかもビル街の真っ只中に校舎が建っていたため、体育や野外実習、生物観察などに不都合が生じていた。そこで78年にマニラ郊外のパラニケア地区に新校舎を建設し6月から授業を再開した。[38]「マニラ日本人学校規則」によれば、「学校の運営は、学校運営理事会が当たる」(第12条)「理事会理事長にはマニラ日本人会会長があたり、必要に応じて理事会を招集する」(第14条)となっており、マニラ日本人会が運

図8−1　児童生徒数の推移　　　　　　（単位：人）

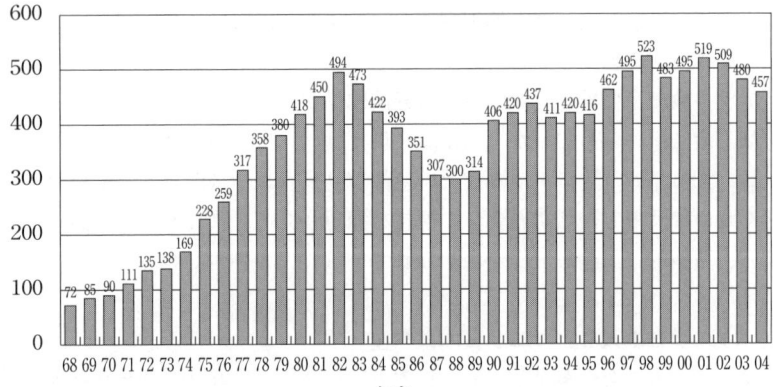

児童生徒数の推移データ（年度別）：
68年:72、69年:85、70年:90、71年:111、72年:135、73年:138、74年:169、75年:228、76年:259、77年:317、78年:358、79年:380、80年:418、81年:450、82年:494、83年:473、84年:422、85年:393、86年:351、87年:307、88年:300、89年:314、90年:406、91年:420、92年:437、93年:411、94年:420、95年:416、96年:462、97年:495、98年:523、99年:483、00年:495、01年:519、02年:509、03年:480、04年:457

出所：30周年行事委員会記念誌係編『マニラ日本人学校創立30周年記念誌』1998年、86頁およびマニラ日本人学校のインタビュー情報に依る。

営の責任を持っていた[39]。生徒数は68年の72名以降漸増し75年前後から急増を開始、82年には494名に達している。日比経済関係の拡大に照応した生徒数の伸びである。しかし83年から減少に転じ88年には300人にまで縮小した。しかし90年から増加に転じ98年には523名まで回復した（図8−1）。もっとも90年代に入ってからの増加は、国際結婚によるフィリピン女性を母にもつ混血児童の入学増によるもので、彼らは90年代後半で全児童の20％に達するという。彼らは他の日本人児童と比較すると日本語能力が劣るので、マニラ日本人学校では日本語特別クラスを設けてその対応に当っている[40]。

## 4．マニラ会

マニラ会が発足したのは1984年7月のことであった。初代会長は1925年単身フィリピンに渡りその後戦後の一時期帰国した時期を除けば一貫してフィリピンに滞在して活動してきた大沢清であった。会員60名余をもってスタートした[41]。

初代会長の大沢は就任のスピーチのなかで、現在マニラ日本人会、日本人商工会議所といった在比日本人団体があるが「そういうクラブとも日本人学校とも関係を持たず、しかもこの国に長く住みついている、そういう日本人

が大勢います。その人達の方が、クラブに関係ある人数よりも多いと見られております。今はそういう日本人社会なのであります。それで、それら一般在留邦人の中に一つの会を設けて懇談の場を作りたい。相談し合い助け合って行く、その中心になる会が欲しい」と述べて、同会設立の趣旨を説明している。また彼は60名近い発足会の会員を前に「今晩、ここにお集まりの皆さんは、フィリピンに永住、あるいは半永住を志す中小企業の方々であります[42]」「日本人クラブや大使館とは常に連絡を保ち、協調、協力していかねばならないと思います。力を合わせて進む、それは当然のことで、この会の発展への道であります[44]」とも述べている。彼らは「マカティ族」と称された大企業や政府機関に勤める短期、転勤型の日本人とは対照的な中小企業を経営もしくはそこに勤める長期定住型の日本人たちである。彼らは、マニラの下町マラテ・マビニ地区に住んでいることから「マラテ・マビニ族」と称されている。彼らは同じフィリピンに住む同国人でありながら生活様式、フィリピンへのかかわり合いを異にする日本人達なのである。戦前にもあった「グダン族」と「下町族」の2類型が現在でもかたちを変えて存在しているのである[45]。大沢の設立趣旨は、マニラ日本人会にも日本人商工会議所にも組織されない在比日本人中小企業家に光を当てここにネットワークを作ろうと考えたのである。

1984年の同会発足当初は、マニラに個人で来て活動していた日本人を中心に、彼らの交流を目的に結成されたが、2000年に入ってからの顕著な特徴としては、大企業に勤務し早期退職した50歳台前半のサラリーマンが、老後の永住地を求めてマニラに来るケースが増えたという[46]。マニラ会機関紙で会員紹介をもとにその構成員42名の年齢、出身地、職業、フィリピン来訪の契機を示したものが表8-8である。出身地は日本全土に及んでおり、特定地域をあげることはできない。しかし年齢を見ると50歳以上が29人で、全体の69％を占め半数以上に達している。さらに40歳以上に拡大すると40人と95％を占め圧倒的多数を占めるのである。しかもフィリピン女性と結婚して当地に永住と回答したものが8人と20％、5人に1人となっている。この表作成の原本となった『マニラ会会報』では「来比のきっかけ」を聞いているのであって、フィリピン女性と結婚したか否かを聞いているわけではない。したがって、来比の理由がフィリピン女性との結婚にあったというのが8人いたと

**表8-8 マニラ会会員動向**

| 会員番号 | 質問事項 | 回答内容 |
|---|---|---|
| 1 | 生年月日 | 1946年5月31日 |
| | 出身地 | 千葉県 |
| | フィリピンでの職業 | 自由業 |
| | フィリピンに渡った理由 | 日本でやって行くのは難しいと思い、物価の安いフィリピンでの生活を考えた |
| 2 | 生年月日 | 1964年12月1日 |
| | 出身地 | 北海道 |
| | フィリピンでの職業 | 輸出入業 |
| | フィリピンに渡った理由 | 外国に出たい気持ちが強かったため |
| 3 | 生年月日 | 1958年8月24日 |
| | 出身地 | − |
| | フィリピンでの職業 | 100円ショップ準備中 |
| | フィリピンに渡った理由 | 南国での生活に対する憧れ |
| 4 | 生年月日 | 1958年8月24日 |
| | 出身地 | 神奈川県 |
| | フィリピンでの職業 | 車両販売、クラブ経営 |
| | フィリピンに渡った理由 | フィリピーナとの結婚 |
| 5 | 生年月日 | 1949年10月31日 |
| | 出身地 | 長崎県 |
| | フィリピンでの職業 | − |
| | フィリピンに渡った理由 | 中古車販売のため |
| 6 | 生年月日 | 1952年8月11日 |
| | 出身地 | 東京都 |
| | フィリピンでの職業 | 日本式指圧及び本格的なマッサージと鍼の普及活動 |
| | フィリピンに渡った理由 | 貿易会社のビジデントとしてきた |
| 7 | 生年月日 | 1952年6月20日 |
| | 出身地 | 岐阜県 |
| | フィリピンでの職業 | 会社経営 |
| | フィリピンに渡った理由 | ゼネコンとして市役所から仕事を受注し、仕上げ・施工ビジネスを行うため |
| 8 | 生年月日 | 1936年12月15日 |
| | 出身地 | 長崎県 |
| | フィリピンでの職業 | − |
| | フィリピンに渡った理由 | バターン州のリマイに発電所建設のため約3年前来比 |

| 会員番号 | 質問事項 | 回答内容 |
|---|---|---|
| 9 | 生年月日 | 1939年2月8日 |
|  | 出身地 | 長野県 |
|  | フィリピンでの職業 | 運送業手伝い |
|  | フィリピンに渡った理由 | 1991年妻を癌で亡くした後、フィリピンへ |
| 10 | 生年月日 | 1958年3月27日 |
|  | 出身地 | 香川県 |
|  | フィリピンでの職業 | － |
|  | フィリピンに渡った理由 | 市場調査のため |
| 11 | 生年月日 | 1945年1月18日 |
|  | 出身地 | 山形県 |
|  | フィリピンでの職業 | － |
|  | フィリピンに渡った理由 | フィリピンの女性と結婚 |
| 12 | 生年月日 | 1959年12月25日 |
|  | 出身地 | 新潟県 |
|  | フィリピンでの職業 | 各種設備施工 |
|  | フィリピンに渡った理由 | 友人の誘いでセブを旅行したことが契機で |
| 13 | 生年月日 | 1931年6月26日 |
|  | 出身地 | 愛知県 |
|  | フィリピンでの職業 | フィリピン工場で工場の生産管理に従事 |
|  | フィリピンに渡った理由 | バイオ関連事業のため |
| 14 | 生年月日 | 1937年9月14日 |
|  | 出身地 | 愛知県 |
|  | フィリピンでの職業 | 製版業 |
|  | フィリピンに渡った理由 | 人手不足を解消するため |
| 15 | 生年月日 | 1939年7月5日 |
|  | 出身地 | 北海道 |
|  | フィリピンでの職業 | ビジネスコンサルタント |
|  | フィリピンに渡った理由 | 器材取引の駐在員としてミンダナオ島コタバト市に赴任 |
| 16 | 生年月日 | 1950年2月22日 |
|  | 出身地 | 新潟 |
|  | フィリピンでの職業 | 会社経営 |
|  | フィリピンに渡った理由 | 商用のため |
| 17 | 生年月日 | 1946年9月28日 |
|  | 出身地 | 北海道 |
|  | フィリピンでの職業 | 元製紙会社勤務 |
|  | フィリピンに渡った理由 | 50才で退社、どこか南国で一人暮らしをするという漠然とした決断 |

| 会員番号 | 質問事項 | 回答内容 |
|---|---|---|
| 18 | 生年月日 | 1959年2月11日 |
| | 出身地 | 千葉県 |
| | フィリピンでの職業 | 佐川急便店長 |
| | フィリピンに渡った理由 | 現地法人の強化に派遣されたため |
| 19 | 生年月日 | 1963年4月18日 |
| | 出身地 | 大分県 |
| | フィリピンでの職業 | フジテレビ支局長 |
| | フィリピンに渡った理由 | 番組関係で特派員として |
| 20 | 生年月日 | 1935年1月30日 |
| | 出身地 | 福島県 |
| | フィリピンでの職業 | レストラン経営 |
| | フィリピンに渡った理由 | フィリピンを拠点として、世界を股に翔けてみようと思ったため |
| 21 | 生年月日 | 1942年7月28日 |
| | 出身地 | 大阪市 |
| | フィリピンでの職業 | 事務手伝い |
| | フィリピンに渡った理由 | フィリピンの女性と出合ったのがきっかけ |
| 22 | 生年月日 | 1935年9月6日 |
| | 出身地 | 宮城県 |
| | フィリピンでの職業 | セミナー関連 |
| | フィリピンに渡った理由 | 30年以上前に観光できたことが契機に |
| 23 | 生年月日 | 1944年10月27日 |
| | 出身地 | 神奈川県 |
| | フィリピンでの職業 | 不動産管理 |
| | フィリピンに渡った理由 | 結婚を約束した人と、1985年初めてフィリピンにきた |
| 24 | 生年月日 | 1929年2月25日 |
| | 出身地 | 岡山県 |
| | フィリピンでの職業 | 旅行代理店 |
| | フィリピンに渡った理由 | フィリピンの女性と結婚 |
| 25 | 生年月日 | 1939年6月26日 |
| | 出身地 | 北海道 |
| | フィリピンでの職業 | 気功 |
| | フィリピンに渡った理由 | フィリピンに友をたよって |
| 26 | 生年月日 | 1954年3月17日 |
| | 出身地 | 広島県 |
| | フィリピンでの職業 | 輸入業 |
| | フィリピンに渡った理由 | 仕事の関係で |

| 会員番号 | 質問事項 | 回答内容 |
| --- | --- | --- |
| 27 | 生年月日 | 1956年6月12日 |
| | 出身地 | 岐阜県 |
| | フィリピンでの職業 | サービス業 |
| | フィリピンに渡った理由 | フィリピンに行けば何とか生活できるだろうとの思いで |
| 28 | 生年月日 | 1963年10月28日 |
| | 出身地 | 神奈川県 |
| | フィリピンでの職業 | メディア関係 |
| | フィリピンに渡った理由 | 86年マニラ湾で開催された日比親善対抗ボートレースに出場、比女性の美しさに魅せられたため |
| 29 | 生年月日 | 1926年3月11日 |
| | 出身地 | 東京都 |
| | フィリピンでの職業 | 医療機器販売 |
| | フィリピンに渡った理由 | 仕事の関係 |
| 30 | 生年月日 | 1942年10月30日 |
| | 出身地 | 熊本県 |
| | フィリピンでの職業 | プロモーション事業 |
| | フィリピンに渡った理由 | 1989年結婚と同時に |
| 31 | 生年月日 | 1942年7月17日 |
| | 出身地 | 栃木県 |
| | フィリピンでの職業 | 両替業 |
| | フィリピンに渡った理由 | サイパンで妻と知り合い、1991年フィリピンへ |
| 32 | 生年月日 | 1930年6月30日 |
| | 出身地 | 福島県 |
| | フィリピンでの職業 | 建築設計関係 |
| | フィリピンに渡った理由 | ハワイ州立大学の教授からフィリピン国立大学の客員教授として |
| 33 | 生年月日 | 1956年1月27日 |
| | 出身地 | 群馬県 |
| | フィリピンでの職業 | 日本語教師 |
| | フィリピンに渡った理由 | 美しい海と女性に魅せられたため |
| 34 | 生年月日 | 1942年3月19日 |
| | 出身地 | 兵庫県 |
| | フィリピンでの職業 | 三菱電機勤務 |
| | フィリピンに渡った理由 | 定年を迎えるに当り、外国での生活を経験したくて |

| 会員番号 | 質問事項 | 回答内容 |
|---|---|---|
| 35 | 生年月日 | 1930年2月5日 |
| | 出身地 | 京都府 |
| | フィリピンでの職業 | 医師・農学博士 |
| | フィリピンに渡った理由 | マルコス大統領に呼ばれて |
| 36 | 生年月日 | 1947年7月24日 |
| | 出身地 | 群馬県 |
| | フィリピンでの職業 | 家畜の育成研究 |
| | フィリピンに渡った理由 | 仕事の関係でタレントのピックアップのため渡比 |
| 37 | 生年月日 | 1946年3月7日 |
| | 出身地 | 神奈川県 |
| | フィリピンでの職業 | 会社経営 |
| | フィリピンに渡った理由 | 22年前ビジネスマンとして渡比 |
| 38 | 生年月日 | 1909年5月9日 |
| | 出身地 | 東京都 |
| | フィリピンでの職業 | 元警視庁 |
| | フィリピンに渡った理由 | 1996年、フィリピンに |
| 39 | 生年月日 | 1933年12月10日 |
| | 出身地 | 神奈川県 |
| | フィリピンでの職業 | － |
| | フィリピンに渡った理由 | 中近東在住時、1972年～1989年労働者派遣の仕事で渡比 |
| 40 | 生年月日 | 1934年5月31日 |
| | 出身地 | 座間市 |
| | フィリピンでの職業 | 建築土木関係 |
| | フィリピンに渡った理由 | 県の要請で、フィリピン海域で拿捕された漁船調査のため渡比 |
| 41 | 生年月日 | 1954年9月30日 |
| | 出身地 | 栃木県 |
| | フィリピンでの職業 | － |
| | フィリピンに渡った理由 | 商売のため |
| 42 | 生年月日 | 1937年11月11日 |
| | 出身地 | 宮崎県 |
| | フィリピンでの職業 | 輸入業者 |
| | フィリピンに渡った理由 | 仕事の関係で |

出所：『マニラ会会報』各号より作成。

いうことであって、それ以外にもフィリピン女性と結婚している会員は多いと思われる。したがって、「86年マニラ湾で開催された日比親善対抗ボートレースに出場、比女性の美しさに魅せられたため」(28番)、「美しい海と女性に魅せられたため」(33番) など、明言はしていないが、フィリピン女性と結婚していると想定されるものを含めれば、これよりはるかに大きい数値になるであろうことが予想されるのである。

　同会の具体的な活動は、フィリピン永住をめざす日本人の身辺相談、相互扶助・親睦、情報交換、子供学園(保育園)の運営などである。しかし大沢がマニラ会を紹介する文章のなかで謙遜ぎみに「今は鳴かず飛ばずの状態で、専ら混血児童の日本語補習係的存在に甘んじている[47]」とのべているように、マニラ会の主力は子供学園(保育園)に象徴される教育活動にあることは間違いない。マニラ日本人会が運営するマニラ日本人学校に通うにはさしあたり入学時に小学生長子であれば25,650ペソ(授業料・入学金・児童生徒障害保険・PTA会費・施設費・個人寄付金　1998年現在以下同様)、長子以外は23,650ペソ、中学生であれば長子25,950ペソ、長子以外であれば23,950ペソ必要となる[48]。大沢は「日本人学校へ入るのには費用がかかる。で、行きたくとも行けない児童が少なくないのが現状である[49]」と述べている。マニラ会入会金が年4,200ペソ[50]。これで日本人学校に行けない子供達を救おうというわけである。

　前述したようにフィリピンは東南アジア各国のなかで、永住者中に占める日本人男性の比率が女性を上回る数少ない国の1つであり、したがって大沢清を中心に会を結成していく条件が他の国よりも強かったことが考えられる。

　またマニラ会は「相談室」を設けており「これからこの国に生活の基盤を置いて活動しようと考えておられる方」「すでに手掛けている方」、さらにはフィリピン旅行で被害を受け相談を必要としている日本人に対するアドバイスもおこなっている。その他会員間の親睦を兼ねたゴルフ大会、ボーリング大会、盆踊り大会などであり、マニラ市の清掃ボランティアなども行なっている[51]。

## 5．セブ日本人会

　セブ島は、フィリピン群島のほぼ真中に位置し、南北に220km　東西に最

大40kmの細長い形状をした島である。面積は、5千平方キロで日本の千葉県よりやや狭い程度である。セブ市の人口は80万人（2004年）。輸出加工区を有し、日系製造企業が多数入居している。主な産業は、ラタン家具・海藻加工・貝細工・海産物などで、日系企業は、ミツミ、朝日オプチカル、太陽誘電、力王などワイヤーハーネスや地下足袋など、労働集約的産業が進出している。[52]

ここセブ島にマニラ日本人会と並ぶセブ日本人会が結成されたのは1982年のことであった。当時は30人程度の会員で出発した。会費は3ヶ月で20ペソ、91年には専用の会事務所を開設、会費は月100ペソに値上げされ、会員も150人に増加した。93年には月150ペソに値上げされ、2003年現在では月300ペソの会費で会員は180人である。[53]会員はセブの輸出加工区に進出した進出企業に日本から派遣された駐在員、セブで自営業を営む日本人そして退職者ビザでセブに生活するリタイヤ組から成っている。セブ日本人会の会長の岡昭は、セブ日本人会のメンバーを「駐在員組」「独立自在組」「悠々退職組」の3種類に範疇分けしている。[54]「駐在員組」と「独立独歩組」は、それまでも指摘された日本外地居住者の範疇だが、ここに新たに年金生活者の「悠悠退職組」が加わったことが2000年以降の新しい特徴である。彼らは、年金生活をセブ島で過ごすために退職者ビザで渡比したのである。「中には女に金を注ぎ込んで、あせりから美味しそうな詐欺話しに乗って結局スッテンテンという気の毒な方」[55]もいる反面「セブは老人天国などというマスコミの甘い話しに乗らず、慎ましく生活されるだけの方が自ら天国を築いて」[56]いるケースもある。

セブ日本人会の構成員は企業の駐在員とセブ島在住の日本人達である。主な事業は、毎週土曜日に開催される日本語・日本文化の補習学校の運営、隔月第4土曜日の日本人医師による無料医療相談日の開設、『セブ島通信』の発行、悩み事よろず相談室の開設、日比親善少年野球大会の開催、ダバオ日本人会との連携、セブ観音の維持管理、友好スポーツ大会の開催などである。[57]

セブ日本人会の特徴は、マニラ日本人会とマニラ会の双方の機能を担っているということである。セブ日本人会には、アサヒオプティカルや太陽誘電、ミツミといった日系企業の駐在員もいれば、セブで日本料理屋、小売店、旅

表8-9　マクタン輸出加工区進出決定企業推移

| 時　　点 | 進出決定企業数 | 内日系企業 |
| --- | --- | --- |
| 1988 | 10社 | 2社 |
| 1989.5 | 25社 | 8社 |
| 1989.9 | 33社 | 12社 |
| 1990.4 | 41社 | 21社 |

出所：「セブ日本商工会議所議事録」1990年5月6日。

行代理店などを独自で手がけて永住もしくは長期滞在している日本人もいる。さらに近年では日本の企業を早期退職してセブで老後をすごす予定で移住してきている日本人もいる。こうしたなかで、セブ日本人会のなかには、入会の意味が何処にあるのか、といった疑問の声も出始めているという。[58]

## 6．セブ日本商工会議所

　セブ日本商工会議所が発足したのは1990年4月のことだった。発足当初は23社、31名をもって始まった。[59] 88年当初わずか日系企業2社だったのが、翌89年には8社へ、90年には12社へと激増した（表8-9）。セブ島にこうした企業ラッシュが続いたのは、それまで激しかった労働争議が沈静化したことと、フィリピンの名門財閥アラヤ・グループがセブ島に進出したことでその安定を印象付けたことが大きかった。セブ島への企業進出が増加するにともない89年5月進出企業有志10名が集まり、懇親および情報交換を目的とした「日系企業懇談会」を組織した。そして毎月定期的に定例会を開催してきた。マニラのフィリピン日本人商工会議所から89年12月に呼びかけがあり、「フィリピン日本人商工会議所セブ支部」へ名称を変更したが、最終定款がまとまらず、[60] 結局セブ島商工会議所はそれとは別に独立して組織運営されることとなった。[61] 89年から90年にかけてセブのマクタン輸出加工区への進出企業数は増加を開始した（表8-9参照）。進出決定企業数は、89年5月に25社（内日系企業は8社）だったのが、90年4月には41社（内日系企業は21社）に、発足時には23社、30名に増加したため名称を「セブ日本商工会議所」として登録し、90年4月認可されてスタートした。同会議所の加盟人員の変動は表8-10に掲げる通りである。

　同会議所は、発足後の1990年12月の理事会で、当時の外務大臣中山太郎宛

表8-10　セブ日本人商工会議所人数

(単位：名)

| 年　度 | 人　数 |
| --- | --- |
| 1993年10月 | 56 |
| 1994年1月 | 56 |
| 1994年9月 | 60 |
| 1994年10月 | 63 |
| 1994年11月 | 65 |
| 1994年12月 | 67 |
| 1995年3月 | 70 |
| 1995年4月 | 70 |
| 1995年5月 | 72 |
| 1995年6月 | 75 |
| 1995年8月 | 79 注1 |
| 1995年9月 | 82 注2 |
| 1995年10月 | 84 注2 |
| 1995年11月 | 86 注2 |
| 1996年2月 | 90 注2 |
| 1996年3月 | 90 注2 |
| 1996年6月 | 92 注2 |
| － | |
| 2004年6月 | 102 注3 |
| 2005年6月 | 101 注3 |
| 2006年6月 | 103 注4 |
| 2007年6月 | 107 注5 |

注1：うち、賛助会員1名、名誉会員4名。
注2：うち、賛助会員2名、名誉会員4名。
注3：うち、賛助会員12名、名誉会員0名。
注4：うち、賛助会員13名、名誉会員0名。
注5：うち、賛助会員15名、名誉会員0名。
注6：1997年より2003年までのデータは資料が残っておらず不明。
出所：セブ日本商工会議所資料。

に「セブ領事館設置請願書」を提出し、日本人が200人、日本人観光客が推定300人、NEC、太陽誘電、ミツミ電気、旭光学など大手日本企業が進出操業している現状では、領事館の設置は必要との趣旨の請願書を提出している。この年の暮れにはセブ日本人会との合同で、忘年会を実施している。この間事務所開設に当たって、事務所物件所有者との契約トラブルに巻き込

まれ苦労したことなども理事会で報告されている[63]。セブ日本商工会議所とセブ日本人会の新共同事務所が完成したのは3ヵ月後の8月のことだった[64]。91年5月にはセブ日本商工会議所加盟25社へ、セブ島での企業活動の将来に関するアンケート調査を実施している。17社がこれに答えているが、将来の見通しとしては、1社を除く16社が5年後の投資は拡大すると回答し、それに対する不安材料としては、12社が「治安問題」「インフラ整備」「賃金の引き上げ」を、9社が「労働組合問題」をあげていた[65]。91年10月にはセブ日本人会運動会への支援を決定している[66]。その後日本人商工会議所の活動も軌道に乗ったのか、会員の入退会、新年会、忘年会、理事会選挙、日本人ゴルフ会のお知らせ、セブ島への内外関係者の訪問の通知、会員名簿の整理といった事務連絡事項が議事録を埋めている[67]。95年5月現在でのセブ日本人商工会議所のメンバーは73名を数えており[68]、創立時と比較すると2倍以上に増加していることがわかる。またこの頃になると法改正にともなうVAT（付加価値税）法や「1995年特別区法」の解説セミナーが開催されている[69]。

1997年7月のアジア通貨危機以降の大きな変化は、輸出加工区での活動に変化が生じたことだ。入居企業の増加が停止し、逆に中国への移転を考える企業が増え始めていることである。また2000年に入るとフィリピンの輸出加工区に追加投資を考える企業が激減していることである[70]。さらにミンダナオ島を南西部のスルー諸島を中心に活動するイスラム系テロ組織の脅威から企業が進出を断念する動きも出ており[71]、追加投資の減少に拍車をかけている。またかつては「日本人会と商工会議所は車の両輪のように運営されていました。ところがいつの頃からか何となく疎遠対立の空気が醸成されてきた[72]」と日本人会会長の岡昭が述べるような雰囲気が生まれてきている。同じ号の『セブ島通信』で、岡昭は秋の大運動会を昔の日本人会主催、商工会議所、補修校共催で行うことを強調しているが[73]、なにか両組織の間で摩擦があったことが感じられる。

## おわりに

フィリピンでの日本人会の活動は、フィリピン日本人商工会議所やセブ日本商工会議所の活動とともに、マニラ会に代表される定住日本人の活動を支

える小規模だが、フィリピンの社会に根ざした活動を目指す団体が並存して活動していることである。後者は、戦前から該地に住み活動していたコミュニティの中心人物である大沢清の位置と役割、活動が大きいといっても過言ではない。大沢清は戦前、戦中そして戦後の半世紀以上をフィリピン日系社会の活動に置いており、特に中小企業者やフィリピン永住をめざす日本人の生活面の経済的、社会的支柱となったからである。彼が逝去したいま、この活動を誰がどう支えるかが、今後の大きな問題として残るであろう。

注

1）賠償をめぐる日米比３国のうごきについては吉川洋子『日比賠償外交交渉の研究』（勁草書房、1991年）があり、池端雪浦、リディア・N・ユー・ホセ編『近現代日本・フィリピン関係史』岩波書店、2004年のなかでも戦後日比経済関係、論文が収録されている。しかし日本人団体史の視点から分折した論文はいまのところ未見である。また、本章では積極的に活動しているマニラ日本人会、セブ日本人会、マニラ会、フィリピン日本人商工会議所、セブ日本商工会議所に焦点を絞って検討する。タバオ日本人会、カガヤンデオロ日本人会、オロンガポ・スービック日本人会に関しては情報不足で名称を記すに留める。また2007年３月、ミンダナオ島ダバオを中心に日系企業15社でミンダナオ日本商工会議所が設立された（『読売新聞』2007年10月20日）。

2）中間賠償実施のための機械搬出は、1948年１月から中国、オランダ、イギリス、フィリピンに対して実施された。フィリピンに対しては、48年２月の第１次撤去分搬出から始まり３次にわたる撤去作業は50年５月をもって終了した（大蔵省財政史室編『昭和財政史―終戦から講和まで』第１巻「賠償・終戦処理」（原朗執筆）、東洋経済新報社、1984年、312-322頁）

3）前掲『日比賠償外交交渉の研究』参照。

4）同前書。

5）有澤広巳『昭和経済史』日本経済新聞社、1976年、賠償問題研究会編『日本の賠償―その現状と問題点』外交時報社、1959年および同『日本の賠償』世界ジャーナル社、1963年、前掲『日比賠償外交交渉の研究』参照。
1963年７月）65頁以下。

6）藤山愛一郎『社長室にて』学風書院、1958年、同『政治　わが道』朝日新聞社、1972年、年譜。

7）加藤淳平「賠償の経済的効果に関する試論（１）」（『外務省調査月報』第４巻第７号、1963年７月）65頁以下参照。

8）前掲『日本の賠償』190頁以下参照。
9）滝川勉「フィリピン」（滝川勉ほか編『東南アジア現代史』有斐閣、1982年）参照。
10）大沢清『フィリピンの一日本人から』びすく社、1981年参照。
11）同前書、203頁。
12）大来佐武郎「東南アジアから見た日本の印象」（『アジア問題』第3巻第5号、1954年5月）37-38頁。
13）同前書、40頁。
14）諸橋晋六「私の履歴書」（『日本経済新聞』1996年）。
15）大沢清『フィリピン邦人社会の戦前・戦中・戦後』びすく社、1994年、358頁。
16）同前書、321頁。
17）「フィリピン日本人商工会議所設立30周年記念特別座談会」P-BUSINRSS)
18）前掲『フィリピン邦人社会の戦前・戦中・戦後』347頁。
19）フィリピン日本人商工会議所『月報』No200、2003年7月、3頁。
20）同前誌、3-4頁。
21）同前。
22）同前誌、201号、2003年8月、4頁。
23）前掲『月報』No200、2003年7月、4頁。
24）「フィリピン日本人商工会議所設立30周年記念特別講座　重鎮この30年間を大いに語る」『フィリピン日本人商工会議所月報』201号、2003年8月。
25）前掲『月報』No201、2003年8月、2頁。
26）前掲『フィリピン日本人商工会議所月報』201号、2003年8月。
27）同前。
28）同前。
29）前掲『月報』No202、2003年9月、2頁。
30）同前。
31）同前。
32）同前。
33）同前。
34）前掲『月報』No200、2003年7月、6-7頁。
35）『フィリピン日本人商工会議所月報』174、2001年5月。
36）30周年行事委員会記念誌係編『マニラ日本人学校創立30周年記念誌』1998年、25頁。
37）同前。
38）同前書、29-30頁参照。
39）同前書、83頁。
40）同前書、85頁。

41) 前掲『フィリピン邦人社会の前・戦中・戦後』369-370頁。
42) 同前書、374頁。
43) 同前書、378頁。
44) 同前書、380頁。
45) 矢野暢『南進の系譜』中公新書
46) 『マニラ会』第191号、2002年4月1日。
47) 前掲『フィリピン邦人社会の戦前・戦中・戦後』。
48) 前掲『マニラ日本人学校創立30周年記念誌』。
49) 前掲『フィリピン邦人社会の戦前・戦中・戦後』359-360頁。
50) 『マニラ会』第156号、1999年3月1日。
51) 『マニラ会』第191号、2002年4月1日。
52) 『日系企業海外進出総覧』2002年度版。
53) 『セブ島通信』73号、2003年3月。
54) 『セブ島通信』55号、2000年3月。
55) 同前。
56) 同前。
57) 『セブ島通信』63号、2001年7月。
58) 『セブ島通信』第55号、2000年3月。
59) 「セブ日本商工会議所議事録」1990年5月6日。
60) 「セブ日本商工会議所議事録」
61) 同前、および元セブ日本商工会議所会員八木伸二氏への2003年12月21日のインタビューによる。
62) 「セブ日本商工会議所1991年4月度連絡会議事録」。
63) 同前。
64) 「セブ日本商工会議所」1991年5月24日。
65) 同前。
66) 「セブ日本商工会議所」1991年10月度連絡会及び臨時総会議事録。
67) 「セブ日本商工会議所理事会」1995年5月4日。
68) 同前。
69) 同前。
70) 『セブ島通信』66号、2002年1月。
71) 『同前』。
72) 『セブ島通信』55号、2000年3月。
73) 同前。

第9章

# ベトナム・ホーチミン市の日本商工会

白石昌也・伊東淳一

## はじめに

本章では、1990年代にホーチミン市に設立された日本商工会に関して、第1節で、その設立からベトナム当局による公認までの経緯を、第2節で、その組織的側面を、第3節で、2000年頃までの初期の活動を概観する。[1]

## 第1節 ホーチミン日本商工会の設立から正式認可まで

### 1. 設立の背景

近代以降の日本とベトナムの経済関係は、日本軍が進駐した第2次世界大戦期（1940年代前半）および（旧）南ベトナムに日系企業の進出が見られたベトナム戦争末期（1970年代前半）を除くと、おおむね低調であった。

1975年に南ベトナムが解放されると、日本によるハノイ政府への公的援助も開始され、経済界には「新生ベトナム」との関係拡大に対する期待が高まった。しかし、それも78年以降の中越対立の激化とカンボジア紛争の勃発によって、尻すぼみとなった。[2]

日本とベトナムの間に、長期にわたる安定的な関係が築かれるようになったのは、1986年末のベトナムによる改革開放路線（ドイモイ＝刷新路線）の採択、そして1980年代末の冷戦構造の崩壊を受けて、カンボジア和平と中越関係の修復が実現した91年末以降のことである。情勢の変化に即応して、日本政府は92年11月に対ベトナム援助を再開し、またその前後より、日本の商社、企業、ついでゼネコンや銀行が、堰を切ったようにベトナムへの進出を本格化させた。各社が競ってハノイとホーチミン市（旧サイゴン）に駐在員事務所を設置し、また直接投資も始まった。ベトナムを訪れる日本人観光客の増大を受けて、94年11月には関西空港とホーチミン市の間に直行便が開設された。日本国内では、ベトナムに関する書籍や雑誌記事が、経済問題から

観光スポット、料理に至るまで数多く刊行されるようになった。「ベトナム・ブーム」の到来である。[3]

## 2．「日本人会」設立の模索

　ホーチミン市における日本商社・企業の駐在員事務所（正式認可ベース）は、当初ほぼゼロであったものが、1993年第1・四半期には30数社、8月には72社へと急速に増えつつあった。さらに、日本からの訪問客や滞在者の増加に伴って料理店やホテルなどで勤務する人々、また大学で言葉を勉強する留学生など、様々な日本人が長期滞在するようになった。同市の在留邦人数は、92年8月時点で約70名であったものが、93年1月には約100名、94年1月には約250名になった（97年半ば時点では約1,3000人[4]）。

　1993年1月に業務を開始した在ホーチミン市日本総領事館は、さらに増加の予測される邦人に対する安全確保（とりわけ緊急連絡網の構築）の必要性などの見地から、「日本人会」の設立を構想し、同市に駐在する主要な商社関係者などに打診を始めた。しかし、各社とも事務所を立ち上げたばかりで、ただちに会の設立に動きだすことができなかった。それから半年後、久保田真司総領事から再度の依頼を受けた駐在員たちは、7月13日「日本人会発足準備委員会」の最初の会合を開いた。参加者は日商岩井、伊藤忠、三井物産、三菱商事、東京銀行、日本郵船、そして総領事館の関係者であった。

　準備委員会はその後も協議を重ねて、広岡正夫（三井物産）を代表幹事、小野博正（日本郵船）を事務局長に互選するとともに、「ホーチミン日本人会設立趣旨書」、同「会則」の草案を作成して、他の商社や企業にも参加を呼びかけた。

　1994年1月6日、準備委員会は大手9商社（三井物産、伊藤忠商事、兼松、住友商事、トーメン、ニチメン、日商岩井、丸紅、三菱商事）代表者の会合を招集して、設立発起人としての協力を再度要請し、11日には9商社事務所長と小野および久保田総領事が参加して「日本人会発足根回し会」を開催する運びとなった。その会合では、当初予期していた1月15日の邦人賀詞交換会（新年会）で「日本人会」を発足させる計画は延期されることとなったが、会則などをさらに検討するための正式な「発起人委員会」の設立が合意された。

1月15日に総領事館で開催された邦人賀詞交換会では、参会者に対して広岡が「日本人会」の構想（4月1日を目処として発足する）を披露し、また同「発起人委員会」設立の趣旨を説明した。2月5日、日商岩井事務所において、9商社を含めて計14社の代表が集まる「発起人委員会」の第1回会合が開かれた。しかし、出席者の多くから「日本人会」案に対する疑念が表明され、代わりに「日本商工会」として組織すべきだとの声が上がった。[5]

## 3. 「日本商工会」への方針転換と設立経緯

　この時期までに、ハノイではすでに（当局からの正式許可を得ない任意団体として）「日本商工会」が結成されていた（1992年12月、初代会長は明和産業事務所長・山下考三）。これは、当時の大使・湯下博之の積極的な働きかけもあり、ベトナム側の商工会議所や国家協力投資委員会（SCCI、後に国家計画委員会と合併して計画投資省、略称MPIとなる）から暗黙の了解を得て発足したものであった。[6]

　しかし、ホーチミン市の方では、当初あくまでも「日本人会」の結成にこだわった。それは、総領事館の強い意向でもあった。すなわち、行政都市としての性格が強いハノイとは異なって、商業都市たるホーチミン市には、当局の認可を正式に取得しないまま実質的に営業活動を行っている長期出張者や、料理店経営者、ホテル従業員など様々な日本人が滞在している。したがって、当局からの認可を得て駐在員事務所を構えている商社・企業を対象とする「商工会」では、在留邦人保護のために必要な緊急連絡網を十分に整備できないとの懸念があったのである。

　しかしながら、1994年2月5日に開催された上述の拡大発起人会合では、インドネシアの事例などを引き合いに、「日本人会」の結成に悲観的な意見が主流を占めた。すなわち、インドネシアでは「結社の自由」が制限されている上に、華僑・華人系の組織化に対する当局の懸念も根強く、結局「日本人会」という名称を諦めて「日本人クラブ」として発足した経緯がある。「日本人会」では相互扶助的な団体としてのイメージが強く、華僑系組織と同類視され、当局からの警戒や反発を招く恐れがあったのである。ましてやベトナムでは（しかも多くの華人系住民がいるホーチミン市では）、「日本人会」の結成など到底無理であろう。むしろこの際は、「日越経済関係の促進」を

目的とする経済団体としての性格を前面に出したほうが得策である。それならば当局から正式に認可されないまでも、黙認されるであろう。以上のような判断に基づき、ハノイですでに採用されていた「商工会」法式を踏襲するべきだというのが、参会者の多数意見となった。

　2月18日、広岡と小野は久保田総領事に会って、この間の経過を報告した。28日、「ホーチミン日本商工会」会則起草委員会の発足会が開かれた。出席者は9商社、東京銀行、大成建設、間組、コトブキ、日本郵船の代表者、そして久保田総領事の15名であった。委員会はその後数次の会合を持ち、会則と趣旨書を完成させた。

　かくして、1994年4月1日をもって、ホーチミン市の日本商工会が69法人・組織の参加を得てスタートした。その第1回理事会は4月16日に、その最初の会員総会（発足総会、於フローティングホテル）は6月30日に開催された。[7]

### 4．正式認可の獲得まで

　このようにして発足したホーチミン市の日本商工会は、ベトナム当局に正式に届け出て認可を得た団体ではなかった。そもそも、ベトナム側のどの部署が許認可権限を持っているのかも判然とせず、心当たりの役人に打診してみても、「しかるべき法規が存在しない」との理由で確答を得られなかった。商工会の中心メンバーは「発足したばかりの時期に、このような問題で当局と揉めることともなかろう」と判断し、しばらくは実質的な活動を先行させることにした。ただし、当局からのあり得べきクレームを避けるために、団体名での公的活動を差し控える方針を採り、例えば会費の振り込み先の口座名義を会長個人とするなど細心の注意を払った。同じ頃、ホーチミン市に進出している米国やフランスの企業も、当局からの許可を得ないままに同種の組織を設立し活動を開始していた。そのことも、「中途半端」な方針を継続する論拠の一つとなった。[8]

　しかしながら、会の運営が軌道に乗るにつれて、以上のような状態を継続することは、不都合となっていった。とりわけ、経済団体として最も重要な活動の一つである当局側との公式な協議、交渉などを行うことができない。

　そこで、1995年4月に商工会第2代会長となった伊東淳一は、就任まもな

く、市人民委員会主席(市長)のチユオン・タン・サン(後に市党委員会書記、党政治局員)と面談した際に、日本からの投資をさらに誘引するための環境整備問題などを話し合う組織として日本商工会を設立したことを告げ、市人民委員会傘下の投資委員会と話し合いの場を持ちたいと訴えた。これに対して市長は、「意見交換は良いことなので、是非実現したい。なお、今のベトナムには外国企業の集まりを規定する法律がないが、皆さんの活動を邪魔するようなことはしない」と答えた。つまり、商工会の活動を暗黙のうちに容認するとの言質を、市行政の最高責任者から直接引き出すことに成功したわけである。

ただし、それ以降も、市の当局者は日本商工会の存在を知りながら、公式には一切言及せず、商工会からの問い合わせなどの手紙についても、受理はするが文書としては回答せず、代わりに口頭で意見を述べるといった状況がしばらく続いた。[9]

その間に、ホーチミン市の日本商工会は、ハノイの日本商工会と連携しつつ、日本大使館や経団連訪越ミッションなど様々なルートを通じて、ベトナム側に正式認可を打診し続けた。また、チャリティー・バザーの開催(第3節参照)などを通じて、商工会の存在を社会的に認知させる努力を怠らなかった。

ベトナム当局の姿勢も、徐々に日本商工会の活動と存在に対して好意的、協力的となっていった。例えば、1995年2月に経団連ミッションがホーチミン市に来訪して「日越対話促進フォーラム」を開催した際には、その後援者として同市の日本商工会も名前を連ね、また96年7月にハノイで同市の日本商工会を主催者としベトナム側の計画投資省をカウンターパートとする「日越ビジネスマン意見交換会」の開催が実現した際には、ホーチミン日本商工会の代表も参加するなど、公的な場面でも活動ができるようになった。

とりわけ、1996年後半から海外企業による対越直接投資が停滞し始め、97年にアジア地域での通貨危機が発生した頃になると、その傾向がますます顕著となった。すなわち、以上の事態に危機感を強めたベトナム当局は、法的側面などを含めて投資環境の整備、見直しを図る必要性を痛感し、日本商工会など海外企業の諸団体を対話の相手として積極的に評価する姿勢を示すようになった。かくして例えば、97年7月にはハノイにおいて計画投資省の呼

びかけによる最初のラウンド・テーブル会合が、また同年10月にはやはりハノイのベトナム商工会議所において「意見交換会」が開催され、計画投資省を初めとするベトナム側当局とハノイおよびホーチミン市の日本商工会代表との間で直接対話の機会が設けられた。そして、98年2月にはホーチミン市において市人民委員会と同市日本商工会の間で初めての「懇談会」が開催された。この懇談会は、市人民委員会副主席（副市長）の呼びかけによって実現したものである。

その間、ハノイにおいては1997年11月に経団連ミッション（団長・西尾哲日商岩井相談役）が訪越した機会に、ベトナム側より同市の日本商工会を正式に認知する意向が伝えられた。このような趨勢の中で、98年5月にはホーチミン市の日本商工会も、団体認可申請の書類を市人民委員会に対して提出した。同人民委員会より正式認可が出されたのは、9月28日のことである。なお、同日付けで米英豪の同種団体にも許可が与えられた。[10]

## 第2節　ホーチミン日本商工会の組織

### 1．会員資格と会員数の推移

ホーチミン日本商工会は、その設立の経緯もあって、一方においては、日本の進出企業関係者が参集する経済団体としての性格を持ちつつ、他方においては、「日本人会」に代替する機能をも有することとなった。すなわち、日本商工会と日本人会が並存するバンコクでならば、以上の2団体が分有するであろう役割を、ホーチミン市の場合には、商工会が一手に引き受ける形となったのである。

このことに関連して最初に生じた問題は、会員資格の問題であった。すなわち、当時のホーチミン市には、前述のとおり、企業からの派遣者以外に、様々な日本人が居住していた。「日本人会」ならば彼らも会員となれるが、「商工会」ということになると問題は微妙となる。事実、ハノイの場合には、当局からの無用なクレームを予防するという理由もあって、ベトナム当局から正式な許可を得た法人事務所などに会員資格を限定していた。

この問題に関してホーチミン市の場合には、正規の認可を得て活動している商社・企業駐在員事務所や日系合弁企業を正会員とし、それ以外の入会希

表9−1　ホーチミン日本商工会会員の推移（単位：法人・組織数）

|  | 会員数（うち準会員） | （備考） |
| --- | --- | --- |
| 94年4月 | 69 | 商工会発足時点 |
| 6月 | 73　（8） | 商工会発足総会開催時点、入会申請中の3社を含む |
| 11月 | 86 | 第7回理事会開催時点 |
| 95年5月 | 91　（10） | 第2回総会開催時点 |
| 7月 | 101 | 第2回理事会開催時点 |
| 12月 | 121 | 第7回理事会開催時点 |
| 96年3月 | 131 | 第10回理事会開催時点 |
| 5月 | 140　（8） | 96年5月時点会員名簿 |
| 97年6月 | 178 | 第4回総会開催時点 |
| 98年4月 | 202 |  |
| 12月 | 208 |  |
| 99年4月 | 206　（8） | 第6回総会開催時点会員名簿 |
| 00年2月 | 215　（8） | 00年2月時点会員名簿 |

出所：ホーチミン市日本商工会「活動報告」（各年度）；「会員名簿」（各年度）；小野博正「ホーチミン日本商工会設立関連日誌」（未刊行資料、2001年3月）；その他関連資料より作成。

望については、理事会の承認をもって準会員（総会での議決権を持たない）とすると規定された。ただし、準会員としての入会事例は実際問題としてはきわめて少なく、また時日の経過とともに正会員との区別も曖昧となっていった。

　会員は原則として、法人・組織単位での入会である。ただし、ホーチミン市在住の日本人有識者に対しては、個人の資格で「顧問」を委嘱することがあり得る。[11]

　会員数の推移は、表9−1のとおりである。

## 2．組織と役職

　ホーチミン日本商工会[12]の英語訳は、当初 The Japan Commerce and Industry Assosciation of Ho Chi Minh City（略称 JCIA）であったが、1999年頃からは The Japan Business Association of Ho Chi Minh City（略称 JBAH）に改められた。

　商工会の定期総会は年1回（5−6月頃）開催される。商工会の理事会は、原則として毎月1回開催される。理事会の任期は、4月から翌年3月までの1年間である。商工会の会長と副会長は新理事の中から互選される。事

務局長と監事（会計監査担当）は会長が指名する。会則上、事務局長は必ずしも会員でなくてもよいことになっているが、実際には理事の1人が指名されている。監事については、理事ではない会員の中から選ばれる。

会長は初代（1995年度）が広岡正夫（三井物産）、ついで95-97年度の連続3期にわたって伊東淳一（日商岩井）が務めた。その後は、1年任期ごとに会長が交代している。すなわち、98年度に大北裕之（住友商事）、99年度に岩間憲道（三井物産）、2000年度に山崎末次（三菱商事）といった具合に、大手商社からの選出が続いている。

副会長の人数は発足当初（1994年）には1名であったが、1995年度からは2名、96年度からは5つの分科会会長及び日本人学校運営委員長の6名構成となった。さらに、97年度からは分科会の名称を委員会に改めて合計7つの委員会（日本人学校運営委員会を含む）の委員長が全員副会長となる形に変更された。

事務局長については、1994年度は会長とは別に小野博正（日本郵船）が選出されたが、次の3年間（95-97年度）は伊東会長が兼任した。98年以降は、再び会長職と事務局長職が別の人間によって担われる体制に復した。すなわち、98年度が竹内隆（大阪商船三井）、99年度が上野隆樹（伊藤忠商事）、2000年度が浅田弘一郎（住友商事）である。また、1999年度からは事務量の増大に応じて、さらに副事務局長が置かれることとなった。監事は94年の発足当初から連続5期にわたって、大木守（さくら銀行）が務めた。大木の帰国に伴って、99年度からは菊池久幸（東海銀行）が後任に指名された。

また、1999年からは理事会とは別に、会長、副会長（7名）、正副事務局長の合計10名で構成される（臨時）執行委員会が開催されるようになった。

会則に規定されている顧問については、初年度は誰も指名されなかったが、翌1995年度から97年度にかけて、主要な役職を退いた前任者若干名が委嘱された。その後、97年度からは中村恭紀・JETROアドバイザーが、98年度からは島村博幸・日本商工会議所事務所長（通産省より出向）が、ホーチミン市着任とともに委嘱されている。また、歴代の総領事（当初は久保田真司、97年度からは国枝昌樹、99年度からは林渉）は、名誉顧問となっている。ちなみに、日本総領事館と日本人学校は「名誉会員」としての参加である。

商工会の実際の活動は1994年度から96年度まで、分科会によって分担され

た。発足当初は、教育や医療など、むしろ「日本人会」的な機能を担う分科会が主体で、経済団体的な性格を持つ分科会は税務（95年度からは税務・法律）の一つのみであった。ただし、96年度には、現地法人企業問題と駐在員事務所問題をそれぞれ検討する分科会が増設された。分科会の会長と委員（これに加えて96年度からは日本人学校運営委員会の役員）は、理事会のメンバーから選任された。

商工会が大幅な組織的再編を行い、経済団体的な性格を強めるのは、1997年度からである。すなわち、分科会という名称を委員会に改めるとともに、それとは異なるカテゴリーの組織として部会を立ち上げた。

委員会は、商工会の全体に関わる諸事項を担当するものである。そのうち、既存の分科会・委員会を継承した教育・医療・安全、スポーツ・文化、日本人学校運営の3委員会は、従来からの「日本人会」的な機能を分掌するものである。また、新たに設置された組織・規約、広報・渉外の2委員会は、商工会としての組織問題や対外活動などを担当する。それ以外に、商工会会員全体に関わる経済問題を扱う組織として、（従来の税務・法律、現地法人企業、駐在員事務所問題の3分科会を改組する形で）税務・雇用と投資促進の2委員会が設けられた。委員会には委員長と若干の委員が選任される。

以上の委員会以外に、1999年度からは特別委員会のカテゴリーに属する諸組織、すなわちバザー実行委員会、PSF（プライベートセクター・フォーラム）委員会、R/T（ラウンド・テーブル）作業部会（ワーキング・グループ、略称WG）（当初は3部会）が常設された。バザー活動については一時期（96年度）アドホクな専従委員会が設立されたことがあったが、その後は関連する分科会（後に委員会）の管掌下に置かれ、専従の委員会は設けられていなかった。PSF委員会とR/T作業部会は、ベトナム側の当局、ビジネス関係者との間に定例化された対話・協議のスキーム（第3節3を参照）に対応するためのものである。それぞれに、委員長もしくは座長と若干の委員が選任される。

以上の委員会、特別委員会のメンバー（委員長、座長、委員）が商工会の一部会員によって構成されるのに対して、部会は全ての会員が必ずいずれかに所属する。部会は貿易、建設などの各業種別に設置され、同業者間の親睦、連絡、情報交換を図るとともに、共通の問題や事項に取り組む。ただし、

表9-2　部会別メンバー数（単位：社）

| | 1998年 | 1999年 | | 2000年 |
|---|---|---|---|---|
| 貿易部会 | 34 | 30 | | 26 |
| 建設部会 | 21 | 18 | | 18 |
| 運輸・サービス等部会 | 41 | 43 | 運輸部会 | 22 |
| | | | サービス部会 | 19 |
| 金融・保険部会 | 21 | 15 | | 13 |
| 第1工業部会 | 18 | 18 | | 20 |
| 第2工業部会 | 12 | 16 | | 16 |
| 第3工業部会 | 18 | 18 | | 19 |
| 第4工業部会 | 17 | 28 | | 36 |
| 第5工業部会 | 18 | 20 | | 23 |
| 合計 | 200 | 206 | | 212 |

注：第1工業部会は自動車、セメント、金属など、第2工業部会は食品、繊維など、第3工業部会は家電、エレクトロニクス、情報・通信など、第4工業部会はタントゥアン輸出加工区進出企業、第5工業部会はドンナイ・ビンズオン地区進出企業。
出所：「1998年度ホーチミン日本商工会理事・役員名簿」（1998年4月10日）、「1999年度活動方針（案）」（1999年4月20日）、2000年：「2000年度ホーチミン日本商工会組織図」（2000年4月20日）。

　第4工業部会と第5工業部会は業種別ではなく地理的区分に基づき、それぞれ市域内輸出加工区と近郊地区に進出した日系企業を包括する。それぞれの部会には幹事役として、部会長、副部会長、及び若干の委員が置かれる。
　部会ごとのメンバー数を、表9-2に示した。
　商工会の事務局は当初、事務局長の所属する駐在員事務所に間借りする形をとったが、1998年4月からはデルタ・カラベルホテルの一室に独自の事務所を開いた。そして、2000年10月からは、JETROホーチミン市事務所の正式開設に伴って、その隣に商工会事務局も移転した。商工会事務局の専従スタッフが、伊東会長時代から雇われている。
　商工会の会計年度は、理事会の任期と同じく、4月1日に始まり翌年3月31日に終了する。その主要な財源は、会員の入会金と会費である。主な支出項目は、事務局経費と、各分科会、委員会、特別委員会、部会ごとの予算に分けて立てられ、毎年春の総会で前年度分の決算報告が行われている。[13]

## 第3節　ホーチミン日本商工会の活動

　発足3年目の1997年6月12日、日本商工会の会員総会において伊東会長

は、会の活動方針を次の3点にまとめた。(a)ベトナムでの事業展開において商工会メンバーたる商社・企業が直面している問題を的確に把握し、ベトナム側当局に改善を促すという「商工会の本来の役割」、(b)ベトナム社会への貢献、(c)在留日本人の生活に関わる問題（教育、医療など）への取り組み。[14]

本節では、これら3点について、(c)(b)(a)の順に概観する。[15]

## 1.「日本人会」的な活動

ホーチミン市における商工会の活動は、その発足当初においては、「日本人会」的な側面、とりわけ在留邦人の生活や子女教育に関連する事項に重点が置かれていた。

まず、生活面については、商工会発足当初から会員名簿を整備している。これは、緊急連絡に用いることを予期するものであったとともに、事務局からの各種通知（総領事館からの伝達事項などを含む）を送付する際に活用された。また、商工会の活動が軌道に乗った1998年前後からは、在留邦人の安全に関わる啓蒙活動（安全講習会など）も頻繁に行われるようになっている。医療に関して商工会は、その設立当初から、(財)海外邦人医療基金の派遣する巡回医療団による健康相談の開催（半年に1回ほどのペース）を、総領事館と提携しつつ担当している（会員への連絡など）。また、「ホーチミン市医療便覧」を作成して会員に配布している。

1995年8月には、皆川一夫領事が作成した『生活のベトナム語』（簡便な日常語彙集）を刊行し、会員に有料で配布している。その他に、98年1月には商工会機関誌『メコンの風』を発行し始めた（毎年1回刊行）。同雑誌には商工会全体もしくは各委員会などの活動状況やベトナム経済状況に関する記事とともに、ベトナムの文化や歴史に関する紹介記事も掲載されている。

子女教育問題に関して、日本商工会はその発足当初から重要視し、教育分科会を設けて対応した。ホーチミン市にはすでに、オーストラリア系のインターナショナル・スクールに通学する日本人子弟向けに、父兄が自主的に運営する補修学級（毎週土曜日午前）が存在したが、商工会はそれを文部省のガイドラインに沿った正規の補修校に改編することを目指した。それは、将来の日本人学校設立のための実績作りとしても重要なものであった。

正規の日本人補習校が1995年4月にスタートすると、商工会は次のターゲ

ットとして、日本人学校の設立準備に本格的に取り組み始め、5月には総領事館を通じて本国政府に設立申請書を提出した。しかし、外務省は96年度についてはハノイにのみ日本人学校の新設を認める決定を下したため、ホーチミン市の関係者は、96年5月にも再度申請を行い、97年4月からの開校に漕ぎ着けた。同校はサイゴン・サウス地区の土地を借りて校舎を新築し、本国よりの派遣教員3名、現地での採用教員4名、スクールバス大小各1台という陣容でスタートした。商工会は現地進出企業に献金を依頼して、校舎建築などの資金を集めた。

なお、日本人学校設立以降も日本人補習校は存続している。駐在員子弟の一部は同市内のインターナショナル・スクールなどに通学し続けており、日本語での補習に関するニーズが消滅していないからである。このために、日本商工会は日本人学校と日本人補習校の双方の運営に協力している（前者については日本人学校運営委員会が、後者については教育・医療・安全委員会が担当する）。なお、補習校と商工会の共催によって1995年から開催されていた運動会は、97年11月以降は日本人学校を加えて三者共催の「大運動会」として挙行されている（例年11月もしくは12月に開催）。[16]

その他の「日本人会」的な活動として重要なジャンルは、在留邦人の親睦やレジャーに関するものである。在留邦人を対象とする新年会は、1993年以来総領事館の主催事業として毎年開催されていたが、97年1月からは総領事館と商工会の共催に形式が改められ、市内の主要ホテルの宴会ホールで開催されるようになっている。さらに、商工会の主催するゴルフ大会、テニス大会が年に2回ずつ開催されている。なお、98年より年1回のペースで市人民委員会幹部との懇親ゴルフ大会が定例化し、また99年からはホーチミン市の外国系商工団体の連合懇親ゴルフコンペも開催されるようになっている。

## 2．社会的貢献

ホーチミン市における日本商工会の活動として第2の柱となるのは、ベトナム社会に対する貢献という側面である。この分野に関して商工会は当初、正式に認可された団体ではないとの理由で、会としての「寄付行為」を当面実施しないとの決定を行った。ただし、同年12月にはメコンデルタでの水害に対する見舞い金を、商工会の有志から募るという形で各社に100ドルを割

り当て、商工会の広岡会長と安田副会長が、久保田総領事の同行を得て、ホーチミン市祖国戦線に直接手渡した。これに対して、市祖国戦線は副議長名義で、商工会に対して感謝状を授与した。すなわち、あくまでも日本人有志による寄付行為という建前を取りながらも、結果として、ベトナム側の準公的組織である祖国戦線から、日本商工会の活動としての認知を受けることとなったのである。これ以降も、台風被害などに対する募金活動が、商工会の呼びかけによって随時実施されている。

　商工会による社会的貢献として年中行事化した今一つの活動は、チャリティー・バザーの開催である。これは、1996年初めに市人民委員会の元主席が会長を務める慈善団体から、寄付要請があったことをきっかけとする。商工会の理事会は、第1に、日本人や日本企業の活動に対するベトナム人の理解を促すために、また第2に、商工会を当局に正式「認知」させるための一つのステップとして、バザーを開催する形で対応することを決めた。ただし、バザーの開催に当たって必要な市人民委員会からの事前許可は、日本人有志の名義で取得した。

　バザーは1996年6月1日にホテル・ニューワールドのホールで開催された。これには、日本人駐在員夫人の親睦組織「アオザイ会」(95年11月発足、名誉会長は久保田総領事夫人)が全面的に協力した。会場は大盛況で、数時間のうちに出品物が完売した。また、市人民委員会副主席が視察に立ち寄り、ベトナムの新聞社も取材に訪れた。バザー収益金は一部をユニセフに寄付したほか、大半は二つの市内小児病院に贈呈した。これ以降、チャリティー・バザーの開催は定例化し、商工会の重要な年中行事の一つとなっている。

　商工会が関与する活動で社会的貢献の範疇に属する今一つの項目は、ホーチミン市で開催される日本語スピーチ・コンテストに対する支援である(同市の日本語学校関係者の主催、1996年10月から毎年、商工会として資金援助を行うとともに審査委員を派遣)。

## 3．経済団体としての活動

　経済団体としてのホーチミン日本商工会の活動は、発足当初、会員同士の意見・情報交換や、内部的な勉強会、そして関連資料の作成、配布などにほぼ限定されていた。1994年度については、税務分科会が中心となって、外国

人駐在員に対する個人所得税や日越間で交渉中の租税協定に関する勉強会が開催され、関連資料が会員に配布された。95年度には、税務分科会が税務・法律分科会に拡大され、96年度からは新たに現地邦人企業や駐在員事務所の法的地位問題などを担当する分科会が増設されて、研究、意見交換の対象も多様化した。また、95年1月には、駐在員事務所におけるベトナム人雇用者人数枠の撤廃に向けての実態調査が、ハノイ日本商工会と連携しつつ実施された。さらに、商工会としての活動が軌道に乗った97-98年頃からは、法律制度、会計制度や各種ビジネス活動に係わる説明会、セミナーなどもしばしば開催されるようになった。[17]

同時に、1997年度からは会員企業を業種別（一部は地域別）に分ける部会が編成されたことによって、同業者間の情報・意見交換、親睦などの活動が促進された。部会ごとに定例会合、夕食会、ゴルフ会などが開催されている。

かなり早い時期から実行に移された今一つの活動は、ベトナムにおける法律や制度などに関する問題点を、ベトナム当局との折衝に当っている日本側の当事者（官庁や経団連など）に提示することであった。とりわけ発足当初においては、正式認可を受けていない商工会の立場では、ベトナム当局と直接交渉をする機会を持たなかったがゆえに、日本側の当事者を通じて、間接的に意見や要望を伝達するチャネルが重要な意味を持った。早くも1995年1月には商工会税務分科会が、租税条約の対越交渉に当っている日本側政府代表団と、意見交換のための会合を開催している。[18]

この点で、とりわけ重要なチャネルの一つとなったのは経団連である。経団連は1993年10月以来毎年、そのミッションをベトナムに派遣し、ベトナム側との協議（日越合同経済会議）を開催するようになった。その機会を捉えて、ハノイと同様ホーチミン市でも商工会としての意見や要望を取りまとめて、協議の場に反映させることに努めている（両市商工会の会員企業代表も協議に直接参加している）。[19]

商工会としての今一つの活動は、周辺諸国に所在する日本商工会や日本人会商工部会からのミッション、日本からの視察団や政府要人、政治家の来訪に際して、意見交換や懇談の場を設けたり、それらミッションのベトナムでの活動を支援すること（視察やアポイントのアレンジなど）である。[20]また、ハノイ駐在の日本大使がホーチミン市に出張する際には、しばしば商工会と

して講演会や懇談会を設定している。

　日本商工会が市当局との直接的な意見交換、協議の機会を持つようになったのは、1998年のことである。その嚆矢は、前述のとおり、同年２月に開催された「懇談会」であるが、より公的な性格を持つ最初の会合は、同年12月22日に開催されたラウンド・テーブルR/T会合（第１回）であった。この会合において、日越合同の３つの作業部会すなわちワーキング・グループ（WG）を設置することが合意された。貿易・投資環境の改善に関する第１WG、税・雇用問題に関する第２WG、インフラ利用コスト・二重価格問題に関する第３WGである[21]。各WGの活動は99年３月から本格的に始動し、12月14日にはその年の活動を総括するラウンド・テーブル会合（第２回）が開催された。2000年度については、第１WGが投資環境改善、第２WGが賃金・雇用問題、第３WGが金融・税制問題、第４WGが輸入・関税問題を担当することとなり、それぞれ年に２-５回ほどの会合を開いて、市人民委員会の担当者と協議、意見交換を行った（１年間の総括としてのラウンド・テーブル会合の開催は、2000年12月２日）。

　このラウンド・テーブル会合および作業部会（WG）は、日本企業の要望や不満をベトナム当局に直接訴える重要なチャネルとなっている。そして、この協議の場を通じてベトナム側にインプットされた要求項目の一部は、市人民委員会自身の対応によって、あるいは市人民委員会からハノイの中央政府に伝達されることを通じて、ベトナム側の具体的政策に反映されている。なお、同種の協議の場は、ハノイにおいても中央政府関連官庁と日本商工会の間に定例化されており、イシューによっては、ホーチミン市とハノイの商工会が連携することを通じて（そして日本大使館など日本側当局にも働きかけることを通じて）、相乗効果を発揮している。

　ベトナム側との協議の場として定例化された今一つのスキームは、プライベートセクター・フォーラム（PSF）である。これは、1998年６月にベトナム援助国会議（CG会議）が開催された折に発足したものである。2000年12月に開催されたPSF年次総会について見ると、主催者は計画投資省、共催者がIFC（国際金融公社）およびWB（世界銀行）であって、29のベトナム側経済団体と27の在越外国系商工組織が参加した。年次総会以外にも年に何度かの会合を開いて、金融、法制、流通、インフラ、中小企業、IT産業な

ど様々な分野で意見交換を行っており、またフォーラムとしての投資環境改善提案の作成をも意図している。

その他に、ホーチミン商工会の編集になる情報冊子『売りたい買いたい』の第1号が1999年12月に刊行された。これは、会員企業がベトナムで売りたい、もしくは買いたい物・サービスをリストアップすることによって、商談の活性化を支援することを目的とするものである。なお、『売りたい買いたい』はその後インターネット化され、情報のアップデート化とアクセスの簡易化が図られている。

## おわりに

以上に、ホーチミン日本商工会の設立（1994年）前後の経緯と2000年時点までの活動を概観してきた。その特徴をまとめると、以下の4点となるであろう。第1に、1990年代初頭以降開始された日系企業のホーチミン市（及びその周辺地域）への進出を背景として、「日本人会」的組織の結成を予期する日本総領事館の意向と支援の下に設立された。したがって、第2に、同商工会は経済団体としての機能を持つとともに、日本人会としての機能をも具有している。第3に、とりわけその設立の当初は、後者の機能が卓越していた。しかしながら、第4に、経済団体としての機能も、同商工会がベトナム当局より正式に認知された98年以降になると本格化した。

同商工会における経済団体としての機能に関して、その意義を概略すれば、以下のとおりである。

ベトナムに対する日系企業の進出は、1990年代になって一挙に本格化した。そのために、各社とも当初ベトナムに対する知識や情報に不足していた。さらに、ベトナム側も市場経済化、対外開放の新政策に着手したばかりであって、関連する法律、制度などが未整備の状況にあり（したがって多くの新たな法的文書が突如制定されたり、制度の改変がしばしば行われたり、制度やルールの適用が恣意的だったり、首尾一貫性に欠けたりする）、しかも情報の公開性、透明性の面でも多くの問題を抱えていた。さらに、（物理的なインフラの未整備状況はさておくとしても）外国系企業にとって不合理、不便な法律や制度、規制、慣行なども数多く存在しており、周辺諸国と比較した

場合、ベトナムでビジネスを展開することのメリットが相殺されるようなケースもしばしば発生していた。

　以上のような環境の中で商工会がまず着手したのは、ベトナム側の法規、制度に関して資料を配布したり、勉強会やセミナーを開催することによって、関連情報、知識を会員企業間で共有する試みであった。

　次に商工会が目指したものは、日系企業がビジネスを展開する上で直面している種々の問題点を指摘して、ベトナム側当局に改善を求める団体交渉的な活動であった。この種の活動が本格化したのは、前述のとおり、1997年のアジア通貨危機以降、とりわけホーチミン日本商工会の存在が正式に認知された98年以降のことである。[22]

　その後の同商工会の活動は、ますます経済団体的な機能に重心を置くものとなっていく。


**注**

1） 本章は、白石昌也・伊東淳一「ホーチミン市における日本商工会の設立と初期の活動」『アジア太平洋討究』（早稲田大学）第6号（2004年）、19-53頁を短縮したものである。

2） 近現代の日越関係史については、白石昌也「ベトナム」吉川利治編『近現代史のなかの日本と東南アジア』東京書籍、1992年；木村汎ほか編『日本・ベトナム関係を学ぶ人のために』世界思想社（京都）、2000年；Shiraishi, Masaya, *Japanese Relations with Vietnam*, Cornell University, 1990などを参照されたい。

3） 白石昌也「社会主義国家ベトナムの市場経済」白石昌也ほか編『ベトナムビジネスのルール』日経BP出版センター、1995年。

4） 伊東淳一「ホーチミン日本商工会設立の経緯」（未刊行資料、2001年3月）；『東南アジア月報』1994年8月号、17頁；小野博正「ホーチミン日本商工会設立関連日誌」（未刊行資料、2001年3月）。

5） 前掲「ホーチミン日本商工会議所設立関連日誌」、前掲「ホーチミン日本商工会設立の経緯」、1994年3月18日付「ホーチミン日本商工会設立趣旨書」（発起人代表・広岡正夫）。

6） 山下考三「ハノイ日本人商工会の歴史」（未刊行資料）；及び山下考三氏への電話インタビュー（2001年11月12日）。

7） 前掲「ホーチミン日本商工会設立関連日誌」、前掲「ホーチミン日本商工会設立の経緯」；「HCMC日本人会発起人準備委員会開催の件」（1994年2月1日、発起人仮事務局）；「ホーチミン日本商工会総会式次第」（1994年6月30日）。

8) 前掲「ホーチミン日本商工会設立の経緯」、「ホーチミン日本商工会総会のご案内」(1994年6月14日)。
9) 前掲「ホーチミン日本商工会設立の経緯」。
10) 同前、ホーチミン日本商工会「活動報告」各年度版。
11) ホーチミン日本商工会「会則」各年度版。
12) 「ホーチミン」は人名であり、都市名としては「ホーチミン市」を使用すべきだが、日本人の間では誤用する場合が多い。なお、商工会関係者の証言によれば、組織名称を敢えて「ホーチミン日本商工会」としたのは、邦人系企業の工場がホーチミン市域以外(ビエンホア、ヴンタウなど近隣地区)にも進出している状況に鑑みて、それらをもメンバーに包摂できるように、意図的に「市」の一字を削除したという。
13) 本項の記述は、ホーチミン日本商工会『メコンの風』、「活動報告」、「会則」、「会員名簿」、「理事・役員名簿」、「総会決算報告」など総会資料(それぞれ各年度版);「ホーチミン日本商工会概要」(1996年5月11日);関係者よりの聞き取りなどに基づく。なお、注1に示した旧稿に、組織変遷図、理事・役員や加入企業などの詳細なリストを付したので併照されたい。
14) ホーチミン日本商工会第3回総会資料。
15) 本節の記述は主として、ホーチミン日本商工会『メコンの風』、「活動報告」(それぞれ各年度版)に基づく。
16) 1997年末時点における日本人小学校の在校生は小学生22、中学生1の合計23名であった。補習校(国語、算数)については、一時期20名を割ったこともあったが、2000年度には小中あわせて35名の在籍であった。
17) 例えば、1998年7月には、税制・雇用委員会が担当するベトナム会計制度セミナーが開催されている(講師は監査法人トーマツの駐在員)。
18) その他では、たとえば1996年2月にJICAの市場経済化支援ミッションと懇談会を開いている。
19) この点に関しては、ハノイ日本商工会の機関誌『Hoang Kiem』各号をも参照。
20) 例えば、1996年3月には関西経済団体連合会の調査団、5月にはシンガポール日本人会の代表団、7月には大阪工業会の視察団、9月には高雄日本人会経済委員会の代表団が来越している。
21) 第1WGのテーマは当初「外国直接投資促進」とされたが、他の二つのWGと重複するところも多いために、上記2分野に焦点を絞ることとなった。なお、インフラ利用コスト(電気・水道料金など)が割高なことは、ベトナム国内での生産コストを押し上げ、国際的競争力を減退させる原因の一つとなっている。二重価格とは、電気料金や航空運賃、鉄道料金などについて、外国人料金がベトナム人料金より割高に設定されている事態を指す。

22) 日・越首相の合意によりベトナムの投資環境整備に関する共同イニシアティブが2003年に発足した。その背景として、1990年代初め以降今日に至るまで、日本がベトナムにとって最大の援助供与国であり、最重要のビジネス・パートナーの一つであるという一般的状況に加えて、第3節に見たような日本商工会によるベトナム当局との意見交換、協議の積み重ねが重要な意味を持っている。ちなみに、共同イニシアティブの日本側メンバーは官民合同編成となっており、その中にはホーチミン市とハノイの日本商工会代表も加わっている。

# 第10章
## タイ国日本人会とバンコク日本人商工会議所

吉田　千之輔

## はじめに

　本章は太平洋戦争の敗戦以降今日までの、日本とタイ[1]の社会・経済関係の変遷を主に日本人会、日本人商工会議所、日本人学校といった在タイ日本人社会活動団体の歴史を通して概観し、日本とタイとの関係についてささかの分析を付すものである。

　タイではすでに戦前の1913年9月にタイ国日本人会[2]が設立され、太平洋戦争後の引き揚げで一時中断されたが、戦後1953年5月に再発足し、2003年に創立90周年を祝った。

　一方、日本人商工会議所は同じく戦前の1936年8月「暹羅（シャム）日本商工会議所」として設立され、敗戦で機能を停止した。戦後1954年9月に「盤谷日本人商工会議所」[3]として再発足し、一昨年（2004年）に設立50周年を迎え、記念式典を開催した。日本人会同様に戦前から通算すれば、今年は70周年となる。

　バンコクに日本人小学校が設立されたのは、1926年5月で、敗戦による中断を経て、1956年1月再建されて[4]、今日に至っている。現存する公立の在外子弟教育機関[5]として最古の歴史を有し、通算すれば80年をこえる。

　この3機関が出揃った1930年代半ば頃に「日・タイ経済関係における戦前のピークを示すことになった。綿製品・雑貨を中心に飛躍的に日本からの輸入が高まり、（中略）1935年には、タイの輸入総額の4分の1を占めるまでになった」と末廣昭は「日本・タイ経済交流史—30年のあゆみ」のなかで指摘している[6]。その後太平洋戦争において、タイは日本の同盟国として、日本軍の南方作戦における物資調達基地として貴重な役割をはたしたが、日本は敗戦で全てを失った。

　戦後の日本のタイ進出はいわば戦前の進出パターンをなぞる形で当初再開され[7]、その後60年をかけて、今日見るような「ヒト」「モノ」「カネ」の重層

的な日タイ関係が形成された。

　日本人のタイにおける組織的な社会活動は、敗戦による中断はあったが、日本人会として90年、日本人学校として80年、日本人商工会議所として70年となり、大変に永い営為の実績を残している。両国の関係は多少の例外的な時期はあったが、終始友好関係にあったことは日本にとってなによりも貴重な財産でもある。この長い歴史を有する日タイ関係を、現タイ国日本人会会長小野雅司氏は「日本とタイは明治以降に限っても百年以上の交流を続けており、(中略)私達は、諸先輩の築かれた土台の上にすまわせて頂いていることを忘れてはならないと思う。また第二次世界大戦の不幸な時期や田中首相訪タイ時の日貨排斥運動といった事件もあったが、ここ十数年、日タイは非常に親密な関係にあり、大変喜ばしい状況にあると思われる」と機関紙『クルンテープ』90周年記念特別号で述べている。[8]

　タイの永住日本人について初めてその意識調査を行った赤木攻は、日タイ関係が100年に及ぶ友好関係を維持出来た大きな特徴として「日本とタイの両国が、お互いに『わだかまり』を抱く歴史を有していない点である。そして『稀有なまでに友好な二国間関係』を基本として、(中略)日タイ関係は『政治的には対等な関係に、恒常化した経済面での弱いものと強いものの関係が重なり織り成すところの矛盾を含んだ関係』にあった」[9]と総括している。

　本章の第１節と第２節では、日本の敗戦による日本人の抑留・送還から再進出までの道すじを簡単に述べた。両国の戦前からのつながりと戦後の国際環境の変化により、非常に早いテンポで再進出を遂げたのが大きな特色である。第３節、第４節では、主に戦後のタイ経済の成長に合わせた日本人商工会議所の活動の歴史を振り返った。赤木攻の言う「矛盾を含んだ関係」が日本の経済進出にあわせて何回か表面化し、それに対する日本側からの試行錯誤的ではあったが、誠意ある対応の上に、今日の友好関係が構築されてきた経緯を述べた。しかし、近年タイの経済力の著しい向上によりタイの社会・経済が急速に変質しつつあり、日本人会も、日本人商工会議所も新しい関係作りに踏み出すことを求められている。第５節ではこの点に重点をおいて、通貨危機以降の状況を述べることにした。おわりに、過去の友好的な関係に甘えることなく、今後どういう交流の在り方が真に日タイ両国民に望ましいかを考える、筆者なりの切り口で、幾ばくかの問題点を提起した。日タイ両

国交流の一層の緊密化に、多少の材料を提供出来ればと願うものである。

## 第1節　日本の敗戦と日本人の抑留、送還

### 1．敗戦から日本人送還までの道すじ

　日本敗戦の翌日1945年8月16日、タイはタイ国王の名で、プリーディー摂政によって対米英宣戦はタイ国民の意志に反したものであり無効である、という平和宣言を発表して戦争を終結させた。8月20日、米国務長官は宣戦の無効宣言を了承すると声明した。9月2日、英軍がドーンムアン空港に到着し、タイに進駐した。英軍のタイに対する対応は米国と異なり厳しいものがあった。[10]

　敗戦時タイにいた11万5,000名の日本軍は、自発的に武装解除してタイ政府に武器を引き渡し、ナコンナーヨックのキャンプに収容された。[11]

　敗戦直後のタイ官民の対日態度は比較的同情的であり、在留者保護に関する日本側の希望申し入れに対しても好意的考慮が払われたように見受けられた。しかし、連合国側との交渉進捗にともない、敗戦国としての日本に対する連合国の根本方針を反映し、日本に対し各種制限的措置をとるに至った。[12] 9月11日タイ外務省は日タイ軍事同盟並びにそれに連なる一切の条約および協定は、<u>特別円決済に関する両国大蔵省間の協定覚書</u>をも含め破棄することを通告し、また日本との外交機能を停止した。[13]（下線は筆者による）

　タイ政府は9月16日に英軍との暫定軍事協定に基づき[14]、法律及び総理府布告を施行して[15]、日本人の抑留と日本人資産の差押えの法的根拠を整備した。法律にしたがい在留邦人は9月17日から自宅軟禁が始まり、20日から日本人会会長森広三郎（当時三井物産バンコク支店長）以下3,449名のノンタブリ県バーンブアトーン・キャンプへの集団移送が開始され、収容が完了したのは10月末であった。日本大使館敷地に抑留された外交関係者及び、市内に居住を許された僅か2名を加え、総計3,603名（成人男子2,883名、成人女性383名、16歳以下の子供337名）がタイ政府に抑留された。[16]

　この後、タイ残留を希望し許可された146名を除いて[17]、翌1946年6月及び8月の引き揚げ船で日本に送還された。[18]

　抑留時に日本人資産はタイ政府に差し押えられたが、資産の差押えに当っ

ては、元来の所有者についての資料もきちんと作成されず、だれの資産がどう消えたのか追跡も出来ない状態であった。当時の関係者の話によると、在留を認められた人も預金や資産は接収されて返還されず、日本に送還された人たちの資産も後に回復されることはなかったという。戦後国交回復後この点が問題になった。

こうして日本人会及び日本人商工会議所など全ての戦前の日本人活動組織は自然消滅した。このため、戦前の「日本人会会報」や「商工会議所会報」などその活動を物語る貴重な資料はほとんど失われる結果となった。

敗戦後の在タイ日本人の抑留及び在タイ日本資産の接収は、タイにおける日本人社会に壊滅的な打撃を与えた。タイの日本人社会は、邦人の強制送還によって単に人数が大幅に減少したのみならず、その中核的なリーダーの大半を失い、かつ差押えられた資産も、連合国とタイによって処分されたため、人的・物的な基礎をほとんど失った。

なお日本人送還までの一連の道すじの中で、次の2点、
① 邦人のうち、タイ残留希望者へのタイ政府の対応
② 在タイ日本資産処分をめぐる問題点
については、近年公開されたタイ外交文書を踏まえた村嶋英治の研究をもとに、若干の補足を致したい。

## 2．邦人のタイ残留希望とタイ政府の対応

1946年2月11日に旧日本大使館より、抑留者中約800名が残留を希望していると、首相宛請願書が出された。これが残留希望に関する最初の文書である。タイ外務省は、在タイ華僑とのバランサーとして且つタイの産業発展のために日本人技術者を利用しようとする考えもあり、英米と、日本人の残留許可につき協議することとした。手続的には、残留希望者リストをタイ側から英側に提出し、英側が検討するという手順にした。

5月になり、担当のタイ内務省福祉局は、旧日本大使館より提出された768名の希望者のうち、①欧州大戦（1939年9月）以前の入タイ者、②タイ人との結婚者、③特殊技能を有しタイ政府への奉職経験者、計365名を残留許可の選考対象者とした。その後も、日本人から陳情が多数提出され、日本人社会で大変な混乱が発生し、加えて多数残留させたいとするタイ側各層の

思惑もあり、6月にタイ政府は最終524名を承認した。6月29日にこの524名のリストが英公使館に提出されたが、結局英国側によって残留を許可されたのは、8月時点でわずか146名であった。欧州大戦開始遥か以前より来タイして、ビジネスや医業を営み、タイ社会に根を下していた邦人の多くが残留許可を得ることができなかった。タイ政府の寛大な方針に対し「日本勢力の拡大と英国の地盤沈下に対する不安感」の現われと見られる。[23]

## 3．在タイ日本資産処分をめぐる問題点

　太平洋戦争の末期には、タイに日本の軍需企業が多数進出し、南方の兵站基地としてのタイの重要性が増加した。これは1941年7月に、米、英、オランダなどが対日資産凍結を発動したため、日本は戦略物資の調達の基地を残されたタイにシフトせざるを得なくなったためである。この結果多くの民間軍需企業が国情の安定しているタイに進出することとなった。これらの工場は日本軍にのみ供給する物資を生産する目的で、戦時中に日本の民間資本により設立された軍需工場であるので、タイ法による登記や納税を免除されていた。こうした事情もあり、実情はあまり知られることがなかった。[24]

　これらの工場では、終戦直後から略奪や盗難に遭い、日本人の抑留開始以降は、戦後いかに事業を継続させるか、日本軍、大使館関係者も種々奔走したが、結局タイ政府に全資産が押収され、今日痕跡をとどめていない。1945年8月25日付、旧日本大使館よりタイ外務省に出された、これら軍需工場を民生品工場として操業継続を依頼する文書によると、当時72社と実に多数存在したことが分かっている。[25] これらを含めた日本側に残された終戦時の在タイ資産に関する資料によると、[26] 工業は111企業、商業は73企業など総計222経営体、それらの投資額は固定資本約1億バーツ、流動資本約2億バーツ計約3億バーツとされている。終戦時の「特別円」の残高約15億バーツに比べ少なからぬ金額である。[27] なお日本軍が戦費調達のためタイから借り入れた「特別円」については、第2節6において発生の経緯から最終処理まで、まとめて述べることとする。

　日本人の抑留問題と異なり、日本資産の差押えについては、タイ政府は連合国との明確な合意がないまま、差し迫った必要から「連合国に対する敵国資産委員会」(Bureau of Enemy Property) を設置して、実務処理に当

った。同委員会による差押えと管理は、杜撰であり、連合国の利益保護と同時に、タイ人債権者の保護のため法律の規定を根拠に、比較的自由に日本資産から弁済しただけでなく、日本資産の売却による弁済をも行った。中には、日本資産を低価額でタイ企業に払い下げて問題となった事件も発生した。

このため、1946年2月、英米は共同で覚書をタイに提出した。その中で、日本資産は英米が処分するまでの間、タイ政府に差押えて保管させているに過ぎないことを明記し、英米の許可なく同委員会が資産を処分することを不可能にした。

英米としては、日本資産は連合国の賠償に使う予定ものであり、タイの債権者だけを優遇することはできない、とのスタンスを崩さなかった。しかし、結局1953年7月のタイ政府と連合国との合意で在タイ日本資産は最終処分され、タイ政府は連合国に一定額を支払うことで、在タイ日本資産を掌中にしたのである。

## 第2節　戦後の日本人会と日本人商工会議所の復活

### 1．戦中・戦後のタイ経済

ここで戦前期から1950年代までのタイ経済の概況を纏めておく。戦前のタイ経済は開墾が進んだチャオプラヤデルタ穀倉地帯からの米によるモノカルチャー経済で、一次産品を輸出し、工業製品を輸入する貿易構造であった。欧米諸国との通商条約では輸入税が3％の超低率に設定され、ヨーロッパ、インド、中国から大量に工業製品が流入したため、数少ない地場産業は破壊され、同時に精米、製材など一部の輸出加工産業を除く近代的製造業は発展の芽を摘み取られてしまった。また主要輸出産業は1855年のボウリング条約（対英通商条約）以降進出してきたヨーロッパ人及び華僑資本の支配下に置かれていた。

1932年に人民党による立憲革命が起り、タイは立憲君主制へ移行すると経済政策も変化した。1938年ピブーンが政権につくと、経済ナショナリズムを基盤とする経済政策に着手した。とくに「ラッタニョム運動」と呼ばれる国家中心の経済運営により、華僑の経済支配に対して「タイ人によるタイ経済」をめざし、外国人の経済活動を規制し、貿易、精米、海運、タバコなどの主

要産業に国営・公企業を次々と設立し、国家主導型の輸入代替工業化が開始された。(なお、この経済政策は第二次世界大戦を挟んで戦後の第2次ピブーン政権にも引き継がれ、国営企業の設立が進み1950年代末まで続くことになる)

第二次世界大戦中は、日本軍が進駐し「特別円」による日本軍戦費への協力の結果、激しいインフレによるバーツ貨の下落を招くことになった。しかし日本の敗色を反映し、対日協力を指導したピブーンは日本の敗戦直前に下野した。

後継内閣は同盟国日本の敗戦にともなう、タイの戦後処理に際し政治的には上手に切り抜けることが出来たが、[33] 戦後経済の建て直しが出来ず、タイ経済はインフレと不況に悩んだ。こうした中で、1947年11月ピン中将らによるクーデタが起き、1948年4月ピブーン政権が復活した。

ピブーン政権は、国内経済の再建に注力するとともに、反共政策を基本方針とし、強力なナショナリズム経済政策を推進した。戦後の不況も、国際食糧価格の堅調と朝鮮戦争の特需で切り抜けている。経済への国家介入の傾向はさらに強まり、1953年には「国営企業法」が制定され、1950年代末には100社以上の国営企業が存在した。[34] 国営企業の増加につれ、経営の不効率性が問題となったうえ、華僑と軍部の結びつきは逆に強まる結果となった。[35] 1957年投資促進のための持株会社国家経済開発会社（NEDCOL）が倒産し国営企業の問題が深刻化し、腐敗選挙、汚職問題が表面化する政治状況の中で、同年9月サリット元帥によるクーデタが起き、ピブーン政権が崩壊した。サリットの登場と共に、タイのナショナリズム経済体制は大きな転換期を迎え、日本からの企業進出が本格的に進む時代が到来した。

## 2．国際社会への復帰の道すじ

1946年8月、残留を希望した100名余の日本人を残し日本人の引き揚げが完了した。[36] しかし7年後の1953年5月に日本人会は早くも再発足し、翌1954年9月に日本人商工会議所、その2年後の1956年1月に日本人小学校がそれぞれ再開された。

このように戦後10年で早くも、小規模とはいえ戦前のタイの日本人社会組織が復元された。この背景には当時の国際情勢が関係している。

戦後日本の民間貿易の開始は1949年12月、在外公館の設置等[37]による国際社会への復帰は1951年9月のサンフランシスコ講和条約以降である。特に、戦後の東西冷戦の枠組みを決定づけた1949年10月の中華人民共和国の成立、1950年6月の朝鮮戦争の勃発は、日本にアジアの反共主義陣営への組込みを意味した早期講和をもたらすと共に、東南アジア諸国への進出をも約束した[38]。この頃より日本企業の対外活動が一挙に活発化する。

　しかしタイの場合には、他のアジア諸国に比べて、戦後の日本人の海外進出を早期且つ加速するいくつかの固有の事情が日本とタイ両国にあった。

　まず第一に、タイは交戦国ではなかったために、早くも1948年頃からタイ政府が日本人にヴィザを発給し、残留日本人の家族の呼び寄せや引き揚げ組の再渡タイが始まっている[39]。

　第二に、タイは戦後経済の建て直しのため、米を中心にした輸出の促進を意図し、1948年5月に経済省貿易局長を団長にした貿易使節団を日本に派遣した。

　日本政府も戦後の食糧難を解決するため、タイ米の緊急輸入を計画し、同年12月、タイ政府と連合軍総司令部との間で、オープンアカウント（清算勘定）協定を結び[40]、タイ米の輸入が開始された。オープンアカウントとは、予め貿易計画を作成し2国間の取引を均衡させる仕組みである。この結果、タイ米の買付けと日本製繊維品や雑貨の売込みを巡り、商社をはじめタイ関係者を活気づけることになり、商社員の往来が始まった[41]。なお、1949年タイは連合軍総司令部にタイ外交部を設置した。

　第三に、戦前に進出していた実績から、商社、海運、銀行など、特に商社には戦前の勤務経験者、タイ語修得者等のノウハウや華僑との関係が残っていた。そのために「戦前をなぞるような形」での進出を容易にした。

　こうして1949年7月に日本商社の海外代理店設置が許可されるや、12月には日綿実業がバンコク駐在員事務所第一号を開設し、翌年海外支店の設置が許可され日系商社の進出が続いた[42]。

　海運会社は、1950年の大阪商船に続き、三井船舶、日本郵船が1952年に進出し、同年に帝国銀行（1954年三井銀行に行名変更）が支店を開設した[43]。以下に個別機関の再建の経緯を簡記する。

## 3．日本人会の再建

　タイの場合、引き揚げの完了した翌々1948年には残留者への日本との往来が認められ、日本人の渡航がわずかながら始まった。1949年から商社、海運、銀行の駐在員が逐次増加する。そして1951年に設置された日本政府の在外事務所が翌年には大使館に昇格し、在留邦人にとって再結集に向けた大きなインパクトをもたらすこととなった。

　日本人残留者達は、戦前から残された旧日本人会の唯一の資産であった日本人納骨堂[44]における春秋お彼岸の慰霊祭の復活を契機に再結集し、それに戦後の駐在員組が加わり大使館筋も動き、1953年5月、会員約100名で日本人会が再発足した[46]。当初は会員の親睦、日本人納骨堂の維持・管理、大使館との連絡などが大きな行事であった。医師瀧川虎若、小野彰平（現会長小野雅司の父）など残留組が奔走した結果である。

　日本人会会長（通算23代[47]）には三井銀行支店長の大賀洋が就任した。この後、商社、海運など大企業の駐在員の増加を反映し、これら大企業の駐在員の会長就任が続くが、トヨタ、東レ、大丸といった戦後に進出した製造業、流通業の代表も会長に就任する[48]ところが、戦後の特色である[49]。

　なお、日本人納骨堂の維持・管理、大使館との連絡、会館（日本食堂、図書館などの併設）の運営、各種文化活動や運動部会を通じての日本人同士の親睦、などを中心にした当会の性格は今日に至るも変わっていない。3年後の1956年、日本人会が中心になり日本人学校が再開され、同校の運営をすることとなるが、タイの法律との関係から、1971年に泰日協会に運営を移管している。この点は、他国とやや異なる状況にある。後段5を参照願いたい。なお、今日まで続いている機関紙『クルンテープ』の発行は、1968年1月で相当後のことである。

　また、1987年、日タイ修好百周年の記念の年に、自前の会館を取得して現在地に移転するなど、常に日本人社会の中で親睦機関として大きな位置を占めてきた。

　しかし最近では、日タイ民間交流に力を入れるなど事業の方向が少し変わりつつある。現在の会長は戦後初めて大企業の駐在員ではない会長である。この点も含め、自前の会館取得の経緯、最近の活動状況、最近の変化についてはまとめて後述する。

### 4．日本人商工会議所の再建

　戦前の商工会議所の各種資料が散佚した経緯は既に述べた。戦後の再建当時のいきさつについても公刊されたものは少ない。わずかに、商工会議所の30周年記念誌での関係者による座談会及び設立当時の事務局スタッフが残した「8冊のノート」に記された議事録が当時の雰囲気を伝えている[50]。それらの資料によると、日本人会が再発足した1953年当時、1948年から始まった日タイ間のオープンアカウントによる貿易の中心商品は、タイからの米と、日本からの繊維と雑貨であった。それらをバランスさせる本制度は、日本が購入するタイ米の額によって輸入の枠が与えられるため制度の運用が難しく[51]、且つ日本からの輸出商品である繊維はどうしても過当競争になりやすい。そこで在タイ日本商社の中で米の輸出業者による「メダイ会」[52]、繊維の輸入業者による「繊維同業会」[53]が作られ、「いずれも任意の話し合いの会でしたが、それが段々発展してひとつの商工会議所的な雰囲気になったのだと思います」[54]と当時の関係者は語っている。

　1954年9月27日、商社を中心に会員企業30社は東棉事務所に集まり、盤谷日本人商工会議所（以下略してJCCとする）の設立総会を開催した[55]。初代会長は東棉の塩澤定雄、以下2副会長、6理事が選任された。

　設立総会後、当時のタイには商工会議所法が未だ整備されていないため、一般の任意団体として監督する文化庁及び内務省保安局の認可を取得するのに約1ヶ年を要し、1955年8月30日に設立登記が完了した。

　登記完了後の10月にはタイ貿易院（Board of Trade）に加盟し、タイ側及び外国商工会議所との間にパイプを作り対外活動を開始した。設立後、東京銀行駐在員事務所内に事務局を移し、1956年には、これまで三井銀行内に事務局のあった日本人会との共同事務所をニューロードに開設した[56]。

　JCCの設立当時には大きな問題であったオープンアカウントも、1956年には廃止された。枠が外れたことは「現在に続く貿易インバランス問題の発生をうながすものでもあった」[57] 対日貿易赤字の増加は、日系企業を含めた外国系企業への所得税やセールスタックスの徴税強化となり、JCCにとって各国商工会議所と提携し或は単独でのタイ当局への陳情が、設立後の大きな問題であった。

　こうした経緯で再発足したJCCは、2006年4月現在会員、1,252社を有す

る上海に次ぐ世界第2位の規模の在外日本人商工会議所に成長した。

　JCCの発展の歴史は、日系企業の進出の歴史そのものとなった。特に1958年以降は、自由主義的な外資政策に転換したタイ経済の発展成長の歴史と表裏一体をなすもので、次節以降はタイ経済特にタイの経済政策との関係からJCCを見ていくことにする。

## 5．日本人学校の再開

　日本人社会の公的機関の最後として日本人学校が1956年1月、在タイ日本大使館の構内の一部を校舎として「大使館付属日本語講習会」という名称で設立された。在籍児童28名、初代校長は大使館領事が兼務した。戦後海外に設置された最初の日本人学校である。設立のいきさつについては「当時のバンコクにおいては、資金の面、法的地位の面においても極めて困難であった。それにもかかわらず、邦人子女のために、少なくとも日本語を忘れぬ程度の教育をしようと、大使館の指導協力は勿論であるが、在留邦人が一丸となって努力した」と当時の関係者は語っている。設置場所、校名のいきさつなどを言外に物語っている。こうして生まれた日本人学校は1997年児童・生徒在籍数2,012名となり、通貨危機後の2000年1,701名に減少したが、2006年5月現在2,288名に戻り世界最大規模の在外日本人学校として、今年（2006年）創立50周年を迎えた。少し時代は飛ぶことになるが、ここで本校の歴史をまとめて簡記しておく。

　開校後、日本人会は毎年予算の半分以上を教育部に割り当てて、学校の運営管理をしてきた。財政的にはずいぶんと重荷であった。1960年日本大使館はワイアレス路に移転したので学校も同時にその構内に移転した。

　1962年国庫補助が出るようになったのを機会に、大江大使（当時）と大峡日本人会会長（当時）との間で、学校管理運営に関する覚書を交わし学校を大使館に移籍、大使館付属日本人小学校となった。同時に学校運営委員会を設置し、運営委員長は大使館から、日本人会から教育部長、会計部長が構成員となり運営に当ることとなった。日本人会は毎年賛助金を出し、校舎の新築、引越しなど多額の経費を要する場合には日本人会は適当な追加支出をすることとなった。

　1968年日本大使館は現在のニューペブリー路に新築移転したが学校はその

ままワイアレス路にとどまり、その敷地及び建物はそのまま学校が使用し、新校舎も建設することとなった。借地料は大使館（日本政府）の負担とし、新校舎建築資金は日本人会の民間募金で調達し、1969年3月には新校舎の落成式を行った。

1971年には、在籍者が506名の大型校になり、タイ国内での反日運動が昂り、「無認可のままで学校が存在することが困難になってきた」

1972年8月泰日協会に依頼して、正式に私立学校としての認可を申請した。泰日協会関係者が「根気よく要路の人々に根廻しされた結果、1974年1月田中総理（当時）訪タイを機に、サンヤー総理（当時）より公式会議の席で『許可する』旨の回答が出され一同安心した次第である」と語られている。同年7月正式に認可書を受領、この際母国語による教育を認める、数少ない「指定校」の認可を得たことは特筆出来る。以来、泰日協会学校が公式の名称となった。

1980年には、児童・生徒数は1,030人となり、前回新校舎建設後ほぼ10年で倍増した。この数年前より新校舎建設問題が浮上し、結局ラーマ9世通りの現在地に約2万平方メートルの土地を取得した。新校舎の建設資金17億円は日本政府補助5億円と、民間募金12億円で調達することとした。募金活動の結果、総額11億3,300万円、現地企業や個人寄付約55万バーツの募金が集まり、新校舎は1982年6月に完成し移転した。恐らく、一海外校への日本企業による寄付総額としては、最大額であると思われる。日本企業に活力のあった時代を物語るエピソードである。

その後、隣地の購入、校舎の増築により、2,000名収容の規模に達している。なお、近時「二重国籍で日本国籍を有する子女の日本語による教育の要請が増加し、門戸を開放する」など、日タイ交流の深まりと時代の変化を感じさせている。

## 6．日タイ特別円問題の処理をめぐって

日本人社会の3公的機関が復活し、戦後処理で最後に残されたのは、「日タイ特別円」問題の処理であった。太平洋戦争開始後、タイ駐留日本軍の戦費の調達に際しては、タイ側が軍票の使用を認めなかったため、当初はタイ政府からバーツ貨の供与を受け、これを金で決済する方法で調達した。しか

し、1942年4月～6月の日タイ支払交渉の結果、円とバーツの等価が決定し（開戦当時は1バーツ＝1円59銭であったので、実質的には円の切り上げである）、日本側に供与したバーツは日本銀行に特別円勘定を開設し、そこに積み立て、「必要に応じ純金1グラムにつき4円80銭の割合で振り替え得べきものとする」とした。以降日本軍は、「特別円」勘定を使ってバーツ資金を調達し、戦費の支払に充当した。因みに、終戦時には約15億200万バーツの巨費に達した。[76][77]

1952年4月28日サンフランシスコ平和条約発効と同時に日タイ両国政府間で公文の交換が行われ、両国間の国交が正式に再開した。国交回復後タイ側より特別円残高の処理について申し入れがあり交渉が開始された。

タイ側は特別円残高の清算は戦前の諸取り決めに従って行われるべきと主張したが、日本側は勘定残高の存在は認めるがタイ側の一方的廃棄通告により戦前の諸取り決めは失効している、と反論した。[78]

1954年11月タイ側は妥協案として、特別円残高を戦前のバーツとポンドの換算率（1ポンド＝11バーツ）より1億3,500万ポンド（約1,350億円、すなわち約100倍に引き直した）と計算しその4割に相当する5,400万ポンド（約540億円）の支払を要求したが、日本側は応じなかった。

1955年3月、来日した外相ナラティップと再三に亘り交渉がもたれた。タイ側も要求を漸次引き下げ、総額150億円、内54億円を現金、残り96億円を投資及びクレジット形式で日本からの経済協力として資本財及び役務を提供することで妥結した（下線は筆者による）。これが1955年7月バンコクで調印された特別円に関する旧協定である。[79][80][81]

ところで、54億円相当のポンド支払は1959年5月をもって全額支払が完了したが、96億円については、協定発効後タイ側が本件は無償供与であると主張したため、償還を前提とする有償供与とする日本側との間でくい違いが発生し実行は見合わせられたままになった。明瞭に「credit」と書かれた協定を「grant」と主張されて困った日本はタイ政府の立場を考慮して、翌1956年から、1960年までタイ側に実質的に96億円の経済価値が生じるような妥協案を3度提案したがタイ側の同意が得られず、6年を経過した。[82]

この間、1957年9月元帥サリットのクーデタで首相ピブーンが国外に去り、タイ国での経済政策が外国企業の受け入れ促進に大転換した。さらに日[83][84]

本側でもタイが日本の東南アジア進出の枢要な拠点となることが展望されるなど、タイを巡る内外の環境が大きく変化した。そこで、1961年11月池田首相（当時）の訪タイの際、サリット首相との会談で日本は96億円を8年の分割で支払い、タイはこれを日本の資本財及び設備、タイ側の役務の調達に当てることで政治的に決着した。翌1962年1月調印された。「特別円」問題の解決は、前述したタイにおける日本人社会活動基盤の整備と共に、日本のタイに対する本格的な企業進出準備の完了を物語る重大な出来事となった。[85]

## 7．タイに於けるナショナリズム経済体制の終結

1958年に成立したサリット政権は、共産主義勢力への対抗もあって、米国

表10-1 本稿で述べた1945年（戦後）～1962年迄の日・タイの主な出来事

| タイ | | 日本 | |
|---|---|---|---|
| 1945年8月 | 平和宣言の発表、米国が承認 | 1945年8月 | 日本終戦 |
| 9月 | 日本との条約・協定の破棄 | | |
| 1946年1月 | タイ・英戦争終結に調印 | 1946年2月 | 残留希望800名を文書で要請 |
| 12月 | 国連加盟を承認される | 8月 | 最終残留者（146名）発表 |
| | | | 日本人の引き揚げ完了 |
| 1947年11月 | ピン中将らによるクーデタ | | |
| 1948年4月 | ピブーン政権の成立 | 1948年5月 | タイ貿易使節団来日 |
| | | 12月 | タイ政府と連合軍総司令部でオープンアカウント協定締結（→1956年迄） |
| 1950年9月 | 朝鮮戦争へ軍隊派遣 | 1950年6月 | 朝鮮戦争始まる（→1953年7月迄） |
| | | 1951年3月 | 日本政府バンコク在外事務所開設 |
| | | 9月 | サンフランシスコ講和会議 |
| | | 1952年4月 | 在外事務所、日本国大使館に昇格 |
| 1953年 | 国営企業法制定 | 1953年5月 | 日本人会再建 |
| 1954年 | 産業奨励法制定 | 1954年9月 | 日本人商工会議所設立 |
| | | 1955年7月 | 日タイ特別円旧協定締結 |
| | | 1956年1月 | 日本人学校再開 |
| 1957年7月 | 世界銀行タイ調査団（1958年7月迄） | | |
| 9月 | サリットによるクーデタ | | |
| | ピブーン日本へ亡命 | 1957年12月 | 日タイ貿易協定締結 |
| 1958年10月 | サリット政権成立 | | |
| 1959年4月 | 投資委員会（BOI）設置 | 1959年5月 | 日タイ特別円54億円支払い完了 |
| 7月 | 国家経済開発庁（NEDB）設置 | | |
| 1960年10月 | 産業投資奨励法制定 | | |
| 1961年1月 | 第一次国家経済開発6ヶ年計画開始 | 1961年11月 | 池田総理訪タイ |
| 1962年1月 | 産業投資奨励法改正 | 1962年1月 | 日タイ特別円新協定調印 |
| | 輸入関税引き上げ | | |

との連携を深め世界銀行の調査ミッションの報告書に沿う経済政策を打ち出した。すなわち、①民間企業を中心にした工業化、②積極的な外資の導入、③国家経済開発計画の策定、④政府によるインフラ整備の促進、などが骨子であり、永年に亘るナショナリズム経済体制から市場指向型の開発政策への全面的な転換であった。国家の役割を経済開発計画の策定と産業インフラの整備に限定し、工業発展の担い手をもっぱら国内外の民間資本に求めた。こうしてタイ経済は初めて民間主導の工業化時代を迎えることになる。

1959年投資委員会（BOI）、国家経済開発庁（NEDB）の設置、1960年産業投資奨励法の制定、「第一次国家経済開発6ヶ年計画（1961年-66年）」の策定、1962年産業投資奨励法の改正、と次々に施策が出されていった。特に、「産業投資奨励法」は当時としてはきわめて自由主義的な外資政策で、外国人の土地所有や利益送金、出資比率の制限を撤廃し、原材料や機械の輸入税の免除など、タイ国内外の投資促進を図り、輸入代替を目的とする工業化に本格的取り組むこととなった。「日タイ特別円新協定」が締結されたのは、まさにこうした時代背景があったのである。この後タイの外資誘致策に沿って、日本からの企業進出が一気に進むこととなる。

## 第3節　1960年代・70年代のタイ経済の成長・発展とバンコク日本人商工会議所（JCC）の対応

### 1．1960年代—民間主導型輸入代替政策と第一次投資ブーム—

本節以降は、日本の製造業が本格的にタイ進出を開始した1960年代から、アジア通貨危機（1997年）を経て今日に至る約40数年間のタイの社会・経済の動向と、それに呼応したJCCの活動を中心に概観する。これまでの日本の在タイ社会経済団体の活動は、底流に常に日本本国との繋がりが意識されていたが、この時期よりは、現地進出企業がタイの社会・経済の発展から生じる「諸問題への対応」を、「現地」で求められるところが大きな変化である。

第3節では、1960年代、70年代のタイ経済の成長・発展に合わせたJCCの対応について述べる。1962年「日タイ特別円」問題が解決し、日タイ経済関係の新しい局面が始まり、1960年代は第一次投資ブームとなった。この結果発生した「貿易収支の不均衡」と進出企業の「現地化（いわゆるローカリ

ゼィション)」問題が1970年代を通しての両国関係における基本テーマであった。

サリット政権の誕生で、外資誘致による輸入代替型工業化政策に転じた1960年代に、日系製造業の最初のタイ進出ブームが起きた。

1960年代の前半は、繊維、鉄鋼、食品などが進出し、後半は、建設、化学、自動車・二輪車などが加わり、1970年にはJCC加盟会社は217社となった。製造業（98社）が、商社（62社）を上まわり、製造業の中でも、繊維（16社）、自動車・二輪車（10社）、化学（8社）、金属（8社）が上位を占めた。「過剰な参入を引き起こし、タイに日本の産業の縮図が出来るところもあった[90]」といわれる進出ぶりであった。

日系進出企業の特色は、①大半がタイ国内市場向けの生産を目的とし、②BOIの認可を受けた投資奨励企業が多く[91]、③輸入商、卸売商時代から提携関係にあった華僑系企業との合弁形態が多かった。今日、タイの産業界で中核となっている日系製造業の多くはこの時期に進出した企業である。

この時代はまた、「外国資本と結合した、タイ系企業集団を生み出し、発展させていく過程でもあった[92]」との指摘通り、現在のタイ系大手企業グループのうち、この時代に創業し成長を遂げた企業グループが多く、タイの企業経営史の上でも最も特色のある時代であった。

JCCは会員数の増加と、業種の拡大に対応して、事務局の強化と組織整備に積極的な取り組みを開始する。1963年に、大阪商工会議所から、専任の事務局長を迎え、日本人会と共有していた事務所を分離独立した。業種別の部会も1968年には今日に近い15（経理、工業、電気機械、機械、繊維、金属、雑貨、メイズ、肥料・化学品、農産、ゴム、観光、自動車、建設、運輸）部会に拡大している。

なお、1966年には、タイ政府が、「タイ商業会議所法」を公布したことを受けて、JCCは、法的団体へと改組した[93]。

製造業の積極的なタイ進出を受けて、JCCによるタイの投資環境や経済活動の調査・出版はこの時期から活発に取り組まれ、今日に続く基本的な業務となった。『所報』は1968年、『タイ国経済概況』は1965年に開始された[94]。

日本からの投資ブーム（第一次）となった60年代から70年代前半までタイは、ほかの発展途上国に比べても高い経済成長を達成した。この高成長を支

えた第一の要因としては、輸出向け農産物の生産増加と多様化がある[95]。第二の要因は、不足する投資資金を政府・公的機関からの借款、アメリカの軍事援助（ベトナム特需）、そして外国からの直接投資が絶えず補完してきたことである[96]。

しかし、1960年代も末期になると、ベトナム特需の縮少、一次産品価格の下落で貿易赤字の問題が表面化してくる。特に日タイ貿易の不均衡が1968年に顕在化し、両国政府によって「日タイ合同貿易委員会」が設けられたが、その後も目立った改善がないため、この後1970年代前半に経済・文化摩擦を引き起こし反日運動につながることとなる。タイ国自体も、輸入代替型工業化政策は、工業化の進展と国内市場の拡大という目ざましい成果を残したが、貿易収支の壁を前にして、輸出指向型工業化へと転換を迫られることになった。

しかし日本では、1969年に、資本輸出の段階的自由化が開始され[97]、タイへの投資は依然として堅調が続いた。同年には、既述の「日タイ特別円」新協定の支払が完済され、前年の1968年には有償援助である第一次タイ国向け円借款が開始されるなど、日タイ経済関係の緊密度は一層増すなかで、一方では、日本商品のオーバープレゼンスに対して底流として反日運動の勢いが増し、70年代に入るとJCCも難しい局面を迎えることになる。

## 2．1970年代―政治の激動期、輸入代替政策から輸出指向政策へ―

タイ政府は1972年から始まる第三次国家経済社会開発計画で、公式に輸入代替型から輸出指向型へと工業化政策の転換を表明、同年「新産業投資奨励法」を制定し、輸出向け生産に対し税制上・金融上の優遇措置を与えた。

しかし、この転換は容易に進まず、翌1973年には第一次石油危機が発生、世界的な不況となり、さらにサイゴン陥落（1975年）に続くカンボジア、ラオスなど周辺諸国の共産化で「ドミノ危機」を懸念したタイに対するカントリーリスク問題が浮上し、直接投資の減少が数年続くことになり、70年代前半は景気もやや調整を迎えることとなる。

しかし、石油危機と共に一次産品ブームが起き、また米ドルに連動していた、タイバーツ安により、繊維製品などの輸出競争力が高まり[98]、1970年代を通じて輸出に支えられタイ経済は安定した成長が続いた。

経済の安定に比べ、70年代のタイは政治面での激動が大きな特色である。1973年の「10月政変」によって、15年間続いたサリット・タノームの軍事政権が倒れ「民主化」の時代を迎えた。しかし、左派勢力の活発化と近隣諸国の共産化で危機感を抱いた軍部、右派勢力は、1976年10月にクーデタを実行、極端な反共政策をとるターニン政権が登場した。しかし再び軍部のクーデタにより1年で崩壊し、翌1976年にクリアンサック政権が成立、軍部出身であるが協調的な路線を歩むこととなる。

こうした70年代の政情の不安定は、日タイ関係にも大きな影響をもたらすこととなる。1971年にはタイ政府により国産品愛用運動が、また大学には反日クラブが結成され対日批判が強まり、翌1972年11月にはタイ全国学生センターの指導の下で大規模な「日本製品不買運動」が実施された。

タイ政府は民主化運動の影響を受けて、同月に「外国人企業規制法」[101]、12月に「外国人職業規制法」[102]をあいついで制定し、日本を含む外資系企業への規制を強化し、学生運動は一旦収束することとなった。

JCCでは、一連の対日批判の高まりに対して、既に1970年から、従来の業種別15部会に加え、広報（後に渉外広報に改称）、総務、輸出、労務の機能別4委員会を設置しこれらの委員会を通して反日行動への対応に奔走してきた経緯にあった。日本においても、経団連を始めとする経済5団体が、1973年6月に、「発展途上国に対する投資行動の指針」を作成し、在外日本企業に対し現地側との「協調と調和」を要請してきた。また同年反日気運を憂慮した日本政府は、日本とタイの橋渡し役を期待し日本留学生OBを主体に泰日経済技術振興協会を設立した。本協会は後に泰日工業大学を生み出す母体に成長する。（この経緯は第5節7で述べることとする）

しかし、「10月政変」後の1974年1月の首相田中角栄の訪タイを機に、学生組織は反日運動を再燃させ、抗議行動を行なった。そしてこの反日運動は、インドネシアなどに拡大していった。

JCCとしても、反日運動を日タイ両国の相互理解の不足と重く受け止め、この頃より日タイ双方の報道機関とのコミュニケーションの強化に乗り出し、マスコミに対し在タイ日本企業に関する正確な情報の提供による公正な報道を要請した。なお、対日貿易の不均衡による日本批判は、この後1980年代の半ばに再び表面化してくることになる。

このほか1970年代にJCCと日系企業が取り組んだ大きな問題の第一は「外国人職業規制法」と「外国人企業規制法」への対応である。

特に商社にとっては、「外国人企業規制法」によって仲買業、代理業が禁止されたため、同法への対応が大問題になった。活動の大半を禁止された商社は急遽、これまでの100％日本出資の会社とは別に、現地側出資が過半となる会社（現地会社と見做された）を設立して仲買業と代理業を出来るようにした。例えば三井物産はMitsui & Co.（Thailand）とは別にMitsiam International社を設立し現在に至っている。さらに、「外国人職業規制法」によって、企業としては「規制法」に対応していても、駐在員に発給されるビザと労働許可書は自由に取得できず、且つ両者は連動せず、別々に審査された（ビザは内務省警察局のImmigration Division、労働許可書は内務省のLabor Department）。特に労働許可書の発行に当たっては、「タイ人で出来る仕事はタイ人へ」の政府指導で、タイ人で代行可能か否かが厳しく審査された結果、外国人への長期滞在ビザの発給と労働許可書の発給が著しく削減されることとなった。銀行等も同法によって、事務員、秘書の外国人就労が規制されたため、この時期から、日本人駐在員の大幅削減が開始された。

こうした状況を受けて、JCCは、米、英、仏、独など各商工会議所と連携して、タイ政府に陳情、「一年ビザ」「一時滞在ビザ」制度が新設されたが実効は挙らなかった。この後、欧米の進出企業に比べ総じて従業員の現地化が遅れていた日系企業にとって、「現地化」の推進が大きな課題となったのである。

しかし、この問題を契機に、在タイ各商工会議所との会合が、1976年7月以降定例化し、またタイ関係省庁との交渉パイプが固まることとなった。

第二の活動は、JCCは「日タイ民間貿易合同委員会」における日本側の実質的な交渉事務局となったことである。これは先に1968年政府間で生まれた「日タイ貿易合同委員会」を民間ベースでフォローアップするため、1970年に設置されたもので、タイ側から出された輸出目標を、タイ側のタイ貿易院（BOT）と日本側経団連の日タイ経済協力委員会とで協議する委員会となった。この時以降、日タイ貿易問題は官民2つの委員会で協議されることとなったのである。

JCCは、早速1970年に「日タイ合同民間貿易常設委員会」を設置し、経

団連の意を受けて実質的な窓口・事務局としてBOTと各年度の品目ごとの輸出実績をレビューし対日輸出目標を継続的に打ち合わせることとなった。JCCとしても輸出委員会を通して、タイの対日輸出目標の達成に努力することとなった。この「委員会」は1979年迄毎年、合計10回開催された。議題も、1974年の反日運動を経て、1975年以降には輸出ターゲットから投資誘致問題へと重点がシフトしていった。それにともないJCCは、タイの商務省、工業省、BOIなどインフラ整備にからむ関係当局と定期的に協議するパイプを構築し、日本側の出先機関としての地位を固めることとなった。[104)]

1979年には日本側団長田口連三[105)]より、今後は「日タイ合同貿易経済委員会」[106)]として、品目ごとの年間取り決め方式から、民間の立場からする日タイ間の経済・貿易問題を協議する場へ移行したいとの提案を行った。タイ側もこれを了承し、翌年から衣替えすることとなった。輸出ターゲットに固執するタイに対し、貿易、投資、技術移転など幅広い議論と提案で、タイ工業化の一層の推進に協力することが日タイ貿易不均衡解決の近道である、とする日本側による永年の主張の結果である。

タイ側のスタンスの変化については、1975年のサイゴン陥落以降のタイを取り巻く国際環境の厳しさが、再び積極的な投資誘致に目を向けさせることになったこともあるが、タイの工業化の進展による国内事情も大きく影響している。この点について、タイ・トーメン社の社長や後述する「専門家会議」の日本側代表を歴任した吉川和夫は、永年両「委員会」に関与した経験を踏まえ次のように語っている。「当初タイ側はBOTが主務団体として会議に臨み、各業界代表を会議に参加させた。工業が未発達の時代であり、農水産物が主体の業界代表であった。工業品としてはgarmentが含まれる程度であり、したがって代表はtradersが多かった。tradersはBOTと同じ視点でtrade imbalanceを重視し、会議においても目標数値の積み増しを要求することが多く、ベースとなる背景の討議には力が入らなかった。工業化が進展し、タイ国内における産業構造の変化にともない（70年代後半以降）タイ工業協会（ATI）[107)]が参加するようになると、BOTのみが主導の時期に比べ、タイ側が柔軟な態度を示すようになった。品目毎の年間目標取り決め方式より日タイ間の貿易、経済問題、人材開発問題に移行したいと主張する日本側の提案が受け入れ易くなっていった」[108)]

JCC は、新しくなったこの「日タイ合同貿易経済委員会」の日本側の実質窓口として、益々重要な役割を果すこととなっていくと共に、この「委員会」が日タイ経済交流の重要な役割を果たすこととなる。なお、永年タイ側が固執した「輸出ターゲット」については、「専門家会議」において討議し、毎年実施された同「委員会」に報告されることとなり、「輸出ターゲット」の作成作業は1992年まで続いた。

## 第4節　1980年代・90年代　経済の不振から空前の投資ブームそして通貨危機へ

### 1．1980年代前半─「半分の民主主義」と日本による第二次投資ブーム、反日運動の再燃─

　1980年代のタイの経済は前半と後半とでは、劇的な変貌を遂げる。1979年の第二次石油危機の後、米を始めとする一次産品価格の下落[109]で、1980年代前半は深刻な不況が続いた[110]。しかし、1985年9月のプラザ合意で急激な円高ドル安が進み[111]、輸出競争力を失った日本を中心に、東アジア諸国から製造業への直接投資が大量に流入し、輸出が急速に拡大し一転して景況は回復する。以降、1997年まで10年余に及ぶ息の永い経済ブームの幕開けとなった。この結果、1980年代の日タイ経済関係も、緊張関係が前半と後半とでは激変する。そこで本節では「プラザ合意」で時期を分け、まず前半の不況期における反日感情の再燃と JCC の活動について述べ、次に空前の投資ブームの実態に触れ、最後に突然の通貨危機と JCC の活動について述べることとする。

　第二次石油危機後のインフレ対策に失敗したクリアンサック内閣を引き継ぎ[112]、1980年に成立したプレーム政権は、不況感が深まるなか、前内閣同様外資を中心にした輸出型外国人企業への出資規制の緩和など、一連の外資優遇策を実施した[113][114]。これを受けて、1980年代前半に日系企業のタイ向投資は、急回復し、いわゆる第二次投資ブームを迎えた[115]。

　首相プレーム・ティンスラーノンは現役の陸軍司令官でありながら国会を重視し、憲法に従い定期的な選挙を実施したため、その政治体制は「半分の民主主義」と呼ばれた。そして2度に亘る軍の反乱を乗り切り8年間の長期政権となった。

「プレーム体制」の特徴は、①常に国王の意向を尊重し、②1970年代政治の不安定要因であった共産主義勢力を特赦によって大量に投降させ、③経済テクノクラートや当時ようやく力をつけてきた各種民間経済団体の意向を重視する、調整型の経済運営を行った。

この時期の日系進出企業の特徴は、大手建設会社、及び商業が集中したことに加え、タイ政府の認可緩和を受け主要銀行が相次いで駐在員事務所を開設したことである。この結果、JCCが創立30周年を迎えた1985年には会員企業は394社へと増大した。製造業165社、商業78社、土木・建設39社が上位を占め、製造業では、自動車関連33社、繊維22社、化学16社の順で、繊維はすでに1978年から首位を自動車に譲っている。会員数増加で手狭となり翌1986年1月には、現在のアマリンプラザの15階へ事務所を移転している。

1980年代前半における日タイ経済関係での緊迫した状況は、1980年から開始された、前述の「日タイ合同貿易経済委員会」の議題の推移に集約されている。

タイにおける対日貿易赤字は80年代に入っても一向に改善せず、その結果タイ側は依然として日本に対する輸出ターゲットに固執し、委員会で大きな議論となった。しかし日本側のスタンスは、タイの企業が輸出競争力をつけるのが重要でそのためには、「生産・品質管理の徹底、経営体質の改善、より大きな資本とより高度な技術の導入が必要」であり、そのための幅広い協議と提携を提案してきた経緯にある。したがって委員会での議論は、なかなかかみ合わない時期が続いた。そして1984年12月には、学生の反日デモが再燃する状況が続き、その頂点となるのは、1985年6月にタイ政府によって作成された通称「対日経済白書」である。この「白書」は、同年8月日本政府に提出され、翌1986年1月第6回委員会において「日タイ経済関係構造調整」が議題となった。この委員会にて、貿易、投資、技術移転の3分科会で、タイ経済団体とJCCとの間でタスクフォースの設置が決まり、1987年の第7回、1988年の第8回で報告が行われた。

「白書」の内容は、日本に対する貿易伸び率の設定、在タイ日系企業に高付加価値製品の生産・輸出努力を求める、など「日本側の問題点を指摘するだけでなく、タイ政府の政策上の問題点も率直に認めている点も印象的である」と評される一方、一国との経済関係で白書が作成されること自体日タ

イの経済関係は「1972年末の反日運動の時以上に、重要な局面を迎えている」[122]というのが当時の一般的な評価でもあった。

しかし、1985年9月の「プラザ合意」以降環境が激変し、さいわい杞憂に終り、タイの産業高度化に向け第7回、第8回の委員会では友好裡に議論が進められることとなった。

なお、「白書」を巡って特筆すべき点は、JCCが起草段階でタイ政府から、「対日輸出促進の方策」について見解を求められ、JCCは1984年10月タイ政府に答申書を提出しており、「白書」において日本側の意見も反映されたものとなったことである。さらに「白書」公表後、1985年11月、JCCは日本大使館からの依頼で「『白書』に対する見解」を提出し、前述「日タイ合同貿易経済委員会」での日本側の意見集約に重要な役割を果すこととなった。なおこの時期、1970年代に築きあげた、タイ関係省庁、タイ経済団体とのパイプを活用して、JCCはすでに多方面に亘りタイ政府に積極的な提言活動を展開しており[123]、「対日経済白書」起草段階での提言は、そうした活動の締めくくり的意味をもつものであった。

## 2．1980年代後半～1997年通貨危機まで―空前の投資ブームとJCCの活動―

本項では1980年代後半から、少し長くなるが1997年の通貨危機まで続く息の長い「経済ブーム期」のJCCの活動をとりあげることにする。この間に、タイの経済・社会構造は大きな変質を遂げる、転換期でもあった。この点は後節でJCCの活動との関係で触れることにする。

またこの「経済ブーム期」を、実際に投資と消費の拡大と好調な輸出に支えられ、未曾有の高成長を遂げた1992年迄と、「経済のクレジット化、バブル化が急速に進行し、のちの金融不安を準備した1993年以降」[124]とに分けて分析すべきではあるが、本稿では一括した。なおバブル化の要因については次項で簡記する。

まず政治状況を見ておく。首相在職8年に及んだプレームが1988年の総選挙後引退し、首相チャートチャーイにより12年ぶりに政党政治が復活する[125]。同政権は「インドシナを戦場から市場へ」の方針のもと、インドシナ3国に対し、アセアン諸国に先駆けて宥和政策へと政策転換を行い、周辺諸国に対

しタイのリーダーシップを高めることとなった。[126]一方、政党政治は大変な開発ブームの中で発生した莫大な利権と結びつき、国民の不満と、復帰を狙う軍部に格好な口実を与えることになり、1991年に軍事クーデタが勃発する。

しかし、軍部の独裁体制を許す時代環境にはもはやなく、翌1992年5月の大規模な反軍運動と「流血事件」を経て、再び政党政治に復帰する。この後、民主政体に向け国民の大きな議論が集約されて、通貨危機で揺れる中を国民参加の「1997年新憲法」が制定され、今日見るような政党政治へと続くことになる。その間の政治的に不安定な時期に通貨危機が発生したために、「その影響を増幅することとなった」[127]との指摘もあり、1990年代のタイの政治は、70年代同様大きな変動を経験することとなった。

一方、1980年代後半の日タイの経済関係は、プラザ合意による円高を背景に日本企業による「第三次投資ブーム」を迎え、その進出ラッシュは80年代前半の「日タイ緊張関係」を一変させるほど凄まじいものであった。

日本からタイへの直接投資は1987年から急増し始め、1988年のネット流入額146億バーツは、1973年から87年までの15年間の累計（139億バーツ）を上廻り、さらに1989年188億バーツ、1990年279億バーツでピークを迎え、以降1996年迄6年間年平均103億バーツと高水準を持続した。[128]また1990年以降は、通貨が切り上がったアジアNIESからの直接投資が続き、タイ国全体でみると、ネット流入額は1990年のピーク647億バーツ、以降6年間平均482億バーツと未曾有な投資ブームを経験することになる。[129]

このブームの要因は、直接的にはプラザ合意以降の為替格差によってもたらされたものではあるが、受入国タイでの1970年代後半以降の積極的な外資誘致政策に加え、1980年代前半から日本側が提言してきた産業構造高度化にむけた投資環境整備に対するタイ政府の積極的取り組みも見逃せない。さらに、タイ政府が1987年以降、投資優遇地域や奨励業種の拡大及び主要業種の各種規制の撤廃を図ったことも、息の長いブームに結びついた。[130]この結果、1989年から1995年のあいだに、セメント、自動車、オートバイ、繊維、石油化学、鉄鋼、などほぼ完全に「産業投資の自由化」がなされた。

この第三次となる日本からの投資ブームでは、電子・電機産業及び自動車産業が日本からタイに輸出生産基地を移す投資が中心となり、タイの輸出構造の高度化に大きく貢献することとなる。この他、商業、金融・保険業、運

輸、サービス業など非製造業全般に及ぶ積極的な進出が見られた。

この結果JCCの会員数は、創立35周年を迎えた1989年には696社、創立40周年の1994年には988社、そして翌1995年には遂に1,028社となり千社を超えた。そして通貨危機直後の1998年には1,178社とピークを示現する。[131] 第三次投資ブーム直前の1985年は、394社であったから僅か13年で3倍増となった。

1998年当時の業種別構成をみると、この年から製造業（590社）が全会員企業の50％を超え今日に至り、1位電気・機械（149社）、2位自動車及び関連（87社）、3位化学・窯業（77社）、4位金属（76社）が上位を占めた。非製造業の進出も活発で、建設（87社）、金融・保険・証券（71社）、航空・運輸（68社）、ホテル・レストラン（49社）などが上位を占め、この13年でほぼ倍増し、特に航空・運輸業の増加が目立った。[132]

会員企業の急増に対し、JCCでは、組織の改編に取り組む。理事選挙の隔年化（1990年）、次に1993年には、理事数を30名から40名へ増員、会員資格をバンコク、トンブリ県以外の進出日系企業へ拡大、個人会員の新設、工業部会などの改編[133]、環境委員会など各種委員会の新設[134]などに加え、事務局強化のため、専務理事、事務局長の2人体制など実施した[135]（実際に専務理事経験者は2人、5年間で取り止められた）。

1985年に出された「対日経済白書」を受けて、日タイ経済交流の協議の場所となった「日タイ合同貿易経済委員会」では1986年の第6回から貿易、投資、経済協力の3分科会で、タイ経済団体とJCCの間でタスクフォースが設置され「白書」の提言に対し活発な協議が行なわれた。しかし、日本からの投資が年を追って増加した結果、従来の輸出ターゲット中心の討議から、一転してタイの産業構造高度化への投資環境整備・技術移転・人材育成問題へと議題も内容も変化していった。タイ政府も80年代末から具体的な投資誘致施策で応えるようになったことは前に述べた通りである。こうした委員会での協議の中から、人材開発、食品開発、電機製品開発の特に重点的3分野ではその後、タイ経済団体との3つのジョイントセミナーの開催に結実することになった。

「FTI（タイ工業連盟）―JCCジョイントセミナー」[136]は1991年、「FDC（食品開発委員会）―JCCジョイントセミナー」[137]は1992年、「EDC（電気開発委員会）―JCCジョイントセミナー」[138]は1995年に事務局が設置され、夫々

JCC 及び FTI（タイ工業連盟）の担当窓口が協力して、人材開発、輸出向けの商品の品質向上やマーケッテイングなどのタイ人向けセミナーを開催し、タイ側の要請に答える活動を行ってきた。JCC もこれに合わせて、担当窓口を強化し、これらのセミナーは今日 JCC に於ける看板事業へと引き継がれている。

このセミナーの成功について、前出の吉川は次のように語っている。「trader が中心の BOT より製造業の団体である FTI の方が日本側の主張を理解してくれた。FDC（食品開発委員会）や EDC（電気開発委員会）が FTI と JCC との間で設立されたが、タイ側での熱意が高まった結果であった。FDC は当初タイ側だけでも政府代表も含め 7 - 8 名のメンバー構成であったが、協議の効率を考慮し、タイ側が徐々に政府代表を除外し、日タイ双方 4 名ずつの構成となり効率は一層高まった。FDC は種々セミナーを開催したが前例を見ないほど多くの関係者が参加した。在タイの日本人技術者も講師として参加した。タイ側民間出身委員は輸出先のマーケットの実態を把握しなければ、輸出促進は不可能であると言明し、日本マーケット視察団を組成し派遣した。日本マーケットにおける価格、商品包装、流通経路等を研究し、その後の FDC の協議の実効を高めた。FDC や EDC のような限定目的のみならず、FTI と JCC 理事全員による懇親会を開催したり、JCC と FTI との蜜月時代を作った」[139]。

「日タイ合同貿易経済委員会」から始まった 3 つのジョイントセミナーが 1990 年代に入って着実な成果を挙げていく一方、タイの近隣諸国との経済交流の活発化に合せ、JCC の活動範囲もタイを軸にした近隣諸国へ拡大していくこととなった。[140]

まず、1990 年に JCC は理事会で業種を超えた視察団を組成しベトナムに経済交流ミッションを派遣し、以後今日まで定例化し近隣諸国に継続的に派遣されている。[141] 日本の出先機関である JCC が進出国のためにこのように周辺諸国と民間経済外交を重ねることは、他所に例があるのか不明であるが、極めて特徴的なことと評価できる。

「日タイ合同貿易経済委員会」における議題も当然ながらタイ国内問題だけでなく、周辺諸国を含む問題へと拡大していく。例えば「タイ・日本とインドシナ諸国との経済交流（1990年）」、「世界の中の日タイ関係（1992年）」

など議題となった。[142]

　1980年の同委員会の発足以来、議題の変遷をみると、通貨危機までの17年間の間に、①貿易及び輸出ターゲット（1986年まで）、②構造調整、投資、技術移転（1990年まで）、③アジア地域の経済発展への貢献（1997年まで）と際立った3段階の変化を遂げている。日系進出企業の窓口団体としてのJCCの果たしてきた役割の変化を明瞭に跡付けることが出来る。

## 3．タイの通貨危機とJCC

　1985年のプラザ合意以降、日系企業の第三次投資ブームから始まったタイの息の永い「経済ブーム」も、1990年に入ると、主に次の二つの要因から「ブーム」が続く中で経済のバブル化と、金融システムの脆弱化が進んだ。1995年1月から国際通貨筋のバーツ攻撃が始まり、遂に1997年5月の通貨攻撃で金融不安・通貨危機・国内不況の「トリプル危機」へと一挙に転落した。

　第一の要因は、経済成長で自信をつけたタイが未成熟な金融システムの下で、1990年5月、IMF「8条国」への移行から始まる金融の自由化に着手し、各種規制の撤廃を実施していったことである。またバンコクを「バーツ経済圏」の「金融センター」にとの政府方針のもと、1992年「非居住者バーツ建預金」の規制緩和、さらに1993年に「バンコク・オフショア市場（BIBF）」を創設し、1995年には、30年ぶりに、新規商業銀行5行にフルブランチの認可をした。[143]こうした規制緩和措置は、大量の短期性の外貨の流入によるいわゆる株式や土地のバブルを招き、[144]且つ膨大な国際的投機的短期資金移動を可能にするなど、制度上の欠陥を生み出していった。[145]

　第二の要因は、国際競争力の低下にもとづく輸出不振など、経済のファンダメンタルズの悪化である。資金の流入で国内経済はバブル化し、インフレが進み、特に労働力不足が顕在化し労賃が上昇、労働集約的製品の比較優位を失いつつあった。さらに米ドルにペッグしたバーツはドル高につれバーツ高となり、1996年には輸出はゼロ成長に陥り、タイの貿易収支の赤字は急速に増大していった。[146]

　このような経済環境から、1995年頃にはバーツの切り下げが十分予想出来る状況が生まれ、タイのバーツ貨は、1995年1月、1996年7月、1997年2月、5月の都合4回、国際的投機筋から「バーツ売り」の攻撃を受け、中央[147]

銀行は「先物取引」でバーツの買い支えを行った。しかし、外貨準備の激減により、遂に7月2日、管理フロート制への移行を余儀なくされバーツは急落した。[148] このタイの通貨危機はまたたくまに近隣のアジア諸国に波及していった。

8月には、IMF等[149]からの合計172億ドルの「救済融資」の受け入れと、条件としての「国家経済再建計画」の実施を発表した。この IMF 条件の履行が以下の波及過程を経て、深刻な「国内不況」[150]に転化していった。

① 1998年度予算は超緊縮財政となり、財政支出の大幅削減により国内需要が大幅に低下した。[151]
② 財政黒字の早期実現のため、8月には付加価値税（VAT）の7％から10％へと引き上げ、これにより個人消費が後退する。
③ 企業の操業度調整による大量の失業者の発生。
④ 1997年6月16行、8月42行計58行に及ぶファイナンス・カンパニーの営業停止命令[152]と中央銀行による金融引き締めにより消費者ローンに依存していた耐久消費財の需要を一挙に減退させた。

個別企業への影響をみると、バーツの大幅な下落により巨額の為替差損がオフショア市場から外貨建短期資金を取り入れていたタイの地場銀行及び産業界に発生した。この結果、この損失の処理のため、これまでタイの工業化を牽引してきた財閥グループでは、大規模な企業再編を余儀なくされ、地場銀行も大量の不良債権をかかえて半分近くが政府の管理銀行に再編される[153]など、通貨危機はタイの産業界全般に大きな爪痕を残した。[154] 再編過程は本稿の主題から外れるので後段に簡記するに止めた。

タイの通貨危機はJCCの会員企業にも当然大きな影響を与えた。JCCの会員数は1998年のピーク1,178社から2002年1,156社まで22社減少した。しかし、2004年には早くも増加に転じ、ピークを更新している。特に建設需要の激減した土木・建設、日本国内で再編の進んだ金融・保険、製造業の駐在員事務所は脱会企業が多くピークから大きく落ち込んだまま回復できていない。それ以外の撤退企業は比較的少なかった点が特徴である。

日系企業は、地場企業に比べ、為替対策が十分に進んでおり、むしろ自動車、家電などが通貨危機後のクレジットの圧縮で国内需要が激減し、影響を大きく受けることとなった。一方、日系企業は全般的に輸出指向の強い企業

が多く、その立ち直りは比較的早かったといえる。

JCC は、通貨危機以降『所報』と各部会での講演会を通じて積極的な情報提供を行ってきた。しかし特筆すべきは、前年の9月に、すでに第一回と第二回の通貨攻撃を踏まえ、『所報』9月号に「タイの通貨危機」と題して、会員企業への注意を促している。また、通貨危機後の11月には「日系企業の雇用の現状に関する調査」、12月には「日系企業景気動向調査」の緊急アンケート調査を行い、会員企業に還元し、混乱による現地情報の不足を補っている。

タイ経済は通貨危機の後、為替レートの暴落と内需の崩壊で輸入が激減、皮肉なことに永年続いた貿易収支と経常収支の大幅赤字を一挙に解消させてしまった。[155] さらに、IMF 等による外貨供給支援による効果も相俟って為替レートは安定し、景気回復のための金融緩和や財政刺激策も加わり、早くも1998年の後半には景気回復のきっかけをつかんだ。輸出が順調に増加基調を辿ってきたため、GDP をみると、1997年▲1.4％、1998年▲10.5％とマイナス成長となったが、1999年4.4％となり、その後安定した成長を達成している。[156]

こうして、1990年代の金融と産業投資の自由化はタイに投資ブームを引き起こし、タイの重化学工業化を一挙に進めることになった反面、通貨危機をもたらし、地場銀行及び、重化学工業化の担い手となった地場財閥グループがその後の企業再編過程で払った代償は大変に大きいものであった。

## 第5節　変わるタイの社会・経済構造と JCC、日本人会

### 1．タクシン首相の登場

経済危機からの回復過程にあった2001年1月に新憲法下初の下院選挙が行われ、タイラックタイ党（タイ愛国党）が単独過半数を確保し、タクシン新政権が発足した。その後、同党は小政党の合併と議員の吸収で勢力を拡大し、近年のタイ政治史上類を見ぬ強力な政権となった。2005年1月には、タイ政治史上初の任期満了による総選挙となり同党は、下院の75％強を占め、タクシン政権に対する国民の支持は圧倒的に高かった。（なお、タクシン政権は2006年9月の軍によるクーデタによって崩壊するに至ったが、一連の経緯、

分析は本稿のテーマから外れるので省略する）

　タクシン政権の特色は、首相自身による強力なリーダーシップによるトップダウン方式の政治運営と、「ポピュリスト的」と評されるユニークな社会・経済戦略の展開及び積極的な景気回復施策の実行にあった。そのため、タイ経済は、堅調な個人消費と投資の回復に支えられ早くも2003年には6.8％（2002年5.4％）の高い実質成長率を達成し、新たな「経済ブーム」期を迎えるに至っている。

　またタクシン外交の特徴は、タイの伝統的に柔軟な全方位外交を基本としつつ、ミャンマー、ラオスなど近隣諸国との関係修復、一連のFTA交渉の推進など、経済外交の活性化にあった。

　日本との関係についても、赤木攻によれば「2001年に発足した現タックシン政権は、日本に対し『対等なパートナーシップ』を主張し始め、その関係を修正しようとしている。その背景には、近年のタイの経済力の向上を指摘しなければならない[157]」とされる。そうした認識の上で、末廣昭は「『タイがいま求めているのは、日本や他のドナー諸国、国際機関からの一方的な援助の受入れでなく、双方が協力して〈開発のためのインターナショナル・パートナーシップ〉を構築することである』というのがタクシン首相の主張であった[158]」と分析している。2003年12月の日タイ外相会談でもこの方針が確認されている[159]。こうした、「援助ではなく新しい協力関係をどう構築していくか」[160]という課題に向って、日本政府のみならず現地JCCは積極的な対応を迫られるに至り、今や日タイ関係の新時代を再認識する必要が生まれている。

## 2．タイの社会・経済構造の変化

　首相タクシンが日本に求める「開発のためのインターナショナル・パートナーシップ」を理解するためには、1980年代後半以降タイが高度成長を経て「タイはすでに中進国の仲間入りを果し、社会問題を解決する能力もそれ相応に蓄積されている[161]」とするタイの自信を再認識する必要がある。タイの中進国としての特色を整理すると以下の諸点になる。

　① セクター別経済構造において農業を含む「第一次産業」が、1985年の16％から2000年の13％に低下。

② 製造業における重工業の付加価値額の構成が、1985年40％から、2000年の58％へと軽工業（42％）を上廻る。
③ 輸出品に占める工業製品の比率が1985年の34％から2000年の80％へ大きく上昇、農産物はわずか11％となる。
④ 全就業人口において、農林漁業人口の比率は、1985年の69％が2000年49％と50％を切るに至った。付加価値額の構成、輸出品目、就業人口から見てもタイは農業国から変わりつつある。
⑤ 労働市場において、民間の被雇用者が1985年の19％から2000年31％へ増加し、公務員などを含めたいわゆる「サラリーマン層」は、同期間で25％から40％となった。
⑥ タイにおいても急速に「少子高齢化」が進み、遅くとも2009年には65歳以上の老齢人口が7％を超え「高齢化社会」に入る。
⑦ 大学の数はタイ全国で108校、在籍学生数は160万人、学齢相当人口のほぼ20％に相当し、高等教育の大衆化は非常なスピードで実現しつつある。[162]

このほか、今回の経済ブームが、地方主要都市をもまき込む形で進展したことも、バンコク一極集中経済からの変化を物語っている。

## 3. 変わるタイの日本人社会と日本人会

変わったのはタイの社会・経済だけではない。タイの日本人社会も1990年代に入って大きく変容しつつある。

第一に、日本人の急激な増加である。在留届出数を見ると、1980年6,424人、1990年14,289人、2000年21,154人、2002年25,329人[163]、2005年36,327人、2006年40,249人と初めて4万人を超えた[164]。在留届は任意であるので、一般には、実数はその2、3倍といわれており、現在の在留邦人の数は「低く見積もっても5万人、多く見積もれば6～7万人に達する」[165]といわれている。居住者の増加は、実に重大なファクターである。

第二に、日本人の居住地域が従来のバンコク集中から、シラチャ工業団地周辺、チェンマイ、プーケット島などに拡散し、それぞれの地域で日本人会が組成されるに至った[166]。これら日本人会はバンコク日本人会と連携して活動している[167]。

第三に、日本人観光客の急増である。1980年23万人、1990年64万人、1999年106万人、2002年123万人となり2004～2005年には国境を接するマレーシアとほぼ同数に達し、日本は実質的に最大の得意先となった。毎日、３千人強の日本人がバンコク空港に降り立ち、平均３日滞在するとしても、常時１万人近い観光客がバンコクを中心に滞在していることになる。

　第四に、非常駐員、非企業人、非自営業者といった類の経済活動に直接従事していない日本人が増加していることである。若い世代の留学生から定年後の年金生活者まで、この上なく多様な「国際浮遊者」がここ10数年タイ特にバンコクに目立ち始めたといわれている。バンコクを拠点に活躍した、フリージャーナリストの橋田信介の「日本人のオジサン」に関する観察を文末に注記しておいた、参照願いたい。

　こうした人達の中でロングステー滞在者については、少なくとも３千人を超えるといわれ、急速に増加しているが、実態が把握出来ていないのが実情である。タイ政府は2001年にタイ国政府観光庁（TAT）を母体にして、TLM社を設立してロングステー滞在者の誘致に向け熱心に取り組んでいることも大きく関係している。

　日本人の増加は、送り出す1990年代以降の日本社会の反映によるところが大きいが、物価が安くて治安も良く暮らし易く且つ外国人に寛容なタイに目立った現象なのか、大いに注目される動向である

## ４．日本人会の活動と会員数の伸び悩み

　日本人会も2003年には90周年を迎えた。戦後の再建（1953年）から50年である。

　1980年代後半から続くタイの高度成長期における日本人会の最大の出来事は、1987年、自前の会館取得である。ここにその経緯と、また最近の日本人会の活動を、90周年記念誌からまとめておく。

　本多忠勝（元会館移転検討委員長）の、80周年記念誌「泰国日本人会　会館取得まで」による報告概要は以下のとおりである。

　日本人会が1965年以来サートン路の旧会館を、当時、相場よりも倍額の家賃を払いながら、古い、汚いといわれても、20年余も身動き出来ず辛抱して来たのは、会費も安く、資金的に余裕がなかったからに他ならない。しかし、

当地に長期滞在する会員にとっては、なんとか安定した自前の会館を建設したいと考えるのも当然の話で、その願望を実現したいと、戦後再発足時から、建設資金の積み立て運動に参加している会員も多数おり、その念願は脈々としていき続けている状況にあった。1986年2月、度重なる家賃値上げ問題に端を発し、会館移転検討委員会を設置し、委員達の精力的な物件調査活動の結果、同年8月、理事会にて現在のサートンタニー第二ビル1階（723平方㍍）に決定した。当時は、日本などからの「投資ブーム」の直前で、不動産相場高騰の直前でもあったことも幸いし、総額1,700万バーツを、「賃借」でなく「購入」とし、半分を頭金として、残り半分を10年間の元利均等払いの契約とした。[174] 1987年8月、日タイ修好百周年の記念の年に、新館の開館式を催した。1991年、アナン内閣によって外国人区分所有の法律も施行され、未払い残高も支払い可能の財務状態になったため、1993年に残額を一括支払いして、所有権の移転登記を行った。

　日本人会の年間予算が、約650万バーツの当時、1,700万バーツの会館購入に踏み切れたのは、①決定のタイミングに恵まれ、②企業の賛助会費5年間前納（という形での実質的な寄付）での協力（800万バーツ）、③一般個人、企業からの目標額を上回る寄付（400万バーツ）、に加え④歴代会長を始め各委員の献身的な協力の結果であった、と本多氏は総括している。当時の日本人会幹部のまさに勇断であった。現会館は取得以来すでに20年を経て、周辺は金融機関が集中する一等地となった。しかし、日本人の主な居住地区からはやや離れており、利用面ではなにかと不便との声もある。この点が現在課題になっている。

　次に、最近の日本人会の活動を、2003年の90周年記念誌からまとめておく。現在の日本人会は、総務、会計、事業、厚生、文化、運動第一，同二部、教育、クラブ、婦人、青少年、会報、広報の13部からなる。運動部には、ゴルフ、テニスほか10部、文化部には句会、短歌会ほか13のサークルや同好会が主に会館を拠点に活動している。日本人会の主な行事は、春・秋日本人納骨堂慰霊祭、カンチャナブリ慰霊塔慰霊祭、チャリティー・バザー、文化祭、隔年ごとの日タイ交流ラムウォン盆踊り大会、などである。他所の日本人会に比べ恐らくユニークと思われるのは、青少年部の活動である。青少年部には、演劇、空手、剣道など13サークルあり、主に日本人学校の校舎

にて生徒を対象にボランティアの指導者と手伝いの父兄がサークル活動の指導を行っている。日本人学校の運営が、泰日協会に移管された現在、日本人会との絆の結び目になっている。

2004年には、バンコクの日本人社会の変化を示す一寸した異変が、この年の日本人会理事選挙にあった。従来日本人会の理事は、「永年のバンコク定住者」と「大企業の駐在員」の中からほとんど推薦に近い形で選出されていた。しかし、そのどちらにも属さない人達が大量に立候補したため、規定通りの選挙を行なうこととなった。選挙は会員の中で圧倒的に多数を占める駐在員組の意向が反映する結果とはなったが、日本人会の在り方に一石を投じる出来事となった。

この出来事を通じて、従来からの「定住者」「大企業駐在員」の区別では分けられない在留邦人が増加していることも明瞭に物語っている。また、企業の駐在員といっても、タイに留学して、乃至は日本から遊びに来てそのまま日系企業に「現地採用者」として就職する日本の若者が増加しており、企業駐在員の構成もまた複雑になってきた。

さらに、駐在員でも日本人会に入会しない人達が結構増加しているため、日本人会の会員数は、タイ進出ブームでピークになった1998年の9,488人を、通貨危機後未だに回復出来ず、9,391人（2006年2月）に留まっている。[175]

そのような事情も背景にあってか、第49代日本人会会長小野雅司は戦後始めての大企業の駐在代表者ではない会長である。前述した出来事を踏まえ、日本人会の活性化のために大変気を使った運営をしている。会長小野の『盤谷日本人商工会議所50年史』に寄せられた祝辞の中から注目すべき点を少し長くなるが引用しておく。「創立当初から10年前までは、商工会議所会頭と日本人会会長の両方を経験された方が7名もおられ、多くの代表者は双方の理事を兼任されてきた。それが本年度からは企業の代表者が商工会議所の理事を、代表以外の方が日本人会の理事を担当するよう役割分担を図る企業が増えて来ている。（中略）現在、設備の規模も会員の活動に十分とはいえない。週末も気軽に利用出来、より多くの会員の要望に応えられるような会館建設の検討を始めたところである。（中略）その施設を利用して日本人同士は勿論、タイの方との交流もし易くなり日タイ両国の相互親善といった幅広い面でも活用出来ると思う」[176] 駐在員達の意識の変化を踏まえ、日本人会の在

り方と日タイ親善の方向について示唆に富む発言である。
　さらに興味深い点を付記すれば、最近の日本人会の財政状況である。前述の『クルンテープ』2006年9月号の記事によると、日本人会の一般会計収支は、2005年度は赤字、2006年度は赤字幅がさらに拡大する見込みである。したがって、1983年以来23年間維持してきた月額100バーツの普通会員の会費は、50バーツ（50％）乃至100バーツ（100％）の値上げを迫られている。実はこの会費の問題は古くて新しい問題でもある。日本人会の収支は70年代、80年代は、毎年の諸物価の高騰分を、なんとか新規加入会員の増加で補って、収支トントンできた。そのため、諸物価の上昇が急であった1987年、1988年は赤字になったが、それ以降約10年間1997年の通貨危機まで「進出ブーム」のお蔭で、会員の増加による収入増加のペースが上回り、黒字基調で推移してきた。しかし、会員数は前述の通り、1998年（9,488人）をピークにして2000年（9,002人）まで減少し、漸くピークに近い9,391人（2006年）まで回復してきたところだが、その足取りは鈍い。その結果、2年連続して赤字になりそうな状況にある。たとえ今回値上げしても、最近のような会員の増加傾向では、数年でまた赤字に転落すると見込まれている。
　これだけ多様な日本人が増えている中で、日本人会のあり方が真剣に問われている。新会館の建設なども含めて、会員となるメリットを検討し、会員を増やす抜本的な方策が必要な時期に来ているようである。

## 5．日本人社会の拡大とJCCの社会貢献

　タイにおける日本人社会の拡大に合わせてタイ社会への貢献活動が一層重要な課題となり、JCCの活動も1990年代に入り質量共に充実してくる。もともと「日本人会は日タイ親善増進の主体となり、商工会議所はこれに協賛、協力するという役割分担にあった」と認識されてきたが、社会貢献に要する資金規模の大型化から、JCCが積極的に役割を担うようになる。[177]
　さらに日本からの投資、商品のオーバープレゼンスに対する過去2度の反日運動（1972年、1984年）を教訓にして、1989年にバンコクにおいて大使館、日本人会、JCCの3者から構成される「広報文化協議会」が設置され[178]官民協力して広報・文化交流を推進する体制が作られた。この「協議会」が、その後、大型の社会貢献活動推進の核となっていった。

1992年8月のシリキット王妃還暦祝賀行事[179]、及び1996年6月のプーミポン国王在位50周年祝賀行事[180]において、同協議会によって設置された実行委員会と共同で、祝賀行事費用として JCC は夫々 2,000万バーツを超える寄付金を集めることができ、盛大な祝賀行事を実施した。
　タイにおける人材育成面での協力も「日タイ合同貿易経済委員会」で常に議題となった項目である。90年代以降の具体的な貢献として次の2点が特筆される。JCC の創立40周年（1995年）記念行事として1994年に「JCC21世紀教育基金」を設置し、目標1億バーツとして翌年から募金活動を開始した。2000年に終了する「経団連スカラシップ」[181]を引き継ぎ、2001年から JCC 独自の奨学金の支給を目指した。実際には1年早く2000年度から支給を開始して今日に至っている[182]。現在1億2,500万バーツの基金を運用している。
　「日タイ合同貿易経済委員会」で、両国の協議のうえ、決められた案件としては、JCC が経団連と FTI（タイ工業連盟）、タマサート大学と協力し、1992年6月に機械・電気・化学の3学科からなる技術研修所（Technical Institute）を設立したことである[183]。後に5学科に増え、1996年4月には、王女の名前を冠した「シリントン国際工科大学」へと名称を変更し、翌1997年3月には第1回生80名が卒業している。2002年11月には、10周年記念式典を行っている。

## 6．通貨危機後の JCC の活動

　通貨危機後の JCC の活動は高度成長期の枠組みから大きく変わっていない。FTI-JCC ジョイントセミナー、FDC（食品開発）委員会、EDC（電気開発）委員会などによる人材育成、技術移転への取り組みは順調に進められており、1999年から開始された「タイ人経理担当者向簿記試験」は、2004年の第6回からは FTI（タイ工業連盟）の主催となり定着するなど、細かなところでも効果が出ている。GMS（Greater Mekong Subregion）委員会を柱とする[184]周辺諸国への開発協力、JFCCT（外国人商工会議所連合会）[185]を通じての在タイ外国商工会議所との連携によるタイ政府への政策提言など、引き続き歴代会頭の主要施策に織込まれ、実施されている。
　一方最近の JCC の活動で注目されている次の3点、すなわち「政策提言機関としての JCC」活動の定着、タイの社会構造変化に合せた社会貢献へ

の取り組み、日系中小企業への取り組み強化、について簡記する。

　第一の点であるが2例あげておく。1993年にJCC会頭自らが「JCCの活動と今後の日タイ関係」を「日タイ合同貿易経済委員会」に報告して以来、しばらくは、JCC調査部長による「タイ経済に対する日系企業の貢献度」[186]報告と並列して両者の報告が行われていたが、通貨危機以降は会頭の報告に集約され今日まで続いている。JCCが経団連及び日本商工会議所の一在外出先機関から、政策提言機関としてのJCCとして、会頭の報告が評価されてきたことのあらわれであろう。第二例は、日泰経済連携（EPA）協定へのJCCの取り組みである。2004年の会頭メッセージにおいても「会員企業の皆様のご意見を出来る限り当協定に反映させるべく努力して参りたい」と述べている。2005年においても第一の活動テーマとして「日タイFTA締結を先取りし、日タイ政府及び経済界間での連携強化、関係強化をさらに図ること」を掲げている。

　具体的な動きとしては、2003年7月、「第一回日タイ経済連携協定協議タスクフォース」が東京で開催されて以来、7回に亘る「日タイ経済連携交渉」を経てようやく、2005年8月、首相小泉純一郎と首相タクシンとの日タイ両国トップ会談で基本的合意に到達した。この問題が長引いた背景には農・水産製品を巡る日本政府の姿勢とタイ側での鉄鋼及び自動車部品、大型車の関税撤廃が大きく影響したが、日本側が冷凍エビを含む農水産品の関税引き下げと、タイ側が大型車（3000cc超）の関税の段階的引き下げを行なうことで合意に達した。

　この協定の特徴として、タイにおいて、自動車、鉄鋼、食品などの分野で技術協力事業を行なうことを織り込んだ点である。自動車の分野ではタイの「アジアのデトロイト」計画の実現に向け、日本政府及び日系企業の支援により人材育成プログラムを実施することになる。[187]タイ政府の現地日系企業へ寄せる期待は大変に大きいものがあり、現地を熟知しているJCCの提言の寄与は大きかったと想像される。こうした合意に達した日泰経済連携協定であるが、作業期間を見て2006年4月調印の予定であったが、タクシン政権の崩壊で延期されている。（2007年4月3日、東京に於いて両国首相により調印された。）

　第二点、タイの社会構造の変化に合せた社会貢献への取組みについては、

前項でも述べたので指摘に止める。「JCC21世紀教育基金」の奨学期プログラムが定着し、また創立50周年記念行事としての、バンコク都立老人介護センター拡充、JCCの各種人材育成プログラムの実施、など教育や福祉面においては前述したタイの社会構造の変化をよく吸収している。

　最後の「日系中小企業への取り組み」についてはむしろ遅きに逸した課題である。『盤谷日本人商工会議所案内（2005）』の「タイでの日系企業の現況（40頁）」によると、「JCC中小企業支援委員会が調査した結果、在タイ日系企業が、6,226社存在していることが判明」と明記されている。2005年3月のJCC加盟企業は1,234社であるから近年いかに多くの日系中小企業がタイに進出しているか理解出来る。また、本節4ですでに述べた通り、日本人会にも、商工会議所にも加入しない、こうした中小企業関係者がタイの日本人社会へも大きな影響を与えていることは注目される。[188]

　JCCは、2001年にH.P.を立ち上げ、中小企業への加入キャンペーンや会員企業への情報提供や事情聴取を開始した。これまでタイで事業展開してきた中小企業経営者で構成される「中小企業支援委員会」メンバーによる「経営相談」や「勉強会」も開催され、ようやく㈶海外職業訓練協会による「海外コンサルティング事業」も始まったという。[189] 現在、非常に高いレベルの技術を持つ中小企業も進出しており、そうした高度の技術も合弁条件や提携先企業との契約次第で法的に保護されないケースも起きていることがバンコクでも仄聞されている。JCCの中小企業支援活動が海外におけるモデルケースとして大きく期待されるゆえんである。

### 7．泰日経済技術振興協会による泰日工業大学の設立

　これまで日本人会と日本人商工会議所の歴史を中心に述べてきたが、最後に、やや範疇がずれるがタイの日本留学生OB達が運営してきた「泰日経済技術振興協会」[190]の活動について触れておきたい。同協会による日本の文化や技術の紹介普及活動は「日本の援助の中でもっとも見事な成果をあげた好例」[191]といっても過言でなく、今後の開発援助の在り方を考える好事例として紹介したい。

　バンコク、スクムウィット、ソイ29にある泰日経済技術振興協会（以下、TPAと略す）の校舎は、現地の日本人にとってはタイ語の、タイ人にとっ

ては日本語の学校として有名となり、大変多くの学生を育ててきた。設立は1973年で、TPAの日本側推進団体として前年の1972年、タイにおける反日機運を憂慮した日本政府の発意の下に社団法人日・タイ経済協力協会（JTECS)[192]の設立を受けたもので、両者が協力して事業を推進してきており2002年と2003年に夫々の団体で設立30周年を祝っている。

TPA設立に際しては、1973年当時大蔵副大臣ソンマイ・フントラクーンを中心に日本の留学生OBの有志によって「日本からは何の付帯条件・義務を伴わずタイの人達の自主性を尊重し、タイ社会への技術移転、人材育成に貢献する」[193]という、当時としては大変ユニークな条件が確認されている。1975年に本部会館がスクムウィットに完成し、日本語とタイ語の語学講座、日本語技術書のタイ語への翻訳、計測技術の実習訓練コース、計測機器校正事業など実学指向の極めて実践的な事業を展開し、利用者も増加した。1997年には、パタナカーン通りに近代的設備を持つ「技術振興センター」も完成した。2000年からは、日本品質保証機構と共同でタイ国内でのISO審査事業や、タイ工業省からの委託で「中小企業診断士育成事業」に取り組んでいる。「シンダン」という言葉が、タイの中小企業に定着しつつある。

タイの工業化の基盤を支えるのに大きな功績を残した当協会の事業成功の要因は、タイ人の自主運営に加え、「日本留学から帰った優秀な人材達がしっかり受皿体制をつくっておいてくれたお蔭だ」[194]と関係者は述べている。

このTPAが現在、泰日工業大学の設立に取り組んでいる。大学の設立はもともとTPA創立の時からの目標で、TPAの趣意書によれば、「技術単科大学」とし、「日本語教育を重点的に実施し」「自動車技術を重視」し「バンコク日系企業とWIN-WINな関係により」、優秀な実践的エンジニアで将来日系企業において活躍できる人材を育成するのが目的である。産学連携による日本式のモノづくり型実践教育により、単なる職業訓練校ではなく、知識と経験の蓄積と伝承を組織的に行なう大学を目標にしている。

当初予算約5億バーツとしてTPAが負担し、既にバンコク近郊に用地を取得し、校舎建設が進んでいる。今後の運営資金は銀行からの長期ローンを予定している。TPAは、これまでその運営資金を全て日本からの援助に頼ることなく、日本語学校、技術研修事業等で適切な学費を徴収してきたため、財政的にも余裕があり独立指向が強く、自己資金を十分用意していると

ころが特色である。

2006年9月、タイの教育省から大学認可を取得、2007年6月開校の予定である。当初の学部は工学部「自動車工学科」、情報学部「情報技術学科」、経営管理学部「工場経営管理学科」の3学部で大学院「経営管理研究科」も併設する。学生は初年度450名、次年度から生産工学科、コンピュータ工学科、人材開発管理学科を設置し、将来（2011年）は約4,000名を計画している。

目下、在タイ日系企業に大学運営にかかわる各種協力を呼びかけており、JCCも泰日工業大学委員会を新設し奨学金の募集や、研修機材の提供など積極的な応援を行なっている。[195]

東南アジア最大の自動車製造拠点タイの将来を見越し、自動車産業を支える技術者の育成を産学共同で目指すという計画に向かって、泰日工業大学プロジェクト委員長（TPA前会長）スポンは、奔走中である。[196]

## おわりに

最後にまとめに代え、現在抱えている日タイ経済交流上の問題点を3点指摘し、日本人会や日本人商工会議所の将来像を考える本稿の締めくくりと致したい。

第一に、どのような形にせよ戦後三回目の反日運動の起きる心配はないのか、という点である。

戦後1972年と1984年の2度にわたり、対日貿易収支の大幅な悪化と日本商品の市場氾濫により、対日感情が極端に悪化する時期を迎えた。ところで現在のタイを見ると、経済のグローバル化といった環境変化もあるが、ヒト、モノ、カネ、即ち日本人、日本商品、日本資本、の氾濫の状況は過去2度を遥かに超えるオーバープレゼンスの状況にあるとも言える。特に、ヒトの交流が過去に比べて格段の進展を見せたことは、多くの識者の指摘するところである。[197] しかし、そうした現在、反日の気配が見当たらないのは何故なのか、大変興味のあるところである。その理由の一つとして、タイも経済成長の経験から、「貿易収支の改善は一国との貿易収支の問題だけでは解決しない」ということが理解されてきたとも考えられる。また、近年タイにおける日本の技術移転や人材育成が時宜を得て適切であり、この点が多くのタイの人々

に受け入れられている、という考え方もあろう。さらに別の角度から、末廣昭が近著『進化する多国籍企業』で述べているような「ジャパン・ナッシング」論すなわち、タイにおいても「日本のプレゼンスが確実に低下し、日本のイニシアティブを必ずしも必要としない地域協力構想が、部分的であれ、動きはじめていることも、また否定することの出来ない事実なのである」[198]という見方の延長で、現在の日タイ関係の状況を捉えることも出来よう。さらに言えば、モノ、カネ、だけでなく顔の見えるヒトの交流の活発化は何らかの「化学変化」を生み出しているのかもしれない。

　いずれにしろ、日本としては、現状の平穏、即ち表面の数字とはかけ離れた「影の薄さ」による平穏に甘んじていてよいのか、今後注目を要する点である。

　第二に、首相タクシンが日本に求めた、経済開発における「パートナーシップ」についてである。この点については、日本においても、タイの現地においても、未だ確たる方向感が出ていないのが残念である。このことは、末廣昭のいう「ジャパン・ナッシング」論とも関係していることで、「影の薄さ」が悪い方に転じては困るのである。ここでは問題点の指摘に止めたい。

　第三は、「タイも変わったが、日本も変わり」多種多様な日本の中小企業がタイ進出している。この点に対する、JCCをはじめ各種政府機関の対応の強化に関してである。すでに本文でも述べたとおり、JCCにおいても、会員への取り込みや情報支援など取り組みを強化しているが、特に「知的資産」の保護・防衛については、中小企業においては十分なノウハウがないだけに、今後一段の活動強化が必要とされ、JCCの動向が注目されるところである。

　最後にこれらの諸問題に対して、日本側の明確な戦略が定まらず、JCCをはじめ現地でも様々な活発な交流の取り組みが行われているなかで、前述の日本留学生OBによる泰日工業大学の設立プランが非常に良いヒントになることを指摘しておきたい。TPAによる技術移転は世界中でタイだけの非常にユニークな成果である。TPAを通じての日本とタイとの関係が大変にうまく行ったその成功の要因の中に、今後の両国の発展的な友好関係を築き上げる鍵があるように思える。その意味でも、製造現場を重視し、日タイ技術交流を現場で支えてきた同協会による新大学の成功を心より祈る次第であ

る。

**注**

1） 国名の表記については、1939年迄「シャム」であったが、特定の団体名以外は「タイ」で統一した。戦後一時期「シャム」に戻した時期があるが、同様の扱いとした。
2） 日本人会の設立当初名は「暹羅（シャム）国日本人会」、戦後の再発足時の団体名は「タイ国日本人会」である。
3） バンコク日本人商工会議所の正式名称である。
4） 正式名称は「盤谷日本尋常小学校」である。
5） 正式名称は「在タイ日本国大使館付属日本語講習会」である。
6） 末廣昭「日本・タイ経済交流史―30年の歩み」281頁（盤谷日本人商工会議所、『タイ経済社会の歩みとともに―盤谷日本人商工会議所30年史―』1987年）。
7） 前掲「日本・タイ経済交流史―30年の歩み」、281頁
8） 小野雅司「タイ国日本人会創立九十周年に当たって」（タイ国日本人会『クルンテープ』タイ国日本人会90周年記念特別号、2003年）。
9） 赤木攻「『天使の都』に浮遊する日本人」（『アジア遊学』No57、勉誠出版、2003年11月）。
10） 戦後のタイは事実上、英軍の占領下に置かれたのみならず、連合国との条約・協定によっても様々な制約を加えられた。とりわけ、在タイ日本人及び日本資産の扱いを含む、対日関係について、最終的な決定権を有したのは連合国、なかでもタイに進駐した英軍および在タイの英米公館であった（村嶋英治「日タイ関係1945-1952―在タイ日本人及び在タイ日本資産の戦後処理を中心として―」（『アジア太平洋討究』、創刊号、141頁、2000年1月。以下「日タイ関係1945-1952」という）。

「イギリスはタイでの自国権益が大きく損失した為、容易に（対米英宣戦布告の無効を―筆者注）認めず、タイに米150万トンの贈与、125万ポンドで泰緬鉄道の買い取りなど求め、ようやく1946年1月1日の協定で戦争状態を終結させた。（吉川利治「第2次世界大戦とタイの対応」綾部恒夫・林行夫編著『タイを知るための60章』、明石書房、40頁、2003年）。

なお「125万ポンドでの泰緬鉄道の買い取り」の経緯は以下の通り。日本軍が戦時中英領マラヤやその他占領地の複線部分の鉄道を単線とし、取りはずしたレールやその他の資材を持ち込んで泰緬鉄道を建設したため、英国はそれらの資材の原位置への返還を要求した。タイはビルマ領内の部分の撤去には同意し、タイ領内160キロ部分は120万ポンドでの買収で決着した（西野順治郎『新版増補日・タ

イ400年史』、時事通信社、195頁、1984年、下線は筆者による)。しかしながら、「複線部分の鉄道を単線とした」との西野順治郎の記述については、マレー鉄道は、もともと東線(シャム湾側)と西線(マラッカ海峡側)があり、日本軍は東線のレール及び機材を撤去し、タイ国に運び泰緬鉄道を建設した、と理解すべきである。詳しくは、太田弘毅「日本占領下のマラヤにおける鉄道運営事情」(明石陽至編著『日本占領下のマラヤ・シンガポール』岩波書店、2001年)を参照願いたい。

11) 小泉康一『躍進するタイ国』財団法人日本タイ協会、1979年、44頁。なお吉川利治「第2次世界大戦とタイの対応」(2003年、40頁)によると、18万7,440名と述べられている。

12) 外務省アジア局第4課『タイ国政治経済事情』、1955年7月、174頁。

13) 「敗戦国」にならないための方策ではあったが、「特別円」に関して日本への交渉力を弱める結果になった。この結果、「特別円」については、タイ側の不手際もあり、第一次協定1955年を経て第二次協定1962年まで解決が長びいた(前掲「日タイ関係1945-1952」145頁)。

14) 9月8日、タイはセイロンにて、東南アジア総司令官マウントバッテンとの間で4項からなる「暫定軍事協定」を結ぶ。その第2項に、敵国人たる日本人とドイツ人の処理方針を定めた(前掲「日タイ関係1945-1952」145頁)。

15) 「連合国に対する敵国人の抑留および事業・資産管理法」(「日タイ関係1945-1952」、146頁)。

16) 前掲「日タイ関係1945-1952」、146頁。

17) 小野雅司「タイ国日本人会創立九十周年に当たって」2003年、前掲『新版増補日・タイ400年史』など多くの本は「126名」としているが、本稿は、前掲「日タイ関係1945-1952」(152頁)に従い146名とした。

18) タイ方面軍やビルマ方面軍からの離脱者、または収容所からの逃走者など約1,000名程度が非合法的にタイに残留した者と推測される。タイ政府はこれを黙認した。これらの人の多くは地方に住み、タイ人の家族を持ち、タイ人の社会にとけこんでいったようである(前掲『新版増補日・タイ400年史』189頁)。最後まで残留を希望した人で結局認められず帰国したのは11月であった(赤木攻『タイの永住日本人』1992年、139頁)。6月の引き揚げ船「辰日丸」、在邦人約3,000人乗船、タイ内務省は各人に「米と砂糖」を手交(安藤浩『日本タイ関係年表』2002年、32頁、NGOボランティア・グループ「コープクン・マーク」)。

19) 前掲「日タイ関係1945-1952」155頁。

20) 2006年9月、筆者による小野雅司氏、日高龍雄氏とのインタビューによる。

21) 最近の調査によって、1936年7月号の『暹羅国日本人会会報』及び同時期の『暹羅日本商工会議所会報』の若干部数が、財団法人日本タイ協会に保存されていることが判明した。

22) 前掲「日タイ関係1945-1952」162頁。
23) 同前、146-152頁。
24) 同前、153頁。
25) 業種別では、鉄鋼・機械12社、縫製業2社、繊維9社、皮革6社、化学16社、食品10社その他17社計72社である。当然ながら、多数のタイ人労働者を雇用していた（前掲「日タイ関係1945-1952」153頁）。
26) 大蔵省管理局「戦争末期に於ける暹羅国内の日本経済活動状態（1945年8月現在）」116頁第36表（『日本人の海外活動に関する歴史的調査・各論・仏印暹羅編』）。
27) 戦後のインフレやタイの社会・経済構造の変化を考えると、終戦時の「特別円」の残高約15億バーツを現在価値に引きなおすことは難しい。そこで、開戦直後の1941年、1942年のタイの国家予算（歳出）規模は、それぞれ1億9千8百万バーツ、2億バーツであったので、当時のタイの国家予算の7～8年分であったことを指摘しておく（アジア協会編『東南アジア政治経済総覧（上）』ダイアモンド社、1957年、651頁）。
28) 設立は1946年9月16日公布の「連合国に対する敵国人の抑留および事業・資産管理法」による。10月2日発足（前掲『日本タイ関係年表』31頁）。
29) なお、1951年9月のサンフランシスコ平和条約（タイは日本との参戦国ではないので招集されず）において、連合国の日本資産処分方法が定められ、差し押えられた在タイ日本資産は日本に選択権を有するとされた。即ち対価の支払いで日本資産は引き渡しをうけ、旧持主に配分できるとされた。この条項に基づいて、日本は事前にタイ政府に処分の留保を申入れていただけに、その後この問題は両国の争点となった（前掲「日タイ関係1945-1952」152-160頁）。
30) 「輸出に占めるコメの割合は、1940年代も70-80%であった」。若松篤「第5章 タイ」（渡辺利夫編『アジア経済読本（第3版）』、東洋経済新報社、2003年、105頁）。
31) 末廣昭「経済」（石井米雄・吉川利治編集『タイの事典』、同朋舎出版、1993年、15頁）。
32) ピブーンは1932年以降、約12回にわたり国家信条（ラッタニョム）を公布し、法的に整備した。その主なものは、シャムからタイへの国号の変更、タイ語を国語とする国民形成（華僑学校の禁止、タイ語の義務教育化、タイ語による簿記帳票、外国語看板への重課税）、外国人（主に華僑）の入国制限、外国人の職業制限、鉱業権・チーク伐採権の外国企業からの回復、服装の欧米化、国産品の愛用など広範囲に亘った（市川健二郎「ピブーンソンクラーム」前掲『タイの事典』、前掲『新版増補日・タイ400年史』88-92頁、および村嶋英治『ピブーン』、岩波書店、1996年、228-229頁）。
33) 前掲『新版増補日・タイ400年史』205頁。なお本稿では、タイの終戦処理の背景にある「自由タイ」運動については省略する。

34) 詳しくは、恒石隆雄『タイ工業化と国営企業―産業インフラの形成と民営化の展開―』（バンコク日本人商工会議所、1989年）を参照願いたい。
35) 「ナショナリズム経済政策の目ざしたものは、完璧には実現しなかった。だが、タイの経済構造には影響をもたらした。その影響は、商人と官僚が協力して利益を追求する構造に現れている。この現象から新しい資本家のことを「貴族資本家」（もしくは官僚資本家）と呼ぶようになった」（柿崎千代訳『タイの歴史―タイ高校社会科教科書』明石書房、2002年、107頁）。
36) 実際の残留人員は107名であったという（前掲「タイ国日本人会創立九十周年に当たって」8頁）。
37) 1951年3月、日本政府在外事務所をバンコクに開設、1952年4月同事務所が大使館に昇格した。
38) 「革命中国の否定は、当然ながら戦後日本にとって最大の販路であった中国市場の喪失を意味し、そのことは東南アジアの存在を戦前以上に決定的なものにした」（前掲「日本・タイ経済交流史―30年の歩み」124頁）。
39) 家族の渡タイは1948年である（前掲「タイ国日本人会創立九十周年に当たって」9頁）。また、川辺純子「チャオプラヤット河の流れとともに」（第1回）（盤谷日本人商工会議所、『所報』2003年1月号、43頁。以下「チャオプラヤット河の流れとともに」という）によれば、同年「タイ政府が200名の日本人にタイでの居住許可を与えた」とある。なお、「チャオプラヤット河の流れとともに」は、盤谷日本人商工会議所『タイ経済社会の半世紀とともに―盤谷日本人商工会議所50年史』に「盤谷日本人商工会議所50年の歩み」として収録されている。
40) 連合軍総司令部が関係するのは当時日本が占領下にあったため。初年度の目標では、輸出入各3,000万ドル、日本側輸入の最大商品はタイ米30万トン、日本からの主要輸出商品は、鉄道車両、繊維、雑貨であった（前掲『新版増補日・タイ400年史』208頁）。
41) 日本タイ協会に残っている、プラ・サラサス（当時タイ調達庁長官）とタイ室長との交換文書（1949年7月―1950年12月）によると、貿易品目、条件などについて、当時既に相当活発なやりとりがなされていたことが窺われる。なお、日本の子供たちの強い要望で、タイ調達庁経由で、1949年9月及び1950年8月、2度にわたりタイの子象を輸入している。当時の貿易の状況を知る貴重なエピソードである。
42) 商社の進出は、1951年第一物産、1952年東洋棉花、伊藤忠商事、丸紅などである。
43) 帝国銀行は、1954年に戦前の行名である三井銀行に、行名復帰した。なお戦前進出していた横浜正金銀行の後継銀行である東京銀行は、1952年駐在事務所を開設した。タイ側が一国一行主義をとったため支店昇格は、10年後の1962年になった。

44) 日本人納骨堂は、ワット・リャップ寺境内にある。1934年日本人会の有志の人々により建立され、御本尊釈迦如来像は、1936年に名古屋、日泰寺よりご招来いただいた。戦時中においては、米軍の爆撃によりワット・リャップ寺の堂塔ことごとく灰燼と化したが、日本人納骨堂は天井部が破損しただけで直ぐに修理され、その後数回の修復工事を経て現在に至っている。戦前から、高野山真言宗の僧侶が駐在し管理している。1993年現在、約480柱の方々が納骨されている（長原敬峰「納骨堂について」（前掲『クルンテープ』80周年記念特別号、1993年12月）、加門知龍「日本人納骨堂便り」（前掲『クルンテープ』80周年記念特別号））。

45) 瀧川虎若「懇和会」（前掲『クルンテープ』70周年記念特別号、1984年3月、80頁）。

46) 前掲「タイ国日本人会創立九十周年に当たって」9頁。但し、前掲「チャオプラヤット河の流れとともに」（第1回）43頁によると、「1953年4月10日、当時サートン路にあった（旧）大使館邸で、63名の在留日本人が参加して日本人会発足式が行われた」とある。また、安藤浩『日本タイ関係年表』、2002年、33頁によると、5月25日「日本人クラブ」発足、としている。

47) 日本人会はその歴史を戦前から通算して、記念事業を行い、会長も通算して就任順を定めている。この点は日本人商工会議所、日本人学校と異なっている。

48) 前掲「タイ国日本人会創立九十周年に当たって」9頁によると、本人以前の出身者は以下の26名で、会社別には「再発足初期の日本人会会長は三井銀行出身の方が3名、その後は三井物産5名、丸紅4名、三菱商事2名、伊藤忠2名、トーメン2名など商社のほうが圧倒的に多く、次いでトヨタ自動車3名、東レ、川崎汽船、日本航空、大丸、博報堂が各1名という経緯であった」。因みに第49代会長小野雅司は自営業（繊維卸商）である。

49) 赤木攻『タイの永住日本人』（1992年、174-175頁）によると、「タイの日本人会の歴代の会長を見てみても、戦前においては医師や学者や自営業者も選出されているのに対して、戦後はすべて、大会社の駐在員が選出されている。（中略）日本人会の財政を支えるのは『駐在日本人』が圧倒的な数を占める会員の会費であり、しかもなんらかの巨額の特別出費を伴う事業を行う場合に頼らざるを得ないのは、『駐在員日本人』の所属している企業の寄付である」。

50) 「芽から幹へ幹から葉へ―歴代役員OB座談会―」、前掲『タイ経済社会の歩みとともに―盤谷日本人商工会議所30年史―』54-79頁。安田靖「盤谷日本人商工会議所ことはじめ―8冊のノートの語るもの―」、前掲『タイ経済社会の歩みとともに―盤谷日本人商工会議所30年史―』44-53頁。

51) 「タイ米価格は『タイ政府がコストと同額のプレミアムをとるために』高価であり、（1955年以降、日本の）タイ米輸入も次第に減少してきたようである」（前掲「盤谷日本人商工会議所ことはじめ―8冊のノートの語るもの―」47頁）。商社に

とって、大使館→通産省→食糧庁のラインでの日本政府への米の買付けの陳情が
重要な仕事であった。
52) 設立年不詳。タイ政府に何を頼みに行っても「メダイ」といって断られること
から、名付けたという。「メダイ」は「出来ない」を意味する、タイ語「マイダイ」
の口語表現。
53) 設立、1954年4月26日、会員数28社、初代会長、東洋棉花、塩澤定雄。
54) 大峡一男の発言。前掲「芽から幹へ幹から葉へ—歴代役員OB座談会—」56頁。
55) 参加30社中、商社以外は、東京銀行（駐在員事務所）、日本郵船、大阪商船、三
井銀行（支店）である。
56) その後、一時ジェトロの借り上げたビルに同居した後、1963年にJCCは、日本
から専任の事務局長を迎えたため、日本人会との共同事務所を分離した。1965年
に、多くの旧駐在員に馴染み深いサートンに両者とも移転した。日本人会、JCC、
ジェトロの親密な関係を物語る経緯である。
57) 前掲「盤谷日本人商工会議所ことはじめ—8冊のノートの語るもの—」48頁。
58) 「当時日本大使館は、サーラーデーン路の、元総理ポット・サラシンの私邸を借
り受けており、その庭隅にあった小さな木造家屋を学校として私用された」（西野
順治郎「泰日協会学校新校舎建設までの経緯」、前掲『クルンテープ』タイ国日本
人会70周年記念特別号、1983年12月、96頁）。
59) 幼稚園児14名、小学生13名、中学生1名である。教員は4名。児童の家庭環境
は資料が残っていない。
60) タイ政府から正式認可がもらえなかった。正式の認可取得は1974（昭和49）年
7月で12年後である。
61) 大峡一男「日本人会小史・戦後(1)」（前掲『クルンテープ』タイ国日本人会70周
年記念特別号、48頁）。なお、大峡は1961年～1967年まで、第28代日本人会会長を
歴任した。丸紅出身。
62) 泰日協会学校、H.P.、2005年10月。
63) 大峡一男「会長時代の思い出」（前掲『クルンテープ』61頁）。
64) 前掲「日本人会小史・戦後(1)」50頁。
65) 前掲「会長時代の思い出」61頁。泰日協会学校、H.P.、2006年10月によると「昭
和47年学校運営委員会設置」とあるが、本稿では大峡の回想録によった。
66) 大峡一男によれば、募金目標額5千万円、日本内地におけるタイ進出親会社を
中心に募金活動を行う。日本タイ協会が協力し、関係省庁への陳情に奔走し、親
会社も協力した結果である（前掲「日本人会小史・戦後(1)」48頁）。
67) 1971年には、タイ政府の側から国産品愛用運動、また学生の間には「反日クラ
ブ」が結成され、翌1972年11月にタイ全国学生センター（NSCT）が、野口ジムや
大丸百貨店を対象にデモを行い、大規模な「日本製品の不買運動」を展開した。

68) 安富秀夫「バンコク日本人学校小史（ここ10年）」（前掲『クルンテープ』36頁）。
69) 当初、日本人会を設置者として認可取得を考えたが、外国法人は学校設置を認められなかったため、泰日協会（1935年設立）を母体機関とした。また、当時タイでは、「華僑学校を始め第三国の特殊学校の設立を認めない方針をとっていたので、その見通しは必ずしも楽観出来なかった」（前掲「泰日協会学校新校舎建設までの経緯」96頁）。
70) 前掲「泰日協会学校新校舎建設までの経緯」96頁。
71) 泰日協会学校、H.P.、2005年10月。
72) この結果、「学校の運営管理は泰日協会学校理事会が責任と権限を持ち、校内の総括責任者は日本の文部科学省派遣校長が持つ。タイ国行政機関との連絡・調整・諸手続き等にはタイ人のマネージャーが当たる」という職務分担になった（泰日協会学校、H.P.、2006年10月）。
73) 1983年、学校敷地の借地期限到来問題が背景にあった。
74) 募金活動に際して、日本人商工会議所の中に「日本人学校建設資金募金委員会」が設置され（1979年）、タイ進出企業の「資本金」「駐在員数」「就学児童生徒数」を基準に寄付依頼額を算定し、日本政府の指定募金の許可を取得、1981年5月から1983年5月まで続けられた。協力企業は203社であった（前掲「泰日協会学校新校舎建設までの経緯」97頁、及び泰日協会学校『校舎建設の歩み』1983年12月）。
75) 泰日協会学校、H.P.、2005年10月。
76) 1942年5月2日付、大蔵省間協定覚書。
77) 軍費総額は約14億4,800万円で、この他僅かではあるが、日タイ間の通常貿易の決済分をも含む。タイ側の要請で金売却により決済した金額は総額約21.8トン（1億1,400万円）と僅かであった（村嶋英治「日タイ同盟下の軍費交渉1941年〜1944年」（『東南アジア―歴史と文化』第21号、1992年6月、35頁）、及びナワポン・ハイパイブーン「日タイ間の特別円問題」、2005年、未公刊）。

　タイは特別円による通貨（バーツ）の増発により、インフレを招くことになり、戦後の返還交渉を複雑にした。特別円の現在価値への引き直しは「注27」を参照願いたい。

（参考）通貨流通高及び卸売物価並生計費指数（タイランド銀行）

| 年次（年） | 1938 | 1941 | 1947 | 1950 |  |
|---|---|---|---|---|---|
| 通貨流通高 | 145 | 297 | 2,107 | 3,277 | （単位百万バーツ） |
| 卸売物価指数 | 7.4 | --- | 108 | 100 | （1950＝100） |
| 生計費指数 | 8.3 | --- | 101 | 100 | （1950＝100） |

出所：外務省アジア局第4課、『タイ国政治経済事情』（亜四資料第70号）1955年7月。

78) 終戦時の日銀における貸方残高は15億205万3,065円55銭である。この中に、金売

却未送金分4,400万円を含む。その他金塊未引渡分572kgがあった。
79) ナラティップ・ポーンプラパン殿下（本名：ワンワイタヤコーン・ウォーラワン）1891年－1966年。ラーマ4世の孫。
80) (a)特別円残高15億200万円－金売却未実行分4,400万円＝14億5,800万円→(a)（1バーツ＝1円とした）。
(b)金売却返済未実行分4,400万円を1ｇにつき4円80銭で純金の重さに戻し、当時（1955年）の金公定価格1ｇにつき405円で円に換算し、37億1,200万円とした→(b)（金売却未実行分を現在価格に戻す）。
(c)金塊未引渡分572kg、2億3,200万円→(c)（金売却未実行分を現在価格に戻す）。
(a)＋(b)＋(c)＝54億2百万円。
81) 第2条の原文。
Japan agrees to Thailand, as a measure for economic co-operation and subject to such term, conditions and modality as may be agreed upon, capital goods of Japan and services of Japanese people in the form of investments and credits up to the amount of nine billion six hundred million yen.
82) 前掲「日タイ間の特別円問題」による。近時公開の日本側外交公文書による経緯の解明は進んでいるが、タイ側の事情はいずれ外交公文書の公開を待つものである。
83) 協定を直接担当した外相ナラティップが、サリット内閣の副首相に転じたことも背景にある。
84) タイの経済史では、「ナショナリズム体制下の経済の時代（1932年～1957年）」、「国家経済開発計画の時代（1958年～現在）」と大別されることが多い（柿崎千代訳『タイの歴史―タイ高校社会科教科書』明石書房、2002年3月、104頁）。
85) 具体的な使途は「国防省被服工場、ナムプン発電所、国鉄車両および資材購入、タイ・マリタム国営船会社の船舶建造等に使用されたが、1970年5月で全額返済を完了した時において、なお30億円余の未使用分があった。よってタイ政府はその残額を興業基金（IFCT）に委譲し、産業投資奨励法を適用された民間企業の日本からの機械や資材の買い付けにも使用させることにした」（前掲『新版増補日・タイ400年史』212頁）。
86) 1957年7月～1958年7月。「サリットは世界銀行のレポートに沿った改革を行うことによって世界銀行・IMFおよび米国の援助を確実なものにしようとした」（池本幸夫「第6章、タイ」、原洋之介編『新版アジア経済論』、NTT出版、2001年、242頁）。
87) 前掲「経済」15頁。
88) その後、「第2次国家経済社会開発5ヶ年計画」と改称され、現在2001年10月から第9次計画が実施されている。

89) タイは、1962年に、競合する完成品の輸入関税の大幅引き上げを計っており、「市場指向と言っても、関税障壁を設けて輸入代替化は行っていたのであり、すべての面で政府は介入を止めたのではない」（前掲「第6章、タイ」242頁）。
90) 同前、244頁。
91) BOIの資料によると、BOI認可企業の1960年—1972年末迄の外国資本の登録資本金累計額27億5,000万バーツのうち、日本は9億6,500万バーツ（37.5％）で2位台湾4億400万バーツを圧倒的に引き離しているが、直接投資全般ではアメリカに次いで第2位である（前掲「日本・タイ経済交流史—30年の歩み」150頁）。
92) 前掲「日本・タイ経済交流史—30年の歩み」159頁。具体的には、自動車のサイアム・モーターズ、日用品のSPI、繊維のスクリー、サハ・ユニオン、肥料のメトロ、化学のスリフェンフンなど、この時期の創業が多い。
93) 英文名称を'Japanese Chamber of Commerce, Bangkok'とした。なお、この頃より、内部資料などでも「会長」でなく「会頭」を使用している。
94) 『所報』は初代事務局長森井により1963年に『月報』として開始され、1968年に『所報』に改称された。
95) 輸出農産物として、米以外にも、天然ゴム、タピオカ、トウモロコシ、サトウキビが新たに導入され、これらの輸出増加は、一方では輸入代替型工業（繊維、自動車、鉄鋼2次製品、化学肥料）に対し拡大する国内市場を提供するとともに、他方では同産業が必要とする資本財・中間財の輸入資金＝外貨を獲得した。
96) 前掲「経済」16頁。
97) 1969年〜1972年まで、4回にわたり自由化措置がとられる。
98) タイの繊維産業は1960年代に輸入代替型産業として出発、70年代に急速に国際競争力をつけ70年代後半にはテキスタイル、80年代に入りアパレル製品が主要輸出品となり、1985年には「米」を抜いて、タイ輸出品のトップになった。
99) 「10月14日政変」とも、また学生運動がその直接的発端であったことから、軍事体制の崩壊からサンヤー内閣成立に至る政治変動過程を「学生革命」と呼ぶことがある。中心となったのは、タイ全国学生センター（NSCT, National Student Center of Thailand）である。1965年設立、1970年2月各大学の学生自治会の連合体に改組された。「対日批判」から始まった学生運動が、1973年半ば以降、軍事政権批判へと急旋回をとげ、軍事政権を倒すこととなる。
100) 主に「キックボクシング」の野口ジム、大丸百貨店などがデモの対象とされた。
101) 外国人企業規制法による規制業種。（第1種）9業種 新聞、ラジオ、TV放送事業。稲作、畑作、園芸。家畜の飼育。土地の売買等。（第2種）13業種 武器の製造販売。国内輸送。タイ国の芸術品、工芸品の取引。（第3種）21業種 精米、製粉。法律サービス。仲買人、代理業。観光業。飲食店経営等。
102) 外国人職業規制法による規制業種。農業、畜産業、林業、漁業、乗り物（国際

線航空機操縦を除く）運転手、宝石研磨・加工。理髪、美容。漆器製作。寝台、家具製作。タイシルク手工芸。観光ガイド。事務員、秘書等計39業種。
103) 前掲「チャオプラヤット河の流れとともに」（第4回）2003年4月、107頁。日系報道機関は1970年にはわずか4社であったが、1972年には8社、1975年のサイゴン陥落後、バンコクが東南アジアにおける報道のセンターとなり、1976年には、ほぼ全ての報道機関が出揃った。
104) 前掲「チャオプラヤット河の流れとともに」（第4回）105-106頁。
105) 田口連三（石川島播磨重工業会長）は経団連経済協力委員会委員長。
106) 日本側は、経団連及び日本商工会議所が共同で委員会を設置、タイ側は、BOI、タイ工業協会（現在のタイ工業連盟）、タイ銀行協会の3者で委員会を設置した。原則年1回開催し、現在に至っている。輸出ターゲットは、専門家委員会で協議することとなった。しかし、1980年代の半ばから重要なテーマではなくなった。
107) The Association of Thai Industries（ATI）、1967年設立。1987年法律の制定により、The Federation of Thai Industries に改編、強化された。
108) 2006年10月、筆者の同氏とのインタビューによる。
109) 1970年代が政治変動に揺れながらも、相対的に高い成長を維持出来たのは、コメ、タピオカ、砂糖などの一次産品価格の高騰のお蔭である。
110) 1980年の世銀調査団の勧告に従い、政府は緊縮財政に転換、1982年に世銀からの構造調整融資を受け、経済の建て直しに努める。その一方で、1980年からの東部臨海重化学工業化計画による財政支出が増加したため、1980年代半ばに、貿易赤字、財政赤字、対外債務累積のトリプル危機になった。なお、東部臨海重化学工業化計画は、1985年に一旦延期され、1987年に再開された。
111) ここで、タイの外国為替政策についてまとめておく。タイバーツは、1978年3月8日米ドルとの固定レート（1ドル＝20.80バーツ）を廃止し、バスケット方式へ移行した。当初1ドル＝19.80バーツであった。しかし同年11月1日、為替平衡基金（EEF）と商業銀行の代表者が毎日の米ドルレートを決める、日次公定相場制に変更した。しかし、80年代初めのドル高に対し、1981年7月、米ドルペッグ制に戻し実質8.7％切り下げて1ドル＝23バーツとした。さらに1984年11月5日、1ドル＝27バーツに大幅切り下げ（17.4％）を行い、通貨バスケット制に再び戻した。バスケットの構成においてもドルとの連動を高めた（おおむね80〜85％）。このため外国資金（ドル）の流入を促進させることになったが、一方では短期且つ流動的資金の流出入を容易にするという弊害・問題点があらわれた。そして90年代に入ると投機筋の通貨攻撃を受け、当局の「バーツ防衛」も失敗した結果「通貨危機」に陥り、1997年7月2日管理変動相場制に変更された。
112) 1979年7月、1980年2月の2度にわたる石油製品の大幅値上に対し、労働者に

よるデモが政権を揺さぶることとなった。
113)　1977年9月首相ターニン、1979年11月首相クリアンサック、1980年7月首相プレームが訪日、いずれも積極的な投資誘致活動を行う。
114)　1982年4月外国企業規制緩和、同9月新輸出促進政策を実施した。
115)　1975年のサイゴン陥落以降、周辺諸国の共産化で「ドミノ危機」を懸念して外国からの投資が低迷していたが、政治の安定による投資の回復も大きく寄与している。
116)　タイ銀行協会（TBA）、タイ工業協会（ATI、1987年タイ工業連盟（FTI）に改編される）、タイ商工会議所（CCT）など。また各国の商工会議所の意見も聴取した。
117)　「経済問題解決のための政府、民間連絡調整委員会（通称、コー・ロー・オー）」を1981年6月に設置し、彼の在任期間中に、計143件の議題について協議と調整を行った（末廣昭『タイ・開発と民主主義』岩波書店、1993年9月、100頁）。
118)　1984年の対日貿易赤字は15億9,400万ドル、タイの赤字の61％を占めた。また、この5年間の対日赤字の伸び率は年30％に達する。
119)　前掲「日本・タイ経済交流史—30年の歩み」160頁。
120)　1985年1月、経済閣僚会議の諮問機関として「タイ日本経済関係の改善を検討する小委員会」を設立、委員長は副首相ピチャイ・ラッタグンが就任。この小委員会が、NESDB（国家経済社会開発庁）と共同して、本白書を起草した。正式な名称は「タイと日本の経済関係構造の改善に関する白書」である。
121)　前掲「日本・タイ経済交流史—30年の歩み」161頁。
122)　同前。
123)　1977年から1985年の間にJCCがタイ政府等へ行った提言活動は税制、移民法、自動車国産化、など多方面に及び合計16件であった（前掲「チャオプラヤット河の流れとともに」（第5回）2003年5月、81頁）。
124)　末廣昭編著『タイ—経済ブーム・経済危機・構造調整』1998年3月、44頁、日本タイ協会『タイ国情報（別冊）』1998年。
125)　1976年10月、軍のクーデタで民主党の「セーニー内閣」が崩壊して以来、約12年ぶりの政党政治の復活である。
126)　タイの政策転換は、カンボジア、ラオス、ミャンマー、ベトナムがアセアンに加盟する契機となる。この時期は高度経済成長で自信をつけたタイ経済が外に向かって膨張していく時期でもあった。こうした意図からバンコク・オフショア金融市場（BIBF）の開設（1993年）は、もともと先進国から周辺国へ資金を流すことが目的であったが、資金不足のタイ国内にも資金が流れ込み、タイ経済がバブル化していくことになる（前掲「第6章、タイ」251頁）。
127)　前掲『タイ—経済ブーム・経済危機・構造調整』3頁。

128) 同前、20頁。タイ中央銀行調査部国際収支課資料。ネットベース流入額＝株式取得＋長期貸付。
129) 同前。
130) 1987年9月「投資奨励地域にかかる基準の見直し」、1989年2月「工業団地の地方分散方針を閣議決定」―地方第3ゾーンの税制上の優遇を強化、1990年6月BOI地方向投資を奨励、1990年8月乗用車の車種制限の撤廃、1991年4月セメント産業の規制完全撤廃、1991年6月繊維産業の新設・拡張の自由化、1991年7月鉄鋼の規制の完全撤廃、1991年8月石油化学の規制の完全撤廃、1993年11月自動車産業への参入自由化、1994年6月サポーティング10業種の投資奨励、1994年11月鉄鋼の参入自由化、1995年5月石油化学への参入自由化など（前掲『タイ―経済ブーム・経済危機・構造調整』9頁）。
131) JCCの会員数は、この後2002年1,156社まで減少するが、2003年から増勢に転じ、2005年1,234社、2006年1,256社となる。
132) 2006年1,256社の業種別構成は、自動車及び関連（169社）、電気・機械（168社）、金属（86社）、化学窯業（82社）、建設（71社）、航空・運輸（67社）、ホテル・レストラン（58社）、金融・保険・証券（45社）の順である。自動車及び関連業種がついに首位になったことが特筆される。1998年以降の動きとして、自動車及び関連（＋82社）、電気・機械（＋19社）、法律・会計事務所他（＋44社）の増加、金融・保険・証券（－26社）の減少が目立った。
133) 外国企業に個人として雇用された邦人の増加に対応した。
134) 工業部会を投資基盤整備委員会に改編、流通小売部会と商社部会を新設、保険部分を金融部会に統合など。
135) 税制委員会、環境委員会の新設、1995年には人材開発委員会の新設など。なお、人材開発委員会は、当初「FTI－JCCジョイントセミナー」の窓口として設立されたものである。
136) タイ人企業管理職向けセミナー。1991年に開始され1996年まで毎年継続して開催され、通貨危機による中断を経て、今日に継続されている。なお、2003年からは、泰日技術振興協会（TPA）も参加しJCC-FTI-TPA共同セミナーとして、日本人管理職向けにも開設されるようになった。JCCは1995年に専任窓口として人材開発委員会を設置した（前掲「チャオプラヤット河の流れとともに」（第7回）、2003年7月、67頁）。
137) 農水産食品等の日タイ間の取引拡大、品質向上のため、セミナーの開催及び食品加工調査ミッションの日本への派遣など。JCCは2000年に専任窓口としてEDC委員会を設置した。この委員会は、タイ工業連盟（FTI）との合同委員会である（前掲「チャオプラヤット河の流れとともに」（第7回）67-68頁）。
138) 電気業界のレベルアップのため、セミナーの開催、工場視察、日本へのミッシ

ョンの派遣など。JCCは2000年に専任窓口としてFDC委員会を設置した。この委員会は、タイ工業連盟（FTI）との合同委員会である（前掲「チャオプラヤット河の流れとともに」（第7回）、68頁）。

139) 2006年10月、筆者の同氏とのインタビューによる。なおBOTについては次のように語っている。「JCCがFTIと親しくなった反面、BOTとの関係は疎遠になった嫌いがあった。JCCとの関係が然らしめたわけではなく、元来両団体の構成メンバーの違いが然らしめたと推測されるが、FTIとBOT両団体の関係は必ずしも良好でなかった。その後両団体の幹部が交代したこともあり、BOTのBoard Memberの中に元FTI理事が参加し、産業界全体の意見を代表するようになっていった」。

140) 1989年4月首相チャートチャイ、インドシナ半島の「バーツ経済圏」構想を表明。1991年7月首相アーナン、東南アジア域内貿易自由化案を提唱。1993年3月BIBF市場開設。

141) ベトナム（1990年）、カンボジア（1993年）、中国（昆明）（1994年）、ミャンマー（1995年）、インド（1996年）、ラオス（1996年）、中国（1997年）、インドネシア（1998年）、台湾（1999年）、マレーシア（2000年）、ベトナム（2001年）、ミャンマー（2002年）、香港・広州（2003年）、カンボジア（2004年）、上海（2005年）、ドバイ（2006年）。訪問先を時代順に見ると、タイの近隣外交の推移とアセアン諸国の経済の消長が反映されていて興味深い。

142) 「成長の三角地帯」開発について（1993年）、「アジア太平洋時代」における日タイ関係（1995年）、「メコン河（GMS）」に関する日タイ協力（1997年）など。

143) 「BIBFを通じた資金供給が急増したのは、中央銀行がBIBFの認可をとった外国銀行に対して、融資実績の結果を『フルブランチ』への昇格条件にすると約束したためである」（前掲『タイ―経済ブーム・経済危機・構造調整』52頁）。

144) 前掲「第6章、タイ」252頁、若松篤「第5章、タイ」（前掲『新版アジア経済論』120頁）。両書とも、国内貯蓄と投資のギャップを埋める手段として、BIBF経由の外資が流用され、バブルを生み出した、と説明されている。

145) 前掲『タイ―経済ブーム・経済危機・構造調整』（49頁）によれば、「非居住者バーツ建預金」を利用した、投機筋の資金の流入、1996年グロス20兆5,000億バーツ（ネット738億バーツ）が、バーツ危機の直接的なきっかけを作ったと指摘している。

146) マイナスになったのは、中央銀行の公表数字であり、通関ベースによる商務省統計では、1995年の1兆4,063億バーツから1996年の1兆4,110億バーツへの微増であった（同前、75頁）。

147) 1997年5月（第四回目の介入）においては、中央銀行は合計230億ドルの買い支えを行った。中央銀行がバーツの切り下げを行わず、バーツ防衛に向かったの

は「ドル建ての債務が膨らんでいる金融機関を中心にした経済界から、バーツ切り下げへの強い反対があった。政治家からの圧力もあったと見られる」（前掲「第5章、タイ」122頁）。
148) 1996年の為替レート、1＄に対し25バーツは、当日28.5バーツとなり、その後1997年末には50ドルまで下落したが（年平均31.36ドル）、1998年には40ドルまで戻した。なお、中央銀行の6月末のネット外貨準備は23億ドル程度であったといわれる（同前、122頁）。
149) 内訳は、「緊急融資」（スタンドバイ・クレジット）145億ドル（IMF、日本輸出入銀行各40億ドル、残りはオーストラリア他7国）「社会経済調整のための融資」27億ドル（世銀15億ドル、アジア開銀12億ドル）。
150) 前掲『タイ―経済ブーム・経済危機・構造調整』53頁。
151) 1998年度当初予算9,800億バーツから8,400億バーツ（のち、8,000億バーツ）に削減した（同前、53頁）。
152) タイのファイナンス・カンパニーは、1997年12月に存在した91社のうち、56社が「事業閉鎖」、12社は「政府系バンクタイ銀行に統合」、残り23社のうち、地場系11社は、外資系に売却された（末廣昭『進化する多国籍企業』岩波書店、2003年11月、44頁）。
153) タイの工業化を牽引してきた財閥グループの「通貨危機」後の対応は、①巨額債務超過で破綻乃至大幅に事業縮小、②中核事業を外国人パートナーに譲渡して実質的に企業経営権を失う、③経済ブーム期に多角化した事業の「選択と集中」を行い経営再建を計る、に分類されるという（同前、46頁）。
154) 通貨危機以前にあった地場系商業銀行14行のうち、5行が政府の管理下に入り、4行が外資に売却され、残り5行において、タイの地場支配株主が経営権を維持出来た。
155) 岡朋史「第3章　経済構造の推移」（前掲『タイ国経済概況（2004年／2005年版）』、2005年3月、60頁）。
156) 2000年4.8％、2001年2.1％、2002年5.4％、2003年6.8％（同前、65頁、出典NESDB資料より著者推計）。なお、2004年は6.1％（「タイ国概観」、『バンコク日本人商工会議所案内　2005』、39頁）。
157) 赤木攻「『天使の都』に浮遊する日本人」2003年、121頁。
158) 末廣昭「日本・タイ交流史　モノ・カネから人材交流へ（1973年～2003年）」（盤谷日本人商工会議所『タイ経済社会の半世紀とともに―盤谷日本人商工会議所50年史―』2005年2月、88頁）。以下「日本・タイ交流史」という。
159) 岸守一は「日タイ新時代を表すキーワードとして『ABC（Action-oriented, Balanced-approach, Common-agenda）』が確認され、二国間関係のみならず地域・国際情勢への対処に際してもパートナーシップを発揮していく方針が打ち出された」

と述べている（同氏「第2章政治」、前掲『タイ国経済概況（2004年／2005年版）』45頁)。

160) 前掲「日本・タイ交流史」88頁。
161) 同前、87頁。
162) 同前、72-75頁。
163) 前掲『「天使の都」に浮遊する日本人』121頁及び前掲「日本・タイ交流史」110頁より作成。
164) バンコク週報、No.1252、2007年1月8日〜1月14日号。同紙によると「調査前月の9月にクーデタが起きたことで、在留届の提出数が急増している」「このほか、2003年4月よりスタートした『在留届電子届出システム』のサービス利用者も年々増加しており、これも届出数が増加した要因になっている」
165) 前掲『「天使の都」に浮遊する日本人』121頁。
166) チョンブリ・ラヨーン日本人会：1998年2月「チョンブリ・ラヨーン連絡会」として主に日系企業連絡会という位置付けで設立。2003年に現名称に変更。2006年9月現在、企業会員177社、個人会員20名。2009年4月に日本人学校の開校を目指し活動中。

　　チェンマイ日本人会：会員数464名（2006年11月現在）。会計部、運動部、教育部（補習校を運営、生徒数60名）、文化生活部、婦人部（バザー開催)、厚生部、広報部などで構成。機関紙「火焔樹」を発行（第283号、2006年11月)。

　　プーケット日本人会：1990年プーケット日本人同好会として活動開始。1997年正式発足。1999年会員数115名。2000年補習校開設。機関紙「パカラン」を発行（第42号、2007年1月)。
167) バンコクにおけるタイ国日本人会に、注166の3日本人会およびコーラート、チェンライの小規模日本人会を加えた6団体は3ヶ月に1回、大使館領事部主催の「安全対策連絡会」のためタイ国日本人会に集まっている。
168) 前掲「日本・タイ交流史」109頁。なお、この数字にはビジネスマンをも含んだ短期旅行者と解する必要があり、両者の正確な数値は把握できない。
169) タイにおける日本人留学生の実数把握は困難であるが、1999年、2000年における、渡航先別、渡航目的別の出国統計によるタイ向け留学者は、1,320人、1,227人である。なおこの統計は2001年以降非公開になった（前掲「日本・タイ交流史」111頁)。
170) 前掲『「天使の都」に浮遊する日本人』123-124頁。
171) 橋田信介「老後をタイで」（前掲『クルンテープ』タイ国日本人会90周年記念特別号）によると、「老後をタイで過ごす日本人のオジサンが増えているという。大別すると次の三つにわかれる。一、もともと駐在員でタイに派遣されていたがリストラされた。日本に帰ってもシンドイと判断してここで独立の道を模索して

いる。二、かってタイで働いていた。日本で定年を迎えたが、再びタイに戻ってきた。少ない年金でもノンビリやれる。三、離婚や死別でにわか独身になった。タイの女性は、日本に比べるとオジサンにもやさしい。（中略）フリーターは若者の専売特許ではない、何をやっているのかさっぱり分からないオジサンもたくさんいる」。

172) 2006年12月、筆者による上東野幸男（日タイロングスティ交流協会事務局長）とのインタビューによる。

173) 本多忠勝「泰国日本人会　会館取得まで」（前掲『クルンテープ』タイ国日本人会80周年記念特別号）。

174) 同前によると、資金調達は以下のとおり。賛助会費の前納額約800万バーツ、一般個人及び企業の寄付額400万バーツ、建設積み立て基金200万バーツ、合計1,400万バーツ。支払いは、頭金850万バーツ、内装、什器、備品330万バーツ、合計1,180万バーツ。

175) 「タイ国日本人会の台所について」（前掲『クルンテープ』2006年9月号）。

176) 小野雅司「創立50周年メッセージ」（前掲『タイ経済社会の半世紀とともに―盤谷日本人商工会議所50年史―』61頁）。

177) 同前。

178) JCCは1993年10月、渉外広報委員会の中に「広報文化協議会」を設置しその対応に当り、今日に至っている（前掲「チャオプラヤット河の流れとともに」（第8回）、2003年8月、56頁）。

179) 1992年8月、タイ文化センターにおける東京交響楽団、中村紘子、前橋汀子による演奏会。同12月ラーマ9世記念公園における喜太郎のコンサートを実施。祝賀行事費用総額2,700万バーツのうち国際交流基金から400万バーツ、JCCが寄付で2,200万バーツ募集した（同前、56頁）。

180) 祝賀行事は、日タイ友好ラムウォン盆踊り大会、歌舞伎公演など。歌舞伎公演費用2,100万バーツのうち、国際交流基金は1,250万バーツを負担。JCCは、寄付で2,000万バーツを募集し、国王陛下へのドネーションの残り、750万バーツを「JCC21世紀教育基金」に組み入れた（同前57頁）。

181) 経団連会員約30企業から集めた寄付金を基金として、1990年から2000年までの11年間にタイ東北部17県の中高生およそ5,000人を対象に毎年奨学金4,500バーツを支給した（同前58頁）。

182) 貧困地域への昼食の支援、地方大学5校へのJCC奨学金、MBAプログラム（2003年以降見合せ中）などを実施している。プーミポン国王の6サイクル（72歳）の慶祝行事に合せ、2000年7月から開始した（同前59頁）。

183) 当初1988年の「第8回日タイ合同貿易経済委員会」でFTI（タイ工業連盟）会長よりTIの設立の要請があり、その後、経団連、JCC、FTIでの再々の協議を経

て、1990年の第10回同委員会おいて、日本側8億円、タイ側6億円、計14億円の基金にて設立が合意された（同前、59-60頁）。
184) GMS加盟諸国（タイ・ラオス・カンボジア・ベトナム・ミャンマー・中国）の経済開発に対する民間ベースの協力のあり方について検討するためBOT（タイ貿易院）との間にワーキングコミティを設置した。これまでのJCCの取り組み経緯は以下の通り（前掲「チャオプラヤット河の流れとともに」（第12回）、2003年12月、46-48頁）。
　　メコン河は、全長4,900km東南アジア最長且つ最大の国際河川である。1957年、国連のECAFE主導でラオス、タイ、カンボジア、南ベトナムの4ヶ国で「メコン委員会（Mekong Committee）」が設置され、メコン河の流域開発が開始した。ベトナム戦争、インドシナ紛争で中断、1991年カンボジア和平を経て、1992年アジア開発銀行が事務局となってGMSが設置された。域内企業、経済団体との連携による、域内の経済開発の推進を図ることになった。1997年の「第14回日タイ合同貿易経済委員会」において、タイ側が経団連にGMSへの協力を要請、経団連はJCCにタイにおけるGMS窓口の役割を依頼した。JCCは、関係機関とGMS委員会を設置、タイ側窓口BOT（タイ貿易院）と経済協力プログラムの協議を開始したところで、通貨危機が発生し、活動が中断した。ようやく2000年10月、GMS 6ヶ国の商工会議所が核となって「第1回GMSビジネスフォーラム」をバンコクで開催、以降第3回迄開かれている。JCCは第2回以降賛助会員として、活動し、域外投資家とGMS各国政府との橋渡し役を担うことになった。
185) Joint Foreign Chambers of Commerce in Thailand。議長、外国商工会議所会議（FCCCC）、事務局の3つの組織から構成（1998年11月）。JFCCTは、タイ関係省庁と合同委員会を設置、タイ政府に様々な提言を実施している（前掲「チャオプラヤット河の流れとともに」（第11回）、2003年11月、59-62頁）。
186) 日系企業の貢献度調査は、1969（昭和44）年に第一回が開始されて以来、適時実施されてきた。しかし1989年の「第9回日タイ合同貿易経済委員会」において、同委員会の開始（1980年）以来続けられてきた「対日輸出ターゲット」報告の廃止に代えて、在タイ日系企業の雇用や第3国向け輸出など総合的なタイへの貢献を理解してもらうため、JCCの独自調査による「貢献度調査」を行ってきた（前掲「チャオプラヤット河の流れとともに」（第9回）、2003年9月、61-62頁）。
　　この「貢献度調査」は、日本のメディア及びタイ側の良く利用するところとなった。「貢献度調査」報告の廃止は新たな日タイ関係を物語る一つであろう。
187) 「トヨタによるTPS（生産管理）活動の指導、デンソーによる技能者訓練、ホンダによる金型製作技能者の育成、日産による技能検定制度の整備が行なわれる」（東茂樹「タイの自動車産業と自由貿易協定」『アジ研ワールド・トレンド』アジア経済研究所、第128号、2006年5月、23頁）。

188) 筆者による中小企業駐在員へのインタビューでも、JCC会員になるメリットを疑問視する発言が多い。日本人会も同様である。
189) 盤谷日本人商工会議所H.P.（www.jcc.or.th）中小企業のページ。
190) 英文名、Technology Promotion Association（Thailand-Japan）、略称TPA、タイ語略称「ソー・ソー・トー」である。
191) 柳瀬修三「長期滞在者から見たタイ社会のうつりかわり」（前掲『クルンテープ』タイ国日本人会90周年記念特別号、26頁）。
192) 「日・タイ経済協力協会は、タイにおける反日機運を憂慮された日本政府の発意の下、『本当にタイのためになる仕事を』との目的を以って、『タイ国アジア文化同窓会』を母体に設立される泰日経済技術振興協会に協力するために1972年7月に発足したものであります。（中略）この仕事に携わる日本人は『その自主性を尊ぶと言いながらそれを損なうようなことはないか』、『タイのためと言いながらタイの繁栄より日本の利益をはかるようなことはないか』などの謙虚な反省を、忘れることを許されません」（初代理事長）穂積五一『共に歩み、共に進んだ30年―きずなは海を越えて―』社団法人日・タイ経済協力協会、2003年3月、1頁。
193) 『日・タイ経済協力協会と泰日経済技術振興協会の概要』社団法人日・タイ経済協力協会、2002年8月、16頁。
194) 前掲「長期滞在者から見たタイ社会のうつりかわり」26頁。
195) 日系企業に求めている協力は、奨学金の提供、研修設備・機材の寄付、実地研修の受け入れ、カリキュラム作成のアドバイス、専門家・企業OBの派遣、学生の就職受け入れ、などである。これを受けて、TPA・JCC共同にて「泰日工業大学奨学金基金」を立ち上げ募金活動を開始し、また三井住友銀行がバンコク支店の移転に際し、これまで使っていたコンピュータや事務機器、事務所機材の一式を寄付した。
196) スポン・チャユットサハキット、1941年生まれ、1968年東京大学修士（電気工学）、帝人ポリエステル（タイ）を経て、バンコク・エクスプレスウェイ社社長、現副会長。TPA会長を経て現顧問。
197) 前掲「日本・タイ交流史」2005年のサブタイトルは、モノ・カネから人材交流へ（1973年〜2003年）であり、最近における日本とタイとの人材交流の諸相が詳しく論じられている。
198) 前掲『進化する多国籍企業』141頁。

［付記］
　戦後の盤谷日本人商工会議所史の先行研究としては、城西大学の川辺純子先生が『所報』2003年1月号から12月号に掲載した「チャオプラヤット河の流れとともに―バンコク日本人商工会議所の50年―」があり、その先駆的な取り組みに、

記して敬意を表する次第です。本稿執筆に際し、早稲田大学大学院教授村嶋英治先生、大阪外国語大学名誉教授赤木攻先生から、数多くのご指導を賜わりました。ここに記して感謝いたします。

第11章

# マレーシアの日本人団体

藤 田 国 幸

## はじめに

　2007年は、マレーシア独立50周年、そして日本マレーシア修交50周年にあたる記念すべき年であった。この間、マレーシア経済は目覚しい発展を遂げ、また当地における日系企業は約1,400社に達するなど、両国の関係は年々強固になっている。日系企業は、特にマレーシアの輸出の約60％を占める電気・電子産業界において圧倒的に高いシェアを有し、マレーシア国内経済と緊密な関係を築く共に、マレーシアの産業構造高度化への極めて重要な位置を占めている。

　日本人とマレーシアの関係は、既に英領マラヤといわれた戦前から関係が深く、多くの農業移民が移り住み、漁業、ゴム園、鉄鉱山などの開発にも従事したが、敗戦ですべてを失った。戦後は零からの出発だった。

　本稿の趣旨は、そうした戦後のマレーシアへの日本企業の進出の歴史を通じて、日本人会（および日本人学校）、日本人商工会議所の設立の経緯とその活動について述べ、両国の今後一層の発展を願い、些かの考察を付すものである。

　クアラルンプール日本人会の設立は1963年で、そこから遅れること20年の1983年にようやく日本人商工会議所が設立された。近隣諸国の日本人団体の設立時期と比べても、またマレーシアへの経済進出の歴史自体から見ても相当遅いのが特徴である。

　第1節はこの両団体が、どういう経緯を経て設立され、どういう環境の下で活動してきたのか、また何故かくも遅くなったか、その理解の一助として、やや冗長になるが、戦前・戦中の日本と英領マラヤとの関係を含み、マレーシアの経済政策の変遷にあわせた、日系企業の進出の歴史にかなりのページを割いた。

　次に第2節では、戦後日系企業の進出を支えた日本人駐在員の活動の概況

を纏めた。
　第3節では、日本人会、第4節では、日本人商工会議所、の組織と活動を具体的に述べた。両組織の特色は、日本人商工会議所の設立以来の基本理念である「内にあっては和の精神。外に対しては謙虚な気持ち」によく現れている。その意味することは、戦時中の負の遺産への認識、ブミプトラへの協力、進出国との共存とまとめられよう。
　筆者は1988年から1993年まで当地に勤務した経験を持つ実務家である。最後に「まとめ」において、実務家のセンスで両組織の活動を総括し、些かの私見を述べた。
　なお、マレーシアは人口2,585万人（2004年）の多民族国家であり、以下、マレー系マレーシア人をマレー人、中国系マレーシア人を華人、インド系マレーシア人をインド人と記載する。三民族の人口比率は概ねマレー人50％、中国人24％、インド人7％である[1]。

## 第1節　マレーシアの政治・経済概況

### 1．英領マラヤの成立

　マレーシアは、地理的に東西海上交易の要衝であるマラッカ海峡に面していることから、古代から多様な人と文化の往来の地であった。
　15世紀初めに、パレンバンの亡命王子パラメスワラによって建国されたマラッカ王国はイスラム教に改宗し、イスラム貿易商人を引き寄せ、明と朝貢関係を維持し、北のシャムからの独立を保ちつつ、東部群島で産出された貴重なスパイス類の重要な集積地の中心となった。15世紀半ばまでにはマレー半島及びスマトラ東海岸までを支配する王国を築き、今日に続くマレーの宗教・伝統と諸制度を形成する起源となった。
　16世紀に入るや、マラッカ王国を含むマレー半島は欧州列強の植民地としての争奪地となった。まず、ポルトガルがインドのゴアを支配した後、1511年に艦隊によりマラッカを攻撃し占領した。ポルトガルの支配はこの後130年余り続いた。現在もマラッカ市郊外には、この時代のポルトガル人の末裔が住むポルトガル村が残っている。
　17世紀になると、オランダが東南アジアの最強国となり、1641年ポルトガ

ルを破りマラッカを支配する。しかし、マラッカを除くマレー半島部では、イギリスがマレー半島への領土進出を開始する18世紀後半までの3世紀間、マレー人諸王国間の覇権争いの続く時代でもあった。

　イギリスのこの地域への領土進出は、1786年ケダー州のスルタンからペナン島の割譲をうけることから始まった。1819年シンガポール、1824年マラッカを領有し、1826年には東インド会社の下、ペナン、マラッカ、シンガポールで海峡植民地を構成し、さらに1867年東インド会社解散の後はイギリスの直轄植民地となった。この後、イギリスはその強大な国力を以って、内陸部にその政治的支配を拡大していった。1896年にはペラほか4州を保護下に置きマラヤ連合州（Federated Malayan States、FMS）に統合し、1909年にシャムからケダー州ほか北部4州の宗主権を譲り受け、1914年ジョホール州を保護下に置き、これら5州をマラヤ非連合州（Unfederated Malayan States、UMS）として、FMSのスルタンたちよりも大幅な統治権を付与した植民地形態をとった。

　なお、北ボルネオは、ブルネイ、サラワクとともに、1898年にイギリスの保護領となり、太平洋戦争の開始までこうした統治形態が続いた。

　イギリスによる19世紀からの長期にわたる植民地経営は、マレーシアが戦後穏健にイギリスから独立を遂げただけに、今日の政治・経済・社会体制に圧倒的な影響を残すこととなった。ここにその特色を整理しておく。

　イギリス統治時代のマレーシアの主産業は、錫とゴム産業を中心とする一次産品であった。

　この地域に豊富に埋蔵される錫の採鉱は、古くはオランダ支配の時代から開始されたが、イギリスが覇権を固めた19世紀後半から活発化し、イギリスは中国人労働者を錫鉱山開発のため大量に移住させた。20世紀初頭には、英領マラヤは世界の錫の半分を生産するにいたった。

　20世紀に入り、南米からのゴム樹の移植成功により、西海岸の諸州でゴム栽培が興り、錫産業のために建設された道路、鉄道、港のインフラが利用され、大規模なプランテーションが内陸部に拡大していった。こうした農園でのゴム樹液の採取のため、南インドからタミール人労働者が大量に移入された。1920年には、英領マラヤは錫同様に世界のゴムの半分を生産するまでになった。

こうして、20世紀初頭にかけ、これら産品の集積地シンガポール、半島マレーシアの西海岸には、急激な経済成長に続いて人口の統計的変化がおきた。この結果、マレーシアには従来からの住民で主にコメの零細自営農民であり、ブミプトラと呼ばれるマレー系住民に、移民してきた中国系及びインド系の多民族国家となった。さらに、経済の成長過程を通じて中国人が商業部門を支配するようになった。

## 2．戦前・戦中の日本と英領マラヤの関係

　ここでマレーシアと日本との関係について簡記しておく。日本とマレー半島との関係は古く、室町時代の末期（16世紀）には東西海上交易の要衝マラッカに日本の船が寄港していた。1549年ポルトガル人のイエズス会宣教師ザビエル神父はマラッカから鹿児島に渡り、日本におけるキリスト教の布教を開始した。徳川幕府による鎖国（1637年）までの約100年間、マラッカは重要な中継地であった。マラッカには今日でも多くの遺跡が残っている。

　鎖国が終わり、「明治時代にマレー半島へ進出した日本人の主役はからゆきさん達であった。（中略）明治末期頃までに3,000人近いからゆきさんがおり、129名の女性楼主がマレー半島各地で娼館を営んでいた。（中略）1919年、シンガポールの日本人総領事館は、シンガポール、マレー半島各地の日本人会会長などを招集し廃娼令に踏み切り、からゆきさんの時代が終わった[4]」。

　繁昌していたからゆきさんを追って明治末期から小売商人が進出し、続いて、第1次世界大戦（1914年）を契機に宗主国イギリスの間隙を縫って、大手商社、海運、銀行がマレー市場に進出し、日本商品が浸透し、1920年代半ばには日本はイギリスを凌ぐ通商相手国になった。また、地元でゴム園、鉄鉱業、漁業に従事する駐在ビジネスマンの人口も増え、1921年までには日本人人口は6,989名に達した[5]。

　日系企業によるゴム園経営は、1905年三菱財閥による三五公司に続いて、三井、大倉、森村、古河など財閥グループや個人企業家が進出した。しかし、マレー半島ではイギリスが圧倒的なシェアを有し、日本企業は僅か数パーセントに止まり、ゴムの市況や宗主国イギリスの規制もあり、1920年代以後は日本のゴム園は下降線をたどった。

　ゴム園経営にかわって、日系企業が手がけたのが、鉄鉱石採掘事業である。

石原広一郎は、1919年ジョホール州スリ・メダンに有望鉱脈を発見、1920年に南洋鉱業公司（後の石原産業）を設立し、採鉱を開始し日本に輸出した。この後、トレンガヌ州ケママンに主力を移している。この他、日本鉱業、南洋鉄鉱（日本鋼管の子会社）、飯塚鉄鉱などが1930年代から稼動し、現地政府に多大な輸出税をもたらすと同時に、雇用の増加、産業発展に貢献し、1940年代には日本の鉄鉱石輸入の5割を超えた。

ゴム、鉄鉱石採掘に次ぐ、日本人3大産業は漁業であった。1930年代の後半には、「水揚げ総高の49％を占めるほどこの分野での日本人の活躍が目立った」[6]。

この他、多くの農民がマラヤ半島部や、英領ボルネオに入植したが成功しなかった[7]。

マレー半島における日本商品の市場氾濫の一方で、1931年満州事変に抗議してマラヤ華僑は日貨排斥運動を始め、さらに1937年日中全面戦争へ拡大していく過程で、日貨排斥運動は激しさを加え、華僑社会の対日感情は悪化した。このことが、その後太平洋戦争中、日本軍による軍政下での華僑弾圧、その結果戦後の「血債問題」にと繋がっていくことになる[8]。

1941年12月8日未明マレー半島コタバルに上陸した日本軍はシンガポールを目指し進軍し、翌1942年2月15日同市を占領イギリス軍は降伏した。以後、1945年8月15日日本軍が連合軍に無条件降伏するまで、3年半にわたり日本軍が占領し、軍政が敷かれた。日本の軍政期の特色を纏めると以下の通りとなる。

①日中戦争以来、反日運動を行なってきた華僑に対し軍政当局は報復行動に出て、参加した華僑を粛清し、マレー各州の華僑協会に「奉納金」を要求した。②一方で、マレー人、インド人には懐柔政策で臨み、「この結果、華僑は日本の侵略に対して抵抗した側に立ち、マレー人とインド人は協力したことになり、日本が敗れたあと、前者に、抵抗の栄誉が与えられることになった[9]」。このことはマラヤの複合社会の構造に「さらに亀裂を深めることになった[10]」③しかし「軍政の基本目的は、作戦軍の自給自足、戦略物資の確保にあって、民心把握は二次的となり[11]」、日本軍はマレー鉄道の鉄道レールを取り去り、泰緬鉄道を建設し[12]、シンガポール−バンコク−ビルマの軍需物資補給ルートを確保するなど、軍需品の調達基地としてのマレー半島となり、

戦況の悪化と共に、被占領民全般に対し過酷な政策をとった。[13]
　こうした日本の英領マラヤにおけるすべての権益は、敗戦で一切喪失した。日本人の引き揚げの経緯と賠償問題は次節において簡記した。

## 3．マレーシアの独立

　1945年8月、太平洋戦争の終結とともに英軍が戻り、英領マラヤ全土に軍政を敷いた。1946年1月、イギリスは、イギリスの指導による自治の下で、シンガポールを除く全マレー半島を含み、スルタンの廃止、中国系・インド人系住民にも平等な地位を認めた「マラヤ連合」案提示した。しかし、マレー人高級官吏や貴族階級を中心とした激しい抵抗にあい、1946年5月、マレー人はマレー人の優位を守るため統一マレー人国民組織（The United Malays National Organization、以下UMNO）を結成しイギリスに抵抗し、結局スルタンとマレー人の特別な地位を認めたマラヤ連邦が1948年に成立した。[14] マラヤ連邦はかってのマラヤ連合州4州と非連合州5州の計9州にペナン、マラッカから成立し英連邦内の自治領となった。

　なおUMNO結成の後、1946年8月にインド系の権利を擁護するマラヤ・インド人会議（MIC）、1949年2月に中国系の権利を擁護するためマラヤ華人協会（MCA）、が結成され、今日まで続く主要民族政党の基盤がこの時期に成立した。

　1955年の初の立法評議会選挙でマラヤ連盟党（UMNOを主体にMCA・MICが参加）が大勝したことにより、UMNOの党首でありマラヤ連盟党の総裁であるラーマンの指導の下、イギリスとの独立交渉を進め1957年8月31日にマラヤ連邦として独立した。

　このマラヤ連邦は、スルタンの地位、国教としてのイスラム教、国語・公用語としてのマレー語、さらに、公務員の採用や、奨学金、ライセンスの供与などにおけるマレー人の特別な地位（憲法153条）を認めたマレー人優位の連邦国家であった。

　独立後初の総選挙でのUMNOを中核とするマラヤ連盟党の勝利を背景に、[15] 1961年5月、ラーマン首相は1959年に自治領となったシンガポールと英領植民地の北ボルネオ（サバ）、サラワク、ブルネイをマラヤ連邦と統合するマレーシア連邦を提案し、ブルネイは不参加となったが、1963年9月にはマレ

ーシア連邦が成立した。

しかしながらマレー人優遇政策を取る連邦政府と中国人主体で民族間平等主義をとるシンガポールとの対立が深まり、1965年にシンガポールは分離独立し、今日に至った[16]。なお、日本の敗戦から、マレーシア独立までの英領時代における日本との交流状況については、次節にまとめた。

## 4．マレーシアの経済と社会情勢（独立から1970年代まで）

本稿が主な考察対象とする日系製造業のマレーシアへの進出は、独立後の50年代末期から始まるが、マレーシア政府の推進する工業化政策にほぼ対応するかたちで展開してきたのが特徴である。60年代は輸入代替工業化政策に、70年代は輸出指向工業化政策に沿っている。また80年代前半期はブミプトラ政策と結びついた重工業プロジェクトに日系企業が次々に参加するという傾向がはっきりみられた[17]。1987年以降は、不況打開の大胆な外資誘致策に日本の円高が加わり、日本による大投資ブームが現出し、90年前半をとおして電子・電機企業の進出が続いた。

以下独立後のマレーシアにおける経済政策の変遷を簡記するが、日系進出企業の特色を併せて述べることにする。

独立後の1960年代の経済政策は、基本的には農業・農村開発によるマレー人の地位向上[18]と１次産品輸出の多様化を目指した農業振興策[19]が中心であった。また高い人口増加率に伴う新規労働力の雇用吸収のため、本格的な工業化政策が必要とされた。まず輸入代替による工業化推進のため、政府は、独立の翌1958年に「創始産業法令」[20]を制定して、外国企業の誘致を開始した。この法律により1960年６月現在、36企業がパイオニア産業の資格を得ており、その大部分が現地資本と外国資本との合弁会社であった。そのうち日本からの投資認可取得は、日新製糖、野沢石綿セメント、ライオン歯磨き、などごく少数であった[21]。

独立後約10年、初期の日系製造業の進出分野は、歯磨き粉（ライオン歯磨・59年）、化学調味料（味の素・61年）[22]、毛布（ピオニー毛布工業・65年）、家電製品（松下電器・65年）などの一般消費財や建材（野沢石綿セメント）[23]、鉄鋼製品、化学製品、塗料などの工業用中間財が中心であった。これらはいずれもマレーシアの国内市場向けを意図した輸入代替型の進出であ

る。件数的には、製造業全体で69年以前合計では僅か28社であった。[24]

創始産業法令の認可第1号は日新製糖であったが、実際の工場稼働第1号はライオン歯磨（The Lion Dentifrice (Malaya) Ltd.）であった。1960年、同社ペタリンジャヤ工場が稼働開始し、1980年に兄弟会社のライオン油脂と合併し、1987年ジョホールバルのテブラウ工業団地に移転し、洗剤生産工場を建設し今日に至っている。[25]

クアラルンプールに日本人会が設立されたのは、日系企業進出の歴史の中でもかなり早い1963年で、当時の在留日本人は160名程度、日本人学校の開校は1966年で当時の生徒数は10数名であった。詳細は第3節に述べることとする。

独立後10年を経て、経済の発展は商業分野において華人が活躍し、製造分野において外国企業が利する結果を生じ、マレー人は貧しい農村に残され経済格差は改善されなかった。このため、マレー人と華人の間に軋轢が生じ、1969年5月に首都クアラルンプールにおいて、大規模な人種暴動が発生した。[26]

暴動は一日で終息したがこれを機に、政府は自由放任型の経済政策から、貧困撲滅と人種、地域間の経済格差解消を目指す政府主導型の経済政策に転じた。1970年には1957年の独立以来政権を担ってきた首相ラーマンは辞任し、副首相ラザクが第2代首相に就任した。

1971年に「新経済政策（New Economic Policy、以下NEP）」を制定し、ブミプトラ政策と称される経済的弱者であるマレー人優遇策を打ち出した。NEPの骨子は、ブミプトラの経済的地位向上のため、あらゆる雇用機会に人口の人種別構成比を反映させること及び株式資本の保有比率を1990年[27]までの20年間に、ブミプトラ30％、非ブミプトラ40％、外国資本30％に再編することを目標にしている。

国内市場が狭小であるため、これまでの輸入代替による成長は早くも限界にきていた。このため労働集約的な輸出産業を促進する必要が生まれ、1970年代になると輸出指向型工業化路線が明確になり、自由貿易地域（FTZ）、[28]保税工場制度など外資誘致政策を加味した諸政策が導入された。外資誘致政策に反応を示した外国企業は主として電機・電子産業と繊維産業であった。特に電機・電子産業分野において、日米の多くの企業がペナンやクアラルン[29]

プールの FTZ に進出し、その結果70年代に早くもマレーシアが日本、アメリカに次いで世界第3位の半導体輸出国となり、今日の「半導体立国」マレーシアの礎となった。第一次産品の産業にも変化が見られ、従来の主力輸出商品の錫・ゴムに加え、原油、パームオイル、木材の輸出が増大した。さらに液化天然ガスも後に加わった。

外資誘致政策をうけて1972年から74年は日本企業の第1次投資ブームであった。この3年間で製造業は46社進出し、1972年以前の累計37社をはるかに超えた。前述の FTZ への電子・電機企業のほか、エアコン、時計部品、オルゴール、カメラ部品及び合繊など労働集約的な輸出企業が進出した。また、合板、製材、テレビ用木枠、家具用部材など木材加工品、パーム油精製などマレーシアの資源利用型の輸出産業もこの時期に集中した。

こうして、1963年の独立から20年余り長期的な成長を継続し、工業化は一応の成功を収めた。なおこの段階の輸出工業化では、5大1次産品(天然ゴム、錫、パーム油、木材、原油)の輸出比率は依然として全体の8割であり、工業製品の輸出比率は70年の12％から、80年に22％に漸く達したところで、付加価値の高い輸出産業へと工業構造の多様化が依然課題とされた。

独立後の社会・経済政策として、マレーシアが他のアジア諸国と比べ、特徴的な点は、一つは当初から過度な国内企業保護規制を取らず積極的な外資導入策と輸出指向型工業化の方策を取ったことである。次に多民族国家として、単に成長と工業化に専念すればよいわけでなく、民族間の経済的均衡と平等の実現と維持を前提とした経済成長でなければならない点であった。特に後者は、マレーシアのみならず進出する外国企業にとっても、避けて通れぬ、終始議論の尽きぬ問題であった。

また、首相ラーマンから首相ラザク及び1976年に引き継いだ首相フセインのもとで、民族融和路線とマレー人優遇路線の政治的対立、1969年に発生したマレー人と華人の衝突、1970年代中葉の学生デモ、マラヤ共産党のテロ活動の活発化等、政治的には多くの波乱があった。しかし特筆すべき点は、波乱が発生しても議会閉鎖とか内戦状態などの混乱は発生せず、議会選挙による統治という民主主義を維持し、「国内政局は概ね平穏に推移し」政治的に安定していたことである。

## 5．マレーシアの経済と社会情勢（1980年、90年代）

　1980年代から2000年代前半までは、マハティール政権の時代である。1981年に首相フセインが健康を理由に辞職し、副首相マハティールが第4代首相に就任した。2003年10月に首相を引退するまで、22年におよび首相マハティールは卓越したリーダーシップを発揮し、マレーシアを繁栄に導いた。

　マハティールは首相就任後、ブミプトラ政策、輸出指向工業化路線を引き継ぐと共に、重工業化政策をはじめて導入した。1980年に全額政府出資で設立した「マレーシア重工業公社（HICOM）[33]」を中核に、国産車の生産（プロトン・サガ車[34]）のほか、一貫製鉄所、石油化学、セメント、紙パルプ、肥料、LNGなどの大型設備投資を要する産業育成策が実施された。華人資本が進出しにくい重化学工業部門に、外資企業の技術に依存しながら政府主導で投資し、やがてブミプトラ資本に民営化し、ブミプトラ資本比率の引き上げを図る施策である。同時に「経済政策の重点をマレー人への所得分配政策から［開発］・［工業化］促進及びマレー人企業家・経営者（BCIC）育成へ移した[35]」。プロトン社の設立には、同社の裾野を支える部品産業の育成が強く意識された。また、それまで西洋、とくに旧宗主国イギリスに偏っていたマレーシアの姿勢を東方、とくに日本及び韓国にも目を向け、技術のみならず労働倫理や勤労意欲を学ぼうという「ルック・イースト政策（1981年）」を発表し、日本への留学生派遣事業を行うなど新政策を次々に打ち出し、工業化政策は本格化した。[36]

　1980年代には、まず82年〜83年に日本からの第2次投資ブームが起きたが、中心は建設会社であった。80年代前半に多くの建設工事が外国籍（とくに日本・韓国）によって施工され、ローカルコントラクターの間に不満を高める結果になった[37]。当時の日系建設会社の責任者は「ルックイーストポリシーが出て数年経っていましたが、日・マ間には経済上非常に大きな緊張があったと思います。特に建設産業では、大変なオーバープレゼンスの問題で、現地のコントラクターズアソシエーションあたりが私に対して相当な圧力がありました。そうしたこともあって首相マハティールが望む技術移転とか研修といった問題に業界として対応しなければならないと一番腐心した時代でもありました[38]」と述べている。

　この時期、製造業部門で特筆すべき点は、マレーシアの国策にあわせて、

重工業部門への投資が相次いだことである。三菱自動車による国民車生産のプロトン社への資本参加、マレーシア重工業公社の一連の重工業プロジェクトへの参加、LNG プロジェクトへの大型投資、さらに自動車部品の分野への進出が見られた。しかし、84年〜86年には日本からの投資は一転して低迷した。[39]

1983年は、クアラルンプールでの日本人会設立から遅れること20年にして、日・マ間には経済上の緊張がある中で、初の外国人商工会議所として日本人商工会議所が認可された年である。日本からの一層の投資を期待する当時の社会環境に加え、当時の日本からの投資が量、質ともにマレーシアの工業化にとって看過できぬスケールに達していたことも重要な背景であったと思われる。日本人商工会議所の設立の経緯は第4節にまとめて述べることにする。

1985年に輸出の大宗を占める一次産品価格下落の影響を受け経常収支が悪化し、さらに公企業への重工業投資は財政悪化をもたらし、加えて海外からの投資が低迷したため、マレーシア経済は深刻な不振となり初のマイナス成長となった。重工業化政策は国産車計画を除いて後退を余儀なくされた。政府は事態を打開するため、工業品輸出構造の多様化と高度化を図り「外向きの工業化」を目指し第2次輸出指向工業化政策を展開した。そのために外資の積極的な導入と、華人を含む国内民間投資の活性化が必要で、1986年に一層大胆な外資誘致策を導入した。

新政策の特色は、①輸出指向型投資、ハイテク産業への投資、雇用規模350人以上の投資、には外資100％の出資を認め、FTZ に入居せずともほぼ同じインセンティブを与える。②ごく一部の大手企業を除き、新経済政策の履行を義務づける工業調整法の適用を一時棚上げした。この結果、ほとんどの華人系製造業は、ブミプトラ資本と雇用比率に関する規制を受けないようになった。[40]

こうした投資奨励策の導入と同時に、1985年のプラザ合意後の円高と台湾、韓国の為替レート高によって、87年から日本および NIES（特に台湾）からの直接投資が激増し、質的にも変化しはじめた。[41] 本開放政策は目先の不況を克服したに止まらず、マレーシアを電機・電子産業を主体とする輸出主導型工業国に転換させる契機となり、1988年からアジア通貨危機の1997年まで、年8％の高度成長を続けた。[42]

なお、この投資奨励策の導入にあたって、設立認可間もない日本人商工会議所が、円高に悩む日本国内の製造業の状況を見て、投資誘致に向けた積極的な提言書を首相マハティールに提出し、マレーシア政府はこれを参考にしたことはよく知られたエピソードである。第4節を参照願いたい。

1980年代後半における日系企業による投資の特徴は以下の4点である。第1にマレーシアを輸出基地にする、輸出指向型投資が主体である。特に電機・電子産業が激増した。第2にこうした輸出企業の需要に対応して輸出産業と密着したサポーティング・インダストリーの進出も、小規模ながら顕著になってきた。第3に日立、松下電器産業など既存の日系企業による拡張投資及び製品の多角化のための追加投資が拡大している。[43] 第4に円高の影響のもと中小企業による進出がふえてきた、ことである。[44]

こうした積極的な投資は1992年にピークを迎えたが、90年代前半は高い水準を維持した。しかし、当時在勤した都銀系駐在員は「1993年～95年当時はマレーシアでも労働コストの上昇が激しく、競争力は限界に近づいていた。特に、労働集約型の企業では次の進出候補地を物色しているような状況であり、実際に中国の珠海に移転するケースも現れた」と証言している。[45]

当時のJACTIM鈴木会頭も「だんだんとマレーシア政府も自分たちが強いんだという過信に陥って、そのうちに『労働集約的な企業はこなくてもいい』といった話を始めまして、それと併せて近隣諸国がこの例に倣ってどんどん外資導入政策を作っていったものですから、93～94年になった時には、もうマレーシアも比較優位がかなり劣化してしまったのです」と述べている。[46]

1990年代前半からマレーシアは完全雇用・人手不足の経済に転換したともいえる。[47]

1970年代に続き、80年代の高度成長の結果、経済構造に大きな変化をもたらした。マレーシアは1980年代後半、特に87年を境に1次産品国から工業国へと構造転換した。

国内総生産（GDP）に占める製造業比率は、88年以降農業を上回り、工業品の輸出シェアは87年に5大1次産品（天然ゴム、錫、木材、パーム油、原油）を凌駕し、[48] 就業構造においても他の指標より遅れたが92年に製造業の就業者数が農業就業者を上回った。「農業から製造業への就業構造転換は、

ASEAN 諸国の中ではマレーシアがもっとも早いスピードで実現して」、こ の結果「名実ともに NIEs 化を迎えたといえる」。

しかし NEP による、1990年までにマレー人（ブミプトラ）の資本所有比率30％とした目標は、19％台と未達に終わった」ただ株式資本の総額が20年間を経て約20倍に拡大していることを考えると「ブミプトラの株式保有は飛躍的に増加していることがわかる」。

NEP は、1991年から2000年までの基本方針である国民開発政策（National Development Policy、以下 NDP）に引き継がれた。基本的には、貧困の撲滅と社会の再構築という２つの戦略目標を踏襲しつつ、マレー系経営者・企業家育成の強化、民間主導の経済成長、人材育成の強化など、従来の雇用と資本の配分政策から重点を変えている。また、首相マハティールは、国民全体の自信と熱気を次の国の発展に結びつけるために、1991年に、30年後の2020年にはマレーシアは先進国入りを果たすとのスローガン「ビジョン2020（Wawasan2020）」を内外に公表した。

そして具体的な経済目標として、年間実質経済成長率７％を30年間維持し、そのための政治社会目標として「マレーシア国民の形成」を掲げた。この「ビジョン2020」で示された国民像は、「マレーシア民族（バンサマレーシア・Bangsa Malaysia）」の概念である。多民族の集合体の国家から「マレーシア民族」をくくりにした、単一民族の国家構築を指針としたのである。言い換えれば、ブミプトラ政策の修正であり、マレー人（ブミプトラ）に対し自らの努力により経済的地位を向上すべきとのメッセージでもある。いずれにせよ経済成長率７％の高度経済成長の維持継続は、「ビジョン2020」達成には欠かせないターゲットであった。

このためマレーシア政府は、次の発展の核として IT 産業に注目し、1995年８月に「マルチメディア・スーパー・コリドー(MSC) 構想」を公表した。MSC 計画とは、クアラルンプール都市センター（KLCC）、プトラジャヤ新行政都市、クアラルンプール国際空港（KLIA）を含む15km×50kmの地域でマルチメディア技術を活用した都市（高度情報都市、サイバージャヤ）の開発を行う計画である。

マレーシア経済を牽引してきた製造業と合わせて、新たに IT 産業を中心とするサービス・知識集約型産業の育成し、「ビジョン2020」の達成を目指

すものである。

　好調なマレーシア経済に大打撃を与えたのが1997年7月、タイバーツの下落に端を発し、アジア各国に伝播した通貨危機である。1998年の成長率はマイナス7.4％に落ち込んだ。しかしながら、あえてIMFの意向（緊縮財政）に反対する政策を選び、資本取引規制ならびに固定相場制を導入した[56]。このマレーシアの決断は、米国の好調なIT産業がマレーシアからの対米輸出増となる外的要因にも恵まれ、結果として経済の早期回復につながり、1999年の経済成長率は5.8％に回復、以後プラス成長を維持している。

　2001年に首相マハティールはNDPに続く次の10年の方針である「国民ビジョン政策（National Vision Policy、以下NVP）」を開始した。あくまでも、「2020年ビジョン」の枠組みの中に位置づけられ、NVP期間中7.5％の経済成長率を掲げ、貧困の撲滅と社会の再構築という2つの戦略目標を踏襲している。政治面では「バンサマレーシア」を再び掲げ、国民間の協調と融和を強調している。しかしマレー人に対し自らの自助努力を強く求める一方、前NDPではガイドラインに落とした、ブミプトラ資本所有30％目標を再び明文化するなど「マレー人社会にも非マレー人社会にも配慮を払う、というUMNOの現在の政治的苦悩が現れた内容となっている[57]」。

## 6．マハティール以降

　2003年10月に首相マハティールは、その座を副首相のアブドラ・バダウィに譲った。22年振りの新指導者の登場でマレーシアは、新たな局面を迎えた。

　建国から今日までマレーシアの半世紀は、外資誘致政策を軸にした工業化による国作りにおおむね成功した。外資導入を可能にした根底には、歴代首相の卓越した指導力と議会制民主主義の政治体制を諸外国が評価していることにあるが、国土約33万平方キロ（日本の0.9倍）、人口2,585万人の小規模国家ということから開発戦略の手直しが比較的容易で、「小国の身軽さと伝統的な外交センス、多民族国家としての様々なチャンネルを最大限に利用して、国際社会の変化に機敏に対応することで[58]」時代のニーズに合せてきたという背景もある。

　一方、アブドラ新政権が解決すべき問題も数多くある。輸出指向型製造業の発展は雇用創出面を除き、国内経済への波及効果は小さく、いわゆる「飛

び地経済」の問題を惹き起こし、さらに輸出製品の製造に必要な中間財、資本財は依然として輸入に頼るため、マレーシアは慢性的な経常収支の赤字に生んでいる。やはり、すそ野産業の育成が不可欠と思われる。

MSC計画の進捗は、順調とはいい難い状況にある。ここ3、4年の経済成長率は、4.4％（2002年）、5.4％（2003年）、7.1％（2004年）、5.3％（2005年）、5.9％（2006年）と上昇傾向にあるが、年率7％維持にはMSCの発展がカギであろう。また、ブミプトラ政策についても国の内外にわたり、常に理解を求める姿勢と首相マハティールが示した様な柔軟な対応が必要であろう。

首相アブドラは首相マハティールの考えを継承するとしているが、巨額な資金を要するインフラ投資を推進したマハティール流の開発政策を修正する姿勢を示し、経済の高付加価値化、強い道徳観を身につけた人材の育成、農業振興、国民生活向上、社会格差是正などを重点政策に掲げている。同政権は、2004年3月の総選挙での圧勝により国民からの信頼を獲得、以降安定した政局運営を行っており、政権移譲は成功したといえる。[59]

## 第2節　マレーシアにおける日本人の活動と組織

### 1. 戦後日本企業の再進出と日本人駐在員の活動（敗戦からマレーシア独立まで）

前節ではマレーシアの歴史をふりかえりつつ、特に戦前の英領マラヤと日本の関係について、戦後については、マレーシアの経済と社会情勢の変遷にともなう日系進出企業の動向、などについても述べてきた。第2節では、そうした日系企業の活動を支えた日本人駐在員の戦後の活動と組織についてまとめた。

1941年12月8日の太平洋戦争の開戦とともに、英領マラヤ、シンガポール（海峡植民地）の在留邦人はイギリス官憲に拘束され、シンガポールに集結のうえ、インド（デリー郊外プラナキラ城、及びデカン高原の中央部デオリー政治犯収容所）に約3,000人が抑留された。一部の人は捕虜交換船でシンガポールに戻れたが、おおかたの人は日本の敗戦を経て、4年を超える抑留生活をインドにておくった後日本に帰国した。したがって、戦前の英領マラヤにおける日本人資産はその時点ですべてイギリスに接収された。[60]

日本軍によるシンガポール占領後の軍政期（1942年2月〜1945年8月）には、マレー半島には石原産業など日本軍関係者以外の民間在留邦人の居住は制限されていたが、こうした人たちもまた、敗戦後イギリス軍により抑留され、シンガポールに集結し、前述のインド抑留者組と合流した後日本に送還された[61]。

　1947年8月、GHQ は制限つきの民間貿易の再開を認め、1950年1月には民間貿易が再開されたが、マラヤ連邦における日本企業、日本人の再進出は、宗主国イギリスの厳しい入国制限の結果[62]、きわめて限定的で、かつ華僑の根強い反日感情の中、零からの出発であった。イギリスがマラヤ連邦とシンガポールにおけるゴムと錫の権益に対し日本の進出を恐れたためであった。

　しかし、1952年4月の対日講和条約発効を経て、ようやくシンガポールとの交易がはじまった。1950年代半ばからは、日本人の入国規制が緩和され、日本企業特に総合商社、専門商社のシンガポールへの進出が活発になり[63]、銀行、保険、海運なども加わり、マレー半島はシンガポール支店の営業範囲に組み込まれるようになった[64]。この時期のマレー半島はシンガポール支店駐在員の活躍の場となったといえる。

　ブリヂストンタイヤ（1956年、支店）、小野田セメント（1958年、合弁会社）、といった有力製造業も、この時期に、シンガポールに拠点を設立して、マレー半島の市場開拓に取り組んでいる。味の素の場合は、1954年シンガポールに事務所を開設し、マレー半島の市場開拓を進め、1961年には独立後のマラヤ連邦政府より創始産業法令の適用を受け、1963年から市場確保を狙ってクアラルンプール郊外に工場建設を開始し、1965年には現地生産を開始している[65]。

## 2．独立後の日本人増加時期の区分と特徴

　マレーシアは1957年8月31日「マラヤ連邦」としてイギリスから独立、日本は直ちに国交を樹立して9月9日、新しく大使館を開設した。日系企業の駐在員を伴う企業進出は、独立後まず商社が先鞭をつけた。シンガポール支店の駐在員が出張でクアラルンプールに進出し、営業活動をしていたことはすでに述べたが、1959年ごろより商社の駐在員事務所の開設に伴いクアラルンプールとペタリンジャヤに駐在員が住み始めた。しかし、「マラヤ連邦政

府は、本邦商社員の滞在を極めて短期間に制限しており、延長手続きもきわめて困難な状況であったが、1960年、日・マ通商協定が締結され、この点大幅に緩和された[66]」。1962年には日本商社15社の支店設置が認められ[67]、2重課税防止協定を結んでいる。しかし、駐在員は2名以内など政府の諸規制は依然として厳しく、商社活動は制限されていた[68]。東京銀行は1957年に駐在員事務所を開設し、1959年10月には支店が開設された。製造業ではすでに見たとおり1950年代末期から動きが始まっており、1960年には日系製造業第1号としてライオン歯磨の工場が稼動開始したが、今日から見ればまだごく小数であった。

そして1963年に、商社マンを中核にクアラルンプール日本人会が設立された。1950年代後半からの当地進出の動きは急であったが、戦後実に18年経っていた。

当時の在留日本人は160名程度といわれている[69]。ほとんど企業の駐在員であって、戦前からの残留日本人は僅かに3家族であったという。こうした事情については、ほとんど記録がないが、クアラルンプール日本人学校の校医（歯科）として、またクアラルンプール日本人会の理事として、日本人会創設以来、日本人社会に多大の貢献をした医師川内光治の半生記のなかで、「（日本人会設立）当時の日系マレイシアンは、森家（当主、森敬湖[70]）、天藤家、とそして川内家の3家族だけでしたが、日本人会設立の際には、この方々の力添えが無ければうまくいかないことがたくさんありました[71]」とその著者は述べている。なお、川内光治は戦前シンガポールで開業していたが、インド抑留、シンガポールへの送還、内地帰国を経て独立後の1959年再来馬している。現在、クアラルンプールの日本人墓地にゆかりの人たちの墓がみられる。

1966年には日本人学校が開校し、1967年には日本との親善協定の締結とともに、円借款が開始され、「準賠償」が支払われ1962年以来くすぶっていた、いわゆる「血債問題」が解決した[72]。同年日本航空クアラルンプール便が就航するなど、日系企業進出の基盤は整ったが、製造業の企業進出が本格化したのは、この後、漸く70年代に入ってからである。

その後の日系企業の投資トレンドはすでに述べたが、3つのブーム期を迎えている。第1次ブーム期は1972〜73年、第2次は1982〜83年、そして第3

次は1988年以降1992年にピークを迎えたが90年代前半は高い水準を維持した。こうしたブーム期に日本企業、日本人は増加している。いずれも政府の誘致策に応えた進出である。

このうち、1981年からのマハティール政権時代にマレーシアの日本人組織は大いに発展した。1983年には念願の日本人商工会議所が開設され、特に1988年以降、外資誘致政策の効果を実証する形で日系企業の進出が急増し、それに伴い在留日本人数も大幅に増加した。

1963年（クアラルンプール日本人会設立）当時の在留日本人は、160名程度で、1984年は、5,275人となり約20年間で約5,000人の増加をみたことになる。その後数年は、マレーシアの景気後退の影響で在留日本人数は減少したが、1987年の3,603人を底に反転し、以後一本調子に増加を続け11年間で8,000人強（第3次ブームの続いた1995年まで8年間の年平均約840人、その後3年間の年平均約450人）の増加により1998年には11,726人とピークに達した。その後、アジア通貨危機、日本国内景気の低迷、中国への生産シフトなどの理由で、日系企業の戦線縮小に伴い、在留日本人数は減少に転じ2004年は10,208人となった。[73]

なお、大使館の調べでは、2006年10月現在9,928人で初めて1万人を割っている。しかも、興味を惹くことは2002年からの僅か4年間で、1,328人減少しているが、これは日系企業関係者が1,918人減少しており、減員が顕著な業種は製造業（家電やエレクトロニクス）である。逆に長期滞在者（含むMMSHP）が556人増加している。[74]マレーシアはその生活環境や、政府の積極的な推進策から移住先としての人気が向上している。MMSHPによる長期滞在者442人の主な滞在地は、ペナン262人、クアラルンプール92人、スランゴール31人で、ペナンの人気は高い。

マレーシアの場合は、近隣諸国とやや異なり、在留日本人の分布が、主にクアラルンプール及びセランゴール州、ペナン州、ジョホール州の3地区に分散され、1977年ペナン日本人会、1991年ジョホール日本人会が設立され、夫々古い進出の歴史をもっている。2004年現在その3地区の在留日本人とその比率は、クアラルンプール及びセランゴール州（6,605人・65％）、ペナン州（1,237人・12％）、ジョホール州（1,169人・11％）となっており、それまでの10年来その比率に大きな変動はない。[75]しかし、上記2006年の数字を見る

表11－1　在マレーシア日本人会員数（KL 日本人会調べ、2005年1月末現在）

| 地　域　名 | 法　人　数 | 個　　人 |
|---|---|---|
| 1．クアラルンプール | 398 | 3,931 |
| 2．マラッカ | 122 | 37 |
| 3．ジョホール | 88 | 515 |
| 4．ペナン | 91 | 877 |
| 5．トレンガヌ |  | 7 |
| 6．イポー | 31 | 48 |
| 7．クアンタン |  | 60 |
| 8．コタキナバル |  | 126 |
| 9．サンダカン | 5 | 5 |
| 10．クチン |  | 39 |
| 11．ビンツル |  | 20 |
| 12．ミリ |  | 27 |
| 13．ジブ |  |  |
| 14．タワウ |  | 20 |
| 合計 | 735 | 5,712 |

表11－2　JACTIM 会員数（2005年6月末現在）

| 地　域　名 | 会　員　数 |
|---|---|
| 1．クアラルンプール | 149 |
| 2．セランゴール | 260 |
| 3．ネグリ　センビラン | 33 |
| 4．パハン | 1 |
| 5．ケランタン | 1 |
| 6．サラワク | 1 |
| 7．ペナン | 25 |
| 8．ジョホール | 45 |
| 9．ペラ | 19 |
| 10．マラッカ | 16 |
| 合計 | 550 |

と、ペナン州では1,550人と増加に転じ、一寸した異変がおきている。

## 3．日本人組織の概略

マレーシア政府公認の在留日本人組織は、日本人会（含む日本人学校）と

マレーシア日本人商工会議所（The Japanese Chamber of Trade and Industry, Malaysia、以下 JACTIM）の２組織である。

　現在、日本人会はクアラルンプール日本人会及びマレーシア各地の日本人会があり、合計14の日本人会がそれぞれ独立した組織として組成されている。この内、日本人学校はクアラルンプールの他４地区で運営されている（クアラルンプールは、別途幼稚園も運営）。日本人会の現在の会員数については、法人会員735社、個人会員（含む家族会員）約5,100名である。

　これに対し JACTIM は、クアラルンプールに本拠を置き、ペナンなど４地区に傘下の部会を有する形態を取っている。JACTIM の会員法人は、550社である（表11−１、表11−２）。

　マレーシア日本大使館の調査によれば、2004年10月１日現在の在留邦人数は10,208人（内永住者は950人）、日系企業数は1,258社である。従って、在留日本人の約半分が日本人会に加入、日系企業の約６割が日本人会に約４割が JACTIM に加入していることになる。

　加入比率が意外と低い感があるが、下記事情が考えられる。

　第一に、日本人学校生徒は、日本人会会員の子弟が前提条件で、家族帯同駐在員は日本人会会員になる場合が多いが、単身赴任者には入会の必要性は必ずしもない。第二に、日本人会はマレーシア国内14カ所にあるとはいえ、遠方在住者には施設が利用しにくい。第三に、日系企業総数には、合弁企業で日本人駐在者がいない場合も含まれている。第四に、日本人会法人会員に比し、JACTIM 会員企業が少ないのは、マレーシアに複数の子会社を設立した場合、JACTIM 加入は中心となる子会社１社が代表格として入会する場合がある。また、進出規模、機能などの面から日本人会、JACTIM 両組織に入会しにくい場合がある。

　なお、日本人会への加入率の低下には、日系企業が政府から確保した日本人駐在員の枠を、「現地採用の若年日本人」に切り替えて、合理化を図っている動きが影響している、とも考えられる。日本人会事務局の話では、前述の長期滞在者は地域とのつながりを求めて日本人会へ加入するが「現地採用の若年日本人」の加入は大変少ないと説明している。

　次に日本人会と JACTIM の設立目的、歴史、役割など述べる。

## 第3節　クアラルンプール日本人会

### 1．クアラルンプール日本人会の誕生

　マレーシアには14の日本人会があるが、個人会員全体の約75％が属し，また日本人学校を含め運営規模も他の日本人会に比べ、圧倒的に大きいクアラルンプール日本人会（以下、KL日本人会）を述べることにより、在マレーシア日本人会の考察と致したい。

　KL日本人会は、1963年7月、マラヤ・ノザワ・アスベスト工場の事務室において設立総会を開催し、初代会長に東京銀行支店長田中純吉を選任した[76]。同年11月にマレーシア政府の認可を得て正式に誕生した。日本人会設立に際しては、前1962年に「血債」問題が発生したため、相当現地感情を意識した行動をとった[77]。この年はまた、マレーシアが1957年にマラヤ連邦として独立後、マレーシア連邦の結成に踏み切った年でもある。

　KL日本人会設立以前に日系企業の懇親会として、商社の集まりの珊瑚会（1962年設立）、メーカーの集まりの二水会（1962年設立）[78]が既に存在していた。KL日本人会は、こうした懇親会仲間の中で特に大手商社[79]と旧東京銀行[80]が中心となり、日本大使館と協力、連携して設立にこぎつけたものである。その頃の在留日本人の規模は企業体30、駐在員25、家族を含め総勢160名位であった[81]。

　KL日本人会会則第3条には設立目的を「会員相互の親睦、互助を図り、日本とマレイシア（原文のまま）の友好、親善促進に貢献する」とあるが、在留日本人社会が小規模の時代では、食生活を主とする日常生活問題と子弟の教育問題など在留日本人に共通する問題の情報交換や協議、解決の場が欲しいとの願いが、日本人会誕生に結びついたといえる。

　こうして日本人会は設立されたが、「会の運営に最も重要なクラブハウスも無く、会員のためには何も出来なかった。しかし資金力をつけるために、1964年1月から入会金、会費の徴収を始めた。（中略）やがて恰好の地に得て、5月1日には盛大に開所式を開くことが出来た。時に会員数は法人27社、個人88名であった。思えばクラブハウスの問題が片付くと堰を切ったようにすべてのことが強力に推し進められ、総務部、文化部、運動部、食堂部、会

計部、つづいて婦人部の組織作りも出来てクラブとしての体制が整ったのであった」と関係者は述べている。[82]

同年12月には第1回忘年会が開催され、また会員持ち寄りの児童向け図書室、婦人部の手による国語、算数の補習教育が行われるなど、異国での共通した生活問題を自分達の手で改善、解決していこうとの意気込みが感じられる。

筆者の経験では、KL日本人会に限らず、他国のケースにおいても在留日本人社会の組織化活動の原点は、おおむね全員が共通して抱く日本食を食べたいとか日本の新聞、本を読みたいといった素朴な願望と教育や病気への対応を個人ベースでなく、まとまって組織として改善、解決を図りたいとする行動様式にあり、官民が協力して上手に組織作りをする事例が多いと思われる。

## 2. 日本人学校の設立

KL日本人会の最も重要な事業の一つである日本人学校は、1966年9月、日本人会クラブハウスを仮校舎として開校式後、同年11月キアペン校舎にて正式開校した。先生2名、生徒10数名であった。KL日本人会設立（1963年）から丁度3年で、日本人学校開校にこぎつけた。

学校設立に向けた日本、マレーシア両政府との折衝は、実際には1965年の夏頃から開始された模様である。「対日血債問題がくすぶり続けている対マ折衝にはいろいろな困難がありましたが大使館の甲斐大使が自ら先頭にたたれ、鈴木参事官以下が連日のように文部当局に当たられました。当時この地でマレー系の学校長をやられマレーシアサッカー連盟の重鎮でもあり、政府文教面に広い人脈を持っておられた森先生が、（中略）表から裏から動いてくださり貴重な助言を頂きました。森先生の存在なしにはこの学校の設立は考えられなかったとも言えるほどです」と日本人小学校初代理事長酒井薫夫は語っている。[83]

アジア地区にはまだバンコクにしか例を見ていない当時、1年強というごく短期間に、両政府の認可取得、寄付集め、校舎選定、先生確保など多方面にわたる開校準備をやり遂げた関係者の苦労は相当であった、と思われる。[84]
校舎については当時の鈴木（参事官）が「使用中のジャラン・キアペンの大

使館庁舎を明け渡して新設予定の日本人校舎に振り当て、大使館は別の貸しビルでも探して移るという構想で、(本省の会計課長と会い) 好意的反応を得た。(中略) この案の利点は、旧庁舎を校舎に転用後も賃貸関係に変更が無いので依然大使館用地として相手国政府より保護対象となっているや、付設の校長先生用官舎、前庭の運動場利用にあった」と述べている。なお、先生と校舎以外の所要資金はすべて、受益者負担ということで、企業の寄付に頼ったが、「各社とも快く募金に応じて頂き予定額を越えて集めることができホットしました」と前記酒井は後に書いている。所要資金、寄付総額、などについては、当時まだ公式の機関誌も無く資料は残っていない。

またKL日本人会スタート直後から寺子屋的な補習教育に取り組み、教育環境の充実を強く求めた母親達(婦人部)の活躍も早期開校への一因となった。その後、1970年1月に幼稚園部を1971年1月に中学部を開設した。

KL日本人学校の正式名称は、「在マレーシア日本国大使館付属・クアラルンプール日本人会日本人学校」であり、略称は「クアラルンプール日本人学校」である。設立後の変遷を経て、現在同校はクアラルンプール日本人会が所有 (不動産及び教育ライセンスの所有)、運営、管理するに至っている。

## 3．KL日本人会の発展

KL日本人会の会員数は、2005年5月末現在で、法人398社、個人3,855名 (内家族2,287名) の他賛助会員 (マレーシア以外に居住する20才以上の日本人、又は、クアラルンプール及びその近郊に居住する日本人以外の者) 1,062名、地方会員 (クアラルンプール及びその近郊以外のマレーシアに居住する20才以上の日本人) 76名である。

会員増加に伴い、クラブハウスは (1964年5月開設時 Circular Road)、1979年 (Jalan Ampang)、1987年 (Jalan Permai) と2度移転したが、現在のクラブハウスは、旧日本人学校タマンセプテ校舎を改装し、1995年1月にオープンした。移転の都度、事業内容の拡充を図り、施設の充実、サークル種目の増加などにより会員の利便性を高めてきた。現クラブハウスは広い校舎跡を改装しただけに、体育施設、図書館の充実に加え、テナントショップの顔ぶれなど恐らくアジア地区有数の施設と思われる。

KL日本人学校も生徒数増加に伴い、1976年、タマンセプテ校舎への移転を経て、1993年現在のスバン校舎へ移転し今日に至っている。現校舎は、1989年1月スバン空港近くに敷地を先行して購入し、1991年12月に建設に着工、1993年4月に完成し、首相マハティールを迎え、式典を行った。2005年4月末現在の生徒数は、幼稚園部88名、小学部634名、中学部169名、合計891名である。

KL日本人会の機関紙については、1967年から3年程は、ガリ版手刷りの会誌『ぶんがらや』を発行していたが、1983年に『日馬和里』を創刊し今日に続いている。なお、1997年にはJCKLニュースレターを創刊している。

マレーシアにおける日本人会は、このKL日本人会（1963年）のほか、ペナン日本人会（1977年）、ジョホール日本人会（1991年）など計14設立され、夫々古い歴史をもっていることは既に述べた。これら各地の日本人会の相互交流組織として、KL日本人会が事務局となり大使館領事部と連携して安全対策協議会にあわせ、1995年から半年毎に各地で「マレーシア全日本人会連絡会」を開催している。2007年2月の例会の報告によると、①会員の動向、②地域貢献あるいは文化交流行事、イベント、③医療・教育・日本人墓地維持管理関係について、④その他各会での主要取組み事項、問題点、などについて大使館関係者出席の下での情報交換会を実施している（下線は筆者による）。

このマレーシア全日本人会連絡会で注目すべき点は、③「日本人墓地維持管理関係について」である。第1章で述べた通り、日本とマレーシア（当時英領マラヤ、シンガポール、英領ボルネオ）との関係は古く、したがって、広くマレーシア各地にわたり日本人墓地が残されている。1999年、在マレーシア日本国大使館が発行した、『マレイシアの日本人墓地―写真と記録で辿る先人の足跡―』によると、33ヶ所の多きに及ぶ。マレーシアにおける14の日本人会のうち、所管地域に日本人墓地なしと答えたのは、クアンタン日本人会のみで他はいずれも何らかの形で日本人墓地の維持・管理に努めているが、その報告からは、維持に苦労しているところも散見される。なおKL日本人会では、周辺各地の墓地で今なお発見される戦前の日本人の墓碑及び骨壷の、KL日本人墓地への移葬など地道な活動にも取り組んでいる。

戦前から、日本人会があったKL日本人会にしても、戦後唯一残された日

本人資産は日本人墓地だけであったともいえる。クアラルンプール日本人墓地については、1990年にKL日本人会が、墓地の改修を行った際に詳細な報告書が出ている。それによると、戦争直後は、日本人篤志家が管理した後、前出の森敬湖が1948年当地に戻って以来、墓地管理を行い、「昭和30年前半頃まで、(中略) からゆきさんとして来馬していた存命中の方々、当時およそ2,30名の方がおり、皆でお金を出し合っては草取りなどをしてもらい、(中略) 私も及ばずながら一緒にお手伝いさせてもらいました」との説明がある。[93] KL日本人会設立後、管理主体が何度か変遷したが、1984年からKL日本人会がその任を負っており、定例行事として彼岸墓参を実施している。なお、1980年からKL日本人学校の生徒による墓地清掃が開始されている。

## 4．KL日本人会の対外活動

　KL日本人会は設立のもう一つの目的であるマレーシアとの友好、親善促進についても活発な活動を展開している。日本人学校開校など当初の諸重要課題を軌道に乗せた後、1970年代から本格化した。ルック・イースト留学生の自宅招待、日本語弁論大会、囲碁大会など種々あるが、長年にわたり継続している二大行事は盆踊り大会と「かとれあ会 (1976年から使用された婦人部の対外名称)」主催のチャリティーバザーである。

　盆踊り大会は、1977年に日本人学校PTAの主催で、同校タマンセプテ校舎の校庭で開催されたのが始りで、今年で31回目を迎える。クアラルンプール夏の一大イベントとして定着した。この盆踊り大会は、日本人社会のみならずマレーシア人にも評判となり、年々人出が増え日本人学校の行事として対応は困難となったため、PTA、日本人会共催で数年経た後、1987年から日マ両国親善の一大行事との位置付けでKL日本人会主催となった。今や日本人社会の行事を超えて、主催者も2001年からKL日本人会と地元セランゴール州政府との共催となっている。

　クアラルンプール及び近郊の日本人は約6,600人であるが (2004年10月現在)、盆踊り参加者は4万人前後である。いかに地元のマレーシア人が盆踊りという素朴な日本の伝統行事に共感を覚え、楽しんでいるかがわかる。会場の確保や、やぐら作り等多岐にわたる準備と当日数万人の来場者に事故無く、楽しんで貰う対応を連綿として継続して来た、KL日本人会の組織力と

一体感が現れている。また、数万人を収容出来る会場確保が主催者の悩みとなっていたが、松下電産が自社の運動場（松下スポーツ・センター）を開放することにより1993年以降会場問題は解決し、さらなる盛大な盆踊り大会に発展した。

　もう一つの行事は、チャリティーバザーである。日本企業の駐在員夫人は、駐在国との文化交流や社会貢献活動に活躍する事例が多いが、マレーシアも例外ではない。KL日本人会は婦人達の活躍を期待し、発足当初から婦人部を有した。日本人学校が早期に実現した背景には、婦人達の地道な活動があったことは既に述べた。

　1972年12月に婦人部は老人ホーム、身体障害者ホームに対する奉仕活動を開始し、翌1973年日本人クラブにおいて、寄付金集めのための第1回チャリティーバザーを開催した。このチャリティーバザーの収益金は老人ホーム、身体障害者ホームへの資金支援に充てられている。以降、盆踊り大会同様毎年チャリティーバザーを開催している。同バザーも盛会になるにつれ、広い会場が必要となり1982年からヒルトンホテルが会場となった。本行事は地元の関係者から大いに感謝されているが、バザー出品作品を作成する駐在員夫人一人一人の真心と協力なくしては、永続不可能な行事である。

## 第4節　マレーシア日本人商工会議所（JACTIM）

### 1．JACTIMの誕生

　JACTIMは、KL日本人会設立から丁度20年目の1983年10月にマレーシア政府から公益法人としての認可を取得し、翌1994年11月に121社の会員でスタートした。誕生の経緯は劇的であった。1994年4月に発行された『JACTIMの歩み／10年史』並びに2004年2月発行の『JACTIMの歩み／20年史』を参考に誕生から現在に至るJACTIMの活動を述べることにする。

　在マレーシア日本人会は、クアラルンプールに誕生後、ペナン、マラッカにも設立されたが、進出日系企業の本来的なビジネスに関わる公認の組織はなく、業種別の懇親会である商社系の珊瑚会、建設会社系の建隆会、金融機関系の金曜会そしてメーカー系の二水会がビジネス問題の協議の場であった。商工会議所に相当する統一組織の立ち上げは進出企業の念願であり、マレー

シア政府に働きかけはしていたが、前向きな回答を得るに至らなかった。
1981年、首相マハティールが登場し、ルック・イースト政策が打ち出され日本への関心が高まり、日本企業のマレーシアにおけるビジネスチャンスが拡大した。しかし、開発プロジェクトに関係した建設、商社に対しマレーシア側からオーバープレゼンスを指摘される事態となった。

　日マ両国には民間ベースで両国の経済問題を協議し、また観光・文化交流を促進することを目的とする協議会として、日本側には「日本マレーシア経済協議会（The Japan Malaysia Economic Association、JAMECA）」、マレーシア側には「Malaysia Japanese Economic Association、MAJECA」があり、1977年から年1回のベースで協議会を開催していた。

　1982年、マレーシアで開催されたJAMECA/MAJECA年次会議で、マレーシア側はマレーシアにおける日系企業のビジネス活動は、マレーシア地元企業に利益をもたらしていないとの厳しい批判を展開した。「その時の雰囲気は、マレーシア側が一方的に多くの要求を出すのに対し、日本側は忍の一字で耐えているという状況であった。私は何とかもっと意見をぶつけ合うような場にならないものかと思ったものである。（中略）翌1983年、第6回JAMECA/MAJECA会議が東京で開催されるに当たり、（中略）この辺でそろそろJAMECA/MAJECAの場を借りて、KL日本人商工会議所ないしはそれに準じる団体の設立認可問題を提案してもらい、どんな反応があるか様子を見ようということになった。本件は、永田日立造船会長（当時）の口から提案され公式の議事録にものこることになった[94]」。

　進出日系企業の中でも、1983年3月から二水会がマレーシア政府要人との対話を開始したが、「資料を使って『当日参加の各社によれば』などと説明しても何か苦痛でならない。もし商工会議所があったら以下に便利かと考えた次第である。もしこうした場で、二水会という言葉を使うには団体等規制令による登録を要するからである[95]」。ステイタスとして、やはり公認の日本企業団体が適切であることを痛感していた。かかる状況下、各懇親会の主要メンバーは、1983年3月に着任した大使木内昭胤に事態の打開策を相談し、同年5月にマレーシア訪問予定の首相中曽根康弘から、首相マハティールに直接JACTIM設立の要請を依頼することとした。中曽根は本案をマハティールに申し入れ、マハティールは快諾した。

JACTIM設立準備委員会は、既存業種別四懇親会から4人づつの委員を出して、定款作成、財務、組織、渉外の四委員会を設置して準備を進め、1983年10月にマレーシア政府の認可を取得、翌月の11月28日に121社の会員会社を得て設立総会を開催した。この間、JACTIM設立に伴い、母体であった業界別四懇親会は解散しJACTIM会員に移籍との措置が取られた。しかし、それぞれの懇親会メンバー会社が全て移籍に同調したわけでなく、JACTIM暫定理事13人は、進出企業の共通の利害問題には業界を越えて対応する新たな機関の必要性を理解して貰うのに苦労した模様である。こうした経緯を経て翌年1984年2月に第1回年次総会を開催し、本格的な活動を開始した。

なお今日、外国系では日本のみが「Chamber of Commerce」の使用をゆるされているのは、当初、発起人たちは、米国、英国のBusiness Councilという既存組織を念頭において、通産大臣と面会したが、大臣よりCouncilは最近生まれた政府機関でも使用しているのでJapanese Centerではどうかの提案があり、いかにもShopping centerのような感じがすると意見を出したところ、マレーシア3人種、及び国際商工会議所なみに、「Chamber」でも良いと大臣の方から言い出された、というエピソードが残っている。[96]

## 2．JACTIMの基本理念

JACTIMの誕生（1983年）は、KL日本人会設立（1963年）から丁度20年目、戦後も38年も経っている。なぜ、かくも遅くなったか明快に説明する先行研究はない。したがって、考察の一助として、やや冗長になったが戦中、戦後の日・マ関係を書き連ねてきた。また、この時期は、外にあってはマレーシアの厳しい対日批判への対応、内にあってはそれぞれ異なったビジネス環境にある四つの懇親会の取りまとめにと、関係者にとって決して恵まれた状況ではなかった。かかる環境下での船出が、JACTIMの基本理念である「内にあっては和の精神。外に対しては謙虚な気持」を生み出したものと考えられる。JACTIMの設立準備に携わり、本格的な活動開始以来2006年10月まで永年にわたり会頭の職にあり、リーダーシップを発揮した鈴木一正は、機会あるごとに本理念を述べている。[97]

本理念は、設立以来今日まで脈々と引き継がれており、かつ今後も引き継

がれるべき精神なのであろう。

## 3．JACTIM の目的及び組織

JACTIM の設立目的は、
① 日系企業の利益擁護、②会員相互の親睦、③貿易、商業、産業及び投資活動等を通じた日マ両国の経済発展の促進、である。
具体的な活動は下記となる。
①マレーシア政府及び経済界との間断なき対話。必要に応じ会の意見の取りまとめ。
②日マ両国間に経済上の懸念あれば、民間の立場から懸念問題解決の努力。
③共通の課題を検討する委員会、業種毎及び地域毎の部会を設置会員の意見交換、調査、分析活動等を行う。
④対マレーシア投資環境を調査・分析し、会員に情報提供し、投資を促進する。
⑤講演会、セミナーの開催、ミッションの受け入れ等により、マレーシア経済への理解を深める。
⑥出版活動、親睦行事等、である。

以上6項目に加え、JACTIM10周年の記念事業として、1994年に JACTIM Foundation を設立し、新たな活動として、
⑦JACTIM Foundation を通じ、マレーシア社会への貢献活動を行うことが追加された。

本活動を展開するに当たり、組織は業種別8部会（第一、第二、第三工業、一次産品、貿易、金融、建設、流通サービス）並びに地域別4部会（ペナン、ジョホール、ペラ、マラッカ）を縦糸に、共通課題を担当する7委員会（総務、広報渉外、経営、調査、貿易投資、国際文化交流、中小企業）を横糸としている（表11－3、表11－4、表11－5）。

なお、2005年12月末現在、普通会員数は551社、2001年のピーク553社から、ここ4年間ほぼ横ばいである。その業種別構成は以下の通りである。[98]
建設工事33社（6.0％）、製造334社（60.6％）、貿易36社（6.5％）小売23社（4.2％）、銀行・証券・保険・リース14社（2.5％）、運輸33社（6.0％）、サービス68社（12.3％）、政府関係機関7社（1.3％）、報道3社（0.6％）である。

依然として製造業中心であるが、製造業も2001年ピーク342社で、それ以降やや減少傾向にある。またサービス業が2000年54社から14社増加して目立っているが、JACTIMに加入しない中小の業者の進出はこの他に相当あるものと思われる。

このうち製造業を業種別に見ると、電子・電機136社（24.7％）、化学29社（5.3％）、金属製品29社（5.3％）、輸送機械20社（3.6％）、機械一般17社（3.1％）、非鉄金属15社（2.7％）、鉄鋼13社（2.4％）、精密機械10社（1.8％）、食品7社（1.3％）、窯業7社（1.3％）、紙・パルプ5社、木材・建材4社、繊維3社、その他製造39社である。

電機・電子産業は、既に述べたが、1990年～93年に大きく増加し、その後97年～2000年にかけて引き続き増加して、今日、日系進出企業の中核で

表11－3　JACTIM業種別部会

| 部会の名称 | 業　種　例 |
| --- | --- |
| 第一工業部会 | 食品、繊維、木材、パルプ、紙、化学、ゴム、窯業、包装材、家具、文具、玩具、スポーツ用品 |
| 第二工業部会 | 鉄鋼、非鉄金属、金属製品、機械、輸送用機器、精密機器、プラント、その他関連 |
| 第三工業部会 | 電子、電機、その他関連 |
| 一次産品部会 | ゴム、木材、パーム油、水産、商品取引、石油、ガス |
| 貿易部会 | 商社 |
| 金融部会 | 銀行、証券、リース、損保 |
| 建設部会 | 建設、コンサルティング、設備工事 |
| 流通サービス部会 | 小売、運輸、観光、広告 |

出所：マレーシア日本人商工会議所『JACTIMの歩み／20年史』2004年。

表11－4　JACTIM地域部会

| ペナン部会 | ペナン州、ケダー州 |
| --- | --- |
| ジョホール部会 | ジョホール州 |
| ペラ部会 | ペラ州 |
| マラッカ部会 | マラッカ州、ジョホール州（ムアール） |

出所：前掲『JACTIMの歩み／20年史』。

表11−5　JACTIM 委員会

| 委員会名称 | 所掌事項 |
| --- | --- |
| 総務委員会 | 1．収支予算案及び事業計画案の策定<br>2．会員申込資格審査<br>3．職員の採用、給与等の決定<br>4・規約等の作成<br>5．その他、商工会議所の運営全般に関する庶務事項<br>6．政府の政策に関すること<br>（他の委員会が所掌するものを除く） |
| 広報渉外委員会 | 1．会報その他広報資料の作成及び配布<br>2．調査団及びミッションの受け入れ<br>3．セミナー、講演会、展示会等の企画及び実施（他の委員会が所掌するものを除く）<br>4．政府、関係団体、報道機関等に対する渉外及び広報 |
| 経営委員会 | 1．企業経営及びこれに関する政府の政策に係る研究及び分析並びに意見の取りまとめ<br>2．工場、事業場における賃金、労働協約その他労務全般に関する情報の収集及び分析<br>3．企業内教育、研修生の受け入れ、その技術移転全般に関する情報の収集及び分析 |
| 調査委員会 | 1．日系企業の企業活動に関する統計の作成及び調査の実施その他会員の便宜に供する各種資料の作成及び配布<br>2．調査団及びミッションの派遣 |
| 貿易投資委員会 | 1．日本・マレーシア間の貿易投資の促進<br>2．貿易・投資に関するマレーシアでの企業活動及びこれに関する政府の政策に係わる研究及び分析並びに意見のとりまとめ<br>3．MAJECA・JAMECA に関すること |
| 国際文化交流委員会 | 1．文化交流を通じた日本・マレーシアの相互理解の促進<br>2．マレーシア社会への貢献事業等の推進 |
| 中小企業委員会 | 1．新規中小企業会員の加入促進運動推進<br>2．中小企業向け経営相談室の運営、経営問題への対応<br>3．中小企業懇談会の開催<br>4．サポーティング・インダストリー振興に関する提言等中小政策企業関連でのマレーシア政府との対話（経営委員会／貿易投資委員会との連携） |

出所：前掲『JACTIM20年史』。

ある。しかし、2001年をピークにここ数年減少傾向にある。この他製造業で注意すべき点は、2000年以降、紙・パルプでの進出があり5社になり、一方ピーク9社（1999年）あった繊維は僅か3社になった。

## 4．JAMELA/MAJECA 年次会議と JACTIM の役割

　JAMELA/MAJECA 年次会議の設立の経緯は既に述べた通りである。この年次会議の議題及び議事内容は、1977年の第1回から公刊されているので見ることが出来る。1983年の JACTIM 設立以来政府との直接パイプが生まれたため、この会議自体はややセレモニー化しているとの評もあるが、議題及び議事内容の推移を見ると、日本側進出企業の問題点とマレーシア経済の問題点の推移を写す鏡でもある。JACTIM がこの会議の事務局としてその果たした役割は大きい。また、歴史的にまとまった報告書としては、マレーシア産業史の貴重な資料でもある。紙幅の都合で、これまで述べてきたことに関連して少々紹介しておくにとどめる。

　1970年代後半の会議開始直後は、マレーシア側は対マレーシア投資促進ミッション、マレーシアの資源―木材、ゴム、パーム油、ココア等―を利用した加工産業への投資促進、技術移転の迅速化、など要望している。1982年にはマレーシアに総合商社を設立するのでその育成支援を要請し、1986年には首相マハティールが外資誘致のためいくつかの自由化措置を講ずる決意を表明している。1990年代に入ると、マレーシア側は何度も日系企業における現地人幹部の登用を提起し、日本側から労働力不測解消に向け人材育成の必要性を強調している。90年代も後半になると、部品調達の現地化が両者共通の大きなテーマになった。通貨危機後の1999年には、日本側から日系企業の投資拡大余地は乏しく、マレーシアは投資環境の比較優位維持・強化が必要であることを指摘している。21世紀に入ると、裾野産業の育成、人的資源の高度化特に理工系高等教育の充実、中堅中小企業への取り組みが重要な課題になっている。[99]

## 5．JACTIM の調査・情報活動

　機関紙、調査レポートなど調査・広報活動の状況について簡単に触れておく。定例的なものでは、年4回発行されている『会報』と2000年に開設され

たJACTIMホームページが広報の中心である。会員向の調査レポートとしては、毎年12月に発行される『賃金実態調査報告書』は、12月に賞与を支給する会員企業にとって、この調査報告書が支給基準のひとつの目安にしている企業もあるため、11月中に速報版を発表している。この他、毎年5月及び11月に全会員に対するアンケート調査をまとめた『景気動向調査』は、日系企業の景況感を知るためによく使われる。

『マレーシアハンドブック』は、1985年に発行されて以来、ほぼ3年毎に版を重ね、2005年版で第7版になる。大使館、JICA、JETRO、JBIC、JACTIM各部会の専門家により執筆されており、記載分野が広く詳細でかつ大部（350頁）で、関係する人の座右の書となっている。ただ、こうした定期刊行の年鑑類に共通することであるが、更新の毎に古い計数が削除され、やや使いにくい面もあるが、『数字で見るマレーシア経済』は、経済関係の基本項目に限定されているが、長期的な観察が出来るように工夫されている。

JACTIMではこの他多くの調査レポートを出しているが、中でも興味をひくのは、『投資環境比較調査団報告書』である。国内篇はマレーシア工業開発庁（MIDA）から国内の投資環境を視察して欲しいとの要望で、1986年から調査団派遣を開始し、国内各地を廻り報告書を作成している。海外篇は1989年タイ（バンコク）から始まり、1990年代中葉からは、93年中国（華南）、94年・98年・2002年ベトナム、95年・2001年ミャンマー、97年インドなどASEAN地域だけでなく、東アジア、南アジアと幅広く調査している。隣国タイでも、バンコクの日本人商工会議所が主に輸出マーケットの調査のため、こうした国々に調査団を派遣しているが、投資環境の比較という意味では他に例が無いのではないかと思われる。

## 6．JACTIMの提言活動

JACTIMの活動内容は、設立から10年は本来的なビジネスに係る基本的な案件が中心で大企業主体の運営であった。90年代半ば以降の次の10年では、ビジネス面では中小企業会員の活動促進とビジネス面以外の文化、教育、社会面に活動を拡大し、今日に至っている。

多岐にわたる活動の中で、おそらく他国の在留日本人組織と比べても特徴的と思われる分野は、マレーシア政府の諮問を受け或いは自発的な、政策提

言による政府との対話であろう。実に数多くの提言がなされてきたが、主要なものはJACTIMホームページに記載されている下記提言であろう。

　1986年8月：新外資導入政策の基礎となる提言（首相宛）
　1991年10月：新投資インセンティブへの提言（首相宛）
　1997年5月：産業高度化に関する提言（首相宛）
　1998年9月：外国為替管理令の改正及び固定相場制への移行に関する意見書
　2002年12月：中国問題タスクフォース提言（首相宛）

　各種提言の具体的な内容及びマレーシア政府の対応について本稿では割愛するが、画期的な提言であった1986年の「新外資導入政策の基礎となる提言」について、その経緯を補足しておく。

　前述の通り、JACTIM設立直後の1985～86年にマレーシアは第一次産品の価格下落による輸出不振から、経済不況に陥った。他方、円レートは85年9月のプラザ合意を機に急速な円高に向かった。中曽根政権は、1986年4月に「前川レポート」を発表し、内需拡大、海外直接投資促進、輸入増大など日本経済全体の構造的変革の方向を打ち出した。

　「前川レポート」発表により、日本企業の海外進出は必至と捉えたJACTIMでは会頭鈴木一正が、早速、首相マハティールに「前川レポート」を提出した。首相マハティール並びにブレーンは、日系企業のマレーシア進出を期待し、外資導入により不況を克服する考えを固め、同年6月マハティールから鈴木に対し外資導入のための具体的提言の要請があった。JACTIMはタスクフォースを結成、8月に新外資導入政策の基礎となる15項目に及ぶ提言、"Investment into Malaysia from Japan"をマハティールに提出した。「15項目のうち、最も重要なものを2つ言え」との通産事務次官タンスリ・サルジの質問に対し、「外資制限の撤廃、それから労働許可の自由化」を鈴木は挙げた。[100] 具体的な提言内容は長いが、当時の進出企業は、マレーシアの何を問題にしていたか、明瞭に示されているので、整理して脚注に掲載した。[101]

　本提言を受けて、同年9月首相マハティールは国連での演説で、マレーシアは経済不況克服目的を含め輸出指向型産業化を目指すので、先進工業国の友人の支援が必要と訴えた。そして、50％以上の輸出指向企業には最大100

％までの外貨保有を認める外資規制緩和策、労働許可の自由化、租税優遇措置（投資優遇法）を３本柱にした抜本的な外資誘致政策が同年10月に導入された。こうして外資規制緩和策は JACTIM の提言を反映した内容となった。[102]

## 7．JACTIM の新たな活動分野

　JACTIM の設立目的は、会員の利益擁護、親睦と言う会員内部向きの面とマレーシア社会への貢献を意図した外向きの面がある。大まかにいえば、設立から10周年を迎えるまでは内向きの面の課題に注力し、90年半ば以降外向きの面に活動を拡大してきている。

　JACTIM Foundation（1994年）は、新たな外向き活動の代表的なプログラムである。具体的な活動は、
①グリーンドネーション（植樹事業）
②マレーシア国立交響楽団支援
③マラヤ大学・日本研究プログラム支援
④レジデンシャルスクール日本語・日本文化支援
⑤障害者スポーツ支援
⑥僻地への医療支援
⑦BAKTI（マレーシア政府閣僚夫人が組成した協会。恵まれない人々への幅広い支援活動を展開）への支援金がある。

　中小企業に関する JACTIM の取組みも、内向きのプログラムから始まり90年代半ばには外向きの取組みも開始された。2003年11月現在で JACTIM の中小企業会員数は、113社に達している。主たる取組みの経緯は、以下の通りである。
①1997年：中小企業担当理事の設置。
②1998年：中小企業加入促進パッケージの成立。
③1999年：中小企業支援事業の開始。
④2000年：中小企業委員会の設置と日本の中小企業庁より補助金の交付。
⑤2001年：中国ビジネス環境調査団の派遣。
⑥2002年：経営相談室の充実・強化。

　外向きには、政府が注力するサポーティングインダストリー振興に対応す

べく、2003年に JACTIM の育成支援策を打ち出した。具体的にはマレーシアの中小企業開発公社（SMIDEC）とも連携し、第一に、「既存の有望部材・部品製造会社5社支援」、第二に「日本人技術人材バンク設立」プログラムである。後者は、日本で定年退職もしくはリストラ・廃業に遭遇し、仕事を失った技術者にマレーシア地場の中小企業指導の職を提供するプログラムである。現在マレーシア政府が推進する、外国の引退生活者のロングステイ促進政策である「マイセカンドホームプログラム（MMSHP）」を活用する一策にもなるプログラムである。

## おわりに

　これまでマレーシアにおける日本人組織の歴史とその活動を、母体となる日系進出企業の歴史とマレーシア政府の経済政策の変遷とを眺めながら概観してきた。
　海外の在留日本人組織は、どの国の場合でもその設立目的を、一に同胞の利益擁護と親睦、二に相手国との友好、貢献を挙げていると思われるが、具体的な活動状況は必ずしも各国同じではないであろう。そうした中にあって、マレーシアの日本人組織は上記二つの設立目的のバランスを常に意識し、実のある活動を積み上げ、目的を確実に果たしてきたといえる。
　実績作りが可能であった理由として下記諸点を挙げることが出来るであろう。
　第一に、マレーシアに進出する日系企業が増加したのは、プラザ合意以降日本側での海外直接投資を促す国内事情と、マレーシア側の外資誘致をテコにした工業化推進施策とが合致した1980年代後半からである。当時から2003年まで、マレーシアの指導者は、親日家で強いリーダーシップを有する首相マハティールであった。マハティールが在留日本人社会に対し、理解ある姿勢で臨んだことが大きく貢献している。
　第二に進出企業の形態としてまず大企業が進出し、目的が輸出指向型であったこと、業種が電機、電子、半導体、自動車など組み立て加工型産業に限られていたこと、大企業に次いで進出したのは当該大企業と国内取引があった部品メーカーが主体で、現地でも一体感があったこと、進出地域がクアラ

ルンプール周辺に集中したこと、などが列挙される。

　こうした環境が、日本人組織の運営に反映され、実のある活動に結びついた。つまり、取り組むべき課題は会員間での共通関心テーマが多く、先発組の大企業はそれなりに駐在員数が多く、組織運営に拠出する人材が質・量とも比較的潤沢であった。また比較的狭い地域に各社が存在し、会合が物理的に容易であり、会員間の意思疎通が良好に保たれ、まとまりが良く且つ活発な活動が可能であったことなどである。

　第三に、日本大使館、日本人会、JACTIM の三者間の友好的な関係が、日本人組織の有機的な活動に結びついた。

　これまで、マレーシアの日本人組織が存在感ある団体として発展した背景を述べたが、たとえ恵まれた背景があるにせよその実績を考察するに、個々の事業、プログラムに携わった会員の建設的且つ献身的ともいえる働きがあってこそ成し遂げられたわけで、本姿勢が組織の伝統として培われたことを、まとめとして指摘しておく。

　マレーシアは安定的政治運営の下での経済発展により、労働集約型経済から知識集約型経済への移行を目指す国となった。同国の変化は、労働集約型日本企業にとっては、進出メリットが薄れ、ここ数年進出日系企業数は連続減少状況にある（2005年10月現在、1210社、対前年比48社減）。しかし、2006年7月に発効した自由貿易協定（FTA）を柱とする2国間の経済連携協定（EPA）により、両国はより緊密な関係を構築して、マレーシア経済の知識集約型経済への移行に貢献していくことであろう。

　また、現下の国際情勢をみると、我が国としてはイスラム諸国との相互理解、友好促進が不可欠と思われ、マレーシアは我が国とイスラム諸国との絆を深める橋渡し役として、我が国にとってより重要な存在になると思われる。また二国間のさらなる信頼関係構築の一助として、現地日本人組織の積極的活動の積み上げは今後とも大いに期待される。

**注**
1) 2004年の人口。全マレーシア、25,855千人。ブミプトラ、15,881千人（61.4％）。中国系6,115千人（23.7％）。インド系1,821千人（7.0％）。その他308千人（1.2％）。非マレーシア人1,730千人（6.7％）。（出典）統計局月次統計（出所）「数字で見る

マレーシア経済」40頁、2005年12月、JETROクアラルンプール駐在員事務所。
2)「もともとマレー人の生活は米・ゴム・オイルパームなど少数の農産物に依存するモノカルチュア経済である。しかも米の栽培はマレー人が90％を占めているが、ゴム園の所有については大規模なエステートはそのほとんどが欧州系住民に、中規模のものは華僑によって所有され、マレー人の所有は総ゴム園402万エーカーのうち80万エーカー（20％）に止まり、しかもその数は16万農家で、1農家あたり僅かに5エーカーで、欧州系の1エステート平均2,500エーカーに対して比較にならない小規模なものに過ぎない。このようにマレー人は、その生活手段を農村地帯に求めているので、圧倒的に村落に居住し、マレー半島の中でも、東海岸の地帯と北西部のケダ・ペルリスの諸州において多数を占めている。（中略）マレー人は、錫、ゴムの両産業にほとんど参加せず、原始的な自給自足の経済生活を続けており、資本主義的な企業への参加の機会が遅れている。（中略）これに対し、中国系住民は港湾地帯、豊富な錫鉱床地区、ゴムエステートの発達した西海岸、ならびに都市に集中しており、都市人口はマレー人11％、中国人42％となっている」（武富健治『マレーシアへの企業進出』アジア経済研究所、1966年、6-7頁）。
3) 土着の民（サンスクリット語源）。マレー人とサバ・サラワク両州及び半島部に居住する先住民をさす。2000年センサスでは、ブミプトラはマレー人のほかに36の先住民グループがリスト・アップされている。ブミプトラは憲法153条によって、特別な地位が保証されている。具体的には、公務員の採用、奨学金の給付、政府の許認可、ライセンス発給においてマレー人およびその他の先住民を優先するように規定されている（小野沢純「マレーシア―複合民族社会の経済発展」（渡辺利夫編集『アジア経済読本』（第3版）、東洋経済新報社）、130-131頁）。
4) 明石陽至「日本との交流」（綾部恒雄・石井米雄編集『もっと知りたいマレーシア』（第2版）、㈱弘文堂、1994年、258頁）。なお、「からゆきさん」については、詳しくは、清水洋・平川均「からゆきさんと日本の対シンガポール経済進出」（『からゆきさんと経済進出』コモンズ、1998年）を参照願いたい。今日、クアラルンプールを始め半島各地の日本人墓地には数多くの無縁佛のからゆきさん達が眠っている。
5) 同前、260頁。
6) 同前、266頁。
7) カメロン高原に入植した日本人農民は、トマトを始め高原野菜を栽培し、マレー半島、シンガポールに出荷するなど地歩を築いたが、太平洋戦争開始前に日本へ引き上げ、今日残留者はいない。しかし、栽培技術は継承されたという。詳しくは、原不二夫『英領マラヤの日本人』（アジア経済研究所、1986年）を参照願いたい。
8) 隣国タイの日貨排斥運動と異なり、「イギリス植民地政府も、華僑の過激な反日

行動は日本からの介入を恐れ取り締まったが、ある程度の反日運動を許容、黙認した」(前掲「日本との交渉」、269頁) ことが後に大きな影響を残すことになった。

9) 萩原宣之「政治と経済」(前掲『もっと知りたいマレーシア』、218頁)。
10) 同前。
11) 前掲「日本との交流」、258頁。
12) 詳しくは、太田弘毅「日本占領下マラヤにおける鉄道運営事情」(明石陽司編著『日本占領下の英領マラヤ・シンガポール』岩波書店、2001年) を参照願いたい。
13) こうした事情を学校などでどう教えているか、参考までに教材図書から引用する。「この間、日本人は、それぞれの州のスルタンの特権をふやし、さらにマレー人を保護しました。いっぽうで、イギリス軍と共に日本に抵抗する敵国人であるという理由で、中国人には残忍な行為をはたらきました」(渡辺一夫『マレーシアのくらし―世界各地のくらし―5』ポプラ社、1995年)。
14) この背景としてイギリスは「反日から反英へと転換したマラヤ共産党 (1930年設立) の運動を抑え、錫とゴムの権益を守るために UMNO と協力することに利益を見出した」(前掲「政治と経済」、218頁)。事実、1948年2月、マラヤ連邦が発足するとマレー人優位の保守的な連邦に反対して、イギリス植民地支配をなくすためマラヤ共産党が反英武力闘争に立ち上がり、イギリスは非常事態を宣言し武力鎮圧にあたり、1960年6月に解除された。
15) マラヤ連盟党は、その後も勢力を拡大して、1972年に国民戦線 (National Front) となり現在に及んでいる。この与党連合を現在 NF と呼んでいる。
16) マレーシアに関する言葉で、マレー、マラヤがある。マレーとはマレーシアの多数派住民又は母国語を指す。マラヤはマレーシアの内、マレー半島部分の地域名である。マレーシアは、マレー半島・サバ・サラワクの全地域又はマレー系、華人系、インド系、先住民系全てを含む国民を指す。
17) 小野沢純「第Ⅳ章 工業化の担い手たち 第二節 日系企業」(堀井健三編『マレーシアの工業化多種族国家と工業化の展開』アジア経済研究所、1991年、161頁)。
18) 1955年の世銀報告書「マラヤにおける経済開発」をベースに第1次 (1956～60年)、第2次 (61～65年)「マラヤ5ヵ年計画」が導入された。当時は民生安定と貧困対策は農業・農村開発で対処できるという考え方が主流であった (前掲「マレーシア―複合民族社会の経済発展」、130-131頁)。
19) 60年代も天然ゴムと錫だけで輸出全体の80％を占めていたが、70年代半ばからはこれに原油とパーム油、木材が新たな輸出1次産品として登場し、80年代に入ると、液化天然ガス (LNG) が加わった。その結果、80年代までにマレーシアは天然ゴム、錫、パーム油、南洋材、コショウという輸出量世界1を誇る1次産品を5つも抱えるようになった (前掲「マレーシア―複合民族社会の経済発展」、

131頁)。「ここで忘れてならないことは、天然ゴム、パーム農園に積極的に高収量品種を導入し、技術革新を進めながら世界市場での競争力を高めつつ1次産品輸出を拡大していったことである」(今岡日出紀「政治と経済」前掲『もっと知りたいマレーシア』、238頁)。

20) 創始産業法令。国産化されていない重要な業種を創始産業(パイオニア産業)と指定し、所得税減免などの恩典措置を設けて、投資を奨励する措置。1965年に創始産業法になる(前掲「マレーシア―複合民族社会の経済発展」、131頁)。

21) 吉村泰明「経済開発における対外関係」(松尾弘編『マラヤ・シンガポールの経済開発』アジア経済研究所、1962年、301-309頁)。

22) 味の素株式会社の社史『味をたがやす―味の素八十年史』(1990年、318-320頁)による設立の経緯は以下のとおり。1959年に調味料(MSG、グルタミン酸)製造は創始産業に指定され、「マラヤの場合には、タイやヒィリピンに比べて『味の素』の販売量が少ない、工場建設後に保護的な輸入関税が設定される見通しが立たない、などの問題点があったが、当社は、いわば『先制的防御』の観点から工場建設を決めた」。1961年7月、Ajinomoto (Malaya) Co. ltd. 設立。1962年、KL郊外に工場用地を州当局から借用。その後規模縮小で設計変更に時間を要す。1963年9月、建設に着手。1965年4月完成。5月製造開始した。なお、マレーシア政府は1964年10月に、調味料(MSG)の輸入禁止措置をとったため、同社の操業当初の経営を安定化させた。

23) 野沢石綿セメント社(Malaya Nozawa Asbest Cement Co. Ltd.)は、1962年稼働開始、日系製造業での創始産業法令による稼働第2号である。

24) 前掲「第Ⅳ章 工業化の担い手たち 第二節 日系企業」、161頁。

25) 江口巌「40年見つづけたマレーシア」(KL日本人会『日馬和里(日本人会40周年記念特集)』2004年11月)。なお、同社事業は「洗剤は常夏のマレーシアでは家庭の必需品であり、景気にも余り影響を受けないので事業は順調に進展しております」と述べられている。

26) 5月13日事件は政治的側面が大きい。この1967年は、マラヤ連邦からの独立10年目に当たり、憲法の規定により、マレー語の国語・公用語化がきまり、官公庁、教育機関でマレー語の使用が実行されていった。このため、華人とインド系人の間にはマレー語が強制されることに対する不満が高まった。また、マレー人社会の内部では、マレー人農民の生活は向上したが、人種間の経済格差が拡大していることに対する不満が内向していた。直接的には、1969年5月の下院議員選挙でマラヤ連合党が議席を減らし、特に華人系のMCAは半減し華人、インド人の不満が野党支持に廻った。この結果を踏まえて野党支持の華人青年が勝利の行進を計画した。一方、UMNO支持のマレー人青年が華人に対抗して行進を計画し、両者がクアラルンプールで衝突した。死者196人、負傷者439人の流血事件となり、

華人の犠牲者が多数を占めた。この流血事件の処理として、70年7月の緊急条例で、市民権、公用語としてのマレー語、マレー人の特殊な地位、スルタンの地位についての公的議論を禁止することを決め、8月に国王が国家理念5原則を発表し、マレー人優位の政治的枠組みを強化している（前掲「政治と経済」、224-225頁）。
　なお、9月には、初代首相ラーマンが辞任し、副首相ラザクが第2代首相となった。

27) 91年以降は種族別経済格差の是正という基本方針が「2020ビジョン」に引き継がれた。
28) 指定された地域（全国で12ヶ所）への入居企業は、80%以上の輸出が義務付けられるが、法人税、輸入税などの減免が得られる。特に、半導体・ICなど電子産業の輸出振興を目的に導入された（前掲「マレーシア―複合民族社会の経済発展」132頁）。
29) 日立製作所、NEC、モトローラ、インテルなど。
30) 熊谷聡「世界の中のマレーシア」（財海外職業訓練協会『グローバル人づくり』2007年、VOL.24 No.5）。
31) 前掲「第IV章　工業化の担い手たち　第二節　日系企業」、160-161頁。
32) 川端隆史「3 歴史」（マレーシア日本人商工会議所『マレーシアハンドブック2005』2005年、10頁）。
33) マレーシア重工業公社：1980年に新経済政策の一環でブミプトラの重工業分野（国産車、オートバイ、鉄鋼など）への進出を促進するために設立された政府出資の公企業。国産車計画を実現した。その後、90年代に民営化された。ハイコム（HICOM）ともいう（前掲「マレーシア―複合民族社会の経済発展」、131頁）。
34) プロトン・サガ車：マレーシア重工業公社（出資比率70%）と三菱自動車工業・三菱商事（同30%）で設立したプロトン社が1985年から生産開始した始めての国産乗用車（1300ccと1500cc）。「『国民車』と言うものの、プロトン設立の最大の目的は、自動車という裾野の広い産業を核として、それまで主に農業に従事していたマレー人を本格的な製造業分野へ進出させることであった。（中略）強力な保護政策下とはいえ一時は国内乗用車市場で7割を超えるシェアを誇っていた。しかし、近年は貿易自由化とともに競争力が目に見えて低下し、2006年上半期のシェアは33%にまで落ち込み、将来が危ぶまれている」（前掲「世界の中のマレーシア」、33頁）。マレーシア側は財務省や一般株主の参加もあり株主構成も変わり、また三菱自動車工業が保有株を売却した（2000年）こともあり、目下「独・VWと米・GMとの包括提携交渉が続いている」（『日本経済新聞』、2007年3月22日）。
35) 鳥居高「マレーシア」（原洋之介編『新版　アジア経済論』NTT出版、2001年、219頁）。
36) マレーシア政府は、「東方政策」の下で日本への留学生派遣事業を行い、予備教

育修了者の対日経費を負担している。なおマレーシア人事院が発表している東方政策卒業生は累積で約15,000人（学部・研究生、産業研修生などを含む）に上がっており、ASEAN の中では最大の対日留学生派遣国である（吉田晋「6．文化交流」（マレーシア日本人商工会議所『マレーシアハンドブック2005』2005年4月）。ただし、（日本マレーシア協会会長平沼越赳夫「国づくりは『人づくり』から」前掲『グローバル人づくり』、2007年、VOL.24 No.5）によると、「これまでに、我が国約8,000名の留学生、研修生を受け入れてきましたが、彼らの多くは在マレーシア日系企業等で活躍しており、マレーシア経済の発展と日・マ両国の相互理解に大きく貢献しています」と述べられている。

37) 鈴木克博「Ⅲ 土木・建設業」（前掲『マレーシアハンドブック2005』2005年、182頁）。

38) 德武功「OB 座談会」（マレーシア日本人商工会議所『JACTIM の歩み　10年史』1994年4月）、58頁。

39) 前掲「第Ⅳ章　工業化の担い手たち　第二節　日系企業」、160-161頁。

40) 前掲「マレーシア―複合民族社会の経済発展」、135頁。

41) 日本からの製造業投資の認可額は、80年代前半は LNG プロジェクト向け大型投資のあった82年を除き、年間1億リンギット以下であったが、87年2.3億リンギット、88年5.6億リンギット、89年10.7億リンギットと急増した。89年1年間のみで、この第3次ブーム期以前の17年間（71～86年）の認可額累計（約9億リンギット）を大きく上回っており、いかに凄まじい進出ブームであったかがわかる（前掲「第Ⅳ章　工業化の担い手たち　第二節　日系企業」、160-161頁）。

42) NEP が実施された1971年以来2005年まで35年の実質平均成長率は6.7％、不況であったのは、1975年（0.8％、1次産品価格の低迷）、1985年（−1.0％、1次産品価格の低迷）、1998年（−7.5％、通貨危機）、2001年（0.3％、IT 不況）だけである。70年代平均8.4％、80年代平均5.7％、90年代平均6.8％となる（前掲「マレーシア」、221頁、前掲「マレーシア―複合民族社会の経済発展」、136頁・前掲「世界の中のマレーシア」、30頁から作成）。

43) 日立セミコンダクター社：1972年ペナン州の FTZ に進出。トランジスターからスタートしたが、その後64キロビット→256キロビット→1メガビット DRAM、マイクロ・コンピューター、シリコン・ダイオードなどへの製品の高度化に伴い、設備投資を繰り返し、操業16年間に子会社3社を次々に設立した。

　　松下電器産業グループ：1965年家電製品の組立生産でスタートし、その後ウインドー型エアコン、電子部品、セラミックコンデンサー、偏向コイル、コンプレッサーそしてカラー TV などを製造する工場を1990年8月までに11カ所設立した（前掲「第Ⅳ章　工業化の担い手たち　第二節　日系企業」、164-165頁）。

44) 前掲「第Ⅳ章　工業化の担い手たち　第二節　日系企業」、162-164頁。

45) 2007年3月、都銀元駐在員との筆者によるインタビュー。
46) 鈴木一正「マハティール後のマレーシア―経済・財政・税制と日系企業の現状」(『国際税制研究』2004年 No.12号、日本国際税制研究会、2004年)12頁。
47) 「1990年の初頭に高成長が始まって以来、マレーシアは途上国でありながら、既に完全雇用・人手不足の経済なのである。その人手不足を補うために、マレーシアは大量の外国人労働者をうけいれている」(前掲「世界の中のマレーシア」、32頁)。
48) 90年代に入り、従来の半導体・IC中心から、より付加価値と技術集約度の高い製品や部品にシフトした結果、マレーシアは世界有数のカラーTV、エアコン、VTRの輸出国になり、2000年には工業品の輸出シェアは85%に達した。それに連動して、金型、プラスチック部品、金属プレスなど地場の裾野産業にも波及効果を与えつつある(前掲「マレーシア―複合民族社会の経済発展」、140-141頁)。ただ、製造業が余りにも、電機・電子産業に偏りすぎている(2000年工業品輸出総額の73%)ため、2001年の世界的IC不況の影響を大きく受け、一層の高度化と裾野の拡大が課題である。
49) 前掲「マレーシア―複合民族社会の経済発展」、140頁。
50) 前掲「マレーシア」、222頁。
51) NEP期間中のマレー人の経済的地位向上の計数的裏付けは、小野沢純「マレーシアの開発政策とポスト・マハティールへの展望」(『国際貿易と投資』、Winter 2002/50、2002年)を参照願いたい。なお、前掲「マレーシア」、225頁によると、HICOMなど公企業を加えると91年末で34%となる。
52) 前掲「マレーシア」、222頁。
53) 「ビジョン2020」の目標

| 1．マレーシア民族という単一民族で構成された統一マレーシア人国家の確立 |
| --- |
| 2．精神的に自由で安全な、発展した社会の創造 |
| 3．成熟した民主的社会の育成と開発 |
| 4．高度に道徳的・倫理的社会の確立 |
| 5．成熟した、自由で寛容な社会の確立 |
| 6．科学的かつ進歩的な社会の確立 |
| 7．福祉の行き届いた社会の確立 |
| 8．国の富が公正・公平に分配される、経済的正義のある社会の創出 |
| 9．十分に競争力があり、活力に満ち、強靭で弾力性に富んだ経済を有する、繁栄した社会の確立 |

出所：さくら総合研究所・環太平洋研究センター編『マレーシアでの事業展開』さくら総合研究所、1997年4月、56-57頁。

54) バンサ・マレーシア：マレーシア国民、マレーシア人という意味のマレーシア語。1991年から導入された国策「2020ビジョン」を象徴するスローガンにもなっている。

各種族のアイデンティティを堅持しながらも、多民族国家を束ねる強力な国民意識の形成を狙ったもの。しかし、民衆の間でのバンサ・マレーシア意識は決して強くない（前掲「マレーシア―複合民族社会の経済発展」148頁）。

55) MSC 計画の進捗：プトラジャヤは1998年から首相官邸が移転するなどすでに機能し、2005年までに全体が完成する予定であった。プトラジャヤは1997年に起工し、2005年までに完工する予定になっているが、いずれも遅れているようだ。

56) マレーシア政府は当初 IMF 型の緊縮財政・金融政策により危機を乗り切ろうとしたが、右政策は必ずしも奏効せず、98年半ばより、それまでの政策を大幅に転換し、積極財政、金融緩和による景気刺激策に移行した。また、為替を米ドルに対して固定し、短期資金の国外持ち出しを禁止する措置を導入した。このようなマレーシ政府の景気刺激策及び為替・資本規制、不良債権処理、さらには我が国による大規模な資金援助（98年、99年の2年間で総額68億ドルをコミット）等により、経済は急速に回復に向かった（在マレーシア日本大使館 HP、2005年4月3日より）。

57) 前掲「マレーシア」、230頁。

58) 前掲「世界の中のマレーシア」、29頁。

59) 前首相マハティールは、開発政策の軌道修正を行う首相アブドラを2006年6月頃から批判し始めた。同年10月に両者は直接話し合ったが、マハティールはアブドラ政権が国家にとって好ましくない政策を取れば政権批判を続けると表明した。

60) 接収された日本人資産の処分については、後出注70同様、原不二夫編著「日本とマレーシア経済―第2次大戦直後の賠償問題決着の経緯とその経済的意義―」（『マレーシアにおける企業グループの形成と再編』アジア経済研究所、1994年）が詳しい。

61) 日本人の抑留・送還の経緯は紙数の都合で簡記した。本稿は以下の論文を参考にした。①原不二夫『英領マラヤの日本人』（アジア経済研究所、1986年）。なお同書には、英領ボルネオへの入植者の状況も述べられている。②石原産業㈱『創業三十五年を回顧して』（1956年）。③川内光治「ある日系マレイシアンの記録」（KL 日本人会『日馬和里』、1988年4月第10号～1992年6月第18号）。本稿は KL 日本人学校の校医（歯科）として、また KL 日本人会の理事として、KL 日本人会創設以来、日本人社会に多大の貢献をした医師川内の半生記を石橋總吉郎がまとめたもの。

62) 「イギリス政府の立場は、対日講和条約の締結によって日本人の渡航を原則的に認めたものの、ビジネスマンと外交官に限ってであり、労働者、小売商や商店経営を認める意図はなく、その他では、医者、法律家などが入国を許可された。また、日本の占領期にマレー半島、シンガポールにいた日本人に対しても入国は認められなかった。こうした規制が、1955年10月まで続いたものと思われる」（前掲「か

らゆきさんと日本の対シンガポール経済進出」、240-241頁）。
63）　シンガポールの日本人会設立は、1956年である。
64）　「そもそも日本企業の進出解禁は、1955年に誕生したシンガポール自治政府の主席D・マーシャルが中国共産党の台頭を恐れ、日本政府と日本企業への関心を高めたことから実現したものであった」（前掲「からゆきさんと日本の対シンガポール経済進出」、215頁）。
65）　前掲「からゆきさんと日本の対シンガポール経済進出」、219-233頁。
66）　前掲「経済開発における対外関係」、305頁。
67）　このとき設立を認可された商社15社が珊瑚会を結成した。
68）　「すなわち、三国間貿易取引の禁止、国内卸・小売に類する取引の禁止、現地借り入れの制限、法人要員2名以内の制限といった規制で、こうした条件下にあっては充分な商社活動もできない」（武富健治『マレーシアへの企業進出』アジア経済研究所、1966年、6-7頁）。
69）　鈴木干夫「KL日本人会・日本人学校誕生記」（KL日本人会『日馬和里』3号、1985年7月）。
70）　森家の当主、森敬湖及び夫人ちよかの経歴については、「忘れがたい偉大な日系マレイシアン」（KL日本人会『日馬和里』19号、1992年11月〜21号、1993年10月）を参照願いたい。
71）　『日馬和里』編集部「ある日系マレイシアンの記録」（KL日本人会『日馬和里』16号、1991年8月）。なお、注60に記載のとおり『日馬和里』9号〜18号に医師川内の半生記が掲載されているので参照願いたい。なお、川内の再来馬が遅くなった理由は、「夫人は当地生まれで国籍を保持していたが、本人及び家族は日本生まれのため、（移住許可が緩和された）マラヤ連邦の独立後になった」と二女えみ氏は述べていた（2007年2月、同氏とのインタビューによる）。
72）　「『血債』問題は、1962年にシンガポールの建設現場で日本軍に殺された何百人もの遺骨が発掘されたことを契機に、もちあがった。多数のマラヤ人が、とりわけマラヤ華人が、日本政府に虐殺された人々に対する『血債』を清算するよう、求めたのである。虐殺された者に数は、マラヤ全体で10万人以上といわれた。マラヤ人の、この熱心な粘り強い運動が、1967年の「親善協定」をもたらしたといえる。シンガポール政府も、同じく1967年9月に、ほぼ同様な「親善協定」を締結した。両国に対する「親善贈与」もしくは『血債』はそれぞれ2,500万マレーシア・リンギ、2,500万シンガポール・ドル（当時の交換レートでいずれも約30億円）だった」（前掲「日本とマレーシア経済—第2次大戦直後の賠償問題決着の経緯とその経済的意義—」、154頁）。
　　　なお、同書によると、第2次大戦終了直後より、マラヤの人々の声に応えてイギリス政府は、戦争被害に関する情報を収集し、1948年「マラヤ戦争被害補償計

画」を策定し、主要財源に日本からの賠償(当初8,570万ドル、後に6,000万ドル)を想定した。しかし、1951年9月のサンフランシスコ講和会議において、当時の宗主国イギリスが日本への請求権を放棄したため、マラヤ残置の日本資産が用いられることとなった。「残置日本資産処分から生じた資金は6,720万ドルに達し、戦災基金の15%をしめた。(中略)『親善贈与』の総額が『奉納金』の金額にぴったり一致しているのは、とても偶然とは思えない」(前掲「日本とマレーシア経済—第2次大戦直後の賠償問題決着とその経済的意義—」、178-179頁)。

73) 在マレーシア大使館調査、1996年1月並びに2005年3月、「マレーシア在留邦人数等の調査結果について」。

74) 当初は日本人と欧米人を対象に「シルバーヘア・プログラム」と称したが、2002年から「マレーシア・マイセカンドホームプログラム(MMSHP)」と改名し、全ての国を対象にした。

---

マレーシア・マイセカンドホーム・プログラムのビザ取得条件
・夫婦で15万リンギ(約450万円)、単身で10万リンギの5年定期預金を組む。金利は現在3%。
・あるいは夫婦で月収1万リンギ(30万円)、単身で7,000リンギの定期収入証明
・50歳未満の場合は上記二つの条件を両方満たす必要がある
・現地の病院の健康証明・
・ローカルスポンサー(現地身元連絡人)が必要

---

「特典」
・車を一台無税輸入か現地で無税購入
・介護が必要な親を扶養家族として連れてくることができる
・外国人メイドを一人雇用できる(介護してもらえる)
・15万リンギ以上の住宅を2軒まで購入可能(住宅ローンが借りられる可能性あり)

---

出所:早瀬紘一(ジェトロクアラルンプールセンター海外投資アドバイザー)、2005年3月、横浜での講演資料。

なお、MMSHPによるマレーシア滞在査証取得邦人の推移は、2002年49人、2003年99人、2004年50人、2005年87人、2006年157人、累計521人である(マレーシア入国管理局調べ)。

75) 同上およびマレーシア日本人商工会議所『数字で見るマレーシア経済』(2005年、35頁)から作成。

76)「理事役員の選挙に入ったが、私が今覚えているのは、大使館は有吉事務官、銀行関係田中氏、商社関係で三井の大高氏、東棉岡本氏、日綿南部氏、木下佐野氏、日航安田氏、味の素松本氏、石原産業松本氏、合弁事業関係で野沢アスベスト中島氏、セミ公共機関関係から私（須山 JETRO）が当選したと思っている。かくして、新規の当選役員によって会長1、副会長2の互選に入り、会長田中氏（東銀）、副会長松原氏（石原）、須山（JETRO）が選ばれた」（須山卓「KL 日本人会の草創期、日本クラブ誕生の前後」（KL 日本人会『日馬和里』22号（日本人会30周年記念特集）、1994年））。

77)「当時の KL の客観情勢は、（前年に「血債問題」が発生し）日本人の多数がこのような目立った形で参集することは、余り望ましいことではない状況だったので、総会の会場については紆余曲折を経た結果、結局は当時ペタリンジャヤに建設されていた野沢アスベストの中島氏にお話して、空いていた事務室を総会会場として利用させて頂くよう快諾を得た」（前掲「KL 日本人会の草創期、日本クラブ誕生の前後」31頁）。

78)「MALEX, LION, FEDERAL・Iron、味の素、鋼管工業、石原産業の6社（進出順）にて発足」（佐藤恒雄「思いは巡る」（前掲『日馬和里』22号、22頁）。

79)「当時のマラヤ連邦の経済界は商社の数に相対しては、余りに収益をもたらすような諸条件は無く、各社とも10％程度の赤字が続いていった状況であった。それにもかかわらず、各社は早く当時のシンガポールと同様に支店設置の認可を取り付けるための努力が、共通な問題として提起されていた。シンガポールと同様に15社だけしか許可しないという情報は、各社の競争心を激化させたが、（中略）結果は所詮15社という線で結論が出た。（中略）既に許可された支店のサンゴ会（15社）を問わず、日本人相互がもっと固まって日本人コミュニティィを造りあげようという気運が、このときから何とはなしに表面的に台頭してきた」（前掲「KL 日本人会の草創期、日本クラブ誕生の前後」、29-30頁）。

80)「クアラルンプール日本人会30年のあゆみ」（前掲『日馬和里』22号）によると、1963年～1993年までの30年間の KL 日本人会歴代会長は24人で、その所属会社は、東京銀行9人、商社5人（うち三井物産2人）、JAL 4人、味の素2人、松下電産2人、その他2人である。東京銀行の存在感が圧倒的に高かった。

81) 前掲「KL 日本人会・日本人学校誕生記」。

82) 南部晴雄「お隣のジャパン・クラブ誕生記―クアラルンプールの日本人たち―」（シンガポール日本人会『南十字星』1966年11月）。ただし、本稿は1978年3月に刊行された、復刻版によった。

83) 酒井薫夫「日本人小学校誕生の頃」（前掲『日馬和里』22号）。

84) 田中義人「想い出の日本人会」（同前）。

85) 前掲「KL 日本人会・日本人学校誕生記」、9頁。

86) 前掲「日本人小学校誕生の頃」、9頁。
87) 「クアラルンプール日本人学校の位置付けに関する基本確認事項」として平成12年2月に大使館公使と日本人会会長、学校運営理事長の間で次の4点を確認している（学校要覧より）。

　　1．同校は、1966年9月16日付け、在マレーシア日本国大使館付属小学校設置の基本に関する了解事項に基づき設置されたとの経緯があるところ、その後の変遷を経て、現在、同校はクアラルンプール日本人会が所有（不動産及び教育ライセンスの所有）、運営、管理するに至っている。

　　2．上記経緯、並びに現状に鑑み、引き続き在マレーシア日本国大使館公使を「学校代表」とする。

　　3．マレーシア政府への学校登録申請においては、在マレーシア日本国大使館公使を「学校代表」、クアラルンプール日本人会を「所有者」として登録することとする。

　　4．同校の正式名称は、「在マレーシア日本国大使館付属・クアラルンプール日本人会日本人学校」とし、略称は「クアラルンプール日本人学校」とする。

88) 旧日本人学校の校舎を、当局の許可を得て、日本人会のクラブハウスに「コンバージョン」した。第1棟、帝京日本語学院、日本人会幼稚園。第2、第3棟、日本人会の各種教室、ホール、図書室（蔵書4万冊）、レストランほか各種店舗。述べ床面積25,500sq.ft。工期は、計画より31ヶ月。改装経費、約250万リンギ。日本人学校より土地、施設の買取り資金470万リンギ。計720万リンギ。調達、既往積み立て金及び銀行借り入れ（高橋甫範「『新クラブハウス』移転物語」及び酒井豊「『新クラブハウス』改装」（前掲『日馬和里』25号、1995年3月）。

89) タマンセプテ校舎の建築資金については、当時日本人会の機関誌も発行されていなかったため公刊資料による詳細は不明である。僅かに、桑田英彦「日本人学校の建設について」（前掲『日馬和里』16号、1991年8月）によると、新築時及び2度の増設工事で総工費、744万リンギットで、うち政府助成は211万リンギット（28.4％）であった。残り533万リンギットは、企業の寄付と保護者の負担とされた。当時の為替レート¥/RM＠約100円としても、5～6億円の寄付であった。

90) スバン校舎の建設資金は4,392万リンギット。調達は、政府補助570万リンギット、自己資金600万リンギット、旧校舎の日本人会への売却470万リンギット、銀行借り入れ200万リンギット、残額2,552万リンギットは法人及び個人の寄付である。当時の為替レート¥/RM＠約50円としても、13億円近い寄付金総額になっている（資料、注76に同じ）。

91) マレイシア各地日本人会編集『マレイシアの日本人墓地―写真と記録で辿る先人の足跡―』（在マレイシア日本国大使館、1999年1月）、7頁。

92) 2004年9月14日、KL日本人会理事会審議資料「パハン州ラウ市で発見された日

本人墓碑の移葬について」。
93) 川内光治「K・L日本人墓地」(クアラルンプール日本人会『クアラルンプール日本人墓地―写真と記録と改修事業―』、1990年)、15頁。
94) 川崎芳孝「JACTIM設立の経緯」(マレーシア日本人商工会議所『JACTIMの歩み 10年史』1994年4月)、54頁。本稿は1986年10月発刊、JACTIM会報14号より転載。
95) 同前、55頁。
96) 同前、56頁。
97) Jactim会報「巻頭言」No.92 (2005年4月)、1-2頁。
98) JACTIM「2005年度事業報告書」(2006年3月)、39頁。
99) マレーシア日本人商工会議所「日本マレーシア経済協議会」(前掲『JACTIMの歩み 10年史』)、同じく、マレーシア日本人商工会議所「日本マレーシア経済協議会」(マレーシア日本人商工会議所『JACTIMの歩み 20年史』2004年)、および日本マレーシア経済協議会『日本マレーシア経済協議会 第24回合同会議記録』(2003年12月及び2004年11月)、『同第25回記録』(2004年11月)より構成した。
100) 鈴木一正「マハティール後のマレーシア―経済・財政・税制と日系企業の現状」(日本国際税制研究会『国際税制研究』2004年No.12号、12-13頁)。
101) 提言内容は以下の通りである(前掲『JACTIM10年史』69-70頁)。
   ① 政策の一貫性の堅持
   ② 新規投資と既在進出企業に対する平等な取扱い
   ③ ビザの弾力的発給、輸出指向型・ハイテク型産業分野に係るビザの自動承認、「キー・ポスト」ルールの見直し
   ④ 課税及びインセンティブ・法人税の軽減、ITA等細則の明確化、ルール、規制等の頻繁な変更の是正、課税及びインセンティブに係る手続の簡素化、資本投資に係る低利融資、社員訓練に係る費用への補助
   ⑤ ロイヤリティーの引上げ
   ⑥ 資本所有の自由かつ、首尾一貫した簡潔な資本所有比率規制の実現
   ⑦ 現地通貨(リンギット)の安定化
   ⑧ 現地金融市場における利子率の低減
   ⑨ 科学技術分野に係る教育プログラムの強化
   ⑩ 生産性の上昇に対応した労賃の上昇
   ⑪ 日本の中高年管理者の活用
   ⑫ 中小企業向け賃貸工場 (rental factory) の質改善
   ⑬ 港湾施設の改善
   ⑭ 自由貿易地域 (FTZ) の拡大
   ⑮ 製品輸出に係る金融政策(借越し規制の撤廃、ECRの条件の改善等)

102）　前掲『JACTIM の歩み／10年史』70頁。

［付記］
　執筆に当たり資料提供にご協力頂いた、JETRO、KL 日本人会、JACTIM、三井住友銀行、RHB BANK、ほか関係の皆様、専門家の見地よりご指導賜った小野沢教授に深く感謝申し上げる。本稿における曖昧さや誤りは、すべて筆者の理解不足の責任に帰すべきものである。

第12章

# シンガポールにおける日本人団体

糸 林 誉 史

## はじめに

「駐在員の住みやすさ、シンガポール1位」。イギリスの人材調査会社ECAが2005年に世界257都市を対象にした生活環境ランキングの結果である。シンガポールはインフラや医療機関の水準の高さ、疾病リスクや犯罪率、大気汚染の低さなどほとんどの部門で高得点となった。2位、3位はシドニー、メルボルンと続く。アジアでトップ50入りしたのは11位の横浜、14位の東京を含めてもわずか5都市だけで、オセアニアや欧米の都市の評価が上位にきた。また最も望ましい労働環境は、アジア太平洋地域のなかでシンガポールであることが、米国の国際調査研究所（ISR）の同年の調査で分かった。「従業員の福利厚生」など3項目でオーストラリアやニュージーランドなどの6カ国中で1位であった。ISR社は、シンガポール企業は「上級管理職が明確な目的と方向性を打ち出す能力を持っているため」、従業員は業務責任を理解し、会社への貢献方法を分かっており、また「従業員の自覚水準が高く、外国直接投資を誘致する原動力になっている」という。政府の労働政策も高い評価を得ており、賃金改革、人材育成、中央積立基金（CPF）の負担率引き下げなど経済構造の再編が労働環境の向上につながったと結論づけている。[1]

2005年8月9日、シンガポール共和国（The Republic of Singapore）は、マレーシアからの分離独立40周年を迎えた。人口約435万人（外国人80万人を含む）であり、マレー半島の先端部に位置する東西42km、南北23kmの島を中心に、60を超える島々からなる東京23区とほぼ同じ面積（699km²）の天然資源に乏しい小国であり、水でさえマレーシアから供給を受けている。だが1960年に21億5,000万Sドルだったは、2004年には1,805億Sドルとおよそ40年間で実に約80倍にも達し、国民一人当たりGDPも約2万6,700米ドルと、シンガポールはアジア太平洋地域において突出した経済成長を遂げた

のであった。

## 第1節　シンガポールの社会と経済戦略

シンガポールは自由港として出発し、つねに東南アジアの国際貿易の中心地であった。1819年、イギリス東インド会社のラッフルズ（Thomas Stamford Raffles）がこの島に到着し、ジョホールの支配者から植民地と商館建設の許可を得た。イギリスはラッフルズの活躍によりこの地域にペナン、マラッカ、シンガポールの3植民地を保有することになり、そのためヨーロッパ人、インド人、マレー人のほかに多数の中国人が来住し、またそうした華僑の東南アジア移住への中継基地ともなった。明治以降は日本人移民も多数来住した。シンガポールは1824年から1956年まで、1942年から45年までの日本軍政時代を挟んで、ずっとイギリスの直轄植民地であった。

1959年5月、英連邦自治州としての初の総選挙で、リー・クワンユーの率いる人民行動党（People's Action Party: PAP）が総議席数51のうち43議席を占めて圧勝し、彼が首相に就任した。そして1963年8月31日、イギリスからの完全独立を宣言し、同年9月16日、マレーシア連邦の結成に一州として参加した。しかしマレー系と中国系住民との間の対立の激化やシンガポールの財政負担の強化など、マレーシア中央政府との軋轢のため、1965年8月9日、シンガポールは連邦を脱退して独立したシンガポール共和国となった。自治政府成立より今日に至るまで、与党の人民行動党（PAP）が国会における圧倒的多数を占め、2004年8月、首相リー・シェンロン（元首相リー・クァンユーの長男）が、1990年より14年間首相を務めたゴー・チョクトンより政権を継承し、PAPがずっと政権運営を担っている。

日本との関係からみると、1963年頃からシンガポールでは、戦時中の日本軍による虐殺行為に対して賠償を求める「血債問題」が表面化した。チャンギ地区やシグラップ地区の土地開発によって日本軍の占領中に虐殺された華人の白骨が多数発掘され、住民の間に反日感情が巻き起こっていた。この問題の解決は1966年10月、シンガポールを訪れた外相椎名悦三郎と首相リー・クァンユーとの交渉で、日本が無償援助と低利の円借款を支払うことで何とか決着した。日本政府の行った賠償交渉は、1950年代の戦後の空白期を埋め

て、戦後処理を通じて日本がシンガポールにおける経済復帰をとげるための重要な課題の一つであった。1967年には首相佐藤栄作が独立後最初の国賓として来訪し、同年9月に、賠償請求の放棄と引き換えに提供される無償供与であるいわゆる「準賠償」として、総額5,000万Sドル（うち無償供与が2,500万Sドル、残り2,500万Sドルは円借款）の「血債」協定が締結された[2]。この協定を契機として、1966年の外交関係の樹立、政府間レベルでの交流、また1970年代の日本企業の大量進出、そして1980年代の日本ブームがあったといえよう。2006年9月、外交関係樹立40周年を記念して、天皇皇后両陛下がシンガポールを訪問された。しかし、1987年から増加傾向にあった在留邦人数は、1997年を境に減少に転じ、80年代の「日本に学べ」運動はすっかり影を潜め、シンガポールにおける日本人組織の存在感はかなり縮小している。

　ここでは、シンガポールの経済環境の変化について、次の5つの時期、すなわち自治政府成立前後から1964年までの輸入代替工業化期、1965年から69年までの輸出志向工業化期、1970年から79年までの高付加価値生産への転換期、1980年から90年までの産業構造高度化期、さらに1991年から始まる先進国化推進期までの流れを簡単にみてみたい[3]。

　自治政府成立以前、1947年の製造業部門の就業人口はわずか約16.5％で、狭い国内市場を対象とした履物、服飾、紙製品、出版印刷、食料などの産業に従事しており、1955年にイギリスの要請を受けて行われた世界銀行報告は、シンガポールとマラヤの産業を保護産業から輸出競争力を持つものへ、小規模経営から大規模経営へと移行することを奨励し、マラヤとの共同市場を創設するとともに、輸入に依存している欧米工業製品の生産をシンガポールに移転させる輸入代替工業化戦略を提唱していた。イギリス植民地政府は、報告を受けて、1957年に経済開発庁の前身にあたる工業振興局（Industrial Promotion Board）を設置するとともに、創始産業条例と産業拡大条例を制定し、一定額以上の投資を行う民間企業に対する5年間の法人税免除措置により製造業への進出を促したが、十分な成果を挙げるには至らなかった。

　1960年、人民行動党の新政権は、再び世界銀行に調査を依頼した。深刻化する失業問題を解決するために、シンガポールの工業化計画を経済政策の中心に据えることになった。ウインセム報告として知られる報告書では、輸入

に依存している商品の工業化を図る輸入代替工業化計画を奨励するとともに、地場資本に工業化のノウハウがないことから外資の積極的な導入を提唱した。そして外国資本に対するシンガポールの魅力を高めるために、労務管理、低賃金の維持、産業用地の確保、技術訓練の提供、免税措置、本国送金への優遇措置を提案した。この報告に基づき、政府は1961年に国家開発計画を発表した。この中で産業開発の中心となったのが、準政府機関として設置された「経済開発庁」（Economic Development Board: EDB）であった。公共部門への総投資額の１割以上を割り当てられた EDB は、企業の発行株式や社債の引き受け等による企業への投資を行うほか、工業用地の開発、技術訓練の提供、中長期の低利貸し付け等の政策を打ち出し、政府の積極的な関与による外資系企業の誘致を図った。しかし、1965年のマレーシアからの分離独立で、マレーシア市場を失ったことで輸入代替工業化政策が成りたたなくなり、今度は外資誘致による輸出志向型工業化を選択することになった。

　1968年には、ジュロン開発公社（Jurong Town Cooperation）とシンガポール開発銀行（Development Bank of Singapore: DBS 銀行）、そして国際貿易会社イントラコ社（Intraco）が設立され、さらに政府は、従来の造船だけでなく、石油産業など重要で利益の高い製造業部門への直接参加にも乗りだした。1970年代から、政府の直接介入により工業化の推進を進める国家主導型開発の基本が出来上がった。この時期には、政府が労働組合活動を大幅に制限し、同時に賃金の抑制を図ることに成功し、外資系企業にとって魅力のある安価で従順な労働力を成長部門へと供給した。

　こうした輸出志向工業化期を経て、失業問題の解決に見通しがつくと、政府は長期的な工業化を展望しつつ、高付加価値を生む熟練した高度技術を持つ産業を奨励する政策へと転換した。1970年代の高付加価値生産への転換期である。1972年には全国賃金評議会（National Wages Council: NWC）を設置し、政府の影響下で賃上げのガイドラインをつくることによって、インフレに見合った賃上げを行った。さらに、1973年には高付加価値の製造業を促進する高度技術を伴う新業種への免税措置や、国家生産性庁（National Productivity Board）の設立、また質の高い労働力の供給のため、民間企業との合同による上級訓練センターを設立、資本集約産業に対する法人税免除措置等を発表した。第１次オイルショックによる世界不況によるシンガポール

経済への打撃もあったが、この時期の経済は順調な成長を遂げ、製造業も次第に高付加価値投資へと移行していった。

1979年に、政府は「第二次産業革命」と呼ばれる、労働集約型産業から資本・技術集約型産業へと産業構造を高度化する政策に着手した。1980年代の産業構造高度化期である。近隣諸国は豊富で安い労働力を武器にシンガポールを追い上げ始め、労働集約的な産業を誘致するようになった。それに対して、政府は低賃金諸国との競争から抜け出し、資本や技術集約型産業を軸とした産業構造へ転換する政策を打ち出した。重点産業を指定し、研究・開発関連企業誘致のための環境整備を行うために、国立研究所を併設した大規模な工業団地を次々に造成した。製造業では、自動車半製品や工作機械、医療器具、特殊化学製品、コンピュータ、精密工学製品、先端電子製品など。サービス部門では金融、運輸、通信産業などが重視されることとなった。1981年には、情報産業の育成を図るための政府機関として、国家コンピュータ庁が設立された。低賃金労働者の雇用者に賦課金を課し、これを原資に技能開発基金を設立し、労働者の質的向上訓練を行う雇用者に対する費用補助を行い、平均20％の賃金の引き上げに成功した。

こうした第二次産業革命政策は、労働集約型産業の近隣諸国への移転や産業構造の変革をもたらしたが、1982年頃の石油不況の深刻化と世界景気の後退はシンガポール経済に打撃を与えた。政府は、従来の産業高度化政策を維持しながら、サービス産業の重視に転換した。経済戦略の重点を「地域統轄本部」とし、生産、研究・開発、流通、資金運用などの地域統括業務の拠点としてシンガポールを利用しようとする多国籍企業に対して優遇措置を講じるとともに、シンガポールの港湾、空港、倉庫、通信網などを整備し、部品調達業務を集中する企業に対して「国際調達事務所」の名称を与えた。

また日本の厚生年金に相当する使用者・雇用者からの強制貯蓄制度である中央積立基金（Central Provident Fund: CPF）の掛け率を引き下げつつ、国内の投資機会の限界を超えるために海外投資促進法を制定し、政府主導による海外投資、とりわけ ASEAN 域内への投資を奨励するようになった。1989年には、インドネシアのバタム島、マレーシアのジョホール、シンガポールを結ぶエリアへの投資構想である「成長の三角地帯」計画が発表された。

1990年11月、初代首相のリー・クァンユーを後継するゴー・チョクトン政

権が発足し、翌91年に、知識・情報集約型産業を育成して先進国化を目指す構想である「ネクスト・ラップ」(Next Lap)を発表した。1990年代の先進国化推進期である。これは、①シンガポールを国際的ビジネス拠点とすること、②労働者の質を高め、生産性を向上させること、③情報インフラの整備と情報技術の広範な利用、④研究開発の強化による技術革新の推進、⑤海外投資の促進と国際的な事業ネットワークの構築など、21世紀になり先進国との競争に勝ち抜くための経済戦略であった。「戦略経済計画」(Strategic Economic Plan)では、先進国として基本となる三つの原理として、人材とインフラへの投資を通じて成長と経済のリストラを持続させること、労使関係の協調を維持すること、民間部門の向上、革新、拡大を促す環境と奨励策を提供することを挙げている。[4]

## 第2節　日本人組織とシンガポール日本商工会議所

シンガポールの在留邦人数は、21,437人(2004年)で、世界で10番目に邦人の多い国である。都市別在留邦人数では、シンガポールは世界で7位であり、4位の上海、6位のバンコク(21,728人)に続く規模の日本人社会がある。アジア全域では邦人数は急増している。2004年には234,734人を記録した。これは世界全体(961,307人)の24.4％を占め、1996年と比べると実に53％も増加した。ASEANのうちシンガポール、タイ、マレーシア、フィリピン4カ国で最も増加率が高かったのはフィリピンで、1996年の4,608人から2004年は12,498人と2.7倍に増加した。逆にシンガポールでは1997年10月の26,648人をピークに7年間で19％の減少である。近年では増減はあるものの、シンガポールの在留邦人数は2万人台、マレーシアは1万人台と推移している。

シンガポールにおける日本人組織の歴史は、日本人の南方進出が活発化した1915年に、ペナンとともに外務省に承認され発足した「新嘉坡日本人会」に始まる。初代会長には、元横須賀海軍病院長の海軍軍医総監鈴木重道が就任した。もっともその前身である「共済会」は、1889年に、日本領事館の開設とともに結成されている。1915年に「日本人会」が組織され、共済会とともに日本人墓地の管理を共同であたるようになった。初代理事の22名には、

西村竹四郎ら有力者が就任した。1915年当時の在留邦人数は、約1,500名であり、日本小学校の生徒数は40名であった。この頃には、三井物産、大和、乙宗、中川、越後屋などの40あまりの商社、約30社のゴム企業などがあった。1919年には、シンガポールの総人口約50万人中、在留邦人は2,000人を超え、総領事館が設置された。1922年に、日本人会の付属事業として日本人倶楽部が開設された。しかし1941年の太平洋戦争の勃発とともに日本総領事館が閉鎖となり、これら日本人組織も消滅する。1941年から16年間の日本人組織の空白期間の到来であった。

「シンガポール日本商工会議所」(The Japanese Chamber of Commerce & Industry, Singapore: JCCIシンガポール) は、1957年の日本人会の再発足より12年後の1969年にシンガポール会社法により設立された。設立当初の会員数は56社、現在の会員数は、751社（2005年8月）となっている。これは日系企業総数2,847社（2004年）のうちの26%である。JCCIシンガポールの役員は、理事36人（会頭、副会頭含む）、監事2名、参与3名である。

1965年の独立当時、シンガポールは貿易赤字に苦しみ、失業率も30%を超えていた。政府は1970年代より外資の積極的な導入とそれを軸とする工業化を柱とした経済政策をとり、広く世界の企業に門戸を開放した。特に日本企業の製造拠点を積極的に誘致したのである。経済開発庁が主導してジュロン工業団地等を次々と造成し、港湾、空港はもちろんのこと、誘致した日系の工場がスムーズに稼動できるように、電気、ガス、工業用水、通信設備などの社会基盤の整備も進めた。現在でもシンガポールにはタイやマレーシアに次いで日系工場の進出が多い。製造業を中心とした日系企業の進出は、日本人会の活動が再開した1960年前後から始まり、1970年代の政府の高付加価値生産への転換期に本格化した。この時期に組立系の製造拠点が日本より続々とシンガポールに移されると、それに付随するように材料や部品を提供する周辺業種や流通関連の企業もシンガポールに進出していった。1980年代の産業構造高度化期になると、日本企業は製造業だけではなく、貿易、流通、商業といった幅広い分野の日系企業が積極的な経済活動を展開した。

2005年5月の調べから会員の業種別の構成を見ると、全体の約半数（52%）が製造業で、そのほか運輸・サービス業20%、貿易13%、金融・保険7%、建設6%、などとなっている。また、日系企業の設立年度別数を見てみ

図12-1　GDP成長率とJCCI会員数

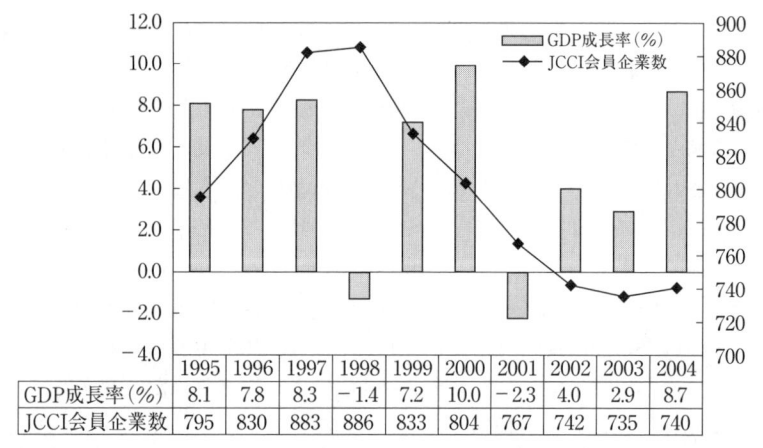

| | 1995 | 1996 | 1997 | 1998 | 1999 | 2000 | 2001 | 2002 | 2003 | 2004 |
|---|---|---|---|---|---|---|---|---|---|---|
| GDP成長率(%) | 8.1 | 7.8 | 8.3 | -1.4 | 7.2 | 10.0 | -2.3 | 4.0 | 2.9 | 8.7 |
| JCCI会員企業数 | 795 | 830 | 883 | 886 | 833 | 804 | 767 | 742 | 735 | 740 |

出所：JCCIシンガポール2006（http://www.jcci.org.sg/）、同『月報』、Singapore Department of Statistics 2006 "Statistics Singapore"（http://www.singstat.gov.sg/）、JETRO 2006「基礎的経済指標」（http://www.jetro.go.jp/biz/world/asia/sg/）。

図12-2　在留邦人数とJCCI会員数

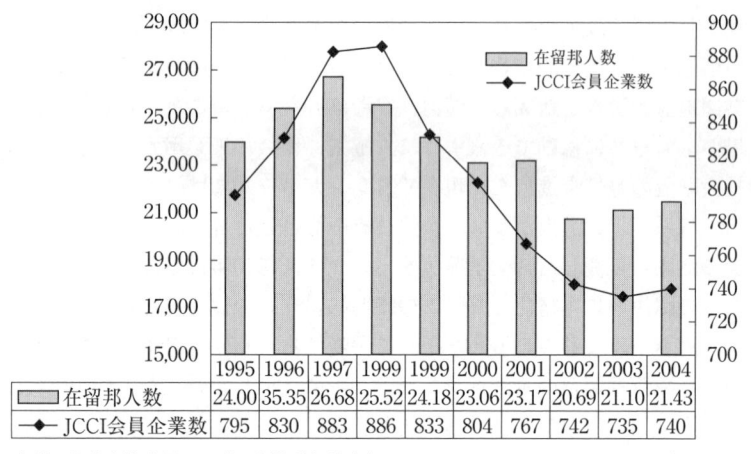

| | 1995 | 1996 | 1997 | 1999 | 1999 | 2000 | 2001 | 2002 | 2003 | 2004 |
|---|---|---|---|---|---|---|---|---|---|---|
| 在留邦人数 | 24.00 | 35.35 | 26.68 | 25.52 | 24.18 | 23.06 | 23.17 | 20.69 | 21.10 | 21.43 |
| JCCI会員企業数 | 795 | 830 | 883 | 886 | 833 | 804 | 767 | 742 | 735 | 740 |

出所：総務省統計局2005「日本統計年鑑」（http://www.stat.go.jp/data/nenkan/）、JCCIシンガポール2006（http://www.jcci.org.sg/）、同『月報』。

ると、1970年代前半から設立件数が急増し、1980年代後半には5年間で173社の設立とピークを迎えるが、1990年代に入ってからは徐々に設立件数が減少し始め、新規加入の会員企業の事業規模も縮小傾向にある。

1970年代のシンガポールは、平均実質GDP成長率が9.4％、1980年代には7.4％、1990年代に入っても7～8％前後という高い成長率を維持しつづけてきた。しかし、1998年には1997年のアジア通貨危機による域内の経済減速の影響などを受け、実質GDP成長率がマイナスに転落した。しかし、その後はアジア経済の回復、エレクトロニクス製品需要の世界的拡大、国内消費の回復などに支えられ、1999年には7.2％、2004年には8.7％に回復している。だがJCCIシンガポールの会員数は、1998年2月の886社を最高に、3年後には一気に14％も減少して、767社となり、その後は微減傾向を示してきた（図12－1、図12－2）。これは製造業を中心に、1997年のアジア経済危機、2000年のITバブル崩壊、2003年のSARS流行を契機にシンガポール周辺のマレーシア、タイ、インドネシアなどへ日系企業が分散するとともに、多数の日本企業が中国において新規事業を展開したことが、会員数の増減に大きな影響を与えている。またこれまでシンガポールの経済成長を左右してきたのは製造業だが、現在はその基盤をエレクトロニクスと化学の2部門が支えている。2002年時点でエレクトロニクス部門が付加価値額シェアで32.3％、化学部門が同23.8％と製造業の中で占める割合が合わせて50％を超えている。このような変化を受けて、近年進出する日系企業もほとんどはこのエレクトロニクスと化学の2部門であり、化学コンビナート地域であるジュロン島地域には、日本の大手化学メーカーの現地法人工場が多く立地している。

JCCIシンガポールの目的は、会員企業相互の情報交換・親睦を促進することであり、賃金・ボーナス調査や情報提供、シンガポール法令の日本語訳を刊行するほか、社会情勢、各種経営手法等に関するセミナーを定期的に開催している。現在、業種別の8部会（第1～第3工業部会、貿易部会、金融・保険部会、建設部会、運輸・通信部会、観光・流通・サービス部会）に分かれて活動を行っている。JCCIシンガポールは、日系企業が急増した1980年代後半より地元社会との融和を図るため、シンガポール政府機関への代表派遣、地元経済団体との交流を手がけてきた。特に1991年5月には、「シンガポール日本商工会議所基金」（JCCI Singapore Foundation）を設立し、

毎年、日系企業より資金を集め、日本への留学生派遣のほか、シンガポールの機関、団体及び個人に対する表彰を行うことで、シンガポールの文化・芸術・学術・スポーツ振興に協力するなど、多様な事業を展開している。

シンガポールは、1990年からの先進国化推進期を通じて、空港、港湾といった物流部門、IT、化学・バイオ、電機・電子といった基幹産業、また金融・ホテルなどのサービス業に重点を置き、発展をとげてきた。近年のシンガポール政府が特に経済的な連携を重視している国が中国とインドである。シンガポールは1993年の地域化（regionalization）政策以来、中国において「中国・シンガポール蘇州工業園区」（江蘇省）や「無錫・シンガポール工業園区」（江蘇省）、インドのバンガロールに現地政府との協力の下に工業団地を設立し、シンガポールからの投資だけでなくシンガポールを拠点とする外国企業の現地進出を支援してきた。地域化政策では、国内の天然資源や労働力の不足、国内市場の限界といった成長の制約を克服するため、労働集約型産業は近隣諸国に移転しつつ、産業の高付加価値化を図り、グローバル競争に打ち勝つことを目的とする。このため東南アジアにとどまらずアジア経済のハブとしての機能を強化するため、政府自らが中国とインドへの海外進出のイニシアティブを取ってきた。国営投資会社テマセク・ホールディングス（1974年設立）は、近年、中国とインドを中心に金融や通信の分野で投資活動を拡大し、中国では4大商業銀行のうち2行に総額60億米ドル規模の出資を行っている。[5]

日本貿易振興機構（ジェトロ）シンガポールが、進出している日系企業を対象に実施した2005年の調査で、回答企業の44.6％がグループ会社に対して「地域統括機能を持っている」と答えた。シンガポールには日産自動車が2月に東南アジア統括会社を設立するなど、中国とインドを念頭に統括機能を強化する動きが目立つ。統括機能の形態は「地域本社」が45.4％で、「個別機能に特化した地域統括サービスの提供」が37.0％である。後者では「営業・販売・マーケティング」「地域戦略の企画・立案」「財務・金融」の順に多かった。対象地域（複数回答）は、東南アジア諸国連合全域が52.8％、南アジア47.2％、オセアニア37.0％、北東アジア33.3％で、東南アジア以外にも広がっている。シンガポールで統括する理由としては「周辺へのアクセスが容易」「物流、金融、通信などインフラが完備」の順である。シンガポールが

日本、米国、インドなどと積極的に自由貿易協定（FTA）を結んでいることなどから「今後も統括機能を強化する」との回答は59％に達した。

2002年11月30日、日本とシンガポールの間に二国間自由貿易協定であるFTA（日本・シンガポール新時代経済連携協定）が発効した。日本がFTAを締結した国はシンガポールが初めてである。両国間の貿易量の98％以上に相当する品目の関税を撤廃することや貿易取引文書の電子化、資格など職業上の技能の相互承認や人材の交流の活発化、より広い分野でのサービス貿易の自由化、両国の投資家が相互に投資を行いやすい環境の整備や特許審査情報を始めとする各種情報の共有化などが定められた。また2005年8月、インドにとって初めてのFTA（包括的経済協力協定、CECA）がシンガポールとの間で発効した。シンガポールは現在も精力的にアジア太平洋経済におけるFTAのハブを目指して、域外国とのFTA交渉を進めている。

JCCIシンガポールは、国際協力銀行との共催で海外事業展開セミナー「東南アジアから見る日系企業のインド向け事業」を開催した。日本企業にとっては、東南アジアを基点とし、シンガポールのCECAやタイとインドのFTA等の枠組みを活用することで、たとえば日系の家電メーカーが、シンガポールで設計したテレビをタイで生産し、FTAを活用してインドに輸出することが可能になる。

1980年代に東南アジアでは、「雁行型」と呼ばれる日本を先頭にして、韓国やシンガポールといったNIES諸国がその道をトレースしながら、世界銀行が「東アジアの奇跡」と呼んだ急速な成長を遂げた。日本企業は経済成長に伴い、低コストの労働力を求めて、韓国や中国、ASEAN諸国へと工場を続々と移転させることで成長を持続してきた。マレーシアのマハティール前首相がルックイーストと呼び経済政策の手本としたように、アジアは確かに日本を極として成長してきた。しかし現在では、アジアは多極化しネットワーク化が進展している。日系企業の成長の過程において技術力をつけた韓国や中国の企業は、かつての日本のように海外に工場を移転し、自らが極となって工業化を進めている。すでに東南アジアの各国に進出していた多くの日系企業は、ASEANと中国やインドとのFTA締結の動きを受けて、事業を国単位で考えるのではなく、地域で部品を融通し合うネットワークを構築している。そうしたなかで、シンガポール政府は、アジアや西洋の多種多様な

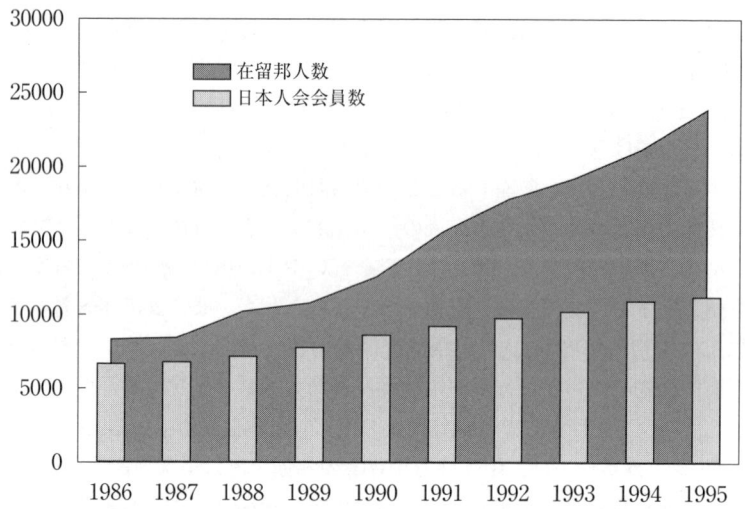

図12－3　日本人会員数と在留邦人数

出所：『南十字星・創刊三十周年記念復刻版』シンガポール日本人会、1997年、583頁、総務省統計局2005「日本統計年鑑」(http://www.stat.go.jp/data/nenkan/)。

文化が共存してきた自由港の伝統を最大限に生かして、日本と中国、中国とインド、さらには中国と米国のバランサーとしての地位を積極的に担っていこうとしている[6]。

## 第3節　シンガポール日本人会と日本人学校

### 1．シンガポール日本人会

「シンガポール日本人会」(Japanese Association, Singapore: JAS) は、会員相互の友情と協力を推進し、日本とシンガポール相互の理解と利益に貢献することを目的とし、1957年にシンガポール「日本人クラブ」として発足した。1952年に再開した総領事館より日本人墓地の管理を引き継いだことが設立の一つの契機となった。1966年には、日本人学校を設立した。ほかに日本人会診療所と日本人墓地公園を運営・管理している。また月刊紙『南十字星』を1965年より発行している[7]。

1976年に名称をシンガポール「日本人会」と改めた。日本人小学校を建設

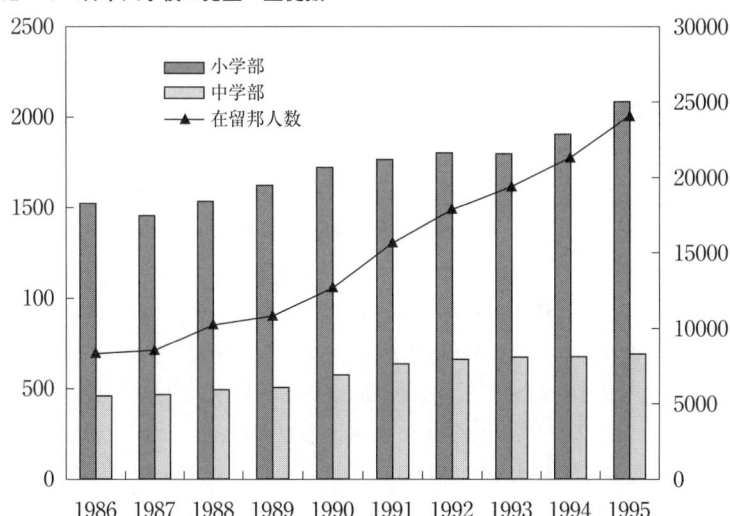

図12-4 日本人学校の児童・生徒数

出所:前掲『南十字星・創刊三十周年記念復刻版』583頁、総務省統計局2005「日本統計年鑑」(http://www.stat.go.jp/data/nenkan/)。

するに当たり、学校建設寄付金を集める必要、および当初の目的である日本人墓地の管理等も含めた包括的で公共的性格を持った名称にしようという意見が会員から出されたことによる。発足から20周年の同年には、会員数が家族会員819名、個人会員218名、法人会員91社であった。JASの集計によると、1986年から1995年までの10年間で、在留邦人数は、8,331人から24,003名へと188％の大幅な増加が見られた一方で、日本人会の会員数は同じく1986年から10年間で、70％の増加に留まったという(図12-3)。シンガポールは日本人にとって「右も左もわからない、肩よせあって生活を切り開いていく」という国ではすでにありません。日本人会に対するニーズの変化であるとしている。現在(2005年3月)では、個人会員3,883世帯、法人会員848社、会友351世帯となっている。1998年には新会館を現在のアダムロードに移転した。会館内には医療機関、会議場、図書館、レストラン、娯楽室、キッズルームをはじめとして、300人収容のホールなど文化施設が整備されており、日本人会として講演会、スポーツ行事・各種同好会・講義、パーティーの主催・共催、会場提供を行うなど、シンガポールの日本人社会で重要な役割を

担っている。

## 2．シンガポール日本人学校

「シンガポール日本人学校」(Singapore Japanese School)は、小学部、中学部ともシンガポール教育省に登録された独立した学校法人であり、日本人学校の資産管理、運営、維持の責任は「日本人学校登録管財人会」にある。管財人会は5名から7名で構成されており、管財人会のメンバーは日本人会の総会で任命される。日本人学校の通常業務は、「日本人学校運営理事会」に権限が委譲され、文部科学省の定める学習指導要領に基づいた教育が行われている。日本人学校の小学部は、クレメンティ校とチャンギ校（学区制）があり、また中学部と日本人幼稚園がある。日本人学校の児童・生徒数（2005年度）は、1,724人（小学生1,301人、中学生423人）で、上海、バンコクとともに世界でも最大規模である。図12－4のように1980年代より小学部の児童数は、1986年の1,523人より10年間で2,082人と37％、中学部は日本人私立高校の開設もあり、10年間で50％増加している。しかし日系企業の進出がピークを迎えた1996年頃をピークにして、その後は減少している。シンガポールには、アメリカやイギリス式の教育システムを持つインターナショナルスクールも多いが、日本人児童生徒の約7割が日本人学校に通っている。これは欧米では現地校に通う児童生徒が逆に約7割であることと対照的である。小学部では英語教育を重視しており、英会話を週5時間、そして英語で学習するイマージョン教育による音楽と水泳を実施している。

シンガポールの日本人学校の歴史は古い。[9]1912年、ミドルロードの東洋ホテルの一室に「新嘉坡日本小学校」が開校した。この頃、周辺に「日本人街」が出現している。1916年には高等科、翌年には付属幼稚園を設置し、1918年には「在外指定小学校」に認定された。1920年には新校舎が建設され、児童数は105名、教師15名となりマニラ、メダン、スラバヤなどに開校した南洋の日本小学校のなかでは学校の規模も生徒数も最大であった。だが日本の開戦のため1941年に閉鎖を余儀なくされた。第二次大戦後の1964年、国語と算数の補習校が開設された。全日制の日本人学校は、1966年のことであり、児童数27名、教員3名でシンガポール政府より認可された私立学校としてダルベイエステートに開校した。1968年には児童数の増加によりスイス

コテージに移転し、中学部の補習授業も始まった。1971年には広い校庭や図書室、特別教室も備えたウェストコースト校舎が竣工した。また1975年には、日本企業や政府の援助によりクレメンティに新校舎が開校した。体育館やプールも整備され、1984年には中学部が分離してウェストコーストの新校舎に移転した。1995年には小学部の児童数の増加によりチャンギ校舎を新築し、日本人学校は今日の3校体制となった。日本人学校入学のための条件は、正会員2名の推薦を受けてシンガポール日本人会に入会し、その会員であること。保護者が所属する企業、または保護者が所定の寄付金を納入していることである。

ところでJCCIシンガポールの会員数が減少に転じた1998年頃より、シンガポールの日本人社会が変化してきたといわれる。1970年代の日本人社会は、数年間の期限で本社の命により赴任した男性駐在員が中心であった。1980年代の日本人の急増期には駐在員の年齢も低下し、30から40代の家族を伴った高学歴者が赴任するようになった。1984年に日本人学校の中学部が設立されると、駐在員の長期滞在も可能となる。在留邦人数でみても、1985年の約8,000人から1996年には3倍の2万5千人に膨れあがった。ところが1990年代後半からは日系企業の駐在員だけではなく、20代から30代の日本人女性や留学生、専門職の人々、現地および外資系企業で働く社員など、日本人社会の多様化が進んでいる。日本人会の会員数は、1985年の約7,000人から1996年の約1万人と、在留邦人の急増に比べて増加数が緩やかである。その理由の一つとされるのが、東南アジア地域においてかつて日本人会が持っていた日本人駐在員が必要とする生活基盤の提供という役割の低下である。日系デパートや商店、日本料理店、日系書店や日本のテレビ番組などシンガポール社会における日本文化の日常化もある。日本人会の法人会員としてノミネートされた幹部駐在員以外の多くの日本人にとって、家族会員としての入会意義は日本人学校への入学のためだけ、という声もある。特に独身・単身者の場合、自費で滞在し、自ら仕事や活動の場を見いだし、その一部はシンガポール人と結婚して定住している。こうした人々のほとんどが日本人会へ加入することはない。

## 3. シンガポール日本人墓地

シンガポール日本人会の会則では次のような事項を会の目的としている。

1) 会員は相互の友情と協力と福利厚生を増進する。
2) 日本とシンガポール相互の理解と利益に貢献する。
3) 人種、宗教又は信条にかかわらず、シンガポール及び近隣諸国に在住する子弟のため日本語による教育を促進する。このためシンガポール日本人学校を設置し、維持する。
4) 会員及びそのゲストの利用に供するため、社交及び娯楽のための施設を提供し、これを管理、運営、維持する。
5) 診療所を管理、運営、維持する。
6) シンガポール日本人墓地を管理、維持する。

ここでは100年以上におよぶシンガポール日本人墓地を手がかりに、日本人社会の人間関係や社会組織のあり方を見てみたい。日本人会の前身の一つである「共済会」(1889年設立) の目的の一つは、同胞の埋葬を行う慈善会であり、戦後の1957年に日本総領事館から日本人クラブが墓地の修繕と管理を引き受けており、現在でも日本人会と日本人墓地の関係は深い。シンガポールの中東部のヨーチューカン・ロードからほど近いところに「シンガポール日本人墓地公園」がある。この東南アジアでも最大の日本人墓地は、1892年に二木多賀治郎 (共済会会長) や渋谷銀治が発起人となり、自己所有の土地を日本人27体の遺骨のための「日本人共有墓地」として提供したことに始まる。[10]

日本人学校の児童や日本人会のボランティアにより清掃の行き届いた日本人墓地は保存状態がよい。2万9千平方メートルの敷地に910基 (明治期309基、大正期122基、昭和期88基、不明391基) の墓標がある。1980年代よりボランティアの手により調査が進められ、「お墓マップ」が作成されている。[11] その長い歴史の中で、シンガポール政府による敗戦後の接収、1973年の埋葬禁止令や1987年の都市開発のための接収令による存続の危機にも関わらず、日本人会の発足30周年記念事業として「公園化」を図る改修工事がなされ、現在まで日本人社会の手によって維持されてきた。「先人を偲ぶ集いの場」や花のアーチが新たに設けられ市民の憩いの場となった墓地公園では、毎年3月、日本人会の史蹟資料部により慰霊祭が開催されている。また日本人墓

地百年祭の1992年には、記念事業として史蹟資料部により『シンガポール日本人墓地―写真と記録』が刊行されている。

シンガポール大学の祖運輝は、「墓誌に見られるシンガポール日本人社会」のなかで、政治家、軍人、評論家、企業家を中心とする戦前の南進の歴史で、墓誌から庶民の活動の息吹を見いだしている。[12] まず建墓の担い手は、多くは遺族ではなく、死者が生前に属していた社会集団である場合が多い。特に目立つのは軍隊集団であり、戦友の埋葬がどの時期においても重視されていた。次は企業集団であり、石原産業や三井物産などの会社は亡くなった社員のために墓を建てた。これらの社会集団に属していない人々は、共済会の手によって、あるいは仲間の手により埋葬されてきた。大正期までの墓の多くは共済会が建立したものである。慈善会として毎月共済金を徴収して、会員が死亡すれば遺族へ弔意を送り、葬送を見届けてきた。また明治期の鎌倉丸、大正期の日本郵船など、船員の間では仲間が墓を建てることが多い。女性の場合は男性とは異なり、墓誌に職業や身分の記載がなく、代わって父母や家族の名前が記載されている。また祖は、戒名から日本人の同胞意識の多様性を見ている。同じ日本人でも新宗教の信者の墓には戒名はない。また植民地であった台湾や朝鮮の人々についても同様であり、墓誌には戒名だけでなく戦中期をのぞき日本の年号の使用も見られない。

「社縁」という言葉がある。もともとの意味は、「ひろく結社の縁」を意味する用語であり、1960年代の初めに日本の人類学者が提起した概念である。[13] 学校も会社も近代の「結社」だから、そこでつくられた「縁」を伝統的な地縁、血縁と区別してそれを「社縁」と名づけた。それがいつの間にか「会社の縁」だけを総称する便利な言葉として使われ出した。ちょうど社会のあり方が一次産業中心から三次産業中心に社会が移行するとともに、土地を背景にする「地縁」が衰退し、会社が拠点となる「社縁」が社会の基礎となってきた。シンガポールでは1970年代の高付加価値生産への転換期に人々の活動の場が工場から会社へと移行していった時期に相当する。その意味では日本人会も日本人学校も日本人社会がつくり出した「社縁の共同体」であった。戦前の共済会のような同朋意識と地縁的なものを併せ持った組織は、経済環境の変化に伴い大きくその組織のあり方を変化させていった。

表12-1 法人会員グレードと月会費

| グレード | ノミニー数 | 本社資本金 | 入会金 | 月会費 | 企業用施設協力金 |
|---|---|---|---|---|---|
| A1 | >50 | 200億円以上 | S$10,300 | S$370.80 | S$865.20 |
| A2 | 40〜49 | | | S$370.80 | S$741.60 |
| A3 | 30〜39 | | | S$370.80 | S$618.00 |
| A4 | 20〜29 | | | S$370.80 | S$494.40 |
| B | 10〜19 | 100-200億円未満 | S$8,240 | S$309.00 | S$370.80 |
| C | 4〜9 | 50-100億円未満 | S$6,180 | S$247.20 | S$247.20 |
| D | 2〜3 | 10-50億円未満 | S$4,120 | S$103.00 | S$123.60 |
| E | 1 | 10億円未満 | S$3,090 | S$51.50 | S$61.80 |

出所：JCCIシンガポール2006「概要」(http://www.jas.org.sg/JAS/StaticPages/)。

## 第4節　社縁を超える共感の縁

　在留邦人の40％ほどが加入する日本人会には、個人会員および法人会員、会友の3種類のメンバー形態がある。個人の正会員は21歳以上の日本国籍保持者で、日本人学校での教育あるいは社会的な面における必要性からの入会が多い。一方で法人会員は、シンガポールまたは近隣諸国に事業所を持つ日系企業であり、本社資本金の多寡によってノミニー数（ノミネートされた法人会員代表者）から8つの会員グレードに分かれている。会友は、日本国籍以外を持つ日系企業に勤務する、あるいは日本社会に関係を持つ人々で、通常の正会員とは見なされない。会友は多くの場合、日系大企業からノミネートされたシンガポール人スタッフおよび地元有力者である。ここでは日本人会とこれらメンバーシップの関係について、月例会費と会員構成の点から見てみたい。

　まず個人会員の月例会費は、家族持ち会員がS$25.75、単身・独身者がS$20.60となっている。家族持ち会員の年間支払額は、S$304（約22,800円）と欧米の日本人会の会費に比較すると高額ではないが、クアラルンプールやタイの日本人会よりは数倍高くなっている。特徴的なのは法人会員の会費構成で、法人の本社資本金によってグレードが細かく設定されている点である（表12-1）。まず本社資本金が200億円以上の大企業では、A1からA4までのグレードがあり、会費は同額のS$370.80である。しかし会社によって選出

されたノミニー数は、A1の50人以上からA4の20人まで４つのグレードに大きく分かれている。次に資本金が200億円未満では、BからEまで４つに分かれており、月例会費はBグレードのS$309から本社資本金が10億円未満のEグレードのS$51.50までかなり異なる。ノミニー数も、Bグレードの19人からEグレードの１人までとグレード間で大きな違いがある。法人会員の支払う月例会費が会費収入全体の60％を占めており、特にAグレードの資本金200億以上の大企業は、会費負担金だけでなく施設協力金の寄付者として財政上の存在が大きい。またAグレードの法人会員は、ノミニー数においても法人会員の多数派を占めている。それに対して、中堅以下の企業および個人会員の会費負担はかなり低く押さえられている。シンガポール日本人会では日系大企業の存在が、資金面だけでなく、日本人会運営の中心的な担い手として、世界の日本人会のなかでもっとも充実したクラブハウスや日本人学校の設備、活発な対外活動を誇る巨大な日本人組織を支えてきたといえよう。

　ところで法人会員のノミニーとなる法人会員代表者の多くは、通常、支店長や地域統括者ら日系企業の幹部役員からなっている。そのためシンガポール日本人会の活動そのものが、日本人ビジネスマンのための組織であるというイメージをいっそう強くしている。歴代の会長、副会長の出身企業を見てみても、旧東京三菱銀行および三菱商事、三井物産の御三家と伊藤忠商事といった大企業が、多くの役員を輩出している。日本人会の法人会員であること、多くのノミニーを送り出していることが、シンガポールの日系大企業としてのステイタスを示しているのである。

　シンガポール国立大学の呉偉明は、「シンガポールにおける日本の社縁文化」のなかで、1990年代の日本人会と香港人の九龍会を同じ外国人クラブとして比較を試みている。[14] 日本人会と九龍会は、どちらも非政府・非営利の組織であり、会の目的に会員相互の親睦と扶助、現地社会との交流を挙げている。だが二つの組織には大きな相違がある。ひと言でいうと日本人会は「第二の日本大使館」であり、九龍会は「シンガポール政府の支部」であるという。もちろんこの相違は二つの組織のあり方、すなわち日本人会が海外赴任のビジネスマンと家族を会員として日系企業と日本大使館および他の日本政府機関との協調関係を築いているのに対して、九龍会の会員はシンガポール

の永住権を持つ非エリートの移民であり、シンガポール政府が移民の定着を援助するために1990年に設立したことにもよる。だがそれ以上に組織の文化的な面において、日本人会は排他的で、企業中心の集団であること、一方の九龍会はより開放的であり、個人的な傾向が強いことが指摘される。

シンガポール政府は、1989年以降、2万5千人以上の香港人に対して永住権を発給してきた。九龍会は、シンガポールの政府機関である「人民協会」(Peoples Associations, PA) の中に小さな事務所を持っている。会費は年S＄25と安く、入会時の推薦書も不要である。活動としては会員相互の福利厚生や親睦事業のほかに、これからシンガポールに定着する人のための教育や住宅についてのセミナーを開催し、シンガポール人向けの中国語・広東語講座を開講している。九龍会のメンバー構成をみると個人加入が中心であり、法人会員は3社のみである。法人会員はS＄500の年会費を負担して、会の刊行物に広告を掲載する権利を持つ以外は、総会での投票権もなく目立った存在ではない。そのため会の予算は毎年ぎりぎりで、日本人会のような潤沢な運営資金や会館設備を持っていない。しかし、九龍会の活動には、非会員やシンガポール人でさえ参加できる開放性を持っているという。

日本人会の主要な目的である「日本とシンガポール相互の理解と利益に貢献する」ことは、シンガポール人と共生することに関して二面的な感情をもっている。なぜなら日本人会とその会館は日本人社会とシンガポール人との文化交流の場である反面、現地からみて非常に裕福な存在である日本人同胞のためだけの排他的なクラブ組織として存在するからである。呉は、日本人会の扉は、シンガポール人に対しては閉ざされたままであるという。確かにメンバー形態には、会友という日本人以外を対象とするものもある。しかし、会友は約350人であり、正会員数の約3,800からするとわずか9％にすぎない。これは他の外国人クラブと比較すると極端に少ない。現状では日系企業や日本政府と密接な関係を持つごく少数のシンガポール人や外国人に対してのみしか、日本人会の扉は開かれていない。

もちろん日本人会は、日本大使館や日本政府の関連団体とともに、各種の講演会やスポーツ行事、講義や教室を開催し、パーティーの主催・共催者となってきた。しかし地道なシンガポール社会との交流活動は、日本人会の活動部門である婦人部および地域社会交流部が中心となり、中堅社員の主婦を

担い手に行われてきた。1970年に地元の経済界の重鎮である陳共存は、現地の福祉や奉仕活動に興味や責任を持たない醜い日本人社会、特に日系企業幹部の夫人たちへの批判を新聞に寄せた。この批判にショックを受けたジュロン工業地区に住む5人の主婦は、「日本の女性たちについてもっと正しく理解してもらうことと、日本人側もさらに深く現地社会に溶け込み、良きパートナーとしてシンガポールに貢献しよう」(『南十字星』、1984年2号)と決意し、体当たりでボランティア活動を始めた。これは1958年より続く日本総領事夫人が主導して、企業幹部夫人が運営にあたるチャリティ・バザーや日系大企業が協賛する日本人会館のオープンハウスとは異なり、まさに草の根の活動であった。

彼女たちは重度障害者の施設であるタンピネスホームを訪れ、食事の介助、車いすでの散歩、リハビリの補助などの活動を30年にわたり続けてきた。1970年代には、日系企業の急激な経済進出にともなう現地社会との軋轢にもかかわらず、確かに婦人部のチャリティーへの参加者は少なく、ボランティアへの関心も欧米の居住者に比べかなり低かった。活動資金の捻出のためにはじめたジュロンバザーは、若手社員の主婦も加わり、手持ちの不要品や古着をならべたものからスタートした。だが活動が軌道に乗り、集めた資金を、今度は重度の知的障害児の教育センターでの給食事業や施設へのほかの地区での資金援助など精力的に取り組んでいった。そうした主婦たちの活動は、地元のジュロン・タウンの「婦人クラブ」との密接な連携のきっかけとなり、ジュロンバザーは現在では地元コミュニティと共催する恒例行事として受け入れられている。

## おわりに

都市国家としての様々な経済的制約を抱えたシンガポールは、アセアン諸国なかでいち早く労働集約型製造業を中心とした経済から、1970年代の工業化、80年代から90年代半ばにかけての産業高度化、90年代後半の情報・技術集約型経済への構造転換に成功した。シンガポールは、政府と一体となったPAP与党のもとのに驚くべき安定と持続性を誇ってきた。ASEAN諸国に共通する政治体制と経済体制の特徴が「開発体制」であった。この開発体制

では、経済開発が全ての政策や制度の最高の目標となり、官僚が大きな権限を握って中央集権的な行政システムが採用される。経済開発の要請に応えるため「国民」は政治エリートによって上から創造される必要があった。

労使関係においては、1968年に成立した雇用法（the Employment Act）により最低の就業条件を示したうえで、退職金、残業ボーナス、そして年金の増大に歯止めを掛け、さらに就業日、年次休暇、出産休暇そして医療休暇に関しての一律の規則を定め、経営陣に雇用や解雇、昇進そして移動に関する大きな権限を与えている。政治領域においても、シンガポールでは政治過程に影響力を持つ野党や、圧力団体・利益団体といった政治アクターが存在しないため、開発政策だけではなく、他の社会政策においてもPAP政府や官僚が政策を立案すると、後はそれをどう実行するかという行政の問題しか存在しなかった。

シンガポールの開発体制では、国民をいかに団結させるかという、「社会的結束」が重要な意味を持ってきた。その維持のために経済開発による物質的な富の配分が重要な役割を担っていた。PAPが歴史的敗北を喫した1984年総選挙は、物質的利益配分による社会的結束の限界を示した。そのため1984年以降の社会的結束の維持のために、1991年の「共有の価値観（shared values）」や文化・芸術やスポーツ振興などシンガポール人としての国民精神にアピールするものが中心となる。だが政府の目論みにもかかわらず、国民の間で共有の価値観への反応は芳しくなかった。シンガポールにおいては賃金の二分化傾向が見られ、専門的技術をもつ労働者の収入は先進国の水準に達しているが、低技能労働者の賃金は抑制されている[17]。収入格差を表す経済指標であるジニ係数をみると、1995年の0.443、1997年の0.444、1998年の0.446、1999年の0.467、そして2000年で0.481（日本は、0.314）と徐々に上昇している。実際、1998年から2003年までの間に、家計収入の下位20％は、年平均1.6％所得が減少したのに対して、上位20％の家計収入では逆に年平均3.3％所得が増加した[18]。

増大する所得間や世代間の格差は、経済開発に成功した1980年代半ばから目立ち始め、1990年代には深刻度を増した。1991年の総選挙では、PAPは再び大敗北を喫し、政府に事態の深刻さを認識させた[19]。そうした中で注目されたのが、低所得者層や高齢者を念頭においたボランティアリズムの促進と

政府が「ピープルセクター」と呼ぶ中間集団や市民社会を発展させる政策である。

1999年4月、21世紀のシンガポール社会の構想である「シンガポール21」を発表した。PAP 政府は、約6,000人のシンガポール人を83の委員会に集めて諮問委員会を設置し、21世紀に向けての国家ビジョンを示した。それは、1）全てのシンガポーリアンの関与（Every Singaporean Matters：成功の定義の拡大）、2）全ての者への機会の提供（Opportunity for All）、3）家族の強化（Strong Families）・我々の基本であり未来である、4）シンガポールの鼓動（The Singapore Heartbeat）、5）能動的な市民参加（Active Citizens）・社会を変えよう、という国民に対する5つの提案であった[20]。特に提案の5番目は、ピープルセクターをパブリックセクターやプライベートセクターと共に、全ての社会コミュニティー団体とボランティア団体から成る一つのセクターとして位置づけたことに意義がある。

これまで日本人会の周縁部にいた若手中堅社員の主婦による草の根の文化交流は、1991年に、日本人会の活動部門に「地域社会交流部」を誕生させた。部のメンバーは、日本人社会と地域社会との草の根の友好親善と相互理解に寄与するため、日本語を話す会、俳句の会などの交流行事を個々人で企画し、個人単位で活動の範囲を広げている。とりわけ1992年より月2回のペースで始めた「日本語を話す会」は、最初は日本語を学びながら日本人と接する機会のない大学生や学習者を対象としてきたが、やがてそれまで日本人会の存在すら知らなかった地元の人々も含め、開始から4年あまりで総登録者は620名にもなった。また各文化部の同好会や有志の会でも「カルチャーボランティア」の活動に取り組んでいる。これは地元の各種の学校や施設からの要請を受けて、茶道、琴、着付け、寿司、太鼓、民謡の教室やその実演会・講習会を頻繁に開催し、「趣味の縁」を通じて交流を深めるものである。

社縁を「会社の縁」だけに限定しない、「ひろく結社の縁」による草の根の活動は、「趣味の縁」や同胞意識を超えた「地域の縁」によって地元社会と繋がってゆき、閉ざされた日本人会の扉がゆっくりと開かれようとしている。会社の縁としての社縁が自分の所属する「場」のみによって生まれたのに対して、ひろい結社の縁は自分と他者との「共感」によって生まれるものであり、日本人としての同朋意識を超えた新しい関係性の胎動なのであろう。

注
1）「Channelnewsasia.com」2006年3月31日付、電子版。
2）清水洋・平川均『からゆきさんと経済進出』コモンズ、1999年、第6章。
3）Acharya, Amitav & Ramesh, M. *Economic foundations of Singapore's security: from globalism to regionalism.* IN Rodan, G., ed. Singapore changes guard: social, political and economic directions in the 1990s. New York: St Martin's Press, 1993, pp.134-152. 自治体国際化協会（CLAIR 編）『シンガポールの政策』財団法人自治体国際化協会、2005年（PDF 版が同協会の WEB サイトにある）。
4）Government of Singapore, *Singapore: the next lap*, Singapore: Times Editions, 1991.
5）Chan, Kwok Bun & Tong, Chee Kiong. *Singaporean Chinese doing business in China.* IN Chan, Kwok Bun, ed. Chinese business networks: state, economy and culture. Singapore: Prentice-Hall, 2000, pp.71-75.
6）Chia, Siow Yue. *Singapore: towards a knowledge-based economy.* IN Masuyama, Seiichi; Vandenbrink, Donna & Chia, Siow Yue, eds. Industrial restructuring in East Asia: towards the 21st century. Singapore: Institute of Southeast Asia Studies, 2001, pp.169-208.
7）シンガポール日本人会（編）『南十字星・創刊二十周年記念復刻版』シンガポール日本人会、1987年。同『南十字星・創刊三十周年記念復刻版』シンガポール日本人会、1997年。
8）『南十字星・創刊三十周年記念復刻版』シンガポール日本人会、1997年、582頁。
9）西岡香織『シンガポールの日本人社会史』芙蓉書房出版、1997年、17-190頁。
10）シンガポール日本人会（編）『シンガポール日本人墓地—写真と記録』シンガポール日本人会、1993年。
11）安川一夫「テクテク・マップに寄せて」『南十字星』1995年3号。
12）祖運輝「墓誌に見られるシンガポール日本人社会」中牧弘允ほか編『日本の組織』東方出版、2003年、130-147頁。
13）文化人類学者の米山俊直が、『集団の生態』（日本放送協会、1963年）のなかで、産業社会のなかでの社縁の高まりの重要性を指摘した。
14）呉偉明「シンガポールにおける日本の社縁文化」中牧弘允ほか編『日本の組織』東方出版、2003年、100-116頁。
15）1973年から1986年まで中華総商会の会長であった陳共存は、抗日活動家や慈善家として有名な陳嘉庚の甥である。
16）岩崎育夫「第1章　ASEAN 諸国の開発体制論」『開発と政治・ASEAN 諸国の

開発体制』アジア経済研究所、1994年。
17) 1）国際化・域内進出とマイホームとしてのシンガポールの対立、2）ストレスの少ない生活と労働者の再訓練の対立、3）優秀な人材誘致と国民への配慮の対立、4）高齢者のニーズと若い世代の希望の対立、5）協議・コンセンサス作りとエリートによる断固・迅速な行動の対立が深刻化している。
18) Mukhopadhaya, Pundarik *Changes in social welfare in Singapore – 1982-1999*. Working Paper, Singapore: National University of Singapore, 2001, p.5.
19) 1997年の総選挙では、PAPが全83議席中の81議席を獲得し、支持率の低下傾向に歯止めを掛けた。野党は民主党が議席を失い、国民党と労働者党が一議席ずつ獲得するに留まった。2001年総選挙は、野党陣営が弱体化する一方、PAPは全議席の三分の二が無投票当選であった。
20) *Singapore 21 Vision: Together We Make the Difference*, Singapore 21 Committee, 1999, p.23.

第13章

# インドネシアにおける日本人団体

内 野 好 郎

## はじめに

　本稿はインドネシアにおける日本人団体の誕生、発展の過程を両国関係の歴史的推移の中に位置づけ、その時々に日本人団体が果たした役割を検討しようとするものである。まず第1節でインドネシアとはどんな国かを概観した後、同国と日本との関係、明治以降の日本人会、日本人学校が設立された経緯を概観する。第2節で戦後のインドネシアと日本の関係を振り返る。戦後一時、両国の交流は停滞するが、やがて、戦後賠償、インドネシア政府の外資導入策、日本企業の海外生産の拡大といった事情を背景に両国の経済交流は拡大する。第3節で戦後の日本人団体の誕生・発展の過程を整理する。日系企業のインドネシアへの進出が活発化し、在留邦人の数も増加するのに伴い、子弟教育の必要性から、日本人学校の設立が不可欠となり、その設立のための運動を通じて、日本人学校維持会、ジャパンクラブの設立が同時並行的に行われる。そこには企業から派遣された派遣型日本人と、長く当地に生活する永住型日本人との協力体制が不可欠になる。こうした流れは戦前、戦後を通じて共通の現象であることが歴史を振り返ることによってわかる。そして第4節でジャカルタジャパンクラブ（JJC）の今後の課題について考察する。

　インドネシアにおける戦後の日本人団体の設立は、1970年と他のアジア地域に比べ、相対的に遅かったので、戦前と戦後の日本人団体には直接の連続性はない。しかし戦前、戦中の日本の一方的な進出によって、二度にわたるインドネシアからの引き揚げを余儀なくされたことから、戦後は両国の長期的な共存共栄になるような発展を遂げようと模索する姿が、日本人団体の活動の中に窺える。

　日本人団体の果たした役割、今後果たすべき役割は何か。ひとつにはインドネシア政府と、日本政府、日本企業との間の橋渡し、インドネシア政府へ

の提案、日本政府への提案、日本企業へのフィードバックといった活動である。もう一つはそこで働き、学び、暮らす日本人が、安全で快適な生活をするための情報提供と危機発生時の対応である。インドネシアは30数年続いたスハルト体制が崩壊し、新しい政治体制が確立されるなかで、同国の事情、文化をよく理解した上での、日本の協力が必要となる。こうした背景からも、ジャカルタジャパンクラブ（JJC）の果たす役割は益々重要になると思われる。なぜならば、JJCの会員の多くは企業から派遣された者であると同時に、そこに住み、インドネシアの人々と共に働き、インドネシアの実情を実感している人々だからである。また日本人学校の教育方針の中でも、インドネシア文化の理解、互いの文化の理解ということが重要視されており、将来両国の絆を結ぶ人材の育成という使命を、日本人学校は担っているとも言えるであろう。

## 第1節 戦前・戦中の日本との関係と日本人団体

### 1．インドネシア概観

　インドネシアは人口2億1千5百万人（2003年現在中央統計庁暫定値)[1]、約250の民族集団、約3,000の島から成る群島国家である。東端のイリアンジャヤから西端のスマトラ島まで東西約6,000キロメートル、国土は日本の約5倍ある。歴史的に経済、文化の中心であったジャワ島への集中度が高く、国土の6.6％弱しかない同島に人口の約60％が住んでいる。ジャワ島に住むジャワ民族が人口のおよそ40％、スンダ族15％と続く[1]。石油資源に恵まれているアチェ（スマトラ島）の独立運動もあり、この国を統治することが如何に難しいか想像に難くない[2]。一人当たり国民所得は95年に1,000ドルを越えたが、通貨危機後、一度は464ドルに落ち込んだ。その後700ドル台に回復したが、それでも日本の40分の1である。

　インドネシアは多様性に富んだ多民族国家である。一国をグラスの中に収めてみて、それを上から見ると、現在の様子がよくわかる。例えばジャワ島ではイスラム教徒が多く、イスラム教の影響力が大きい。しかし、このグラスを横から見れば、そこにはアミニズムに始まり、何層からもなる文化や宗教の歴史を読み取ることができる。その一つの例が中部ジャワに建立された

ボロブドール寺院であろう。世界を代表する仏教遺跡であり、紀元8世紀後半から9世紀前半に完成したものといわれているが、1814年イギリスのスタンフォード・ラッフルズが発掘を命じ、その姿を現すまでは地中に埋もれ、人々から忘れ去られていた。地理的には旧都ジョグジャカルタの北西部の農村地帯にあり、そこに聳える寺院を見た者は、誰が、どのようにして、この壮大で緻密な芸術品を築き得たのかと驚きを禁じえないが、これだけの建造物が建立されるほど仏教の影響力が強かったことは容易に想像できる。インドネシアがいつ、どのようにしてイスラム教の影響を強く受けることになったかの検討はさておき、ボロブドール寺院はインドネシアの多様性を理解するための良い事例であろう[3]。20世紀に入り、オランダの手により本格的な発掘が開始されたが、その後風化がひどく1968年UNESCOがこの文化遺産の修復に乗り出した。その際には日本も援助金を提供している。

インドネシアは約300年にわたるオランダの植民地時代を経験し、宗主国による搾取が激しかったため、1945年に独立を宣言した時点では資本蓄積の水準は低かった。スカルノ政権は経済復興のため、再度植民地化を図ろうとするオランダ軍と戦いながら、オランダ企業を国有化し、プランテーション農業と石油鉱業事業を推し進めた。こうした背景により、その後もインドネシアでは国軍が常に力を持つことになった。

## 2．日本との関係と日本人団体

インドネシアと日本との交流は、日本の「鎖国以前に遡ることができる[4]」が、ここでは日露戦争以降のことから始める。

明治期以降の日本とインドネシアの関係を分かりやすく纏めた先行研究として、後藤乾一著『近代日本とインドネシア』[5]がある。後藤氏は一世紀に亘る両国の関係を3つの局面に分けて分析している。第1の局面は19世紀末から第二次世界大戦勃発前である。この間インドネシアはオランダの植民地であり、日本人は「植民地社会の人種別ヒエラルキーの中で白人同等の法的地位を認められ、いわば準白人＝「名誉白人」としての立場からインドネシアとのかかわりを築くことになった[6]」わけであるが、はじめからその地位が与えられたわけではなかった。明治期以降、最初にインドネシアに来た日本人は政府や企業から派遣された人たちではなかった。後藤氏は当時の蘭印の日[7]

本人社会について、1897年に南方を巡回した副島八十六の「圧倒的にカラユキさん及び彼女らに関わる職業に携わる人々を中心に日本人社会が形成されているとの指摘」に注目している。やがて、個人で日本からインドネシアに渡り、商工業を起こす人びとが登場する。戦前期のインドネシアの日本人社会を写真によって綴った貴重な記録『写真で綴る蘭印生活半世紀』があるが、そこには1901年にスラバヤに開設した潮谷商会の写真他、日本人の商店の写真を見ることが出来る。この写真集にはスラバヤ、バタビア（現在のジャカルタ）の他にメダン、パレンバン、ジョグジャカルタ、スラマン、チェイリボン、マゲラン等各地の日本人会の写真が掲載されている。

　日露戦争以降、日本の工業力は飛躍的に増大し、その工業製品の輸出市場と原料の調達市場を南方にも求めるようになった。こうして大企業や銀行も当時の蘭領のバタビアやスラバヤにも進出するようになった。1909年にはバタビアに日本領事館が開設され、企業から派遣された人や領事館員といった日本人が入ってきた。彼らと、それ以前から個人として新しい生活の場を求めて定住していた日本人とが一緒になって、1913年にバタビア日本人会を設立した。そして子弟教育のために、まず1925年にスラバヤに日本人学校が開設され、続いて1928年にはバタビアにも開設された。スラバヤの日本人小学校設立に関する話として、『ジャガタラ閑話』に花岡泰次氏、花岡泰隆氏が次のように記している。「旧蘭印における日本人小学校の開校はスラバヤが一番早く大正十四年四月二十日、翌二月、外務省の在外指定校となった。次いで昭和三年五月二十五日、バタビア、スマランが同四年三月三日、バンドンが同八年九月となっている。」前出の写真の記録にも、バタビア日本人学校開校式（1928年7月1日）、バンドン日本人小学校の一周年記念（1934年9月23日）他多くの写真が載っている。これらの日本人学校は「いずれも明治から進出した邦人が大正期から昭和の初めにかけて激増したが、現地に本拠を置いて商業、農園に活躍したものの、第二世に日本の教育を与える熱望が高まり、領事館－外務省を動かし、資金を出し合って日本人会又は別校舎をつくり、スラバヤの場合は寄宿舎まで建設、日本から優秀な教育者を外務省を通じ招き、不足の所は現地の教育資格のある婦人が予科生を受け持っておられた。」と記述されている。こうした流れは、次に見る戦後の日本人学校の誕生の背景と共通している面もある。

第13章　インドネシアにおける日本人団体　449

　大企業としては1909年に三井物産がジャワ支店を開設し、その後もジャカルタとスラバヤに事務所を置き、一次産品の貿易を活発に行っていた。その関係で三井銀行も1924年にスラバヤ出張所を開設している。銀行としては台湾銀行が1915年、横浜正金銀行が1916年にスラバヤ支店を開設している。戦前は、スラバヤのほうがジャカルタよりも日本人の数が多かった。財団法人南洋協会の「南洋各著邦人団体名簿」1940年春の報告によるとスラバヤ日本人会の会員数が573名に対し、バタビアは296名になっている。ちなみに同資料によると、インドネシア各地の日本人団体は51、その他諸団体が25となっている。

　日本とインドネシアの経済関係は、その後も拡大を続ける。特に第一次世界大戦以降、両国間の貿易額は宗主国であるオランダとの取引額を上回るようになった。しかし、日本が中国大陸へ進出し、やがて日中戦争が勃発すると、これを警戒するアメリカは、日本に対する戦略物資の輸出制限といった経済制裁を行った。天然資源に恵まれていない日本は、これらを南方諸国に求めた。日本政府はオランダの植民地政庁と折衝し、インドネシアからの資源調達をはかったが、成功せず、いわゆる、アメリカ、イギリス、オランダによる経済封鎖によって、日本は戦争への道をさらに突き進んでいった。1941年7月にはオランダ政庁は日本人資産の凍結を行ったので、在留邦人の経済活動は停止した。日本政府は同年9月に在留邦人に対して引き揚げ命令をだした。1941年12月7日に日本は米英に対し宣戦布告し、真珠湾攻撃に続いて東南アジア各地の英、米、蘭の植民地への進攻を開始した。1941年12月の末にはインドネシアへの進攻がはじまり、翌42年3月1日にはジャワ島へ上陸し、その9日後にオランダ軍は降伏し、日本軍による軍政が敷かれた。日本からは軍政による統治のため、軍政要員が送られた。矢野成典『三井物産ジャカルタ支店』によれば「当時ジャワには南方占領地間の物資交流と現地の民生安定のため、日本から商社、機械、建設、食糧、繊維、金融などの企業が進出し、占領行政に協力した。」となっているが、このほか一度日本に引き揚げた戦前の在留邦人も再び現地に復帰し、軍政に協力した。日本がオランダに代わり、新たな支配者としてインドネシアに係わることになったのが第2の局面である。

　しかし、戦局は日増しに日本に不利となり、ついに1945年8月15日に日本

は連合国に対し、ポツダム宣言を受諾し無条件降伏した。その2日後、スカルノがインドネシア民族の名のもと「インドネシア共和国」の独立を宣言した。日本軍が降伏しオランダが戻ってくる前に、独立を宣言した訳であるが、オランダはインドネシアの独立を認めず、その後4年間に亘る独立戦争が続いた。敗戦によって日本とインドネシアの関係は遮断され、在住の日本人は引き揚げを余儀なくされたが、約1,000人の軍人、軍属は日本への帰国を拒否し、インドネシアに残留する道を選んだとされている。[18] 彼らの多くはインドネシア軍に参加し、独立戦争を戦った。日本政府がインドネシアの独立を目的とした行動をとったという痕跡はないが、[19] インドネシアの独立を実現するために、インドネシア軍に参加し、オランダと戦った日本人がいたことは事実である。[20]

　第3の局面は、日本とインドネシアが、「平和条約」により戦争を終結させ、法的に対等の立場から国交を開き、関係を深めた戦後の時代である。戦後の日本人団体としてのジャパンクラブは、こうした中で、やがて誕生するのである。

## 第2節　戦後のインドネシア経済と日本との関係

### 1．戦後の日本との関係

　1949年12月にオランダは、独立派の抵抗とアメリカの圧力を受け、ついにインドネシアの独立を認めるハーグ協定に調印した。こうしてインドネシアはオランダから正式に主権を譲渡され、翌1950年東京にインドネシア政府の連絡事務所が開設された。一方日本は、1951年9月8日にサンフランシスコでアメリカなど48カ国の連合国との間で対日平和条約を結び、翌1952年4月28日にサンフランシスコ講和条約として発効した。これにより、日本は主権の回復が認められ、主要国との国交が回復し、インドネシア政府の連絡事務所も総領事館に昇格し、日本もジャカルタとスラバヤに総領事館を開設した。しかし戦後賠償の問題が残されていたので、正式な国交回復と大使館の開設は1958年まで待たなければならなかった。日本は1958年に賠償協定に調印以後、継続的に経済援助を行ってきている。

## 2．1960年代以降のインドネシアの経済政策と日本企業の対応

　1960年代前半のインドネシア経済は、国営企業の生産減退によって、国家財政は危機的な状況にあった。しかし、緊縮財政と金融引き締めを行えば、国防予算も削減しなくてはならず、それでは国軍の支持が得られない。そこで、スカルノ政権は1963年9月マレーシアとの対決を宣言し、国内のイギリス資産の接収を表明した。これに対しIMFとアメリカはインドネシア経済援助を停止した。歳入の減少もあり、国家予算の50～70％を軍事費が占め、経済は危機的状態に陥っていた。打開策として工業化を図るため、輸入代替政策がとられたが、遅きに失した感があった。輸入代替型工業政策とは、輸入に対して国内産業保護のため、高い関税障壁・数量統制などを用いて規制し、その結果保護された国内市場に対して、自国企業による生産を次々に開始させながら、従来輸入依存していた製品を国内生産によって代替していこうとする政策である。[21]

　1965年のクーデターでスハルト政権が誕生し、いわゆるニュー・オーダーと呼ばれる体制が成立した。60年代前半の国際社会からの孤立政策の影響で、1965年には25億ドルの利払いが不履行になり、12月には中央銀行は信用状の決済ができなかった。1966年の債務の支払いは5億3千万ドルと推定されたが、公式な外貨収入は4億3千万ドルしかなかった。生産に必要な原料が輸入できず、生産は縮小した。複数の為替レート制と貿易制限が非合法の貿易を生みだし、外貨は政府の手に入らなかった。こうした事態にスハルト政権は国際的な援助を活用して、債務のリスケジュールを図るとともに、貿易制限を廃止した。1966年以降69年まで、貿易の自由化に向けた改革が行われ、1970年には為替レートも統一され、輸出は1969年から72年の間に4倍に増加した。69年以降のインドネシアの国際収支は、石油、ガスの輸出がその他の経常収支の赤字を補っていたが、不足部分は多額の公的対外債務で賄っていた。インドネシアの経済と国際収支は、その後2度にわたる石油危機とブームによって大きく影響を受けた。1978年から80年にかけて石油価格は上昇し、経常収支は初めて黒字化したが、その後82年から84年にかけての石油価格の急落とともに、82年以降再度経常収支は赤字となり、歳入の減少とルピア売りの圧力から外貨準備の枯渇に直面した。[22] 政府はこうした事態に対処するため、従来の輸入代替型の開発戦略から、本格的な輸出志向型の工業化戦略へ

の転換を図った。一般的に自国製品に競争力がつき、国内市場が飽和状態になるところで、輸入代替政策から輸出を増大させる政策に転換する。インドネシアも例外ではなかった。

輸入代替政策から輸出志向型工業化政策に転換していくためには、諸々の経済改革が必要である。輸出競争力をつけるために政府の財政赤字を削減し、国内インフレを抑える必要がある。輸出志向型工業化政策とは工業製品の輸出を促進することにより、工業化を達成しようとする政策であるので、既存の世界経済システム＝自由貿易体制に積極的に参画すべく、国民経済の構造もそれに合わせて変えていかなければならなかった。具体的な政策としては輸入の自由化、輸出促進策、財政金融政策の活用、外資の積極的な導入が行われた。先進国の高度な技術を生かした製品を、途上国の廉価な労働力によって安価に生産することが試みられた。こうした経済政策の下では、金融、資本の自由化を受け入れる必要があった。[23]

直接投資についてみると、1965年に誕生したスハルト政権の下で、67年に外国投資法が制定され、当初外資導入が積極的に進められた。日本からの企業進出もこの頃から本格化し、ジャパンクラブ設立への序曲が始まったといえる。1969年以降輸入代替政策がとられたことから、家電業界や繊維産業は関税障壁を回避すべく、現地生産を始めた。『東レ50周年史』によれば同年には日本から経団連ミッションが派遣され、現地政府と経済協力の促進が協議され、東レも「第一次五カ年計画の柱の繊維工業育成政策への協力を約束した」とある。[24]

自動車産業は、完成車の輸入が制限されていたので、トヨタは1969年に現地生産のためにアストラグループと合弁で現地生産体制を整えた。インドネシアでは外資100％出資は認められず、現地の資本と合弁契約を結ぶ必要があった。

しかし外国資本のプレゼンスが高まり、それに対する国民の不満が噴出し、70年代に入って民族資本育成策がとられ、外資導入は制限的になった。80年代前半に入って、石油価格の下落を経験したことから、天然ガス、石油に依存する体制からの脱却を図るため、再び直接投資を呼び込み、成長を志向する戦略に転換されたが、他のアセアン諸国と比べると、外資導入には慎重であった。1992年には条件付で100％外資が認められたものの、1997年の危機

第13章　インドネシアにおける日本人団体　453

図13－1　日本からの直接投資の推移

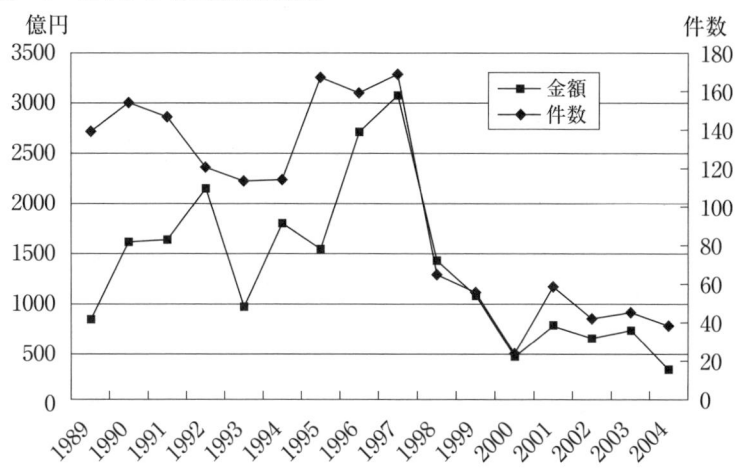

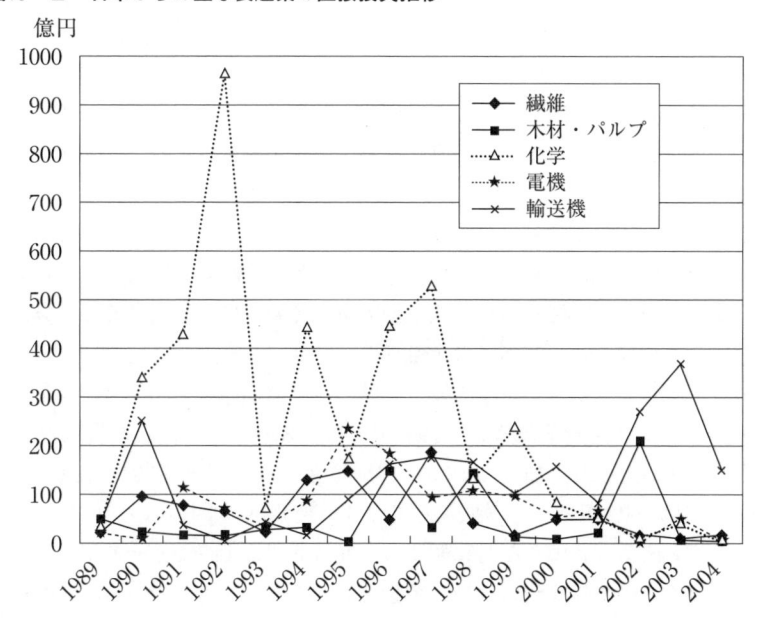

図13－2　日本からの主な製造業の直接投資推移

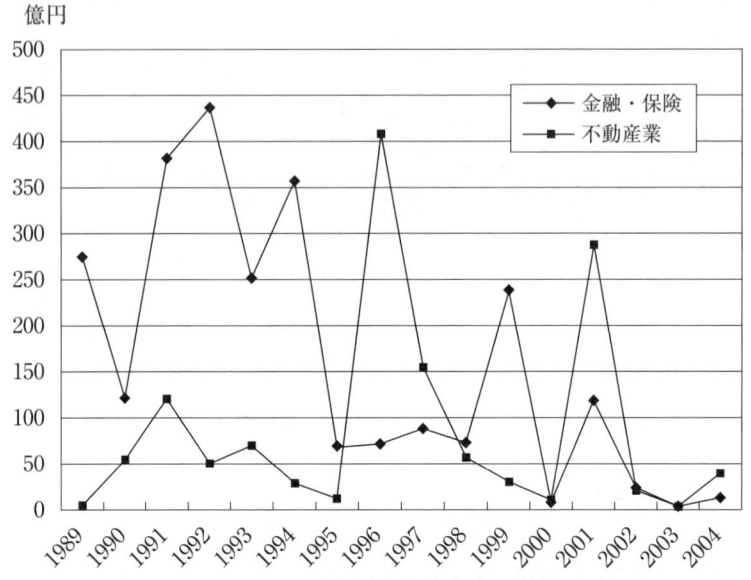

**図13－3　日本からの主な非製造業の直接投資**

（億円）

凡例：金融・保険、不動産業

出所：図13－1、2、3は財務省ホームページ統計資料「対外及び対内直接投資状況」をもとに作成。(http://www.mof.go.jp/1c0008htm)

以前は100％外資の認められる業種は限られていた。

　インドネシアへの日本からの直接投資は、金額的には1992年に大きく増加しているが、特に化学部門で1992年に970億円の投資が行なわれたことの影響が大きい。1994年に外資出資比率規制の一部撤廃により、業種によっては100％出資が可能となったので、日本からの直接投資もそれ以降急増している。金融部門は、1988年の第二次金融の自由化の後に、直接投資の件数、および金額も増加し、1992年には金融部門で10件、438億円の投資が行われた。その後、製造業では電気電子機器、化学、自動車部品を中心とした企業進出が続き、アジア通貨危機直前の1996年には、日本からの直接投資は1,606億円と前年比600億円増加している。非製造業では、不動産業への投資が、1996年には408億円とピークに達しており、幾分バブル経済の様相を呈していたともいえる。1997年7月に始まった通貨危機の影響で、その年の後半から、日本からの直接投資は件数、金額とも大きく落ち込んでいる。2001年に

はいったん回復の基調が見えたが、後にJJCによるインドネシアへの提言でもみられるように、投資環境が改善されておらず、日本からの直接投資は低調である。

なおアジア通貨危機の際に悪化した財務状況を立て直すために、多くの企業は増資が必要であった。しかし地場資本は増資に応じる余力がなかったので、日本側が一方的に増資を行う必要があった。このため、外資による出資制限は改正され、100％出資が認められる業種が増え、日本側がマジョリティーをとるケースが多くなった。外資との合弁銀行についても通貨危機以前は、外資の出資比率は80％までに抑えられていたが、銀行部門の建て直しの必要から、日本側が増資に応じたので、ほぼ100％日本側が株式を保有することになった。こうした現象は自動車企業やその他の業種でもよくみられる現象であった。

## 第3節　戦後の日本人団体の誕生と発展の歴史

### 1．ジャカルタジャパンクラブ（JJC）の誕生と発展の歴史
　(1)　設立の経緯とその特徴

　ジャカルタジャパンクラブ（以下JJC）の設立は1970年でありタイ、マレーシア、香港における日本人商工会議所に比べ遅かった。その理由としては賠償問題の解決に時間を要したことがあげられる。

　第二次大戦後、両国の関係は希薄になるが、1958年に平和条約と賠償協定が締結され、両国の国交が正常化し、新たな時代を迎えた。戦後賠償の実施を通じて、インドネシアへの開発援助プロジェクトが進められ、企業関係者の交流が始まった。また賠償留学生制度によって、両国青年の交流が活発になった。それでも、1957年当時の日本人は百人弱で、家族連れは少なかったし、日本人懇談会のような組織はなく、商社懇談会のようなものがあり、月に1回20人くらいが集まっていたようである。[26]

　その後、1965年の9.30事件を経て、スハルト体制のもとで経済再建に向けての取り組みが行われた。1967年に外国投資法が制定され、民間ベースの経済交流が盛んになり、日本企業のインドネシア進出も活発になった。その結果在留日本人の数も急増した。こうした中で、1970年にJJCの設立を見る

のであるが、それに先立つ1969年に日本人学校の設立に関するインドネシア政府の認可を受理している。JJCの設立の前に日本人学校が設立されていたわけであり、当然のことながらJJCの設立以前から、非公式ながら日本人の団体があったことになる。[27]

　インドネシア政府はKADIN[28]と呼ばれる国内商工会議所以外の商工会議所の設立を認めなかったので、設立に際しては、ジャパンクラブという財団として登記されることになった。商工会議所という名前を使うのであれば、KADINの組織の中に入ることを要求されたようである。インドネシアの場合に、日本人商工会議所という名称が使用されず、いわゆる「日本人クラブ」と一体となったジャパンクラブとして設立され、運営されてきた背景にはこうした事情があった。最初にできたのは法人部会（1970年7月）で後に個人部会（同年9月）ができた。

　インドネシアにおける主要な日本人団体であるJJCの特徴を整理すると以下のようになる。

①日本はインドネシアにとって、世銀、ADBとともに最大の援助供与国であるが、戦後インドネシアにおける日本人団体の設立は1970年と意外なほどに遅い。

②したがって、戦前の日本人団体との関連も遮断されている。

③インドネシアの場合は商工会議所と日本人クラブに分かれておらず、また商工会議所という名称の団体はない。JJCの中に法人部会と個人部会があり、前者が商工会議所的な役割、後者が日本人クラブの役割を果たしている。

④日本人学校の設立が1969年とJJCの設立に先行する。

⑤タイ、マレーシアや香港の商工会議所にあるような、いわゆる『…十周年史』といったものは編纂されていない。個人部会が1991年に『JJC会報誌、創立20周年記念号』を発行しているが、これはJJCが毎月発行している『BERITA JAKARTA』の特別号のようなもので、1991年当時の役員、関係者からの投稿文やエッセイから成り立っており、設立の経緯についての詳細などは書かれていない。[29]

第13章　インドネシアにおける日本人団体　457

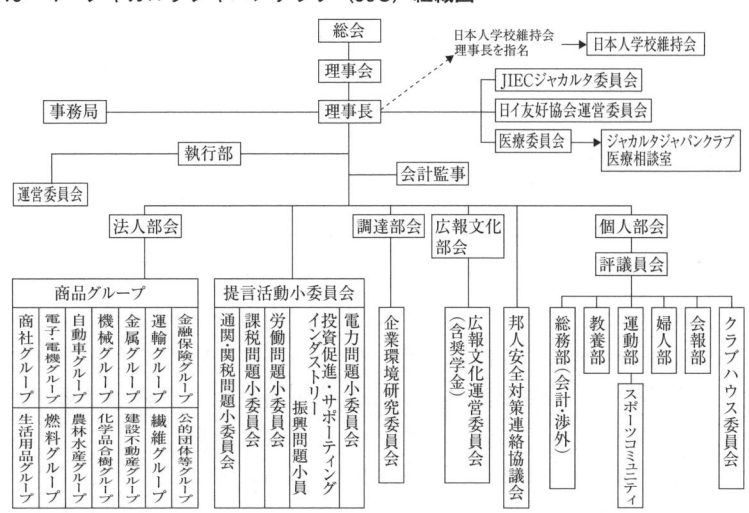

図13-4　ジャカルタジャパンクラブ（JJC）組織図

出所：『インドネシア・ハンドブック　2003年版』より抜粋。

(2) JJCの目的と組織

JJC発行のインドネシアハンドブックによると、JJCの目的等は次のように記されている。

「JJCは『会員相互親睦及び日本・インドネシア両国の親善、文化交流をはかる』並びに『両国の通商及び経済協力に寄与する』ことを目的に設立され」たと。

JJCには法人部会と個人部会があり、法人部会の会員は「ジャカルタ及びその近郊に事務所等を有する日本法人、日系企業及び在住しているその事業主と日本人常駐役職員を会員とし」、個人部会は「ジャカルタ及びその近郊に在住する、20歳以上の日本人及び元日本人を会員とし」ている。2005年5月末現在、個人部会会員数2,782名、法人部会410社となっている。なお1991年当時は個人部会3,232名、法人部会258社であった。

最新のJJCの組織図は図13-4のとおりである。1991年当時の組織図と比較してみると、1991年当時は理事長が法人部会長や個人部会長と並列に記されていた点が異なるが、その他は大きな変化がみられない。

理事会の理事長には従来から派遣企業の代表が就任している。「JJCの重

要なポストが人物本位でなく、企業単位で割り当てられ、完全に大企業の手中に握られている。」[30]との批判もあるが、一つには、JJCの法人部が商工会議所の役割を果たしていることに起因すると思われる。JJCには事務局が置かれ、以前は派遣企業の総務担当が事務局長の任にあたることが多かったが、1994年5月以降日本商工会議所から事務局長が派遣されている。理事長の下、法人部会、調査部会、広報文化部会、個人部会、諸委員会に分かれて活動している。

① 法人部会

法人部会は商品グループによって、それぞれ商社グループ、電子・電気グループ、自動車グループ、機械グループ、金属グループ、運輸グループ、金融保険グループ他、全体で14グループからなっている。グループ内の親睦並びに業界内の情報交換等の活動を行っている。又グループとして、インドネシアにおいて企業活動が円滑に行われるよう規制緩和等に関して、インドネシア政府当局と対話の場を持ち、意見具申や要望を実施する他、日本・インドネシアとの投資・貿易等、経済交流を促進するために種々の活動を行っている。又会員を対象とする講演会やセミナー等も開催している。組織図上は法人部会に属していないが、提言活動小委員会が、5つの小委員会に分かれて、インドネシア政府に提言をするという重要な役割をはたしている。

② 調査部会

調査部会の活動内容は「隔年、『インドネシアハンドブック』を編集・発行しているほかインドネシア経済に関する調査・研究や資料収集を行い、会員に対し経済の見通し等、資料の提供を実施し」ている。

③ 個人部会

個人部会では、教養部、運動部、婦人部、会報部等を設置し、図書の貸し出し、クラブ活動、盆踊り大会、日本人墓地慰霊祭、日イ友好キャンプ、講演会等の催し物、福祉活動並びに会報誌（BERITA JAKARTA）の発行等を行っている。

④ 広報文化部会　広報文化運営委員会（含む奨学金）

広報文化部会では、日・イ友好親善並び文化交流を促進する目的で以下のような社会貢献・文化交流活動を行っている。

・JJCからの拠出金並びに募金による資金から基金を設立し、経済的に恵

まれない成績優秀な高校生・大学生に対する奨学金の支給。
・ニーズに応じた有用な講演、セミナーの開催。
・日本語教育支援のためのインターナショナルスクールへの補助金の支給。
等
⑤ 法人安全対策連絡協議会
大使館、総領事館との連携を密にして、治安情報等を提供している。

## 2．JJCの果たした役割
(1) インドネシア社会との相互理解
　日本とインドネシアの関係を振り返ると、まず個人が新天地を求めてインドネシアにやってきた時代、日露戦争以降工業力を高めた日本がその市場を求めて進出してきた時代、「大東亜共栄圏」の発想のもと、インドネシアを支配下に置こうとした時代、そして戦後、日本経済の発展とととともに、日本企業の生産基地としてインドネシアに進出してきた時代に分けることができる。グローバリゼーションの進展の中で、日本とインドネシアの結びつきは一層強くなっており、相互に抱える問題も多い。また政府間レベルでも、援助国と被援助国としての関係がある。インドネシアは日本にとっては戦前と変わらぬ、石油や天然ガスの安定供給を確保するための生産地として重要な国であり、また中近東から石油や天然ガスを運搬する船舶の航海上の安全保障の観点からも、同国との関係は重要である。
　1974年1月15日の事件（マラリ事件）は日本にとって大きな教訓となった。この事件は、田中首相訪問時の日本のオーバープレゼンスに対するインドネシア国民の対日不満の表れと見ることもできる。マラリ事件は国内的な問題ともいわれているが、暴動の標的が日本に向けられたのは事実である。この事件についてインドネシア側の発言として、次の二つを見ておこう。一つは、当時のKADIN会頭スオト・スケンルダルのインタビュー記事である[31]。氏は「経済成長のため今後とも外国資本の力を借りる必要があるのはご指摘の通りです。発展途上国は、これはインドネシアだけではなく、資金の問題、テクニカル・ノウハウの問題、マネージメント・ノウハウなどの経済活動の基本的な問題にぶつかっている。…ただ先進国の人たちに御理解いただきたいのは、まず、この国での企業活動は先進諸国のように商売をやって、儲かれ

ばそれですむといった風土ではないという点です。…企業活動の社会的側面を充分に配慮してかからなければならないのです。」と述べている。そして記者の「日本委員会設立の背景は1.15ジャカルタ暴動がきっかけになったのか」という質問に対し、「直接的なきっかけはなかった。」と答えている。日本企業に望むこととしては、「日本企業もインドネシアの社会的側面をよく知ってもらいたい、そういうことに尽きる。」と述べている。二つ目はアリ・ムルトポ将軍への質問に対する回答である[32]。氏は1月15日のジャカルタ暴動についての感想と、日本企業の進出についての質問に次のように答えている。「本年1月の暴動として知られている事件は純粋に日本に対して向けられたものではなく、政治的な背景があったことを指摘しておきたい。」と述べた一方で「ある特定の日本のビジネスマンの行動について社会の一部になお不満を持つ人々がいることを率直に認めなければならない。」と金儲けしか頭にない企業活動を批判している。この事件を契機に、日本とインドネシアの関係のあり方が反省され、相互理解の促進とインドネシア社会への貢献の重要性が認識された。こうした背景から、その後JJCが文化交流、相互理解の面で大きな役割を果たしてきたといえる。なお日本商工会議所も1973年にジャカルタ駐在員事務所を設置している。JJCの20周年記念誌に寄せられた、当時の日本商工会議所会頭の祝辞として、JJCの「諸活動への参加を通じて、日系社会の発展に寄与するとともに、インドネシア社会との融和を実現させることができる」と書かれている。インドネシア社会と日系社会との融和のために、JJCの果たすべき役割への期待は、このときから既に大きかったことがわかる。

(2) インドネシア政府、日本政府への提言

JJCは現地で活動する日本企業とインドネシア政府との橋渡しをする役割を果たしており、その一つがインドネシア政府に対する提案活動である。

2001年にメガワティ大統領が訪日した際に、JJCはインドネシアの投資環境整備のために次の10項目にわたる提言書を提出した[33]。

①治安の確立と司法の確立
②課税(賦課金)及び課税事務の適正化
③通関、通関手続きの迅速化と法律・運用規定の情報公開の義務付け

④労働問題の解決
⑤海外直接投資を奨励する各種優遇政策度や促進策の充実
⑥サポーティングインダスリーの振興
⑦電力などエネルギーの安定供給
⑧産業インフラの整備
⑨四大投資案件の円満な早期解決
⑩国の発展を支える人材育成

　JJCはこうした提言内容の実現のために次の五つの小委員会を設け、インドネシア政府の関係閣僚、関係各省総局長と精力的に話し合いを続けている[34]。

①通関・関税問題小委員会
②課税問題小委員会
③労働問題小委員会
④投資促進・サポーティングインダストリー振興問題小委員会
⑤電力小委員会

　このうちいくつかについて若干の説明を加えておこう。
　まず労働問題は、それまでのスハルト体制の下では、労働運動に対する政府介入があり、労働組合に対する締め付けが厳しかったため、ストライキなどの労働争議は少なかった。しかしスハルト体制崩壊により、表面上急激に民主化が進んだため、労働者の権利と義務に関する労働法の解釈が不明確なまま、ストライキが頻発するといった問題が起きている。具体的には1998年5月のスハルト大統領退陣後、ハビビ政権により、結社の自由及び団結権の保護に関するILO87号条約が国内法化されて、労働組合中央組織及び労働組合が次々と設立された。スハルト時代はパンチャシラ[35]の労使関係のもと、基本的に一つしかなかった労働組合全国組織が、2003年10月時点で74組織となった。民主化と改革（reformasi）の機運の中、労使紛争に関する法律が成立し、政府から独立した労使関係裁判所において、紛争処理が行われるようになったが、経営者側、労組側、裁判所側も対応に不慣れなため、賃上げ要求や待遇改善を求めたストライキが多発している[36]。
　次に電力不足の問題であるが、これは石油価格の上昇と石油不足が原因である。インドネシアは、従来石油の輸出国であったが、プルタミナの不透明

で、且つ不効率な経営により、ついに近年石油のネット輸入国に転落している。

　投資促進・サポーティングインダストリー振興の問題は、インドネシアにとって重要な問題である。通貨危機以降の日系企業の新規投資は減少しており、JJC側からは投資関連認可の迅速化、簡素化、投資に関する税制優遇を要求している。サポーティングインダストリーを支える中小企業の育成がなされていないことが、インドネシア経済の弱さの一つである。自動車産業にしても、部品メーカーをすべて日本から連れてこなければならないというのは、日本企業にとっても問題であるし、インドネシアにとっても、地場企業が育たないという点で大きな問題である。投資環境の改善と地場産業の育成は、インドネシアの今後の発展にとって不可欠な課題であり、インドネシア政府への継続的な提案と議論は必要である。JJCの法人部会は2003年にも当時のメガワティ大統領に対し、投資環境の改善の要望を提出している。[37]

　一方でJJCは日本政府への提言も行っている。たとえば、「2002年度はインドネシアにおける産業インフラに関する日系企業の要望を取りまとめ、在インドネシア日本国大使館に提出した。これは産業インフラの未整備や悪化により、当地で活動する日系ビジネスにも現実に支障が生じていることから、日本からインドネシアへの支援に、これらの要望が反映するよう働きかけたもの。」[38]等である。また2004年11月にチリで行なわれたユドヨノ大統領と小泉首相との首脳会談で、日系企業の投資促進を狙った両国の「官民合同フォーラム」設立が合意された。それ以来、JJCの位置づけは強固になったといわれている。[39]なぜならJJCが二国間交渉で日本の民間を代表することになったからである。

(3)　在住日本人への生活・治安情報の提供と危機対応

　JJCはジャカルタのメインストリート－スディルマン通りに面するスカイビルの4階にある。赴任してきた者は総領事館への在留届の提出をした後、JJCへの入会手続きをとるためにここを訪れる。事務所のほか、図書室、談話コーナーがあり、掲示板も用意されていて、日本人間のコミュニケーションの場ともなっている。インドネシア語のテキストや生活情報の本も出版・販売している。

治安の良くない、危険度の高い地域では、日本人クラブが大使館や領事館と協力して、重要な役割を果たす。JJCには「法人安全対策連絡協議会」が設置されており、適時、政治治安情勢、邦人に係わる最近の事件・事故報告等がなされている。最近はJJCのホームページからこれらの情報にアクセスすることができる。

　1998年5月のジャカルタ暴動の際は、治安情報や、在留者の安全確認、避難方法についての連絡等に関し、JJCは重要な役割を果たした。

　筆者も1998年5月のジャカルタ暴動を現地で経験した[40]。JJCと大使館、総領事館が中心となって、危機対応をしたが、その間の経緯を坂井禧夫が『インドネシア駐在3000日』[41]で書いている。「1998年1月に外務省から発効されていた、「海外危険情報」危険度1「注意喚起」は5月14日には危険度2「観光旅行延期勧告」、翌15日には危険度3「渡航延期勧告」に引き上げられた。そしてその2日後の17日には危険度4「家族等退避勧告」となっていたのである。」[42]と。

　危険度4「家族等退避勧告」が出され、邦人は国外退避することになった。筆者が見た当時のアメリカ大使館のウェブ・サイトでは、5月14日段階で、すでに「アメリカ市民に告ぐ、在ジャカルタ、アメリカ市民は、特別機を用意したので、明朝4時に全員ハリム飛行場に集合の上、出国のこと。手荷物は一つまで、インドネシア人の配偶者は同道可、ペット類は不可」という掲示がインターネット上に流れていた。アメリカはインドネシアの国軍が2つに割れていて、内戦に発展するリスクが高いという情報を握っていたと、筆者はアメリカの領事館関係者から聞いた。アメリカは日本政府に先立つ3日前に自国民に退避勧告を出し、出国用の飛行機を用意したことになる。これは、アメリカとインドネシアの関係が日本とインドネシアとの関係よりも、希薄ということの現われなのか、日本政府の方が確かな情報を持っていたからかどうかはわからない。しかし日本政府・大使館の危険度4に上げてからの対応はしっかりしたものであった。「この邦人国外退避のために、臨時便や政府チャーター便が5月17日から21日に渡って運行された。その間航空機で出国した在留邦人は約9,000人にのぼったらしい。それを当時の日本大使館は段取り良く統制し、誘導し、そして我々邦人に安心を与えてくれた。」[43]と坂井氏は述べているが、その通りだったといえる。こうした状況の中で、

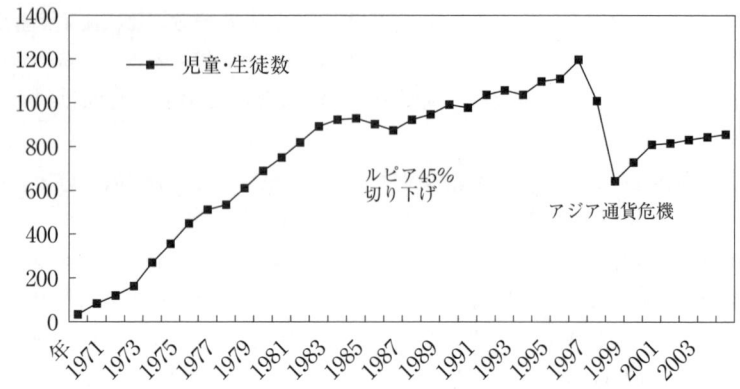

図13-5　ジャカルタ日本人学校の児童・生徒数の推移

[グラフ: 児童・生徒数の推移 1971年～2003年、ルピア45%切り下げ、アジア通貨危機の注記あり]

出所：ジャカルタ日本人学校サイトより。

JJC の普段からの大使館・領事館との連携、JJC の連絡網や情報が役に立ったこともまた事実である。

(4) 日本人学校の運営への協力

日本人学校の学校維持会の理事長は JJC の理事長が指名することからもわかるように、日本人学校の運営協力も JJC の大きな役割の一つである。これについては次節で詳しく見ることにする。

## 3．ジャカルタ日本人学校

(1) 設立の経緯とその後の児童・生徒数推移

日本企業の進出が盛んになるにつれて在留日本人数が増加し、その子弟の教育のために、1968年4月には日本大使館の西山大使宛に日本人学校設立に関する陳情書が提出され、同5月には日本の国務大臣宛に日本人学校設立に関する陳情書及び現状報告書が提出されている。同年11月には日本人学校維持会が設立され、定款も制定され、翌1969年4月に日本人学校設立に関するインドネシア政府の認可を受理している。その後1980年にはメダン、1984年にはバンドンにも日本人学校が設立された。[44]

ジャカルタ日本人学校の児童生徒数の推移は図13-5のとおりであるが、

1970年の33名から、その後毎年増加し1985年に最初のピークをむかえ929名に達している。その間減少することはなかった。次のピークは1990年に988名である。1991年に一度977名へと微減となったが、その後は1997年まで再び連続して増加し、第三のピーク1,193名に達している。翌98年には185名減、99年にも85名減そして2000年には362名減少し645名となっている。なぜこれほどの大幅な減少が起きたのか。答えはインドネシアを襲った1997年のアジア通貨危機であることは明白である。85年に最初のピークをむかえ、87年に減少するが、これも86年9月にルピアはドルに対し45％の切下げをしていることが原因であると考えられる。日本人学校の児童生徒数の減少がインドネシアの通貨の切り下げや通貨危機の発生と呼応しているのは何の不思議もない。日本企業の活動が如何にインドネシア経済の景気循環に呼応しているかを表しているものと思われる。1999年以降児童生徒数は増加に転じたが、2003年現在930名とピークの80％にとどまっているのは、図13－1で見たように日本からインドネシアへの直接投資が伸び悩んでいることの反映であると筆者は考える。

(2) 発展の歴史

　補習学校からのスタートした日本人学校は1969年に全日制の小学部がスタートし、翌1970年には中学部を併設した。1971年には学校建設委員会が設けられ、新校舎の建設が始まり、1972年にはPasar Minggu に完成した新校舎に移転している。設立の経緯については、ジャカルタ日本人学校の創立30周年記念誌に寄せられた、維持会理事長の挨拶文の中で次のように記されている。「私たちの日本人学校は昭和44年設立、開校されました。中学部併せて11名のスタートでありました。以来今日までの30年間の在籍児童・生徒数は延べ、21,883名にのぼり、日本から派遣された先生は304名を数えております。」「パイオニアとして進出された企業戦士と、青雲の志を抱き馳せ参じられた先生方が力を合わせ、文字通りボランティア、手作りで日本人学校のスタートにこぎ着けたという伝説的なお話を承ったことがございます。」と。[45]

　小学部児童・生徒数の増加に伴い、1979年には第三期校舎が落成した。1996年にはPasar Minggu の校舎から、ビンタロジャヤの新校舎に移転している。新校舎は教室、プール、講堂、運動場、IT関連室等充実した設備を

備えている。

　地元の中学生との交流も盛んである。又毎年『BINTARO』という児童・生徒による文集を発行しており、研究者の資料としても、よく引用されている。

　校舎はジャカルタから車で40分くらいのところにある。ジャカルタでは邦人は運転しないほうがよいとされている為、通学にはスクールバスが使われる。バス当番は父兄が交代で担当し、居住している場所ごとに何班かに分かれて、十数台のバスで通学する。また日本人学校には高校がないために、インターナショナルスクールに通わせる父兄もいる。最近の出来事としては1998年5月ジャカルタ暴動のため、帰宅できず、学校に臨泊したことが上げられる。[46]

　石井光信は1995年に出版した『ジャカルタ日本人学校の日々』[47]のなかで「学校の安全確保はインドネシアの治安と直結している。インドネシアの政情、経済、対日感情等で大きな問題があれば緊急措置を講じなければならないが、そのようなことが最近起きているわけではない。ただいつそのようなことが発生しても、不思議でない状況にあるとの認識は必要である。」[48]と1998年5月の出来事を予告するような忠告をしている。

　その他の出来事としては2000年には『創立三十周年記念誌BINTARO』を発行したこと、2003年には文部科学省から国際教育・文化交流推進校の指定を受けたことなどがある。

(3)　学校運営の基本方針

　日本人学校の運営の基本方針は次のようになっている。
「本校はインドネシア政府の理解と認可を得ることによって特有な教育活動の推進が可能となっている。本校教育活動は日本国内の初等中等教育を行うことを目的とする。また海外における教育という特性を生かして、多様な価値を理解し共生できる国際性豊かな日本人の育成を図る。そのため、①基礎・基本を重視し、一人一人の個性を生かす教育、②国際理解教育及び現地校との交流活動を推進する特色ある教育、③魅力ある楽しい学校づくりをめざして努力する。」[49]

　こうした教育方針は国際協調の中で生きていこうとする日本が必要とする

教育理念である。インドネシアにある日本人学校の場合は現地校との交流、旅行を通じたインドネシア文化の理解等に特に工夫がなされている。例えば「インドネシア語」「インドネシア理解」といった授業も組まれている。ジャカルタ郊外のキャンプ地を借り切って、互いの伝統芸能や文化を紹介しあう「日イキャンプ」も行なわれている。「現地のアルズハール校中学校との一泊二日の国際交流は、活動規模からみると他の交流活動に比して最大である。日本とインドネシアの次代を担うこども達が、それぞれの国や文化をよりよく理解し、友情を深める、という目的である[50]。」この交流活動はジャパンクラブが主導で始まったようであるが、紆余屈折を経て、現在の学校活動に到達したようである。筆者もジャカルタ日本人学校の運動会や父兄会に参加したことがあるが、運動会での子供たちの活気溢れる姿や、父兄会のよく工夫された運営には感銘を受けた記憶がある。

(4) 学校維持会と入会条件
①学校維持会

学校維持会は日本人学校の維持管理を目的とした組織である。学校維持会の理事長はジャパンクラブの理事長から指名される[51]。学校の運営は理事会と職務を補佐する実行委員会によって行なわれている[52]。ジャカルタ日本人学校は1992年に「在外教育施設の認定等に関する規定」(1991年文部省告示第140号)[53] により、小学校、中学校の課程と同等の課程を有する在外教育施設として認定される。

教員は日本から主に派遣されるが、その人件費や運営費は利用者負担ということになる。それは日本政府の見解が、日本人学校とは「各学校の設立地の在留邦人の代表者等によって構成される学校運営委員会を運営母体とし、我が国の教育関係法令に準拠して小学校又は中学校における教育に相当する教育を行うことを目的とする全日制の教育施設」であるとしており、海外教育は、第一義的には在留邦人の自助努力によって行われるもので、日本人学校や補習授業校は、在留邦人が同伴する子供の教育のために、在留邦人が共同で設立し運営するものとされているからである[54]。

会員には法人会員と個人会員がある。以下の入会条件はジャカルタ日本人学校のサイトからとったものである。企業や団体に属さない個人でも、日本

国籍の子女は当然入学できるが、法人会員については、規模の大きい企業ほど、寄付金が多くなる仕組みとなっている。

②入会条件

入会条件は以下のようになっている。

イ：ジャカルタ市または、その周辺に所在する日系企業、または、日系団体で、自己に所属する従業員の子女を学校に就学させようとする者は、法人会員にならなければならない（定款8条）。

ロ：所属すべき企業、または団体が法人会員にならない場合若しくは所属すべき企業、または団体がない場合において、子女を就学させようとする日本国籍者は、個人会員にならなければならない（定款9条）。

ハ：但し、保護者（父親）が日本国籍でないが、日本国籍の子女を就学させようとするものは、インドネシア政府の国際学校への入学条件を勘考し、維持会は入会を認めることがある。（ジャカルタ日本人学校サイト）

ニ：入学を希望される場合は、下記に定められた寄付金納入と同時に賛助会費を納入しなければならない。（同上）

③入会基準

1995年4月1日に設定された入会基準は次のようになっている

イ：法人会員…下記「A」資本金基準（在日法人本社の払込資本金基準）及び「B」駐在員

基準（1年以上駐在している者及びその予定者数）で定められた基準額の合計額が寄付金となる。

| 「A」…資本基準額 ||
|---|---|
| 資　本　金　額 | 基　準　額 |
| 500億円以上 | 33,000ドル |
| 250億円以上～500億円未満 | 27,000ドル |
| 150億円以上～250億円未満 | 21,000ドル |
| 50億円以上～150億円未満 | 17,000ドル |
| 10億円以上～50億円未満 | 13,000ドル |
| 5億円以上～10億円未満 | 7,000ドル |
| 1億円以上～5億円未満 | 2,500ドル |
| 1億円未満 | 1,500ドル |

「B」…駐在員数基準額…駐在員1人当たり3,000ドル

ロ：個人会員…個人会員基準2,600ドル

④賛助会費（年会費）（1993年4月1日改定）

会員は、毎年所定の賛助会費を毎年10月から翌年の3月の間に納入しなければならない（定款第15条1項）。退会届を提出しない限り賛助会費支払いの義務がある。毎年10月1日現在の在籍生徒数（但し幼稚部を除く）を以て下表の年会費を徴収する。

| 在籍児童生徒数 | 賛助会費 | 在籍児童生徒数 | 賛助会費 |
| --- | --- | --- | --- |
| 0人 | 132ドル | 15～19人 | 1,056ドル |
| 1～4人 | 264ドル | 20～24人 | 1,320ドル |
| 5～9人 | 528ドル | 25～29人 | 1,584ドル |
| 10～14人 | 792ドル | 30人以上 | 1,848ドル |

出所：ジャカルタ日本人学校サイトより。

　日本人学校のおもな収入は児童・生徒の納付金であり、児童・生徒数の動向によって、学校の財務状態は影響されることになる。

## 4．バンドン、スラバヤの日本人団体と日本人学校

　インドネシアにはジャカルタの他、バンドン、スラバヤにジャパンクラブと全日制の日本人学校がある。

### (1) バンドンジャパンクラブとバンドン日本人学校

　バンドンジャパンクラブは会員相互の親睦・連絡・日本とインドネシアとの親善および文化交流、大使館・総領事館との情報連絡、子供の教育等について充実・発展を図るため、1978年6月21日に発足した。発足当時のバンドンの在住日本人は約190人であった。

　学校運営委員会が日本人学校の運営にあたっている。バンドン日本人学校は1977年3月、バンドンジャパンクラブにより、補習授業校として設立され、その後1984年4月に小学部が、さらに1986年3月に中学部が日本人学校に昇格した。同校は、ジャカルタ日本人学校同様、「文部省の認可を受けている全日制日本人学校であり、設立母体をバンドンジャパンクラブ及び運営母体を学校運営委員会とする学校であるため、私立学校的性格を有している学校」[55]である。また、インドネシア共和国文部省から、日本人子女教育を目的としたインターナショナルスクールとして認可されている学校でもあり、そのため、教育課程にインドネシア語及びインドネシア地理・歴史を位置づけることが義務づけられている。園児および生徒数は幼稚園、小学校、中学

校併せて30名である。ピークは1983年の51名、ボトムは1996年の22名となっている。[56]

(2) 東部ジャワ日本クラブとスラバヤ日本人学校

東部ジャワ日本クラブは1974年にスラバヤに日本人学校をつくるために発足した。それまでは生徒たちはスラバヤインターナショナルスクール（SIS）に通学していた。1976年9月に毎週土曜日にお母さん方が勉強を教える日本語補習校が始まり、校舎はSISや日本クラブハウスを使用していた。1977年4月、日本政府から正式に補習校として認められた。1979年1月に全日制日本人学校となり、同年4月17日に開校式が行われた。当時の児童生徒数は24名（小学部23名、中学部1名）、教師4名であった。[57]

## 第4節　今後のJJCの課題

### 1．永住型日本人と派遣型日本人の協力体制の維持

筆者の長年の海外での駐在経験からすると、仕事をする上では家族帯同が一番望ましい。そのためには日本人学校も必要である。そこで学んだ子供はインドネシアのよき理解者になりうる。赴任者やその家族にとって、生活上の安全の確保、日本人学校の維持、インドネシア人との友好的関係の醸成が必要であり、JJCのような日本人団体の果たす役割は大きい。[58]

日本から来る経営者は、過去の歴史や出来事を知らないで派遣されてくることが多いし、その後勉強する機会も少ない。もし過去の歴史をしっかり研究していれば、通貨危機は1997年がインドネシアにとって初めてではないということもわかっただろうし、それに対する備えもできたのではないだろうか。また坂井禧夫は前掲『インドネシア駐在3000日』で、現地の人に対し傲慢な態度をとる「バカ殿様」になっている駐在員に対して警告を発している。駐在員はいずれ帰国するという心の緩みが、こうした警告を必要とさせるのであろうが、そうした意味では、長くインドネシアで暮らしている永住型の日本人の経験や意見を傾聴し、両者が協力してJJC内部にこうした経験や情報を蓄積していく必要があると思われる。

長くインドネシアに暮らしている人のなかには、ジャカルタで工場やレス

トラン等を経営する自営事業者、現地の企業経営者と結婚した女性がいる。後者の中には日本人学校の講師として勤務している人もいる。

インドネシア人の夫を持つ日本人婦人メンバーによる、「ひまわり会」がある。1997年6月にお互いの助け合い、交流を目的に約230名が集まり発足した。会員の年齢は20代から70代と幅広い。戦前の日本への留学生、戦後の賠償留学生、1980年代はスハルト政権下、ハビビ氏が統括していたBPPT（科学技術応用科学庁）が送っていた留学生の場合は、日本で知り合い結婚したケースが多いが、1990年代以降は夫とは日本ではなく、互いの留学先であるアメリカや、オーストラリアで知り合い、結婚したケースが多くなっている。会長は置かず、スタッフとして10人前後の人を中心に、毎月会報を発行し、情報交換に努め、また年1－2回の会合を開催し交流を深めている。[59]

## 2．共存共栄のためにJJCのできること

JJCは常に過去の歴史を認識し、両国のあるべき姿を描き、提案していくことが求められる。インドネシアにとってODA援助、工業化が必要なことは事実であるが、押し付けの開発でなく、何がこの国にとって必要なのかを考え、国民からよく支持された政府が、国民の期待する経済政策を遂行して経済発展を遂げるように、日本企業としても応援することが重要である。

後藤乾一氏は『近代日本とインドネシア』[60]で1974年1月15日の事件の直後「反日暴動の教訓と日イ関係」と題する一文を日本の雑誌に寄せたルビス氏が、日本人のなすべきでないこと、なすべきことに言及した点を紹介している。これを引用させていただき、このルピス氏の言及に対し、21世紀に入った現在の段階で、我々がどのように対応しているか振り返ってみたい。

・なすべきでないこと
①如何なるやり方であっても、インドネシア人より優れているかのように振舞わない。
（現状と課題）インドネシアに赴任する者の常識として、インドネシア人は日本人同様に面子を大切にすることを理解する必要がある。人前で注意することは避けるなどの配慮が必要である。
②現在の経済的・財政的な優位を振り回さない。
（現状と課題）日本での生活水準をインドネシアで維持しようとすると、

無意識のうちにも経済的な優位さを振り回すことになりかねず、注意が必要である。
③インドネシアの資本と経験が生かされ、すでに発展している分野に立ち入らない。
（現状と課題）すでに述べたが地場産業の育成がインドネシアの喫緊の課題である。日本企業の持つ技術をいかに地場企業に伝えていくがむしろ課題である。
④政府の高官に賄賂を贈らない。
⑤政府高官と日本企業との特殊な関係をつくらない。
（現状と課題）世界的にコンプライアンスが厳しくなっており、政府や政府高官との癒着は徐々に困難になっていると思われるが、政権が代わってもいまだに残っている問題である。スハルト体制下にあってもスハルトと関連ある企業との取引を極力避ける事を方針とした商社もあった。
⑥将来、長期間にわたってインドネシアの天然資源を日本にしか使えないようにしたいという印象を与えない。
（現状と課題）日本にとっては長期のNLG、石油の供給が必要であるが、突出しないような努力が必要である。中国もインドネシアの石油資源に触手を伸ばしているが、現地の国民の民意をよく理解して行動する必要がある。
⑦公害防止策をつけずに、日本の公害企業を移さない。
（現状と課題）NGOの活動のみならず、JJCとしても注視すべき課題である。
⑧インドネシアを原材料供給地としてのみ扱わない。
（現状と課題）⑥に同じである。
⑨日本にとってしてほしくないことをインドネシアに対してするべきではない。
（現状と課題）安全保障を脅かすことや、①から⑥の事柄も日本がその立場におかれれば、して欲しくないことである。
・なすべきこと
①インドネシアの文化的、社会的なビヘービアを学ぶように努める。
（現状と課題）赴任前の事前の学習が必要である。JJCの出版物等で学べ

るものが多い。ただし日－イの過去の歴史についての記述のあるものは学術書を除いて少ない。

②日本人の専門家がみつからない場合にはインドネシア人を日本企業のコンサルタントに任命する。

（現状と課題）インドネシア人を経営職や管理職に置く日系企業は増えている。またアジア通貨危機に際して生産が落ち込み、遊休の人員が発生した際に、日本に彼らを送り研修させた企業もあった。これらはインドネシアの長期的な成長を見込んでの行動である。

③日本企業が地域住民と融和するよう努める。

（現状と課題）工場団地周辺からの採用、文化交流などに気を配っている企業が多いが、従業員の採用にあたって、地域住民を優先させるような要望があり、企業との間に摩擦がある場合もある。

④インドネシア語を学ぶ。

（現状と課題）インドネシア語は学びやすい言葉である。JJCでもテキストを作成して、販売している。企業によってはインドネシア語のトレーニーを定期的にインドネシア大学に派遣している。

⑤管理職レベルにもインドネシア人を登用する。

（現状と課題）②に同じ

⑥その土地特有の習性・宗教を重んじる。

（現状と課題）イスラム教に対する理解が、職場でも必要である。礼拝所を用意する必要もあるし、会議など長引いた場合はお祈りのための時間を忘れないようにするなどの気配りが必要である。日本人学校における日イキャンプのように双方の生徒による、お互いの文化の理解を図る活動がなされている。

⑦合弁企業のパートナーをもとめるなら、政府からではなく実業界から選ぶ。

（現状と課題）政府からパートナーを招聘する企業は少ない。

⑧最短期間内に最大の利益を求めるのではなく、インドネシア国民のために経済発展の一翼を担い、貢献するという精神で来てほしい。

（現状と課題）日本企業としても、JJCとしても精神のみならず、具体的にどうすればよいのかを常に考える必要がある。

⑨木材、鉱物などの天然資源をできるだけ多くインドネシアで加工する。

（現状と課題）賃金水準が異なるので、日本で加工するということは現在では考えられない。

インドネシアは日本企業にとって重要な拠点であるので、商社やメーカーの現地の代表が、その後、日本の本社のリーダーになることも多い。本社としても長期的な視点に立って、インドネシアと良好な関係を維持していくためにはどのようなことができるか考えることが必要である。

上記ルビス氏の指摘は、30年以上も前になされたものであるが、これに対して、JJC、日本企業として実行済みのこともあるが、手付かずの項目もあると思われ、引き続き今後の課題である。

アジア通貨危機によるダメージが一番大きかったのはインドネシアである。それは、開発型経済の行き詰まりだけでなく、それを推し進め30年続いたスハルト体制の崩壊を伴ったからともいわれている。通貨危機直後、所得は半減し、失業者が街に溢れた。こうした大きな犠牲を払ったにもかかわらず、金融制度をはじめ、KKN[61]等の問題、経済の脆弱性の問題が残ったままである。大きな武力衝突なく、スハルト体制崩壊によって民主化が進み、自由な選挙が行われたのは、喜ばしいことだ。しかし、メガワティ体制になってもKKNの解消はできなかった。そうした中、日本からの投資、外国からの投資が減退している。JJCの提言にあるように、言うべき点は政府に申し入れる必要がある。

経済開発は、資本の不足している地域に資本を投入することにより、その国の経済発展に寄与するといわれていた。しかし最近ではその「影」の部分も取り上げられ、必ずしも住民の生活水準の向上には役立っていないのではという疑問の声が上がっている[62]。加えて公害の問題や開発の暴力といった問題が取り上げられ、「脱開発」が叫ばれるようになっている。スハルト政権下で、日本が協力した開発案件に対する地域住民の不満については、後藤乾一編『インドネシア―揺らぐ群島国家』に収められた村井吉敬氏の「インドネシア開発の再考」[63]が詳しい。環境問題、地域住民の厚生を考えると今後、何がインドシア国民にとって望ましいことかを考慮する必要がある。一つの答えは資源開発型でなく、技術移転による産業育成が望まれる。又、ODAによって電源開発等が行なわれる場合も、地域住民の意向を良く反映したものかどうか、確認する必要がある。我々は日本とインドネシアの過去の歴史

をしっかり認識して、両国の共存共栄に繋がる関係に発展させるための協力が不可欠である。

　一方でスハルト体制の締め付けから開放され、無秩序なストライキが頻発する等の労働問題については、インドネシア政府に労働法の明確化を要求するなど、言うべき点は申し入れしていくべきであろう。二度と戦前のように日系企業や在留邦人がインドネシアから撤退する必要がないように、相互理解に基づく長期的な発展をめざす努力が日系企業、JJC、日本政府、インドネシア政府にとって必要である。特にJJCの会員はその多くが企業から派遣された者であると同時に、そこに住み、インドネシアの人々と共に働き、インドネシアの実情を実感している人々であるから、日本政府への意見具申、インドネシア政府への意見具申といった役割は引き続き重要である。

## おわりに

　本論ではインドネシアにおける日本人団体の歴史とその果たした役割を見てきた。JJC設立の目的は、会員相互親睦及び日本・インドネシア両国の親善、文化交流をはかること、並びに両国の通商及び経済協力に寄与することであり、そのための多くの努力がなされてきた。

　いま、「東アジア共同体の可能性」がアジア各国で議論されている。東アジアの華人と中国は密接な関係にあり、この関係が東アジア共同体の形成に及ぼす影響は大きいと思われる。日本は中国と違い「華人」に対応するものはない。JJCを初め、アジア各国にある日本人団体は、日本人がもつアジアにおける貴重なネットワークである。JJCはインドネシアの実態を良く知っている。そうした立場から、あるべき「東アジア共同体」についての提言がなされ、またアジア各地の日本人団体が協力して、政府レベルでなされるものとは異なった「東アジア共同体論」が提案されることも今後期待される。

(資料)

### ジャカルタ日本人学校の沿革

| 年 | 月日 | 内　　容 |
|---|---|---|
| 1968 | 4.10 | 西山大使あて日本人学校設立に関する陳情書提出 |
|  | 5.21 | 日本国国務大臣あて日本人学校設立に関する陳情書及び現状の報告書提出 |
|  | 9.15 | 日本語補習学校開校式(大使館講堂)、着任(校長　御巫公使) |
|  | 11.21 | 日本人学校維持会設立及び定款制定 |
| 1969 | 3.25 | 日本人学校校舎として TEBET UTARA8　魚住竜吉氏の工場倉庫一棟借り受け決定 |
|  | 4.12 | 日本語補習学校終了式 |
|  | 4.21 | 日本人学校設立に関するインドネシア政府の許可受理 |
| 1970 | 3.21 | 文集「南十字」第1号(100P)52冊完成 |
|  | 3.24 | 第1回卒業式　小学部(男子1名、女子1名) |
|  | 4. 1 | 昭和45年度入学式及び始業式(在籍児童数32名) |
|  | 5. 5 | 中学部併設、小学部開校1周年記念式典 |
|  | 5.31 | 学校維持会、日本大使館、日本外務省等関係機関へ校舎施設及び教育内容に関する建白書提出 |
|  | 8.21 | PTA発足 |
|  | 10.21 | 第1回運動会 |
| 1971 | 2.11 | 幼稚部入園式 |
|  | 8.23 | 学校建設委員会(丸紅) |
| 1972 | 9.19 | 校舎とのお別れ会 |
|  | 9.20 | PASAR MINGGU の新校舎へ移転 |
|  | 9.25 | 新校舎使用開始 |
|  | 10. 4 | 新校舎竣工式、祝賀会 |
| 1974 | 1.25 | デモによる臨時休校 |
|  | 1.28 | 授業再開、スクールバス運行開始 |
| 1975 | 3.10 | 校歌・校章の制定 |
|  | 4.10 | 幼稚部移転(TEBET 魚住氏邸) |
| 1977 | 8.31 | 校舎建設起工式 |
| 1978 | 4.19 | 校舎建設募金説明会 |
|  | 6. 2 | 新校舎へ移転 |
|  | 8. 2 | 旧校舎講堂改修工事開始 |
|  | 8.29 | 教室移転作業(旧校舎)教室配置変更 |
| 1979 | 5.26 | 第3期校舎落成並びに開校10周年記念式典 |
|  | 7. 9 | グランドスイミングプール工事着工(管理棟部分) |
|  | 9. 5 | インドネシア共和国における国際学校として認可される |

第13章　インドネシアにおける日本人団体　477

| 1980 | 3.8 | 開校10周年記念誌「火炎樹」発行 |
|---|---|---|
| | 7.5 | 日・イ友好キャンプ（中学生全員サワンガンバルー） |
| | 7.30 | 第4期中学部校舎建設工事着工（スラマタン） |
| | 11.9 | 東アジア地区日本人学校校長研修会（本校会場）〜15日 |
| | 11.17 | 日・イ友好絵画展 |
| 1981 | 7.25 | 中学部校舎落成式 |
| 1984 | 9.15 | 小学部学習発表会（この年より中学部文化祭始まる） |
| | 9.16 | 無線塔取り付け（スクールバス用無線） |
| | 10.29 | 隣接海兵隊基地弾薬庫爆発により被災。第3・4号棟、体育館ガラス、第1・2号棟窓枠・屋根。砲弾6発飛来。応急修理のため3日間臨時休校 |
| | 12.8 | 校舎修復完了 |
| 1987 | 10.15 | 幼稚部新校舎起工式 |
| 1988 | 6.13 | 幼稚部落成式 |
| 1989 | 6.20 | 創立20周年記念式典 |
| 1990 | 8.24 | 第5号棟校舎落成 |
| 1992 | 3.26 | 在外教育施設の認定等に関する規定（平成3年文部省告示第114号）の規定により、小学校、中学校の課程と同等の課程を有する在外教育施設として認定される。 |
| | 8.15 | スラマン日本語補習校へ巡回指導〜19日 |
| 1994 | 12.15 | 新校舎建設地鎮祭（ビンタロ・ジャヤ地区） |
| 1995 | 11.21 | アジア大洋州地区日本人学校校長会開催（ジャカルタ会場） |
| 1996 | 3.2 | PASAR MINGGU 校舎とお別れ会 |
| | 3.20 | BINTARO JAYA 校舎移転開始 |
| | 4.17 | 文部省より平成8年度から3年間「在外教育施設におけるコンピュータの活用法の研究」委嘱を受ける |
| | 4.20 | 校舎竣工式 |
| | 11.15 | 新校舎落成祝賀会 |
| 1997 | 4.17 | 文部省より平成9年度から3年間「国際教育・文化交流推進校」の指定を受ける |
| | 5.23 | 総選挙運動における治安情勢不安定のため臨時休校とする |
| 1998 | 5.14 | ジャカルタ市内暴動のため学校に臨泊 |
| | 5.15 | インドネシア危機のため休校〜6月9日（26日間） |
| | 5.22 | 文部省に再開準備室設置（ジャカルタ・バンドン・スラバヤ合同） |
| | 6.10 | 学校再開（登校児童・生徒164名） |
| 1999 | 5.17 | インドネシア総選挙に伴う臨時休校〜6月24日（休校延長） |
| | 6.17 | 準備再開〜23日 |
| | 6.24 | 学校再開 |

|      | 10.20 | 大統領選挙に伴う臨時休校～ 21 |
|      | 12.10 | 創立30周年記念式典 |
| 1998 | 3.15 | 創立30周年記念誌「BINTARO」発行 |
|      | 4.16 | 文部省より海外子女教育研究「特殊教育の推進」の指定を受ける |
| 2003 | 4.14 | 文部科学省より平成15年度から3年間「国際教育・文化交流推進校」の指定を受ける |
| 2004 | 4.14 | 全日本女子バレーボールチーム来校、交流活動を行う。 |
| 2005 | 4.20 | 町村外相令夫人学校訪問、スクールバス発車合図用の「鐘」等を寄贈される。 |

出所：ジャカルタ日本人学校サイトから主要な出来事を抜粋。

**注**

1) 宮本健介『概説インドネシア経済史』有斐閣、2003年5月。
2) 2005年8月16日インドネシア政府とアチェ州の独立武装組織－自由アチェ運動（GAM）がヘルシンキで和平合意文書に調印したとのニュースが入ってきた。「30年近く続いたインドネシアの同率紛争は終結に向かう見通しで、最大の懸案であった国家分裂の危機は回避されそうだ。」（『日本経済新聞』8月16日）。
3) 仏教発祥の地インドにおいて、仏教がイスラム教に抵抗力を持たなかった理由としてマックス・ウェーバーは次のように述べている。「仏教では宗教そのものの存在は僧院と僧侶の共同体の中に集中していた。これらが絶滅されれば、信徒集団にとっても終末を意味し、そして事実、その存在の痕跡だけがイスラムの破壊を生き延びた。」と（マックス・ウェーバー著、深沢宏訳『ヒンドゥー教と仏教』日貿出版社、1983年、322頁）。
4) 倉沢愛子著「日本との交流」（綾部恒雄、石井米雄編『もっと知りたいインドネシア』弘文堂、1995年3月）、261頁。
5) 後藤乾一著『近代日本とインドネシア』北樹出版、1989年4月。
6) 後藤、同前書、19頁。
7) 当時この地域は蘭領インドネシア略して蘭印と呼ばれていた。
8) 後藤、前掲書、17頁。
9) ジャガタラ友の会『写真で綴る蘭印生活半世紀』1987年8月17日。
10) 「大正14年（1925年）4月インドネシア（当時はオランダ領）で初めての日本人小学校がスラバヤに誕生しました。校舎はスラバヤ市庁舎の裏にあり、平屋の立派な建物でした。児童数は50名くらいだったようです。…昭和13年（1938年）には117名になり、1学年20名くらいのクラスの学校になりました。昭和16年10月、太平洋戦争が始まる少し前に、日本人は帰国することになり、スラバヤ日本人学校は閉校になりました」（スラバヤ日本人学校サイトから）。

11) ジャガタラ友の会『ジャガタラ閑話』日本制作社、1978年1月10日。
12) ジャガタラ友の会、同前書、261頁。
13) ジャガタラ友の会、同前書、261頁。
14) 『三井銀行100年の歩み』年表より。同行は1917年に同行最初の海外支店である上海支店を開設、1922年にニューヨーク支店、1924年にロンドン支店を開設している。1925年に設立されたスラバヤ出張所は、その後1929年に支店に昇格している。
15) 後藤乾一『昭和期日本とインドネシア』勁草書房、1986年3月、298頁。
16) 矢野成典『三井物産ジャカルタ支店』講談社、1982年12月。
17) この間の事情は註15）304頁に興南地元会の活動として詳しく述べられている。
18) 前掲「日本との交流」。
19) 「昭和十八年五月三十一日に決定をみた『大東亜政略指導大綱』では、ビルマ、フィリピンへの『独立』は確約されたのに対し、インドネシア全域は『マライ』と共に『帝国領土ト決定シ重要資源ノ供給源』とすることが改めて決定された。」（前掲『近代日本とインドネシア』、71-72頁参照）。
20) 1979年7月「福祉友の会」を結成した。日本とインドネシアの架け橋としての軌跡を残したいという気持ちと、会員相互の相互扶助を意図した会といえる。2005年中に子供や孫たちが、彼らの活動を伝える本を出版する予定である（2005年8月20日 NHK ニュース）。
21) 郭洋春『アジア経済論』中央経済社、1998年9月、100頁参照。
22) Hill, Hay "The Indonesian Economy Since 1966" Cambridge University Press 1996.
23) 前掲『アジア経済論』90頁を参照。なお宮本健介氏によれば輸出志向工業化とは、「規制緩和・外資導入・輸出製造業育成を三位一体とする開発戦略の採用であり、外資の全面的受入れと輸出主導による経済成長の追及」とされる（前掲『概説インドネシア経済史』280頁）。
24) 『東レ50周年史』、498頁。
25) ジャカルタ市内にある、ホテルインドネシアも日本の賠償によって建設された。
26) JJC会報誌『ジャカルタ』創立20周年号の座談会記事より。
27) 1969年に開店した日本料理店のオーナーの寄稿文によると、当時の在留邦人の数が700人くらいで、その頃ジャパンクラブハウスの設置の話が出始め、各企業の幹部が「私どもの奥の部屋で、毎日昼弁当を食べ乍企画を固めて」いったと記述している（前掲、JJC会報誌）。
28) Kamar Dagangdan Industri Indonesia インドネシアの商工会議所の略称。KADIN 自体設立は1968年であり、大統領承認は1973年となっている。1974当時 KADIN の会頭のスオト・スケンダルはインタビューで次のように日本企業への提言を述べている。「KADIN は民間と政府のパイプとして設立されたといったが、団

体の性格は民間団体であるが、しかし経済活動はインドネシアの場合、政府と一体になっており、特に政府の大型プロジェクトの推進には積極的に協力している。」と（『国際経済』臨時増刊号第11巻15号、1974年12月31日）。
29) 記念誌等がないので、JJCの歴史を振り返ろうと思うと、関係者へのインタビューとインドネシアと日本経済の結びつきを振り返る作業が中心になる。
30) 倉沢愛子『二十年目のインドネシア』草思社、1994年11月。
31) 前掲『国際経済』臨時増刊号第11巻15号。
32) 同前。
33) 『インドネシアハンドブック　2003年版』第7章、7-3。
34) 同前。
35) 1945年の独立に際しての憲法前文に記された建国の哲学である。5原則あり、①唯一なる神への信仰、②公正にして、礼節に富む人道主義、③インドネシアの統一、④代議制による英知に導かれる民主主義、⑤全国民にとっての社会的公正さと要約できるが、その解釈は抽象的であり、実際にはスハルト体制維持のために、解釈された面が強い。
36) 水野広祐「労働者組織の台頭と労使関係制度の展開」（佐藤百合編『インドネシアの経済再編』2004年、387頁）を参照。
37) メガワティ大統領は日本企業の誘致について、あまり熱心でなかったようである。それに比べ、ユドヨノ大統領は直接投資の呼び込みによって経済を活性化することを国民に訴え、これが支持されたといわれている（『日本経済新聞』2004年9月22日朝刊）。
38) 『インドネシアハンドブック』2003年版、7章・7-5。
39) 「関係再構築—インドネシアと日本」（『日本経済新聞』2006年4月20日夕刊）。
40) 筆者は1997年6月から2000年5月まで、ジャカルタにある合弁銀行に勤務した。
41) 坂井禧夫『インドネシア駐在3000日』連合出版、2002年。
42) 同前書、145頁。
43) 同前書、151頁。
44) ジャカルタ日本人学校サイト（ftp://www.jjs.or.id）。
45) 『創立三十周年記念誌 BINTARO』ジャカルタ日本人学校、2000年。
46) この間の心労について当時の大使川上隆朗が『インドネシア民主化の光と影』（朝日新聞社、2003年）で書いている。学校と大使館との連携によって生徒は全員無事に帰宅した。
47) 石井光信『ジャカルタ日本人学校の日々』近代文藝社、1995年12月。
48) 同前書、154頁。
49) 前掲、ジャカルタ日本人学校サイト。
50) 同前書、60頁。

51) 「ジャカルタ日本人学校維持会定款」、22条1項。
52) 同前書、28条1項。
53) 「在外教育施設の認定等に関する規定」（平成3年文部省告示第114号）第1条で「文部科学大臣は、在外教育施設の設置者の申請に基づき、当該在外施設の小学校、中学校又は高等学校の課程と同等の課程を有する旨の認定を行うことができる。」とされている。
54) 外務省ホームページ海外教育。(http://www.mofa.go.jp/mofai/toko/kaigai/kyoiku/index.html)
55) バンドンジャパンクラブサイト。(http://www.bjs.co.id)
56) 前掲、バンドンジャパンクラブサイト。
57) スラバヤ日本人学校サイト。(http://sby.centrin.net.id/)
58) JJC以外の非公式な活動、スポーツや合唱を通じて、派遣型と定住型の両者が交流することは多い。インドネシアの歌の愛好会である「ラグラグ会」はジャカルタのほかスラバヤにも会支部がある。この会は日本人はもっと文化を知り現地社会に溶け込む必要があるとの反省から発足したといわれている。帰国した会員による東京ラグラグ会もある。そのほか合唱のグループB&Bもあり、こちらも帰国したメンバーにより東京B&Bが結成されている。
　　なお本論を執筆するにあたり、大山和定氏をはじめとするB&Bの方々から情報や資料の提供を受けた。ここに謝意を表したい。
59) ムイン弘子氏よりの筆者の聞き書き。同氏は「ひまわり会」発足に携わり、会員でもある。ジャカルタ在住。
60) 前掲、後藤乾一『近代日本とインドネシア』。
61) 腐敗（Korupsi）癒着（Kolusi）縁故びいき（Neptisume）をKKNという。
62) 脱「開発」論としては、郭洋春編『脱「開発」へのサブシステム論』（法律文化社、2004年）がある。
63) 村井吉敬著「インドネシア開発の再考」（後藤乾一編『インドネシア―揺らぐ群島国家』早稲田大学出版会、2000年11月）。

## あとがき

　本書はアジアにおける日本人経済団体の活動を中心に、敗戦後の引揚げを詳細に論じたうえで、それに続く戦後の再進出を位置づけ、それを包括的に分析したものである。日本企業のアジア各地域における経済活動の歴史は長く、また多地域にわたる事業展開が見られた。多数の日本人が参入した地域は歴史的に日本と少なからぬ関連のある地域であり、北東アジアから東南アジア・オセアニア地域へと、きわめて広範囲に渡っている。しかもこれらの対象地域の位置づけは大きく異なる。すなわち植民地（台湾・朝鮮・南洋群島・関東州）、占領地（満洲国・中国関内・東南アジア軍政地域）、介入地（東南アジアのタイ・仏印）に分れており、それぞれにおける日本人企業の活動条件は異なっていた。これらの地域において多数の日本人の経済活動が行われた。また各地域においてさまざまな日本人経済団体が組織されていた。これらの日本人と日本企業は1945年8月敗戦により在外財産をすべて放棄させられ、在外日本人団体もひとまずその活動を停止させられた。在外日本人の敗戦後の日本への帰還、すなわち引揚げは、地域差はあるものの多くの困難に満ちたものであった。引揚げに際しては単に経済団体のみならず既存の日本人団体総力をあげた活動が旧植民地、占領地を中心に展開された。その後、1952年以降の各国との講和条約の発効により、日本人の海外における経済活動は再開した。断絶の期間を経た再進出が、各地域において行われた。当然ながらこれらの企業の参入は地域差があり、また地域的特性がある。これらの経緯を、引揚げから戦後再進出と日本人団体の活動として取り纏めたのが本書である。

　本書の企画はトヨタ財団研究助成「戦後アジアの日本人経済団体の成立と展開に関する研究」（代表者小林英夫）を受け、1999年までの3年間にわたり実施された研究に端を発している（助成番号97B1-025）。さらにその到達点を踏まえた上で、執筆メンバーを補強して、本書のような構成として編集し、成果を世に問うこととした。

　第1部では引揚げを地域各論として、あるいは引揚者企業団体の活動として多面的に検討し、第2部では在外経済団体の活動を検討した。いずれについてもこれまでの研究蓄積が乏しい分野のため、資料発掘にも意を注いだ。

第1部では朝鮮・中国・台湾・東南アジア・オセアニアからの引揚げのあり方と、引揚者経済団体の戦後の補償要求運動について解明できた。専門的な歴史研究者に執筆を依頼し、従来の行政史と一部の先行研究に代表される引揚げ研究の水準を、大幅に乗り越えることができたと自負している。ただし当該地域に関する国外資料発掘では成果は限られている。第2部では台湾・香港と東南アジア各地の日本人経済団体の活動を紹介した。歴史研究者のほか東南アジア各地の実務家にも執筆を依頼した。地域各論においては論述構成で必ずしも統一が取れているとは言い難い点もみられるが、アジア各地の日本人団体の活動を網羅した最初のこころみとして評価されよう。また、戦後企業進出の歴史が風化しつつあるなかで、また駐在員の多様化やアジアに「浮遊する日本人」が増え始めるなかで、日本人会・日本人学校・日本人商工会議所の三点セットの見直しが重要になってきていることが判る。もっとも残された課題も数多い。中国大陸への再進出とその日本人経済団体についてはわれわれの力量不足のため各論で展開することができなかった。そのためわれわれの研究成果もその構成や資料発掘において完全なものとはいえない。このように残された解明すべき課題はまだいくつもあるが、過去10年間続いたわれわれの作業をひとまず打ち止めにしたい。

　この研究をまとめるに当たり、多くの研究機関のお世話になった。国内では、国立国会図書館、外務省外交史料館、財務省財務総合研究所財政史室、財務省図書館、大東文化大学図書館、東京経済大学図書館、早稲田大学図書館、立教大学図書館、独立行政法人日本貿易振興機構、同アジア経済研究所、三井住友銀行、国外では、ソウル・ジャパンクラブ、釜山日本人会、日本商工会議所ソウル事務所、ホーチミン日本商工会、タイ日本人会、盤谷日本商工会議所事務局、クアラルンプール日本人会、マレーシア日本人商工会議所、RHB銀行、シンガポール日本人会、フィリピン日本人商工会議所、マニラ日本人会、マニラ会、台湾日本人会、フォルモサ在留邦人会、なでしこ会、居留問題を考える会のお世話になった。また1997-99年度にトヨタ財団からの研究助成の支援をいただいたことが、この研究の基盤となっている。改めてトヨタ財団に感謝すると同時に成果発展に10年かかった怠慢を編者（小林）としては恥じたい。

　最後に、出版状況の思わしくない中で本書の刊行を引き受けていただいた

株式会社ゆまに書房に改めて感謝したい。

2007年12月　編者一同

***　編集者・執筆者一覧　***

〔編　集　者〕

| 小林　英夫 | （こばやし・ひでお） | 早稲田大学大学院アジア太平洋研究科教授 |
| 柴田　善雅 | （しばた・よしまさ） | 大東文化大学国際関係学部教授 |
| 吉田千之輔 | （よしだ・せんのすけ） | 財団法人日本タイ協会理事長 |

〔執　筆　者〕（執筆順）

| 加藤　聖文 | （かとう・きよふみ） | 人間文化研究機構国文学研究資料館助教 |
| マーク・カプリオ | （Mark E. Caprio） | 立教大学法学部教授 |
| 木村　健二 | （きむら・けんじ） | 下関市立大学経済学部教授 |
| 内野　好郎 | （うちの・よしお） | 国立音楽大学理事 |
| 白石　昌也 | （しらいし・まさや） | 早稲田大学大学院アジア太平洋研究科教授 |
| 伊東　淳一 | （いとう・じゅんいち） | 株式会社ワールド・リンク・ジャパン取締役 |
| 藤田　国幸 | （ふじた・くにゆき） | インドネシア全国協同組合評議会議長特別顧問 |
| 糸林　誉史 | （いとばやし・よしふみ） | 文化女子大学服装学部服装社会学科准教授 |

## 戦後アジアにおける日本人団体
―引揚げから企業進出まで―

2008年3月24日　印　刷
2008年3月31日　初版発行

編　者　小林英夫／柴田善雅／吉田千之輔

発行者　荒井　秀夫
発行所　株式会社ゆまに書房
　　　　〒101-0047　東京都千代田区内神田2-7-6
　　　　tel.03-5296-0491　fax.03-5296-0493
　　　　http://www.yumani.co.jp

印刷・製本　新灯印刷株式会社

ISBN978-4-8433-2749-4 C3021 ¥4800E